上海圖書館 編
陳建華 王鶴鳴 主編

中國家譜資料選編

詩文卷

梁穎 整理

上海古籍出版社

國家清史編纂委員會·文獻叢刊

圖書在版編目(CIP)數據

中國家譜資料選編. 詩文卷 / 上海圖書館編；梁穎整理. —上海：上海古籍出版社，2013.11
(國家清史編纂委員會文獻叢刊)
ISBN 978-7-5325-7085-0

Ⅰ.①中… Ⅱ.①上… ②梁… Ⅲ.①家譜—史料—中國—古代②古典詩歌—詩集—中國③古典散文—散文集—中國 Ⅳ.①K820.9②I212.01

中國版本圖書館 CIP 數據核字(2013)第 245393 號

國家清史編纂委員會·文獻叢刊

中國家譜資料選編·詩文卷

(全三册)

上海圖書館　編

梁　穎　整理

上海世紀出版股份有限公司
上　海　古　籍　出　版　社　出版

(上海瑞金二路 272 號　郵政編碼 200020)

(1) 網址：www.guji.com.cn

(2) E-mail：gujil@guji.com.cn

(3) 易文網網址：www.ewen.cc

上海世紀出版股份有限公司發行中心發行經銷

上海中華商務聯合印刷有限公司印刷

開本 787×1092　1/16　印張 129.5　插頁 15　字數 3,232,000

2013 年 11 月第 1 版　2013 年 11 月第 1 次印刷

ISBN 978-7-5325-7085-0

K·1804　定價：668.00 元

如發生質量問題,讀者可向工廠調換

總　序

中國家譜源遠流長。它起源於先秦，經過漫長的發展，至清代達到了鼎盛，在安徽、浙江、江蘇、湖南等地，幾乎村村修譜、姓姓有譜。這一最具有平民基礎的歷史文獻，其數量之多、影響之廣，爲其他史籍所不能比擬，與正史、方志構成了中華民族歷史學大廈的三大支柱。

家譜，又稱族譜、宗譜、家乘、家牒、世譜等，是記載同宗共祖血親羣體世系、人物、規章和事蹟等情况的歷史書籍。它的價值，歷來爲史家所認同。清人章學誠説："夫家有譜，州縣有志，國有史，其義一也。"①將譜牒與正史、方志相提並論。梁啟超的論述則更爲具體，認爲族姓之譜"實重要史料之一。例如欲考族制組織法，欲考各時代各地方婚姻平均年齡、平均壽數，欲考父母兩系遺傳，欲考男女産生比例，欲考出生率與死亡率比較——等等無數問題，恐除族譜家譜外，更無他途可以得資料"②。近代，潘光旦、羅香林等學者付之實踐，在研究、利用家譜資料上多有建樹。

家譜的價值之所以得到史家的肯定，實取決於它的資料本身。自宋代歐陽修、蘇洵修譜以來，私修家譜取代了官修譜成爲家譜的主流。在修譜方式、記載對象、纂修體例等方面，私修譜發生了一系列的變化，並進而促使家譜資料形成了有别於其他史書的一些特點。

一、内容的獨特性。中國家譜除少數統宗譜、聯宗譜外，極大部分是一宗一族的家譜。這些以記載宗族歷史爲主體的史書，發展到明清時已成爲宗族的"百科全書"，所記内容範圍非常寬廣，有序跋、凡例、修譜名目、宗族源流、祖先畫像、恩榮録、族規家訓、祠堂、墳墓、世系、傳記、仕宦録以及藝文、族産、行輩、五服圖、領譜字號等。因所記對象與他書不同，其中很多内容爲家譜所獨有，或者少載於其他史書。如宗族源流、祖先畫像、族規家訓、祠堂、墳墓、世系、族産、行輩等資料，都具有鮮明的家譜文獻特徵。同樣，傳記、藝文等資料，除少量的名人傳記和名人作品採輯於正史、方志、别集等外，大多係家譜原作，可補他書之缺。以藝文爲例，收入家譜的藝文，其作者多爲名不見經傳者。與正史等所載的騷人墨客或中舉有功名者相比，他們没有什麽社會地位，更無名望，其作品的内容或爲當地的民俗風情，或爲與宗族有關的事務等，反映了一種帶有地域性的宗族文化，並且這些作品多僅載於家譜，不見於其他文獻。

二、資料的原始性。"信以傳信，疑以傳疑"是家譜的傳統纂修原則。在私修家譜興盛時期，除非有不得已的原因，這一原則一直爲纂修者所秉承，引導着纂修者制定體例、記録事實。宗族纂修家譜，素材主要取自於歷年宗族内部積累的舊資料以及新出的資料，或者採自其他史書中有關本族的記載。宗族内部的舊資料包括前代世系、族規家法、舊譜序、舊凡例、舊有契約、詩文、人物傳記等。新出的資料除了兩次修譜之間新生、已亡族人的記録外，還有新譜序、新墓圖、新契約等。以往，續修家譜最常用的方法是在老譜之上增加新内容，很少對舊譜資料

---

① 章學誠：《章氏遺書》卷十四《爲張吉甫司馬撰大名縣志序》。
② 梁啟超：《中國近三百年學術史》第十五章《清代學者整理舊學之總成績》。

予以深入的考證,也不加甄别擇取,而是一仍其舊。即使有些資料的真實性存有疑問,也不會隨便删改。"傳信傳疑"的原則使家譜的纂修更傾向於資料的"堆積",纂修者多數情况下不用重新撰寫,只需專注於对以前的各種資料的編輯,大量的没有經過任何修改的資料因此得到了保存。可以説,家譜中的這些未被纂修者改動的資料,還保持了它的原样,實際上具有原始檔案的性質。比如明清家譜,宗族爲避免日後財産歸屬的糾紛以及保護族産免遭他人侵佔,按原文刻入了不少各時期的契約文書,以作憑證。家法族規也是如此,依文刻入,不妄加修改。

三、記載的連貫性。宗族修譜最主要的内容是世系圖録,随着本族人口的不断繁衍,修譜若干年後將会續修,一般定爲二三十年大修一次,把前次修譜後新出生的族人和已去世的族人卒年、葬地等資料補入。假如某宗族長年不修譜,將被視爲不孝子孫。中國的族譜正是在這樣一種續修模式下,内容得以連綿不斷地擴增。家譜的續修不僅擴充了世系圖録,而且使新出現的其他一些有關本族的原始資料得以及時地增入,充實了家譜内容,保證了宗族資料的完整以及宗族歷史記載的延續。在各類内容中,譜序、凡例、族産等資料,往往是舊有和新出的一同刊載,連續性最爲顯著。比如王逢泰等修的《[江西婺源]太原雙杉王氏宗譜》(1924年孝睦堂木活字本)和倪易書等修的《[浙江金華]龍門倪氏族譜》(清光緒五年刻本),都録有歷次修譜的凡例數篇。尤其是譜序,一譜同載多篇者常見,十餘篇乃至二十餘篇也不足爲奇。中國有續修方志的習慣,但續修的頻率之高、同類内容的連載之多,都無法與家譜相比。資料的連續性,使同類記載相集,或者一事多記,無疑有助於人们更爲清晰地瞭解被記對象的發展演變之過程。

但是,家譜文獻的缺陷也是非常明顯的。宋代以後,宗族熱衷於修譜,目的是想通過家譜來維繫和强固宗族羣體。這一特定的宗旨給家譜纂修體例帶來了缺陷,即出現了家譜的兩大弊端——揚善隱惡和攀附顯貴。纂修者認爲,祖先的劣跡或不良一面應該略而不書,爲尊者親者諱,而對能夠光大門庭的人物和事蹟則須大書特書,甚至不吝溢美之詞。家譜纂修者還常常不顧史實,追奉古代同姓的名儒大臣爲自己的祖先,如朱氏皆奉朱熹爲始祖,包氏則以包拯爲先祖。到了清代,此風愈演愈烈,幾成常態。此外,不少纂修者粗知文墨,缺乏應有的文史知識,家譜中的人物地名、官爵稱謂、源流遷徙等内容,與史籍比勘,錯誤之處屢屢可見。例如敍述姓氏起源,往往參照同姓的他人族譜,互相抄襲,不加考證,訛誤脱謬,不一而足。正因爲有這些缺陷,家譜資料是否屬於信史,遭到了部分學者的懷疑。清黄宗羲認爲"天下之書最不可信者有二",其一即爲"氏族之譜"①。儘管如此,家譜資料整體的史料價值卻不容否定。就是黄宗羲也没有全盤抹殺家譜的價值,稱始遷祖之下爲可紀之世,②又稱"家傳足補史氏之闕文"③。對家譜文獻的缺陷所造成的不良後果應分而論之,所謂的"揚善隱惡",關鍵在於隱惡,它違背了中國史家主張的秉筆直書的原則,致使宗族的部分歷史因人爲的因素而缺載;而"攀附顯貴"的爲害則較爲嚴重,它不是單純的缺載問題,而是僞造世系,冒認祖先,屬無中生有的虚構。明清時,很多纂修者對此就不以爲然,爲真實地記録歷史,將本族的最早先祖定爲始遷之祖,不再追溯無法證實的遠祖世系。

毫無疑問,家譜是一個寶庫。然而長期以來,由於受到種種的制約,對它的整理研究,基本還停留在初始階段,已遠遠落後於其他學科。對家譜資料加以系統整理,並將它刊印出版,公之於衆,對繁榮學術文化,推動社會學、經濟學、歷史學、譜牒學等的深入研究,都有積極的意

① 黄宗羲:《南雷文定三集》卷一《淮安戴氏家譜序》。
② 黄宗羲:《南雷文定四集》卷一《唐氏家譜序》。
③ 黄宗羲:《南雷文定三集》卷一《錢退山詩文序》。

義。《中國家譜資料選編》正是爲滿足這一文化需求而編纂,以期通過系統的選輯與整理,向學界提供一部具有較高利用價值的家譜原始資料集。

那麼如何對家譜資料進行輯録呢?

中國家譜的内容非常豐富,對於宗族的人和事,幾乎是無所不包。本編是資料選集,顯然不可能囊括所有的家譜内容,因此必須有所輯有所棄。所輯所棄需要一個標準,這個標準應當建立在資料的價值之上。家譜記載的主體是宗族歷史,衡量它的史料價值,縱向要看能否反映宗族興盛衰落之過程,横向要看宗族的各項事務是否得到應有的揭示,同時還要充分考慮資料的獨特性。進而言之,凡是有關宗族歷史的資料以及譜學本身的資料,而這些資料又爲其他文獻所不載,可補他書之闕,具有較高的史料價值,皆在我們選輯的範圍之中。反之,那些可信度較差的或史料價值不高的資料,則不予選輯。比如家譜中的先祖畫像,多係族人依照自己的想像繪成,與先祖的實際面貌相差甚遠。這些畫像,對於宗族或可起到緬懷先人的作用,但不能當作史料利用。實際上,明清時期一些修譜者就拒絶將祖先的畫像刊入譜中,認爲胡亂繪畫先祖肖像實是對祖宗的不敬。又如"修譜名目"、"領譜字號"等,它記録的只是修譜者和領譜者的姓名,與宗族史無關。凡此種種,皆無可取之處,未加採輯。需要指出,"世系圖録"雖然史料價值極高,但不作處理無法直接利用,只能捨棄。本編所輯録的家譜資料,按其内容分爲十一卷,依次爲凡例卷、序跋卷、傳記卷、詩文卷、家規族約卷、禮儀風俗卷、經濟卷、家族源流卷、教育卷、圖録卷、漳州移民卷。各卷的内容,又根據資料的實際情况,有多有少,成卷規模不求劃一。

中國家譜浩如煙海,現今究竟存有多少,很難有一個準確的數字。主要原因是中國家譜出自於民,也藏之於民,大量散藏於民間的家譜,其數量無從得知。公共藏書機構所藏之譜,因不會進入流通領域,藏量相對穩定。經初步統計,目前國内外公藏機構藏有中國家譜四萬餘種。其中宋元版的家譜不超過十種,明代有三百餘種,而所存極大部分皆爲清代、民國時期的家譜。這些家譜中,各地所修的數量相差也甚爲懸殊,浙江、江蘇、湖南、安徽等省纂修的家譜最多,邊遠地區和當時經濟文化相對落後的地區所修之譜則較少,個别省份更是寥寥無幾。以《中國家譜綜合目録》收入的家譜爲例,該書共收録 1949 年前的中國族譜 14719 種,而其中浙江家譜 3521 種,江蘇家譜 2151 種,湖南家譜 1549 種,安徽家譜 1236 種,分别佔總數的 23.92%、14.61%、10.52%、8.4%,四地的家譜之和佔總數的 57.45%,而遼寧、廣西、雲南、陝西、天津、甘肅、北京、吉林、海南、黑龍江、寧夏、内蒙古、香港、澳門等地區族譜藏量之和僅佔總數的 2.38%。此外,各個姓氏的家譜數量也相差很大。如李、王、張、陳等大姓家譜,其數量是稀少姓氏的數十倍至數百倍不等。因此,存世家譜的這些狀况,必然會直接影響到資料的選輯,並反映在被輯資料中。比如由於現存的明代家譜稀少,故而選輯的資料只能以清代、民國的爲主;同樣,從地域、姓氏來看,修譜較多地區和大姓的家譜,被輯資料的絶對數量自然也就較多。雖然我們在選輯時作了適度調整,在資料價值相等的前提下,優先輯録明代等現存數量較少的家譜,但只是盡力而已,因爲這種不平衡是不可避免的。

至於所輯家譜的來源,現存的中國家譜數量,決定了"地毯式"的普選方式是不可取的,選輯資料只能局限於可控的範圍内,並有所側重。具體來説,本編是以上海圖書館的藏譜作爲基礎,然後再重點選輯國家圖書館、湖南圖書館、北京大學圖書館、美國猶他家譜學會和日本東京大學東洋文化研究所等單位所藏之譜。另外,還有針對性地擇取了廣東中山圖書館、陝西省圖書館、甘肅省圖書館、雲南省圖書館、四川省圖書館等單位的具有地方特色的家譜,以補缺漏。

本項目於 2001 年正式啓動,三年後獲國家清史編纂委員會立項。項目告竣,我們有太多的感謝。復旦大學歷史系楊立强教授,立項伊始,就參與了本編框架以及選輯條例的擬訂。然而痛心的是,楊先生未能見到本書的出版就因病辭世。安徽省社會科學院歷史研究所朱玉龍研究員,自始至終參加了本編資料的初選工作,他扎實的功底、嚴謹的治學方法以及孜孜不倦的精神,給人留下了深刻的印象。國家圖書館孫學雷、北京大學圖書館張玉範、湖南圖書館尋霖、廣東中山圖書館李玲等人,對本項目的熱心支持也令人難以忘懷。在此,我們要向所有爲本項目提供幫助的人士,表達深深的謝意。最後,特別要向上海圖書館王鶴鳴研究員致以敬意,從項目的策劃到落實指導,無不凝聚了他的心血,厥功至偉。

本編編纂歷時十年,儘管我們努力爲之,但還是留有不少的遺憾。譬如,鑒於家譜數量巨大,選編者無力查閱所有的家譜,肯定會遺漏不少的珍貴資料。再者學力有限,錯誤疏漏,在所難免。我們真誠地希望廣大讀者不吝指正,同時也希望讀者能從本編中獲得所需的資料,這對我們來説是最大的欣慰,也是我們的編輯初衷。

陳建華

2011 年 5 月

總　則

1. 本編所選資料皆採自家譜，凡刊載於其他文獻中的相關資料不予採輯。

2. 本編資料除《漳州移民卷》外大都輯自 1949 年前編纂的家譜，新修譜中成文於 1949 年之前的資料，酌情收入。

3. 本編按類彙輯，分爲十一卷。每卷正文前刊有總序、分卷專序以及凡例、目錄。

4. 本編收入的資料皆加新式標點。原有標點者，一般不予改動，有明顯錯誤的徑改，不作標識。

5. 本編資料以原文照錄爲原則。内有殘缺、脱落之字，以“□”符號代替。由於各種原因無法辨識之處，用“■”表示。

6. 文中明顯錯字，錯字加圓括號，後再用方括號標出正字。如有衍字，則加圓括號。行文中有明顯脱字，則增補之，并加方括號。

7. 避諱字一般不作改動。

8. 原譜以簡體字排印者，一律改排繁體字。

9. 原文較長而未分段者，編者可據内容適當分段。

10. 所輯篇章或無標題，編者據文擬加。

11. 每篇資料於篇末標注其出處。資料出處包含纂修者、譜名、版本三項内容。

12. 各卷資料編次方法由編者按内容酌定，以便於查閱爲主旨，不强求統一。

13. 各卷視情編製分卷索引，附於卷末。

序　言

歷代家譜中所輯録的詩文作品，體裁多樣，内容豐富，數量也極爲可觀。以體裁而論，舉凡詩、詞、賦、歌謡、序跋、記、傳、像贊、行狀、碑銘、訓箴、日記、書信等，無不周備；就内容來説，家族的歷史源流、重要活動，以及家族人物的生平、著述、交遊等情況皆所涉及，多有史、志所不及備載者，具有相當獨特的史料價值。

大體而言，家譜詩文的史料價值主要體現在以下三個方面：

一、家族文化的集中反映

在傳統宗法社會中，家族的重大活動及日常生活，皆有一定的規章、體制和行爲準則，體現了特定的宗族觀念。而那些被整個家族視爲頭等大事的活動，往往形諸詩文，載入譜牒，垂範後代，家族文化由此在家譜中得到了集中反映。

家族的重大活動，如修譜、建祠、賀壽、掃墓等，皆在詩文中留下了豐富的記録，例如《孟里孫氏家譜》藝文卷所録陳鶴《孫氏宗祠記》、《孫氏義田記》，孫希朱《宗祧説》、《墓祭約》，孫鼎烈《論修譜書》、《宗祠記書後》、《書宗祧説後》、《貞孝節烈祠碑銘》、《歸宗説》、《墓祭瑣言序》、《壽考録》，鄒鶴鳴《孫氏書塾記》等文，就是對上述活動的記載。而這種性質的詩文，在全國各姓家譜中，往往可見。以下我們分别舉一些例子，以見一斑：

（一）修譜

修譜是維繫家族血脈統系的大事，往往同時也是外遷族支尋祖歸宗的過程。如《毘陵新安劉氏宗譜》卷三有劉宏模《閩行問族記》一文，記録了前往福建尋訪宋末因避難遷移至閩的族支後裔的經過，並寄望：

> 族人倘有好義者，捐資往閩，會刻載歸，庶桑梓故里音問不疏，而世裔昭然，後可恪守。

同卷劉尚質《斌公派歸宗志》則記劉氏斌公一支因城鄉遥隔，二百餘年未通音問，至嘉慶間新安公祠邀集族衆興修譜牒，采訪而至此支：

> 余不勝忻躍，將公遷城之由以及歷傳支分增入新譜而記續之，庶後世子孫開卷了然，得悉木本水源，抑尊卑有别矣。

同卷通族公記的《陳墅歸宗記》，則記録了陳墅一支的歸宗經過。嘉慶四年續修宗譜之時，遷居陳墅的族人請求歸宗入譜，通族公議，以爲“修譜所以收族也，而濫取適以亂宗”，所以即使在仔細查考了陳墅分支的世系後仍然難以決斷：

考其時二百餘年,計其次十有餘世,今遽收録,猶恐歷年久遠,難以支分而派别也。斯時尚德等即以近代世系兩本呈出,係邑庠生加修公所録,遷祖而後繼繼繩繩,瞭如指掌,豈非二公在天之靈得於數百年後又有纘而録之者哉。雖然,譜以定名分,以别尊卑,而彼之世系果與吾族之昭穆次序秩然不紊,昭然可信者,終莫敢决。

不得已,幾天後在宗祠内請仙人指引:

有二世祖樂隱公降乩,瞻拜之下,即以此事問乩,判云:"數百年前門内事,爾曹莫作等閒看。"於是敬奉祖訓,告諸通族,祭奠之下,遂收而勒諸宗譜,爲之後者庶幾展卷而識祖宗之靈,且勿疑吾等濫收而鮮據也。

於此可見對歸宗收族的嚴格掌握。强調家族血脈統系的觀念,也反映在對異姓入繼的嚴格控制上。如《稽南鄭氏宗譜》内《永禁外繼議》一文,就特别闡釋了外繼之人不令入行、不令主祭的意義:"俾覽者曉然於異姓奉後不能統屬之義,而外繼因而止息",以免家族"混宗"或"篡繼"。

家譜修成後,往往還會請名士朋輩題辭題詩,以昭鄭重。如《安吉徐氏宗譜》就録有潘臨、吴鯨的題詩:

相彼徐譜,科第煌煌。有斐雲礽,書香彌昌。
相彼徐譜,貞潔年年。有斐雲礽,封章自天。
相彼徐譜,孺山峨峨。有斐雲礽,百世不磨。

——潘　臨

徐宗受姓夏商前,源溯南州世澤延。浙水遠遷開鉅族,孺山重望仰名賢。身投水火貞心定,筆挾冰霜薦牘傳。先世芳徽堪耀乘,後人珍重守遺編。

——吴　鯨

家譜之首,除序文外,多列家訓、族規,而這些訓誡之辭有時也會以詩、賦等形式出現,如《毘陵許氏宗譜》所録《勸人子宜孝詩》、《勸兄弟宜友詩》、《戒鴉片詩》、《戒賭錢詩》、《戒貪色詩》、《戒看鬼詩》、《戒争訟詩》、《戒醉酒詩》、《戒貪財詩》、《勸孝賦》、《勸悌賦》、《戒色賦》、《戒賭賦》、《戒吞鴉片洋煙賦》、《戒訟賦》、《恤寡賦》、《惜字賦》等篇,即是典型的一例。有趣的是,其中還有一篇《訓婦女俚言》,注云"特用粗言俗語,使婦女上口即解",不但可以從中瞭解家族對女性成員的行爲要求,而且也反映了舊時婦女大多無權接受教育的情况。此篇俚言共有三十首之多,例舉二首如下:

一到天明即起身,何嘗懶惰慣因循。富人自此長堪富,貧者由來不久貧。

——第四首

公婆伯叔小姑娘,總要調和在一堂。説話先須能忍氣,見財切勿做私房。

——第十九首

有些文章,還保留了派行的記録,如《巘坪謝氏遷玉族譜》有清光緒三十年《新編派行説》,説明新派的二十一世至三十六世行字取義爲"龍門聯步,岩岫增光。上承祖澤,坪啓華堂"。

（二）建祠

建立並維護宗祠、享堂、祖塋、祭田、義學，也是家族日常生活中的要務，家譜中往往有專卷記載。如《毘陵孫氏家乘》卷十三有“祠墓誌”，專門記載家族祠、墓的情况，録有《先世崇祀節略》、《宗祠記》、《長至祭文》、《風山公義田記》、《墓記》、《夾巷口太僕公塋禁碑》、《茶山卧虎墩琴月公塋禁碑》等文章。再如《大阜潘氏支譜》有“義田記”、“義莊記”二卷，“墳墓記”一卷，記載尤爲詳盡。

（三）賀壽

宗人多壽徵，是家族興盛的象徵，而合族爲長輩共同祝壽，尤爲家族盛事。如《南海西樵梁氏家譜》所録《光業堂落成暨諸父老聯壽大慶》、《大碩德鶴松翁洽濬翁桂平翁雲集翁等聯壽序》、《丙申年四房聯壽序》等篇，都是對家族聯壽活動的記載。清雍正九年《吉贊房聯壽序》記：

> 至昭代則揆長大兄研究經傳，所著《四書五經備旨》、《合旨》諸書海内傳誦，有著述名世之額，可謂一代儒宗。邇者瑞征則九袠開一，東源、振樵、西浦則八袠開一，奏廷、仰高、西濤、德漢、西沛、浩然、嵩爵、公振、廣甫、廉振、東南、輝南、樞南、喬贊、中甫、慶樵、逸則七袠開一，合計二十餘人，世之所稱多壽，又孰有更盛於此者耶。

受賀的長輩共有二十餘人。又如梁志文《民國甲子四房聯壽序》云：

> 今日燕毛序齒，鶴髩簪花。揚觶升階，賓主盡東南之美；飛觴滿座，群季開桃李之筵。一望七十有二峰，如山作頌；五人四百有餘歲，韵事成圖。信仁里之休征，極清門之盛事。志文以爲：睦姻敦俗，可期世界大同；結誼聯情，即爲民族主義。禮失則求諸野，道易曷觀於鄉。言念父母之邦，寧忘弟子之職。撫祠堂祭器，不覺思鄉；讀家廟碑文，悠然追遠。

可見民國時期家族聯壽活動依然盛行不衰。此外，賀壽文、賀壽詩也是家譜藝文卷内“贈言”的主要内容之一，另一部分則是祭文和挽詩。

（四）掃墓

祭掃祖墓，爲尊祖敬宗收族，是家族倫理的體現。《華秀彭氏三修族譜》卷十三《藝文》有彭華璨、彭華琛《邵陽掃墓詩》及彭詩頌《清明掃先嚴墓》，反映的都是作者掃墓的心情。我們舉彭華琛詩：

> 遠隔親親久睽宗，相思誰限路千重。
> 百年丘冢依猶在，三世音容何處逢。
> 大業光前如重任，陰靈啟後應榮封。
> 我來敢托先人庇，莫使先人墓棘壅。

《前澗浦氏宗譜》所附《誦芬録》卷八有浦武《己未掃墓日記》、《庚申掃墓隨筆》二篇日記，記録了作者及其親屬在民國八年和九年兩度回無錫掃墓的經過，後列《掃墓須知》十條：

> （一）雇舟：舟須軒敞，舟子須老練於出門者，如是則風雨可行，不生危險。

(二)携物:如燈籠、拜毯、酒壺、掛藍、綳絡、扁擔、碗盞、杯碟、冥鏹之屬,皆不可缺。

(三)糧食:約帶白米三斗,其餘如油、鹽、醬油、酒及火柴、草紙、水菸或香菸、洋燭等略備少許,沿路再購。

(四)玩具:如書籍、棋子等具,長途可破岑寂。

(五)記載:筆墨帳簿不可缺。

(六)衣服:鋪蓋、衣服、雨具各人必須帶足。

(七)經費:以四日計約十二三元,五日則十五六元。

(八)司祭者:預備第一日須備後圻祭菜一席及當日火艙,到福後亦須先備祭菜,乃可進山。

(九)遊覽:長途甚悶,到處應遊覽勝迹,以擴胸次,其茶酒之資,應由司祭者開支,以不吝嗇不浮費爲度。

(十)糧串:到光福掃墓須向墓丁索取銀漕版串,蓋山糧由墓丁代辦也。每年例給墓丁代辦糧之費共計洋四元四角,或由墓丁冬間來領,或到墓給彼。

觀此可知舊時掃墓的一般情況。

二、重大歷史事件的民間記録

史不絶書的天災人禍,必然對家族的命運産生重大的影響,因之同様也會記録於譜牒。這些詩文,從一個側面,真實地記録了政治動亂、自然災害等重大歷史事件給社會造成的影響。

例如,《慈谿竹江袁氏宗譜》藝文卷内,《竹江紀難》一文記清道光二十一年英軍的入侵,《粤匪紀難》一文記同治元年太平天國軍的進襲,是政治動亂的記録。而《蛟水紀災》則記光緒十五年江浙大水時的遭遇,都是難得的第一手史料。

再如,載於《上虞連氏家譜》的《庚申被難記》,全文三萬餘言,詳盡記載了太平軍攻掠杭州時家族蒙難的經歷,其細節歷歷如在目前:

頃間賊又至,曳余出,給余爲醫病也。方出大門,見路上屍首無算,有聲如鵝者,有呼阿育而直叫者,有圓旋如雞甫割而翼撲地者,滿地皆血。賊曳我至間壁陸宅,將以繩縛余,而索財物。謂余曰:"汝家可有財帛否?"余曰:"吾家笥篋已被汝輩劫盡矣。"此賊臉上有"天國太平"四字。會有老賊過之,余曰:"汝如不信,可問此公。"老賊亦頷首曰:"他家我兄弟們已去過矣,已無財物矣。"陸宅屋内有人爲賊殺雞,若與吾素相識者,呼余而進之,附耳而與余言曰:"你若要脱身,則必向王爺説某家富有,可隨我去,便可保全矣。"予不可,曰:"我自己性命且不保,焉可害人乎!"此公乃自批其臉頰曰:"我要好反錯矣!"繼又告余曰:"王爺們如叫你吃飯,必吃乃可,不吃反疑。"未幾賊果復問曰:"汝既爲醫,當知誰是富户。"余曰:"我爲醫,只管人家性命,不管人家財物。"賊又曰:"汝必知之。"余曰:"我杭人有名無實,要説有錢,大家像有錢的,要説没錢,大家没錢的。"賊見辭氣不遜,怒目而曰:"再做索可也。"時陸宅屋樑上有藍檀索,已早懸矣,此索已縛人至死矣,余不知也。會有賊手握數雞,從陸宅屋檐落樓,將出走,臉上刺字賊因走上搶雞,余因此遂遁歸。至家視吾妹,則已死矣。予方哭時,賊又進曰:"汝家女人會尋死,難道我不會殺汝乎,你還要哭!"余曰:"我的人,我的屋,難道不許我哭!"正相對話間,適吾兄在旁,又罵賊矣。自賊至我家,我兄屢罵賊，賊屢以刀斫之，始而闔家哀求，謂我兄本有瘋病也，繼而人漸少矣，至是則僅我一人也，賊舞刀斫我兄，我一面哀求而一面禁止，抱賊腰而以手奪其刃。我兄且罵且哭，幸而皆杭州土語，賊不知也，群笑而去。

作者的記録基本是客觀的，除了太平軍的作爲，也記録了清軍的腐敗不作爲：

先是，賊據金陵者八年矣，被害之區，南北幾遍，將帥用兵，皆主守土，故賊至則先籌防堵，賊退則冒功收復，至積習相沿，牢不可破。朝廷命浙江省設籌防協防局紳董其事，募兵守御，要皆無業遊民，上下相蒙，不知其無用也。

《暨陽開化劉氏宗譜》卷一内劉錫圭《蒙難篇》所記也是太平軍在浙江活動的情況，後附劉圭如《咸豐十一年九月廿六日髮匪竄境，至同治元年中秋尤甚。予星夜遁跡太白山，途中口占俚句，附録以志蒙難之景》一詩：

深山窮谷處，匿迹走茫茫。
澗水千岩白，秋花一路香。
飛鴻驚夜月，鳴鳳聽朝陽。
翹首兵戈息，優遊返故鄉。

述説了亂世民衆流離顛沛、盼望太平的願望。

民國《蓉湖吴氏族譜》内鄭際青《書吴氏族人殉難事》一文，記述了一九三七年十月下旬，日寇爲搜捕忠義救國軍澄錫虞行動縱隊隊長高杏寶而在無錫芙蓉圩大肆殺戮民衆的經過。此一事件中，僅吴氏族人死於刺殺、活埋者就達十一人，至有孕婦被火炙後投入河中溺斃者。這是侵華日軍殘暴行徑的又一份真實記録。

三、歷代詩文著述的拾遺補缺

家譜多有藝文之編，藝文又常常有内集、外集之分，内爲族人篇什，外則親友投贈，其中不乏名家受託之作。例如，《澄江劉氏宗譜》詩外集有錢謙益、徐桐、盧文弨、李兆洛、孫原湘等名家贈詩，詩内集則劉倫、劉普等族人詩作。

族人詩文，多有不見傳世的作品。如前舉《南海西樵梁氏家譜》藝文卷所録梁士元《荆園文抄》、《荆園詩抄》諸作，皆從未刊傳。這樣的情況，在家譜中是常常可以見到的。因此，勿論其文學水準，就補遺明清現代的歷朝詩文，家譜即有極大的價值。

藝文之編往往還收有日記、家書等材料。例如崑山《趙氏家乘》録有清趙元益致長兄、五弟、二侄等家人的書信。趙元益爲清光緒舉人，好醫書，同治初入翻譯館後，曾經翻譯有英、美、法等國多種實學著作，内容涵蓋醫學、西藥、數學、軍事、冶金、井礦工程、光學視學儀器、海塘等方面，多有流布。録入家譜的書信中最有意思的是趙元益作爲隨員出訪西洋時在英國、法國使館寫回國内的家信，記録了在海外的見聞和感想。如《英倫使館致懿甫五弟書》，談英國的圖書館：

又國家設藏書院，令人管理，其中古今書籍靡不備載。另有兩室，一藏中國書，一藏日本書，每日有人在院觀抄，至晚則歸，不准携出。

又論及議會制與民情：

其官員皆與民心浹洽，每有大事，必集衆會議，至再至三，求不拂於民情而後已。所以賦斂極重而民不以爲苛，園囿極廣而民不以爲大，貧民雖多，盗賊極少。

而所見西方人對中國人的態度，更使人感慨：

街上巡捕待我華人格外周到，其未曾到過中國之西人，敬重華人出於至誠。在館同事俱言西人待人之厚道，華人萬不能及，嘖嘖稱羡，自愧弗如。曾經到過中國者，不免狡猾，且有輕視之心，此其故何哉，看破而已矣。

這些議論，雖未必切合事實，但意味深長，是一個走出了國門看世界的普通中國人的心聲。

家譜中詩文的史料價值略爲撮述如上，正是基於以上的認識，本卷詩文的選録即以其是否具備這些價值爲取舍的標準，而非以衡文論藝爲鵠的。是以名家的作品，因其多有詩文集行世，所以除非有關家族文化，原則上不予入選；而無名氏的詩文以至掌故記事，只要有可取之處，則盡量不使遺失。

當然，譜牒中之史料浩如烟海，本卷未能也不可能網羅無遺。編選者只是希望，通過這個有限的選本，能够提示一些相關的綫索，俾治史者得以尋踪追源，最終能在家譜中獲得拾遺補缺之益，則於願已足。

本卷的標點整理，由董福光、陳福疇先生承擔，特此説明。

梁　穎

2011 年 5 月

凡　例

一、本卷詩文稿的收録，以作品是否具備一定的史料價值爲原則，不以衡文論藝爲鵠的。

二、本卷詩文以全國各地新舊譜牒爲收録範圍，考慮到姓氏、地區以及歷史文化的差異，對於某些小的姓氏和譜牒較少的地區，爲體現一定的代表性，也適當選收。

三、爲體現家族詩文的特點，保证所選資料的相對完整性，並便於研究者尋踪追源，所選詩文均以家譜爲單位，即同一譜内輯出的作品作一編排單元，不按體裁或題材拆散。

四、各單元内詩文原則上按譜内原順序排列，以家族族人作品爲先，族外友朋等投贈作品爲次。

五、家譜詩文，譜内往往只題作者行輩尊稱，如本譜世系、傳記内可考出姓名，則註明作者姓名；如不可考，則據原題稱謂著録。

六、所録詩文一般只録本文，各作品題下、篇末原附之作者小傳、字號等資料一般不録入。

七、所選作品之後，均註明所從出之家譜的作者、家族地望、譜名及版本，源自同一家譜之作品只在最末一篇註明。

目　録

總序 …… 陳建華 1
總則 …… 1
序言 …… 梁　穎 1
凡例 …… 1

丁氏宗譜 …… 1
控追祀田捐助梯雲會詞稿記 …… 丁簡中 1
福巖丁氏宗祠記 …… 應寶時 2
輓凌茝沅女史即題其遺集 …… 孫光裕 3
輓凌茝沅姊 …… 孫佩蘭 4
越州福巖展謁祖墓信宿舊廬有作 …… 丁　軾 4
敬謁艮山祖塋 …… 丁兆元 4
鼉豆橋爲五世祖妣周太安人赴義處 …… 丁　丙 5
同兄展墓歸宿香山蘭若與法慧長老夜話 …… 丁　丙 5
咸豐辛酉歲暮感懷 …… 丁　丙 5
同治壬戌二月望日同兄至山陰福巖村謁宗祠無恙訪鼉豆橋五世祖妣周氏赴義處旌碣猶存族丁雖陷賊中無一殤者相率祭掃悽然有作 …… 丁　丙 5
光緒丁酉正月十一日至金筑山展墓同脩甫姪 …… 丁　丙 6
越中展墓棲祠三日偶作 …… 丁　丙 6
東阿逆旅夢亡婦慰予毷氉宛若平生 …… 丁士元 6
悼亡八首 …… 丁　丙 6
七月三日申時葬亡室陸恭人於金筑山感紀 …… 丁　丙 7
譜學源流 …… 丁福保 7
與族再姪子秀遂初書 …… 丁福保 8
族兄仲祜捐産記 …… 丁　卓 8
亡室丁安人節烈行略 …… 周建標 9
書丁安人傳後 …… 丁福保 11
海神廟燈祭會序 …… 丁　浩 11
海神廟燈祭會緣起 …… 丁　浩 12
宗祠臘祭記 …… 丁仲舉 12

卜氏宗譜 …… 13
先賢卜子祠碑記 …… 瞿　溶 13

于氏宗譜 …… 14
光緒九年在日本國寄黔中家書 …… 于德楙 14
于氏祠田記 …… 周　焕 16

寸氏宗譜 …… 17
祖墳影像跋尾 …… 寸開泰 17
宗祠影像書後 …… 寸開泰 17

仇氏宗譜 …… 18
新遷鞏昌府儒學記 …… 仇　敬 18

孔氏宗譜 …… 19
厚德堂記 …… 吕伯傅 19
恒德堂記 …… 孔廣柳 19
新禧庵記 …… 孔昭融 20
孔氏山莊記 …… 鄧　翔 20
本族賑饑並禁賭小啓 …… 孔廣鏞　孔廣陶 20
闔族致廣鏞廣陶等謝啓 …… 21

尤氏宗譜 …… 22
述祖詩 …… 尤　侗 22
郡城尤氏宗祠記同邑雪堰橋庠生 …… 吴治允冠甫 26
採芰家祠記 …… 吴治允冠山 26
洛陽板橋在水祠堂記 …… 尤玉如松齋 26
萬柳溪邊二話後序 …… 尤慎言 27

文氏宗譜 …… 28
六歌 …… 佚　名 28
和夷齊西山歌 …… 佚　名 28
文信國公祠堂記 …… 王守仁 29
宋丞相文信國公祠堂記 …… 羅　倫 29
六義堂重修記 …… 顔　約 30

方氏宗譜 …… 31
壽塔八景 …… 佚　名 31
白竹十景 …… 佚　名 32

題可已堂……方山京 33
芙峰唫詩草……方　鑑 33
丁山廟記……方　飛 36
西明山人雜詠……方　飛 36
佩萱詩稿……方玉初 37
倦游辭……方振綱 44
癸亥春試航海同人北上……方恭壽 44
丁山文昌閣記……方叔猶 45
別有天園吟草……方叔猶 45
夾溪居吟稿……方　鎮 48
樂亦處雜詠……方　霖 49
水心室雜誌……方　正 54
繼源之序……方學秀 59
柰何辭……方學行 59
題二樟書屋寄贈從堂兄學千……方學行 59
義門詩……方學行 60
宋太廟齋郎右正言方公像贊……瞿鴻禨 60
正言府君遺像附識……方仁熙 60
始祖正言公畫像後記……方義鶚 61
養閒跋……方義路 61
無題……方崇年 61
培玉學堂緣起……江　迥 62
培玉兩等小學堂記……湯壽潛 62
方氏培玉學堂章程序……楊魯曾 63
培玉學堂記……陳祖詔 63
培玉小學校改訂規程敘……江五民 64
師範堂記……張家驤 64
方氏祀則序……張壽榮 65
賢訓堂家訓序……張壽榮 65
叩寂居遺稿序……張壽榮 66
仰喬方先生七十徵詩文啟……劉鳳章 66
仰喬方君八十徵詩文啟……董　沛 67
秋夜雨中……方　整 67
夏日田園雜興……方　整 68
七學士峰……方　端 68
梅花谷訪王守約先生讀書臺……方　端 68
山居……方世瑜 68
夕望有感……方世瑜 68
喜唐大來過訪……方世瑜 68

二月晦日夜坐 …… 方　鶴 69
閒居 …… 方　鶴 69
漂母祠 …… 方希孔 69
客至 …… 方希孔 69
遣興 …… 方希孔 69
星回節五華山晚眺 …… 方希顥 69
菜海 …… 方希灝 69
月夜獨坐 …… 方　檢 70
柳枝詞和劉寄庵夫子 …… 方　檢 70
西江月 …… 方　檢 70
子欽臨别以詩見贈即次元韻餞之 …… 方　渤 70
元和宫 …… 方秉孝 70
晚游圓通山 …… 方秉孝 71
月夜登五華山 …… 方秉孝 71
新秋雨後游盤龍寺便過萬松寺 …… 方秉孝 71
碧嶢弔楊升庵先生 …… 方秉孝 71
金砂訪李軒民先生 …… 方秉孝 71
郁望 …… 方秉孝 71
示諸子 …… 方　邺 71
鳳凰橋聞啼鵑有感 …… 方　邺 72
侍趙石禪老人游盤龍寺 …… 方樹德 72
鷄睢廠 …… 方樹德 72
與臞仙弟夜話 …… 方樹德 72
偕周惺庵先生華允三何小泉趙澄甫和甫諸君暨諸弟子侄侍石禪老人登日照峰 …… 方樹德 72
筇竹寺步郭維舟先生韻 …… 方樹猷 72
游海寶山寺次楊升庵太史韻 …… 方樹猷 73
安江柳堤小坐 …… 方樹猷 73
任教福安校園老梅一株開學後值花盛放紀之以詩 …… 方樹猷 73
壽母盤龍山 …… 方樹猷 73
偕臞仙四兄侍石禪老人並和甫五弟華允三何小泉兩兄游盤龍萬松諸勝得五律二首 …… 方樹猷 73
偕周惺庵先生華允三何小泉趙澄甫和甫諸君家兄弟六人侍石禪老人冒雨游盤龍諸勝 …… 方樹猷 74
萬松寺 …… 方樹猷 74
盤龍寺次龔太守韻 …… 方樹猷 74
巖泉寺懷六弟紀青 …… 方樹猷 74
憶母 …… 方樹猷 74
陸涼中秋未見月 …… 方樹猷 75

自西郭外移歸舊廬 …… 方樹猷 75
收獲遇雨 …… 方樹猷 75
自遣二首 …… 方樹猷 75
偕友泛舟中延澤即南盤江睹江上風光佳麗口占 …… 方樹猷 75
到家 …… 方樹猷 75
題畫寄方握之 …… 普　荷 76
答方握之 …… 普　荷 76
題方夢亭教習詩集後 …… 師　範 76
寄懷方夢亭教習 …… 師　範 76
夢亭出與望山文五唱和之篇予亦依韻作此並以誌別 …… 師　範 76
送夢亭教習還滇並寄乃翁鳴九同學 …… 師　範 77
都門九友歌有序 …… 師　範 77
題方夢亭洞庭湖詩卷後 …… 師　範 77
夢亭固坪二廣文俱有贈詩賦此答之即以誌別 …… 師　範 77
趙覺莊留飲索句偶成一律並柬羅琴山方夢亭方兑峰何魯巖楊曉園何瞻魯 …… 師　範 77
懷方夢亭廣文 …… 師　範 78
重游晉祠同方夢亭 …… 師　範 78
許岐山邀同方大夢亭游孟氏東野園漫成二首 …… 師　範 78
喜方夢亭廣文由京過訪時將之江西 …… 師　範 78
邀方夢亭游迴龍宮偶成二律 …… 師　範 78
夢亭用予贈海幢韻書之扇頭又復有作是韻蓋始于鄧山人至是凡四疊矣 …… 師　範 79
九月初一日揭曉喜趙幼援掇解方夢亭薦魁仍疊前韻奉贈並寄第三名何魯巖 …… 袁文揆 79
渡黄河後與方夢亭臨岸飲酒 …… 嚴　烺 79
襄陽舟中和夢亭韻 …… 嚴　烺 79
漢水舟中懷方夢亭學博 …… 嚴　烺 79
瀓江學舍留别方夢亭廣文 …… 嚴　烺 80
爲方夢亭作畫即題長句以贈 …… 錢允濟 80
餞别方夢亭先生錦旋 …… 錢允濟 80
嘉慶辛未臘月過訪方夢亭先生清齋四壁焕然戲爲小詩一章 …… 馮承恩 80
酬方夢亭先生 …… 馮承恩 80
餞别方夢亭先生 …… 曾　罊 81
方夢亭先生以詩見示奉和二首 …… 陳正榮 81
柬方夢亭先生 …… 陳正榮 81
四疊前韻奉酬方夢亭先生并述旅懷 …… 蔣慶芬 81
和方夢亭先生寵行原韻即以誌别 …… 潘光文 81
雪後寄方夢亭廣文 …… 馬之龍 82
柬夢亭姑父先生 …… 戴　淳 82
送夢亭姑父之官西蜀 …… 戴　潢 82

滇南方夢亭老先生先君子經師也爲廣文後久不來京樸生也晚未能一接道貌今耄歲引見知縣枉過敝居以先君子猶在故也樸悲喜交集爰跋詩卷 …… 奕　樸 82
題方夢亭先生桐陰覓句圖 …… 黄　琮 82
餞别夢亭方老夫子歸里 …… 郭　鎮 83
前題 …… 楊芳春 83
前題 …… 傅　霖 83
前題 …… 李謨鴻 83
前題 …… 楊占春 83
前題 …… 姬守緒 83
前題 …… 張東森 84
前題 …… 李仙林 84
題鄉先正方夢亭先生遺稿 …… 李承祐 84
爲方臞仙題其先德夢亭先生遺集 …… 徐　旭 84
題方夢亭先生遺集 …… 錢良駿 84
題方夢亭先生桐陰覓句圖 …… 宋嘉俊 84
爲方臞仙題其先德夢亭先生桐陰覓句圖 …… 趙式銘 85
壽方臞仙母葉太孺人六袠 …… 李承祐 85
壬戌十月大雪後得臞仙書來乞畫梅並云輯師荔扉先生年譜將成欣然爲作此幀綴二小詩 …… 趙　藩 85
畫梅贈臞仙 …… 趙　藩 85
臞仙允三夜過留宿齋中 …… 趙　藩 85
苦雨悶坐柬宣三臞仙 …… 趙　藩 86
爲方臞仙題師荔扉先生畫山水 …… 趙　藩 86
陸寄洲畫師荔扉先生望江官廨小停雲館紅白桃花圖爲方臞仙題 …… 趙　藩 86
臞仙約游盤龍萬松甲子八月十七日偕華允三何小泉二君挈五兒宗煦發昆明 …… 趙　藩 86
滯雨二鼓始至方宅下榻小樓 …… 趙　藩 86
贈臞仙昆弟 …… 趙　藩 86
方氏宗祠 …… 趙　藩 87
方村 …… 趙　藩 87
方童子懷民見紫芝一本采以相贈 …… 趙　藩 87
登舟返昆明呈臞仙 …… 趙　藩 87
歸寓廬後柬臞仙允三小泉 …… 趙　藩 87
晉寧游歸五日矣山水風物猶在夢寐間復成七古一篇柬臞仙 …… 趙　藩 87
金線魚篇柬臞仙 …… 趙　藩 88
臞仙老弟得陳卧廬爲劉寄庵作墨梅大幅爲題小詩 …… 趙　藩 88
臞仙同學藏杭人顧月坡墨梅横幀乾隆末顧與吴人龔國用銕簫在滇畫梅俱有名檀白石所稱爲梅精者也爲題二絶句以張之 …… 趙　藩 88
李石齋畫松爲臞仙題 …… 趙　藩 88

趙州谷西阿先生寫松鶴贈晉寧方夢亭先生滇亂失其圖丙辰秋臞仙於
昆明市攤購歸合浦珠還非偶然也爲題小詩以識 …… 趙　藩 88
丙寅冬十月十九日方臞仙同學招同周惺盦華允三何小泉暨余攜二兒宗瀚
五兒宗煦復作盤龍萬松之游欣然赴之臨發有作 …… 趙　藩 89
至方氏宗祠宿 …… 趙　藩 89
贈方氏六昆弟 …… 趙　藩 89
臞仙慫恿乘兜子偕諸君登日照峰頂晚晴縱覽心目皆豁口號二首 …… 趙　藩 89
自盤龍歸紀青餉家釀白酒一罌夜酌奉懷得二絶句 …… 趙　藩 89
臞仙餉錦川里櫻桃口占謝之 …… 趙　藩 89
秋感柬惺盦臞仙 …… 趙　藩 90
偕臞仙允三小泉及五六兩小兒往西山瘞硯餅于華亭僧寮歸舟有作 …… 趙　藩 90
輓方潤齋 …… 趙　藩 90
臞仙聞其長兄病趨視則成殮矣不勝孔懷之痛以詩慰之并當挽歌 …… 趙　藩 90
柬臞仙 …… 趙　藩 90
夜雨有作柬臞仙 …… 趙　藩 90
館居柬臞仙 …… 趙　藩 91
贈臞仙 …… 趙　藩 91
壽方臞仙母葉太孺人六旬晉六 …… 段履富 91
贈臞仙 …… 華世堯 92
題方臞仙滇南茶花小志 …… 郭燮熙 92
題臞仙滇南書畫録 …… 郭燮熙 92
宿方邨贈臞仙昆仲 …… 宋嘉俊 92
贈臞仙 …… 宋嘉俊 93
方氏宗祠 …… 宋嘉俊 93
贈紀青 …… 宋嘉俊 93
贈方臞仙 …… 陳　樹 93
癸酉七月二十五日六十初度臞仙同門約同宋鏡澄游其鄉之盤龍山早發昆明
晚至盤龍簡老臞 …… 趙式銘 93
初晤臞仙令弟紀青喜而有贈 …… 趙式銘 93
生朝萬松寺禮佛奉謝紹先藝五臞仙紀青四昆季 …… 趙式銘 94
樂耕堂奉酬臞仙紀青諸昆弟 …… 趙式銘 94
望天女城梁王山再酬臞仙紀青 …… 趙式銘 94
感晉寧風物之美呈鏡老臞公 …… 趙式銘 94
紀青以輿馬送至呈貢道中有作卻寄紀青 …… 趙式銘 94
題臞仙同門滇賢像傳 …… 趙式銘 94
爲臞仙題師荔扉先生所畫歸釣圖 …… 趙式銘 95
紀青六兄來訪有作 …… 趙式銘 95
題臞仙同門滇賢生卒考 …… 趙式銘 95
題臞仙同門滇南茶花小志 …… 趙式銘 95

題臞仙同門滇南書畫録 …… 趙式銘 95
題臞仙同門歷代滇游詩鈔 …… 趙式銘 96
臞仙同學餉金線魚詩以謝之 …… 趙式銘 96
愳盦詩初印行而臞仙北游搜訪鄉先賢遺著亦同時還滇屏山翁招飲湖樓書此志喜 …… 趙式銘 96
予將謝病歸里紀青自晉寧以長句寵行奉答四十字郤寄 …… 趙式銘 96
紀青寄示學圃雜興并促爲賦奉酬四十字郤寄 …… 趙式銘 96
壽方臞仙母葉太孺人 …… 袁嘉穀 97
爲臞仙題師荔扉先生畫山水 …… 袁嘉穀 97
訪方臞仙於方家村旋應李伯貞招飲河西廠即席賦贈 …… 袁嘉穀 97
題臞仙藏陳卧廬爲劉寄庵先生畫梅 …… 袁嘉穀 97
題臞仙藏師荔扉先生贈錢芷汀詩幅 …… 袁嘉穀 97
晚宿方氏宗祠贈臞仙昆弟 …… 周鍾嶽 98
方臞仙滇南茶花小志題詞 …… 周鍾嶽 98
贈方臞仙 …… 金天羽 98
臞仙贈我蒼洱石屏形成煙水歸舟之狀余將東歸賦此誌别 …… 金天羽 98
贈方紀青 …… 金天羽 98
壽方母葉太孺人八旬 …… 郭之楨 98
題方紀青牛背哦詩圖 …… 郭之楨 99
題方臞仙滇南茶花小志 …… 趙　芹 99
方氏宗祠 …… 趙宗瀚 99
贈方氏昆弟 …… 趙宗瀚 99
贈臞仙同學 …… 何秉智 100
宿方氏宗祠柬臞仙昆仲 …… 何秉智 100
憶盤龍山藥師院雙茶即贈臞仙紀青昆玉 …… 何作楫 100
謁方紀青先生 …… 范培鈞 100
長歌行贈别方臞仙 …… 陳榮昌 100
臞仙將赴各省搜求滇賢遺著作此送之 …… 周鍾嶽 101
甲戌初冬臞仙老友爲搜訪滇志資料將有南北之游賦此贈别 …… 趙式銘 101
臞仙賢友赴各省搜訪鄉先賢遺著首途有期賦此送别 …… 秦光玉 101
臞仙游南北各省搜訪雲南文獻詩以送之 …… 由雲龍 101
甲戌秋暮臞仙同道馳往南北各省搜訪鄉先輩遺著成行有日詩以送之 …… 宋嘉俊 101
臞仙遠游搜求滇南文獻事至偉也留飲齋中以詩贈之 …… 蕭瑞麟 102
臞仙學兄將赴各省搜訪通志資料詩以送之 …… 何秉智 102
臞仙北上搜訪滇雲文獻宜有贈言勉成長律二首 …… 王用予 102
臞仙北上搜訪文獻已贈長律二首餘思未盡續成七古一篇 …… 王用予 102
臞仙將赴粤桂吴越燕趙徵訪文獻賦此誌别 …… 繆爾紓 103
臞仙往游南北各省採訪滇南文獻瀕行詩以送之 …… 郭之楨 103
臞仙北來搜訪吾鄉文獻賦贈二絶 …… 王人文 103

題方臞仙梅林覓句圖 …… 陳榮昌 103
前題 …… 宋嘉俊 103
前題 …… 秦光玉 104
前題 …… 金天羽 104
前題 …… 趙式銘 104
前題 …… 周鍾嶽 104
前題 …… 郭燮熙 104
前題 …… 由雲龍 105
題方臞仙梅林覓句圖即送其游覽各行省 …… 袁嘉穀 105
題方臞仙龍池校書圖 …… 孫樹禮 105
前題 …… 高步瀛 106
前題聯句 …… 蔡談溶 106
前題 …… 吴　煦 106
前題 …… 王樹枏 106
前題 …… 方　若 106
前題 …… 王獻唐 107
前題 …… 蔣　藩 107
前題 …… 王　健 107
前題 …… 談錫恩 107
前題 …… 余炳成 107
前題 …… 柳詒徵 107
前題 …… 王　爍 108
前題 …… 蹇先榘 108
前題 …… 金天羽 108
前題 …… 戴振聲 108
前題 …… 宋嘉俊 108
前題 …… 趙式銘 109
前題 …… 周鍾嶽 109
前題 …… 由雲龍 109
前題 …… 袁嘉穀 110
前題 …… 蕭瑞麟 110
前題 …… 吴良桐 110
前題 …… 郭燮熙 111
前詩意有未盡再題一律 …… 郭燮熙 111
前題 …… 孫光庭 111
前題 …… 葛在庭 111
前題 …… 李根源 111
前題 …… 何秉智 112
前題 …… 繆爾紓 112

石峽書院八景小詠有引 …… 王行健 112
石峽 …… 程士宏 113
龍山 …… 程士宏 113
松陵 …… 程士宏 113
印石 …… 程士宏 113
石峽書院八景 …… 張羽飈 114
石峽書院八景 …… 周上治 114
長錦派八景詩 …… 佚　名 115
甘屏里居圖詩 …… 佚　名 116
甘屏十景詩 …… 佚　名 116
右源旗峯十景詩 …… 方嗣綸 117
雲峯嶺坡十景詩 …… 方開蘭 118
新田盤峯十景詩 …… 洪鍾元 119
隱龍八景 …… 方彦思、方文易、方子俊、方彦春 120
又題隱龍八景 …… 方彦思 122
隱龍八景詩有小引 …… 亨　咸 122
隱龍八景詩有小引 …… 張郝元 123
隱龍八景詩有小引 …… 方　俊 124
龍山十詠 …… 方藜光 125
隱龍村八景詩七律八首 …… 汪　時 126
新八景 …… 張澤臨 127
新八景七絶 …… 張澤臨 128
十景詩 …… 方維蕃 128
新八景 …… 浩星海 129
佛光記 …… 方學行　方　鷃 130
造祖堂修宗譜之始末記 …… 杜昂斯 131
方家菴即普照菴碑記 …… 方學寶 131
霞蔚書塾易名記 …… 方景雲 132
認族記 …… 方　汀 132
得像録 …… 方學槐 132
致羅玉田書 …… 方　清 132

毛氏宗譜 …… 134
韶山記 …… 周定寧 134

王氏宗譜 …… 135
述先德頌 …… 王振綱 135
掃鶴洲公墓遇雨 …… 王振綱 135
戊申七月四日哭五橋叔 …… 王振綱 135

宗譜告成頌 …… 王振綱 135
王氏宗祠記 …… 王大樞 136
重修宗祠記 …… 王念祖 137
子貴公支祠記 …… 王宏祖 137
修譜詩 …… 王　電 138
修譜詩 …… 王　栢 138
九疇古沙諸族長佳章賜教勉步韻奉答而續貂之誚固非所敢辭也 …… 王　栢 138
無題 …… 王　椰 139
無題 …… 王承宗 139
無題 …… 王廷章 139
重修族譜步前韻 …… 王　坦 139
丙戌之秋九月既望公玉老叔重修譜牒告成即生不凡子真吾家之國器掌珠也因命名世譜載之新册信乎祖宗在天之靈感格不爽特占一律志喜以卜他年發祥之兆以啟後人興感之端 …… 王　坦 139
建祠修譜總記 …… 王芹采 140
建祠置田記 …… 王觀禮 140
附祀記 …… 王承義 141
素風堂記 …… 王時霖 141
槐慶堂記 …… 張　洪 141
重建田尾山孝思庵記 …… 葉時新 142
樂善公墳山記事 …… 佚　名 143
重修樂善公墳山記 …… 王　錫 144
南墳記事 …… 佚　名 144
中丞公墳山記事 …… 佚　名 144
芳洲公墳山記事 …… 王　錫 145
王沂鍾四書解序 …… 周　爰 145
偉岳公文稿序 …… 陳沂震 145
王岱雲蛩吟草序 …… 高聯登 146
星威公遺稿序 …… 沈德潛 146
擬兩王孝廉時文合刻序 …… 任蘭枝 147
棲碧堂詩稿序 …… 俞希哲 147
養元公墓記 …… 王奕組 148
明三公墓記 …… 葉儁彩 148
訪得少詹公墓記 …… 王仁寶 149
壑舟園西偏壽藏記 …… 王世錦 150
壑舟園西偏兄弟墓記 …… 王　錞 150
重修文恪公祠堂後記 …… 王芑孫 150
重修文恪公祠堂記 …… 王仁俊 151
改建文恪公專祠記 …… 王仁寶 152

陸巷君胄公祠堂記 …… 王熊伯 152
重修君胄公祠堂記 …… 王仁寶 153
祠堂記 …… 胡鳴玉 153
修雲津堂記 …… 王申伯 154
孔安樓記 …… 王世鈞 154
碧山公祭田記 …… 王伯霈 155
洞庭王氏家祠記 …… 王艺孫 155
嵩下王氏支祠後記 …… 王仲鎏 155
王氏家塾記 …… 王伯霈 156
鶴巖逸人古意諭俗五首 …… 王　階 156
鶴麓王氏小宗祠記 …… 胡以彩 157
佑啓堂記 …… 胡以彩 157
亦政堂記 …… 蔡元海 158
大將廟萬安堂碑記 …… 崇　炳 158
石馬新屋四維堂記 …… 章徵杰 158
石馬元饒公碑記 …… 王肇岐 159
王氏祠堂記 …… 王繼徽 159
澄塘創建門樓記 …… 王　潮 160
蘭亭近草 …… 王尚賢 160
天台山紀遊 …… 王國陛 161
三快堂記 …… 王崧壽 163
麗川放生潭碑記 …… 王遐年 163
有心子傳 …… 王崧壽 163
環溪詩稿 …… 王穹年 164
梅濱詩稿 …… 王穹年 167
盤溪詩稿 …… 王家賓 167
笠雲詩稿 …… 王穎栗 168
復旦詩稿 …… 王掄印 170
雲巘詩稿 …… 王之屏 172
台遊紀畧 …… 王崧壽 174
義祠記 …… 蔣壬文 175
祠堂説略 …… 王三重 175
盛世詞 …… 佚　名 176
感君恩詩 …… 佚　名 176
親恩歌 …… 佚　名 177
訓孝詩 …… 佚　名 177
婦道詩 …… 佚　名 178
醒世詠 …… 佚　名 178
永思堂記 …… 聞人棠 179

永思堂記 …… 鄭　彦 179
報德菴碑記 …… 章　泰 179
天宜菴堂碑記 …… 章　泰 180
水月菴碑記 …… 章桂芳 180
辛酉殉難録序 …… 郭守民 181
荆樹承恩館詩鈔序 …… 楊葆光 182
荆樹承恩館詩鈔序 …… 馬志舉 182
台詩待訪録序 …… 王　棻 183
台山梵響序 …… 陳　璚 183
台山梵響序 …… 朱　遊 184
台山梵響序 …… 江　培 184
焦尾閣遺稿後序 …… 周家禄 185
焦尾閣遺稿序 …… 張婉紃 186
焦尾閣遺稿書後 …… 李慈銘 186
述祖德詩 …… 王時霖 187
村居三十詠并序 …… 王思静 189
村居詩 …… 王汝羹 190
秋深雜感 …… 王奉萱 191
輯譜頌 …… 王蔚文 191
丹山里居圖賦 …… 王廷杰 192
新祠堂記 …… 王氏嗣孫 192
老祠宇碑記 …… 王　湘 193
誥房金聲公享堂記 …… 王氏房衆 194
宗祠記 …… 王正寧 194
澤山公祠堂記 …… 王壽平 195
我思公墓廬記 …… 王道純 196
傅巖公墓廬記 …… 王振育 196
以齋公祠堂記 …… 王厚純 197
論秀公祠堂記 …… 王振育 197
儒高八景記并詩 …… 毛超倫 198
芹川八景記并詩 …… 吴　江 200
接翠園記 …… 徐世寧 201
雲川冷水塘記 …… 祝其珠 201
披梅邨堂室圖記 …… 王澗崃 202
旱塘記 …… 孫士鑑 203
祠堂記 …… 董　沛 203
文會記 …… 潘鴻翔 204
士秀告親乞哀文 …… 王士秀 205
自序雞肋集 …… 王恩湛 205

穀來山居絶句三十首 …… 王景章 206
山居 …… 王紹祥 209
山居秋興 …… 王紹祥 209
冬日即景 …… 王紹祥 210
夏日即景 …… 王紹祥 210
九日偕恩澍恩浩登上東山嶺至魍魎洞興盡而返用杜工部重過何氏韻 …… 王紹祥 210
村居晚眺 …… 王恩溥 210
午晴緣溪小步 …… 王恩溥 210
午晴郊行 …… 王恩溥 210
村居閒游即景三首 …… 王恩溥 211
穀來十八景 …… 王恩浩 211
從軍行 …… 王恩浩 212
曉過澍田嶺感懷 …… 王恩浩 212
穀來十八景 …… 王恩垕 213
補穀來二景 …… 王恩垕 214
八月十五夜在半舫書屋作 …… 王恩垕 214
重修祖廟記 …… 王士章 215
重建曲江家廟記 …… 王廷珠 215
曲江新建本源祠記 …… 王明攀 216
鳳林王氏邠國公祠記 …… 王槐復 217
鳳林亭記 …… 王　褘 217
王忠文公祠記 …… 陳文治 218
重建崇德堂記 …… 楊汝舟 219
永享堂祭田記 …… 王瑞士 219
閩巷重建宗祠記 …… 竇　晉 220
七堡支合修宗譜記 …… 王正裕 220
湯村重修祠堂記 …… 竇　晉 221
甲辰續修宗譜記 …… 王　晉 221
重建崇德堂申廳記 …… 王中曜 222
重建崇德堂寢室記 …… 王中曜 222
東湖重建慶延堂記 …… 王中曜 223
重建德求堂分祠記 …… 王中曜 223
泗溪重建申錫堂記 …… 王　晉 223
彦光公墓被人盗掘記 …… 王胤玉 224
秀溪王氏支祠記 …… 錢　樾 225
元惠公訓子帖 …… 王三尊 226
敬題先高祖元惠公手書遺訓後 …… 王鳳儀 228
余命第三子名思勤第四子名思儉爰作二箴示之 …… 王鳳儀 228
示樹勳姪 …… 王鳳儀 228

曹倦圃司農與雲生公十札 …… 曹　溶 229
朱竹垞太史贈雲生公詩 …… 朱彝尊 230
題古槐書屋詩集序 …… 馮　至 230
題古槐書屋詩集序 …… 王武錫 231
妙嚴寺 …… [題]萬廩公 231
赤石山 …… [題]紛　公 231
天正庵 …… [題]式元公 231
梅源 …… [題]九經公 231
清修寺 …… 九經公 231
獅山 …… [題]汝勳公 232
冒雨過桃花嶺五古 …… [題]樹英公 232
詠懷往蹟二首 …… 樹英公 232
述祖德一首 …… 樹英公 232
感遇贈族姪顧廬 …… 樹英公 232
館規溪 …… [題]宸正公 233
重遊武岱山 …… 宸正公 233
箬溪八景 …… 宸正公 233
寄弟晚香詞 …… 宸正公 234
僊瀑巖 …… [題]紱　公 234
白龍山 …… [題]懋功公 234
覺是亭四詠 …… [題]懋功公 234
雙桂樓懷古 …… 王士紛 234
黄溪八景 …… 王士紛 235
柳愚溪先生唾餘詩草序 …… [題]紛　公 235
古今心鏡搜奇自序 …… 紛　公 236
遊獅山記 …… [題]宗　公 237
遊讀川莊記 …… 宗　公 237
讀書西山庵賦 …… [題]宸正公 238
琴蘭山人詩集序 …… 佚　名 238
餞明府春渚李夫子謝政旋里詩序 …… 王士紛 239
翠峰樓記 …… 湯維新 240
題魚山公古今心鏡搜奇序 …… 柳盛枝 240
致啟曾公書 …… 涂士標 241
題古槐書屋詩集序 …… 陳治策 241
十三世孝縉公游學法國來鴻摘抄(1908～1914) …… 王孝縉 242
白石山風水記 …… 王　佑 248
葬法不善狀 …… 王　佐 248
梅村詩序 …… 郭　烺 249
山居四時即景廻文 …… 王韞玉 249

山居吟 …… 王韫玉 250
田園樂二十絶 …… 王韫玉 250
約同人登夏蓋山有作 …… 王　謙 252
連雨午夜夢醒口占 …… 王　謙 253
壬戌上巳先一日有感而作寄賓于兄 …… 王　謙 253
贈别從弟一夔 …… 王　謙 253
題魏静齋漁樵耕讀圖 …… 王　謙 253
賊匪後家無長物蒙借水煙筒戲贈楊君蘭臺 …… 王　謙 253
蘭臺兄以水煙筒見贈以詩謔之後見果是白銅作此道謝兼誌吾過 …… 王　謙 254
贈别從弟琴舫二律 …… 王　謙 254
留别楊八賓于 …… 王　謙 254
預賀賓于兄赴歲科試拔貢場暨令嗣芹喜 …… 王　謙 254
丙寅冬題楊實齋家慶圖 …… 王　謙 254
謝賓于兄見贈牛脩 …… 王　謙 255
六月既望緘寄賓于兄 …… 王　謙 255
賓于兄以詩稿見寄讀罷有感 …… 王　謙 255
訪賓于兄於得半山莊偶成一律 …… 王　謙 255
約同人又訪得半山莊 …… 王　謙 255
題某君桐陰小憩圖 …… 王　謙 255
題夏轅卿迎賓圖 …… 王　謙 256
祝董君竹虚六旬弧旦 …… 王　謙 256
題余冉香照 …… 王　謙 256
答寄懷 …… 王世杰 256
答寄懷詩八章 …… 王世杰 257
遭劫後仍勉舊學而案上文具一空賦以自傷 …… 王　烈 257
元旦竹枝詞 …… 王　烈 257
答館況 …… 王　烈 257
聞君欲之京秋試已有留别詩分贈諸友邇聞杭省捷音定有科場因作留行詩三律 …… 王　烈 258
君有蕪湖之行俚句奉和 …… 王　烈 258
將之滬江賦此誌别 …… 王　綏 258
題答寄懷 …… 王　綏 258
七夕小集薖軸居主人命即景賦詩分韻得仙字 …… 王　綏 258
和馮竹安咏榴二截即次原韻 …… 王　綏 259
奉和楊盥甫君叠韵體四絶句 …… 王　綏 259
昨以借緑軒吟稿見示讀之清新雋妙不愧作者佩服佩服率成一律 …… 王　綏 259
題沈表兄慶餘小照 …… 王　綏 259
題某君照 …… 王　綏 260
祝楊君盥甫四十壽 …… 王　綏 260

題雪卿小影 …… 王　綏 260
重建五教堂序 …… 王　爍 260
祠堂記 …… 王寶賢 261
郭巨論 …… 王予謙 262
才須學學須静論 …… 王予謙 262
勸醫學種牛痘芻言 …… 王予謙 263
始遷祖墳案記略 …… 王成楷 263
前回向廟記 …… 王予觀 264
奉父命輓胡醖薌先生歌 …… 王予觀 264
五十述懷 …… 王晉禄 265
四十述懷 …… 王予藩 265
五十述懷 …… 王予藩 266
六十述懷 …… 王予藩 266
癸巳初出課徒 …… 王予藩 266
秋夜即事 …… 王予藩 266
和蕊書兄原韻 …… 王予藩 266
旅漢時題老友紹先林泉歸隱圖 …… 王予藩 267
題史君祖紹自繪稻郵圖小影 …… 王予藩 267
遊黄鶴樓 …… 王予藩 267
己巳館於漢上 …… 王予藩 267
舟過小姑山偶占 …… 王予藩 267
感時 …… 王予藩 267
解嘲 …… 王予藩 268
八景詩 …… 王子才 268
八景詩 …… 王孚巽 269
八景詩 …… 王道崇 270
八景詩 …… 王濟南 271
三永橋賦 …… 沈　灝 272
三永橋賦并序 …… 高　斗 272
永福橋記 …… 吴偉業 273
永禄橋記 …… 吕　宫 273
永壽橋記 …… 張九徵 274
孟登橋記 …… 史大成 274

包氏宗譜 …… 276
文林孝肅公祠堂記 …… 包　括 276
創建文林宗祠述略 …… 包清鳳 276
新建文林宗祠後堂碑記 …… 包廷棻 277
塘下小宗祠記 …… 包　彬 278

祭田碑記 …… 佚　名 278
宗祠饗堂記 …… 包宗儀 279
包孝肅祠記 …… 王　概 280
開封府包孝肅公祠記 …… 胡　謐 280

史氏宗譜 …… 282
嘉樹堂記 …… 史元賡 282
惟半軒記 …… 史元賡 282
五房分頂軍説 …… 史宗藩 283
澤殺仁壽説 …… 史宗藩 283
永思堂禁賭文 …… 釣隱公 284
議禁繼子文 …… 284
義學記 …… 史毓璆 285
書義學記後 …… 史紀勳 285
重建祖侯廟碑記 …… 史廷衛 286
靈雨坊記 …… 史廷衛 286
埭大宗祠亦政堂記 …… 史廷衛 287
歷祖圖像記 …… 史義震 288

司馬氏宗譜 …… 289
修理惠山專祠安鎮宗祠記 …… 陳宣鐸 289

左氏宗譜 …… 290
白軒媚兄先生掌譜贊 …… 朱述亮 290
説肥序 …… 曾　廉 290
説肥序 …… 陳兆奎 291
説豬序 …… 周香林 291
題説肥三首 …… 胡德驤 292
説肥題詞五首 …… 劉重堪 292
讀説肥一首 …… 李載賡 292
左孝惠先生鄉諡議 …… 陽　晥 292
左庇生先生六十徵詩啓 …… 唐家豐 293
涇川八景 …… 左　順 294
題水西别景 …… 左　順 295
涇川二十四詠 …… 左　榮 295
涇川八景 …… 左　榮 297
送孟春兄會試 …… 左　榮 298
感興二首 …… 左　焜 298
和李推府遊水西韻 …… 左　燁 299

解組歸田 …… 左　熚 299
九日令尹尹公招遊水西登高 …… 左　熚 299
陪李推府水西次韻 …… 左　然 299
皇太后壽誕賜宴 …… 左　然 299
會試夜夢得詩句因續成一絶 …… 左　然 299
水西寺讀書二首次甘梅軒水西韻 …… 左　然 299
涇川八景次伯父孟剛公韻 …… 左　然 300
武昌公館漫興 …… 左　然 301
難當王塚廟 …… 左　瑁 301
左氏家廟 …… 左　瑁 301
黄門周都峰復就械往京贈行 …… 左　瑁 301
中秋翫月懷沈西谿先生在任 …… 左　瑁 301
贈東井侄北上 …… 左　瑁 301
涇川八景 …… 左　瑁 302

甘氏宗譜 …… 303
家書 …… 甘時化 303
家書 …… 甘時化 303
寄族侄森亭書 …… 甘時化 304
叢桂堂詩稿 …… 甘時化 305
遊岳麓禹碑懷古 …… 甘　炯 306
過諸葛祭風臺弔古 …… 甘　炯 307
夜入湘江 …… 甘　炯 307
湘譜告成東豐城總裁 …… 甘　燦 307
譜成酬豐城重殷 …… 甘　燦 307
感事 …… 甘開堃 307
擬塞婦詞 …… 甘開堃 307
惠州作 …… 甘開堃 307
秋日感懷 …… 甘泰儒 308
大姑吟 …… 甘　草 308
暮春懷友 …… 甘　草 308
秋興步杜子美原韻八首録二 …… 甘　草 308
汨羅懷古 …… 甘澍生 308
緑石研記 …… 甘棨庭 309
緑石研銘 …… 甘棨庭 309
蒼松吟過天山車中作 …… 甘棨庭 309
伐木吟 …… 甘棨庭 309
漁父詞 …… 甘棨庭 309
蘭州北城樓 …… 甘棨庭 310

貧婦詞 …… 甘榮庭 310
過橫渠謁張子廟 …… 甘鍾驥 310
過李二曲故里 …… 甘鍾驥 310
時官武陟與祭大王廟廟在縣東三十里 …… 甘鍾驥 310
留別寧陜用邑紳送別原韻 …… 甘鍾驥 310
再留別平利 …… 甘鍾驥 311
龔梅軒生辰 …… 甘樹滋 311
觀濤 …… 甘樹滋 311
進酌 …… 甘樹滋 311
聽蛙 …… 甘樹滋 311
解糊塗嘲 …… 甘樹滋 312
醉裏吟 …… 甘樹滋 312
田女吟癸卯却聘 …… 甘樹滋 312

田氏宗譜 …… 313
修墓小啟 …… 田席珍 313
上虞永豐鄉田氏續修宗譜勸捐啓 …… 田其年、田徵葵、田文烈、田徵燿、田寶榮、田世澤 313
重修宗祠再啓 …… 佚　名 314
太上圖劇本序 …… 田徵膏 314
太上圖劇本跋 …… 何　琪 315

皮氏宗譜 …… 316
晚秋館中與赤城侄夜話 …… 皮錫年 316
讀史 …… 皮錫年 316
旅次秋懷十首之一 …… 皮錫垣 316
泊宿遷 …… 皮錫垣 316
暮春初晴與兄香九同步論處世之道感而成之書以見贈 …… 皮錫垣 316
秋夜長 …… 皮錫垣 317
舟泊新堤遇風雪宿觀音寺贈迪菴和尚 …… 皮錫垣 317
渡象鼻嘴河 …… 皮錫垣 317
節烈皮李氏徵詩瑣言 …… 危人偉 317
和學師危皮李氏節烈吟原韻七律七章 …… 王光教 318
步月 …… 皮錫垣 319
長溝久泊 …… 皮錫垣 319
宿室應望揚州 …… 皮錫垣 319
旅懷 …… 皮錫垣 319
泊王家套遇雪 …… 皮錫垣 319
上岳陽樓謁吕祖聖像 …… 皮錫垣 319
家居 …… 皮錫垣 319

吾邑伍君海門者與吾同請益於藻江王老夫子之門夫子稱其英姿卓犖賦性敏捷爲同門諸子所弗及而余方髫齡耳其名而未晤其面也及余應童子試而海門在焉當事煩劇又未暇攀與深談邇來余疊遭大故奔走連年甫抵里適海門過余余留之盤桓數日促膝而談而後知夫子之言洵爲不謬然海門之才大學博而時命乖舛尤甚於余余羡其才悲其遇爰走筆作歌以贈之亦藉以誌吾之同慨耳 …… 皮錫垣 320
贈皮三星帆 …… 伍宏鑑 320
懷皮若莽 …… 伍朝贊 321
懷皮瀛舫 …… 伍朝贊 321
懷皮芸坡七絶二首 …… 伍朝贊 321
詠史 …… 皮　笏 321
示及門二首 …… 皮　笏 321
明月 …… 皮　笏 321
贈友 …… 皮　笏 322
馬山展十世祖墓 …… 皮　笏 322
偕友人登凌雲塔 …… 皮　笏 322
秋夜 …… 皮　笏 322
秋日餞友 …… 皮　笏 322
岳州 …… 皮　笏 322
和陳希瑗茂才聞鴈有感次雷小秋廣文韻 …… 皮　笏 323
秋日有感 …… 皮　笏 323
送友人之湖北幕府 …… 皮　笏 323
贈高笛樓 …… 皮　笏 323

石氏宗譜 …… 324
重建家廟記 …… 石邦岳 324
重建門廊記 …… 石佑啓 324
重造寢室并拜廳中庭記 …… 石鑑三 325
和溪陽宅發祥志略 …… 石連城 326
贈石源清先生序 …… 錢從俠 327

任氏宗譜 …… 328
怡怡堂記 …… 盧　梁 328
往毛竹園及鯽魚嶺省祖墓記 …… 任國泰 328
餘慶堂記 …… 吴兆燈 329
淥塘任氏新建祠堂碑記 …… 謝雲卿 329

吕氏宗譜 …… 331
覺齋先生祠記 …… 吕應禎 331

邑侯定齋先生祠記 …… 吕廷課 吕啓和 331
吕氏義田記 …… 王 豫 332
溯源會序 …… 胡 筠 332
魏瀆祠堂記 …… 范轉東 333
雙廟頭分祠記 …… 范轉東 333
吕氏捐産碑記 …… 佚 名 334
小宗祠碑記 …… 陳 銘 334
石宕嶴護墓清泰庵碑記 …… 朱 徽 335
石宕嶴重樣墓蔭及禁墾山地碑記 …… 吕錫時 335
吕氏重建祠堂記 …… 吕仲仁 336
重建吕氏宗祠記 …… 吕高嵩 337
謹題澹菴三表兄大人畫册 …… 陳廷佐 338
題澹菴吕君山水畫册跋 …… 李元春 338

安氏宗譜 …… 339
月下飲東山 …… 安 國 339
靈巖龍鼻洞 …… 安 國 339
壬辰七月發舟 …… 安 國 339
秋夜宿金山寺 …… 安 國 339
登甘露寺 …… 安 國 340
宿西山妙應寺 …… 安 國 340
風雨泊江邊 …… 安 國 340
萬峰主人 …… 安 國 340
嘉禾夜泊 …… 安 國 340
題温州江心寺 …… 安 國 340
拂水 …… 安 國 341
宿吴江長橋 …… 安 國 341
龍潭道中 …… 安 國 341
咊錢鶴山入山詩韻 …… 安 國 341
風雨泊湖口 …… 安 國 341
登滕王閣 …… 安 國 341
移席小莊賞月 …… 安 國 342
衢州夜泊 …… 安 國 342
廣信道中即景 …… 安 國 342
雨中游飛來峰 …… 安 國 342
山頭望暑 …… 安 國 342
宿韶光 …… 安 國 342
重游金山 …… 安 國 342
題郭半稼扇景 …… 安 國 343

游湖中長沙寺 …… 安　國 343
宿西山妙應寺 …… 安　國 343
夜登子陵臺 …… 安　國 343
月夜復經九江 …… 安　國 343
曉過吴江 …… 安　國 343
由萬年寺之石梁 …… 安　國 343
桃源洞 …… 安　國 344
曉登雁山石梁洞 …… 安　國 344
天柱峰坐月 …… 安　國 344
十四夜應湖觀月 …… 安　國 344
御試秋夜搗砧歌 …… 安如山 344
即事 …… 安如山 344
碧山吟社和匏菴吴太史韻 …… 安如山 345
喜濬復滁硯泉 …… 安如山 345
題新製三陽交泰衣巾時值重陽 …… 安如山 345
謝中公甄父母枉駕問疾 …… 安如山 345
謝鴻山學士病中承方劄蔬粟之賜謹用謝中公韻謬綴蕪詞申謝 …… 安如山 345
謝夢湖陳先生有序 …… 安如山 345
慰菊 …… 安如山 346
小圃賞菊 …… 安如山 346
九日過望亭登邱寄興 …… 安如山 346
山中坐懷顧叔潛 …… 安紹芳 346
行路難 …… 安紹芳 346
山中阻雨 …… 安紹芳 346
次京口寄友人 …… 安紹芳 347
同黄吉甫吴幼安集姚性初太守席 …… 安紹芳 347
病足卧林閒貽友 …… 安紹芳 347
夏日友人過訪道院 …… 安紹芳 347
煙雨樓晚眺 …… 安紹芳 347
木末亭小飲 …… 安紹芳 347
舟中望金山 …… 安紹芳 348
過陳子野明府話舊 …… 安紹芳 348
内叔吴太史復菴先生以言事歸過訪山中奉贈 …… 安紹芳 348
得伯氏遠訊因寄 …… 安紹芳 348
答姚季和 …… 安紹芳 348
宿句曲道中感懷 …… 安紹芳 348
同太宰劉公游棲霞寺 …… 安紹芳 349
春盡日寄友 …… 安紹芳 349
惠河泛舟重送童山人 …… 安紹芳 349

題竹 …… 安紹芳 349
湖中 …… 安廷諤 349
沽酒 …… 安廷諤 349
宿蠡口 …… 安廷諤 349
輓司封叔 …… 安廷諤 350
追憶吴興 …… 安廷諤 350
步韻答无咎弟 …… 安廷諤 350
卻病吟 …… 安廷諤 350
步友人過西林韻 …… 安廣居 350
秋日翻帖和米南宫將之苕溪詩韻 …… 安廣居 350
述懷 …… 安廣居 351
送友人入閩 …… 安廣居 351
送孫衡公再詣西川朱制府幕中 …… 安廣居 351
寄高彙旃儀部 …… 安廣居 351
白榆閣早桂吟 …… 安廣居 351
送曹履垣刺史漳州 …… 安廣居 351
春日北渡无咎弟送至潤州作畫扇贈行酷似松雪攜入都門楊任伯見而悉之
因綴小詩以贈 …… 安廣居 352
贈正言兄 …… 安廣居 352
南林紀事 …… 安廣居 352
跋楊任伯藏姚芳階卷和董太史韻 …… 安廣居 352
雜感 …… 安廣居 352
飲鄒是人齋次沈壁甫韻 …… 安廣居 352
无咎弟移榻南林 …… 安廣居 352
夜集徐白雨齋 …… 安廣譽 353
病起秋懷 …… 安廣譽 353
秋雨漫興 …… 安廣譽 353
乙酉除夕 …… 安廣譽 353
丁亥初夏 …… 安廣譽 353
南林紀懷 …… 安廣譽 353
題畫 …… 安廣譽 354
長安邸中題畫 …… 安廣譽 354
次杜工部曉望韻題畫爲鄒君可 …… 安廣譽 354
題黄心甫扇頭小景其半面爲蒼雪詩憶廿年前予曾訪於支硎山不遇兹訪于
蓬萊閣又不值因作三笑圖綴以絶句 …… 安廣譽 354
戊辰七月之望移榻山齋適長兄攜具至口占四絶紀懷 …… 安廣譽 354
乙亥夏作松雲書屋貽嚴甥 …… 安廣譽 354
秋日山居感懷 …… 安廣譽 355
戊子秋避居城隅久不得窺鄉園松筠泉石時勞寤寐因作南林一圖并系小詞

一闋以志憶 …… 安廣譽 355
醉蓬萊　自警 …… 安廣譽 355
桂枝香　初冬山居即事 …… 安廣譽 355
懷陳節霞 …… 安廣生 355
渡照山湖 …… 安廣生 355
同南林主人山中即事 …… 安廣生 356
鶴翥堂[illegible]梅 …… 安廣生 356
早炑新霽 …… 安廣生 356
宛山采石歌 …… 安廣生 356
和伯昌兄喜雨韻 …… 安廣生 356
野興 …… 安廣生 356
虞山訪月舸上人 …… 安廣生 357
鄧尉探梅 …… 安廣生 357
暮春樗隱小集 …… 安廣生 357
寒郊送客 …… 安廣生 357
留宿菜根老人齋 …… 安廣生 357
春歸 …… 安廣生 357
有客過訊芙蓉小飲溪亭待月 …… 安廣生 358
新正二日偕諸阮集芳甸散步靈泉 …… 安廣生 358
新夏閒居 …… 安廣生 358
夏日閒居丁君任社長分韻 …… 安駿命 358
炑日曉起 …… 安駿命 358
夏日偶吟 …… 安駿命 358
净慈寺 …… 安駿命 359
閒居漫吟 …… 安駿命 359
早春霽雪過靈趵泉上贈玉瞿上人步遯翁叔韻 …… 安駿命 359
新秋涉圃 …… 安駿命 359
初夏同胡我維曹無名西林宴集無名有詩贈漁玉兄余亦步韻記事 …… 安駿命 359
眉公先生有山居褉詠若干首見而悦之即事口占聊爲日記云爾時甲申秋
暮也 …… 安駿命 359
冒雨泛湖 …… 安駿命 360
送仲氏游雲間謁陳仲醇徵君求先子傳因作古體 …… 安　璜 360
采蓮曲 …… 安　璜 360
九日同丁君任茂才山閣坐雨 …… 安　璜 360
訪鄒彦公茂才 …… 安　璜 360
集耕煙閣 …… 安　璜 361
晚投朱邨謁先君子研亭公墓 …… 安　璜 361
抱病山居 …… 安　璜 361
華長白茂才見訪 …… 安　璜 361

江門夜泊懷正言叔客虎阜 …… 安　璜 361
辛酉除夕和仲氏韻 …… 安　璜 361
懷无咎叔請衈入都門 …… 安　璜 362
龍江關 …… 安　璜 362
江干 …… 安　璜 362
鷗波館從祖我素公游舫也公没舫去後十年璜值于金沙道中口占志感 …… 安　璜 362
明妃曲 …… 安　璜 362
客中侍兒寄被代詠 …… 安　璜 362
過岳墓 …… 安　琚 362
園中避暑 …… 安　琚 363
春日感懷 …… 安　琚 363
次蔣君别有天齋額韻 …… 安　琚 363
中烋夜飲賓娥臺 …… 安　琚 363
己丑重九同臣休无咎無傾兩叔雲五登膠山絶頂各分扇頭韻 …… 安　琚 363
濺濺泉 …… 安　琚 363
蕭閣 …… 安　琚 364
石道 …… 安　琚 364
中洲 …… 安　琚 364
宿金山 …… 安　琚 364
嶧山湖 …… 安　璿 364
水月菴讀書 …… 安　璿 364
擬卜筑虞山寄本宗諸兄弟 …… 安　璿 364
渡江宿瓜洲 …… 安　璿 365
同黄司農游洞庭歸别于胥江渡口 …… 安　璿 365
追憶陽山舊游 …… 安　璿 365
送嚴藕漁太史予假南還 …… 安　璿 365
出都門將之歷下 …… 安　璿 365
張司馬邀同顧中翰游焦山 …… 安　璿 365
寄嚴三十五兄 …… 安　璿 366
留題大已山齋 …… 安　璿 366
曲水堂 …… 安　璿 366
瓜步夜泊 …… 安　璿 366
横塘訪大已姪 …… 安　璿 366
太湖西渡 …… 安　璿 366
墓田丙舍 …… 安　璿 366
其二 …… 安　璿 367
其三 …… 安　璿 367
大已姪過故鄉 …… 安　璿 367
輓姜貞毅先生 …… 安　璿 367

楓隱追懷富春山圖 …… 安　璿 367
濟南西門 …… 安　璿 367
清明悼亡 …… 安　璿 368
其二 …… 安　璿 368
青山莊 …… 安　璿 368
懷朱明從孫 …… 安　璿 368
效白香山四雖吟 …… 安　璿 368
叔先弟游櫻桃園歸砌中虞美人正盛 …… 安　璿 369
武林弔吴藥師年伯 …… 安　璿 369
鍾山懷黄九煙年伯 …… 安　璿 369
荆溪謁萬若霖年伯 …… 安　璿 369
哭鄒是人年伯 …… 安　璿 369
吊九龍塢錢王古墓 …… 安　璿 369
艮嶽懷古次空同先生韻 …… 安　璿 369
懷山中小築 …… 安　璿 370
東游雜感 …… 安　璿 370
偕叔先守中看花樗隱有感作示德隅若思 …… 安　璿 370
八月十二夜偕叔先守中飲長春堂因憶去年此日頗多升沉之感 …… 安　璿 370
毘陵寓中思歸寄淨智妙圓二上人 …… 安　璿 371
癸酉春王得孫志感 …… 安　璿 371
癸酉除夕仲兄抱疴以畫屬題搦管相祝 …… 安　璿 371
庚寅清明 …… 安　璿 371
甲戌清明獨游步先大令降乩詩韻 …… 安　璿 372
追憶山左舊游 …… 安　璿 372
歸來 …… 安　璿 372
七夕感事 …… 安　璿 372
靈泉菴誕日 …… 安　璿 372
祖曜南父母松陵署中新築 …… 安　璿 372
仲弟六秩 …… 安　璿 372
潔園即事 …… 安　璿 373
大已從姪仙逝遺孤九照克繼書香皆其節母拄持建周姊丈玉成之老懷爲慰
　口占一律令其朗誦於草堂神其有知當含笑於九京也時壬申春日 …… 安　璿 373
辛巳立春七十三歲有感而作 …… 安　璿 373
觸目 …… 安　璿 373
衰翁嘆 …… 安　璿 373
題惠山泉亭 …… 安　璿 373
寓中元夕戊寅 …… 安　璿 374
題秋水廬三十二景集倪雲林詩 …… 安　璿 374
中秋漫興 …… 安興孝 377

贈别木堂禪兄 …… 安興孝 377
費翁新筑潭西小翠深 …… 安興孝 377
送孟公長兄北游 …… 安興孝 377
白鴿峰訪鶴逸上人 …… 安興孝 377
雪夜山居感懷 …… 安興孝 378
庚戌元旦 …… 安興孝 378
夏日過西園訪員嶠姪留飲竹下 …… 安興孝 378
祝秦西來初度 …… 安興孝 378
春夕言懷寄故里諸君 …… 安興孝 378
立夏日坐雨城南草堂與顧商巖分韻 …… 安興孝 378
答陳滄漁和韻 …… 安興孝 379
高蹈 …… 安興孝 379
六十自壽 …… 安紹傑 379
小松詞輓顧貞松 …… 安　期 379
鞏昌感懷孟公叔祖 …… 安　榮 379
病後經故里答從祖 …… 安　夏 380
次酬孟翁大叔見投原韻二律 …… 安　夏 380
亂後經故里歸喜接六從祖賦詩寄贈依韻次答 …… 安　夏 380
亂後省膠山祖墓 …… 安　夏 380
謁虎邱方丈夜同秦中楊吉公昆陵王雙白梁溪馬爾采同郡姚文初坐月千人
　石上分賦 …… 安　夏 380
雜興 …… 安　夏 380
辭世詩 …… 安　夏 381
端居晚眺 …… 安高發 381
乙未與丁孔環同館寿潤臨别見贈奉答 …… 安高發 381
過故莊有感 …… 安高發 381
讀李頎物在人亡之句感賦 …… 安高發 381
聞雁 …… 安高發 382
自壽 …… 安曾發 382
寄紫陽書院肄業友通州徐楚書 …… 安經傳 383
贈友 …… 安經傳 383
送春 …… 安經傳 383
讀書罨畫樓 …… 安經傳 383
西林咊友人韻 …… 安經德 383
早春山居 …… 安經德 383
香花橋 …… 安經德 383
弔盛姬墩顧祖禹墓 …… 安經德 384
詠芙蓉 …… 安經德 384
桃源憶故人　戲柬翼亭陳表兄於菏澤二闋 …… 安經德 384

遥祝翼亭陳表兄八十 …… 安經德 384
千秋歲　壽汪秀升妹丈六十初度 …… 安經德 384
補壽聖和弟六十初度 …… 安經德 384
桃源憶故人　哭繡紳汪妹丈 …… 安經德 385
賀新郎　柬賓賢弟 …… 安經德 385
滿江紅　賀長兄繼勛公得曾孫 …… 安經德 385
餘餘小草 …… 安經德 385
水居懷古 …… 安　全 387
弟二泉 …… 安　全 387
游天平山 …… 安　全 387
五人之墓 …… 安　全 388
春日登九龍山望太湖 …… 安　全 388
讀唐書 …… 安　全 388
秋興 …… 安　全 388
剪秋紗 …… 安　全 388
讀信陵君傳 …… 安　全 388
謁閆陳二公祠 …… 安　全 389
送春十章次段蓉臯韻録其四 …… 安　全 389
游靈巖 …… 安　全 389
登上方山望太湖 …… 安　全 389
秋興四首 …… 安　全 389
秋郊晚眺 …… 安　全 390
和丁雪亭菊花二首 …… 安　全 390
游膠山即賦長句 …… 安　全 390
經錢氏莊 …… 安　全 390
詠雪 …… 安　全 391
詠裒二首 …… 安　吉 391
言志仿柏梁體 …… 安　吉 391
謁伏生墓 …… 安　吉 391
陳仲子墓 …… 安　吉 392
法祭酒時帆大會同年于陶然亭有詩次韻奉和 …… 安　吉 392
校刊光禄我素公集記事贈惠生族兄 …… 安　吉 392
山左袁虞部秀峰四川岳别駕春田同游靈雨寺 …… 安　吉 392
濟南觀趵突泉和松雲韻 …… 安　吉 392
送袁制府愚谷復保陽任 …… 安　吉 393
贈哀廣文蘅皋 …… 安　吉 393
來安署中謁胡蒼山夫子 …… 安　吉 393
和唐亦亭訪高子水居韻 …… 安　吉 393
庚戌下第就瀋陽陳監掣洪緒聘出山海關用杜少陵秌興八首韻 …… 安　吉 393

甲寅南還 …… 安 吉 394
甲子中秋 …… 安 吉 394
和琴川黄琴六韻 …… 安 吉 394
京邸寄家書 …… 安 吉 394
詠褱四首 …… 安 吉 395
竹林飲酒 …… 安 治 395
松徑煎茶 …… 安 治 395
雨餘埜眺 …… 安 治 395
對月狂吟 …… 安 治 395
焚香夜讀 …… 安 治 395
子猷竹 …… 安 治 396
淵明菊 …… 安 治 396
衆人愛牡丹 …… 安 治 396
女媧煉石補天得天字 …… 安 治 396
感懷 …… 安 禎 396
有感 …… 安 禎 396
農父 …… 安 禎 397
又 …… 安 禎 397
村景夏日 …… 安 禎 397
舘中雜詠 …… 安 禎 397
秋思 …… 安 禎 397
七夕吟 …… 安 禎 398
中秋步月 …… 安 禎 398
田家樂 …… 安 禎 398
貧士吟 …… 安 禎 398
自詠 …… 安 禎 399
家居 …… 安 禎 399
言志 …… 安 禎 399
戒賭博 …… 安 禎 399
戒貪酒 …… 安 禎 399
戒好色 …… 安 禎 399
戒拳勇 …… 安 禎 399
惜字 …… 安 禎 400
惜穀 …… 安 禎 400
孝親 …… 安 禎 400
訓子 …… 安 禎 400
歲在丙申虚度七十追思少壯猶不如人顧此龍鍾詎堪惕勵漫吟七律八章
非敢用以徵詩聊述鄙懷云爾 …… 安 祥 400
奉和邑侯齊公梅麓留别梁溪詩韻 …… 安 祥 401

壽秦深若 …… 安　祥 401
復清明祭掃 …… 安　祥 401
東膠拙叟 …… 安　祥 402
祝朱永翁暨德配黄孺人古稀同慶 …… 安　祥 402
祝司馬春塘表姪六十壽誕 …… 安　祥 403
集唐五首祝華檜舫先生壽 …… 安念祖 403
和錢梅溪先生春游韻 …… 安念祖 403
題茂苑友人照 …… 安念祖 404
有感 …… 安念祖 404
題徐別駕也園 …… 安念祖 404
答孫旭堂原韻 …… 安念祖 404
秋日和顧見山韻 …… 安念祖 404
邨館新秋 …… 安念祖 404
立秋有感寄顧見山 …… 安念祖 405
答姑蘇汪芝塘韻 …… 安念祖 405
寒夜沽酒 …… 安念祖 405
伴菊 …… 安念祖 405
夏初館中病感 …… 安念祖 405
春日夢中得句集成一律 …… 安念祖 405
送張曉亭北上兼蔡蓉塘聘 …… 安念祖 406
書館晚景 …… 安念祖 406
邨館自慰 …… 安念祖 406
盆蘭和孫旭堂先生韻 …… 安念祖 406
舊作記夢寄同社諸君子 …… 安念祖 406
題華藝香慈母徐氏紉餘存草 …… 安念祖 407
乙亥春初赴蠡口館即事五首 …… 安念祖 407
題友人讀書秋樹根小照 …… 安念祖 407
贈談迂村 …… 安念祖 407
和鹿城諸君月夜訪談迂村於西莊韻 …… 安念祖 407
和重訪疊韻 …… 安念祖 408
和東林山長淩泊齋先生訪高子水居韻八首 …… 安念祖 408
題談迂村詩稿 …… 安念祖 409
丙子歲除夕自遣 …… 安念祖 409
丁丑元日 …… 安念祖 409
壽曹修吉 …… 安念祖 409
贈顧簡亭 …… 安念祖 409
白牡丹 …… 安念祖 410
題茂苑徐立堂別駕譜華園步戈桂庭韻 …… 安念祖 410
贈戈存齋 …… 安念祖 410

擁螺石歌 …… 安念祖 411
山居 …… 安念祖 411
舟行 …… 安念祖 411
登高有感 …… 安念祖 411
贈華振軒 …… 安念祖 411
寄華翼菴姑丈 …… 安念祖 411
和友人秋日閒吟韻 …… 安念祖 412
壽舅氏秦葵庵先生六十 …… 安念祖 412
步吴巢雲見贈原韻 …… 安念祖 412
白蓮 …… 安念祖 412
佛手柑 …… 安念祖 412
和同社題仁壽室原韻 …… 安念祖 412
得華藝香書 …… 安念祖 413
月季花 …… 安念祖 413
題李介臣先生照 …… 安念祖 413
癸亥下榻讓邨與陳瓶如相敍五歲明年戊辰各有所適因作短歌以贈行 …… 安念祖 413
擬顔延年五君詠 …… 安念祖 413
擬杜少陵重過何氏五首 …… 安念祖 414
又 …… 安念祖 415
清明後一日旅館書懷 …… 安念祖 415
答顧見山 …… 安念祖 415
旅館冬夜有感 …… 安念祖 416
己卯新歲詠懷 …… 安念祖 416
壽景坡兄六十 …… 安念祖 416
憶梅溪先生 …… 安念祖 416
瀟湘八景 …… 安念祖 417
和齊邑侯留别梁溪詩六首原韻 …… 安念祖 417
題宜園四首 …… 安念祖 417
桃花深處和友人韻 …… 安念祖 418
和盛湖松陵書院洪山長探梅韻 …… 安念祖 418
和汪竹軒少府月課松陵韻 …… 安念祖 418
贈舜湖 …… 安念祖 418
閏上巳和葉印石韻 …… 安念祖 418
過王旭樓家讀書 …… 安念祖 419
并蒂蘭步元人謝宗可韻 …… 安念祖 419
鳳仙花 …… 安念祖 419
贈王巢雲步紅椒館元韻 …… 安念祖 419
贈米召林世伯 …… 安念祖 419
題振公上人伏虎圖 …… 安念祖 419

送汪竹軒主簿入都門 …… 安念祖 420
輓襟兄蔡玉照 …… 安念祖 420
癸未春日借寓仁壽庵之香清自在居偶成二首 …… 安念祖 420
題翁月如女史詩 …… 安念祖 420
題華某照 …… 安念祖 420
題玉泉上人喚虎圖 …… 安念祖 420
影 …… 安念祖 421
塵 …… 安念祖 421
遣懷雜詩 …… 安起東 421
寄嘯石二弟 …… 安起東 422
雜感共十一章録四章 …… 安起東 422
得家書 …… 安起東 422
歲暮遣懷共四章録其二 …… 安起東 423
遣懷 …… 安起東 423
看山 …… 安起東 423
題曹滄洲羽士畫蘭 …… 安起東 423
倪相於親丈輓詞 …… 安起東 423
雜感三章録其二 …… 安起東 424
讀飛香圃詩草 …… 安　道 424
清明登膠山四首 …… 安　道 424
桃花水泛舟 …… 安　道 425
雨後晚眺 …… 安　道 425
前題 …… 安　道 425
罨畫樓賞玉蘭 …… 安　道 425
題司馬問渠西湖秋柳圖 …… 安　道 425
自遣 …… 安　道 426
次畢青城韻 …… 安　道 426
詠菊 …… 安　道 426
踏雪尋梅 …… 安　道 426
中秋月夜小坐涼亭 …… 安　俊 426
陰雨 …… 安　俊 427
丁丑八月上戊奉先徵君桂坡公栗主入尊賢祠恭紀 …… 安　俊 427
又 …… 安　俊 427
時雨 …… 安　俊 427
奉先大令廓菴公栗主入忠孝報忠兩祠恭紀 …… 安　俊 427
又 …… 安　俊 427
又 …… 安　俊 428
清明日司祭西老墳園膠山南北六代祖塋恭紀 …… 安　俊 428
清明後一日司祭周涇七府君鄒節母墓恭紀 …… 安　俊 428

清明後二日司祭謝硤吴貞母墓恭紀 …… 安 俊 428
清明後三日司祭鴨城橋光禄公暨大令公墓恭紀 …… 安 俊 428
清明後二日祭謝碌吴貞母墓歸遇風雨兩舟忽南北望不可接出險後賦此記之 …… 安 俊 428
齋戒 …… 安 俊 429
又 …… 安 俊 429
膠山祭李忠定公及先桂坡公祠 …… 安 俊 429
焚香 …… 安 俊 429
對酒 …… 安 俊 429
柬沈蘭谷兼示子超弟 …… 安 俊 429
自遣 …… 安 俊 430
瑞芝堂歌效柏梁體 …… 安 俊 430
古梅花書院 …… 安 俊 430
謁三公祠 …… 安 俊 430
下幃罨畫樓 …… 安 俊 430
又 …… 431
祝司馬春塘表兄六十生日 …… 安 俊 431
五月八日與小補慕林二兄同過約堂硯香出示其先世遺澤口占絶句留贈 …… 安 俊 431
挽立人姪 …… 安 俊 431
芝慶二姪報捷秋闈志喜 …… 安 俊 432
訪五峰園舊趾 …… 安 俊 432
清明祭膠山北麓桂坡公墓觀者甚衆故作詩以記之 …… 安 俊 432
又雨霽踏青 …… 安 俊 432
過崇教禪院 …… 安 俊 432
訪倪高士雲林艸堂清閟閣故址 …… 安 俊 432
過華學士隆亭故里 …… 安 俊 433
和小補兄得孫之作 …… 安 俊 433
賀小補兄添少子 …… 安 俊 433
十月初三日得子自韻 …… 安 俊 433
壬寅元旦恭頌南薰大兄六十初度 …… 安 俊 433
燕巢吟寄逸亭星齋兩弟 …… 安 俊 433
小試有期寄逸亭星齋子蘊三弟 …… 安 俊 434
玉蘭樓看牡丹 …… 安 俊 434
玉樓春 …… 安 俊 434
族姪朝京寄食蠡湖死已經年其子曉鐘飄泊天涯掩棺失主棺骸未有歸山之日在家孤柩總無同穴之時由是奉大人命舟至蠡湖領柩歸鄉與其妻席氏葬膠山南麓祖塋之傍十一月初八日也赤心相地山中合兆靈輀免暴露于荒郊盡誼情于遠族爲賦并記時日 …… 安 俊 434
華亭許烈婦趙氏殉節歌二首 …… 安 俊 435

又五言律六首録三首 …… 安　俊 435
桐葉坐題詩甲寅七月既望 …… 安　俊 435
和仲兄下幃罨畫樓原韻 …… 安　超 436
月夜赴友人賞菊分賦贈之 …… 安　超 436
和族姪笠翁 …… 安　超 436
鄧尉曉望二首 …… 安　超 436
山塘晚步 …… 安　超 436
喜晴 …… 安　超 437
寄蔡綺山世兄 …… 安　超 437
答蔡竹筠詞兄 …… 安　超 437
賀景林兄得孫 …… 安　超 437
偶成 …… 安　超 437
祝司馬春塘表兄六十生日 …… 安　超 437
酬半癡師見懷原韻 …… 安　超 438
懷半癡師 …… 安　超 438
和半癡師韻 …… 安　超 438
恭祝慕林大兄六十初度 …… 安　超 438
鴦湖葉琢齋舘于沈蘭谷處離余舘不數里時值大水汎濫不能互相過從倩沈君來舘索詩以答之 …… 安　超 439
次伯氏閏七夕竹枝詞原韻 …… 安　超 439
訪葉琢齋氏而葉沈兩友亦來訪余遇於半途沈君蘭谷留歸設茶清談宿彼一宵以韻之 …… 安　超 439
抱病有感 …… 安　超 439
題亦華陳煉師照 …… 安　超 439
蘇臺弔古二首 …… 安　魁 440
虎邱懷古二首 …… 安　魁 440
爲嘯石二兄得館寄呈六絶 …… 安　魁 440
山村 …… 安　魁 440
賀小補大兄得孫 …… 安　魁 440
柬李玉巖表姪 …… 安　魁 441
過膠山謁李忠定公暨先桂坡公祠 …… 安　魁 441
賀小補兄添少子 …… 安　魁 441
和嘯石仲兄得子 …… 安　魁 441
祝司馬春塘表兄六十生日四首 …… 安　章 441
賀小補大兄得孫 …… 安　章 442
賀小補兄又添少子 …… 安　章 442
和嘯石二哥下幃罨畫樓二首 …… 安　章 442
題陳亦華煉師玉照二首 …… 安　章 442
賀小補長兄游庠 …… 安　章 442

海棠 …… 安　章 442
祝司馬春塘表兄六十生日 …… 安　偉 443
和歗石仲兄下幃罨畫樓二首 …… 安　偉 443
題余芳谷左右修竹圖 …… 安　偉 443
無題 …… 安　偉 443
東林 …… 安　詩 443
于忠肅公祠 …… 安　詩 444
高忠憲公祠 …… 安　詩 444
雙廟 …… 安　詩 444
謝文節遺琴爲新安吴素江作 …… 安　詩 444
京口 …… 安　詩 444
野雞觜 …… 安　詩 445
金陵和韻 …… 安　詩 445
涉江 …… 安　詩 445
贈武進薛郁亭 …… 安　詩 445
伯兄菊園生子培芝喜賦 …… 安　詩 445
贈華小幻 …… 安　詩 446
宿膠山寺 …… 安　詩 446
大人奉先桂坡茂卿兩先生㮚主入祀尊賢祠敬賦 …… 安　詩 446
罨畫樓 …… 安　詩 446
莫春呈伯兄 …… 安　詩 446
寄暢園題壁同秦簡堂 …… 安　詩 447
暨陽雜詩 …… 安　詩 447
贈武進薛澧浦 …… 安　詩 447
管社山經項王廟涉楊山人故園重由溪河進西定橋而歸 …… 安　詩 447
除日 …… 安　詩 447
金華公墓産芝彙占族祖賦詩予作瑞芝記并次原韻 …… 安　詩 448
唐鷺廷招同凌泊齋先生飲慧川園梅花下 …… 安　詩 448
重游小園 …… 安　詩 448
膠山之陽先茂卿先生西林在焉其北麓爲奉直公朝列公墓道 …… 安　詩 448
尋西林三十二景得醉石一篆文猶存 …… 安　詩 448
次大人題扇韻 …… 安　詩 449
題伯兄畫 …… 安　詩 449
舟至芙蓉澤訪族祖琴叔 …… 安　詩 449
同秦小峴先生祭尊賢祠作 …… 安　詩 449
寄凌妹倩厚堂 …… 安　詩 449
元芝洗三日作 …… 安　詩 450
贈族兄孏于 …… 安　詩 450
相馬篇 …… 安　詩 450

書估行 …… 安　詩 450
鳳仙花和仲妹韻 …… 安　詩 450
擬山居 …… 安　燊 451
清明 …… 安　燊 451
山塘步月 …… 安　燊 451
漁家樂 …… 安　燊 451
白蓮 …… 安　燊 451
重九登膠山有感二首 …… 安　燊 451
膠山晚歸 …… 安　燊 451
燕子 …… 安　燊 452
秦園避暑 …… 安　燊 452
村舘 …… 安　燊 452
北牕小坐 …… 安揚名 452
春興戲筆 …… 安揚名 452
漫題 …… 安揚名 452
牡丹 …… 安揚名 452
月下白 …… 安揚名 453
玉樓春 …… 安揚名 453
題山雲擁月圖 …… 安揚名 453
詠雪 …… 安揚名 453
和東雲三哥六十壽原韻 …… 安朝標 453
梅花 …… 安朝標 453
己卯九秋筱軒都轉宏開五秩見示自昜一律謹疊元韻奉祝兼誌德政勉成俚句聊抒悃忱 …… 安　顥 454
竹林飲酒 …… 安鼎奎 454
秋水 …… 安鼎奎 454

戎氏宗譜 …… 455
福建守城詳文 …… 戎　政　楊　芳 455
戎邑侯捐建太保閣記 …… 李于堅 456
奉賀大柱國即臺垣右翁戎老父母殲寇全城序 …… 李于堅 457

朱氏宗譜 …… 459
朱之渭翁遷嵊記 …… 曹居敬 459
朱巷陽宅八勝題詠序 …… 朱萬山 460
朱巷陽宅八勝續序 …… 朱静香 460
朱巷陽宅八勝題詠 …… 朱萬山 460
朱巷陽宅八勝題詠 …… 朱三才 463
朱巷陽宅八勝題詠 …… 曹居敬 464

朱巷陽宅八勝題詠 …… 朱尹臣 465
八勝題咏 …… 朱嘉賓 466
朱巷陽宅八勝題詠 …… 朱　昇 466
朱巷陽宅八勝題詠 …… 朱　皞 467
朱巷陽宅八勝題詠 …… 朱秉震 469
朱巷陽宅八勝題詠 …… 朱延齡 470
朱巷陽宅八勝題詠 …… 朱　杰 471
朱巷陽宅八勝題詠 …… 朱乃榮 472
朱巷陽宅八勝題詠 …… 朱紹賢 473
朱巷陽宅八勝題詠 …… 朱　雷 474
朱巷陽宅八勝題詠 …… 朱履敬 476
朱巷陽宅八勝題詠 …… 朱茹薌 478
朱巷陽宅八勝題詠 …… 朱服疇 479
朱巷陽宅後八勝題詠 …… 朱　雷 480
朱巷陽宅後八勝題詠 …… 朱榮綬 481
朱巷陽宅後八勝題詠 …… 朱榮紳 482
朱巷陽宅後八勝題詠 …… 朱鴻基 483
朱巷陽宅後八勝題詠 …… 朱彭壽 484
朱巷陽宅後八勝題詠 …… 朱恭壽 485
朱巷陽宅後八勝題詠 …… 朱兆熊 486
朱巷陽宅後八勝題詠 …… 朱肇州 487
玉溪八景 …… 李　越 488
詠玉溪 …… 李　越 488
詠太白山 …… 吴光鎬 488
詠海螺 …… 蔡　煉 488
詠金釵 …… 葛正己 488
詠仙女亭 …… 沈學勤 488
詠雲谷庵 …… 葛成培 489
詠鰲魚山 …… 杜學泉 489
詠峻嶺 …… 圓　齋 489
八景詩引 …… 圓　齋 489
重修鐵塔記 …… 佚　名 489
新建朱烈愍公祠堂記 …… 曹開泰 490
建造朱烈愍公祠記 …… 宋宏釗 490
整修錦屏引 …… 朱一宏 491
無題 …… 朱　完 491
山居雜詠 …… 朱　完 492
自題小像 …… 朱　完 492
□□表弟一笑 …… 朱　完 492

跋白沙先生題陶方伯思德碑後 …… 湛若水 492
賦得明妃夢回漢宫四首和李青來韻 …… 朱伯蓮 493
春塘 …… 朱伯蓮 493
無題 …… 朱伯蓮 493
無題 …… 朱伯蓮 494
無題 …… 朱協蓮 494
丹霞非身上人過坐妍暾堂賦此 …… 朱協蓮 494
宿海幢 …… 朱協蓮 494
擬卜築 …… 朱協蓮 494
晴窗 …… 朱協蓮 494
水中花影 …… 朱協蓮 495
月中花影 …… 朱協蓮 495
鏡中花影 …… 朱協蓮 495
日中花影 …… 朱協蓮 495
熟食日坐鏡機堂簡陳雨若 …… 朱元英 495
藴真山房次韻三首 …… 朱元英 495
無題 …… 朱元英 496
無題 …… 朱順昌 496
無題 …… 朱順昌 496
陳文忠公手簡 …… 陳子壯 496
梅花書屋圖題詠 …… 498
春林讀易圖題詠 …… 500
蜀道歸裝圖題詠 …… 朱方藹 500
春橋草堂圖題詠 …… 500
天目記遊 …… 503
入蜀省親圖題詠 …… 505
歸裝慰母圖題詠 …… 阮　元 507
竹柏得真圖題詠 …… 507
望雲圖遺照題詠 …… 朱爲弼、朱爲燮 508
月潭八景 …… 509
西泠話别圖 …… 513
西泠話别第二圖題詞 …… 515
青衫舊跡卷題詞 …… 516
東湖草堂圖題詞 …… 521
課孫授硯圖題記 …… 朱爲弼 524
東湖送别圖題詞 …… 524
侍郎公五十歲小像題詞 …… 525
侍郎公六十壽詩 …… 郭　麐 525
侍郎公六十五歲小像題詞 …… 526

識篆圖 …… 朱爲弼 526
自題小像 …… 朱善旂 526
先方伯公七十小像題詞 …… 鄭文焯 527
梅花册題詞 …… 527
花卉册題詞 …… 528
傳石齋圖題詞 …… 529
夢梅圖題詞 …… 531
保石圖題詞 …… 535
致憂圖題詞 …… 540
繹如公助橋田記 …… 朱能作 545
立朱氏樸樹派譜田記 …… 朱興悌 546
幼派侍御公創立繼絶祠序 …… 朱　寯 546
豹橋派新置公産記 …… 朱　寯 547
世哲堂記 …… 朱之恩 547
重建豹橋堂屋記 …… 朱守深 547
胥溪朱氏捐墓田碑 …… 朱昌穀 548
小木山宅兆記 …… 朱錦琮 548
重建永思宗祠記 …… 朱丙壽 549
豐山祖塋祭田勸捐議 …… 佚　名 550
西洲公歷壽詩 …… 550
西洲公桃源圖詠 …… 551
武原七十五翁西洲朱栻畫并跋 …… 朱　朴 551
跋西洲翁詩畫後 …… 552
皇清待旌孝子文學誠齋朱公廬墓詩序 …… 朱彝尊 553
朱孝子誠齋公廬墓詩 …… 554
朱母方太孺人節壽詩 …… 558
悲安南并敍 …… 朱炳清 559
烈婦詞并敍 …… 朱炳清 560
崇祀頌十二章并序 …… 彭孫求、彭孫貽 560
紫江朱氏海濱塋地建置始末 …… 朱啟鈐 562
祠宇記 …… 朱　封 563
孤山重建朱文公祠記 …… 張安茂 566
孤山朱文公祠碑記 …… 張安茂 566
胡文昭公祠添祀三子及朱公公綽記 …… 吴　俊 567
義田乘韋記 …… 朱　冀 567
始建不遷祖祠并置祀田述略 …… 朱　冀 568
邑侯朱老父臺諱宗洛字紹川號選齋像記 …… 569
朱氏奉先祠記 …… 朱　琳 569
節婦方氏捐銀記 …… 朱　楠 570

朱黄氏節孝序 …… 薛倬雲 570
貞節合序 …… 薛倬雲 571
施太宜人訓 …… 朱　紈 571
奕山八景詩 …… 朱明誠 573
壬午秋自翁村回奕山 …… 尹廷高 574
楓塘別業 …… 尹廷高 574
贈朱少塘山人見訪鷺石溪居 …… 王養端 574
送朱山人之松陽兼柬徐龍陽 …… 王養端 574
送朱山人之西安 …… 王養端 574
朱山人約余春酌不赴 …… 王養端 574
答朱克明 …… 王養端 574
題循良四著卷後贈奕山朱參軍文盛 …… 王一麒 575
前題 …… 王邦偉 575
前題 …… 王任臣 575
從龍閣 …… 朱文盛 575
前題 …… 朱九綸 575
前題 …… 黄國龍 575
奕山晤友人朱家瓚詩 …… 胡效憲 576
奕山塘亭 …… 胡效憲 576
迎盟伯胡效憲於奕山朱家瓚從龍閣 …… 方亨咸 576
香滿樓 …… 朱　霞 576
試後送案元朱炯敬歸奕山 …… 陳大受 576
從龍之閣家穎海先生讀書處也自哲人萎而梁木亦壞久矣壬辰重建感而得句 …… 朱宗濂 576
咏方塘 …… 朱宗濂 577
石泉唱和詩 …… 577
方塘即景 …… 朱宗瀛 579
聞朱函熙夫子述令侄翼唐所建閣曰文鑑者未及從游恭呈采桑詞一闋 …… 周應枚 579
游奕山見其林巒雅麗人物瑰奇因不自揣漫成一律以寄欣慕時秋之九月也 …… 毛　桓 579
寄懷梅岡朱翰仙 …… 毛　桓 579
題從侄楷石泉別業 …… 朱宗基 579
大塘亭 …… 朱宗鏘 579
登眺從龍閣懷家穎海蓮亭二先生 …… 朱宗鏘 580
登螺峰 …… 朱宗鏘 580
留楚畹山居 …… 朱　楷 580
從龍書院先嚴多題咏歿後久閉復啟書所見聞以誌痛 …… 朱　楷 580
暮秋寄呈家衡山先生 …… 朱　楷 580
思孝亭 …… 朱　楷 580
戊午紀事 …… 朱　辰 581

仲義祠聯句…… 581
文鑑閣記 ……何其偉 582
奕山記異 ……朱家選 582
奕山社前神厨記 ……朱　俊 583
善報録 ……朱德衿 584
香田百頃賦桐川八景之一……王思謙 584
謁始祖介公墓 ……朱德衿 585
又 ……朱光淳 585
又 ……朱大執 585
又 ……朱德遐 585
甲申同文開叔祖舟行至德興譜局 ……朱青選 586
取道薛家嶺復至香田 ……朱青選 586
香溪探梅歌 ……朱光澤 586
桐川喬蔭歌 ……朱德珍 586
記奉竇明公爲始祖并初謁墓事 ……朱一鳳 586
梅隴朱祠記 ……朱宅豐 587
祠堂記 ……王　稌 588

朱馬氏宗譜…… 590
插花山居詩 ……馬思贊 590
雨後同内子登南樓作 ……馬思贊 590
與内子夜話南樓 ……馬思贊 590
病起食粥 ……馬思贊 590
客中見月得家信 ……馬思贊 591
花山草堂 ……馬思贊 591
題郭河陽春畊圖 ……馬思贊 591
德宣喪偶悼之慰之 ……馬思贊 591
聞蛙 ……馬思贊 591
聽漏 ……馬思贊 591
除夜 ……馬思贊 592
先公除帛之辰 ……馬思贊 592
歲寒雜感 ……馬思贊 592
作先公年譜成 ……馬思贊 592
經城中故居 ……馬思贊 592
登吟香閣有歎 ……馬思贊 592
自遣三絶 ……馬思贊 593
勵志詩 ……馬翼贊 593
有感 ……馬翼贊 593
對鏡自歎 ……馬翼贊 593

英兒納婦口占以訓 …… 馬翼贊 593
乙未遠歸閱英兒詩頗有思致因用其韻 …… 馬翼贊 593
内子誕辰姪輩以生魚稱祝感而有作 …… 馬翼贊 594
丁酉嘉平祝壻生子遂作洗兒詩以賀之 …… 馬翼贊 594
病中示子詩 …… 馬翼贊 594
燕山旅館病中偶作 …… 馬翼贊 594
先公除帛志痛 …… 馬翼贊 594
秋旱 …… 馬翼贊 594
冬至早朝 …… 馬翼贊 595
聖駕乘舟賞春命賦 …… 馬翼贊 595
上太史本房師 …… 馬翼贊 595
下第 …… 馬翼贊 595
癸卯十月釋褐後接家書知英兒舉一子喜而賦此 …… 馬翼贊 595
將出京邸留别仁山同學 …… 馬翼贊 595
丁未仲春余將有山左之行因賦小詩留别瞻東山同學 …… 馬翼贊 596
與友人談及近況感賦十韻 …… 馬之隨 596
悼亡 …… 馬之隨 596
燈下示兒女 …… 馬之隨 596
病中作 …… 馬之隨 596
初夏懷四弟積高 …… 馬之隨 596
癸卯省試題院中壁 …… 馬之咸 597
三十初度 …… 馬之咸 597
賀少萍兄生日 …… 馬之咸 597
聞雁有懷八弟建侯 …… 馬之咸 597
送四兄積高入都 …… 馬之復 597
舟中寄弟元考 …… 馬之復 598
七月四日作 …… 馬之豫 598
病中詩 …… 馬之履 598
得八弟建侯長垣凶信詩以哭之 …… 馬之履 598
輓黄太君次嶧桐姪韻 …… 馬之履 598
聞從弟天衡客死中州因寄西林 …… 馬惟陽 599
寄從弟西林 …… 馬惟陽 599
十月一日謁王父南和公墓 …… 馬惟陽 599
寄弟 …… 馬惟陽 599
哭五叔父文抄 …… 馬惟陽 599
歲暮感懷 …… 馬惟陽 599
冬日登大尖山謁宋宣教郎萬十一公墓 …… 馬惟陽 600
謁絲如公墓 …… 馬惟陽 600
哭弟 …… 馬惟陽 600

弟亡已一載餘痛未盡詩又哭之 …… 馬惟陽 600
哭次女 …… 馬惟陽 601
哭次兒阿真 …… 馬惟陽 601
嫁女詞 …… 馬惟陽 601
臧伯姪入泮詩以誌喜 …… 馬惟陽 601
自題小照 …… 馬惟陽 601
余年逾五旬始舉一孫詩以誌喜 …… 馬惟陽 601
哭亡兒貢名 …… 馬惟陽 602
哭叔父眷春 …… 馬宸翰 602
悼亡後送紝女適阮氏 …… 馬宸翰 602
病中作兼悼陸細君 …… 馬宸翰 603
哭母 …… 馬宸翰 603
悼亡 …… 馬宸翰 603
元旦 …… 馬步瀛 603
遊尖山 …… 馬步瀛 603
詠菴姪處鄉里事有豪狹氣詩以美之 …… 馬步瀛 604
配恒姪誼敦孝友力成宗譜詩以喜之 …… 馬步瀛 604
五雲姪醇謹敦厚酷愛誦讀詩以勗之 …… 馬步瀛 604
泉源姪舉止卓犖雅度從容詩以勵之 …… 馬步瀛 604
讀秋客伯得孫誌喜詩敬次原韻 …… 馬步瀛 604
初冬隨從伯秋客從叔西林小葫蘆山看紅葉 …… 馬步瀛 604
哭從伯秋客 …… 馬步瀛 605
哭從弟菊庭 …… 馬步瀛 605
哭歸孫姑母 …… 馬步瀛 605
乙亥歲恭和易梧岡刺史勸賑詩四首敬次原韻 …… 馬步瀛 605
懷父 …… 馬　簬 606
惜西林叔翰墨 …… 馬　簬 606
陪從叔西林探海南麓步原韻 …… 馬　簬 606
慶堂姪食餼於庠詩以勗之 …… 馬錫蕃 606
封三弟得子詩以誌喜 …… 馬錫蕃 606
辛巳中元節哭奠先人作 …… 馬錫蕃 606
幽居有感 …… 馬錫蕃 607
五十述懷 …… 馬錫蕃 607
荒村閒眺雜書所見 …… 馬康年 607
田園雜興 …… 馬康年 607
讀寒中老人詩集書後 …… 馬康年 607
春日謁敬涵公墓 …… 馬遇孫 608
題明道公祠 …… 馬遇孫 608
謁廣成公墓 …… 馬遇孫 608

哭弟丕謨 …… 馬遇孫 608
悼亡 …… 馬宗援 608
四十述懷 …… 馬宗援 608
哭冢兒文源 …… 馬宗援 609
三十述懷 …… 馬宗融 609
四十述懷 …… 馬元傑 609
甲戌中秋下澣蒙張筱華觀察表叔惠顧兼示以詩敬步原韻兩首 …… 馬元傑 609
輓誠華叔曾祖 …… 馬元傑 610
五十述懷 …… 馬元傑 610
宗崙士弟以碧山草堂吟稿見示喜而有作 …… 馬元傑 610
悼亡繼室劉氏 …… 馬元傑 610
遊西湖偶咏 …… 馬元傑 610
呈家仲安 …… 查　惜 611
慰仲安下第 …… 查　惜 611
西山晚眺武仲安韻 …… 查　惜 611
憶母 …… 查　惜 611
苦雨寄仲安 …… 查　惜 611
冬歸寄仲安 …… 查　惜 611
代兄鑒揆寄内 …… 查　惜 612
家園南樓 …… 查　惜 612
寄兄 …… 查　惜 612
對奕呈仲安 …… 查　惜 612
春望 …… 查　惜 612
七夕 …… 查　惜 612
除夜呈仲安 …… 查　惜 613
代仲安遊蠏山作 …… 查　惜 613
夜讀周南示姪克凝 …… 查　惜 613
人日辭姒氏飲 …… 查　惜 613
送姪女入楚 …… 查　惜 613
寄仲安山齋 …… 查　惜 613
代仲安許氏枕濤莊看梅二首 …… 查　惜 613
衡堂感賦 …… 馬友鎬 614

江氏宗譜 …… 615
宏聲公訓子記 …… 江九曲 615
弔世弟厚載墓兼賀得孫之喜 …… 司徒一堂 615
八景詩 …… 江宏聲 615
又 …… 司徒一堂 616
繼述堂記 …… 江宏聲 617

駿惠堂記 …… 江　培 618
承志堂記 …… 江　琛 618
承恩堂記 …… 江　琛 618
餘慶堂記 …… 江静涵 619
光裕堂記 …… 江静涵 619
知止堂記 …… 汪　國 620
重建燕貽堂記 …… 司徒一堂 620
拾慧草節録 …… 江希曾 621
甲寅九月績谿解任踰嶺至村展謁先塋即柬族中父老 …… 江慕洵 623

阮氏宗譜 …… 624
培養子孫論 …… ［題］莘田介 624

何氏宗譜 …… 625
嘉慶庚辰之夏及道光癸未之冬祠内甘蕉花連開兩次知吾宗發祥有兆也賦詩二章特以誌異 …… 何鴻寓 625
前題 …… 何鴻烈 625
遊庠感賦二首 …… 何鴻寓 625
述何君鏡堂始末 …… 吴　植 625
戒勉子弟詩四首 …… 何國璋 626
前山書屋記 …… 蔡　珍 627
遭劫記畧 …… 何品梅 627
遭劫詩八首 …… 何炳耀 628

吴氏宗譜 …… 629
書吴氏族人殉難事 …… 鄭翔霱 629
咸豐丁巳譜竣書事 …… 吴載仁 629
鄉試誌喜 …… 吴　鴻 630
題忠孝祠 …… 吴　佐 630
徐師巖即景 …… 吴佑行 630
和易師祚坤晚秋原韻 …… 吴佑行 630
春日薄暮口占迴文 …… 吴　弼 630
登黄鶴樓 …… 吴天寵 631
往湖北德安任省父路經武昌游黄鶴樓 …… 吴佳德 631
舟抵漢口游梅子山 …… 吴佳德 631
題吴鏡爐泛舟游金焦山小照 …… 李和卿 631
勵志 …… 吴定邦 631
登土龍山 …… 吴定邦 631
春暮重光樓即事 …… 吴定邦 632

登道靈山 …… 吴定邦 632
赴院試歸過山西嶺 …… 吴錫鉞 632
題吕仙試劍石 …… 吴錫鉞 632
題伍員渡江圖 …… 吴錫鉞 632
剪髮詞 …… 吴錫鉞 632
追悼湘軍援鄂陣亡諸烈士二首 …… 吴錫鉞 632
春近 …… 吴錫鉞 633
壬子譜竣誌喜 …… 吴錫鉞 633
壬子譜竣誌喜 …… 吴丁爕 633
壬子譜竣誌喜 …… 吴光鴻 633
壬子譜竣誌喜 …… 吴　忠 633
壬子譜竣誌喜 …… 吴龍駒 633
壬子譜竣誌喜 …… 吴錫光 634
巡陵九老同游道巖詩有記 …… 634
題鳳尾蕉 …… 吴裔雲 636
岳陽樓遠眺 …… 吴裔雲 636
梅花吟 …… 吴裔雲 636
牡丹吟 …… 吴裔雲 636
吴生行贈吴伯衡美不負死友也 …… 劉人熙 636
吴宜盛先生百歲歌 …… 張嘉瑞 637
賓月齋雅集五言排律 …… 吴燦瑜 637
詠史七絶 …… 吴燦瑜 637
五十述懷 …… 吴燦瑜 637
來鳳吴毅諳同寓武昌以紅桂坡省墓圖詩卷見贈爲賦七古 …… 吴燦瑜 638
弔湘陰譚烈女 …… 吴燦瑜 638
甲戌九月十五夕望祀南嶽黄帝巖 …… 吴燦瑜 638
丙子人日登祝融峰賞雪 …… 吴燦瑜 639
中秋偕友登黄帝崖賞月 …… 吴燦瑜 639
次日偕内子游山歷磨鏡臺藏經殿諸勝 …… 吴燦瑜 639
題南畝饁耕 …… 吴毓湘 639
嚴子陵釣臺懷古 …… 吴毓湘 639
前題疊原韻 …… 吴毓湘 639
作客黔陽 …… 吴毓湘 640
乙亥洪江紀游 …… 吴毓湘 640
洪江紀游之二 …… 吴毓湘 640
平江縣長朱興曙調省作此送之 …… 吴毓湘 640
民國辛酉同金峙生觀察赴施南清鄉散賑旋攝建始縣篆感賦四律 …… 吴振鵬 640
重游赤壁 …… 吴振鵬 641
輪過山東晚眺 …… 吴振鵬 641

過威海晚眺憑弔甲午海戰將士 …… 吴振鵬 641
榆關懷古 …… 吴振鵬 641
過保定石家莊弔吴綬卿將軍 …… 吴振鵬 641
旅順感懷 …… 吴振鵬 642
彤霞山館即事 …… 吴振鵬 642
題岳陽樓洞賓背劍圖 …… 吴振鵬 642
玄武湖 …… 吴振鵬 642
感懷示友 …… 吴 昀 642
六十述懷 …… 吴正方 643
五十生辰旅館述懷 …… 吴有邦 643
重建季子祠 …… 吴 涣 643
六十述懷 …… 吴鳳苞 644
勵族行 …… 吴鳳苞 645
甲辰歲重游杭州西湖 …… 吴鳳苞 645
譜成誌感 …… 吴 鍾 645
譜事感懷 …… 吴之瀛 645
書己巳續修宗譜後 …… 吴之霖 645
譜説 …… 吴 匯 646
北征吟詩序 …… 徐時泉 648
題吴椒村雪關征馬圖小照 …… 盧衍仁 649
題匹馬驕嘶固關雪小照 …… 葉 蓁 649
題匹馬驕嘶固關雪小照 …… 樓上層 649
題椒村耕餘鼓腹小影 …… 湯慶祖 650
題吴椒村小像 …… 韋昌崇 650
厚我論 …… 吴玉烈 650
捐田自記 …… 吴 圻、吴衡森 651
捐田記 …… 吴 翰 651
前後捐公總記 …… 吴 湛 652
捐款續記 …… 吴溶川 652
世系傳派歌 …… 吴頤慶 653
讀書堂記 …… 闞已山 653
荆山寒壁賦 …… 吴嘉誨 654
五月鳴蜩賦 …… 吴嘉詳 654
天馬徠賦 …… 吴天澤 655
夏賞緑荷池賦 …… 吴天淞 655
吴江楓色賦 …… 吴天濤 656
積雪占豐年賦 …… 吴天心 656
采石磯賦 …… 吴德霖 657
披沙揀金賦 …… 吴德植 657

謫仙樓賦 …… 吴德棠 658
讀書燈賦 …… 吴德權 658
彼沙揀金賦 …… 吴德榘 659
白紵山懷古賦 …… 吴德讓 659
玩鞭亭碑 …… 吴德蘭 660
孟嘉落帽賦 …… 吴德邦 660
太白樓觀潮賦 …… 吴德榛 661
麥浪賦 …… 吴德材 661
雪賦 …… 吴德昌 662
映雪讀書賦 …… 吴德炎 662
山明望松雪賦 …… 吴本志 662
姑孰八景賦 …… 吴本輝 663
滿架薇薔一院香賦 …… 吴本支 664
新燕賦 …… 吴本祖 664
青山賦 …… 吴本宏 665
槃圓盂方賦 …… 吴本寯 665
修學務早賦 …… 吴本佳 666
登太白樓望江賦 …… 吴本高 666
宗祠養倉記 …… 佚　名 667
龜山訟事本末 …… 吴　熙 667
賊退後歸里雜憶避難時事 …… 吴　杰 670
賊燬居廬殆盡覩之悵然 …… 吴　杰 670

宋氏宗譜 …… 671
長至祭金太君上溯辛祖庚祖丙祖序 …… 宋志學 671
題鄭雪樵外正圖 …… 宋登抒 671
登南山記 …… 宋　璇 671
宋氏人物賦 …… 宋　璇 672
年近六旬自訟 …… 宋　璇 674
駁阜李湖易名曹黎湖説 …… 宋　璇 675
阜湖賦 …… 宋　梁 675
湖東雜記 …… 宋　棠 676
七旬自述 …… 宋　棠 678
爲陳星橋師殉難徵詩啓 …… 宋　棠 679
募修包娥祠啓 …… 宋　棠 680
秋日客中思從兄弟賦 …… 宋貫彝 680
楓墩紅葉賦 …… 宋士蘭 681
孝 …… 宋崇德 681
辛酉冬日將徙越東作 …… 宋　達 682

偶成 …… 宋志學 682
舉世兵擾惟夢裏差安 …… 宋志學 682
義師焚練 …… 宋志學 682
山居 …… 宋志學 683
答沈清遠見招 …… 宋志學 683
蘆花 …… 宋夢熊 683
觀阜湖荷寄友 …… 宋夢熊 683
明經鄭金門約張孝廉鳳閣看花不至卻寄 …… 宋 楷 683
寄友傅學沆 …… 宋 楷 683
喜趙蓋峰張宗蘖見訪 …… 宋 楷 684
閒 …… 宋登抒 684
村西晚望 …… 宋登抒 684
阜湖即景 …… 宋登抒 684
清明弔孤墓 …… 宋登抒 684
湖東六咏 …… 宋 涵 684
由瀾嶺行至湖口書所見 …… 宋載菜 685
壟上有感 …… 宋佳梅 685
南樓自書 …… 宋 璇 686
溪上觀梅 …… 宋 璇 686
立秋日自湖上歸 …… 宋 璇 686
阜湖採蓮詞十首 …… 宋 璇 686
送客 …… 宋 璇 686
夏夜山館漫成 …… 宋 璇 687
村西别業 …… 宋 璇 687
竹聲 …… 宋 璇 687
田舍歌 …… 宋 璇 687
山中雜詩 …… 宋 璇 687
寄族姪文光在燕京 …… 宋 璇 687
示兒輩 …… 宋 璇 687
雨後野興 …… 宋 璇 688
咏懷 …… 宋 璇 688
秋夜散步 …… 宋 璇 688
登蘆灣岡 …… 宋 璇 688
潘陡歌 …… 宋 璇 688
咏烈婦黎孺人 …… 宋 璇 689
詠節婦徐孺人 …… 宋 璇 689
南樓漫興 …… 宋 璇 689
題陸景涵親家遊天台圖 …… 宋 璇 689
春遊 …… 宋鳳兆 689

丁酉三月廿四舉一男 …… 宋　杰 690
咏湖上漁父 …… 宋　杰 690
賦得梅花 …… 宋　杰 690
咏烈婦黎孺人 …… 宋　杰 690
過半山菴 …… 宋　杰 690
客歸 …… 宋　杰 691
村西探梅 …… 宋　梁 691
板橋 …… 宋　梁 691
由姜山行至杏樹下村 …… 宋　梁 691
小飲 …… 宋　梁 691
白樓弟遠歸口占一絶 …… 宋　梁 691
秋宵不寐 …… 宋　梁 691
留避難諸親友 …… 宋　梁 692
湖西看會自楊橋而回 …… 宋　梁 692
夜起 …… 宋　梁 692
晚歸 …… 宋　梁 692
新莊小憩 …… 宋　梁 692
夜泛阜湖 …… 宋　梁 692
閒居 …… 宋　梁 693
宗祠屏風樂府 …… 宋　棠 693
六旬感懷詩八章 …… 宋　棠 695
哭女珊珊 …… 宋　棠 696
悼内子錢孺人四十首 …… 宋　棠 697
自挽詩 …… 宋　棠 698
長歌行 …… 宋　潤 699
湖東女兒詩 …… 宋夢魚 699
客中見阜李湖圖感而有作 …… 宋光简 700
庚午九日與同人登蒿尖峰賦此誌事 …… 宋光範 700
同日和弟雪嶼作 …… 宋光籀 701
南樓納涼詞 …… 宋鴻璟 701
續修宗譜告竣呈白樓叔祖 …… 宋懷珍 701
村莊雜詠 …… 宋麟珵 701
歲暮追念先祖不勝悲泣 …… 宋士蘭 702
新正宴客追懷先祖 …… 宋士蘭 702
見冬雪追懷先祖 …… 宋士蘭 702
見食年糕追懷先祖 …… 宋士蘭 703
先祖逝世後門無問字之車堂乏高賢之座感慨當年偶成七律一首 …… 宋士蘭 703
辛丑年十二月十七日遷母殯於金灣山與亡妻殯相鄰不肖晨筀偶成七絶以記哀懷 …… 宋士蘭 703

悼亡詩 …… 宋士蘭 703
勉子伯銓讀書 …… 宋士蘭 704
伯銓姑母家讀書臨行諄戒 …… 宋士蘭 704
四月寄伯銓書 …… 宋士蘭 704
在家教誨伯銓 …… 宋士蘭 704
五月寄伯銓家書 …… 宋士蘭 704
六月寄伯銓勵志讀書 …… 宋士蘭 704
兩兒髫年失母余見之不勝悲憐 …… 宋士蘭 705
教兒孝養祖父 …… 宋士蘭 705
遊春感懷 …… 宋士蘭 705
杏花 …… 宋士蘭 705
嘅世 …… 宋士蘭 705
烏石岡 …… 宋堯封 705
牛瀾墩 …… 宋堯封 705
觀瀾堂 …… 宋堯封 706
鐵甲山 …… 宋堯封 706
早梅 …… 宋彩華 706
感亡妹小珍 …… 宋彩華 706
至蘭芎山福仙寺 …… 宋彩華 706
事物記 …… 宋　棠 706
白樓生像贊 …… 宋　棠 710
内子錢孺人像贊 …… 宋　棠 711
答宋白樓書 …… 戴蘭疇 711
與宋白樓書 …… 嚴以榦 711
再與白樓書 …… 嚴以榦 711
上宋白樓師書 …… 胡仁耀 712
遊阜李湖即訪宋且農 …… 陳繼疇 712
思煌公壽詞 …… 朱志閎 712
思煌公壽詞 …… 朱光熊 712
題且園小像 …… 陳其淵 713
賀齊雲二子入泮 …… 宋元琦 713
寄同研齊雲 …… 徐　麟 713
題齊雲家慶圖 …… 徐　麟 713
題齊雲觀潮圖 …… 車　暄 713
阜李湖弔杜君良興 …… 車　林 713
過宋十二丈齊雲隱居 …… 車　林 714
非非園宋笠畊過訪 …… 車　林 714
答宋二笠畊 …… 車　林 714
謁杜君祠 …… 錢汝紳 714

輓齊雲先生 …… 孙道復、許正綬、王振綱 714
題南樓壁 …… 俞廷颺 715
題滁人湖東草堂詩草 …… 陸　源 715
題滁人湖東草堂詩草 …… 謝申封 715
和宋白樓感懷詩 …… 陳修誠 715
與笠畊滁人泛皁湖並話村居之樂即以題贈 …… 錢世敘 716
和宋白樓原韻兼以奉贈留别 …… 嚴以幹 716
過潘家陡 …… 王　鏗 716
題湖東第一山詩集 …… 謝　采 716
贈白樓即以留别 …… 謝　采 717
與宋晨笙黄晴初同遊皁湖 …… 錢錦城 717
澧陽扶櫬還長沙賦 …… 宋家軾 717
余以季冬八日戊寅午刻取不可疾貞之義扶櫬入舟越五日癸未丑刻取相承征吉之義長行舟中既將路程賦繕寫數十篇因就所經諸地之有感於心者即綴以詞而附焚焉冥漠有靈當可以破岑寂耳 …… 宋家軾 719
待雨廳記 …… 宋家軾 720
待雨廳序 …… 尹朝楷 721
代雲屏叔往楊宅分蘭花啓 …… 宋修藩 722
代雙湖叔寄涂莘畬書 …… 宋修藩 722
代雙湖叔寄月初索債書 …… 宋修藩 723
致祖衿父魯心田三公公精象數時年八十餘 …… 宋家軾 723
冬至停酒免致修譜丁費過重啟 …… 宋家軾 723
代海帆八叔父擬投考兩湖書院稟 …… 宋家軾 724
代翰青六叔二場告病三場求還繳卷當堂完繳稟 …… 宋家軾 724
遺族人書 …… 宋家軾 724
致族人書 …… 宋家軾 725
致三弟 …… 宋家軾 725
祠堂虧帳勸捐啟 …… 宋家軾 725
寄譜館諸公書 …… 宋家軾 726
再致譜館諸公書 …… 宋家軾 726
代敔陔四弟致涂次衡表伯 …… 宋家軾 727
爲翰青六叔薦館書 …… 宋家軾 727
代子南七弟寫信致思誠四叔 …… 宋家軾 728
代王某生子祀祖文 …… 宋錦鴻 728
入學祀祖文 …… 宋修藩 728
七十雙壽祀祖文 …… 宋家軾 729
迎火龍驅蟲蝗告神文 …… 宋修藩 729
驅蝗吃齋告土地文 …… 宋修藩 729
代家碩軒派名修運作祭泉神文 …… 宋修藩 730

豎天燈文 …… 宋修藩 730
代時萬派名修鴻同順諸人作祀靈官渡江神文 …… 宋修藩 730
安土神文 …… 宋家軾 731
爲三姊爲夫酬神疏 …… 宋家軾 731
爲外弟章炳堂退飛廉白虎煞文 …… 宋家軾 732
伯病代安室神文 …… 宋家軾 732
梧桐園書齋記 …… 洪惟高 732
蓮石山記 …… 宋步鯤 733
大河陂記 …… 宋廷桂 733
始祖見爲太秋祭公堂記 …… 宋學安 734
秋成有望隣友頻過小飲喜而有作 …… 宋世鼐 734
題齋壁 …… 宋世鼐 734
且休吟 …… 宋　文 734
鼓缶歌 …… 宋　文 735
平山堂 …… 宋之梁 735
淮市逢魏二 …… 宋之梁 735
村居自遣 …… 宋之梁 735
題假鳴園 …… 宋克明 735
子夜聞雁聲寄汪柳門 …… 宋克明 736
懷餘杭 …… 宋克明 736
和柳門臘梅元韻 …… 宋克明 736
重九將届而菊尚含苞未放戲作此以詰之 …… 宋克明 736
秋日登龍泉山用庸菴公韻 …… 宋克明 736
蚤春閒詠 …… 宋克明 736
春日寄懷 …… 宋克明 737
蚤春送汪柳門之廣陵 …… 宋克明 737
詠緑萼梅 …… 宋克明 737
滸塘後山賦 …… 宋廷桓 737
蔚秀山記 …… 宋廷桓 738
經繁昌追懷家庸菴公 …… 宋廷桓 738
舟次鄖陽敬懷家中丞公 …… 宋廷桓 739
冬日效陳白沙體 …… 宋廷桓 739
雨後同族叔述明楚材訪倪宗山不遇題壁 …… 宋廷桓 739
雨中寄菁崖巳亭 …… 宋廷桓 739
木蘭花慢 …… 宋廷桓 739
花朝後三日招同菁崖丈巳亭同學族叔楚材族弟之庾遊蔚秀山 …… 宋廷桓 740
花朝後三日漱石以詞相招遊蔚秀山 …… 韓　法 740
和宋漱石蔚秀山八詠 …… 韩　法 740
送方正學先生配祀文廟七律四章 …… 宋鏡旋 740

又次韻 …… 宋鏡旋 741
暮遊龍山即景 …… 宋祖殷 741
題山水圖 …… 宋祖殷 741
夜雨初晴 …… 宋惟懷 741
滬上小華園晏客 …… 宋惟懷 741
題宋氏五老圖并序 …… 周輔墀 742

李氏宗譜 …… 743
重刊松谷遺草序 …… 馬翊宸 743
李玉峰徵君苻離吟草序 …… 馬翊宸 743
李玉峯徵君文集序 …… 凌泰交 744
校修郡邑志自序 …… 李夢源 744
重刊李問羲先生文稿 …… 杜　聯 745
醉園印譜前序 …… 楊毓秀 745
醉園印譜後序 …… 鄭世燧 745
光裕堂序 …… 李文遠 746
同邑松如崔老先生宧閩詠史詩序 …… 李嘉賓 746
擬朱子周程邵張司馬六先生畫像贊 …… 李士鰲 747
題鄒雋之明府仙源覽勝圖 …… 李嘉賓 747
譜編憶東山族弟寄興 …… 李　昺 747
學舍頽傾移住小廳時適河決詩以誌慨 …… 李夢源 747
和李荷風判官秋日游龍岡白雪洞 …… 李夢源 747
自芙蓉嶺至松谷菴即贈松月上人 …… 孫良鑑 748
由松谷菴至獅子林 …… 孫良鑑 748
壽李醉翁先生八十 …… 趙良霨 748
立秋有感 …… 李　瀾 748
古意 …… 李　瀾 749
家在江南黄葉村圖爲江南春同年題 …… 李嘉賓 749
病後代柬答子漁弟 …… 李本旟 749
夏家潭 …… 李本旟 749
族譜告成自述 …… 李　昺 749
異災行 …… 張鍾琬 750
送曹琴軒明府膺薦入都 …… 李應源 750
宿州大水行 …… 李應源 750
擬韓昌黎董生行 …… 李　瀾 751
弔白沙嶺殉難諸君即和項珍卿蘆溪行韻 …… 李　瀾 751
上楊繹堂明府 …… 李光照 751
風雨歌 …… 李本旟 752
楊花咏 …… 李本旟 752

响山行 …… 李本嬪 752
栽花曲 …… 李本嬪 752
題重修松谷菴 …… 李志洙 753
軒轅閣 …… 李 瓚 753
遊松谷菴 …… 李 琪 753
送李玉峯徵君歸仙源 …… 洪亮吉 753
宿獅子林 …… 孫良鑑 753
讀李玉峯徵君符離吟草題後 …… 項 勗 754
七夕閨情 …… 李啟基 754
將之宿州留別同社諸君 …… 李夢源 754
彭城與家鳳鳴少府時省親利國巡宰任 …… 李夢源 754
宿青龍寺題壁 …… 李夢源 754
壽李星橋先生八十二首之一 …… 孫璧文 755
和張渭崖孝廉松谷菴見訪元韻 …… 李 瀾 755
新秋有懷諸子 …… 李 瀾 755
湖上晚眺 …… 李 瀾 755
水仙花 …… 李 瀾 755
鰲魚洞 …… 李秉連 756
秋日同遊獅子峯 …… 李 釗 756
重遊黄鶴樓 …… 李本嬪 756
遊西湖晚歸 …… 李本餘 756
申江客舘坐雨 …… 李本餘 756
楊老公墓 …… 李志洙 756
罾庵 …… 李志洙 757
飲李翁隱居索題二首 …… 劉元凱 757
飲李汝新居 …… 劉元凱 757
與李氏諸子登玉峰 …… 劉元凱 757
和介夫弟陪趙山長游松谷菴韻 …… 李 昺 757
遊南斗庵和司馬提學韻 …… 李 瓚 757
陪趙山長公迪游松谷菴即步元韻 …… 李 瓚 758
頌逸軒叔祖族譜纂成 …… 李 煇 758
游松谷菴和張明府韻 …… 李 湛 758
壽陳孺人八十 …… 李傳芳 758
春草 …… 李啟基 758
渡淮 …… 李夢源 758
初至學署寄懷舊游 …… 李夢源 759
謁閔仲兩夫子祠 …… 李夢源 759
六月朔送會侯歸里 …… 李夢源 759
登雲龍山放鶴亭 …… 李夢源 759

周亞夫墓 …… 李夢源 759
七月十九日生辰有感 …… 李夢源 759
二忠祠春祀 …… 李夢源 760
山桑八景 …… 李夢源 760
丙子卸篆南歸留別山桑 …… 李夢源 760
焦時翁少君泮捷扇詩 …… 李夢源 760
周生兄弟文武泮捷 …… 李夢源 761
梅影和項襄五明經韻 …… 李應源 761
項志軒招賞菊花四首之二 …… 李元豐 761
枕經閣 …… 李　瀾 761
獅子林 …… 李　瀾 761
呈楊繹堂明府 …… 李　瀾 762
和族叔星橋先生菊花詩原韻 …… 李　瀾 762
頌楊繹堂邑侯五十壽詩 …… 李　淮 762
夜歸山館聽雨樓 …… 李國賢 762
題樂善吟詩卷 …… 李成紀 762
遊松谷菴 …… 李　弇 763
暮下碧山約李山人 …… 項兆麟 763
甲申臘八日送李子樵還溝村 …… 孫繩祖 763
都中呈李勉卿先生 …… 孫繩祖 763
館田八景 …… 李　昺 763
六十生辰述懷 …… 李　釗 764
步王子裳太守飲餞百牙山固池菴元韻 …… 李　釗 765
秋日芝田勉卿同遊獅子峰 …… 李秉連 765
宿獅子林和崔惠人宫詹壁間韻 …… 李本爌 765
山館與林慕周孫武周咏雪分韻 …… 李本爌 765
出門贈内 …… 李本爌 765
十月十七日起程入蜀留別漢臯 …… 李本爌 765
夔府謁鮑武壯公祠 …… 李本爌 766
漢臯病中口占原唱 …… 李本爌 766
病中排悶叠漢臯病瘧原韻 …… 李本爌 766
和周漱泉廣文五旬自壽四律原韻 …… 李本爌 766
由海上回漢舟中度七夕以詩記之 …… 李本餘 766
始信峰 …… 李秉連 767
醉翁峰 …… 李志洙 767
秋日重登醉翁峯 …… 李秉連 767
隴西亭 …… 李秉連 767
題李氏陽基 …… 張松谷 767
書諸葛忠武傳後 …… 李元超 767

書荀令傳後 …… 李元超 768
遊板石潭口占 …… 李元超 768
步劉雲鶴明府板石潭韻 …… 李一元 768
送李逢源星南下碧山 …… 項兆麟 768
夢筆生花 …… 李秉連 768
擬古 …… 李本熿 768
到杭州野泊 …… 李本馀 768
秀水亭 …… 李志洙 769
自勉 …… 李　釗 769
南斗庵 …… 張松谷 769
遷李氏基址 …… 張松谷 769
封平江尉李南谷公墓 …… 張松谷 769
寄李千三公及其子社乙 …… 張松谷 769
雪中同詣李柱峰宅獨上醉翁峰飲 …… 崔　涯 769
坐芙蓉峯下飲忽天霽日出 …… 崔　涯 770
遊松谷庵漫興 …… 李　瓚 770
題李氏祠堂 …… 李　瓚 770
拜松谷塔 …… 李　瓚 770
過芙蓉洞 …… 李　瓚 770
芙蓉亭 …… 李　瓚 770
横嶺橋 …… 李　瓚 770
天都峯 …… 李　治 771
油榨石 …… 李　治 771
過關石 …… 李　湛 771
芙蓉洞 …… 李　湛 771
芙蓉菴 …… 李　昺 771
題感應龍王廟 …… 李　昺 771
油榨石 …… 李　昺 771
枕籠峯 …… 李　昺 772
題松谷先生小像 …… 李應源 772
題杏山庵壁詩 …… 李之茂 772
和蘭 …… 李　瀾 772
雪夜 …… 李　瀾 772
感事 …… 李　瀾 772
蕪湖坐風俟男成紀歸自吴門未至 …… 李夢源 773
鳳穎判官以泗州石磬見贈 …… 李夢源 773
贈李文卿上舍 …… 焦春霆 773
呈李朗民觀察 …… 趙光祖 773
謁李白墓 …… 李　霖 773

書嚴少平司馬退舫詩存後 …… 李夢源 773
始信峯 …… 李　釗 773
雜詠古人 …… 李　釗 774
己丑大挑二等以教職用 …… 李　釗 774
示在學諸生 …… 李　釗 774
光明頂 …… 李秉連 774
戊寅春與同學南園看杏花 …… 李本嬪 774
象山館賞牡丹醉歸口號 …… 李本嬪 774
擬小游仙四首 …… 李本嬪 775
彝陵晚眺 …… 李本嬪 775
歸州弔古 …… 李本嬪 775
西蜀清明即事有懷四弟 …… 李本嬪 775
薛翿墓二首 …… 李本嬪 775
舟抵南海普陀 …… 李本餘 775
西湖留別允中績青兩上人 …… 李本餘 775
聞子樵兄凶耗 …… 李本餘 776
古洞邊 …… 李志洙 776
遊象山館有感 …… 李志洙 776
松鼠 …… 李宗瀚 776
竹雞 …… 李宗瀚 776
蘆雁 …… 李宗瀚 776
菊虎 …… 李宗瀚 776
題三門八景 …… 谷秉濤 777
四修家乘捐助碑記 …… 佚　名 777
哭度兒七絶十一首 …… 李達夫 778
次達夫哭度七絶十一首原韻輓之 …… 朱聲京 779
懷隆度三首 …… 朱聲京 780
叠前韻三首 …… 朱聲京 780
望隆度墳 …… 朱聲京 780
憶隆度往事 …… 朱聲京 781
病中口占七絶二首 …… 李叔麟 781
次隆度病中口占次首原韻傷之 …… 朱聲京 781
次李君隆度病中原韻輓之 …… 龍蘭軒 781
達夫祖過衡郡所遇贈章 …… 汪　寬 781
仲麟入泮 …… 朱聲京 782
其二 …… 熊道式 782
勉兒姪輩及時勤學 …… 李克篤 782
開姪南屏忿欲廢學入市詩以勉之 …… 李克篤 782
自遣 …… 李克篤 782

勖堂弟季麟 …… 李克篤 782
父繼母逝追悼莫罄 …… 李克篤 782
痛滿兒光訖早世 …… 李克篤 783
克名公杖銘 …… 李克篤 783
和龍德翔新成種竹園原韻二首 …… 李光宇 783
東山窗吟十絶 …… 李光宇 783
又續十絶以補前韻 …… 李光宇 784
東山窗詞四首 …… 李光宇 784
和蕭雨田試筆元韻 …… 李光宇 784
春日賞牡丹贈主人歲貢生葛福七 …… 李光宇 784
步周南新洗筆池懷古原韻 …… 李光宇 785
余館花市年已七十矣九日有諸學士强余登高賦詩索和因步原韻 …… 李光宇 785
六弟炳南六旬開宴有龍燈大儺之慶詩以致祝 …… 李光宇 785
秋日風雨後殘暑退而天氣爽正學士讀書佳候也因賦詞二章以勵諸生 …… 李光宇 785
喜堂弟渭源專修家乘體制完晰詩以誌慶 …… 李光宏 785
名派百字詩 …… 李超瓊 786
閤族蒙難記 …… 李鎮邦 李佩環 786
黄淑人八旬有五徵詩文啟 …… 李超元 李超瓊 李超瑜 787
石船記 …… 李超瓊 789
述祖德詩 …… 李超瓊 789
熊磚井宗祠記 …… 佚　名 790
葛洲支祠記 …… 佚　名 791
文安公巢湖中廟專祠記 …… 佚　名 791
鴻章公京師表忠祠記 …… 佚　名 792
鴻章公保定專祠記 …… 佚　名 792
鴻章公天津專祠記 …… 佚　名 792
鴻章公濟南專祠記 …… 佚　名 793
鴻章公杭州西湖專祠記 …… 佚　名 793
鴻章公江寧專祠記 …… 佚　名 794
鴻章公蘇州虎丘專祠記 …… 佚　名 794
鴻章公上海專祠記 …… 佚　名 795
鴻章公合肥專祠記 …… 佚　名 795
鶴章公無錫惠山專祠記 …… 佚　名 795
蘭溪拜祠墓小記 …… 李錫爵 796
遇良醫説 …… 杜廷鯉 796
遇良醫説 …… 朱廷璋 797
雄文公醫案序 …… 陳　灝 797
雄文公醫案序 …… 胡德星 798
李文正公山東遺像記 …… 彭維新 798

上南光復志略 …… 李卓民 799
馬嘷詩鈔序 …… 陳光鑑 800
馬嘷詩鈔序 …… 周　春 801
雙忠祠記 …… 李聿求 801
土假山記 …… 李自明 802
假山後記 …… 李　燦 802
義田碑記 …… 鄭　遠 803
書明給諫李公暨配蕭孺人傳後 …… 楊大鶴 803
書嗜泉先生詩後 …… 董佩笈 804
書蛻庵詩卷後 …… 沈廷芳 804
書小蓬萊閣詩卷後 …… 張炳堃 805
書孝女李祥芝詩卷後 …… 諸　錦 805
雲岑李先生贊 …… 趙士麟 806
雲岑李先生贊 …… 許汝霖 806
雲岑李先生贊 …… 張豫章 806
李公殉節誄 …… 袁　佑 806
李雲岑先生誄辭 …… 虞兆清 807
雲岑李公殉節詩 …… 袁　佑 807
前題 …… 胡會恩 807
書雲岑先生傳後兼呈學洲親臺志別 …… 杜　臻 808
李雲岑殉節詩 …… 史　夔 808
李雲岑殉節詩 …… 陳奕禧 808
頌雲岑李先生殉難暨配蕭孺人撫孤大節 …… 查　昇 809
弔少白先生 …… 王　焯 809
題于苑先生詩後 …… 王　焯 809
和李子麟友見贈作 …… 周　篔 809
舟行尋李麟友舊居 …… 周　篔 809
宿李麟友村居 …… 周　篔 810
李麟友招飲感賦 …… 沈　進 810
遊虞山次李于苑韻 …… 沈　進 810
聽歌次于苑韻 …… 沈　進 810
寄李于苑兼呈張權六 …… 胡　山 810
李蓼汀新居 …… 王　浤 810
過李蓼汀村居 …… 繆啟武 811
梅里踏春詞 …… 繆綏武 811
李蓼汀村居用少陵遊何將軍山林韻 …… 張　桐 811
李蓼汀母方太君輓詩 …… 金介復 811
李蓼汀母方太君輓詩 …… 朱　琪 811
貞壽詩爲李彭年母許太君賦 …… 陸奎勳 812

題蜕庵先生攬鏡小照 …… 金　蓉 812
題蜕庵先生攬鏡小照 …… 朱休承 812
蜕庵居士是空圖 …… 邵祖節 812
蜕庵居士是空圖 …… 朱方藹 812
蜕庵居士是空圖 …… 朱　玟 813
題蜕庵大兄小照用笠亭韻 …… 李　集 813
和蜕庵濟南覽古詩四首 …… 沈廷芳 813
輓李五峯師辭四首 …… 吴廷燮 813
題李子健脩易印譜後即送其入都 …… 吴廷燮 814
用坡翁書王晉卿煙江疊嶂圖詩韻贈海鹽家子健明經井索山水障子 …… 李本仁 814
家子健淑配徐湘雯女史工寫仕女以詩索畫 …… 李本仁 814
輓李海安先生 …… 嚴　辰 815
送姪景孟之官莆田 …… 李仲璣 815
姑蘇臺 …… 李季衡 815
章華臺 …… 李季衡 815
朝陽臺 …… 李季衡 815
黄金臺 …… 李季衡 815
戲馬臺 …… 李季衡 816
歌風臺 …… 李季衡 816
銅雀臺 …… 李季衡 816
凌歊臺 …… 李季衡 816
錢塘懷古二首 …… 李季衡 816
蘇臺 …… 李季衡 817
成都 …… 李季衡 817
漢昭烈 …… 李季衡 817
漢武侯 …… 李季衡 817
晉陶潛 …… 李季衡 817
韓信城 …… 李季衡 817
嘗石首魚有作 …… 李季衡 818
送仲德昌司訓之官仙游 …… 李季衡 818
次韻春興四首 …… 李季衡 818
多景樓 …… 李季衡 818
懷維新 …… 李季衡 818
淵明小像 …… 李季衡 819
送弟景孟計偕北上 …… 李景安 819
寄潘儒南 …… 李景高 819
寄虞先生 …… 李景高 819
寄弟景孟 …… 李景高 819
夏日喜雨 …… 李景孟 819

在京寄劉季俊世經伯仲 …… 李景孟 819
松坡琴室二首爲檇李劉宗遠賦 …… 李景孟 820
贈松陵史有常 …… 李景孟 820
題玉田山人宋廷璧畫 …… 李景孟 820
梅花行送岑復元歸餘姚 …… 李景孟 820
終慕篇爲陸彦温作 …… 李景孟 821
送王將軍督運還荆州 …… 李景孟 821
新正後五日訪張孟先生 …… 李景孟 821
送嘉禾唐璵之京 …… 李景孟 821
癸酉科得第 …… 李景孟 821
甲戌科廷試 …… 李景孟 821
退朝有作 …… 李景孟 822
得雨喜而有作 …… 李景孟 822
聽月樓 …… 李景孟 822
詠書館蘭 …… 李景孟 822
月中桂爲王推府作 …… 李景孟 822
天寧寺牡丹 …… 李景孟 822
送沈廷振上舍南還 …… 李景孟 823
題梅 …… 李景孟 823
題扇贈鄭廷瓚 …… 李景孟 823
題崇德天青宫白雲窩 …… 李景孟 823
游天清宫 …… 李景孟 823
三月初七日出京有作 …… 李景孟 823
舟經衛河 …… 李景孟 823
題畫魚 …… 李景孟 824
富陽道中 …… 李景孟 824
夏日雜興分韻得魚字 …… 李　澄 824
田家雜興 …… 李　瑋 824
移居 …… 李　瑋 824
懷古田舍 …… 李　瑋 824
飲酒 …… 李　瑋 825
送友人之秣陵 …… 李　滂 825
讀先世遺詩書後 …… 李　淳 825
登顧況讀書臺 …… 李　淳 825
秋柳 …… 李　淳 825
貽王青上 …… 李　淳 825
池上作 …… 李　淳 826
過審山道院 …… 李　淳 826
題游仙圖 …… 李世科 826

五雜組 …… 李世和 826
即事 …… 李世常 826
七夕雨感賦 …… 李朝縉 826
旅次得沈丈書卻寄 …… 李儒烈 827
任城客舍有懷何竹友 …… 李儒杰 827
題畫扇 …… 李　熯 827
青山道中 …… 李　星 827
白水 …… 李　星 827
賀海州吴侍御 …… 李有光 827
西征曲 …… 李貞開 827
覽輝樓 …… 李自明 828
沈十二進以匹練見遺賦謝 …… 李麟友 828
客夜 …… 李麟友 828
登審山有懷周質沈進褚越諸子 …… 李麟友 828
春暮有懷朱十彝尊客越 …… 李麟友 828
題剩舫 …… 李可願 828
反彈鋏三首 …… 李麟友 829
老犬行 …… 李麟友 829
維揚道中 …… 李正華 829
野望 …… 李毓新 829
夏日閑居 …… 李如蘭 829
早春雨望 …… 李如蘭 830
舟中晚望 …… 李開美 830
贈别徐韓方 …… 李　穎 830
觀海和韻 …… 李縈昌 830
秋日同沈菜畦舅氏繆是龍嬾翁兩表弟暨舍弟蓼汀過觀瀾庵分賦 …… 李　燧 830
送筠孫兄南還 …… 李　燧 830
秋思同稔鄉芋田作限忙字 …… 李　燧 831
碧雲寺同穎園蓼汀作 …… 李肇開 831
清明即事 …… 李肇開 831
題朱丈足臨秋宵觀象圖 …… 李英樂 831
西泠懷古 …… 李　晉 831
縉雲道中 …… 李　傑 831
山房即事次韻 …… 李鳳綸 832
寄陳立羣 …… 李　潮 832
立秋 …… 李　潮 832
春雨喜晴 …… 李際昌 832
拜方州給諫墓 …… 李　璜 832
擬古 …… 李士錦 832

題何廣文箬溪重泛圖 …… 李鳳藻 833
子規 …… 李武洸 833
看菊與濆民 …… 李武洸 833
苞溪竹枝詞 …… 李　亶 833
春日官舍遣懷 …… [題]秋水公 833
七十初度自壽 …… [題]秋水公 834
秋思 …… [題]莘亭公 834
雨中獨坐 …… [題]莘亭公 834
自題漁網圖 …… [題]濬川公 834
雅宜堂紅梅一枝忽作緑萼作長歌以誌異 …… [題]棲霞公 834
觀友人齋白頭蓮 …… [題]南人公 835
察孝志感 …… [題]南人公 835
雪中拜和靖處士墓 …… [題]南人公 835
采蓮歌 …… [題]牖心公 835
上巳 …… [題]牖心公 835
自述四疊韻 …… [題]牖心公 835
古樸産芝歌爲鄭某作 …… [題]焦餘公 836
壽陳嶺塘訓導七十 …… [題]牖心公 836
苞溪八景八首 …… 李玉堦 836
漫成 …… 李仙根 837
題涉園圖爲梅閣賦 …… 李仙根 837
雪朝漫成 …… 李聿求 837
中秋偕半圭醉後放歌 …… 李聿求 837
漁笛 …… 李聿求 837
題蔡望三永安三年蔡蜀師甎研 …… 李聿求 838
感事 …… 李承燾 838
移居 …… 李承燾 838
自題深山訪友圖 …… 李承燾 838
江行 …… 李修易 838
客思 …… 李修易 838
題自畫山水 …… 李修易 839
秋日閒居 …… 李修易 839
過采石磯 …… 李修易 839
無題 …… 李修易 839
雜詩 …… 李修望 839
秋風篇 …… 李修望 839
自述 …… 李修禮 839
別靈山諸山 …… [題]紙　田 840
落梅 …… [題]紙　田 840

病中念母 …… 李祥芝 840
雪中六詠 …… 李祥芝 840
梅花四首 …… 李祥芝 840
瑶華 …… 佚 名 841
南莊集序 …… 李季衡 841
皇明正音序 …… 李景孟 841
跋先子東巖遺槀 …… 李世和 842
純嬾編序 …… 李有後 842
華日堂記 …… 李人虎 842
硤石兩山記 …… 李自明 843
落花喙自敘 …… 李自明 843
落花賦 …… 李自明 844
夏簟清涼賦 …… 李自明 844
秋思賦 …… 李自明 845
觀潮賦 …… 李自明 846
秋葵賦 …… 李自明 846
蟋蟀賦 …… 李自明 847
馬嗥詩鈔自序 …… 李仙根 848
喜得先祖石刻遺像記 …… 李承燾 848
論畫八則 …… [題]乾齋公 849
重復湛峴山衛國公墓記 …… 汪士侃 850
復衛國公墓記 …… 李星琪 850
冬心草堂詩存序 …… 何維棣 851
李母蔡太宜人七秩徵詩啟 …… 華曉梅 851
爲修譜事函闔族尊長兄弟書 …… 李大掞 852
序譜異夢誌 …… 李大掞 853
敘譜記 …… 李大掞 853
宗法要議 …… 李朝樹 854
鄧背庵記 …… 李朝樹 857
捐鄧背庵田土碑記 …… 李朝寵 857
重建醴泉亭碑記 …… 田 彬 858
重建醴泉亭後記 …… 李朝樹 858
蒲溪公配黎安人捐田碑記 …… 佚 名 859
致敬齋公書 …… 蔡來儀 859
致敬齋公書 …… 李壽愷 859
致敬齋公書 …… 陶 煓 859
致敬齋公書 …… 劉慧珠 860
致敬齋公書 …… 陳士堉 860
致敬齋公書 …… 劉榮封 860

致敬齋公書 …… 盛有義 860
致敬齋公書 …… 李晉興 861
與芳園公書 …… 管　樂 861
與芳園公書 …… 畢光祖 861
再與芳園公書 …… 畢光祖 862

朿氏宗譜 …… 863
廣徵朿氏文獻考敘 …… 朿昌霖 863

汪氏宗譜 …… 869
仰魯堂記并序 …… 曹志宏 869
仰魯堂二溪宗祠建修本末紀畧 …… 汪發寀 870

沈氏宗譜 …… 873
沈公金甫遭赭寇之亂率衆拒賊死難因賦長歌以弔之 …… 宋肇琨 873
咸豐庚申八月賊陷常昭沈公煦亭駡賊死義謹賦長歌以弔之 …… 宋肇琨 873
先君价藩公家山四樂圖序 …… 沈養孫 874
題四樂圖 …… 俞鍾穎 874
題四樂圖 …… 丁汝瑞 874
題四樂圖 …… 戴壽昌 875
題四樂圖 …… 沈汝瑾 875
題四樂圖 …… 金鶴翔 876
題四樂圖 …… 黄金振 876
題四樂圖 …… 王慶芝 877
題四樂圖 …… 龎　超 877
題四樂圖 …… 龎　栽 877
題四樂圖 …… 金宗暟 877
芥彌精舍印萃自序 …… 沈煦孫 878
題成伯農部芥彌精舍印萃詩 …… 吴俊卿 878
題芥彌精舍印萃詩 …… 沈汝瑾 879
天醫神會序 …… 沈　豫 879
上于邑尊停止挑掘北海塘外引河書 …… 沈　豫 880
周寄凡越中百詠序 …… 沈　豫 880
募捐水龍會啓 …… 沈　楷 881
歲暮懷人 …… 沈　豫 881
清明篠園招同輩至春長巷小飲步大虹園歸 …… 沈　豫 882
讀甌北詩鈔 …… 沈　豫 882
釣臺 …… 沈　豫 882
有所思 …… 沈　豫 882

寳劍篇贈津門邵大 …… 沈　豫 882
莫愛遊 …… 沈　豫 882
大觀亭懷余忠宣公二首 …… 沈　豫 883
移館航隖山房僧舍 …… 沈　豫 883
伏日酷暑偶讀忠雅堂集有冶春詩社圖詩十二絶悵觸舊懷輒次原韻三首暑漸退思亦漸減矣 …… 沈　豫 883
冬夜懷杏史張十 …… 沈　豫 883
袁浦新秋早發 …… 沈　豫 883
壽尺莊杜三孝廉六十用坡公送沈逵赴廣南嗟我與君皆丙子韻并序 …… 沈　豫 884
自題課孫圖小照 …… 沈守謙 884
春夜懷竹香 …… 沈守謙 884
若耶溪采菱曲 …… 沈祖蔭 885
題莫少尉宛委探奇圖 …… 沈祖蔭 885
題鞠石圖 …… 沈祖蔭 885
祝馮母陳太安人入秩帨辰 …… 沈藻芬 885
題莫少尉宛委探奇圖 …… 沈明楷 885
題鞠石圖 …… 沈明楷 886
題飲酒桃花圖 …… 沈明楷 886
庚辰仲夏重修州署落成口占七律四章以誌闔州之慶 …… 沈雲駿 886
通山縣交卸作八章以誌别 …… 沈雲駿 886
初夏寓真如雲房 …… 沈　銘 887
山居冬雪 …… 沈　銘 887
戊午三月十二日抵任永春道中口占 …… 沈　晉 887
白石行 …… 沈　晉 887
桐山道中作 …… 沈　晉 888
哭冢媳高氏 …… 沈　晉 888
讀卓峰詩集題柬符雪樵明府用前韻 …… 沈　晉 888
建溪行 …… 沈　晉 888
甲子小除夕門人林月槎以其老母所畫醉翁圖寄贈詩以記之 …… 沈　晉 889
擬老杜諸將五首 …… 沈　晉 889
龍湫雨霽 …… 沈如穛 889
馬路斜陽 …… 沈如穛 889
新寺晚鐘 …… 沈如穛 890
樵 …… 沈如穛 890
寄呈李夏珍先生 …… 沈乙粺 890
書懷 …… 沈乙粺 890

沙氏宗譜 …… 891
贈李山人 …… 沙萬里 891

題小雲巷 …… 沙萬里 891
句曲早發 …… 沙萬里 891
水月臺會 …… 沙萬里 891
和王淡泉池亭韻 …… 沙萬里 891
倣李義山無題和徐魯源韻 …… 沙萬里 892
春夜胡光禄園林宴集 …… 沙萬里 892
七夕同徐魯源沈劍南黄海南燕毘陵吴崑麓宅 …… 沙萬里 892
陌頭楊柳次徐魯源韻 …… 沙萬里 892
秋日同徐魯源王明吾訪徐陽濱舟中值雨 …… 沙萬里 892
雨後過西村 …… 沙萬里 892
爲高體仁留乃舅江鳳巖出遊 …… 沙萬里 893
有扶乩降仙者以賤名作對喜而有作 …… 沙萬里 893
自題小像 …… 沙萬里 893
古歌二首 …… 沙一卿 893
孤兒 …… 沙一卿 893
病婦 …… 沙一卿 893
烏生八九子 …… 沙一卿 894
燕雛行示震兒 …… 沙一卿 894
古玉磬行 …… 沙一卿 894
吴宫詞 …… 沙一卿 894
廢第歎 …… 沙一卿 894
建業雨一百四十韻 …… 沙一卿 895
冶鐵行 …… 沙一卿 896
洛城謡 …… 沙一卿 896
苦寒 …… 沙一卿 896
大田歎 …… 沙一卿 896
架上書 …… 沙一卿 897
東風起 …… 沙一卿 897
大麥行 …… 沙一卿 897
射雁二首 …… 沙一卿 897
猿塚歎 …… 沙一卿 897
桑寄生 …… 沙一卿 897
嚴君平簾 …… 沙一卿 898
姜家被 …… 沙一卿 898
孟母機 …… 沙一卿 898
曹節婦 …… 沙一卿 898
黄孝子行有引 …… 沙一卿 898
李盧行 …… 沙一卿 899
寶刀歌 …… 沙一卿 899

晒麥 …… 沙一卿 899
蜃樓歌 …… 沙一卿 899
慈母機 …… 沙一卿 899
列仙行 …… 沙一卿 900
責躬詩五首 …… 沙一卿 900
題樂府後 …… 沙一卿 900
四寡箴 …… 沙一卿 900
田園五古十首 …… 沙一卿 901
送人往彭澤七古 …… 沙一卿 901
月光美 …… 沙一卿 901
放歌寄毛亦史 …… 沙一卿 902
輓義興周貞女 …… 沙一卿 902
田歸五律 …… 沙一卿 902
晚霽柬曹紫垣 …… 沙一卿 902
送大育張頭陀歸江上 …… 沙一卿 902
瓶菊答少參分惠 …… 沙一卿 902
重過桴亭拜陸先師遺像二首 …… 沙一卿 903
小試示姪孫元文 …… 沙一卿 903
郡志告成有感 …… 沙一卿 903
題像 …… 沙一卿 903
送京口友人遊越 …… 沙一卿 903
三侯四處士詩 …… 沙一卿 903
乙酉登君山七律 …… 沙一卿 904
答張頭陀大育 …… 沙一卿 905
題張菊隱隱居 …… 沙一卿 905
潯陽夜泊弔白樂天先生 …… 沙一卿 905
謝吴仲纓先生 …… 沙一卿 905
和西山師登峩嵋絶頂 …… 沙一卿 905
維揚感懷和郁東堂 …… 沙一卿 905
自秦郵入淮 …… 沙一卿 906
喜西山公將歸 …… 沙一卿 906
曹無山少司馬招同人賞花 …… 沙一卿 906
寄兒 …… 沙一卿 906
留別彦弢象心兩弟二首 …… 沙一卿 906
和高季迪梅花九首之五 …… 沙一卿 906
柏鄉相國招同辨若先生亮采世兄兼濟堂夜話 …… 沙一卿 907
陳説巖少司成生日 …… 沙一卿 907
城南度夏 …… 沙一卿 907
春日 …… 沙一卿 907

哭太史陳其年二首 …… 沙一卿 907
讀唐詩紀事志感 …… 沙一卿 908
懷李山人介立 …… 沙一卿 908
寄女氏孟貞兼簡趙留耕姻丈 …… 沙一卿 908
自題小像 …… 沙一卿 908
雨夜憶孫 …… 沙一卿 908
盼家書 …… 沙一卿 908
寄家書 …… 沙一卿 909
寄懷元文姪孫 …… 沙一卿 909
旅食 …… 沙一卿 909
閲晉兒所作史論 …… 沙一卿 909
城東觀荷二首 …… 沙一卿 909
題四皓圖 …… 沙一卿 909
贈邑侯陸天濤先生四首 …… 沙一卿 910
陸明府同朱近庵過訪即事 …… 沙一卿 910
壽吴園次太守時以疾失明 …… 沙一卿 910
和答門人王昌時 …… 沙一卿 910
清凉寺五言絶句 …… 沙一卿 910
觀魚 …… 沙一卿 911
雲亭道中 …… 沙一卿 911
雨中寺 …… 沙一卿 911
題扇 …… 沙一卿 911
嚴子陵垂釣圖 …… 沙一卿 911
聞鴈 …… 沙一卿 911
半水園 …… 沙一卿 911
春風 …… 沙一卿 912
憶京邸諸友 …… 沙一卿 912
四十客金陵六言十首 …… 沙一卿 912
百丈峯七絶 …… 沙一卿 912
五車 …… 沙一卿 912
岳忠武三首 …… 沙一卿 912
寄台臣弟 …… 沙一卿 913
聞笳 …… 沙一卿 913
蝸牛 …… 沙一卿 913
懷歸 …… 沙一卿 913
己巳夏日口占 …… 沙一卿 913
新月詞 …… 沙一卿 913
雨夜讀書 …… 沙一卿 913
題澤枯庵 …… 沙一卿 914

醉和東坡赤壁詞 …… 沙一卿 914
懷歸 …… 沙一卿 914
閨情戲作獨韻 …… 沙一卿 914
小長至苦寒 …… 沙一卿 914
詠史 …… 沙　震 915
後樂堂銘 …… 沙　枚 915
四箴 …… 沙　枚 915
比干墓 …… 沙　枚 915
謁閻陳二公祠 …… 沙　枚 916
秋懷 …… 沙　枚 916
辛未二月寄勖四兒繼照 …… 沙　枚 916
辛丑五月十五日母誕增感 …… 沙　枚 916
十月朔祭始祖 …… 沙　枚 916
癸巳江舟阻雪 …… 沙　枚 917
弔海烈婦 …… 沙　枚 917
庚午秋中别闈號 …… 沙　枚 917
自歎 …… 沙　枚 917
古意 …… 沙　枚 917
又新樓看竹 …… 沙　枚 917
用六兒雪夜讀漢書原韻 …… 沙　枚 918
送黄文中司鐸金壇 …… 沙　枚 918
諸葛武侯七律 …… 沙　枚 918
除夕示及門 …… 沙　枚 918
九月過雲亭憶前輩七絶 …… 沙　枚 918
看池荷有感 …… 沙　枚 918
廣福寺聞鐘 …… 沙　枚 918
主静 …… 沙繼照 919
遊萬壽山步徐中翰原韻 …… 沙繼照 919
破硯 …… 沙繼照 919
破篋 …… 沙繼照 919
破帽 …… 沙繼照 919
破床 …… 沙繼照 919
破屋 …… 沙繼照 919
過江西樂平德興萬年三縣 …… 沙芑豐 920
過南京釣魚臺 …… 沙芑豐 920
婺源領兄柩回籍 …… 沙芑豐 920
過休寧石隄 …… 沙芑豐 920
過吴村古墓 …… 沙芑豐 920
自笑 …… 沙　圻 920

苦病旅邸 …… 沙　圻 920
讀文選有感 …… 沙寶田 921
自題六十小像 …… 沙寶田 921
詠庭中三醉花 …… 沙寶田 921
大覺歌 …… 沙永基 921
年六十吟四時樂 …… 沙永基 921
偶成 …… 沙永基 921
詠老 …… 沙永基 922
閒吟 …… 沙永基 922
久困棘闈 …… 沙永基 922
登顧山文選樓懷古二首 …… 沙　照 922
送金宸英之洛陽 …… 沙　照 922
示通兒 …… 沙　照 922
秋日吟雞冠花 …… 沙　照 923
新竹 …… 沙　照 923
哭輓曹遜齋二兄 …… 沙　照 923
送張練江表兄赴宰武昌 …… 沙丙煥 923
贈別徐閬賓表甥北上 …… 沙丙煥 923
送兄春船入都會試 …… 沙丙煥 923
寄兄春船京邸 …… 沙丙煥 924
有感 …… 沙丙煥 924
示兒榮堂 …… 沙丙煥 924
君山懷古七律 …… 沙　昱 924
書院碧桃 …… 沙　昱 924
梧桐月向懷中照 …… 沙　昱 924
水中雁字五律 …… 沙　昱 925
大車行 …… 沙　沂 925
歸田述懷集陶二十六韻 …… 沙　沂 925
秋夜五律 …… 沙　沂 925
村居集唐 …… 沙　沂 925
遣興 …… 沙　沂 926
癸亥元旦七律 …… 沙　沂 926
北上紀行三十四韻 …… 沙　沂 926
登興國寺塔頂放歌 …… 沙　沂 926
古別離 …… 沙　沂 927
訪菊 …… 沙　沂 927
丙子元旦登黃鶴樓 …… 沙　沂 927
金陵懷古 …… 沙　沂 927
落花 …… 沙　沂 927

潘容齋曾起給諫招諸同人讌集棃園小部縱飲追歡賦詩紀盛 …… 沙　沂 927
北行道上呈程漱泉壽齡督學 …… 沙　沂 928
巡堤 …… 沙　沂 928
莫愁湖 …… 沙　沂 928
繡林野眺六言 …… 沙　沂 928
登七里灘嚴陵釣臺七絶 …… 沙　沂 928
之官石首 …… 沙　沂 928
虎丘 …… 沙　沂 928
戊子述懷 …… 沙　沂 929
齋中牡丹盛開楚山方丈城見過看花不問主人而去爰咏牡丹即簡方丈 …… 沙　沂 929
西江道中 …… 沙　沂 929
石署池荷五言絶句 …… 沙　沂 929
和戴容甫登澄江樓望月韻又觀日出韻二律 …… 沙德培 929
山海關 …… 沙德培 929
樂壽亭 …… 沙德培 930
留别江陵士民四律 …… 沙心培 930
同安次香姚石癖喬梓孫也村中表璞如姪登焦山步次香韻 …… 沙心培 930
和黄巖湯漁村都督攀龍述職回任紀事原韻時予適宰是邑 …… 沙心培 930
春日有事西郊得句 …… 沙心培 930
莊居無事感賦 …… 沙　溶 931
癸丑春避寇於富貝鄉王君宏昌宅時牡丹蕙蘭盛開賦詩誌感用呈主人 …… 沙　溶 931
西湖散步 …… 沙　溶 931
竹馬歌 …… 沙　溶 931
花朝偶成 …… 沙雍皋 931
毘陵旅舍晤葉賓士 …… 沙雍皋 932
月夜度笛 …… 沙雍皋 932
戊申清明掃墓歸途遇雨 …… 沙　淳 932
木天 …… 沙　淳 932
談玄雞 …… 沙　淳 932
辛亥春遊懷古偶作 …… 沙　淳 933
甲子除夕和定峯韻 …… 張能鱗 933
和定峯城東觀荷二首 …… 張能鱗 933
初夏過九鑪沙山人 …… 季　科 933
秋分前一日訪沙九鑪郊居 …… 季　科 933
初冬二日同静宜觀訪九鑪 …… 徐　識 933
定峯兄過談賦政 …… 王崇簡 934
紫玉驄 …… 陸世儀 934
爲定峯題像 …… 陸世儀 934
送定峯遊豫兼呈吴梅村 …… 龔鼎孳 934

送定峯道兄南還 …… 沈　荃 934
賦定峯先生 …… 曹國柄 935
題定峯先生大集 …… 吴　綺 935
定峯長兄蜀遊奉懷一律 …… 曹　禾 935
定峯兄讀書僧舍有贈 …… 徐遵湯 935
定峯貽詩四韻集句答之 …… 施端教 935
題定峯小像 …… 陸次雲 936
贈定峯 …… 曹　禾 936
贈定峯 …… 許　覲 936
贈定峯 …… 徐　章 936
寄贈定峯先生 …… 張元昇 936
追憶沙定峯 …… 張元昇 936
奉和定峯城南度夏元韻 …… 朱廷鋐 937
前題 …… 陳其難 937
前題 …… 張　拙 937
己未夏日江陰旅次承定峯老年翁先生垂顧攜詩文數十卷示教捧讀不已擬作小序贈之促於歸棹賦一律以志意 …… 洪圖光 937
奉送定峯先生豫遊 …… 侯　榮 937
辛亥立夏日定峯誕辰 …… 曹震坤 937
辛亥立夏日定峯誕辰 …… 孔興綱 938
將之閩中和定峯贈別 …… 張師召 938
送定峯長兄遊河北贈別 …… 陸允繩 938
京邸燕集定峯寓齋 …… 毛師柱 938
寓邸柬定峯 …… 黄　眉 938
家弟鶴尹招陪定老長兄賦贈 …… 王　撰 938
送定峯先生北上 …… 沈受宏 939
贈定峯 …… 陳維寅 939
懷介臣大兄五古二首 …… 貢　琮 939
定峯枉顧青遇堂即席唱和 …… 吴　寬 939
城南精舍次定峯長兄韻 …… 王曜升 939
奉送定峯夫子遊浙中 …… 王永世 939
送別定峯先生 …… 蔡　泓 940
戊辰春日曾青藜華商原嚴庶華讌集徐石霞之有鄰堂即席奉呈定峯先生分得歌字 …… 鄧漢儀 940
己酉夏重晤定峯兄次韻 …… 沙鍾珍 940
送別定兄遊豫兼別彦彂 …… 沙可續 940
讀定峯先生樂府古詩恭和 …… 釋德元 940
題約泉先生寒江獨釣圖 …… 周季康 941
北行道上步約齋沙明府韻 …… 程壽齡 941

題約齋先生愛吾廬詩草 …… 李兆洛 941
約齋大兄示詩稿題和 …… 周仲簡 941
贈約齋先生歸田四首 …… 徐燮鈞 941

貝氏宗譜 …… 943
介菴貝公配王太君九十壽徵詩文啟 …… 佚　名 943
貝藻菴公茂才小像記 …… 姜在臣 944
貝藻菴公像贊 …… 朱　斌 944
貝藻菴公像題詩 …… 朱　曦 944
貝藻菴公像題詩 …… 湯　師 944
貝藻菴公像題詩 …… 孫　鈞 945
貝藻菴公像跋 …… 貝孟墉 945
潛谷貝君小像卷題辭 …… 徐葆光 945
潛谷貝君小像跋 …… 虞景星 946
潛谷貝君小像跋 …… 沈德潛 946
潛谷貝君小像跋 …… 王榮世 946
題潛谷貝君小像詩 …… 李　果 947
題潛谷貝君小像詩 …… 姚許壽 947
題潛谷貝君小像詩 …… 吕　華 947
題潛谷貝君小像詩 …… 黄子雲 947
題潛谷貝君小像詩 …… 張　崧 948
題潛谷貝君小像詩 …… 沈志祖 948
題潛谷貝君小像詩 …… 朱　斌 948
題潛谷貝君小像詩 …… 蔣恭棐 948
題潛谷貝君小像詩 …… 顧文炯 949

邱氏宗譜 …… 950
定風波十詞 …… 邱　汲 950
嘯翁詞 …… 邱　汲 951
因兄桂陽公花園有作 …… 邱　汲 951
八幻詩 …… 邱　鞏 951
五色詩 …… 邱振鷺 952
勸忍歌 …… 邱祖聖 953
有感歌 …… 佚　名 953
味澹説 …… 邱　静 953

邵氏宗譜 …… 955
廬墓記事 …… 邵士遴 955
玉樹草堂文集序 …… 蔣　亨 955

讀楊忠愍公集 …… 邵東木 956
玉樹草堂歌 …… 邵東木 956
春殘夜閨怨 …… 邵東木 956
解愁一首 …… 邵東木 956
復愁二首 …… 邵東木 957
贈叔匡泰廬墓 …… 邵東木 957
偶憶九逵 …… 邵東木 957
感遇有懷李白 …… 邵東木 957
湯用三詩序 …… 邵東木 957
跋東木邵先生文集後 …… 湯宅俊 958
書廬墓記事後 …… 黄　棟 958
亮竹記 …… 周大鈞 959
古體一首并序 …… 王承寵 959
題匡泰邵君廬墓之作二首 …… 潘　巖 960
題廬墓五章 …… 凌畇五 960
過邵君廬墓處感而賦此一首 …… 凌雲鴻 960
廬墓詞五首贈邵子匡泰 …… 錢　振 960
瑞竹歌爲邵君岷南先尊人賦并序 …… 王　式 960
書邵子匡泰廬墓詩集後 …… 湯宅揆 961
邵孝子詩文遺事序 …… 楊丹桂 961
贈邵君岷南截句八首并序 …… 王　式 962
夢夢詩鈔 …… 邵萱隣 963

周氏宗譜 …… 977
早行 …… 周玉基 977
楓林晚眺 …… 周祖典 977
遊石公山 …… 周祖典 977
雲㠖 …… 周德星 977
素心蘭 …… 翁　氏 977
病起二首 …… 翁　氏 978
寄懷蓴涯弟 …… 周祖鳳 978
寄懷敬齋弟 …… 周祖鳳 978
己卯春日金閶寓舍姪霽軒招遊郊西諸山歸而賦此寄贈 …… 周祖廉 978
霞山兄清芬書屋素心蘭 …… 周祖廉 978
寄蓮洲十兄 …… 周月貞 978
寄淑嫺八姊 …… 周月貞 979
思親 …… 周之德 979
觀瀾閣對雪 …… 周之德 979
和湘筠弟雪燈韻 …… 周之德 979

題半池弟山塘寓樓 …… 周克澄 979
家譜落成敬題卷末 …… 周德晟 979
自然齋銘并序 …… 賀　廉 980
竹林隱叟説 …… 周　欽 980
贈周氏以道四子字説 …… 賀　廉 980
存齋説 …… 葉　楚 981
題周氏世譜 …… 張起巖 981
紹濂堂敬瞻先賢歷祖遺像卷軸 …… 周王尊 982
陸墅宗祠伏懷先儒夫子濂溪公 …… 周王尊 982
紹濂堂讌集羣族倡議修譜賦此 …… 周王尊 982
乾隆甲辰八月二十五日于陸墅敬瞻始遷祖抱忠公所自出周氏宗祠 …… 周王尊 982
秋日于南橋紹濂堂敬覽周氏宗譜喜得吾祖始遷根蒂 …… 周奇珍 982
贈藎臣先生任財政 …… 陳宣鐸 982
贈振基先生任總裁 …… 陳宣鐸 983
贈心香先生參校 …… 陳宣鐸 983
贈志昌先生任 …… 陳宣鐸 983
贈淵泉芝田兩君 …… 陳宣鐸 983
周氏宗祠賦 …… 周在熾 983
述祖德詩六首 …… 周在熾 984
喜宗祠落成三首 …… 周在熾 985
秋吟序 …… 劉自强 985
名流贈言序 …… 周　綱 986
伯兄懷玉先生遺稿序 …… 周　綱 986
楚吟序 …… 周　綱 987
秋吟自序 …… 周　綱 987
紀夢詩序 …… 周　綱 988
瓠庵文選序 …… 周　約 988
尚志齋記 …… 周　綱 989
薦瓠庵於所知書 …… 韓　曉 990
客涇陽寄瓠庵壻第六書 …… 劉　觀 990
客廣陵寄瓠庵壻第九書 …… 劉　觀 990
與瓠庵弟 …… 周　經 991
名二子説 …… 周　綱 991
學宫古柏行 …… 周成文 992
天台藤杖歌贈外兄任澧塘 …… 周　迪 992
脆菊葉歌次蔚齋原韻 …… 周　迪 992
持螯歌 …… 周　迪 992
催租行 …… 周　迪 993
潮音寺觀傳戒歌 …… 周　迪 993

江口阻風浩歌 …… 周蔭南 993

孟氏宗譜 …… 994
遞年由 …… 孟金瀛 994
詣鄒謁祖艘中記 …… 孟金瀛 994

季氏宗譜 …… 998
重修小板嶺玄女殿募捐序 …… [題]翰卿公 998
募捐萬民傘啓 …… [題]翰卿公 998
答和鄭也香先生三律 …… [題]翰卿公 998
作古風一篇,爲鄭也香先生書扇 …… [題]翰卿公 999
无妄居額銘 …… [題]玉波公 999
有感 …… [題]玉波公 999
送梁湖分司吴公琪德政 …… [題]玉波公 999
嘲己丑案首 …… [題]玉波公 999
題山水條幅 …… [題]玉波公 1000
題兄弟子弟三人合照相 …… [題]子嘉公 1000
題稻弟流水今日明月前身小影 …… [題]子嘉公 1000
題子嘉兄半身照相 …… 季錫罕 1000
題子嘉兄與余及兒合照 …… 季錫罕 1000
題百我堂兄小照 …… 季錫罕 1001
甲辰自題小影 …… 季錫罕 1001
題鍾伯友兄照相 …… 季錫罕 1001
自題小影絶句 …… 季錫罕 1001
夏景八詠 …… 季錫罕 1002
詩賦會歸途即景偶感絶句 …… 季錫罕 1003
題病後電影百字銘 …… 季錫罕 1003
慎交額銘 …… 季錫罕 1003
題美人春思圖 …… 季爾康 1003
題自畫牡丹 …… 季爾康 1003
看列國志有感 …… 季木蘭 1003
曹娥江 …… 季木蘭 1004
其二 …… 季木蘭 1004
泣夫 …… 季木蘭 1004
哭母 …… 季木蘭 1004
敬頌本縣知事袁公堯村賢侯德政 …… 季木蘭 1004

宓氏宗譜 …… 1005
樞峯八景賦 …… 宓芝軒 1005

榧峯八景詩 …… 佚　名 1005

宗氏宗譜 …… 1007
平民襍詠三十絶 …… 宗廷銘 1007
養性説 …… 宗廷銘 1008
大霧 …… 宗廷銘 1008
寒砧 …… 宗廷銘 1008
冬晴 …… 宗廷銘 1008
之默舅齋 …… 宗廷銘 1008
從軍行 …… 佚　名 1008
對菊吟 …… 佚　名 1009
夜坐 …… 佚　名 1009
秋夜登文定橋閒眺 …… 佚　名 1009
救災 …… 佚　名 1009
勸善 …… 佚　名 1009
恤貧 …… 佚　名 1009
家法韻言 …… 佚　名 1010

居氏宗譜 …… 1011
擬居氏宗祠重建享堂記 …… 李振禧 1011
居氏宗祠祭田記 …… 許秉鋐 1011

屈氏宗譜 …… 1013
義莊書田序 …… 陳用光 1013
詔旌忠義屈毓庵先生家祠記 …… 錢大昕 1013
清忠里三閭大夫祠堂碑銘 …… 李兆洛 1014
安濟堂記 …… 沈德潛 1015
義田記 …… 鄒植行 1015
屈氏書田記 …… 姚文田 1016
公産裕後録序 …… 屈　軼 1016
上族父教諭論家譜書 …… 屈　軼 1017

承氏宗譜 …… 1019
鶴坡承君印譜序 …… 張　襄 1019
續濬舜河記 …… 承儁尊 1020

於氏宗譜 …… 1021
薄暮小飲 …… 於　金 1021

林氏宗譜 …… 1022
蒲月望日同年友洪江發棹 …… 林張詩 1022
晚泊延津望明翠閣 …… 林張詩 1022
初夏即景 …… 林張詩 1022
恭和御製閨怨春夏秋冬四景 …… 林張詩 1022
游觀音閣 …… 林弘造 1023
九日登白鶏峰絶頂 …… 林弘造 1023
寄錦園諸同人 …… 林雄臣 1023
秋過笑園書贈 …… 林宸聰 1023
雁陣 …… 林宸聰 1023
賀花燭 …… 林宸聰 1024
興林寺醉歸復集飲披雲齋 …… 林宸聰 1024
題望鰲亭 …… 林宸聰 1024
水底中秋月 …… 林宸聰 1024
白鷺 …… 林宸聰 1024
臘忙寄友 …… 林宸聰 1024
冬日題夏景美人 …… 林宸聰 1025
倦尋芳　秋雨懷人 …… 林宸聰 1025
西江月　送别何一之粤東 …… 林宸聰 1025
十四夜笑園坐月 …… 林東里 1025
十五夜笑園集飲 …… 林東里 1025
十六夜笑園賞月 …… 林東里 1025
十七夜笑園遇雨 …… 林東里 1026
餞菊 …… 林東里 1026
承用光侄孫延予設館笑園次韻以答 …… 林東里 1026
秋夜笑園小飲 …… 林東里 1026
薇亭小飲時立秋後五日 …… 林紫閣 1026
賦得首夏猶清和黄學院考古學題限和字 …… 林紫閣 1026
奉和蕭老師九日登高 …… 林　模 1027
仙井樓有感集唐 …… 林　模 1027
春日同游文殊寺 …… 林天碩 1027
夏夜感懷 …… 林文郁 1027
夏日病坐小樓寄友 …… 林文毅 1027
除夕 …… 林文毅 1027
送黄夫子公瑾歸壺峰 …… 林文毅 1028
季春送用周侄太學赴選 …… 林文毅 1028
乞紅梅 …… 林文毅 1028
臘月同友游五靈巖 …… 林士敬 1028
送黄公瑾夫子 …… 林士敬 1028

重九同弁修姻舅以達以僑二阮興山興檀二仲登高留飲西聞上人禪室 …… 林士敔 1028
夜讀 …… 林國勳 1029
春日送别 …… 林國勳 1029
聞蟋蟀 …… 林國勳 1029
感馬伏波二律 …… 林在寬 1029
送以洪叔祖之京應選左都督 …… 林維新 1029
寄懷黄公瑾設絳龍溪 …… 林維新 1029
春宵同諸友集飲松音寺即事 …… 林文瀾 1030
丁巳送諸同年回閩 …… 林維雍 1030
賀桐城張夫子壽 …… 林維雍 1030
擬和聖製 …… 林維雍 1030
過螺江阻風 …… 林維雍 1030
謁黄石齋講堂 …… 林維雍 1031
送周力堂學使者復命 …… 林維雍 1031
代漳平鮑公名梓閲卷 …… 林維雍 1031
丁卯蜀闈與宴 …… 林維雍 1031
揭榜 …… 林維雍 1031
和嵎易陳姑丈詠雪 …… 林維雍 1031
戲疊二十首 …… 林維雍 1032
探月樓静坐口占 …… 林維雍 1033
贈水部天后宫達上人 …… 林厚載 1033
雨後賞菊 …… 林維應 1033
偶見庭梅放兩枝漫成 …… 林　揚 1033
南中榮橘柚 …… 林陽春 1034
七夕集塔光堂分韻 …… 林騰龍 1034
題興林寺緑蕉 …… 林正茂 1034
過酆都城口號 …… 林正茂 1034
游金光寺訪僧不遇 …… 林正茂 1034
九日登高和陳念祖韻 …… 林正茂 1034
冷露無聲濕桂花 …… 林正茂 1035
次用九族叔韻贈普濟和尚受戒 …… 林　堡 1035
輓侄女殉烈大義陳家四言古 …… 林東榮 1035
菊花雜詠 …… 林東榮 1035
閨詞 …… 林東榮 1036
玉以瑜潤 …… 林光波 1036
馬遷史 …… 林邦禎 1036
杜陵詩 …… 林邦禎 1036
釣龍臺懷古 …… 林惠中 1036
拜獻先資 …… 林惠中 1037

文必已出 …… 林惠中 1037
只餘三日便清明 …… 林惠中 1037
寒食即事 …… 林登元 1037
題觀音閣另亭 …… 林其蔚 1037
茶亭早起 …… 林師健 1037
龍谷弔印空師 …… 林昂霄 1038
登天游觀 …… 林逢春 1038
館中有詠 …… 林鵬池 1038
赴試寓楊家偶詢世系口占答之 …… 林　溶 1038
釣龍臺懷古 …… 林　溶 1038
鄉虎 …… 林　溶 1038
和奎光閣高峰和尚秋興 …… 林　炳 1039
淘江奎閣十景 …… 林　炳 1039
游永福方廣巖 …… 林　枚 1040
游福清靈石寺兼呈住持 …… 林　枚 1040
賀澤夫侄捷南宫 …… 林　枚 1040
哭長青侄孫同研丈 …… 林　枚 1040
臺江懷古 …… 林　枚 1040
登釣龍臺懷古 …… 林夢梅 1041
壬戌秋七月自京歸因自己之落魄慨予季之嬉游撫今追昔作五言古八十韻以
勉之 …… 林　逵 1041
輓族妹殉烈大義陳家五言古四十韻 …… 林　逵 1042
魚骨作鶴漫成一律示諸同學 …… 林　逵 1042
啞僧 …… 林　逵 1042
眇妓 …… 林　逵 1042
秃奴 …… 林　逵 1043
聾婢 …… 林　逵 1043
自題適然居一律 …… 林　逵 1043
登虎頭山晚眺 …… 林　逵 1043
游靈文寺 …… 林　逵 1043
撲滿 …… 林　逵 1043
催罌粟花一律 …… 林　逵 1044
詠罌粟花 …… 林　逵 1044
靈濟宫懷古二律 …… 林　逵 1044
長青侄孫以乩詩見示道是女鬼所作詠此以答之 …… 林　逵 1044
秋日同游東臺東峰寺 …… 林　逵 1044
嫁女 …… 林　逵 1044
和陳仲正表叔山齋漫興原韻 …… 林　逵 1045
又和薄暮野望 …… 林　逵 1045

北上舟次洪山橋 …… 林 逵 1045
舟過白石頭 …… 林 逵 1045
羅漢灘 …… 林 逵 1045
延平府 …… 林 逵 1045
浦城過山 …… 林 逵 1045
過仙霞關 …… 林 逵 1046
謁關聖廟拈香 …… 林 逵 1046
詠菊八景 …… 林 逵 1046
守觀叔課讀弟侄二人時有兩僧徒共學作此以贈 …… 林 逵 1046
游觀音閣有感 …… 林 逵 1046
春晚醉歸 …… 林 逵 1046
夏日即景 …… 林 逵 1047
題仙床石 …… 林 逵 1047
番菊 …… 林 逵 1047
過三瑯峰舍人廟 …… 林 逵 1047
和秋齋感蝶 …… 林 逵 1047
偶閱隨園詩話中有書到今生讀已遲之句續成截句一首 …… 林 逵 1047
擬張志和漁歌 …… 林 逵 1047
游石竹山寓目所及漫成截句六首 …… 林 逵 1048
偶拾殘硯製爲一大二小大者厚徑寸小者方式薄質旁刻夔龍紋又一小刻松竹梅今失于京師會場中爲號軍所竊惟小方爲余常用故係以詩 …… 林 逵 1048
登寶珠山記 …… 林祖逵 1048
適然居序 …… 林 逵 1049
和題朱夫子象贊 …… 林 逵 1049
朱子樓夜坐有懷方兄世瑚 …… 林 逵 1049
舊學生施弈波入泮先有議余教門不利漫作一截解嘲 …… 林 逵 1049
并蒂蓮傳 …… 林 逵 1050
東臺雙江祠勸學記 …… 林 逵 1050
北洲種蜆序 …… 林 逵 1051
詠并蒂蓮疊韻二律 …… 林 逵 1051
宗祠八景詩 …… 羅國俊 1052
宗祠八景詩 …… 林梓材 1053

法氏宗譜 …… 1054
咏貼梗海棠 …… 法啓明 1054
自勉 …… 法徵麟 1054

竺氏宗譜 …… 1055
讀竺芥舟先生文稿九言古風 …… 王秉鈞 1055

偕竺君達甫斐園輩同游顯聖寺 …… 王秉鈞 1055
贈竺氏諸父老暨各相好并鳴謝悃 …… 王秉鈞 1055
題中和堂家慶圖四言古風并序 …… 吴祖賢 1056
豹南堂記 …… 張時來 1056
翊倫堂記 …… 竺　玟 1057
遺安堂記 …… 竺正廉 1057
荆茂堂記 …… 高克廣 1058
垂裕堂記 …… 俞　煋 1058
世德堂記 …… 姚耕心 1059
敦睦堂記 …… 錢邦基 1059
遂安堂記 …… 錢邦基 1060
思安堂記 …… 錢邦基 1060
順德堂記 …… 徐元宰 1060
德厚堂記 …… 陳　抃 1061
敦厚堂記 …… 王培元 1061
慶善堂記 …… 陳　垣 1061
懷清堂記 …… 裘元杰 1062
聽彝堂記 …… 吴人麒 1062
樹德堂記 …… 謝　震 1063

范氏宗譜 …… 1064
大水嘆寄范芸圃諸君 …… 王惟孫 1064
水災行和王荔村前輩 …… 范肇沂 1064
哭母 …… 范肇沂 1064

迮氏宗譜 …… 1066
三江漁父詩集序 …… 張鳳孫 1066
跋三江漁父詩集 …… 李重華 1066
迮耕石先生三江漁父詩集序 …… 龍　鐸 1067
郢堊集序 …… 孫　儒 1067
六竹軒詩鈔序 …… 迮鶴壽 1067

郁氏宗譜 …… 1069
宿江左草堂即事 …… 郁惠徵 1069
詠梅 …… 郁惠徵 1069
雪壓梅花 …… 郁惠徵 1069
新夏家居即事 …… 郁惠徵 1069
詠斗室 …… 郁惠徵 1069
祥琴草序 …… 馬世奇 1070

祥琴草序 …… 劉光斗 1070
見莊橋道旁秋色甚佳口占 …… 郁奎徵 1071
自適詩 …… 郁奎徵 1071
中秋夜賞月 …… 郁奎徵 1071
春日齋居 …… 郁奎徵 1071
入佘山訪陳眉公 …… 郁奎徵 1071
舟中思友 …… 郁奎徵 1072
久雨文心堂見月 …… 郁奎徵 1072
過滸墅遇董思白同燕孫民部衙齋 …… 郁奎徵 1072
七夕逢立秋 …… 郁奎徵 1072
讀王亦房詩有感 …… 郁奎徵 1072
村夜 …… 郁奎徵 1072
松上雪 …… 郁奎徵 1073
病中遣懷 …… 郁奎徵 1073
送李鴻臚爾承奉使還朝 …… 郁奎徵 1073
送元勁叔試南宫 …… 郁奎徵 1073
邀曇如上人仍過紫竹林 …… 郁奎徵 1073
世翔弟掩關折梅代面 …… 郁奎徵 1074
全生銘 …… 郁奎徵 1074
過湖 …… 郁奎徵 1074
清明日砂山偶詠五首 …… 郁奎徵 1074
古鏡道中口占 …… 郁奎徵 1074
農家詞五首 …… 郁奎徵 1074
見柳花 …… 郁奎徵 1075
齋居自叙 …… 郁奎徵 1075
大雪賞臘梅 …… 郁奎徵 1075
病餘即事漫賦五首 …… 郁奎徵 1075
夜泊野岸 …… 郁奎徵 1075
偶成 …… 郁奎徵 1075
上林閣同弟世澍世忠賞玉蘭 …… 郁奎徵 1075
訪董思白太史 …… 郁奎徵 1076
訪姜神超 …… 郁奎徵 1076
訪吴伯玉祠部 …… 郁奎徵 1076
喜雨 …… 郁奎徵 1076
次文徵明太史江左草堂原韻 …… 郁奎徵 1076
訪趙凡夫 …… 郁奎徵 1076
秋夜有感 …… 郁奎徵 1077
月下玉蘭 …… 郁奎徵 1077
花影 …… 郁奎徵 1077

偶成 …… 郁奎徵 1077

金氏宗譜 …… 1078
贈金君臚聲詩七絶三首 …… 周仁洛 1078
贈金君臚聲感别詩三首 …… 張　崙 1078
贈金君臚聲小别詩三首 …… 鄒光嶧 1078
贈金臚聲君七絶詩三首 …… 楊基琛 1078
漁説 …… 金　安 1079
答内母舅鄒鶴亭先生索詩啓 …… 金　安 1080
致秦哂戕書 …… 金　安 1081
半舫軒記 …… 金　安 1081
石粉記 …… 金　安 1082
是徵君舜山别業後記 …… 金　安 1082
古跡記 …… 金　安 1083
趙知縣 …… 金　安 1083
苦旱吟 …… 金　安 1083
四箴自省 …… 金　安 1084
寶刀歌 …… 金　安 1085
和舜功朱同學秋江晚釣 …… 金　安 1085
題許簡夫讀書秋樹根圖 …… 金　安 1085
漫興 …… 金　安 1085
摹五嶽真形圖題贈是菊圃五十 …… 金　安 1085
霪雨謡 …… 金　安 1086
登君山望海樓 …… 金　安 1086
念奴嬌 …… 金　安 1086
沁園春 …… 金　安 1086
離别難 …… 金　安 1087
西江月二闋 …… 金　安 1087
減字木蘭花 …… 金　安 1087
重陽登君山口占 …… 金　范 1087
庚子大水寄史春坪 …… 金　范 1087
老友子珊陳君不棄賤誕枉駕稱觴信宿解維風雨作惡頗切驚憂歸舟雲中
限蔡涇寄榻蔣氏而予懷終未釋也因賦以志感 …… 金　范 1087
病知不起屬别老友陳子珊 …… 金　范 1088
病起 …… 金　范 1088
舜山道中 …… 金　范 1088
朝陽菴玉蘭盛開同張春巖舉花下作 …… 金　范 1088
四月一日承姊丈馥馨索賦杜鵑花即呈三律 …… 金　范 1088
疊韻爲海棠解嘲 …… 金　范 1089

同家仙儔張春巖横溪訪紅白蓮 …… 金　范 1089
陽湖泮官即事 …… 金　范 1089
題張春巖説劍圖 …… 金　范 1089
曉發棲霞過燕子磯口號 …… 金　范 1090
游靈谷寺 …… 金　范 1090
五十自述呈同學諸子 …… 金　范 1090
甲申大水述事 …… 金　范 1090
丙戌下榻張溪幢勝菴先君子舊館地也感賦 …… 金　范 1091
承甥琴軒紫坪修舊興于鶴麓樓菊滿庭中信傳江上未歌歸去已遞吟箋
先和韻郤寄即隨鴻雁南征爾 …… 金　范 1091
訪徐仲甘即贈 …… 金　范 1091
白蓮 …… 金　范 1091
訪徐仲甘澍即贈 …… 金　范 1092
穀日雪探親蔡畸 …… 金　范 1092
宿玉鎮菴贈僧清塵 …… 金　范 1092
石蓮菴感舊 …… 金　范 1092
同張春巖華軒侄鳳鳌堂訪海棠不意花容憔悴矣春巖成一絶自感因次韻而
反其意 …… 金　范 1092
題陳子珊硃竹畫幅 …… 金　范 1092
仲春雪 …… 金　范 1093
災賑行 …… 金　范 1093
浮遠堂晴眺 …… 金　范 1093
季子墓下作 …… 金　范 1093
次韻酬汪庚梅安貧之作 …… 金　范 1094
夢中訪友不值得句 …… 金　范 1094
春風 …… 金雲倬 1094
春雪 …… 金雲倬 1094
杏花 …… 金雲倬 1094
春日田家 …… 金雲倬 1094
鴻兒殤繆西席藝齋詩以唁之賦答 …… 金雲嶼 1095
受業蓉城吕雅堂夫子痛赴道山未申弔奠風雨孤鐙感賦三絶 …… 金晉蕃 1095
中秋訪桂 …… 金晉蕃 1095
大雨謡 …… 金晉蕃 1095
和張春巖妹倩同徐竹圃及予夜話之作 …… 金晉蕃 1095
夢世母覺後口占 …… 金雲閣 1095
散步即事 …… 金雲閣 1096
賦得江湖秋水多 …… 金雲閣 1096
寄懷張春巖世兄 …… 金雲閣 1096
蓉湖雜詠 …… 金耀卿 1096

有感……金耀卿 1096
避寇……金耀卿 1096
思閨……金耀卿 1097
悼亡室李氏……金耀卿 1097
西江月……金耀卿 1097
壯歲時夏明之處境異常負材卓絶遺一言以頌之……金容照 1097
辛丑修譜即以姓爲題賦七律一首……金容照 1097
籬豆嘆……金定禮 1097
劒南行爲丁翁賦……金定禮 1098
賦得客路梅花寄贈何商楫……金定禮 1098
桃源澗……金定禮 1098
拂水巖……金定禮 1098
劒門……金定禮 1099
立春前一日同允兼諸丈西關小飲夜宿宗弟願良樓中……金定禮 1099
江上讀陳明逸詩因寄……金定禮 1099
破山寺後禪院……金定禮 1099
將入藤溪戲呈禹錫……金定禮 1099
憩昭明讀書臺……金定禮 1099
題劒門……金定禮 1100
子游墓……金定樂 1100
仲雍墓……金定樂 1100
影娥池……金定樂 1100
辛峰亭……金定樂 1100
丹井……金定樂 1100
石梅澗……金定樂 1100
昭明書臺……金定樂 1101
初平石……金定樂 1101
雪井……金定樂 1101
達觀亭……金定樂 1101
吾谷……金定樂 1101
金昌舟中送錢受之計偕北上……金定樂 1101
晨雪喜嚴道澈使君見過……金定樂 1101
陳錫元孝廉閉户著述經歲始成因贈……金定樂 1102
一雲道中……金定樂 1102
天池山……金定樂 1102
送薄味元孝廉北上……金定樂 1102
天岳賦詩見贈次韻答之……金　策 1102
旅舍立秋懷于王兄……金　策 1102
邸中與一如兄聖揆家季言别次前韻……金　策 1103

田家即事 …… 金日烺 1103
題畫菊 …… 金日烺 1103
寄玄辭 …… 金日熊 1103
羑里辭 …… 金日熊 1103
麥秀歌 …… 金日熊 1103
履霜操 …… 金日熊 1104
竹林七賢歌 …… 金日熊 1104
夜分 …… 金日熊 1104
秋閨 …… 金日熊 1104
小窗 …… 金日熊 1104
西村草堂 …… 金坤元 1104
初夏 …… 金坤元 1105
秋夜即事二首 …… 金坤元 1105
詠水仙花 …… 金坤元 1105
紙鳶 …… 金坤元 1105
瑪瑙寺 …… 金夏時 1105
平湖秋月至放鶴亭 …… 金夏時 1105
香雪海 …… 金夏時 1106
貝園望七子山 …… 金夏時 1106
寄耐雲侄西湖新築 …… 金夏時 1106
新柳次徐南村韻三首 …… 金夏時 1106
述懷 …… 金 樾 1106
吴茂才項儒客徐久絶音問詩以懷之 …… 金 樾 1107
贈鄧愛吾上舍二首 …… 金 樾 1107
牡丹同愛吾賦 …… 金 樾 1107
子夜歌四首 …… 金 樾 1107
清明偶成 …… 金 樾 1107
送春三首 …… 金 樾 1108
秋郊晚眺 …… 金 樾 1108
秋蝶 …… 金 樾 1108
題梅小坪上舍冷梅庵圖 …… 金 樾 1108
河上感懷簡宗牧厓 …… 金 樾 1108
溪堂和徐南村 …… 金 樾 1108
登燕子磯 …… 金 樾 1109
清明前一日舟次袁浦與王芝亭少府話别三首 …… 金 樾 1109
沛縣道中有懷張淥卿 …… 金 樾 1109
送春次韻贈别王西園 …… 金 樾 1109
臨淮關晚眺 …… 金 樾 1109
出山行 …… 金 樾 1109

登大觀亭二首 …… 金　樾 1110
王静山明府有七夕感懷之作奉和一首 …… 金　樾 1110
袁氏山房同静山明府晚眺 …… 金　樾 1110
題熊鞠莊别駕聽秋圖 …… 金　樾 1110
瑞蘭圖爲姚研山上舍題 …… 金　樾 1110
題張漱石柳陰垂釣圖 …… 金　樾 1111
新柳次韻 …… 金　樾 1111
秋柳次韻 …… 金　樾 1111
秋雨 …… 金　樾 1111
石船次韻 …… 金　樾 1111
辛巳荷月自題墨蘭軸 …… 金　埕 1111
自題墨蘭横幅 …… 金　埕 1112
江上吟 …… 金　輅 1112
吴江竹枝詞 …… 金　輅 1112
春晚喜晴 …… 金　輅 1112
兀坐無事口占 …… 金　輅 1112
和鐵顱徐二感春原韻四首 …… 金　輅 1112
白日 …… 金　輅 1113
秋夜述懷三首 …… 金　輅 1113
養痾雜詠二首 …… 金　輅 1113
謁武肅王祠 …… 金　輅 1113
謁岳武穆墓 …… 金　輅 1113
題孔瑶山折梅圖 …… 金　輅 1114
湖上吟 …… 金　輅 1114
法相寺竹閣獨坐 …… 金　輅 1114
野眺 …… 金　輅 1114
感遇 …… 金　輅 1114
冬夜書懷 …… 金　輅 1114
題畫蘭贈陳谷生 …… 金　輅 1115
自題搔首圖小影 …… 金　輅 1115
臨安道中 …… 金　輔 1115
答友人 …… 金　輔 1115
改庵上人見贈墨竹 …… 金　輔 1115
對雪 …… 金　輔 1115
曉行 …… 金在鎔 1116
送樵雲叔之山左 …… 金在鎔 1116
春初偶成 …… 金在鎔 1116
答鐵香弟寄懷 …… 金在鎔 1116
偕鈍齋信齋竹香過永昌禪院聯句 …… 金在鎔 1116

雨後偕鈍信二老村邊晚眺聯句 …… 金在鎔 1116
村居自遣 …… 金在鎔 1117
元宵雨窻 …… 金在鎔 1117
坐雨偶成 …… 金慎思 1117
新豐舟次 …… 金慎思 1117
自棲霞至京口看沿江山色 …… 金慎思 1117
金山寺 …… 金慎思 1117
待閘丹徒小憩全真道院 …… 金慎思 1118
寄懷補巖大兄 …… 金慎思 1118
孤雁 …… 金慎思 1118
西郊閒步三首 …… 金慎思 1118
移居 …… 金慎思 1118
遣悲懷二首 …… 金慎思 1118
春歸 …… 金慎思 1119
重過圓覺禪院訪岐嶷上人二首 …… 金慎思 1119
拂水山莊懷古 …… 金葆真 1119
病餘遣興二首 …… 金慎思 1119
游虞山 …… 金　韞 1119
夏日閒居 …… 金大錫 1120
春日即事 …… 金大鎣 1120
金山寺 …… 金大鎣 1120
京口阻風 …… 金大鎣 1120
秦淮雜詠二首 …… 金大鎣 1120
虎邱玩月歌 …… 金大鎣 1120
秋閨二首 …… 金大鎣 1121
信筆 …… 金大衔 1121
金山寺 …… 金大衔 1121
金陵雜詠四首 …… 金大衔 1121
過昭關 …… 金大衔 1121
旅夜接家書 …… 金大衔 1122
讀史有感 …… 金大録 1122
從伯母章烈婦夫死年少家貧無依或勸改適因絶食而死迄今六十餘年採訪局上其事於朝得旌典也因爲歌以紀 …… 金榮海 1122
謁岳武穆墓 …… 金榮海 1122
謁于忠肅祠 …… 金榮海 1122
題斜橋殉烈圖 …… 金文沅 1122
孤感 …… 金文沅 1123
月夜渡京江 …… 金鳳臺 1123
哭兄 …… 金鳳臺 1123

扶疾寫懷 …………………………………………………………………… 金鳳池 1123
詠梅 ………………………………………………………………………… 金鳳池 1124
洒金碧桃 …………………………………………………………………… 金鳳池 1124
萬笏林 ……………………………………………………………………… 金爾桐 1124
題自繪金村圖 ……………………………………………………………… 金爾桐 1124
秋夜蟲聲 …………………………………………………………………… 金爾桐 1124
癸丑病中自輓 ……………………………………………………………… 金爾桐 1124
慈親九十壽辰繪四景畫幅上獻以博笑顔籍申孺慕 ……………………… 金爾桐 1125
丙申元旦卧床呻吟 ………………………………………………………… 金爾桐 1125
養疴自述 …………………………………………………………………… 金爾桐 1125
雜詩 ………………………………………………………………………… 金爾桐 1125
偶成 ………………………………………………………………………… 金爾桐 1125
庚申八月城陷於今三年賊勢不衰民苦騷擾毓琴兄挈眷渡江作詩送之 … 金爾桐 1126
登琅山 ……………………………………………………………………… 金爾桐 1126
山行即景 …………………………………………………………………… 金爾桐 1126
初夏漫興 …………………………………………………………………… 金爾桐 1126
暮春感賦 …………………………………………………………………… 金爾桐 1126
山齋讀書放歌 ……………………………………………………………… 金爾桐 1126
出京口渡江 ………………………………………………………………… 金爾桐 1127
自題四十小像 ……………………………………………………………… 金爾桐 1127
登金山 ……………………………………………………………………… 金爾桐 1127
過焦山 ……………………………………………………………………… 金爾桐 1127
閨怨 ………………………………………………………………………… 金爾桐 1128
題何子範繞屋梅花圖 ……………………………………………………… 金爾桐 1128
雨中排悶柬張申甫 ………………………………………………………… 金爾桐 1128
詠史 ………………………………………………………………………… 金爾桐 1128
詠雪 ………………………………………………………………………… 金爾桐 1129
重游鄧尉歌 ………………………………………………………………… 金爾桐 1129
七十初度述感四律 ………………………………………………………… 金爾桐 1129
壬子送春和城南漁隱韻 …………………………………………………… 金爾桐 1130
壬子九月石友招同志登高作 ……………………………………………… 金爾桐 1130
九月五日言調甫翁思九汪冠英邀余父子同游破山寺言君有詩紀游
　補賦奉答 ………………………………………………………………… 金爾桐 1130
偶成二律寄漁隱 …………………………………………………………… 金爾桐 1130
吟哦 ………………………………………………………………………… 金爾桐 1131
癸丑重陽感事和石友均 …………………………………………………… 金爾桐 1131
漁隱答和偶成二律再次前均并訂來春之游兼寄石友 …………………… 金爾桐 1131
賞牡丹飾太平也世變未已樂眼前耳 ……………………………………… 金爾桐 1131
崇川作 ……………………………………………………………………… 金爾相 1132

秋柳 …… 金爾相 1132
秋燕 …… 金爾相 1132
秋蟲 …… 金爾相 1132
游光福山同石頑槩邁西涇諸老作 …… 金爾相 1132
香雪海 …… 金爾相 1132
時嘆 …… 金爾相 1133
勵幼童 …… 金爾相 1133
勵壯年 …… 金爾相 1133
游狼山 …… 金爾相 1133
秦淮 …… 金爾相 1133
紙鳶 …… 金爾相 1134
登天平山 …… 金爾果 1134
登狼山 …… 金爾果 1134
無隱庵 …… 金爾果 1134
崇川旅次 …… 金爾果 1134
君山朝眺 …… 金爾果 1134
出京口 …… 金爾果 1135
暗涇煙柳 …… 金爾果 1135
東園松柏 …… 金爾果 1135
徐塘秋泛 …… 金爾果 1135
永昌晚楓 …… 金爾果 1135
金村竹枝詞 …… 金爾果 1135
小石洞和石頑兄 …… 金爾果 1135
重泊木瀆和石頑兄 …… 金爾果 1136
讀石頑兄鄧慰觀梅諸作覺興味特饒于此游良爲不負敬和四首 …… 金爾果 1136
今歲丁酉又值大比之秋余年已逾艾自維荒落作計不預矣被韻生叔牽連仍赴南闈以塞其責非有餘望也叔和幼香心齋三侄英姿挺發正功名唾手之時偕行北上爲吾族從前未有之盛舉黄花香裏側耳捷音余愧無以贈行聊抒里語以拂征塵不足爲詩也 …… 金爾果 1136
游光福寺 …… 金爾果 1136
游端園 …… 金爾果 1136
無隱庵 …… 金爾果 1137
擁翠山莊 …… 金爾果 1137
四面千手觀音 …… 金爾果 1137
謝襭紅侄惠紅梅 …… 金爾果 1137
題襭紅侄天台山游記後 …… 金爾果 1137
中秋和襭紅侄韻 …… 金爾果 1137
詠梅 …… 金爾果 1138
和襭紅侄鐵佛寺韻 …… 金爾果 1138

詠梅 …… 金廷模 1138
送春和城南漁隱韻 …… 金廷模 1138
和病鶴侄壬子送春韻 …… 金廷模 1138
菊影 …… 金廷模 1139
鶖鶴 …… 金爾粟 1139
觀潮 …… 金廷樞 1139
月夜即景 …… 金廷樞 1139
落花 …… 金廷樞 1139
辛卯秋試歸舟苦蚊與潤卿襭紅兩侄聯句 …… 金　桼 1139
蘭陵道中同襭紅侄 …… 金　桼 1140
鐵佛寺和襭紅韻 …… 金　桼 1140
清涼寺 …… 金　桼 1140
小雲棲 …… 金　桼 1140
自題獨立詠詩圖 …… 金爾振 1140
哭歸宋氏長姊 …… 金爾振 1140
迎山樓落成 …… 金爾振 1140
輓姻兄佩卿周公 …… 金廷棫 1141
讀兩當軒觀潮行諸作竊嘆其才之豐而遇之嗇也用歌以弔慰之 …… 金爾森 1141
奇冤篇 …… 金爾森 1141
暮春雜詠 …… 金爾森 1141
哭殤兒 …… 金爾森 1142
禮經云殤兒不哭予既哭之因復以詩自慰 …… 金爾森 1142
紀別 …… 金爾森 1142
春光漸暮花事闌珊庭前牡丹海棠零落殆盡感美人之遲暮惜麗景之無多
　爰賦短章用誌惋悼 …… 金爾森 1143
乞桂詩呈陸君筠生 …… 金爾森 1143
憶蘿月　春庭書所見寄辛芝表兄 …… 金爾森 1143
雙雙燕　春感呈王俊臣譜兄 …… 金爾森 1143
滿江紅　歲暮解館即席留别汪鶴巢諸君 …… 金爾森 1143
學正公箴言 …… 佚　名 1144
新晴步月同潤卿弟作 …… 金鶴汀 1144
初夏登麗矚樓 …… 金鶴汀 1144
送王敬安慶長北上 …… 金鶴汀 1144
壬辰秋偕殷厚培表弟游泰山 …… 金鶴汀 1145
車中口占 …… 金鶴汀 1145
甲午春日小飲燕香書屋和叔和幼香兩弟韻 …… 金鶴汀 1145
甲午秋夜泊金山下 …… 金鶴汀 1145
渡江遇險 …… 金鶴汀 1145
重九偕殷甥同孚崇寬登南皮西城 …… 金鶴汀 1145

贈蘭 …… 金鶴汀 1146
賀新涼 …… 金鶴汀 1146
題徐貞六内弟小影 …… 金鶴齡 1146
贈内 …… 金鶴齡 1146
哭蠢兒 …… 金鶴齡 1146
辛卯秋試闈中望月 …… 金鶴齡 1147
闈中遇雨 …… 金鶴齡 1147
雁陣 …… 金鶴齡 1147
鐙花 …… 金鶴齡 1147
夏日寫懷和王壽臣來復姊丈 …… 金鶴年 1147
贈李觀察維翰之淮揚新任 …… 金鶴年 1147
聞幼香弟有湘中之行意有所感率成二律聊以寄懷旋知仍館海上姑録奉寄 …… 金鶴年 1148
和漕臺陳筱石夔龍留别原韻 …… 金鶴年 1148
先兄潤卿殁後兩年得獲選泰興司訓之信爲之凄然 …… 金鶴年 1148
自述 …… 金鶴籌 1148
哭頌青二哥 …… 金鶴籌 1149
哭季臯弟 …… 金鶴籌 1149
游少林寺 …… 金鶴籌 1149
演易里謁文王祠 …… 金鶴籌 1149
謁岳忠武廟 …… 金鶴籌 1149
初冬武安署中遇雪示張芷舫大令 …… 金鶴籌 1150
夢中還家 …… 金鶴籌 1150
癸丑元旦六十自壽 …… 金鶴籌 1150
西湖 …… 金鶴籌 1150
靈隱寺 …… 金鶴籌 1150
游雲棲寺山中口占 …… 金鶴籌 1150
苦旱 …… 金鶴籌 1151
陶藴輝齋頭賞菊 …… 金鶴籌 1151
和烏程周夢坡慶雲五十自述 …… 金鶴籌 1151
悼亡 …… 金鶴籌 1151
開浚竺塘工次口占 …… 金鶴籌 1151
鐵佛寺偕吴君聘衡弟星齋侄逸凡 …… 金鶴籌 1152
春游 …… 金鶴九 1152
東園晚步 …… 金鶴九 1152
和幼香弟鐵佛寺韻 …… 金寶章 1152
課臺兒 …… 金鶴振 1152
哭臺兒 …… 金鶴振 1152
乙巳春寄幼香弟浮鷗館 …… 金鶴振 1152
登金山 …… 金鶴振 1153

吴門黄摩西齋頭晤朝鮮劉四宜秉觀先生 …… 金鶴振 1153
黄鶴樓 …… 金鶴振 1153
破琴歌 …… 金鶴翔 1153
天台行 …… 金鶴翔 1153
京都龍樹院古刹也中有蒹葭閣閣外十數畝盡蒹葭也丁酉仲秋同張璠隱鴻
　徐紫若元綬沈北山鵬諸君茶瓜清讌竟日流連秋水伊人令我動遐思焉 …… 金鶴翔 1154
壬寅除夕 …… 金鶴翔 1154
癸卯元旦 …… 金鶴翔 1154
癸卯花朝徐紫若將離剡邑邀諸友宴集谿山第一樓余即以花朝二字排韻成
　二律兼贈諸君 …… 金鶴翔 1154
壬子送春寄黄摩西人 …… 金鶴翔 1154
重修言子墓和邑宰謝公韻 …… 金鶴翔 1155
水調歌頭　夜夢偕友登黄鶴樓 …… 金鶴翔 1155
桂枝香　戊申中秋偕龍尾千秋艤棹尚湖 …… 金鶴翔 1155
八聲甘州　辛亥春暮招寓蘇諸弟集飲浮樓 …… 金鶴翔 1155
霜花腴 …… 金鶴翔 1155
秋成 …… 金鶴章 1156
詠木蘭 …… 金鶴章 1156
和病鶴兄鐵佛寺韻 …… 金宗宜 1156
黄摩西寓中贈朝鮮劉清嵐秉觀 …… 金宗宜 1156
癸巳八月焦山夜泊 …… 金宗曜 1156
甲午過京口 …… 金宗曜 1156
登陶然亭 …… 金宗曜 1156
舟過煙臺對月有感 …… 金宗曜 1157
哭劍兒 …… 金宗曜 1157
平湖春泛 …… 金宗曜 1157
翁忍華以同人春雪詩屬書長卷書竟率和一章 …… 金宗曜 1157
甲寅夏修言子墓用謝知事韻 …… 金宗曜 1157
予喜搜集古銅印晨夕把玩將有集印之刻詩以寵之 …… 金宗曜 1158
瞿忠宣公小印歌 …… 金宗暟 1158
飲酒讀陶詩 …… 金宗暟 1158
口占一絶 …… 金宗暟 1158
游桃源澗 …… 金宗暟 1158
題畫 …… 金宗暟 1159
踏青詞 …… 金宗暟 1159
梅根硯銘 …… 金宗暟 1159
端溪長方硯銘 …… 金宗暟 1159
我住老烏窠二首 …… 金鶴翀 1159
家住虞山北四首 …… 金鶴翀 1159

東園松柏 …… 金鶴翀 1160
闇涇煙柳 …… 金鶴翀 1160
東臯曉色 …… 金鶴翀 1160
永昌晚楓 …… 金鶴翀 1160
壬辰秋七月望夜與兄居滌煩軒坐花對飲聯成詩十韻酒盡兄醉滅燭而寢 …… 金鶴翀 1160
環秀老樹山房偶成 …… 金鶴翀 1160
要離墓 …… 金鶴翀 1161
梁鴻墓 …… 金鶴翀 1161
校牧齋詩文集沈子公周賦詩見贈和之 …… 金鶴翀 1161
偶成 …… 金鶴翀 1161
東園白皮松 …… 金鶴翀 1161
和禰紅兄錪佛寺原韻 …… 金鶴清 1161
送日本巽健雄先生回國 …… 金鶴清 1162
壽盧彬士母夫人六十 …… 金鶴清 1162
閨怨 …… 金鶴清 1162
病鶴兄羡余蓄茶花多種因即分送一盆以詩爲媵 …… 金宗瑋 1162
和張稧觴先生韻題翁忍華陽春白雪圖 …… 金宗瑋 1162
過西湖左文襄祠 …… 金宗瑋 1162
謹題九老圖 …… 金鶴翬 1163
秋夜和王書奩妹丈 …… 金鶴翬 1163
春雨 …… 金鶴翬 1163
西涇齋頭賞并頭荷花 …… 金鶴翬 1163
湖橋觀魚 …… 金鶴翬 1163
秋晚 …… 金鶴翬 1163
南都兵變 …… 金鶴翬 1163
甲寅正月四日考妣合葬祭畢述哀 …… 金鶴翬 1164
晴春野眺 …… 金鶴聲 1164
暮秋 …… 金鶴聲 1164
望海 …… 金鶴聲 1164
乳燕 …… 金鶴聲 1164
晚菊 …… 金鶴聲 1164
納涼 …… 金鶴聲 1165
題畫 …… 金鶴聲 1165
春雨晚霽 …… 金鶴鳴 1165
丹楓 …… 金鶴鳴 1165
亂中和王仲達表叔韻 …… 金　鑑 1165
南旋誌感 …… 金　鑑 1165
暮秋即景 …… 金　鑑 1165
詠錢 …… 金　鑑 1166

秋日遣懷 …… 金　鑑 1166
和王壽臣姑丈韻 …… 金　鑑 1166
自題探梅獨立圖 …… 金　鑑 1166
重游端園 …… 金　鑑 1167
小雲棲和叔祖玉如先生韻 …… 金　鑑 1167
物理 …… 金　鑑 1167
述懷 …… 金　鑑 1167
壬子送春和病鶴叔 …… 金　鑑 1167
古意 …… 金　鑑 1168
東園古松 …… 金　鏞 1168
臨江玩月 …… 金　鏞 1168
和襭紅叔鐵佛寺韻 …… 金清桂 1168
春雨客感録呈襭紅叔 …… 金清桂 1168
七夕 …… 金清桂 1169
和襭叔清涼寺韻 …… 金清桂 1169
過京口沿運河從邵伯至高郵寶應西東皆長隄西隄外則邵伯高郵寶應諸湖連屬二三百里一片汪洋隄上徧植楊柳東隄爲往來大道隄内田疇屋宇低于湖水約丈許高寶興泰東阜鹽城七邑全賴兩隄保障近來輪舶暢行隄根不免爲之衝殘矣 …… 金秉達 1169
江行 …… 金秉達 1169
哭亡弟公俊 …… 金　栩 1169
坐雨 …… 金同照 1170
冒雨訪郭筠齋夫子 …… 金同照 1170
夏日偶成 …… 金同沂 1170
頻來語燕定新巢賦 …… 金爾森 1170
春草賦 …… 金鶴齡 1170
慈烏村隱居賦并序 …… 金鶴齡 1171
雲溪詩稿自序 …… 金日熊 1171
濬河記略 …… 金染香 1172
書示兩兒 …… [題]石頑老人 1172
誡兒子書 …… [題]玉汝公 1173
治濬記 …… 金鶴籌 1173
重濬竺塘涇記 …… 金鶴籌 1174
西叔筆記 …… 金鶴翀 1174
拳石齋記 …… 金　鑑 1176

侯氏宗譜 …… 1177
栖碧吟序 …… 陳祖綬 1177
碧山莊石雪菴記 …… 侯　霖 1177

栖香閣詞序 …… 李文媛 1178
三十贈言序 …… 吕莊頤 1178
鳳翅新阡記 …… 侯鳳苞 1179
勸五河栽柳築堤説 …… 侯　昉 1179
惜軒公畫册跋
…… 孫岳頒、高簡、孔尚任、劉德方、梁嘉稷、程岳、汪洋度、秦道然、杜詔、瞿裔綿 1181
心齋公雪藕圖照題辭 …… 王千仞、趙學敏、秦鳴雷、王襄、吴寶、韓松、侯昉 1182
石琴公論書塾義莊情弊書 …… 侯　煒 1184
古今原始殘著跋語 …… 侯鴻鑑 1185
鷰湖華氏新義莊記 …… 侯映奎 1185
王氏百壽圖畫記丙戌 …… 侯映奎 1186
誥子書 …… 侯家鳳 1186
上巳山中喜晴 …… 侯祖德 1187
碧山吟社 …… 侯祖德 1187
贈壽 …… 侯先春 1188
重修宣平縣志告成 …… 侯　杲 1188
題署壁畫石 …… 侯　杲 1188
哭長伯澹泉公 …… 侯　杲 1188
寄憶長兄衣澹久羈京師 …… 侯　杲 1188
送淩定之歸新城 …… 侯　杲 1189
梅花 …… 侯　杲 1189
閒居 …… 侯　曦 1189
蒙陰宿店題壁 …… 侯　晰 1189
夜宿田家 …… 侯　晰 1189
鄒黎眉表姪夫婦雙壽 …… 侯　晰 1189
長安酒家題壁 …… 侯　晰 1190
跋扇題畫贈友 …… 侯　晰 1190
聊攝道中 …… 侯　晰 1190
寫浣香圖題贈李芥軒 …… 侯　晰 1190
送邵伯劉懷翁移守皖江 …… 侯麟勳 1190
一室 …… 侯文燈 1190
遊長泰寺 …… 侯文燈 1190
喜海翔至 …… 侯文晟 1191
晚憩華藏山房 …… 侯文晟 1191
登半塘閣 …… 侯文晟 1191
拈花尋放處西林鄂公句也爲下轉語率成四章 …… 侯　鈞 1191
湖亭秋霽 …… 侯文熺 1192
題雪浪菴 …… 侯文熺 1192
壬申九月再宿東溪書樓 …… 侯文熺 1192

山行即事 …… 侯文熺 1192
冷泉關 …… 侯文熺 1192
重陽後一日潘又岩回南 …… 侯文熺 1192
山行即事 …… 侯文熺 1193
忍艸庵度夏寄貽京王二 …… 侯文熺 1193
平望舟曉 …… 侯　洵 1193
舟發盱眙望龜山 …… 侯可儀 1193
澄懷園見逸鶴圖時余依秦味經司寇於海淀寓園 …… 侯　錫 1193
贈范渭占 …… 侯　錫 1193
游平山堂 …… 侯　錫 1194
游膠山酌竇乳泉 …… 侯　錫 1194
初至興化 …… 侯　錫 1194
十載 …… 侯　錫 1194
移竹興化署中 …… 侯　錫 1194
除夕 …… 侯　錫 1195
秋日 …… 侯　錫 1195
太行道上 …… 侯　錫 1195
遣懷 …… 侯　錫 1195
春郊晚步 …… 侯光第 1195
春思 …… 侯光第 1195
雜詩二首 …… 侯光第 1195
登錫山 …… 侯光第 1196
舟行 …… 侯光第 1196
不寐憶家叔萊舟 …… 侯光第 1196
詠河洲,羞自媒也 …… 侯光第 1196
過武安弔長平坑卒 …… 侯光第 1196
銅雀臺懷古 …… 侯光第 1197
社日謁李衛公祠 …… 侯光第 1197
客中雜詩 …… 侯光第 1197
郊行即事 …… 侯光第 1197
楊明府席上口占 …… 侯光第 1197
新秋夜坐寄懷表弟吴振裘 …… 侯光第 1198
古風呈連浦 …… 侯光第 1198
送劉五研齋赴粤東幕 …… 侯光第 1198
湖上殘柳詞五首和韻存二 …… 侯光第 1198
鉛山舟中作 …… 侯光第 1198
羊城雜詩四首 …… 侯光第 1199
陽江道中 …… 侯光第 1199
夕陽小艇遲行客把蓋看山獨立時陸林漁句也錢御三爲之補圖索題因吟截句

以贈 …… 侯光第 1199
得家書後感賦 …… 侯光第 1199
寄奇麗川察觀 …… 侯光第 1199
題惠山文昌宫 …… 侯鳳芝 1200
山樓 …… 侯鳳芝 1200
管社山莊 …… 侯鳳芝 1200
尚友堂 …… 侯鳳芝 1200
澹甯館 …… 侯鳳芝 1200
太湖遇風 …… 侯鳳芝 1200
輓劉壇武 …… 侯鳳芝 1201
輓孝子膠山 …… 侯鳳芝 1201
題華江小照 …… 侯鳳芝 1201
登城野望 …… 侯鳳芝 1201
黄公澗 …… 侯鳳芝 1201
題石門白鶴道院 …… 侯鳳芝 1201
過天柱灘 …… 侯鳳芝 1202
寄紉湘弟 …… 侯鳳芝 1202
吴山 …… 侯鳳芝 1202
花山 …… 侯鳳芝 1202
舟上十八灘 …… 侯鳳芝 1202
寄心齋仲兄 …… 侯鳳芝 1203
平遠道中 …… 侯鳳芝 1203
樟樹鎮作 …… 侯鳳芝 1203
過吉水 …… 侯鳳芝 1203
揭陽城秋望 …… 侯鳳芝 1203
題榕城書院寓 …… 侯鳳芝 1204
登揭陽城 …… 侯鳳芝 1204
題秦震宇精舍 …… 侯鳳芝 1204
題大樹園精舍 …… 侯鳳芝 1204
山中槑 …… 侯鳳芝 1204
華藏山 …… 侯鳳芝 1204
雨中游西湖 …… 侯鳳芝 1204
歸舟 …… 侯鳳芝 1205
再得草廬種竹 …… 侯鳳芝 1205
聞仲兄已到南昌 …… 侯鳳芝 1205
寄懷秦震宇 …… 侯鳳芝 1205
步月訪何翰田寓舍 …… 侯鳳芝 1205
和徐鏡江夜雨原韵 …… 侯鳳芝 1205
閲先伯兄所寄仲兄手書感而有作 …… 侯鳳芝 1206

湖上别仲兄心齋 …… 侯鳳芝 1206
七星巖 …… 侯永泰 1206
題周魯賓射獵小照 …… 侯永泰 1206
春日雪後同人上西雲際寺 …… 侯永泰 1207
華藏山寺歲暮偶作 …… 侯永泰 1207
飛來寺 …… 侯永泰 1207
過分水關 …… 侯永泰 1207
五里塘即事 …… 侯永泰 1207
先君子諱日作八月八日 …… 侯　昉 1207
遲伯兄彔歸過期不至 …… 侯　昉 1208
庚戌春心齋仲父公車至駭得先慈凶問道遠信遲因貧病不及奔喪泣血書恨 …… 侯　昉 1208
喜廣庭四弟普入泮 …… 侯　昉 1208
庚戌冬冠芳叔父自粤病回卒於閩哭賦 …… 侯　昉 1209
寄家書有感 …… 侯　昉 1209
月夜懷兩弟 …… 侯　昉 1209
丁卯秋將司鐸五河留别中都諸友 …… 侯　昉 1209
道殤孫雙蔭 …… 侯　昉 1210
至五河 …… 侯　昉 1210
澮河大水 …… 侯　昉 1210
流民歎 …… 侯　昉 1210
己卯秋豫河漫口黄水下注五河高地深水五六尺屋舍漂流民多移徙檄放麵穀等
　物九日舟中作 …… 侯　昉 1211
散放撫邺銀舟中作 …… 侯　昉 1211
水落災黎相率回家喜賦 …… 侯　昉 1211
送三第耀遠南旋 …… 侯　昉 1211
家書至知兒子之翰又赴瀋遼口占 …… 侯　昉 1211
七九自嘲詩四律乙亥季秋 …… 侯　冣 1212
八旬有感丙子立春日 …… 侯　冣 1212
八旬晉一口占一律丁丑夏五 …… 侯　冣 1212
山陽學署淡然居東有椿樹西有萱花天然壽意 …… 侯　冣 1212
壬申除夕咏懷用永州刺史清河張渾原韻 …… 侯　冣 1212
人日立春閒吟仍用前韻 …… 侯　冣 1213
春後三日三叠前韻答和汪夢梧魯巖兩學博贈作 …… 侯　冣 1213
雨水前一日咏懷四叠前韻仍寄夢魯兩兄 …… 侯　冣 1213
春日咏懷歎五官不靈動五叠前韻呈兩汪老師 …… 侯　冣 1213
送四弟赴楚南小金山話别詩 …… 侯　冣 1213
題吴春舫公祖蓉湖攬袂圖 …… 侯　冣 1214
和淮安府學博汪夢梧述懷原韻 …… 侯　冣 1214
寄湘南季方四弟七十壽言 …… 侯　冣 1214

滇南紀事六首 …… 侯　晟 1214
大觀樓和秋坪夫子壽詩二則 …… 侯　晟 1215
題戴些山相國均元 …… 侯　晟 1215
題萬念亭司馬承紹 …… 侯　晟 1215
題曹雲浦侍郎師曾 …… 侯　晟 1215
題潘惺齋偕淑配張夫人秋窗夜話前圖 …… 侯　晟 1216
題第二圖 …… 侯　晟 1216
寓言 …… 侯　楨 1216
吴淞行弔陳提軍 …… 侯　楨 1216
福中丞師招赴廬州留别里中諸游舊 …… 侯　楨 1216
十里牌 …… 侯　楨 1217
感懷 …… 侯　楨 1217
感事 …… 侯　楨 1217
村居 …… 侯　楨 1217
聞揚州克復賊竄廬州江中丞宗源殉節詩以哭之 …… 侯　楨 1218
聞官軍元旦收復上海喜賦 …… 侯　楨 1218
寄呈梅伯言師兼懷朱伯韓侍即馮魯川比部 …… 侯　楨 1218
題鍾進士歸妹圖 …… 侯　楨 1218
湯將軍畫石歌 …… 侯　楨 1218
四十述懷八十韻 …… 侯　楨 1219
秦平陽斤二十韻爲王耘軥比部作 …… 侯　楨 1219
寒夜讀書偶成 …… 侯　楨 1220
行路難 …… 侯　楨 1220
雄縣道中 …… 侯　楨 1220
過泰安登日觀峯 …… 侯　楨 1220
癸丑秋懷和唐丈鷺庭原韵 …… 侯　楨 1221
春曉游惠山寺憩若冰洞 …… 侯　楨 1221
偕石民容甫逸衫同游管社山觀楊子淵先生遺鞭 …… 侯　楨 1221
己亥冬日偕益子石民重游管社山疊前韻 …… 侯　楨 1221
賀高丹臨運同知入贅寧波 …… 侯　榕 1221
早秋泊邵伯鎮即景 …… 侯　榕 1222
早秋過大江偶成 …… 侯　榕 1222
步嚴親原韻賀四叔赴楚南 …… 侯　榕 1222
乞巧日閒步草堂廡下見花香馥郁荆樹蕭森丹桂發榮碧桃挺秀雁來紅佳麗欲呈雞冠花娟妍可愛即景感懷成七律寄呈四叔父 …… 侯　榕 1222
寄和周葉封姊丈贈别原韻四首 …… 侯　榕 1222
步嚴親吟懷原懷三首 …… 侯　榕 1223
望雨歌癸巳武原作 …… 侯琫森 1223
萬山招隱圖 …… 侯琫森 1223

李蕤垣守臨江時搆慕萊堂乙酉闈中出郭筠仙題額囑題爲作五古一首 ………… 侯琫森 1223
題親家華玉亭梧庭玩月圖沃州郵寄 ………… 侯琫森 1224
秋日有感 ………… 侯琫森 1224
落葉 ………… 侯琫森 1224
壽東林山長丁植卿先生八秩 ………… 侯映奎 1224
題祝湘洲司馬遺像手卷 ………… 侯映奎 1224
讀先祖少芝公諫疏敬書卷後 ………… 侯映奎 1225
家叔祖少宰葉唐公輓詩 ………… 侯映奎 1225
和子勤叔祖述懷詩 ………… 侯映奎 1226
男兒行 ………… 侯映奎 1226
江東行 ………… 侯映奎 1226
題周景溪獨立圖照 ………… 侯映奎 1226
汪符生同轉于役津門詩以贈別 ………… 侯映奎 1227
讀明史至建文革命有感而作 ………… 侯映奎 1227
姚廣孝 ………… 侯映奎 1227
方正學先生 ………… 侯映奎 1227
謁方公祠 ………… 侯映奎 1227
春日感懷 ………… 侯映奎 1228
題鄭繼善詩 ………… 侯映奎 1228
題曼陀羅館詩鈔 ………… 侯映奎 1228
杏花吟寄景行弟 ………… 顧氏宜人 1229
酷暑忽涼 ………… 顧氏宜人 1229
贈馬夫人 ………… 顧氏宜人 1229
七月前三日過東皐雜記 ………… 顧氏宜人 1229
典飾 ………… 顧氏宜人 1230
新正病中寄呈諸女伴 ………… 顧氏宜人 1230
聞娃有適富人幽怨以歿者代爲一慟 ………… 顧氏宜人 1230
悲遣 ………… 顧氏宜人 1230
病中簡故園女伴 ………… 顧氏宜人 1231
示景行弟 ………… 顧氏宜人 1231
又簡景行 ………… 顧氏宜人 1231
秋思 ………… 顧氏宜人 1231
寄懷表妹張夫人 ………… 顧氏宜人 1231
再歸涇里與弟話舊感賦 ………… 顧氏宜人 1231
秋日雜感 ………… 顧氏宜人 1232
秋暮病中哭仲英 ………… 顧氏宜人 1232
病況 ………… 顧氏宜人 1232
白燕用舊韻 ………… 顧氏宜人 1232
憶昔 ………… 顧氏宜人 1232

除夕 …… 顧氏宜人 1233
柳絲 …… 顧氏宜人 1233
次蓉濱燕中寄韻 …… 顧氏宜人 1233
雪中有懷蓉濱西泠渡口 …… 顧氏宜人 1233
覽古雜詠 …… 嚴孺人 1233
哭長子 …… 嚴孺人 1234
立春 …… 嚴孺人 1234
夏日 …… 嚴孺人 1234
季秋絶糧 …… 嚴孺人 1234
雪窗 …… 嚴孺人 1234
歸寧 …… 嚴孺人 1235
丙午夏日仲弟避暑觀復堂因憶往年伯兄季弟及堂仲弟同聚於此相樂也今獨仲弟在三人者已長逝矣 …… 嚴孺人 1235
丙午冬陰雨浹旬冰雪乍至嚴寒倍常有至親貧窶者既愧無周急之力深歎其不及之情 …… 嚴孺人 1235
春日登龍光塔 …… 嚴孺人 1235
嚴寒閒卧竟日不起 …… 嚴孺人 1235
六袠八首 …… 嚴孺人 1235
菊花 …… 嚴孺人 1236
重陽 …… 嚴孺人 1236
己未歲暮雜詠四首 …… 嚴孺人 1236
兩子之柩擇吉於甲子腊月十八日安葬東門外新阡維大姪山如終始周旋余老人蓋中心藏之遂攬筆以記兼作短句告二子之靈 …… 嚴孺人 1237
七袠八首 …… 嚴孺人 1237
别映山河園中故居内有百尺樓冰谷居夕佳軒等名兼别花卉 …… 嚴孺人 1237
己酉仲秋寫意二首 …… 嚴孺人 1237
長相思 …… 侯　晰 1238
金縷曲 …… 侯　晰 1238
臨江仙 …… 侯　晰 1238
采桑子 …… 侯　晰 1238
滿庭芳 …… 侯　晰 1238
南歌子 …… 侯　晰 1239
蹋莎行 …… 侯　晰 1239
卜算子 …… 侯　晰 1239
少年游 …… 侯　晰 1239
長相思 …… 侯　晰 1239
浣溪紗 …… 侯　晰 1239
又 …… 侯　晰 1240
柳梢青 …… 侯　晰 1240

行香子……侯　晰 1240
采桑子……侯　晰 1240
滿庭芳……侯　晰 1240
菩薩蠻……侯　晰 1240
南鄉子……侯　晰 1241
又……侯　晰 1241
誤佳期……侯　晰 1241
浪淘沙……侯　晰 1241
蘇幕遮……侯　晰 1241
虞美人……侯　晰 1241
雙調南歌子……侯　晰 1242
閒中好……侯　晰 1242
踏莎美人……侯　晰 1242
鳳頭釵……侯　晰 1242
調笑令……侯文燿 1242
望江怨……侯文燿 1242
風中柳……侯文燿 1243
月上海棠……侯文燿 1243
滿江紅……侯文燿 1243
望海潮……侯文燿 1243
沁園春……侯文燿 1243
又……侯文燿 1244
又……侯文燿 1244
又……侯文燿 1244
金縷曲……侯文燿 1244
又……侯文燿 1244
賀新涼……侯文燿 1245
天仙子……侯文燿 1245
西溪子……侯文燿 1245
又……侯文燿 1245
又……侯文燿 1245
點絳唇……侯文燿 1245
誤佳期……侯文燿 1246
相思兒令……侯文燿 1246
雨中花……侯文燿 1246
踏莎行……侯文燿 1246
一翦梅……侯文燿 1246
行香子……侯文燿 1246
滿江紅……侯文燿 1247

又 …… 侯文燿 1247
又 …… 侯文燿 1247
百字令 …… 侯文燿 1247
又 …… 侯文燿 1247
菩薩蠻 …… 侯士驤 1248
浪淘沙 …… 侯士驤 1248
河傳 …… 侯士驤 1248
蘇幕遮 …… 侯士驤 1248
瑶華 …… 侯士驤 1248
喜遷鶯春聲 …… 侯士驤 1248
南浦 …… 侯士驤 1249
如夢令 …… 顧貞立 1249
卜算子 …… 顧貞立 1249
菩薩蠻 …… 顧貞立 1249
滿江紅 …… 顧貞立 1249
滿江紅 …… 顧貞立 1249
浣溪紗 …… 顧貞立 1250
鵲橋仙 …… 顧貞立 1250
百字令 …… 顧貞立 1250
望湘人 …… 顧貞立 1250
南鄉子 …… 顧貞立 1250
水調歌頭 …… 顧貞立 1250
浣溪紗 …… 顧貞立 1251
春雨賦 …… 侯鳳苞 1251
雲無心賦 …… 侯鳳苞 1251
神女不過灌壇賦 …… 侯鳳苞 1252
無弦琴賦 …… 侯鳳苞 1252
燕許大手筆賦 …… 侯映奎 1253
石路 …… 侯　煒 1254
寄懷顧八侑笙時客滬上 …… 侯　煒 1254
題過子蟾先生東籬賞菊圖 …… 侯　煒 1254
朔風 …… 侯　煒 1254
攜眷渡江無以餬口不得已到揚州投營於旅邸見陶少尹蓮溪壁間登城懷古
因和原韻 …… 侯　煒 1254
題黄子鴻司馬栖雲山館詞稿 …… 侯　煒 1254
和陶蓮溪留别原韻 …… 侯　煒 1255
翁吉卿姑丈從軍邗上節帥出醇邸送行詩箑命和賦呈以和作見示即原韻呈之
…… 侯　煒 1255
三十述懷 …… 侯駿烈 1255

題墨牡丹 …… 侯駿烈 1255
贈畫友李沛堂 …… 侯駿烈 1255
冬夜 …… 侯駿烈 1256
江樓賞月 …… 侯駿烈 1256
滕王閣看霞 …… 侯駿烈 1256
佞佛 …… 侯元吉 1256
題教子圖 …… 侯秉鈞 1256
縣覆遇雪 …… 侯　釗 1256
游芙蓉山看賽會 …… 侯　釗 1256
哭祖父心泉公詩 …… 侯　釗 1257

俞氏宗譜 …… 1258
題宗譜末 …… 俞　漢 1258
見峯公殁兄見嶼公題幡 …… 俞惟賢 1258
臨殁口占 …… 俞得鯉 1258
題范某小影 …… 俞　增 1258
姑蘇感懷 …… 俞　增 1258
儒林散士六景詩補遺 …… 俞　木等 1259
吉夫茂才十筆勾 …… 佚　名 1263
解嘲詩四疊韻 …… 俞守仁 1264
書懷 …… 俞守仁 1264
輓秦滄園侍姬葛氏二律 …… 俞守仁 1264
舊游憶俞慧川 …… 孔昭焕 1264
春夜園亭宴集題贈俞慧川四律 …… 杜開儀 1265
五間樓落成題贈俞慧川 …… 陸士雯 1265
己卯六月二十六日邀同案諸君子觀荷漫賦七絶六首即題贈朝陽 …… 俞肯堂 1265
老將臺灣破賊 …… 俞　堃 1266
冬雪連句 …… 俞　堃 1266
哭壻悲女 …… 俞　堃 1266
奉和淡香夫人原韻四絶 …… 俞　堃 1266

姚氏宗譜 …… 1267
太上立德其次立功今無所爲功德也因果而已三代以下惟恐不好名則言功德於今日正惟恐其不知因果也善則降祥不善降殃爲其事而無其報者未之前聞作連珠十二種 …… 姚　燮 1267
三江閘 …… 姚　燮 1268
勸學二首示開陽諸子 …… 姚　燮 1269
勸農二首 …… 姚　燮 1269
講鄉約 …… 姚　燮 1269

渡雙河 …… 姚　燮 1270
歸鑑湖 …… 姚　燮 1270
周易羣詮合璧告成 …… 姚　燮 1270
詠客梅軒 …… 姚　燮 1271
中秋飲客梅軒同西席張南衡孫倩孔曰旦兼示子弟輩時桂花雙樹盛開猶予五十年前手植也 …… 姚　燮 1271
庚子元夕包子嚴介仲父祐止季弟贊衡偕諸同人集讌高遷亭 …… 姚　燮 1271
中秋次贊衡兼正梅谷 …… 姚　燮 1271
自嘲 …… 姚　燮 1272
甲戌初度 …… 姚　燮 1272
初度言懷 …… 姚　燮 1272
思歸 …… 姚　燮 1272
歸里數日喜晤自昭弟再用前韻 …… 姚　燮 1272
賀錫之弟弄璋十二月而生 …… 姚　燮 1273
送錫之弟北上 …… 姚　燮 1273
送爾安姪北上 …… 姚　燮 1273
詠貞女朱氏弟媍 …… 姚　燮 1273
留别贊衡 …… 姚　燮 1273
客梅軒再别贊衡 …… 姚　燮 1274
贊衡弟得孫即來韻 …… 姚　燮 1274
憶贊衡家弟 …… 姚　燮 1274
寄贊衡 …… 姚　燮 1274
答贊衡贈言 …… 姚　燮 1274
十日贊衡初度寄言 …… 姚　燮 1274
壽贊衡 …… 姚　燮 1275
九日次贊衡 …… 姚　燮 1275
重陽後二日對菊同贊衡 …… 姚　燮 1275
次贊衡 …… 姚　燮 1275
送贊衡南歸 …… 姚　燮 1275
己卯除夕舟次和贊衡 …… 姚　燮 1276
新豐舟次和贊衡 …… 姚　燮 1276
春王九日贊衡有舟中望月詩和之 …… 姚　燮 1276
和贊衡 …… 姚　燮 1276
送賓旭五弟北上 …… 姚　燮 1276
示仲子在玉 …… 姚　燮 1277
示宗唐宗周 …… 姚　燮 1277
中秋阡署示兒四首 …… 姚　燮 1277
示兒輩 …… 姚　燮 1277
示諸孫及重孫輩 …… 姚　燮 1278

至日在瓆得遺腹孫拈示……姚　燮 1278
中秋冰玉堂對月有懷贊衡……姚　燮 1278
寄自昭弟……姚　燮 1278
述懷……姚　燮 1279
哭母不送終……佚　名 1279
課兒學喫虧……佚　名 1279
勸世行方便……佚　名 1279
裕後積陰功……佚　名 1279

姜氏宗譜……1280
送侄儒梅孫進賢三秀才之嵊會譜詩……姜　英 1280
述祖德詩……姜天樞 1280
東池別業……姜天樞 1280
感懷……姜天樞 1281
園居……姜天樞 1281
卧龍山中修緝書舍……姜天樞 1281
蓮臺篇……姜天樞 1281
登香爐峰歌……姜天樞 1281
卧龍山房歌……姜天樞 1282
恩放還山……姜天樞 1282
閒居偶詠……姜天樞 1282
懷舊……姜天樞 1282
午節……姜天樞 1282
暮秋同陳章候作……姜天樞 1282
仲冬夜月……姜天樞 1283
蚤春感郊行不果……姜天樞 1283
春半……姜天樞 1283
七月望日吴山作……姜天樞 1283
幽嘆……姜天樞 1283
顧年兄十年不會癸巳仲春重晤武林……姜天樞 1284
寒食還姚祭掃……姜天樞 1284
暮春病感……姜天樞 1284
庚子十月展祖墓歸……姜天樞 1284
涵空閣……姜天樞 1284
壬寅仲春武林客雨……姜天樞 1284
秋涼……姜天樞 1285
約綺季弟遠歸……姜天樞 1285
乙巳春王臥龍山居言志……姜天樞 1285
春遇……姜天樞 1285

寄答綺弟 …… 姜天樞 1285
立秋 …… 姜天樞 1285
元旦初度 …… 姜天樞 1286
感懷 …… 姜天樞 1286
暮秋客吴山 …… 姜天樞 1286
戊子秋日登先考西樓飲歸有感 …… 姜天樞 1286
先宗伯墓間秋祭 …… 姜天樞 1286
至日獨酌 …… 姜天樞 1286
和春前二日看雪 …… 姜天樞 1287
贈朱婉鴻 …… 姜天樞 1287
暮春卧病 …… 姜天樞 1287
題九龍山祖墓 …… 姜　寶 1287
送家廷評同節改服北上 …… 姜士昌 1287
拜興安命作 …… 姜士昌 1287
予丁未入賀以言事待辠國門外善果寺是廿年前休沐地也賦此 …… 姜士昌 1288
寄嶺海同游何匪莪諸君子時逐臣以俸金置學田興安縣荷西粵臺司諸公報可感懷明德爰有是詩 …… 姜士昌 1288
過從兄克齋園居 …… 姜士昌 1288
再題從兄克齋園亭 …… 姜士昌 1288
先宗伯暨先慈祠 …… 姜士昌 1288
贈伯昇侄 …… 姜士昌 1288
和鳳阿公題九龍山祖墓 …… 姜志禮 1289
夏飲吉和侄莘圃閣上 …… 姜志珏 1289
過元暉侄讀書精舍賦贈 …… 姜志珏 1289
題申如侄村居 …… 姜志珏 1289
得高待詔信走訊元暉 …… 葛　筠 1289
還姜元暉詩稿 …… 葛　筠 1289
期日生九弟飲日暮不至書此寄之 …… 姜大澄 1290
癸丑人日舉孫酬堂侄起龍 …… 姜大澄 1290
春暮題公符叔適我園 …… 姜大澄 1290
閲引蘅侄楚游紀 …… 姜大澄 1290
題華池弟新構沚園 …… 姜大澄 1290
過野田義莊肅展少保公遺像示子翥侄 …… 姜大澄 1290
春日過思德堂題贈藎臣弟 …… 姜大澄 1291
佘澤義莊先少保祠 …… 姜大澄 1291
題畫贈申如弟 …… 姜大澄 1291
六十初度自儆 …… 姜大澄 1291
先慈吴孺人忌辰 …… 姜大澄 1291
店前祖墓新松爲仲玉叔賦有序 …… 姜大澄 1291

甲辰小除余五十初度伊人賀子走詩爲贈即韻賡之 …… 姜大申 1292
寄仲聯弟 …… 姜大申 1292
寄公符叔 …… 姜大申 1292
題元暉兄吐月樓詩集 …… 姜大申 1292
哭穎實弟 …… 姜大申 1292
悼亡室黄孺人 …… 姜大申 1293
同家兄允澄游謝公墩憩于樹下 …… 姜彦淳 1293
客秋子翥盟兄鬱鬱歸今梅花時來白門相見一笑出小照以示題此解頤 …… 紀映鍾 1293
京口望荼峴山尖山下村名下濞塘先祖孝廉公邱隴在焉因感賦 …… 姜彦初 1293
四十旅次有感呈諸同人索和 …… 姜彦振 1293
和仲弟子膺六十自壽韻 …… 姜彦振 1294
慰仲弟子膺疊自壽韻 …… 姜彦振 1294
和内弟姜子膺六十自壽韻 …… 賀　寬 1294
奉酬夾齋先生見訪不遇之作 …… 王文清 1294
奉贈上翁門長先生 …… 莊亨陽 1294
送夾齋姜先生自禮館還山次留别韻 …… 吴　紱 1295
次夾齋先生留别韻即送之南歸 …… 程　恂 1295
夾齋姜先生八十初度 …… 楊述曾 1295
題上老先生東窗睡覺圖 …… 官獻瑶 1295
題上均姜先生東窗睡覺圖 …… 萬松齡 1295
奉題上翁先生睡覺東窗圖 …… 金　焜 1296
奉題夾齋先生睡覺東窗圖 …… 謝芳連 1296
題上翁尊丈睡覺東窗圖 …… 潘汝誠 1296
恭題上均先生睡覺東牕圖 …… 謝濟世 1296
敬題上翁老年伯大人睡覺東窗圖 …… 姚孔鋠 1296
題上翁先生睡覺東窗圖 …… 金文淳 1296
自題睡覺東窗圖調寄西江月 …… 姜兆錫 1297
懷業師家珍伯副榜 …… 姜兆錫 1297
訪澄潔叔 …… 姜兆錫 1297
壽廷基兄 …… 姜兆錫 1297
旅次遥祝同懷兄御乾四十初度 …… 姜兆錫 1297
寄伯宜兄隨州署中 …… 姜兆錫 1297
焦村金聲惠行舒載建南飛熊廷佐貞吉丹昇諸弟保留武邑義田感今懷昔
　爰贈以詩 …… 姜兆錫 1298
哭同懷兄成五 …… 姜兆錫 1298
讀上均姜子哭其兄成五之作 …… 潘之彪 1298
和凌煙先生見寄原韻 …… 鄭龍田 1298
望凌煙先生調寄酹江月 …… 鄭龍田 1298
冬夜憶親 …… 姜天成 1299

敬題家嚴睡覺東窗圖後調寄西江月 …… 姜允重 1299
四月十九欽點雲南副考官傳集午門宣旨謝恩恭紀十二韻 …… 姜朝勳 1299
鹿鳴宴恭紀十二韻 …… 姜朝勳 1299
敬題上均叔祖睡覺東窗圖調寄滿江紅 …… 姜　藻 1299
賀玉田弟登第 …… 姜　藻 1300
同家兄元起夜話 …… 姜　藻 1300
題晨玉兄書樓 …… 姜　藻 1300
呈豫菴叔祖 …… 姜日章 1300
呈静得叔祖 …… 姜日章 1300
秋夜露坐傷仲兄南依 …… 姜日章 1300
有懷達可鍾鑒兩弟赴省試 …… 姜日章 1301
八月初九夜雨懷達可鍾鑒兩弟達旦不寐 …… 姜日章 1301
題耕織畫册二十首 …… 姜　曾 1301
將去甘泉賦辭 …… 姜朝勳 1303
增别同官 …… 姜朝勳 1303
詠謝紳士 …… 姜朝勳 1303
遺慰父老 …… 姜朝勳 1304
送姜鳳阿校士入蜀 …… 周　愛 1304
送陳君務齋歸越中 …… 姜　寶 1304
初春王方湖中丞於石犀寺招飲辱長篇枉教用韻奉謝 …… 姜　寶 1304
惜陰 …… 姜　寶 1304
同會沙苞泉宿平坡寺 …… 姜　寶 1305
濟州夜泊 …… 姜　寶 1305
途次贈吴汝山藩幕 …… 姜　寶 1305
送周鳳泉學博移王府教授還蜀 …… 姜　寶 1305
清明日舟泊彭城遇徐石潭貢生 …… 姜　寶 1305
送同節侄孫鄉試 …… 姜　寶 1305
送張雙泉之安溪令 …… 姜　寶 1306
陳華山憲副失意東歸詩以慰之 …… 姜　寶 1306
送丁少鶴 …… 姜　寶 1306
山行 …… 姜　寶 1306
草元亭 …… 姜　寶 1306
宿棧中 …… 姜　寶 1306
鶴林寺賦得院古深藏竹 …… 姜　篪 1306
古風懷姜仲文 …… 束　桓 1307
静坐懷姜養沖督學關中 …… 束　桓 1307
同姜仲文汎湖 …… 眭　石 1307
詠史 …… 姜士昌 1307
淮陰漂母祠 …… 姜士昌 1308

再題子房山 …… 姜士昌 1308
五日與董思白泛曲阿後湖時競渡畢集 …… 姜士昌 1308
秋仲與董思白太史登北固山觀很石 …… 姜士昌 1308
送諸延之顧季時以言事罷南歸 …… 姜士昌 1308
金山寺 …… 姜士昌 1309
與鄧孺孝周叔夜眭金卿王伯彁謁延陵季子祠 …… 姜士昌 1309
招隱寺 …… 姜士昌 1309
秣日偕道甫訪余司農城西寺 …… 姜士昌 1309
謁李忠定公祠 …… 姜士昌 1310
泛湖懷眭金卿王伯彁 …… 姜士昌 1310
再訪鄧孺孝湖中別業 …… 姜士昌 1310
與鄧孺孝諸君將登茅山阻雨宿田家 …… 姜士昌 1310
宿遷道中觀貧家鬻女 …… 姜士昌 1310
先宗伯俎豆洛中荷文天瑞暨洛中諸君子欷詞設奠無從祗謝祠下感而有寄 …… 姜士昌 1310
重有感 …… 姜士昌 1311
題彭城子房山 …… 姜士昌 1311
送顧叔時謫判桂楊 …… 姜士昌 1311
謁陳少陽公祠壁有葉侍御奠文 …… 姜士昌 1311
送博士先生嚴公之日照令 …… 姜士昌 1311
與鄧孺孝登湖亭河之陽有陳少陽祠 …… 姜士昌 1311
與眭金卿游金陵華嚴寺 …… 姜士昌 1312
彭城九里山 …… 姜士昌 1312
夔門舟中度歲 …… 姜士昌 1312
春杪棹舟菩提菴訪友 …… 姜士昌 1312
觀音山望湖亭重修落成和王東里明府韻 …… 姜士昌 1312
贈姜同節先生 …… 鍾鳴陛 1312
賀邑侯王慕吉考最兼膺薦 …… 姜志禮 1313
府江道中有感 …… 姜志禮 1313
滇陽登明遠樓示中式諸生 …… 姜志禮 1313
送夏鶴田給諫使琉球 …… 姜志禮 1313
閒詠 …… 姜志禮 1313
春日泛湖 …… 姜志魯 1313
怡雲先生留酌別後口占一首呈謝節乞賜和 …… 楊兆蓉 1314
讀怡雲先生姜氏譜系弁言再賦一首 …… 楊兆蓉 1314
和楊鏡芙君贈詩謝留酌原韻 …… 姜循理 1314
竹軒詩稿 …… 姜循理 1314

施氏宗譜 …… 1317
丁酉初夏武陵敬思堂輯譜事竣作長句留別諸翁俾附卷尾亦異時鴻爪雪泥

之一證也 …… 施廣譽 1317
營源説 …… 施兆麟 1317

查氏宗譜 …… 1319
送虔甫弟之任合肥序 …… 查秉彝 1319
示隆子之官寧國序 …… 查秉彝 1320
祖塋祭田記 …… 查志隆 1321
義田記事 …… 查志隆 1321

柳氏宗譜 …… 1322
寄趙知微廉使 …… 柳　敬 1322
進脩齋爲郝御史公賦 …… 柳　敬 1322
贈元善賈公之嵩陽 …… 柳　敬 1322
哭子綸 …… 柳　敬 1322
别友人 …… 柳　敬 1323
題愛日軒 …… 柳　敬 1323
壽司訓趙橘里 …… 柳　敬 1323
壽繭叟胡伯仁 …… 柳　敬 1323
憶信臣趙先生 …… 柳　敬 1323
題長淮牧監宋公孝思堂卷 …… 柳　敬 1323
過松亭關奉上主帥 …… 柳　敬 1324
冬日永平早行 …… 柳　敬 1324
峯口遇雪有懷 …… 柳　敬 1324
松亭偶成疊前韻二首 …… 柳　敬 1324
題王僉憲孝思齋 …… 柳　敬 1324
送通判張洪得 …… 柳　敬 1324
送上琬王先生 …… 柳　敬 1325
出京曉望 …… 柳　敬 1325
遠行述懷 …… 柳　敬 1325
鳳山樵隱自題 …… 柳　敬 1325
題吴江垂虹橋 …… 柳　敬 1327
河南府梅花堂 …… 柳　敬 1327
戒酒歌 …… 柳　敬 1328
上大中丞吴公訥 …… 柳　緒 1328
丙辰中秋踵僉憲顧公韻 …… 柳　緒 1328
寄戴彦廣契友 …… 柳　緒 1328
題望雲思親卷 …… 柳　敬 1328
題泰興縣僧舍四時山水小景 …… 柳　緒 1329
南崖鐵松圖并序 …… 柳　湘 1329

試事南臺吏部考選儒術吏事擢第一……柳　溱 1329
贈竹軒董隱君……柳汝劭 1329
離憂……柳夢桂 1330
感遇之六并敍……柳夢桂 1330
自君之出矣……柳夢桂 1330
旱渡曹娥并敍……柳夢桂 1331
避兵行……柳夢桂 1331
放歌行……柳夢桂 1331
酒銘望古齋集……柳夢桂 1331
街頭婦……柳夢桂 1331
偶成……柳夢桂 1332
友人乞畫隨筆寫成更請題咏漫以敗筆乘興塗之……柳夢桂 1332
隱山懷古五首……柳夢桂 1332
夢遊嵩山……柳夢桂 1333
晴江夜琴……柳夢桂 1333
秋暮有懷……柳夢桂 1333
對月……柳夢桂 1333
武塘夜坐……柳夢桂 1333
晚歸旅店……柳夢桂 1334
江山雪霽次二姪駿聲韻……柳夢桂 1334
對亦……柳夢桂 1334
旅夜……柳夢桂 1334
遊大隱石室賦贈胡子嵩梅……柳夢桂 1334
過大姪孫漢臣書齋夜賦……柳夢桂 1334
過二姪維使齋頭……柳夢桂 1335
荷池玩月……柳夢桂 1335
懷二姪駿聲姪孫元聲……柳夢桂 1335
無題……柳　震 1335
登三峯寺……柳　震 1335
題萬壽山房……柳　震 1335
九日苦雨夜集俊公限韻賦迴文……柳　震 1336
白雲寺二首……柳　震 1336
月夜登虞山……柳　震 1336
仲弟珩二十生日……柳　瑋 1336
咏浙江潮……柳人龍 1336
訪乾溪宗族修譜志感……柳時來 1337
自乾溪訪蓴湖宗族……柳時來 1337
武林拂塵菴寫譜別同寓吴友……柳時來 1337
北平苦寒……柳　章 1337

都門雜詩 …… 柳　章 1338
寒夜獨坐 …… 柳　章 1338
哭弟梅厓 …… 柳世綱 1338
庚辰秋觀主試入闈 …… 柳人龍 1338
廣州旅次雜興十首 …… 柳　溥 1338
題雪湖話别圖 …… 柳　章 1339

洪氏宗譜 …… 1340
小眉山館初稿序 …… 施康時 1340
小眉山館詩稿序 …… 周喬齡 1340
小眉山館再續稿序 …… 吕　迪 1341
春萼會序 …… 洪時瑗 1341
穀詒社序 …… 洪輔昀 1342
協編宗譜記 …… 洪輔佺 1342

胡氏宗譜 …… 1344
環映山記 …… 胡應孚 1344
記外家闔宅殉難事 …… 孫榮誥 1344
伊香保記 …… 胡　湏 1345
雪塘公約諸姪課 …… 佚　名 1345
雪塘公由錢江舟次書寄子姪 …… 佚　名 1346
安定規約敘 …… 佚　名 1346
囑付亮兒 …… 胡果培 1346
送石遠老伯榮任南州 …… 葉奕荃 1347
送胡業師之任洪州别駕 …… 顧錫純 1347
慶石遠先生榮授南昌别駕 …… 顧錫介 1347
贈石遠胡先生 …… 朱　初 1347
安定先生一門節烈歌 …… 徐開任 1348
悼石遠先生守節 …… 朱爾彰 1348
讀廣信郡伯胡石遠先生傳敬賦 …… 葛　髴 1348
題石遠胡先生暨諸貞烈死節事 …… 吴　喬 1348
敬題府丞公傳後 …… 陳學泗 1348
上饒司馬歌爲玉峰石遠先生作 …… 胡　渭 1349
讀胡石遠先生傳敬賦 …… 王喆生 1349
思重年長兄辱示家傳純忠苦節久光册府小子何人敢爲稱道顧以論世知人有懷尚友通門後學尤屬瞻仰輒成俚句竊附詠歌之末 …… 王　晦 1350
讀石遠胡先生傳敬頌 …… 鮑　暦 1350
頌文學幼淵先生 …… 陳學泗 1350
讀幼淵公傳敬賦 …… 丘翔升 1351

賀蓼邨入泮 …… 邱鍾仁 1351
又 …… 李王佳 1351
又 …… 李宗灝 1351
送蓼邨遊楚二首 …… 徐杏輔 1351
送蓼邨先生北行 …… 俞兆晟 1352
又 …… 胡世楫 1352
壬申仲夏漢陽署中逢蓼邨先生五十初度辰詩以贈之兼述鄙懷故詞多蕭瑟非敢云奉祝也 …… 李遥章 1352
和前韻 …… 張曾愈 1352
又 …… 曹　潢 1352
又 …… 張介眉 1353
又 …… 周文煊 1353
又 …… 張士駰 1353
又 …… 涂　煜 1353
又 …… 曹　治 1354
又 …… 李爲憲 1354
又 …… 潘衍祚 1354
又 …… 潘國祚 1354
漢署偶值賤誕多惠佳句亦敬次二章非敢自壽聊以述懷云爾 …… 胡溶時 1354
楚遊贈行 …… 錢　永 1355
又 …… 涂　煜 1355
又 …… 譚孫蕤 1355
又 …… 譚之炎 1355
寄祝 …… 徐杏輔 1355
燕臺送别 …… 李王佳 1356
題廬山瀑布圖 …… 朱用純 1356
題蓼邨父子匡廬望江圖 …… 徐開任 1356
又 …… 錢中諧 1356
又 …… 李　柟 1356
又 …… 姜　遴 1357
又 …… 葉　淐 1357
又 …… 奚　濤 1357
又 …… 王　晨 1357
又 …… 范必英 1357
又 …… 朱　湛 1357
又 …… 徐履忱 1358
又 …… 沈朝初 1358
又 …… 莊永言 1358
又 …… 徐　筠 1358

又 …… 金嚴慎 1358
又 …… 徐杏輔 1358
賀表被入泮 …… 徐與喬 1359
又 …… 葉奕苞 1359
又 …… 李王佳 1359
又 …… 劉 葳 1359
又 …… 李宗灝 1359
賀表被婣姻 …… 錢中諧 1359
又 …… 葛雲藹 1360
題表被撫松圖小照 …… 奚 濤 1360
又 …… 葉方蔚 1360
又 …… 何陸愷 1360
又 …… 葉 浞 1360
題表被宅相濯足萬里流圖 …… 朱用純 1360
表被年表行樂像濯足萬里流也集句奉贈 …… 何陸愷 1361
乙亥八月思重年長兄聞尊公年伯訃音奔歸漫賦奉送并正 …… 劉家珍 1361
表老年兄見訪以日暮不及會晤而返貽詩致意依韻奉答録請正之 …… 曹有爲 1361
病中承表老年長兄顧問知即有山左之行詩以送之 …… 張 翮 1361
小詩恭呈表翁年長兄先生教政 …… 劉祥生 1361
小詩奉祝思重先生 …… 張 睿 1362
己卯余客京師得晤表老胡先生今歲聚首歷下益親道範叠韻奉贈并祈正之 …… 吴 瀚 1362
春日兖州官署賦贈表老長兄生日并求和教 …… 王 晦 1362
叠前韻奉政 …… 王 晦 1362
奉祝表老先生即和樹百世兄韻 …… 吴 瀚 1362
里言恭壽思老同學長兄兼請斧正 …… 賈式金 1362
秋杪再與思兄話别賦此求正 …… 王 晦 1363
題思重先生闈卷末 …… 王 晦 1363
玉山行 …… 朱立誠 1363
思重道長兄用嘉定王樹百世兄韻留别同人次原韻奉正 …… 吴 瀚 1363
小詩二首奉送思重先生伏祈郢正 …… 朱 芾 1364
里言奉送思翁表母舅南旋 …… 徐德俶 1364
次韻奉送思老先生南旋并請誨削 …… 徐賫鼎 1364
清署即事襍詠七律四首録呈思翁世長先生教正 …… 彭 阯 1364
五律四首 …… 彭 阯 1365
拙詠八章呈大兄教正 …… 胡汝聽 1365
和彭二清署即事四首 …… 胡 欽 1366
和納言弟四首 …… 胡 欽 1366
恭祝思翁老寅臺千春 …… 吕 炯 1366
恭祝思翁老夫子 …… 楊夢俊 1366

又 …… 杜　楷 1367
真我父母歌 …… 胡汝聽 1367
秋山書院歌 …… 胡　欽 1367
題書院詩 …… 楊夢俊 1367
贈別 …… 胡好賢 1368
賀思翁老寅先生榮陞并正 …… 黎式儀 1368
恭送胡夫子來遲 …… 曹文純 1368
里句奉憶恭呈誨正 …… 曹文純 1368
賀思翁年寅先生榮誕并政 …… 傅兆槐 1368
奉贈思翁老先生 …… 韓孝基 1368
書呈思翁老先生教正 …… 李聯級 1369
小詩恭賀一亭老長兄先生弄璋之喜即求誨正 …… 李克敬 1369
里言奉賀思翁寅老先生舉子之喜並求教正 …… 洪　澤 1369
丙午重陽送別 …… 康五瑞 1369
恭步原韻奉送一亭老先生榮旋即求郢削 …… 李克敬 1369
丙午秋日玉峰老伯得假歸里率成俚句二章志別言懷録呈教削 …… 梅穀成 1370
思重弟假後以出關圖相示涉筆書此并以贈行 …… 胡允幹 1370
秋卿胡先生晉廣信府名宦祭畢爲詩六絶以弔之 …… 舒　濂 1370
步月徘徊復長歌以咏之 …… 舒　濂 1370
過廣信弔石遠胡先生 …… 吕　熊 1371
哭端水兄 …… 顧錫介 1371
哭存餘姊丈 …… 顧錫介 1371
輓存餘先生 …… 朱曾傳 1371
輓存餘、幼淵二先生 …… 顧秀升 1371
奉輓蓼村道長兄二律 …… 徐杏輔 1372
哭萬懷弟四首 …… 胡　欽 1372
丙申臘月二十三日春朝合葬先考妣於吴縣西山真珠塢祖塋之右哀記一章 …… 胡　鏘 1372
祖望世兄作古遠莫一聞旬日内甫知不勝悼歎因爲二律一以奉挽一以奉慰兼求誨正 …… 曹文純 1373
題蓼邨父子小影調寄雀聲雙 …… 傅爲楫 1373
又調寄滿庭芳 …… 李王佳 1373
題一亭出關圖調寄甘州遍 …… 徐葆光 1374
自題望雲圖小影 …… 胡　照 1374
題望雲圖小影 …… 王學浩 1374
又 …… 吴　棟 1374
又調寄百字令 …… 王學洙 1375
又 …… 吴　模 1375
又 …… 陸　珣 1375
又 …… 程芝錡 1375

韋氏宗譜 …… 1376

采茶歌 …… 韋　潮 1376
采桑曲 …… 韋　潮 1376
插秧辭 …… 韋　潮 1376
繅絲行 …… 韋　潮 1377
先嚴墓 …… 韋　潮 1377
讀書不認真嘆 …… 韋　潮 1377
燈下看書嘆 …… 韋　潮 1377
點書卷末記意 …… 韋　潮 1377
自審 …… 韋　潮 1378
重見吴蓼埜師詩草記事有感 …… 韋　潮 1378
避難玉山吟 …… 韋　潮 1378
彝三百十三允安公殉難序 …… 吴　良 1379

倪氏宗譜 …… 1380

倪氏族譜歌 …… 秦鳳梧 1380

凌氏宗譜 …… 1381

步蓮溪僊韻二首 …… 凌　庠 1381
自述四首 …… 凌　庠 1381
自題小像 …… 凌　庠 1381
蓮溪八詠 …… 凌　庠 1381
荆溪十景 …… 凌　庠 1382
漁 …… 凌隆春 1384
樵 …… 凌隆春 1384
耕 …… 凌隆春 1384
牧 …… 凌隆春 1384

唐氏宗譜 …… 1385

贊倡修族譜引 …… 唐徵玖等 1385
勸修族譜俚言 …… 唐啟緒、唐大任 1385
肇修譜牒祝文 …… 唐紹堯等 1386
任事記 …… 唐映樞 1386
重修老祠傳帖 …… 唐鼎鳳等 1387
榮華富三大支淥口聯族記 …… 唐澤承 1387
滄雲橋記 …… 唐先鏐 1388

夏氏宗譜 …… 1389

偕心圃儀卿爲譜事詣杭州偶游宗陽宫伯新公遺跡如在悵然有作 …… 夏憲曾 1389

與内舅祖楊聖翼書 …… 夏宗瀾 1389
勸學説 …… 夏敬梓 1392
與某書 …… 夏敬梓 1392
尹儒姪入都詩册序 …… 夏敬秀 1393
歲荒紀畧示二弟均三弟典 …… 夏翼朝 1393
五十自敘寄内 …… 夏宗瀾 1394
圖畫正宗歌 …… 夏一駒 1397
題琴川龎氏一姑兩婦遭焚詩 …… 夏柔嘉 1397
家書後附一律 …… 夏南學 1398
都門寄内 …… 夏南學 1398
矢志 …… 朱佩蘭 1398
和大姊時客保定擬共南歸 …… 朱佩蘭 1398
讀上海戴懷貞女史傳書後 …… 朱佩蘭 1398
題丁淑媛遺照 …… 朱佩蘭 1399
大姊北上未幾即歿詩以哭之 …… 朱佩蘭 1399
夏日有感 …… 朱佩蘭 1399

奚氏宗譜 …… 1400
郵寄弟鶴溪 …… 奚　賓 1400
丁酉自題桃園圖 …… 奚　賓 1400
題鶴溪二弟萬松嶺肖像 …… 奚　賓 1400
赴任湖南留别承勉齋三兄 …… 奚　寅 1400
自題萬松嶺獨立圖 …… 奚　寅 1401
題沈德宏先生像贊 …… 奚　寅 1401
乙酉春壽沈雄圖世講六十 …… 奚向宸 1401
秋柳 …… 奚　銓 1401
李少雲二尹招飲口占 …… 奚鳳輝 1401
軍次周口感賦 …… 奚鳳輝 1401
江行 …… 奚鳳輝 1402
答承君曜珊 …… 奚鳳輝 1402
喜聞諸軍膠河合圍寄丁觀察 …… 奚鳳輝 1402
散步 …… 奚鳳輝 1402
午日 …… 奚鳳輝 1402
任城軍次同子務話舊詢游秦淮往事 …… 奚鳳輝 1402
早春 …… 奚鳳輝 1403
夜歸 …… 奚鳳輝 1403
六月望夕對月有感 …… 奚鳳輝 1403
離家 …… 奚鳳輝 1403
答李墨卿 …… 奚鳳輝 1403

舟中寄懷子務 …… 奚鳳輝 1403
全椒道上 …… 奚鳳輝 1403
桃谷園感作 …… 奚鳳輝 1404
雨花臺弔古 …… 奚鳳輝 1404
書懷 …… 奚鳳輝 1404
登金陵鼓樓有感 …… 奚鳳輝 1404
步田君月村秋懷疊韻 …… 奚鳳輝 1404
題仇晴霞隔水樵圖 …… 奚鳳輝 1404
病起即事有感 …… 奚鳳輝 1405
步雪珊弟原韻 …… 奚鳳輝 1405
塞外 …… 奚鳳輝 1405
吉林旅居有感 …… 奚鳳輝 1405
自題小像 …… 奚鳳輝 1405
題梅花 …… 奚鳳輝 1405
吉林和龍峪寄故人承楚香蓉坡二君 …… 奚鳳輝 1405
旅居即事有感 …… 奚鳳輝 1406
過黎雅道中 …… 奚文蔚 1406
書聲 …… 奚紹聲 1406
劍飛 …… 奚紹聲 1406
金陵懷古 …… 奚紹聲 1406
詠江陰古蹟 …… 奚紹聲 1407
青龍江訪蘿月山房 …… 奚紹聲 1407
送慎之五兄赴吉林 …… 奚紹聲 1408
寄慎之五兄 …… 奚紹聲 1408
丁酉自詠 …… 奚紹翰 1408
送春詞 …… 奚紹翰 1408
祭詩 …… 奚紹翰 1409
埋硯 …… 奚紹翰 1409
供梅 …… 奚紹翰 1409
嚼梅 …… 奚紹翰 1409
問梅 …… 奚紹翰 1409
品梅 …… 奚紹翰 1409
寄梅 …… 奚紹翰 1410
憶梅 …… 奚紹翰 1410
乞巧詞 …… 奚紹翰 1410
反乞巧詞 …… 奚紹翰 1410
弔焦先生墓 …… 奚紹勛 1410
題是孝子仲明先生墓 …… 奚紹勛 1410
過海烈婦祠 …… 奚紹勛 1411

秋興 …… 奚紹勛 1411
夢與周少琴登鶴峰 …… 奚紹勛 1411
消夏詠 …… 奚紹勛 1411
白荷花 …… 奚紹勛 1411
小墨池記 …… 奚殿璋 1411
追悼荆室夏孺人 …… 佚　名 1412
侍家大人登惠麓雲起樓 …… 奚廷瀛 1412
黄花崗 …… 奚廷瀛 1412
過衡山縣城懷鶴溪公 …… 奚廷瀛 1412
清明後一日感賦時寓吴門 …… 奚廷瀛 1412
西安旅夜 …… 奚廷瀛 1412
白門秋日有感 …… 奚廷瀛 1413
偕曼雲探梅鄧尉 …… 奚廷瀛 1413
五十初度 …… 奚廷瀛 1413
游崑山作 …… 奚廷瀛 1413

孫氏宗譜 …… 1414
拜掃先塋 …… 孫世儀 1414
先慈辰日 …… 孫世儀 1414
先慈諱日 …… 孫玉樹 1414
文靖公詩鈔序 …… 錢兆鵬 1414
掃墓 …… 孫慎行 1415
掃墓作 …… 孫慎行 1415
過善權山先人讀書處 …… 孫慎辭 1416
影堂瞻先儀 …… 孫慎辭 1416
與弟師儉書 …… 孫異撰 1416
秋杪旅次 …… 孫鍾灝 1417
仲秋夜行留宿潭雲寺 …… 孫鍾灝 1417
賀友放還詩 …… 孫鍾灝 1417
秋卧見月光在牕復起簷下坐因懷聶二北驥聶四淇兼傷聶三政新去世 …… 孫鍾灝 1417
秋晚飲惠山亭 …… 孫鍾灝 1417
新篁 …… 孫鍾灝 1417
春夜山參六言 …… 孫鍾灝 1418
杭州寄家中諸兄弟論修譜書 …… 孫鼎烈 1418
宗祠記書後 …… 孫鼎烈 1419
墓祭瑣言序 …… 孫鼎烈 1420
翁州十詠 …… 孫弘均 1420
近舍竹枝詞十首 …… 孫　蔚 1421
被纓集 …… 孫桀著、李逢春評 1422

梁埕鄉勦匪記 …… 佚 名 1429
王將軍鐵鎚歌 …… 孫 檠 1434
月夜 …… 孫 檠 1434
鬻兒行 …… 孫 檠 1434
題伯父東海公小像 …… 孫一致 1434
孫東海先生索和老梅詩 …… 劉沁區 1435
弔孫德求 …… 宋 曹 1435
壬子水災（外十一首） …… 孫一致 1435
題平成公生平一局全圖 …… 楊 琰 1436
出都圖 …… 羅澤坤 1437
課農圖 …… 楊 琰 1437
榮陞圖 …… 桂文明 1437
德政歌 …… 張尚晉 1437
賀封誥 …… 李文郁 1437
歸農圖 …… 王 基 1437
又 …… 王 基 1438
又 …… 王 基 1438
又 …… 孫苞薌 1438
又 …… 張祖東 1438
閑居圖 …… 張廷禄 1438
漁隱圖 …… 陳肇熊 1438
題一局圖 …… 張樹霖 1439
又 …… 金意誠 1439
又 …… 周繹山 1439
詠炭 …… 孫苞薌 1439
感時 …… 孫和衷 1439
庚戌冬月奉浙撫增委令密查三衢吏治初一日出候潮門乘輪由錢塘江起行 …… 孫大鵬 1440
初二日由桐廬改登公司船赴嚴州過七里隴見嚴子陵釣臺有感 …… 孫大鵬 1440
晚宿蘭谿距金華五十里 …… 孫大鵬 1440
初四由蘭谿換民船赴衢州水淺灘多船愈難行 …… 孫大鵬 1440
水碓 …… 孫大鵬 1440
初十日晚泊招賢聞隔岸魯土有學堂扶病步行二里許始至其地 …… 孫大鵬 1441
十一日寓常山城隍廟見棲鴉飛雁有感 …… 孫大鵬 1441
常山董事徐建熊談及地方自治籌款爲難問外國辦事費用何出余以雜種税特別税所得税各項名目告之徐問租税如許之多何以人民不怨余曰此由實業發達也德國福爾鏗造船廠執事者萬人克虜伯炮廠六萬人柏林電機廠三萬餘人每人每日工資數元數角不等即(柚)〔抽〕取所得税一項已足供地方辦事之用況更有其他之各税乎吾聞德國籬斯烏衣孖路地方人口二十九萬每年税捐八千萬呼路洋唔自立市面積約三十里歲入三十三萬二千餘馬克吕伯雷僅十六七里即警捐亦有

十六萬此非民人富足曷由得此我國四百兆民無業可營勞力者爲人傭工自餬其口而不足尚能抽税以辦地方之自治乎鄙人入常山境訪問物産茶葉柏子桐子蓮子甘蔗高(梁)〔粱〕玉黍之類所在皆有惟竹木獨産於芳村餘山盡皆荒廢豈土性不宜種木歟抑人力未能墾闢歟昔英佛舜之地不毛後考察土質宜種蘿蔔遂成富區撒里司平原地極枯薄經化學家試驗以鳥糞培堊百穀暢茂可知地無肥瘠惟在人工轉移耳考常山地域古屬揚州禹貢載稱厥草惟繇厥木惟喬而所貢者亦有木與筱簜君如集資倡辦森林吾料常山二十年後必無曠土豈獨芳村一隅稱富哉因口占二絶贈之 …… 孫大鵬 1441
十六日去常山至華埠董事李魯卿邀余游華嚴寺其寺有八景題詠甚多李君抄録成帙請余留題余遂草率塞責 …… 孫大鵬 1442
余至一處索書者不暇給所餘紙幅悉擱置寓所臨行題(璧)〔壁〕而去 …… 孫大鵬 1443
二十八日抵開化該縣西依卧佛山爲城無西門山有廟宇供卧佛像故名 …… 孫大鵬 1443
開化遭粤匪至今北門猶瓦礫成堆因感而賦此 …… 孫大鵬 1443
月波亭懷古 …… 孫大鵬 1443
開化縣吴令常山縣王令皆因賠累求辭職浙江州縣缺大半如是若不早定公費恐宦途無敢問津矣 …… 孫大鵬 1443
由開化復回常山周君岱宗招飲 …… 孫大鵬 1443
聞文山巖爲朱子講學處書案猶在余紆道訪之至其處乃荒山也 …… 孫大鵬 1444
木棉嶺高數十丈輿夫攀躋而上喘息汗流余心憫之下輿步行五里許路始平坦 …… 孫大鵬 1444
十二月初六日抵江山縣寓居舊學署現已改爲學校顔曰江山小學堂毛紳西峰請余作楹聯余援筆書云人傑地靈江山毓秀邦幹家棟庠序初基衆皆嘆服以爲切合留飲數日敘述江山歷史及近時狀況且云恐有後患勉成四十韻 …… 孫大鵬 1444
十二日束裝赴湯溪勸學所長毛君西峯教育會長毛君成仁高等學校校長楊君效蘇設席爲余餞行酒終賦别 …… 孫大鵬 1445
十四日由江山起行沿鹿溪過雙塔嶺晚泊大溪灘宿竟夜水聲潺潺不能寐 …… 孫大鵬 1445
衢江夾岸多山不知其名 …… 孫大鵬 1445
偶感 …… 孫大鵬 1445
各縣所辦新政無不腐敗藉此名目收括民捐良堪痛恨 …… 孫大鵬 1445
二十六日回省行經舊路有感 …… 孫大鵬 1445
庚戌花朝同學沈芷珊大令三十弧辰戲贈七絶二首 …… 孫大鵬 1446
題浙江法政學堂監督業師許鄧起樞夫子鐵製花屏四幅 …… 孫大鵬 1446
重陽後二日法政學堂補考適值陰雨連綿十數日始考畢 …… 孫大鵬 1446
題通州孫式之茂才仗劍遠行圖 …… 孫大鵬 1446
仝上 …… 孫大鵬 1447
贈别沈縣長升伯去任 …… 孫大鵬 1447
學堂教習 …… 孫大鵬 1447
孺人守節教子讀書修脯不足典簪珥以給之 …… 孫大鵬 1447
速記學堂畢業生送教習孫君回里臨行賦詩贈别 …… 孫大鵬 1447

紀常州過慕劬先生孝行事略 …… 孫大鵬 1448
哭曹營長鑑堂被匪鎗害 …… 孫大鵬 1448
和金鞠逸同年六十述懷原韻 …… 孫大鵬 1448
君任曹嶧兩縣時年未五旬鼎革歸田不仕
令兄蓮溪先生與余交最厚先生主任孔教會會長獨出資數千緡修造殿宇甫告成而先生已棄世讀君詩至目斷天空折雁行之句感念舊交潸然泣下 …… 孫大鵬 1449
賀金君蓮溪同年重游泮水 …… 孫大鵬 1449
和金鞠逸同年逸園宴鞠分韻得自字 …… 孫大鵬 1449
和逸園四詠 …… 孫大鵬 1450
定静院醒鐘銘 …… 孫大鵬 1450
千金亭懷古賦 …… 孫大鵬 1450
賦得燕子歸來社雨寒 …… 孫大鵬 1451

徐氏宗譜 …… 1452
題族譜詩 …… 潘　臨 1452
頌徐氏家乘詩 …… 吴　鯨 1452
拜祖父墓詩 …… 徐　圓 1452
苦雨文 …… 徐元獻 1452
捕鼠説 …… 徐　洽 1453
厲志寡過約説 …… 徐晉錫 1453
跋朱西洲詩畫後 …… 徐　鷁 1455
遊寧海寺 …… 徐　鷁 1455
述懷 …… 徐從治 1455
入萊州城被圍作 …… 徐從治 1455
寒食郊行 …… 徐同貞 1456
春日讀書山中 …… 徐贊宸 1456
贈從兄梅臣七十長歌 …… 徐豫貞 1456
秋日晏集族姪山莊 …… 徐豫貞 1456
題從姪韓奕深柳讀書堂小影 …… 徐豫貞 1457
辛酉元日書懷示澹園姪 …… 徐豫貞 1457
始訪得第三世祖墓於石屋山之麓感賦 …… 徐豫貞 1457
過族叔恥齋公墓作 …… 徐豫貞 1457
今歲秋闈吾家羣從應試三十餘人無一雋者書此示之 …… 徐豫貞 1457
大步山晚眺 …… 徐豫貞 1458
遣懷 …… 徐豫貞 1458
甲子冬至日作 …… 徐豫貞 1458
送家兄之任岳陽 …… 徐豫貞 1458
題從姪婦虞安人玉映樓詞稿後 …… 徐豫貞 1458
立秋日集拙宜園 …… 徐拔慧 1458

九日同彭羨門舅氏登秦駐山……徐兆扈 1459
柬寄滄浮家叔……徐景穆 1459
讀先司馬公傳感賦……徐景穆 1459
懷仲兄梅一五弟子扶同客都門……徐景穆 1459
題外父少宰公百花詩卷後……徐景穆 1459
題東明上人孝節彙編……徐賡元 1459
遊徑山……徐之麒 1460
與友人共卧……徐之麒 1460
拙宜園唱和贈楊晚研妹丈……徐之麒 1460
雜興……徐　泓 1460
憩雲菴即事……徐盛全 1460
河南道中……徐盛全 1461
呈滄浮從叔祖……徐大曾 1461
晴窗見新燕有感……徐始亨 1461
贈友人山居雜興……徐始亨 1461
田家雜詠……徐始亨 1461
與任羽高姪婿小飲……徐辰角 1462
寄示從姪黄在書年洪舒弟兄兼詢庶常晉叔京邸……徐辰角 1462
將有婺川之行示崗嵩兩兒……徐辰角 1462
澧署寄家兄……徐和亨 1462
哭黄在姪……徐　濬 1462
關山見梅花有感……徐南珍 1463
牡丹花下小飲次韻……徐南珍 1463
貞女詩……徐南珍 1463
淮陽送張昆冶還鄉……徐南珍 1463
答李緣聞元韻……徐南珍 1463
答胡天岫元韻……徐南珍 1464
秋夜書懷……徐南珍 1464
九日……徐南珍 1464
自六合過來安至滁州欲訪歐亭梅不果……徐南珍 1464
冷泉亭……徐南珍 1464
西湖雜詠……徐南珍 1464
偶占……徐南珍 1465
吴山眺望……徐嘉勳 1465
八十述懷……徐嘉勳 1465
秋懷同慕閑賦……徐觀文 1465
初夏閒居……徐觀文 1465
秋夜……徐雙珂 1465
秋夜述懷……徐人麟 1466

昨冬偕舍弟書年抵都與葉舍人超宗同寓宣武門外今秋予移巷北與錢香樹作鄰越半載舍人亦來寓有詩見貽因同香樹次韻答之 …… 徐焕然 1466
春日從家大人郊遊至海上次沈繩遠韻 …… 徐焕然 1466
哭黄在兄 …… 徐焕然 1466
汪謹堂同年招飲次王艮齋韻 …… 徐焕然 1466
除夕守歲京邸次趙學齋同年韻 …… 徐貼蕃 1467
古意 …… 徐龍媒 1467
感懷 …… 徐顧學 1467
書懷次澹庵伯韻 …… 徐顧學 1467
晚眺 …… 徐顧學 1467
哭亡女 …… 徐顧學 1467
觀潮 …… 徐思誠 1468
咏懷 …… 徐震修 1468
四月十六日謁先忠烈祠 …… 徐震修 1468
感興 …… 徐亨臨 1468
遣懷 …… 徐亨臨 1468
述懷和熊明府韻 …… 徐亨臨 1469
辛卯棘闈報罷感賦 …… 徐亨臨 1469
拙宜園雅集 …… 徐　藻 1469
讀書偶題次揆如兄韻 …… 徐　蘭 1469
除夕書懷次暉吉韻 …… 徐　蘭 1469
元旦疊前韻 …… 徐　蘭 1469
人日前三日遣懷次暉吉韻 …… 徐　蘭 1470
孺子亭口占 …… 徐　蘭 1470
憶大女文媖 …… 徐　蘭 1470
憶次女宜媖 …… 徐　蘭 1470
郊墅雜賦 …… 徐復培 1470
春日寄懷南村叔 …… 徐紹鎬 1471
庚寅元旦作 …… 徐紹鎬 1471
步伯父後峰自嘲之作 …… 徐　泰 1471
從嫂黄孺人閫範詩 …… 徐養惠 1471
丙辰十月既望哭果亭叔父 …… 徐作霖 1471
咸陽觀稼樓 …… 徐葆甫 1472
四十述懷 …… 徐槐廷 1472
書鶴山署聯云頭上有青天無虐無戕事事防鬼神糾察眼前皆赤子以養以教心心切父母恩勤余非敢云然聊以自警云爾 …… 徐槐廷 1473
隨葉宫保至韶關獲犯甚多日事研訊每憶求生不得之句爲之惻然 …… 徐槐廷 1473
余因韶關從戎敘功擢用同知得旨俞允感賦 …… 徐槐廷 1473
壬子辛酉兩科余已充考官矣今壬戌科又奉調入簾敢云老眼無花自與諸生結文字

緣也 …… 徐槐廷 1473
歸田 …… 徐槐廷 1473
登秦駐山望海歌 …… 徐人傑 1473
書懷 …… 徐人傑 1474
書李忠定公奏議後 …… 徐人傑 1474
春柳 …… 徐人傑 1474
落花 …… 徐人傑 1474
同人北郭探梅 …… 徐人傑 1474
雪彌陀 …… 徐人治 1475
白桃花 …… 徐人治 1475
登横山 …… 徐人治 1475
題自畫山水 …… 徐人治 1475
秋日述懷和沖甫姪韻 …… 徐元章 1475
答人問小桃源室 …… 徐元章 1475
野老歌 …… 徐元章 1476
梅園夜讀 …… 徐元章 1476
鸕湖新月 …… 徐元章 1476
甲申十一月三十日西陵差旋易州道中曉行 …… 徐用儀 1476
十七日自竇店早發晚宿淶水中途遇雪 …… 徐用儀 1476
廿三日謁陵閲工 …… 徐用儀 1476
戊子仲夏題恭親王歌唐集句圖 …… 徐用儀 1477
己亥五月擢授總憲六月兼攝太宰再題同心蘭三絶 …… 徐用儀 1477
十一月廿五日擢授兵尚紀恩恭賦 …… 徐用儀 1477
庚子年聖上三旬萬壽凡文武一品大臣年逾七旬皆得恩賞臣蒙賜蟒袍一件福字
一方紀恩恭賦 …… 徐用儀 1477
屢至秦駐山訪十二世伯祖滄浮公墓未得 …… 徐用福 1478
癸巳九月初旬竹隱盧蕙蘭忽開一蒂三花詩以誌異 …… 徐用福 1478
庚子春夏間山東直隸團民延義和之名並雜白蓮教仇殺教民王公貴近欲借以驅除
西教各國起兵攻陷天津進逼京師書志憂憤 …… 徐用福 1478
爲先兄宫保公營葬得地 …… 徐用福 1479
邵灣訪邱將軍上儀墓不得感賦 …… 徐用福 1479
哭印鈺妹三十二韻 …… 徐用福 1479
送印鈺妹靈櫬歸葬武林大青嶺楊梅庵旁 …… 徐用福 1479
八十自述 …… 徐用福 1479
題春明聯雨圖即以録别 …… 徐用康 1480
送同譜弟某别 …… 徐用康 1480
題孫霞峯茂才清二十至五十小影畫册五頁 …… 徐師謙 1481
偶成 …… 徐師謙 1481
黑水洋觀日出歌 …… 徐　森 1481

放歌行 …… 徐　森 1482
七十述懷 …… 徐清履 1482
四十述懷 …… 徐之槐 1482
夏日病起 …… 彭孫瑩 1483
送陳姊之錦縣時值上巳 …… 彭孫瑩 1483
送婉如大姪媛北上 …… 彭孫瑩 1483
避亂村居 …… 彭孫瑩 1483
丙午除夕 …… 彭孫瑩 1483
蘇堤弔古 …… 彭孫瑩 1483
春雨　點絳脣 …… 虞兆淑 1484
西湖送别小妹　採桑子 …… 虞兆淑 1484
庭前玉蘭爲風雨摧損　浪淘沙 …… 虞兆淑 1484
閨怨　南鄉子 …… 虞兆淑 1484
閨情和韻　燭影摇紅 …… 虞兆淑 1484
新柳 …… 徐妙清 1484
缸蓮 …… 徐宜芬 1485
種萱 …… 徐人雅 1485
秋窗吟 …… 徐人雅 1485
遣懷 …… 徐人雅 1485
憶夫子 …… 徐人雅 1485
詠祠堂詩二首 …… 徐基樹 1485
四樂吟 …… 徐志篤 1486
中元祀先感懷十首 …… 徐志篤 1486
曙湖詩草 …… 徐隆炳 1488

畢氏宗譜 …… 1491
企先樓記 …… 畢　郁 1491

袁氏宗譜 …… 1492
惠山用施愚山登惠山頂韵 …… 袁廷吉 1492
雨後野眺 …… 袁廷吉 1492
芳洲畫舫曲 …… 袁廷吉 1492
温泉用東坡白水山韻 …… 袁廷吉 1492
題陳園湖石 …… 袁廷吉 1493
菓湖舟次 …… 袁廷吉 1493
詠菊 …… 袁廷吉 1493
對酒 …… 袁廷吉 1493
舟中望金山 …… 袁廷吉 1493
暮春即景 …… 袁廷吉 1494

讀漢史雜詠 …… 袁廷吉 1494
送查大如江南歸 …… 袁績慶 1494
舟行雜詠四首 …… 袁績慶 1494
登柏山用昌黎山石韻 …… 袁績慶 1495
韓莊道中 …… 袁績慶 1495
秋海棠 …… 袁績慶 1495
雪意 …… 袁績慶 1495
到芮城署 …… 袁績慶 1495
感作 …… 袁績慶 1496
感遇 …… 袁績慶 1496
月夜有憶 …… 袁績慶 1496
意園漫興 …… 袁績慶 1497
登挹翠亭 …… 袁績慶 1497
留别邑中諸君子即用董君乃畬所贈原韻 …… 袁績慶 1497
近於九仙殿購菊數種詩以誌喜 …… 袁績慶 1497
由甌乘輪旋里誌感 …… 袁績慶 1497
抵里無屋可居暫僦孫氏故宅即呈潮生長兄 …… 袁績慶 1498
栗樹山墓田訟案碑記 …… 佚　名 1498
蛟水紀災 …… 徐榮椿 1498
章奥上記 …… 徐宗泗 1499
章奥中記 …… 徐宗泗 1499
章奥下記 …… 徐宗泗 1500
重建剡奥墳菴記 …… 徐宗江 1500
方伯文海公塋記 …… 徐宏勳 1501
竹江紀難 …… 徐蕙芳 1502
重訂壽溪集跋 …… 徐鼎勳 1503
東湖掃墓記 …… 徐鼎勳 1503
奥匪紀難 …… 徐福昌 1503

貢氏宗譜 …… 1505
謁宣城祠墓記略 …… 貢　震 1505
與貢大令文闇書 …… 項　樟 1507
復貢大令文闇書 …… 項　樟 1507
與文闇老學丈先生書 …… 冒春榮 1508
再與文闇閣老先生書 …… 冒春榮 1508

連氏宗譜 …… 1510
庚申被難記 …… 佚　名 1510

郭氏宗譜 …… 1513
香山古塋公案 …… 郭文江 1513
嚴墓辯 …… 郭文江 1513

陳氏宗譜 …… 1515
簡大寧令胡朗菴 …… 陳廷幹 1515
葺屋答仲修侄韻 …… 陳廷幹 1515
客中感懷 …… 陳廷幹 1515
山居吟 …… 陳廷幹 1515
山居吟 …… 陳廷幹 1515
游山偶成 …… 陳廷幹 1516
送春 …… 陳廷幹 1516
山夜獨坐 …… 陳廷幹 1516
除夕與吴澹懷賦 …… 陳廷幹 1516
花月吟步定山韻 …… 陳廷幹 1516
送友人徐玉符 …… 陳廷幹 1516
祝沈斯昭 …… 陳廷幹 1516
梅 …… 陳廷幹 1517
山宿夜起觀釣 …… 陳廷幹 1517
富口塘晚泊 …… 陳廷幹 1517
九日 …… 陳廷幹 1517
白門閑眺 …… 陳廷幹 1517
詠蟬和張五玉韻 …… 陳廷幹 1517
題刺蘪園卧松 …… 陳廷幹 1517
寄劉東郊 …… 陳廷幹 1518
歸途口號 …… 陳廷幹 1518
南臺阻雨 …… 陳廷幹 1518
南臺曉發 …… 陳廷幹 1518
題鞠翰青小照 …… 陳廷幹 1518
春雪寄山家 …… 陳廷幹 1518
暮春日口占 …… 陳廷幹 1518
懷友 …… 陳廷幹 1519
見雪 …… 陳廷幹 1519
山園獨坐 …… 陳廷幹 1519
過湯嶺訪友 …… 陳廷幹 1519
過龍門嶺 …… 陳廷幹 1519
同蘇友燕白門閑眺分賦 …… 陳廷幹 1519
秦淮散步 …… 陳廷幹 1520
訪隱者 …… 陳廷幹 1520

曉行……陳廷幹 1520
初度日宿康莊……陳廷幹 1520
岳墓……陳廷幹 1520
過金陵……陳廷幹 1520
舟過靈巖……陳廷幹 1521
山莊詠梅……陳廷幹 1521
晚眺有懷觀察李孝水……陳廷幹 1521
淮陰侯……陳廷幹 1521
閻御史冕侯遠歸話舊誌喜……陳廷幹 1521
燕市雪中買醉……陳廷幹 1521
村居述懷示子……陳廷幹 1522
寄帝予侄……陳廷幹 1522
懷寧聖貽……陳廷幹 1522
元日……陳廷幹 1522
抵家……陳廷幹 1523
冬夜與妻兒酌……陳廷幹 1523
草堂春暮……陳廷幹 1523
山夜起視……陳廷幹 1523
謝孝廉董石虹……陳廷幹 1523
劉東郊見過……陳廷幹 1523
春日經隱者居……陳廷幹 1524
登金陵城樓……陳廷幹 1524
客石梁贈潘稼堂太史……陳廷幹 1524
還山誌喜……陳廷幹 1524
西湖春游……陳廷幹 1524
客山寺寄迮醒夫……陳廷幹 1524
訪明府夏蕙知不值……陳廷幹 1525
秋日優貢李墨痴見訪適鄉魁李宇山亦至墨痴作畫宇山賦詩暢飲抵暮拈韻以記……陳廷幹 1525
懷鞠翰青……陳廷幹 1525
草堂秋夜……陳廷幹 1525
草堂春曉……陳廷幹 1525
山居答翰林楊鹿友書問……陳廷幹 1525
藍湖訪觀察李孝水……陳廷幹 1526
山居九日……陳廷幹 1526
雪霽偕季耘滄酌盧燦賓齋頭分賦……陳廷幹 1526
旅邸言懷寄六峰同社諸子……陳廷幹 1526
客中答方伯李定山書問……陳廷幹 1526
贈張式文世兄……陳廷幹 1526

客都門寄旅棠朱夫子 …… 陳廷幹 1527
答劉東郊晤後即別原韻 …… 陳廷幹 1527
客夜與廣文羅山甫對酌 …… 陳廷幹 1527
同侍郎沈若愚南旋高唐州道中分賦 …… 陳廷幹 1527
金陵道中 …… 陳廷幹 1527
寄翰林楊鹿友 …… 陳廷幹 1527
都門元日 …… 陳廷幹 1528
舟次寄孝廉湯駿公 …… 陳廷幹 1528
山居自述 …… 陳廷幹 1528
晤鎮源上人 …… 陳廷幹 1528
客中簡朱岳青夫子 …… 陳廷幹 1528
過吉水 …… 陳廷幹 1528
贛州府 …… 陳廷幹 1529
七旬家讌示二子 …… 陳廷幹 1529
九日與方子步逵項子仲和登雲中觀海亭 …… 陳廷幹 1529
十上長安 …… 陳廷幹 1529
述懷次李南暉韻 …… 陳廷幹 1529
山居三首 …… 陳廷幹 1529
山居偶成 …… 陳廷幹 1530
潄六齋雅集王公錫胡爾琪曹千之分賦 …… 陳廷幹 1530
抵家 …… 陳廷幹 1530
還家閑步偶成 …… 陳廷幹 1530
述懷 …… 陳廷幹 1530
送太守史公垂南旋 …… 陳廷幹 1530
生日 …… 陳廷幹 1531
壽仲修侄六旬 …… 陳廷幹 1531
春生草木稠 …… 陳廷幹 1531
貧居示子 …… 陳廷幹 1531
初春山莊述懷寄同社諸子 …… 陳廷幹 1531
齊東張氏妯娌雙節嗣君各一長鶴籙官知州次鳳籙官别駕既建坊旌表復徵詩
誌美因爲之贈 …… 陳廷幹 1531
夢省親 …… 陳廷幹 1532
輓劉東郊 …… 陳廷幹 1532
答翰林張敏公話舊原韻 …… 陳廷幹 1532
七旬初度讌客 …… 陳廷幹 1532
都門除夕 …… 陳廷幹 1532
春日客中送同鄉歸里 …… 陳廷幹 1532
還山後有作 …… 陳廷幹 1533
寄弟 …… 陳廷幹 1533

秋江夜月吟 …… 陳廷幹 1533
山居感懷二首 …… 陳光憲 1533
宿黄山陳光憲宅 …… 湯燕生 1533
重陽節寄廣文李玉田 …… 陳國衡 1533
送蕭大徙官六安 …… 陳國衡 1534
十一月初十翠微禪院清集 …… 陳國衡 1534
游青牛溪 …… 陳廷勑 1534
碧溪草堂畫竹 …… 陳廷勑 1534
黄山 …… 陳瑞芳 1534
蘭竹石 …… 陳瑞芳 1534
偕諸同人游翠微禪院漫成四絶 …… 陳文鋭 1534
送崔雪堂官中州 …… 陳盛美 1535
新秋 …… 陳盛美 1535
七月十二日寫風竹寄李田九兼誌别 …… 陳盛美 1535
赴部銓發廣文次公叔暨同堂叔侄兄弟共十三人餞行贈詩 …… 陳盛美 1535
諸友送行詩多不能徧和聊賦二絶 …… 陳盛美 1535
次韻曹心香孝廉贈行 …… 陳盛美 1536
開船 …… 陳盛美 1536
阻風羊巷夢别 …… 陳盛美 1536
夜泊山塘聞歌 …… 陳盛美 1536
自京赴官閩省請假歸 …… 陳盛美 1536
信去後又感 …… 陳盛美 1536
望見黄山慚感而作 …… 陳盛美 1537
到家 …… 陳盛美 1537
留别諸同好 …… 陳盛美 1537
度仙霞關 …… 陳盛美 1537
客中感懷 …… 陳盛美 1537
十一月因公赴閩清舟行月夜感賦 …… 陳盛美 1537
由閩清回至南台又從永福往還 …… 陳盛美 1538
寒食 …… 陳盛美 1538
午節集友人寓齋 …… 陳盛美 1538
自榕城赴任漳潮重洋邊境留别諸寅好 …… 陳盛美 1538
漳潮署中除夕 …… 陳盛美 1538
春夜遣懷 …… 陳盛美 1538
贈蕭明府 …… 陳盛美 1539
寄西郝參軍 …… 陳盛美 1539
酬同宗見贈 …… 陳盛美 1539
九月朔接到游戎明府二君和中秋詩復寄三絶 …… 陳盛美 1539
與黔陽家明府夜話 …… 陳盛美 1539

得熊記室書賦答 …… 陳盛美 1539
上元夜同諸公宴司馬衙齋 …… 陳盛美 1540
頻日同諸公宴集司馬衙齋觀劇 …… 陳盛美 1540
十二月八日酬薛書記 …… 陳盛美 1540
王書記以手録伯氏明府詩見示因題其後 …… 陳盛美 1540
喜雨 …… 陳盛美 1540
五月六日明府公招同諸君子集衙齋觀劇 …… 陳盛美 1540
五月出郭勤農 …… 陳盛美 1541
錦湖家明府見過賦此留飲 …… 陳盛美 1541
爲袁明府畫蘭竹并題 …… 陳盛美 1541
將卸永定尉篆留别紳士暨同宗諸名士 …… 陳盛美 1541
别諸同寅 …… 陳盛美 1541
和諸紳士贈别四首 …… 陳盛美 1541
永邑士民爲余安設長生禄座余自愧薄德寡能奚克當此賦謝 …… 陳盛美 1542
清明日瑞金縣放艘泊謝坊 …… 陳盛美 1542
二月十五永定起程三月十五始至吴城 …… 陳盛美 1542
過馬當山 …… 陳盛美 1542
還山與老弟深甫共話誌喜 …… 陳盛美 1542
六袠家讌漫成長句二首 …… 陳盛美 1542
五旬初度感懷 …… 陳正洪 1543
冬夜書懷 …… 陳正洪 1543
暮春苦雨 …… 陳正洪 1543
清水河夜泊 …… 陳正洪 1543
除夕 …… 陳一諒 1543
春日即事 …… 陳一諒 1543
六十初度 …… 陳一諒 1544
客夜閑吟 …… 陳仁諒 1544
山居偶成 …… 陳仁鑑 1544
寓齋對春 …… 陳仁鑑 1544
游翠微禪院有感先師心空和尚賦此紀游 …… 陳仁鑑 1544
園菊爲鄰家驢所敗恠而嘆之 …… 陳仁鑑 1544
雨後山中閑步 …… 陳本望 1545
秋日閑吟 …… 陳本望 1545
秋日客窗書懷 …… 陳本望 1545
重建宗祠記 …… 陳尹清 1545
國山重修譜詩 …… 陳　善 1546
國山譜成詩 …… 朱　密 1546
葉溪續修譜詩 …… 沈廷貴 1546
葉塘莊谿重修族譜成詩 …… 徐應瓏 1546

公置祭田喜而成詩 …… 陳明紅 1547
前題 …… 陳明緋 1547
前題 …… 陳明良 1547
前題 …… 陳明宗 1547
前題 …… 陳道衮 1547
前題 …… 陳道亮 1547
禁舞問題宣言 …… 陳俊真 1548
言善録 …… 陳鼎銘 1549
觀譜有感 …… 陳叔剛 1551
又 …… 陳師禹 1551
又 …… [題]遁　庵 1551
又 …… [題]遁　庵 1551
又 …… [題]敬　齋 1551
贈敬齊侄重修宗譜 …… 陳循五 1551
贈陳子墨花續修宗譜篤志可嘉 …… 謝梓林 1552
又 …… 謝梓林 1552
恭詠潁川老譜 …… 陳宏瑞 1552
恭詠鸝山新譜 …… 陳宏瑞 1552

陶氏宗譜 …… 1553
往後蕭訪祖系 …… 陶元鼐 1553
詠懷六首 …… 1553

陸氏宗譜 …… 1554
偶筆紀事三則 …… 陸文衡 1554
重修嘉興宣公祠記事 …… 陸德昌 1555
嘉郡宣公祠建置始末記 …… 陸洪疇 1555
重修禾郡宣公祠記事 …… 陸振之 1556
嘉郡宣公祠祭田記 …… 陸振之 1556
樵川官舍夜聞海警 …… 陸九韶 1557
擬宣公忠州道中作 …… 陸九堯 1557
登望海樓感賦 …… 陸維垣 1557
秋夜聽雨有感 …… 陸調鼎 1558
樂真堂賞桂同人小酌 …… 陸調鼎 1558
乙丑除夕 …… 陸調鼎 1558
自慨 …… 陸調鼎 1558
示諸弟侄 …… 陸克諧 1558
宗譜告成恭紀五古一章 …… 陸德昌 1558
修譜有感 …… 陸德昌 1559

蘇堤弔古 …… 陸德昌 1559
村居漫興 …… 陸　塏 1559
秋山 …… 陸　塏 1560
秋水 …… 陸　塏 1560
小立 …… 陸　塏 1560
同人偶過西林庵朗先留飲 …… 陸　塏 1560
元旦 …… 陸　塏 1560
硤川古松 …… 陸　塏 1560
早秋坐雨次楊鑑雪韻 …… 陸　塏 1561
查丈望齋見過詩以贈之 …… 陸　塏 1561
王氏敬義堂席間晤高君毅可語及成鏡山房舊事追憶成詩 …… 陸　塏 1561
早春漫興謝友人 …… 陸　塏 1561
懷菊寄楊鑑雪 …… 陸　塏 1561
復集西林庵同鑑雪作 …… 陸　塏 1561
秋日楊鑑雪徐季常邀過西林庵不果詣墨齋金氏書舍小酌 …… 陸　塏 1562
病愈感懷 …… 陸　塏 1562
送春 …… 陸　塏 1562
題查葑湖鵬湖櫂歌五首 …… 陸惟垣 1562
旅夜有感 …… 陸茂增 1562
哭翠臺侄 …… 陸茂增 1562
夏五偕朱表叔慕園陳半圭吴亞白登吴山自傷前事賦詩誌感 …… 陸茂增 1563
得半圭書讀寄朱瓠村晉泉兩君及晴巖弟作次韻奉答并示諸君 …… 陸茂增 1563
聞將揭曉作詩自贈 …… 陸茂增 1563
半圭見過兼同王坤爲昆季夜話分韻得修字 …… 陸茂增 1563
喜鑑蓉侄至别後卻寄兼呈令兄少白 …… 陸茂增 1564
放榜前二日口號 …… 陸茂增 1564
九日齋中有感 …… 陸茂增 1564
春日書懷 …… 陸壎如 1564
寄印浦叔 …… 陸鎮五 1564
與許夢椽順庵朱雨亭賞菊小飲 …… 陸鎮五 1565
秋懷 …… 陸素生 1565
大風嘆 …… 陸素生 1565
九月鑑蓉弟往衢州經虎林便道訊予甫叙别況爲榜人促行感賦 …… 陸素生 1565
即興 …… 陸素生 1565
自嘲 …… 陸素生 1566
古劍行爲查南廬作 …… 陸素生 1566
月下獨酌 …… 陸素生 1566
夜興 …… 陸素生 1567
十月晦夜哭内 …… 陸素生 1567

於斯閣書懷 …… 陸素生 1567
檢先大人集 …… 陸素生 1567
送南盧之京口 …… 陸素生 1567
坐悶寄查春園 …… 陸素生 1568
雪夜璵城道中寄張笠溪 …… 陸素生 1568
客夜感懷 …… 陸素生 1568
歸舟 …… 陸素生 1568
送查梅史之慈湖 …… 陸素生 1568
易號詩 …… 陸素生 1568
自題巒莊圖圖乃吴查客老人寫贈 …… 陸素生 1569
客夜 …… 陸素生 1569
登攬勝閣 …… 陸素生 1569
六十初度 …… 陸鉅元 1569
夏日閑居 …… 陸錦雯 1569
冬暮即事 …… 陸錦雯 1570
倪宅看菊 …… 陸錦雯 1570
六萬戍橋懷古 …… 陸錦雯 1570
禾中歸舟風雨大作 …… 陸錦雯 1570
詠菊 …… 陸錦雯 1570
滸墅關 …… 陸錦雯 1570
詠菊 …… 陸錦雯 1571
雪行 …… 陸錦雯 1571
春日雲間有約訪古阻雨不果 …… 陸錦雯 1571
家少白有花溪十景詩短章繼和 …… 陸錦雯 1571
舟行即目 …… 陸錦雯 1571
口號答友 …… 陸錦雯 1571
登沈山 …… 陸顧源 1571
夕眺同芝塘弟 …… 陸顧源 1572
途中遇雨 …… 陸洪疇 1572
送蕙津大兄之燕 …… 陸洪疇 1572
感事 …… 陸洪疇 1572
道上感懷 …… 陸洪疇 1572
崎嶇行 …… 陸洪疇 1572
四十述懷 …… 陸洪疇 1573
古風簡泐山侄 …… 陸洪疇 1573
五十述懷 …… 陸洪疇 1573
莫輕行 …… 陸洪疇 1574
自覺 …… 陸洪疇 1574
内子週甲未届帨辰兒女輩以新正團聚庭闈預爲稱觴率吟以贈 …… 陸洪疇 1574

哭大兒二首 …… 陸洪疇 1574
和宋樗里見懷元韻 …… 陸洪疇 1574
數定 …… 陸洪疇 1575
述意 …… 陸用霖 1575
與弟三十韻 …… 陸用霖 1575
池上納涼 …… 陸用霖 1575
余今年七十有九内子年八十同人於新正枉顧稱觴并貺詩文見祝賦此誌謝兼示後人 …… 陸用霖 1576
五雲山神廟 …… 陸濟舟 1576
春游 …… 陸濟舟 1576
看菊有懷許梅圃 …… 陸濟舟 1576
秋晚村居漫興 …… 陸濟舟 1576
秋夜 …… 陸濟舟 1577
中秋看月 …… 陸濟舟 1577
述懷 …… 陸濟舟 1577
冬夜同人小酌 …… 陸濟舟 1577
學詩 …… 陸志泗 1577
五十述懷 …… 陸志泗 1577
中秋寄友 …… 陸志泗 1578
七十初度 …… 陸志泗 1578
老病 …… 陸志泗 1578
自題野語亭拙稿 …… 陸志泗 1578
客夜 …… 陸曙東 1578
癸巳冬葬先父母暨先大兄於祖墓側感賦 …… 陸曙東 1578
示女弟 …… 陸振之 1579
秋夜有懷 …… 陸振之 1579
家秬村從父以九日見懷詩寄示謹步原韻 …… 陸振之 1579
悼亡十絶 …… 陸振之 1579
同人游湖天暝欲雨泊舟西冷橋側望對面南屏諸山出雲頃刻變幻雷峰一塔隱見不常俄而風雨交至狂喜賦此 …… 陸振之 1579
湖樓曉起 …… 陸振之 1580
自題半花小圃齋壁 …… 陸振之 1580
浮萍篇 …… 陸振之 1580
三十感懷 …… 陸振之 1580
歲饑感賦 …… 陸振之 1580
醉中放歌 …… 陸振之 1581
寫懷 …… 陸振之 1581
曉起同人遊龍山過東林庵不入 …… 陸振之 1581
送人遊富春 …… 陸振之 1581

書許硯農表丈爲余家所作天倫樂事圖後 …… 陸振之 1581
溪行 …… 陸振之 1582
懷家鷺亭叔祖於山東 …… 陸振之 1582
大水不能出户獨坐一室删訂詩稿慨然有作 …… 陸振之 1582
歸家有感 …… 陸振之 1582
哭芝塘叔祖 …… 陸鼎生 1583
道中即事 …… 陸思勖 1583
最樂山莊十景詩 …… 陸思勖 1583
石泉暮歸 …… 陸思勖 1583
雨後游秦山 …… 陸思勖 1584
侍大人登巢居閣看對山雲影同小魯弟作 …… 陸思勖 1584
談仙嶺 …… 陸思勖 1584
初夏偕小魯游碧雲寺次其原韻 …… 陸思勖 1584
題小魯鵬湖櫂歌三絶 …… 陸思勖 1584
秋日過友人書樓即目 …… 陸思勖 1584
幽居 …… 陸思敏 1585
侍大人至花溪訪祝瘦梅師將歸瘦梅師招集同人游妙果山謁祝虚齋先生墓
過真聖殿小憩大人有作敬次元韻 …… 陸思敏 1585
西湖雜詠 …… 陸思敏 1585
夏日山莊 …… 陸思敏 1585
侍大人校刊宗譜有懷族中諸先輩 …… 陸思敏 1585

高氏宗譜 …… 1587
贈高君湘卿 …… 萬道昌 1587
贈雲湘高君 …… 萬道昌 1587

崔氏宗譜 …… 1588
崔氏十二景 …… 程文繡 1588

張氏宗譜 …… 1591
星海 …… 張斯桂 1591
追悼曲 …… 張汝釗 1592
慈東馬徑張氏方輿形勝志 …… 張錫堯 1593

曹氏宗譜 …… 1594
讀譜雜詠 …… 佚　名 1594

梁氏宗譜 …… 1596
光業堂落成暨諸父老聯壽大慶 …… 梁同新 1596

沙棠角房聯壽序 …… 曾　莩 1597
吉贊房聯壽序 …… 佚　名 1597
丙申年四房聯壽序 …… 梁志文 1598
民國甲子四房聯壽序 …… 梁志文 1598

梅氏宗譜 …… 1600
重修家乘紀事詩 …… 梅枝鳳 1600
遷章務望及中公墓紀事詩 …… 梅一珏 1600
五日柏山偕河北獻功同觀新譜雨後飲作 …… 梅汝鈞 1600
九月朔祀會慶堂展謁先都官墓有感 …… 梅作楫 1601
因譜新成偶誌 …… 梅朝宗 1601
庚子九月赴敘倫堂觀祀主 …… 梅期慶 1601
景梅亭懷范柏軒太守 …… 梅期慶 1601
展閲新修譜牒將次裝訂喜而有作 …… 梅　枏 1602
秋日謁先都官墓有感 …… 梅　枏 1602

盛氏宗譜 …… 1603
中秋月下酌 …… 盛焜明 1603
天漢謡贈霍邑侯維華 …… 盛燦明 1603
閒往洞庭 …… 盛大境 1603
秋夕竹聲 …… 盛大境 1603
山中對雪 …… 盛大境 1604
春雪 …… 盛大境 1604
天道吟 …… 盛　堅 1604
落花吟 …… 盛　乾 1604
秋夜感懷 …… 盛　乾 1604
落梅 …… 盛　觀 1604
遠浦歸帆 …… 盛以聖 1605
洞庭秋月 …… 盛以聖 1605
春感 …… 盛鳳起 1605
秋牕 …… 盛鳳起 1605
南村故老手植素蘭 …… 盛　鋭 1605
菊影 …… 盛　鋭 1605
望江 …… 盛　璋 1605
金山 …… 盛　璋 1606
登燕子磯 …… 盛　璋 1606
桃葉渡 …… 盛　璋 1606
别同舟諸子 …… 盛　璋 1606
寒夜 …… 盛　璋 1606

游圓妙觀 …… 盛　璋 1606
贈徐生花燭詩 …… 盛　璋 1606
題談芸輔獨立圖 …… 盛　璋 1607
京口阻風 …… 盛　璋 1607
登金山 …… 盛　璋 1607
登雨花臺 …… 盛　璋 1607
恭輓沈歸愚夫子 …… 盛　璋 1607
黄瓦歌爲黄任農賦 …… 盛　璋 1608
風阻燕子磯與徐子上琛舟中對酌放歌 …… 盛　璋 1608
觀龍舟競渡 …… 盛　璋 1608
石壁廢寺 …… 盛章杲 1609
馬西巖囑題停琴佇月圖二首 …… 盛章杲 1609
懷吳江馬西巖 …… 盛章杲 1609
宿館中艇齋枕上偶成 …… 盛章杲 1609
吳蘭槎歸話嶺南風景 …… 盛章杲 1609
寄書王少霞内弟 …… 盛章杲 1609
褉感 …… 盛章杲 1610
客舍逢西園四兄作 …… 盛章杲 1610
贈徐緄園 …… 盛章杲 1610
香溪曲 …… 盛章杲 1610
愁 …… 盛章杲 1610
閨情 …… 盛章杲 1610
漱石山房庭中疊石如齋首唱索和 …… 盛章杲 1610
小樓 …… 盛章杲 1611
冬日早起 …… 盛章杲 1611
詠月 …… 盛章杲 1611
寄内 …… 盛章杲 1611
偶成 …… 盛章杲 1611
人生五十句 …… 盛章杲 1611
題美人圖 …… 盛章杲 1611
予有武昌之行感而賦此 …… 盛章杲 1612
江柳 …… 盛章杲 1612
采石磯夜泊望太白樓 …… 盛章杲 1612
江夜 …… 盛章杲 1612
江行 …… 盛章杲 1612
蕪湖關起早 …… 盛章杲 1612
秋日道中書懷 …… 盛章杲 1613
小孤山 …… 盛章杲 1613
廬山 …… 盛章杲 1613

江行中道 …… 盛章杲 1613
聞雁 …… 盛章杲 1613
武昌舟次懷戴氏二甥東昌 …… 盛章杲 1613
晴川閣 …… 盛章杲 1614
湖邨即目 …… 盛章杲 1614
自笑 …… 盛章杲 1614
寂寞 …… 盛章杲 1614
來鶴菴爲西山精舍住持竹逸上人喜與士流接雲客吴君解囊修葺講堂築尋詩地
諸君子皆有贈句余因和之 …… 盛章杲 1614
眼花 …… 盛章杲 1614
詠蟹蝶一首 …… 盛章杲 1615
過迂里訪李仙槎題贈幽居 …… 盛章杲 1615
種菊和竹房主人 …… 盛章杲 1615
又二首 …… 盛章杲 1615
雪霽竹房省軒虎山橋步月 …… 盛章杲 1615
畫鬼圖 …… 盛文濤 1615
秋夜 …… 盛文濤 1616
小蝸廬自遣 …… 盛文濤 1616
自楓江歸舟至瀆川 …… 盛文濤 1616
題鶴 …… 盛文濤 1616
題沈竹坡指迷圖 …… 盛夢熊 1616
題孫琴舫攜琴訪道圖 …… 盛康莊 1616
八十自感 …… 盛康莊 1617
偶閱徐翼所家訓取其當用不用四語因成五十韻以示諸子 …… 盛　烈 1617
題吴天琪繼配盛氏節孝録 …… 盛際虞 1617
登華嚴方塔 …… 盛　瑶 1618
瓶梅 …… 盛　瑶 1618
示兒 …… 盛坤吉 1618
冶春詞 …… 盛奎章 1618
采菱曲 …… 盛奎章 1618
四十述懷四首即題小照 …… 盛國椿 1618
題吴興吴葭生姻丈劫餘草 …… 盛鍾岳 1619
題劉伯符大令畫梅 …… 盛春海 1619
題沈某采蓮圖 …… 盛春海 1619
題程同轉守箴堂藏書目 …… 盛春海 1619
落花四首 …… 盛春海 1619
呈俞勁叔 …… 盛春海 1620
秋日感懷和何子右明府元韻 …… 盛春海 1620
送俞勁叔歸吴門 …… 盛春海 1620

中秋步月感懷 …… 盛春海 1620
追哭慕廬七弟江 …… 盛春海 1621
己卯九月二十九日余喪母未朞季子慧德遽殀時譜牒尚未告竣漫成三章以志痛 …… 盛春海 1621
續修宗譜雜感 …… 盛春海 1621

許氏宗譜 …… 1623
澤洲公致漢陽同族書 …… 許汝原 1623
漢陽梅村公復書 …… 許鐘元 1623
勸人勤儉 …… 許　源 1624
訓子書 …… 許　源 1625
訓女書 …… 許　源 1626
勸人子宜孝 …… 許　源 1626
勸兄弟宜友 …… 許　源 1626
戒鴉片 …… 許　源 1627
戒賭錢 …… 許　源 1627
戒貪色 …… 許　源 1627
戒看鬼 …… 許　源 1627
戒争訟 …… 許　源 1627
戒醉酒 …… 許　源 1627
戒貪財 …… 許　源 1628
訓婦女俚言 …… 許　源 1628
勸孝賦 …… 許　源 1629
勸悌賦 …… 許　源 1629
戒色賦 …… 許　源 1630
戒賭賦 …… 許　源 1631
戒吞鴉片洋煙賦 …… 許　源 1631
戒訟賦 …… 許　源 1632
恤寡賦 …… 許　源 1632
惜字賦 …… 許　源 1633

黄氏宗譜 …… 1635
菊花十九首 …… 黄毓祺 1635
甲申紀事 …… 黄毓祺 1635
乙酉紀事 …… 黄毓祺 1636

彭氏宗譜 …… 1637
邵陽掃墓 …… 彭華璨 1637
邵陽掃墓 …… 彭華琛 1637

清明掃先嚴墓 …… 彭詩頌 1637
先嚴七旬冥誕 …… 彭詩頌 1637

萬氏宗譜 …… 1638
壬辰譜成告祖文 …… 萬廷琯 1638
一家言跋 …… 萬希洙 1638
蘇伯大兄哀詞七首 …… 萬爾昇 1639

葉氏宗譜 …… 1641
譜成口占 …… 葉時森 1641
題譜 …… 葉祖遺 1641

葛氏宗譜 …… 1642
繪道成墩祖墳圖後序 …… 葛覲南 1642
行之公訓子詩 …… 1642
題葛氏家譜 …… 李　苐 1643
嚴慎譜牒澄清血脉説 …… 佚　名 1643

斐氏宗譜 …… 1645
思親感 …… 斐人上 1645

楊氏宗譜 …… 1646
半龜挺秀賦 …… 楊崇培 1646
柳村八詠小引 …… 楊　遴 1647
八詠題解并倡俚言呈教 …… 楊　遴 1647
柳村八詠 …… 楊邦法 1648
柳村八詠 …… 楊　閿 1649
柳村八咏 …… 楊德敬 1649
柳村八咏 …… 楊永浩 1650
柳村八咏 …… 楊永湖 1651
柳村八咏 …… 楊貞合 1652
柳村八咏 …… 楊永浙 1653
柳溪八詠詩跋 …… 楊夢鰲 1654
南窻主人八秩自咏并諸親友酬和詩引 …… 楊夢鰲 1654
南窻小憩因韓翁朱先生見訪用賦八旬徒弟百齡師一律 …… 楊夢鰲 1654
又誕旦原韻八言 …… 楊夢鰲 1654
步原韻附祝 …… 楊德敬 1655
跋 …… 楊德敬 1656
三修宗譜孫福全自述生平亨屯歌序詩俚句 …… 楊福全 1656

賊退後舞勺時讀書僅九載遂理業糊口日月如梭由廿五仝弟福春均列邑庠歷三七纂譜經四五感懷又浹歲不覺年近耳順矣於得閒多事外輒續賦囊時今玆五言七言絶句律詩總合十六首 …… 楊福全 1656
二十載前壽甫友孫緣蘇溪胡品元族女壻與朋僚唱和步韻三題見示於予詩稿迄今尚未寄去久恐遺亡爰憶録之附列於玆後 …… 楊福全 1657
俚言八則鑑潭自誌 …… 楊鑑潭 1657
鑑潭公六旬自述詩并跋 …… 楊鑑潭 1659
予向作詩喜用溪西鷄齊啼韻有得則別録一帙大約已近百首今三月間應佩程楊兄柳滸學堂之聘其長兄洪治偶以尊人鑑潭先生五十六十自壽詩十數章見示敘髮逆前後經歷事甚詳捧讀之下因併悉其先世楊芾先生著作甚富及楊遴輩倡和柳村八詠詩亦甚夥不覺頓觸溪西吟興適盛族修譜將次告竣遂併書拙作以歸之時己酉八月距鑑潭先生謝世已二十餘年矣 …… 陳 權 1660
與金華楊伯顯通譜書 …… 楊 芾 1660
與楊伯顯第二次書 …… 楊 芾 1661
被難記略 …… 楊 藻 1662
鴻泥圖記 …… 楊 晨 1666
訪墓集款記 …… 楊圭方 1671
辭友人勸做壽啟 …… 楊其昌 1671

浦氏宗譜 …… 1673
己未掃墓日記 …… 浦 武 1673
庚申掃墓隨筆 …… 浦 武 1674
觀華康伯畫山水 …… 浦 坦 1677
陳行之風翰亭 …… 浦 鼎 1677
題秦氏南湖草堂 …… 浦 鼎 1677
夏日閑居 …… 浦 瑾 1677
登泰山作 …… 浦應麒 1677
次韻强德州 …… 浦應麒 1678
社會勉倡一首聊爲先資 …… 浦應麒 1678
上巳後二日山中喜晴限韻 …… 浦應麒 1678
姚月子隱蓮華峰 …… 浦象泰 1678
送張賓鷗先生還吴門 …… 浦象泰 1678
送歸使 …… 浦象泰 1678
採蓮竹枝詞 …… 浦映淥 1678
答雲孫廣陵見寄 …… 浦映淥 1679
除夕 …… 浦映淥 1679
題句 …… 浦映淥 1679
呼婢 …… 浦映淥 1679
譴鵲 …… 浦映淥 1679

初聞下第 …… 浦映淥 1679
北望 …… 浦映淥 1679
游仙詩 …… 浦映淥 1680
歸舟 …… 浦映淥 1680
雨中思 …… 浦映淥 1680
梅花口占 …… 浦映淥 1680
弈棋 …… 浦映淥 1680
讀牡丹亭 …… 浦映淥 1680
題園竹 …… 浦映淥 1680
游秦園 …… 浦映淥 1681
贈雲孫誦金剛經 …… 浦映淥 1681
虎邱覓真孃墓不得 …… 浦映淥 1681
吴門讀會真記 …… 浦映淥 1681
寄雲孫虎邱客寓 …… 浦映淥 1681
玉蘭 …… 浦映淥 1681
雲孫初得小福戲贈 …… 浦映淥 1681
尤姬鍾玉已爲尼矣聞復欲適人以詩嘲之 …… 浦映淥 1682
取石師伐琢成玄玉池濡豪噱風月 …… 浦敬敷 1682
秋夜投惠山不二門宿將于質明陪祀家祠 …… 浦淮音 1682
曉起望南山銷雪 …… 浦淮音 1682
與諸子登堠山詩 …… 浦士鉞 1682
秋日訪水渠秦逸溪即次贈句 …… 浦秉鈞 1682
漫興 …… 浦同瑞 1683
北上 …… 浦同瑞 1683
曉起泛舟游焦山 …… 浦同瑞 1683
題華伯彦緑蕉室詩詞稿并以誌别 …… 浦 武 1683
都門春感 …… 浦 武 1683
酒後閲五年前日記感題 …… 浦 武 1684

虞氏宗譜 …… 1685
述祖德 …… 虞 � 1685
丙子賑饑有感 …… 虞國鎮 1685
三洲島置破臺禦海寇 …… 虞國鎮 1685
步黄聿天外甥被旱憂詩一十四首又疊前韻二首 …… 虞守才 1685
喜雨行 …… 虞景敬 1687

裘氏宗譜 …… 1688
宗祠重建告成 …… 裘日和 1688
重修宗譜成喜賦六十韻 …… 裘日和 1688

校譜即事 …… 裘保昇 1689
摸魚兒萍 …… 裘琨鳴 1689
南浦記夢 …… 裘琨鳴 1689

褚氏宗譜 …… 1690
問蜀草 …… 褚德培 1690
嚶生社草 …… 褚德培 1695
觀海篇 …… 褚德壎 1697
掛冠草 …… 褚德壎 1697
蟋蟀集 …… 褚德壎 1703
楚遊草 …… 褚光釗 1703
四幸山人集 …… 褚懋濬 1704
錫功遺草 …… 褚懋浚 1705
君山遺草 …… 褚懋源 1706
東山詩草 …… 褚廷樞 1706
筆花齋續集小引 …… 褚德壎 1707
問蜀草合梓紀事 …… 褚文敦 1707
問蜀草序 …… 萬壽祺 1707
問蜀草引 …… 孔聞譚 1708

詹氏宗譜 …… 1709
詹家庿十六詠 …… 詹光勳 1709

端木氏宗譜 …… 1711
南田移居 …… 宗　慶 1711
桃花嶺題壁 …… 宗　慶 1711
雨窗即景 …… 端木順 1711
落花 …… 端木順 1711
寄静貞姊東甌 …… 端木順 1712
落葉四首和叔總弟 …… 端木順 1712
雪上易堂呈家夫人 …… 端木順 1712
栝州凍緑 …… 端木順 1712

管氏宗譜 …… 1713
勤儉 …… 管日坤 1713
奢華 …… 管日坤 1713
消夏雜詠 …… 管養賢 1713
自環南遷鉏金園新居口占示男士傑 …… 管養謙 1713
家大人追先大父出貢述懷原韻并命謙作 …… 管養謙 1713

雜詠 …… 管養素 1714
病甚 …… 管養素 1714
自諫 …… 管養素 1714
祖遺古硯 …… 管養志 1714
八十自述 …… 管嗣宗 1714
梅影 …… 管振宗 1714
閒居思静 …… 管振宗 1715
和兄思静 …… 管令宗 1715
新筍 …… 管令宗 1715
壬戌初冬得十一孫湖入泮消息喜而有作兼勗十五孫潮 …… 管士傑 1715
浙西别友 …… 管　紘 1715
雨霽小飲聽葉軒 …… 管　麟 1715
春日寄懷吕秋厓學博 …… 管子仁 1716
燕磯秋望 …… 管良祚 1716
舟中雨霽 …… 管良祚 1716
西郊觀秧 …… 管良禧 1716
偶題 …… 管大悦 1716
夏日雜興 …… 管大勳 1716
静遠山房納凉 …… 管大任 1717
新晴 …… 管大有 1717
雪後梅花盛開 …… 管大經 1717
荷塘避暑午後凉 …… 管　煒 1717
遣懷 …… 管正聲 1717
鈕金園即事 …… 管正聲 1717
秋夜客海陵席間分韵 …… 管正學 1718
經太湖 …… 管正文 1718
年暮大雪自先塋别墅遺回 …… 管維驥 1718
邱純軒歸自蘇州以蠟梅相贈詩以答之 …… 管維騏 1718
祖母邢太孺人建坊旌表節孝 …… 管紹偃 1718
秋深閒興 …… 管鵬年 1719
冬夜陳使君見過 …… 管　湘 1719
省試歸舟次燕子磯 …… 管　湘 1719
柳花 …… 管　湖 1719
題曹公祠 …… 管　澍 1719
寒雨 …… 管　渤 1719
偶成 …… 管　清 1720
夏日幽居 …… 管　達 1720
早秋 …… 管　選 1720
春寒花較遲 …… 管　曜 1720

鉏金園梅花 …… 管　濤 1720
答友問宦況 …… 管　濤 1720
月到樓同人夜語 …… 管　樂 1721
兩峯招集國清寺同人分韻 …… 管　樂 1721
棲霞李雲渚留别 …… 管　渭 1721
窗外寒梅 …… 管　涇 1721
和天池兄病起見示原韻 …… 管　洄 1721
力疾送姪孫煦赴省試 …… 管　潮 1721
贈家松崖漕督 …… 管　升 1722
送碧薌弟赴高州任 …… 管　升 1722
夏夜曉起 …… 管亘恕 1722
天池兄八十壽是日適舉曾孫 …… 管亘恕 1722
歸自崇川一齋兄招飲夜話 …… 管承基 1722
爲懷勳姪題浮筠書屋册子 …… 管承基 1722
清明北城晚眺 …… 管廷對 1723
春晚喜友人見過 …… 管廷對 1723
題家蘿臼廣文曲尺軒册子 …… 管　泉 1723
送碧薌兄之高州任 …… 管　泉 1723
村塾偶述 …… 管　臣 1723
春日書感 …… 管　樹 1723
懷勳兄招賞牡丹 …… 管　樹 1724
廣陵有感 …… 管　楨 1724
秋夜感懷 …… 管　椅 1724
讀家乘有感 …… 管　樸 1724
夜課煦默篤諸兒 …… 管　樸 1724
殘牡丹 …… 管　櫳 1724
架花 …… 管　櫳 1725
棠華書屋即席分韻 …… 管　槥 1725
聞石越三内仲知汝陽縣作此寄之 …… 管　槥 1725
集聽葉軒觀菊 …… 管　榛 1725
贈别黄海漁參戎 …… 管　爨 1725
同人集嘯月山房納凉分韻 …… 管　爨 1725
戍婦詞 …… 管　鵬 1726
雪夜過自怡軒小集分韵 …… 管　橤 1726
金鰲玉蝀 …… 管　梛 1726
贈王盥甫内兄赴銓 …… 管　梛 1726
秋闈報罷感賦 …… 管　亶 1726
贈王盥甫赴員外郎任 …… 管　亶 1726
贈内弟徐珠圃運副 …… 管兆藹 1727

京邸晚得父書 …… 管兆蕅 1727
送友 …… 管　彤 1727
秋夜懷友 …… 管　彤 1727
秋江夜泊 …… 管　華 1727
秋日大觀臺望江 …… 管　華 1728
春日書懷 …… 管　恩 1728
齋前牡丹既萎復榮作此慶之 …… 管慎安 1728
自題投筆圖 …… 管慎安 1728
同静菴兄溪南看菊 …… 管慎恕 1729
戊午榜後往含山縣謁房師即席賦謝 …… 管　煦 1729
追和先高祖遷鉏金園口占韻 …… 管　煦 1729
甲子仲冬寄謝五河縣沈南春夫子 …… 管　煦 1729
春日舟中 …… 管　照 1729
緘齋六弟招飲即次其韻 …… 管　燦 1729
西寺玩月 …… 管　徵 1730
口占答友人書 …… 管　默 1730
橘花 …… 管　默 1730
問牡丹消息 …… 管　篤 1730
殘秋感懷 …… 吕　玉 1730
病起偶作 …… 吕　玉 1730
夜坐書懷 …… 吕　玉 1731
輓江片石夫子 …… 吕　玉 1731
秋感 …… 管　聲 1731
自笑 …… 管　聲 1731
水國春寒陰後晴 …… 管　頤 1731
丁酉春會朱鹿泉於古沙晴昶樓 …… 管　臧 1731
夏日散行見蟬立於樹梢 …… 管　鋐 1732
天香閣牡丹 …… 管　鋐 1732
早起一天雲霧 …… 管相才 1732
清如玉壺冰 …… 管相才 1732
遠鷗浮水静 …… 管儉增 1732
下筆春蠶食葉聲 …… 管儉坤 1732
下筆春蠶食葉聲 …… 管儉垣 1733
秋夜燈凉 …… 管儉均 1733
曉晴猶帶雨餘凉 …… 管儉城 1733
暮烟秋雨過楓橘 …… 管賡聲 1733
春寒花較遲 …… 管駿捷 1733
八十述懷 …… 管　鏕 1733
八十述懷 …… 管　鏕 1734

守貧感世 …… 管　鑣 1734
哭杞卿二弟病殁 …… 管德樹 1734

蔣氏宗譜 …… 1735
招青年魂 …… 蔣紀方 1735
飢民歎 …… 蔣志豪 1735

趙氏宗譜 …… 1736
病中筆屬 …… 趙詒翼 1736
庚申停柩被焚記 …… 趙詒翼 1736
津寓致懿甫五弟書 …… 趙元益 1737
致懿甫五弟書 …… 趙元益 1738
英倫使館致懿甫五弟書 …… 趙元益 1738
英倫使館致懿甫五弟書 …… 趙元益 1739
法京使館致懿甫五弟書 …… 趙元益 1739
致仲宣二姪書 …… 趙元益 1740
擦棺代葬序 …… 趙之驤 1740
己未族弟成九月修譜之舉承先志也往來商酌者數十次予以年老多病又力綿未能勝任慙媿無地然祖若宗之罣念於胸中者日之所思形諸夢寐爰作歌以歷紀其實焉 …… 趙　鈺 1741
己酉大水竹枝詞 …… 趙之驤 1742
勸孝八則 …… 趙元傑 1742
懲淫八則 …… 趙元傑 1742

鄭氏宗譜 …… 1744
歸葬外王父高秋岩公于常記 …… 鄭　惠 1744
被擄記 …… 鄭　楨 1745
游勝法寺看古松 …… 鄭　鐘 1746
舟次偶書 …… 鄭　鐘 1746
閒遣 …… 鄭　鐘 1746
雨夜卧聞鄰院鼓琴 …… 鄭　鐘 1746
與清巖上人行桃源澗 …… 鄭　鐘 1746
泰伯基 …… 鄭　鐘 1746
閉户偶書 …… 鄭　鐘 1747
寒窗自遣 …… 鄭　鐘 1747
晚泊京口 …… 鄭　鐘 1747
偕友人登金焦二山 …… 鄭　鐘 1747
臘月初三日雪 …… 鄭　鐘 1747
乞人嘆 …… 鄭　鐘 1748

游武林湖 …… 鄭　錦 1748
冬夜有感 …… 鄭　錦 1748
偶成二首 …… 鄭孟貴 1748
晚眺 …… 鄭孟貴 1748
雪霽 …… 鄭孟貴 1749
菊影 …… 鄭　蕙 1749
瓶梅 …… 鄭蘭金 1749
花影 …… 鄭蘭金 1749
竹韻 …… 鄭蘭金 1749
茶烟 …… 鄭蘭金 1749
夜聞風雨不寐枕上口占 …… 鄭光祖 1750
寓樓坐雨 …… 鄭光祖 1750
夜涼吟孟襄陽句 …… 鄭光祖 1750
春日即事 …… 鄭光祖 1750
題寒翠所 …… 鄭光祖 1750
詠黄雞冠 …… 鄭光祖 1750
和雅香游仙詩原韻 …… 鄭光祖 1751
往延陵舅氏適玉堂供菊 …… 鄭光祖 1751
菊影 …… 鄭光祖 1751
訪郲氏玩菊 …… 鄭光祖 1751
和雅香游仙詩原韻 …… 鄭珅璜 1751
自嘲 …… 鄭孔灼 1751
夜起 …… 鄭孔灼 1751
野步 …… 鄭孔灼 1752
誌夢 …… 鄭孔灼 1752
消夏雜詠二首 …… 鄭孔灼 1752
消夏雜詠二首 …… 鄭孔灼 1752
崑山蔡湘濱四十初度并賀添丁之喜 …… 鄭孔灼 1752
四月二十二日集小瑯嬛仙館飲主人出詩稿見示别後戲柬即書其稿後 …… 鄭孔灼 1753
秋杪飲繡屏風館呈方子漁表兄 …… 鄭孔灼 1753
聞鄰兒書聲感賦 …… 鄭孔灼 1753
初寒書感 …… 鄭孔灼 1753
苦潦兼酷熱賦此遣懷 …… 鄭孔灼 1753
重至半野新莊 …… 鄭孔灼 1754
歲暮恕醉山房偶成 …… 鄭孔灼 1754
寓齋遣懷 …… 鄭孔灼 1754
净土歌和礪之 …… 鄭孔灼 1754
上陽宫鏁詞 …… 鄭孔灼 1755
過徐市明徐司空故宅見戚少保梁上擲劍痕 …… 鄭孔灼 1755

邵蘭風先生遺照閬風屬題 …… 鄭孔灼 1755
觀高趫戲 …… 鄭孔灼 1755
壽許琴南先生七十 …… 鄭孔灼 1756
送方子華表兄計偕入都三首 …… 鄭孔灼 1756
梅李道中即事書寄子漁 …… 鄭孔灼 1756
正月十二日偕王君寶之周君鴛鄉家侄小岑凡七人探城西諸勝傍晚小飲 …… 鄭孔灼 1757
杏花 …… 鄭孔灼 1757
家雨亭叔祖招賞牡丹即席呈子瀟先生三首 …… 鄭孔灼 1757
分詠牡丹 …… 鄭孔灼 1757
賦得杏花春雨江南 …… 鄭孔灼 1758
賦得籬菊 …… 鄭孔灼 1758
和前人游仙詩 …… 鄭孔灼 1759
侄月香昆仲惠洞庭山新茶次日又惠鰣魚走筆賦謝 …… 鄭孔灼 1759
和董君竹泉梁溪道中原韻十首 …… 鄭孔灼 1759
歸杏初辟雍硯銘 …… 鄭孔灼 1759
鐘硯銘 …… 鄭孔灼 1760
囊硯銘 …… 鄭孔灼 1760
漢長生未央瓦硯銘 …… 鄭孔灼 1760
沈梅卿古銅犧硯滴銘 …… 鄭孔灼 1760
沈梅卿太極硯銘 …… 鄭孔灼 1760
宋宣和鐵骨汝窑梅花筆洗銘一首 …… 鄭孔灼 1760
題畫 …… 鄭　熥 1760
訪菊郟氏齋中 …… 鄭　熥 1761
九月十五夜玩月 …… 鄭　熥 1761
秋晚泛舟尚湖 …… 鄭　熥 1761
游韜光寺 …… 鄭　熥 1761
游漪園 …… 鄭　熥 1761
漁樂圖 …… 鄭　熥 1761
訪菊郟氏齋中 …… 鄭　熥 1762
題畫 …… 鄭　熥 1762
夏日口占 …… 鄭　熥 1762
春暮有感 …… 鄭希曾 1762
瓶菊 …… 鄭兆蘭 1762
梨花 …… 鄭兆蘭 1762
春日閑居 …… 鄭兆馨 1762
夜坐 …… 鄭兆馨 1763
懷古 …… 鄭兆馨 1763
夜坐 …… 鄭兆馨 1763
望月 …… 鄭兆馨 1763

春暮見行乞有感 …… 鄭國柱 1763
紅梅 …… 鄭國柱 1763
緑梅 …… 鄭國柱 1764
春日 …… 鄭國柱 1764
重修祠堂碑記 …… 鄭士泰 1764
續修祠堂記 …… 鄭兆嘉 1764
殯舍記 …… 佚　名 1765
永禁外繼議 …… 鄭文蘭 1765

劉氏宗譜 …… 1766
白蕩橋祖墓公祭始末記 …… 劉兆霖 1766
乾隆甲子宗祠落成丁亥續譜付梓皆資衆力共擎予得酬素志賦詩誌喜 …… 劉臣鳳 1766
喜宗祠告成 …… 劉臣虎 1766
續修宗譜梓成誌喜 …… 劉秉鑑 1766
續修宗譜告竣紀事 …… 劉晉譽 1767
宗祠落成 …… 劉桂芳 1767
康熙丙寅冬先曾祖衡若公增輯宗譜付梓迄乾隆丁亥堂叔祖天策公倡修續譜戊子季春鏤板工竣計前後八十三載幸先傳之不墜喜繼起之有人詩以紀事 …… 劉　濟 1767
乙巳生男誌喜 …… 劉欽文 1767
戊申纂修宗譜告竣感成二律 …… 劉欽文 1767
久留宗祠雜興四首 …… 劉欽文 1767
續修宗譜告竣感懷 …… 劉增華 1768
閩行問族記 …… 劉宏模 1768
捐祭記 …… 劉宇和 1769
斌公派歸宗志 …… 劉尚質 1770
陳墅歸宗記 …… 劉尚質 1770
譜帙落成賦 …… 劉家烈 1770
譜牒落成詩 …… 劉開照 1771
又 …… 劉開照 1771
又 …… 劉開照 1771
又 …… 劉開照 1771
又 …… 劉開照 1771
又 …… 劉開照 1772
又 …… 劉家烈 1772
又 …… 劉家烈 1772
祠堂四景 …… 劉　俊 1772
祠堂四景 …… [題]筠　軒 1775
祠堂四景 …… 劉泉溪 1775

祠堂四景 …… 劉經世 1776
祠堂四景 …… 佚　名 1776
祠堂四景 …… 劉培家 1777
祠堂四景 …… 李　鴻 1777
祠堂四景 …… 張瑞蘭 1778
祠堂四景 …… 余志成 1778
祠堂四景 …… 周大鰲 1779
蒙難篇 …… 劉錫圭 1779

潘氏宗譜 …… 1781
歙行日記 …… 潘鍾瑞 1781
省墓記 …… 潘奕雋 1792
展墓日記 …… 潘奕雋 1793
重修鳳形五世祖塋丙舍記 …… 潘奕雋 1796
潘氏宗譜告成記 …… 黄黼彤 1796
潘氏續修宗譜告成記 …… 潘鳳岐 1796

談氏宗譜 …… 1798
談氏始祖壽齋公祠堂記 …… 談廷詣、談彙吉 1798

諸氏宗譜 …… 1799
宗祠記 …… 諸　洛 1799

黎氏宗譜 …… 1800
附黎氏家祠記 …… 黎庶昌 1800

盧氏宗譜 …… 1801
述祖德詩 …… 盧友焜 1801

蕭氏宗譜 …… 1804
己巳歸梓重修家乘留别 …… 蕭士鴈、蕭至、蕭益、蕭而親 1804
次原韻贈别 …… 蕭安成、蕭國霖、蕭斯章、蕭日焕 1804
贈族叔景廉歸家詩 …… 蕭士然 1805
和韻 …… 蕭安成 1805
乾隆戊子上元節贈别湘陰族文次暨侄嗣孫鄉容次圭捧譜歸梓詩 …… 蕭世美 1806
又 …… 蕭謨烈 1806
頌譜祠調寄醉太平 …… 蕭道傳 1806
頌濠溪蕭氏族譜賦 …… 劉之豹 1807

錢氏宗譜 …… 1808
白雲山省祖廟 …… 錢克翺 1808
奉贈錢君澄軒賀句 …… 方曾宸 1808
丙寅夏月同監印錢氏宗譜于祠内拜誦稿文感詠 …… 方曾宸 1808
丙寅八月錢氏宗譜輯成即詠用方少庵先生原韻 …… 史翰章 1809

應氏宗譜 …… 1810
書僧格林沁軼事 …… 應啓墀 1810
創建女祠記 …… 戴廷祐 1811
鄞東湖下應氏旅滬同宗會記 …… 佚名 1811
鄞東湖下應氏旅滬同宗會序 …… 應書玉 1812

戴氏宗譜 …… 1813
段峨孫孝廉壬寅計偕北上賦詩留别謹步元韻奉酬 …… 戴汝霖 1813
哭四兒新魯 …… 戴汝霖 1813
不三日開冬蟬小侄女繼殤復作詩痛之 …… 戴汝霖 1813
劉海珊以所眷妓小像求題率賦二絶歸之 …… 戴汝霖 1814
江北唐令卸篆賦詩贈别有序 …… 戴汝霖 1814
丙吉問牛喘賦 …… 戴汝霖 1814
春江花月夜賦 …… 戴汝霖 1815
李太白春夜宴桃李園賦 …… 戴汝霖 1815
訂婚書 …… 戴汝霖 1816
乙未冬赴潾水九龍致學友宋吉亭王幹卿等書 …… 戴汝霖 1816
杜鵑枝上月三更 …… 戴汝霖 1816
庭草春深綬帶長 …… 戴汝霖 1817
禫祭文 …… 戴汝霖 1817
重興墓祭記 …… 戴孫琥 1817
祠宗墳記 …… 戴慶曾 1818
繼録祀宗墳籍記 …… 戴雲溪 1818
自儀曹歸謁先塋 …… 戴應和 1819
歲戊子予會族[illegible]富孟冬念七日因謁先塋過前山寺殘碑古蹟多先世名誌偶得一詩用書寺壁時同遊者宗人鳳鴻鵑玉暨子嘉謨侄孫永賢永資永裬若干人 …… 戴應和 1819

繆氏宗譜 …… 1820
與少初弟 …… 繆樹本 1820
又 …… 繆樹本 1820
又 …… 繆樹本 1821
又 …… 繆樹本 1821

上勝宫保書 ………… 繆蕚聯 1822
漢武帝重見李夫人 ………… 惠淑貞 1823
野寺 ………… 惠淑貞 1823
春草 ………… 桑淑人 1823
示子昌期 ………… 夏淑人 1823
硯匣 ………… 繆大姑 1823
春日即目 ………… 徐佩蘭 1823
支譜稿告成書後 ………… 繆朝選 1824
繆氏啟迪録序 ………… 繆啟麟 1824
辛亥重修支譜告成記 ………… 繆之錕 1824
懷暨陽故宅兼柬舊友 ………… 繆瞻屺 1825
族譜告成紀感 ………… 繆朝選 1825
旌表節婦二嫂巖宜人哀辭之鎔 ………… 繆朝選 1825
哭先祖考 ………… 繆時孫 1825
哭先祖妣 ………… 繆時孫 1826
送外赴永興軍 ………… 李敬持 1826
侍海門叔父遊招隱寺 ………… 鮑之芳 1826
勉男之鎔勵學 ………… 余夫人 1826
哭夫子 ………… 嚴宜人 1826
答外 ………… 戴孺人 1826
同子檠弟遊鶴林寺 ………… 繆之蓉 1827
哭栢亭夫子 ………… 蔣玉如 1827
寄劍華叔祖 ………… 繆若光 1827
節婦二十叔母蔣玉如 ………… 繆若光 1827

謝氏宗譜 ………… 1828
答陳師可先生禱疾書 ………… 謝應芳 1828
與王氏諸子論齋醮書 ………… 謝應芳 1828
太傅東山賦 ………… 謝年瀚 1829
書摺扇以示兒 ………… 謝光鈺 1829
送同學李遠樾歸序 ………… 謝基崇 1830
與鄭家溉書 ………… 謝基崇 1830
與族兄基丕書 ………… 謝基崇 1831
覆同學諸生甯决詳書 ………… 謝基崇 1831
覆同學李文蓀書 ………… 謝基崇 1832
記再從兄嫂劉氏守節 ………… 謝基崇 1832
王子社會曾智圓捐田屋記 ………… 謝基崇 1833
舜誅四凶説 ………… 謝基崇 1833
誠意箴 ………… 謝基崇 1833

重遊靈峯寺二首 …… 謝光鈺 1834
遊三角寺四首 …… 謝光鈺 1834
留別江西諸友 …… 謝光鈺 1834
過鄱陽舟中作 …… 謝光鈺 1834
赤壁 …… 謝光鈺 1835
晨起過洞庭 …… 謝光鈺 1835
寄熊岫門 …… 謝光鈺 1835
九日偕豫章諸友登滕王閣 …… 謝光鈺 1835
漢口雜詠 …… 謝光鈺 1835
抵長沙 …… 謝光鈺 1835
除夕 …… 謝光鈺 1836
村前晚眺 …… 謝運炳 1836
擣衣砧 …… 謝運炳 1836
秋扇 …… 謝運炳 1836
己巳季冬見雪花亂墜乘興占七律一章 …… 謝運炳 1836
訪友 …… 謝振鏞 1836
戲題道旁柳 …… 謝振鏞 1837
次從叔瀛樵韻 …… 謝振鏞 1837
中秋步從叔瀛樵韻 …… 謝振鏞 1837
星沙望嶽麓古松口占 …… 謝振鏞 1837
夏日作 …… 謝振鏞 1837
觀弈 …… 謝基崇 1838
城南書院改建師範學堂省垣激變毁於火賦此感懷 …… 謝基崇 1838
秋郊晚眺 …… 謝基崇 1838
夜起 …… 謝基崇 1838
詠雪 …… 謝基崇 1838
題賀節婦 …… 謝基崇 1838
次兄基極四十書懷韻 …… 謝基崇 1839
重遊伏龍山 …… 謝基崇 1839
題抱樹園 …… 謝基崇 1839
述家世詩 …… 謝應芳 1839
後謁龜巢墓記 …… 王　忱 1840
後謁登詩 …… 1841
肇基先生與予素相過從兹以其倡修宗譜賦二律贈之 …… 沈大坤 1847
謁四十四世祖卯生公像 …… 謝　蕙 1848
十月朔日賓樹兄同諸弟暨子侄輩至馬鞍山掃先君墓 …… 謝　蕙 1848
乙巳歲重修家譜有作 …… 謝　蕙 1848
夢歸寄舍弟七百三十字 …… 謝　綸 1848
甲寅九月族中輯譜與幼陶從弟同宿祠中賦此 …… 謝文翰 1849

自負 …… 謝文翰 1849
自嘲 …… 謝文翰 1849
自愛 …… 謝文翰 1849
長至節後輯譜未竟幼陶有閩中之行持此以贈 …… 謝文翰 1849
自城西梅宅遷回青山里故居漫賦 …… 謝鼎鎔 1850
送葉葒漁同門遊學日本 …… 謝鼎鎔 1850
寄懷夏艇齋表兄隨使歐西 …… 謝鼎鎔 1850
以譜事至峒岐宗祠口占 …… 謝鼎鎔 1850
紱雲書來備述荔亭意招予遊閩予以譜事未竣擬暫緩赴口占得此 …… 謝鼎鎔 1850
水災遺墨 …… 謝守禮、謝元壽 1850
水荒子歌 …… 謝秀嵐 1852
海溢同汪津夫作 …… 謝秀嵐 1852
催租謠 …… 謝秀嵐 1852
苦旱 …… 謝秀嵐 1853
七月十九日大雨浙河瀕海一帶潮乘雨入東風障之連晝夜不退水高丈餘禾棉盡壞而人特少淹没者避之速也余諸從耕于龕山聞信驚惶書此誌慨 …… 謝秀嵐 1853
越俗三月村氓糾合數萬人分社立號徧謁泰嶽祠號曰禮拜兼旬乃止辛酉春阻雨稍懈景秋崖作長歌以諷因次和之 …… 謝秀嵐 1853
哭母 …… 謝元壽 1854
東山展墓敬賦 …… 謝元壽 1854
除夕懸先母遺像誌感 …… 謝元壽 1854
有夢先慈敬述 …… 謝元壽 1854
見内子愛三兒有感 …… 謝元壽 1854
四門十景 …… 謝元壽 1855
閒中課兒誦讀 …… 謝元壽 1856
家嚴五十生辰詩以誌愧 …… 謝元壽 1856
誌痛 …… 謝元壽 1856
與友人論交 …… 謝元壽 1856
癸未七月二十二日風伯肆虐東北瀕海處受災更重口占八絶 …… 謝元壽 1857
祭忠臺追和族祖遯菴公韻 …… 謝元壽 1857
乙酉秋闈留别内子 …… 謝元壽 1857
觀盂蘭會感賦 …… 謝元壽 1857

聶氏宗譜 …… 1858
入譜局覽校對原簽泣匯川弟 …… 聶肇堂 1858
譜局續修適族兄顯宗身逝賦四絶以輓 …… 聶肇堂 1858
蒙清江邑侯鄭東軒先生清理小齋公墓碑界賦謝 …… 聶肇奎 1858
賦謝清江沉静瀾少府惠駕賁臨祠墓 …… 聶肇奎 1858
賦謝邨東河先生清墓界立碑 …… 聶肇奎 1859

自都歸荆林故里與諸族長聚晤 …… 聶鎬敏 1859
隨家大人偕銑敏弟暨諸族姪拜十世祖小齋公墓十首 …… 聶鎬敏 1859
甲辰隨父讀書雯峯書院有懷先大父環溪公 …… 聶鎬敏 1859
紫溪叔祖即事 …… 聶鏡敏 1860
元日拜環溪草堂墓時五弟叩辭入都 …… 聶鏡敏 1860
戊寅清明拜溪環先人墓 …… 聶鏡敏 1860
拜小齋公墓書感五首 …… 聶銑敏 1860
出荆林話别 …… 聶銑敏 1861
留别荆林諸族人 …… 聶銑敏 1861

嚴氏宗譜 …… 1862
瑜軒訓子録序 …… 嚴元燮 1862
親親一覽圖後序 …… 嚴元燮 1862
修譜記 …… 樊汝翊 1863
燹餘手澤檢存記 …… 嚴文彬 1863
頌三公修譜感懷詩 …… 嚴文彬 1864
讀譜感懷詩 …… 嚴宗倫 1865

羅氏宗譜 …… 1866
羅江歌 …… 佚　名 1866
羅江八詠圖記 …… 翁友諒 1866
羅江八詠 …… 佚　名 1867
赴慈餘稽考源流記 …… 羅寶镛、羅寶堃 1868
赴上江查訪源流記 …… 羅寶煦 1869
鼓磉洲大樟記并詩 …… 羅汝懷 1870
展拜先墓詩并序 …… 羅健亨 1870
婚禮男家傳庚文 …… 佚　名 1871
女家傳庚文 …… 佚　名 1871
男家迎喜神文 …… 佚　名 1871
婚禮告祖文 …… 佚　名 1872
告輿神文 …… 佚　名 1872
出閣文 …… 佚　名 1872
攔輿文 …… 佚　名 1872
廟見文 …… 佚　名 1873
子婦廟見文 …… 佚　名 1873
幼娶親文 …… 佚　名 1873
中年娶妻告祖文 …… 佚　名 1873
親迎告天地文 …… 佚　名 1874
續娶告祖文 …… 佚　名 1874

娶妾文 …… 佚　名 1874
男家入贅文 …… 佚　名 1875
女家贅婿文 …… 佚　名 1875
贅堉廟見告祖文 …… 佚　名 1875
女家贅堉轉帳文 …… 佚　名 1876
男家贅堉轉帳文 …… 佚　名 1876
喪禮大斂入棺文 …… 佚　名 1876
成服文 …… 佚　名 1876
蓋棺夕奠文 …… 佚　名 1877
椁柩文 …… 佚　名 1877
七七奠文 …… 佚　名 1877
百日奠文 …… 佚　名 1877
停柩設奠文 …… 佚　名 1877
已椁安柩文 …… 佚　名 1877
遷柩設奠文 …… 佚　名 1878
開奠文 …… 佚　名 1878
題主文 …… 佚　名 1878
父附母主文 …… 佚　名 1878
母附父主文 …… 佚　名 1878
神主入祠文 …… 佚　名 1879
孝子點主文 …… 佚　名 1879
起柩文 …… 佚　名 1879
成主文 …… 佚　名 1879
賓題主文 …… 佚　名 1879
祭水府文 …… 佚　名 1879
祀后土文 …… 佚　名 1880
賀主文 …… 佚　名 1880
設奠文 …… 佚　名 1880
發引奠文 …… 佚　名 1880
發引祭輿神文 …… 佚　名 1880
祀后土文 …… 佚　名 1881
築墳畢醮土文 …… 佚　名 1881
冬至祭祖文 …… 佚　名 1881
祭始祖尌公文 …… 佚　名 1881
祭宗福公宰牲文 …… 佚　名 1882

譚氏宗譜 …… 1883
賑孤文 …… 譚俊人 1883
立志 …… 譚鴻翰 1883

取友 …… 譚鴻翰 1883

龐氏宗譜 …… 1884
庚申避難記 …… 龐宗高 1884

饒氏宗譜 …… 1886
塘下栗樹下二村八景詩 …… 佚　名 1886
樵竹村八景詩 …… 佚　名 1887
梅二村八景詩 …… 佚　名 1887

顧氏宗譜 …… 1889
題世譜 …… 張起巘 1889
祖塋多葬之敝 …… 顧應陽 1889

龔氏宗譜 …… 1890
續譜告成二首 …… 龔有度 1890
書續譜後一首 …… 龔　鍵 1890
譜事告竣有感 …… 龔　煦 1890

丁氏宗譜

控追祀田捐助梯雲會詞稿記

丁簡中

我族之置田産也，自珥陵東瓜坂始。康熙四十一年，置田七十餘畝，莊屋數間，後增置五十餘畝。自康熙歷雍正、乾隆、嘉慶、道光，於珥陵東南西三路續置有五百餘畝。於是莊房移至珥陵鎮西街，東瓜坂莊屋與佃居住。并吕城黄堰橋陸續增置，共一千三百餘畝。道光年間，畐中公産吕城小莊田八十餘畝，并入公祠，合計一千五百餘畝。每年收採租典以完條漕，以供祭祀，稱鉅族焉。兵燹以後，邀同各分查理各莊田畝。因東瓜坂我族買産之始，而且田號毘連，坐落一坵，易於查核。遂至東瓜坂村查理。詎知該村佃種四十餘畝，僅存儲金洪與該贅壻之子賀順壽兩人而已。至我族田畝，盡爲洲民佔種，莊房亦被强住。問之，則云洲民杜買之田。遂至珥陵鎮邀同局董與各佃並洲民茶理。我族將原買契據、租簿、細號，當衆看明屬實。衆令洲民將所買契據檢出公看，而又不交出。詢其糧號，無處開撥。洲民竟據爲着分，追之不理。不得已，只得呈追。是時，縣令金公批：候飭嚴天保等所執契據着科書核對糧號，將田房給還原户，仍將買價歸主，等示。族據科書，並呈底册相符。及細訪情弊，其中有一洲中訟棍嚴月軒，并該處地痞李正華、馬裕中，串同朱大福、傅秀令等出名盗賣。伊等分肥入己。嚴月軒來城，我族見之，邀其茶理。口出蠻言，情極，只得交與原差呈請押訊。誰料李正華、馬裕中、嚴月軒等衙門習練，有大神通，遂奔走於權勢之門，與當道執事者聚麕之處爲之關説。於是批示轉爲駁斥質訊，大屬模糊。及至呈催訊讓，批飭里運科書將田號畝分具册呈核等示。我族因念田祇百畝，坐落一處，業已查清。况已批准讓還原主，尚然如此艱難，我族人財寡薄，焉能將處處田房盡行理定？由此同立議單兩帋，一帋存官，一帋存祠。將此珥陵東瓜坂田房既已查清，并吕城小莊畐内田房，并祠堂基地，及在城各處門面基址，并各處墳山之外，共一千二百餘畝，同願助公，以免日後追呼之累。及至具呈助公田，以畝分號數不符，仍飭科書里運註册查明，覆奪。既而，我族疊次呈請助入梯雲會以爲舉貢生童考試之用，非特不准，並着飭科書里運反謂我族以助公爲名，抗糧地步爲實。仍着飭科書里運察查田畝坐落、畝塊千百細號、坵段弓口。試問置買租田，有註明坵段弓口者乎？如是延至三年之久，坑我族採租不能，助公不得。權勢之爲利害有如此者！

同治七年，幸遇邑侯迮公莅任，黜邪崇正，剔弊除奸。我族因之具呈請核全券，隨即照會董事查明田畝，並將辦理緣由稟覆。董事徐錫齡、束應椿等隨即稟覆，協同我族從前經手數人赴珥陵、吕城、黄堰橋設局查理，畝分相符，荒熟殆半。於是照呈，所助田畝數目收入梯雲會。因之我族又具呈粘稟，請追東瓜坂田畝。迮公限日集訊，胸羅智珠，明若觀火，明知此事皆係嚴月軒、馬裕中等從前經手分肥，今執扛唆不理，到案重責，斷令丁姓田畝房屋歸與丁姓執業。買户

田價着各賣户退繳，飭令當堂具結。又嚴月軒、馬裕中率同買户、賣户立清田房筆據繳與我族，以寢其事，以爲高枕無憂矣。詎至八年四月，嚴天保等又以種耔、牛力、�本爲詞，頂求麥歸伊等收割。迮公准其收六分，以四分歸我族。惟時我在黄堰橋，原差出來，俱各無策，有袖手旁觀者，有反出閒言者。我適來城，原差方不囉噪。明日又遵憲斷，各人具結。

迨至迮公卸事，邑侯王公下車，洲民嚴天保等復具稟翻案。蒙王公照案駁斥，而嚴天保等赴府疊次稟控。批縣復訊，着貼墾本。我族得知此信，邀同公議。有怨田既助公，不應存祠數百畝者；有議須錢數百千文，方可出頭向前者，以致行所不得行，止所不得止，進退兩難，實爲狼狽。好在族長胸有成竹，挺身曰："此事不得不行！我不憚將己田賣盡，總要向前。權且有一步走一步。"於是具呈。馮公叩核全券質訊。於八年五月集訊，案中情節，縷晰條分。又勸我族格外貼其墾本錢拾千文，又草房價錢三千文。其賣户未繳之錢，着具限清繳。我族隨即遵斷，當堂繳洋錢拾二元。馮公又將嚴月軒、馬太元等管押，并飭科書糧號，開撥清楚。直至八月廿九日，此案詳府方結。

總之，此事全仗族長當先，我族同心同德，總管不離左右，同辦經費，而且數年並無出息，而爲之造細册，撥糧號，查公匣，正啚規，告廟，修譜牒，亦皆有族長總管籌畫之力也。現在大街與東門幾處門面基地，或則以房客之坐租行租，或則以房客造成，結算起造。幾處門面雖然出息細微，不數年後，宿欠償清，經手得人，積微成鉅，繼長增高。將來建祠堂，修譜牒，我族再能同心同德，各解己囊，樂爲捐助，祠事未嘗不可復也！

我今病危伏枕，不能細詳巔末，囑遠朋先生協誌，聊敘始終；延請心畬代書，以傳後之子姓。知祖宗當日置産之維艱，今日助公之匪易。留此數百畝之産，訟纏數年之久，務須世守而勿失也。有所囑者，助田一千二百餘畝與梯雲會，爲舉貢生童考試之用。成熟者已收租耔，拋荒者漸漸開墾。即如本年鄉試，已將贏餘湊給士子考費。倘再有接踵而助捐者，或如從前思想勸助，未嘗不可以積腋成裘，照前給發也。然而總係我族開其善端。我擬呈求縣憲，詳各大憲咨部，勒碑於明倫堂，以垂不朽，亦可謂我族善舉之倡首也。實有厚望焉。

清同治庚午孟冬之月，三十五世孫簡中伏枕謹記。

（丁元和等纂《［江蘇丹陽］丹陽東門丁氏族譜》 1948年木活字本）

福巖丁氏宗祠記

應寶時敏齋

曩余肄業敷文書院，遇丁君竹舟申、松生丙，相與論文講藝，即締交焉。後余繼娶於淩，與兩君爲僚壻，始知兩君内行肫摯，是厚於親者也。若松生之刲臂愈親，特其一端耳。咸豐庚辛間，粵匪擾杭。余方佐軍海上，兩君避難至滬，述與陸子點青建吴山崇義祠，事甫竟，而城再陷，太息久之。同治甲子，亂既定，兩君旋里，復與陸子集貲重建，祀浙省之先後殉難者。余竊慕之。光緒乙亥，余以乞養歸，奉母僑寓杭之忠清里，居益近。時見兩君建祠湖山間，皆遺愛在民者，次第經營，靡不躬親其役。竊嘆兩君之揚忠闡節，崇德報功，用情於疏者既如此之厚，則知其敬宗收族，妥先靈而示後昆，必於所親者厚之又厚也。

歲辛巳，余奉諱回籍，既免喪之明年，慕鑑湖山水，移家越中。道經柯橋福巖村，丁氏宗祠在焉。涉其堂，昭穆秩然；觀其器，陳設燦然。讀壁間曾文正公文"表周安人刺指療親遇寇不屈

事”，益信兩君之厚於親者，其先德有由來也。

是冬，兩君將祀畢，過寓居。余述謁祠事。兩君肅然動容而告曰：“吾家自國初瑞南公遷杭迄先府君，凡七世，二百餘年矣！當時子姓漸繁，先府君擬立祠杭州。已卜地東園，會匪擾，事不果行。燹後，杭族零落，譜牒無存。聞君遠祖孝友公著家規二十則，諄諄以建祠宇守封塋爲首務；君又奉母命捐義莊田千畝。心滋愧焉。然於敬宗收族之遺緒，實未敢一日去諸懷。洎同治壬申，始克合杭越兩派營宗祠於福巖祖居側，越歲告成，以冀少承先志而猶懼後人之不我承也。吾子既諗見聞，願記顛委以詒之。”余敬辭不獲。

謹攷，古者諸侯世國立五廟，大夫世家立三廟，遠爲祧，以其班祔。降及後世，世禄之家，猶多簡陋薄於所親，遑問士庶人之勢有弗及者。朱子有惕於此，創爲祠堂之制，使上下貴賤壹皆行之以達孝，其用意有深焉者。丁氏循其制而行之，會杭越於一堂，篤本支於百世，其用情之厚爲何如耶？竹舟哲嗣立誠，乙亥舉於鄉。其昆弟行彬彬競爽，皆將以文學起家，矧族弟子之以品誼文章名世者蔚然輩起，所謂積之厚者流自光，夫安有弗承者哉！而獨假余以言者，蓋將示後人以敬宗收族，先德行而後文藝，爲世世賢子孫勗也。

余幼而游學，長而游宦，老復游寓他鄉。出不能以厚德化民，歸又不克躬展祠墓。視兩君家杭二百餘年，猶惓惓越中桑梓，歲時致其敬恭，誠愴然不自知何以爲人！益高松生之徵而不就也。書爲兩君誌行自罪已。光緒乙酉冬。

輓凌茝沅女史即題其遺集

孫光裕瀛析

憶昔與而翁，女史父達夫二兄與余總角交。同作東甌客。絮語話家常，素心樂晨夕。屢誇雙掌珠，道爾尤岐嶷。我偶理歸棹，傳書代騎驛。到家即驅車，徑訪凌雲宅。入門甫升階，之子已布席。覽刺識我名，叉手向我揖。呼我爲孫叔，敬我爲父執。繼詢而翁安，風土次第及。子年甫八齡，短髮未覆額。舉止步從容，應對詞剖析。不櫛進士流，惜哉誤巾幗！歸來告家人，疑是藐姑射。瑶池侍書仙，偶向塵寰謫。鳩婦慕鶵雛，妄思託燕翼。瓊砌幽蘭花，擬乞蓬門植。此念終蹉跎，蹉余屢行役。內子聞女史夙慧，擬乞爲寄女，因余客游，因循未果。彈指戊申春，華居事修葺。寄寓南園南，暫辭北郭北。南園，即余對門王氏小圃。世誼本通家，望衡欣咫尺。而翁每乘閒，過我攄胸臆。我亦步屧從，高譚時岸幘。命駕吕攀嵇，結鄰元羡白。德操遇龐妻，主客忘形迹。子時年及笄，見我輒引匿。而翁對我云，近更嫻《内則》。但傳賢淑聲，豈料工翰墨。未賡咏絮吟，況睹簪花格。内言不出梱，工容掩以德。是秋我子殤，闔家愁慘戚。而母憐我媍，譬喻開幻惑。子頻遣婢媪，殷勤僴眠食。我婦感子誠，悲懷爲少釋。無何珠潭珠，仍還珠潭側。北郭村塍遥，南園花事寂。芳訊雖間通，城闉悵阻隔。燕爾賦新婚，黽勉褵初結。快壻選佳士，雙丁並時傑。長姒即賢姊，行雁襟聯綴。和鳴叶壎篪，静好御琴瑟。事姑如事親，尊嫜咸慶悦。唱隨曾幾時，歸甯躬侍疾。慈幃患風眩，藥忤醫窮術。搏顙徧祈神，齋心虔禱佛。益算誓減齡，兒亡冀母活。果然精誠格，萱茂芝英折。可憐既彌留，手握同心玦。猶恐病母哀，欲語氣哽咽。淚眼滴欲枯，纏緜腸寸裂。内外諸宗親，相看盡悽絶。半空仙樂迎，滿室異香鬱。縹緲蓬萊山，神歸奔電掣。孝女出僊姬，戚黨流傳溢。我聞歎畸行，彤史思載筆。昨見鐵槎翁，于蓮亭觀察。序詩霏玉屑。始知才德兼，正思覓遺帙。孟冬哉生明，丁生訪蝸室。出示翠螺編，詩詞燦然列。挑鐙亟披讀，一讀一擊節。詩源溯風雅，詞調諧音律。貞性激忠肝，靈心吐慧舌。就此數卷傳，流輩已度越。

若再假之年，精詣更誰匹？奈何鈞天夢，遽奪女長吉。及觀爾舅文，才德强分别。朱秋子叙有女子不宜有才之語。此論正而迂，勝文翻累質。我謂有春華，而後有秋實。代親緹縈孝，殉親曹娥烈。無詩固不朽，有詩愈不滅。離象柔麗中，文明運天闕。《二南》王化基，大半閨房什。自來没字碑，何以藏書穴。矧兹孝烈名，允堪泐貞石。復工冰雪辭，倍覺超凡骨。其德固本能，其才亦秀出。丁生鍾情人，志不間存歿。謂壽本〔難〕齊，而名或可必。迢遞返魂香，惝恍游神訣。不如刊玉臺，姓氏千秋揭。灑灑八章揮，茫茫百端集。因生落葉悲，惹我摧蘭泣。我每見而翁，未敢顯言詰。大都兒女情，棖觸機隨發。安得菩薩泉，淨滌情腸潔。安得慈悲刃，猛割情緣决。一絲蠶縛繭，兩曜駒馳隙。曠懷作達觀，妄語將悲塞。瓊函真誥篇，紫府長生籍。慧業定昇天，造化終莫測。已矣不忍言，搔首徒呵壁。

輓凌茝沅姊

孫佩蘭譜香

氣味相投一見時，常教聚首比荆枝。左芬有德伊誰亞，蘇蕙多才許我師。春煖緑窗商刺繡，夜深紅豆學吟詩。可憐往事都成夢，泉下難通尺素辭。

憶昔西湖攬勝游，韶華轉瞬八年周。蘋蘩采采看隄畔，楊柳依依感陌頭。韵事品評三月暮，詩情珍重一篇留。而今回首雲林路，怕聽空山鶴唳秋。

造化無端降玉棺，傷心五月落梅寒。青年同學懷何遠，白髮雙親淚暗彈。格倣簪花收隻字，韻新賦茗冷吟壇。九原銜感失知己，賸有殘編訂夜闌。

惡耗傳來事豈非？彌留泣下類珠璣。異香繞屋乘鸞去，讖語遷居駕鶴歸。方證蘭因悲破鏡，又驚萱萎哭慈闈。瑶臺畢竟思生我，無恙晨昏膝下依。

越州福巖展謁祖墓信宿舊廬有作

丁　軾鈺川

江風從東來，薄暝催冷節。雙槳烏篷舟，劃破緑波纈。道塘沿野橋，遂登先世宅。菜畦曲徑通，稻把廣場積。族黨相見歡，敦樸不嫌僻。童稚下學歸，仰我疑爲客。吾生緬本原，敢忘服疇德。短檠喜作花，殷勤話疇昔。布衾夢亦安，何事遠行役？

詰朝禮廟社，吏隱追梅仙。仙風飄何許，祖澤於此延。先隴已七世，精氣累百年。掃松感春露，焚楮散野煙。絜酒一爲奠，和淚滴九泉。諛墓亦何補，守賴孝弟堅。心希歐陽子，重表《瀧岡阡》。

國初政草創，伏莽猶未定。豺虎殘村閭，無由避强横。恭惟周太君，風疾草尤勁。猝遇投清流，桓桓正其命。三日尸尚香，蚊蚋不敢兢。儒官揚清芬，志乘美潔行。清潔流子孫，没世仰餘慶。徘徊蠶豆橋，朗照鏡河鏡。

敬謁艮山祖塋

丁兆元殿揚

三條鎗畔路，墓傍艮山東。春水鱗鱗碧，桃花灼灼紅。瓣香聊致敬，麥飯愧難豐。子細飛灰掃，無令颶晚風。

蠶豆橋爲五世祖妣周太安人赴義處

丁 丙松生

賢聲思祖烈，衮典慰貞魂。二百春秋後，橋邊水不渾。史書留姓氏，蔭庇到兒孫。日落豐碑峙，含酸酹酒尊。

同兄展墓歸宿香山蘭若與法慧長老夜話

丁 丙

裂碑宿草無燒痕，幾家墳上來子孫。亂餘閭井半遷徙，苔生戰骨誰招魂？弟兄何幸並歸里，天許泠酒澆松根。暫時展拜已不易，况仍無補清與温。人生不如草木賤，猶能守墓安朝昏。摩挲石磴淚嗚咽，暝陰漸落扶桑暾。軍嚴令肅閉城早，水犀魚麗湖心屯。宵行盤詰禁鐙火，無計且復投荒村。劇思巴叟卧不起，乘月急打精藍門。

咸豐辛酉歲暮感懷

丁 丙

先 壟

茅家埠對柏家園，三世先靈妥墓門。縱免紅兜掘墳賊，更誰培土護松根。

先考妣厝室

桐棺雙擱石橋煙，四柏荒撐雪滿天。宅兆蹉跎安措卜，《孝經》不敢讀終篇。

先叔厝室

憶從同里辦歸喪，麥飯清明薦六霜。地下姜肱被猶熱，可能分暖到兒行。

先嫂亡媍三櫬

弟兄目淚並鰥魚，姊妹花悲連理枯。他日一坏團骨肉，夜臺終古傍慈姑。

同治壬戌二月望日同兄至山陰福巖村謁宗祠無恙訪蠶豆橋五世祖妣周氏赴義處旌碣猶存族丁雖陷賊中無一殤者相率祭掃悽然有作

丁 丙

破碎山河付劫塵，野橋石碣未崩淪。太娘昔痛成仁處，孫子重來避難辰。喬木故家空有恨，杏花寒食不成春。北邙南阮悲應慰，節烈高風繼得人。叔母王氏，十二月朔日自刺喉死。堂妹梅姑從殉。先叔於咸豐癸丑曾賦詩勗之云：鴛鴦帶佩鴛鴦劍，願效當年周太君。竟成詩讖矣！

國初分籍寄錢唐，兵火重罹弔國殤。猶幸小宗能守墓，可知大亂貴居鄉。官軍亟望千旗捷，祖澤遥承一線長。身世究於何處是，且燒麥飯薦馨香。五世祖妣周太安人二子，長聘賢公遷杭，次茂卿公留越。今則杭凋越繁矣。

光緒丁酉正月十一日至金筑山展墓同脩甫姪

丁　丙

春氣山林淺，年頭人事稀。雪消松愈健，風軟麥初肥。攜酒澆墳土，炊烟欵版扉。飯於張山人良善家。幾時成丙舍，魂夢戀依依。

澹遠西谿路，閑林勝可乘。筍行輿軋軋，梅亞屋層層。風古無投剌，春晴預試燈。何如老斯地，心與水俱澂。

越中展墓棲祠三日偶作

丁　丙

打稻喧喧蓄菜新，就中魚鳥也情親。吾心更愛炊烟好，高不薰人下養人。
之江一隔滯歸航，先壟揆違二十霜。莫怪兒童未全識，寸松長得比人長。
錢塘學舍傍筠青，此亦祠鄰翠繞庭。媿乏來儀張手筆，戚家園記竹深亭。
漫論身後是非心，演唱中郎感慨深。門對柯亭懶相即，讓他裹屐遇知音。
柯巖鑿佛仿飛來，點綴山池與石臺。一笑五丁同見訪，前生山或我親開。
祁公高節寓山頭，身殉青蓮寺尚留。獨我愛書心未死，劫灰中弔八求樓。
韜吴曜越古衣冠，梅市仙分社飲歡。招得狂奴爲快壻，自然天子不能官。
塵事憂煎總唾餘，黨庠家塾願終虚。誓將身作村夫子，來課蒙童讀《四書》。

東阿逆旅夢亡婦慰予酕醄宛若平生

丁士元諤卿

六年悽斷鬱金裘，今夕依然笑語親。我固自忘身是客，并忘卿已作陳人。
露驛風程阻且修，魂來魂返究何由？可能魂入高堂夢，先我殷勤慰白頭？

悼亡八首

丁　丙

一別悽惶了此身，可憐欲泣也無聲。招魂衹望歸來夢，懺佛難償往日情。已續鵾絃驚再斷，空持鴛牒證三生。壁間遺挂分明在，舊恨新愁兩度并。

憶昔庭開卻扇筵，職修《内則》共稱賢。小姑爲試調羹味，大嫂同賡咏絮篇。書勸少讐憐我弱，藥因多病累卿煎。回思往事都陳迹，怕理妝臺舊翠鈿。

婦儀淑慎女儀貞，歎息萱闈病幾經。不厭驅風薰艾焫，更勤排日進葠苓。親衰每替持家政，弟弱尤殷護穉齡。一事外堂愁絶甚，重泉何處盼歸甯。

珍重温柔少女風，館甥時寄丈人峯。養痾心力常勞爾，錯意功名幾慰儂。替翦蘭釭宵課永，互酬絜什別情濃。珠潭潭畔吟窗冷，從此含酸怕過從。

七旬牀笫痛呻吟，噩夢爲妖最愴神。病莫能興還撫姪，彌留時，姪立誠亦患恙，尚憶及之。歿而猶視爲思親。婦當垂危，余嫂泣曰："盍俟父來以謀一面。"及外舅至，僅含淚直視而已。拈華早脱長生願，證果空留不壞身。病革時，自言仙樂來迎。歿後，咸聞異香滿屋不散。安得鴻都仙士在，黄泉碧落叩前因。

數遍彌留十二支，歿時自子暨亥，數訖絶語。淚枯猶盼我多時。始知再造醫無術，虚算三年偶結褵。含玉忍教卿目瞑，沈珠定與姊肩隨。謂沈氏。九原寂寞如相憶，環珮須偕入寐時。

延齡北斗願空求，余至法華山設醮，卒不應。萬種情深付水流。小適紅塵剛佛浴，厭居白屋竟仙遊。病中曾言，家屬將營小屋，使其獨居。母姊百方慰解，終莫釋疑。豈以厭居塵世，而小屋特其寓言耶？嫁衣成殮香猶護，寶鏡封匳影亦愁。記得去年除夕讖，燭花雙折舊妝樓。去臘歲燭未竟而滅，殆亦兆耶？

紅消碧歇惹愁多，爛錦年華委逝波。殘夢怕聽雞警旦，良緣空盼鵲填河。媿無騎省傷秋感，敢效蒙莊箕踞歌？賸有翠螺遺稿在，梓傳我願費編摩。

七月三日申時葬亡室陸恭人於金筑山感紀

丁　丙

卅載夫妻患難中，一棺送汝葬秋風。無金諛墓文從實，俞曲園太史志墓銘。種玉收田望未窮。永侍翁姑兄嫂側，適占年月日時同。皆屬丙申。從今好買閑林酒，待我來澆十尺松。

（清丁甲、丁丙纂修《[浙江杭州]丁氏宗譜》　清同治十二年稿本）

譜學源流

丁福保

近世之修譜者，皆淺陋無識，奚足以言譜學。余故抄録舊聞，董而理之，以明譜學之源流。後之來者，以覽觀焉。光緒丙午十月朔，丁福保識於無錫譯書公會。

氏族者，古史官所記也。昔《周禮》小史定繫世，辨昭穆。故古有《世本》，録黄帝以來至春秋時諸侯卿大夫名號繼統。左邱明傳《春秋》，亦言天子建德，因生賜姓，胙之土，命之氏。諸侯以字爲氏，以謚爲族。其後有違德宗殞，降爲皂隸者，則氏無所系，編爲庶姓。氓庶之家，生而書名於閭史，綴其族，辨其親疏遠近，使無淆亂。其立宗之法，司馬氏掌之。

秦燔典籍，公侯子孫，失其本系。漢高起家齊民，命官以賢，不尚貴胄，而始尚官矣。然猶徙山東豪傑以實京師，齊之諸田，楚之屈景，皆右姓也。司馬遷父子乃約《世本》，修《史記》，因周譜，明世家。當時士大夫尚知姓氏之所由出。

魏氏尊貴族，卑寒士。其大中正、主簿、郡中正、功曹，皆取著姓士族爲之，以定門胄，品藻人物。晉宋因之，不尚賢而尚姓。有史選舉，必稽譜籍。官有世胄，譜有世官。其時，瑯琊王氏、陳郡謝氏、汝南袁氏、河南蕭氏，避永嘉之亂而南徙，皆過江之著姓也。吴縣之朱桓，廣陵之張紘，吴郡之顧雍、陸績，皆東南之貴族也。王氏太原，崔氏清河，盧氏范陽，鄭氏滎陽，皆山東之郡姓也。華陰之楊氏，京兆之韋氏、杜氏，河東之薛氏、裴氏，皆關中之望族也。由是賈弼、王弘等之譜學出焉。

隋唐以上，官有簿狀，家有譜系。設圖譜局，置郎令史以掌之，用博通古今之儒，知撰譜事。官之遷陞，必出於簿狀；家之婚姻，必由於譜系。凡百官族姓有家狀者，則上之。官爲考定詳實，而藏之秘閣。私書有濫，則糾之以官籍；官籍不及，則稽之以私史。故其時人尚譜學。唐劉知幾《史通》曰：高門華胄，弈世載德。才子承家，思顯父母。由是紀其先烈，貽厥後來。若揚雄《家牒》，殷敬《世傳》，孫氏《譜記》，陸宗《系歷》，此之謂家史者也。

六朝崇尚門第，喜稱閥閱。山東人士，自矜地望，或捨其鄉里，而妄稱名族；或弟兄齊列，而更以妻族相陵。唐太宗惡之，命高士廉等撰《氏族志》，徵天下譜牒，質諸史籍，以考其真僞，辨其昭穆，第其甲乙，褒進忠賢，貶退姦逆。分爲九等：以皇族爲首，外戚次之，崔幹爲第三，凡二百九十三姓，千六百五十一家。此外，如柳沖、路敬淳、韋述、林寶等亦各有撰著，今皆散佚。惟林寶《元和姓氏纂》僅存。《新唐書·宰相世系表》大抵皆取之柳、韋諸人，則其凡略可見矣。然《元和姓氏纂》附會舛訛，不可究詰，《新唐書》抑又甚焉！

歷五季喪亂，經籍道熄，遑論家史。及宋歐陽氏、蘇氏出，而譜學復著。二譜之例，一縱一横。廬陵用直譜，古之所謂圖也；眉山用横譜，古之所謂牒也。其時，譜與傳猶分爲二集。譜以記世系，傳以述先德，各自爲書。史家亦以譜入譜牒，傳入傳記，其體各不相侔。如歐、蘇二譜，紀名字以外，别無他語，即古譜之例也。歐、蘇意主於簡，以救博引繁稱之失。然其弊過於簡略，文獻無徵，亦不足以示後禩。

合譜傳而爲一書，其殆自前明始乎。自明以來，凡爲譜者，皆不出縱横二例，而以傳譜合而爲一。其因過於求詳，而失諸繁蕪者，亦往往有之。

近世風俗澆薄，喜攀華胄，合宗聯譜，爲漁利記。甚至追述本系，遠溯周秦，僞立名字，以彌其缺，顛倒世次，以就其列，誣莫甚焉！認他人之祖以爲祖，附他人之族以爲族，辱莫大焉！况諂祭非鬼，神所不歆；致敬他親，人斯悖德。徒令有識者齒冷而已！

與族再姪子秀遂初書附議單兩紙，刻入雜誌。

丁福保

子秀、遂初宗英均鑒：五月二十二日，吾合族諸君在宗祠開大會，議决各項，另立議單，頗極詳慎。惟祠堂年久失修，牆壁剥落，門窗破損，一種淒涼蕭瑟景象，令人不耐。而稔莊公墳，樹木盡爲人盜去，墳後之田又爲他人侵佔。如欲一一整理，在在皆需款項。因憶俞伯銘押在福保處之房産，計洋七千元，每月九厘起息。其屋現開大東旅社，每月可得租金陸拾叁元。擬將此款捐入公賬，作爲常年之收入。他日俞姓如來贖去，公賬中可得整數七千元。查俞君之房産，實價值萬元外。押在敝處之單契及合同等，手續皆極完備。兹已檢出，與公賬中單契等藏在一處。俟二年保管期滿，當一併交與第二任之保管員也。專此即頌文綏。宗末福保謹啓。

族兄仲祜捐産記

丁　卓

歲乙丑五月二十二日，族兄慕韓自北京來無錫，約吾族諸父老昆季三十餘人，會於南市橋之宗祠，羣議族中之事。若者應興，若者應革，使卓筆之於紙，以備後人之觀覽焉。族兄仲祜聞稔莊公墳之樹被竊而未補種；宗祠年久失修，有風雨飄摇之感；族中子弟因經濟困難而失學者，不知凡幾;蠹然太息者久之。因捐出俞姓抵押七千銀圓之房産一所,爲闔族之公産。此産月收租金六十元,可補助吾族公款之不足。公舉佩卿叔經理其事。卓聞之而義其舉,因重有感焉。

吾始遷祖伯通公,在元季自晉陵遷無錫,至今幾六百年矣。其間雖無達官顯宦,而士農工商,各安素業,故家喬木,累世不替。入府縣志宦望、行義、孝友、文苑等傳者,代不乏人。追溯百年前事,恍焉神往。是爲吾族最盛之時乎?迨咸豐庚申,粤寇陷邑,闔族數百口,蕩析離居。殉義死難者,趾踵相接。一片榛萊,瞻烏爰止。至今六十餘年,元氣尚未恢復。邇來歐風東漸,生活程度日益高,雖小康之家,生計亦形蕭索,况不及小康之寒士乎?

今吾族公款,得仲祜七千元之補助,猶飢渴之得飲食,大旱之得霖雨也。而今而後,祖塋先祠,有修理費矣;子弟之教育,有補助金矣;天災人禍,貧而無告者,有救濟之望矣。此皆足以慰祖宗之靈,而使含笑於九原者也。仲祜不僅爲一族之仁者,亦可爲祖若宗之孝子順孫也已。

余於十年前,聞仲祜捐三千元辦貧民學校,爲一邑倡。若仲祜者,可以勸吾族,可以型吾鄉,可以風斯世矣!今聞仲祜有藏書十五萬卷。其始讀《文選》,爲辭章之學,既而爲許、鄭之學。其後因世變日亟,知辭章考據之不足以糊口也,乃改習算學,爲京師大學教授者三年。其後又習醫學,在上海刻醫書數十種。近年來又專習佛學,刻佛書三十餘種。其最大之出版品,有六書:曰《漢魏六朝名家集》,凡四十家;曰《全漢三國晉南北朝詩》,凡五十六卷;曰《歷朝詩話》,凡八十餘家;曰《佛學大辭典》,凡三百餘萬言;曰《正續一切經音義》,凡一百十卷;曰《説文解字詁林》,九百九十餘卷。皆紙貴洛陽,風行海内者也。今仲祜讀書益勸奮,其學與年俱進。不爲商,不爲官,而以著書起家。硯田無惡歲,信然!仲祜積賣文之貲,尚能捐此巨款,吾知擴而大之者必尚有其人也。願吾族人其共勵焉。

卓武人,不能文辭,因激於公義,乃涉筆記之如此。

亡室丁安人節烈行略

周建標

安人丁氏,諱瑶貞,字叔媛。世居無錫南市橋之上塘,系出元萬户府諱進五後。本生祖諱瀚,陝西甯羌州知州。祖諱升,邑庠生。父諱棠,候補縣,署福建龍溪縣知縣。母畢太夫人。兄名紹儀,誥封朝議大夫,知府銜,前署福建上洋通判。弟名紹廙,軍功賞戴花翎,欽加副將銜,現署福建長福營參將。女兄弟四,安人其次也。母疾,嘗刲肱和藥以進。道光元年辛巳,先王父懷西公移守漳州,先君與龍溪公交好。聞丁女多賢,爲標聘焉。少標二歲,讀書明大義,嫻《内則》,果決如慧男子,得父母歡。甲午,標年十九,入閩就婚。丙申冬,標偕安人歸。

安人奉上以孝,御下以慈,而秉性嚴正。婦女有不飭,不相接洽。或銜之,安人忍受不較,待其久自悔悟而已。龍溪公居廬遘疾,左右無人。安人巫醫祈禱,經歲不懈。既卒,哀毁踰制。畢太夫人殁於楚中,聞訃,號慟幾殞。喪還,哭如之,鬱火結成痔瘍,爲畢生患。先妣龔太安人恙喉痧,安人苛癢抑搔,刻不離側。臨危執安人手,戟二指示意,曰:"以此累汝。"蓋標一弟未婚,一妹未字也,安人以冢婦持家,事死事生,一於誠敬。迨標後母王太安人來歸,安人奉還家政,旦夕問視,不以後先稍失婦道。標弟妹婚嫁,悉窺先君意旨,未嘗吝嗇存私。撫標後母弟如己同胞,弟亦嚴嫂甚於所生。己酉大水,年饑,先君爲標兄弟析爨。汚萊卅畝,僅給饘粥。又值連年蝗旱,標不善治生,束修所入,無補食用。安人耐苦習勤,米鹽薪水,料檢錙銖。遇有亟需,典質釵鐶以應,節省取贖,如是爲常。標反享受清閒,終年若無事。辛亥,標得安人兄助資爲國子生,兩度秋風。金陵失守,去冬借試浙闈,又以先君喪,不得與試。今春,安人兄閩中書來,知爲標納粟,得光禄寺署正銜。安人曰:"吾望君得第,甚於得子。今仍以他途進,命也。"

二月,賊陷長興。葬我先君。安人念全家宦閩,先世墳塋俱在慧麓,道梗不克瞻祭爲憾。四月朔,賊合敗兵竄入邑境。安人從娣鄧攜老幼來依,以其不載神主而遷也,讓之,而優待如初。初十日,賊陷錫城,四出焚掠。隔湖火光燭天,村人惶遽議徙。安人不欲行,標曰:"亂靡有定,行將焉往?賊所不即至者,以無舟耳。賊苟得舟,湖濱皆非樂土。若斷塞湖口,聯接各山,使之首尾相應,不難暫保偏隅。而人心已涣,奈何?"安人曰:"舟中豈能持久,而危險更有甚焉。吾意決矣,必不如彼忍辱偷生也。"呼僕婦尤媪進曰:"負若工值,任若取之。去留若自擇焉可也。"媪曰:"安樂共而憂患離,吾不爲也。誓死不去。有懷二心,明神殛之!"垂涕而散。十七日,賊揚帆而來。標恃膽與抗,幾罹首禍。翼朝麕至,彼此倉皇出奔。安人顧謂標曰:"各自爲生,毋牽連也。"遂偕女伴共匿密室。賊竟搜及。安人見勢不良,委棄一切,袖刀出,媪從之。與標遇,亟共伏山谷草間。初夏,草生未茂,另覓茂草不得。賊突入,標就荒冢以避。頃之,聞安人罵賊聲甚厲。欲前,則又賊阻,神魂迷惘,不知所爲。迂逕追之,及祖祠。見安人披髮履水,坐而淚,促標速行,曰:"毋爲賊得。"標曰:"毋畏,俟我回家一視,即來同汝歸。慎勿輕生也。"安人曰:"諾!"比至家闃然,而安人則已殉節於邵家池矣。標痛極,亦投於池,媪力持不死。就水負安人屍出,取一扉置之。易去溼衣,覆以錦被,哭守至暮。有族翁過,懇相助舁回。衣衾含襲,皆標自爲。明午得棺,草草入殮。即日權厝於先塋昭次。嗚呼,傷哉!

安人罵賊後,即引刀自刺。媪止之。賊怒,脅行至池,見從娣鄧溺死。安人曰:"得死所矣!"遇某姑曰:"而女擄矣,何不殺之。且而兒女多,何不留子去女,以一死繼之。"賊怒甚,舉刃背擊安人肩。安人奮迅投池,媪援之,如是者三。再後賊又遥睨。媪防加謹。安人曰:"汝勿害我。我何人,豈爲賊污者?但我死,主人恐不獨生,非汝誰救?汝服事主人,亦須如我在日。我在九原,自當佑汝也。"言訖,即沉於深淵。媪又下,力竭不勝復援。安人遂逝。嗚呼,傷哉!時咸豐十年庚申四月十八日申時也。生於嘉慶二十三年戊寅二月二十三日子時。年四十有三。

是日,標諸母行,凡在舟者僅以身免。他舟覆溺無算。二十日,賊又至。六嬸母程孺人紿賊,脱叔父於難,投池死之。更有孕婦王,聞夫趙擄,走入蘆渚死。賊刳剔腸胃,藁葬後山。附掇及之,以見全節之未可多得云。七月朔,賊驟至,焚殺淫掠更慘。標家遂無絲縷存矣。此時孑然一身,煢煢孤立,既憂家難,又困飢寒,真有求死不得之苦。嗚呼,申今以觀,安人之死,未始不爲前知者。

標與安人倡隨二十五年,平居賓敬,遇事箴規。夫婦也,勝於益友。今欲如安人者一言以泄胸中憤悶,亦不可得。而謂標又何聊賴於世哉?還憶曩年標病,安人不食不寢,常致積勞同病。今秋標瘧痢纏綿,委頓欲絶,無有過而問焉者矣。媪爲祈代,安人見形夢寐而痊。夫以媪之愚忠難矣。是非安人之賢有以感乎,使之中心悦服,亦曷克臻此哉?安人揚皙頎頤,博唇秀目,鬒髮長可委地,摘蘭蕙插之,旬日猶鮮。精女紅,雖尋常衣履,裁製新奇,不同俗豔。繡字尤妙,轉折次第,筆法毫忽無差,而姿媚較勝墨書。自奉甚約,修祀維虔,脱肉作魚,造次必以正,縱盛暑寒,不假人手。他人效之,亦未有如安人之甘旨者。暇率僕婦藝蔬,紫茄白莧,瓜果圍牆,盆盎栽花,四時不絶。所居之室,謦欬無聞。奩鏡縹緗,燦然羅列。夜輒篝鐙誦唐宋人詩,遂亦能詩,兼能繪事。惜不多作,作亦不存。兹得絶詩九首,敷色花鳥二幀,劫後餘灰,覽之彌增辛楚。近喜閲明李殉難事,逢人道説,聽者厭聞,不知安人意有所託也。居恒每謂標曰:“我病不宜男,君亦羸弱。我在,君可無虞,萬有不齊,何堪設想! 小家女無可入吾夫婦目,其尤者力所難爲。假我數年,終當爲君成之,苟延後嗣足矣。否則亦免君重暮淒涼也。”因以相對欷歔。凡兹情景,猶在目前。轉瞬滄桑,杳如天上。嗚呼,哀何可言!

自安人亡後,室中蚤晚常聞異香。寅夜有光,圓轉類火,聚散不一。今夏,牕外榴開繁豔,具有啼慘之狀。入秋,梨實落而復敷榮,白花紅葉,帶雨悽然。咸以安人靈爽爲言。嗚呼,誠形明著,理固然耶? 其不然耶? 當此喪亂未平,身游沸鼎,同穴之期,逆知不遠,而後死之責,至今百不盡一。在安人縱能諒標之貧,不以薄情見責。標撫膺自問,一旦轉填溝壑,非特安人之大節終湮,他日地下相逢,其將何辭以對? 爰不揣無文,詳次梗概,以俟司牧采風,冀邀天子表閭盛典。伏乞當代立言君子,錫之銘誄詩詞,寵光泉壤,感且不朽。

歲次咸豐庚申季冬月,在制髮僧周建標拉淚謹述。

書丁安人傳後

丁福保

丁安人,諱瑶貞,余祖姑也。適櫝山周氏。咸豐十年,殉粵匪難。數年前,余家修輯宗譜,從《聽秋聲館詞話》録出祖姑所作小詞二首,刻入譜内之《傳家集》。然欲求其遺事,已不可得矣。今年二月,得新陽趙丈静涵書,知藏有余祖姑丈周準之所撰《丁安人節烈述略》一篇。余七月間至滬習醫,受業於趙丈。趙丈遂以《節烈述略》及蕭敬夫先生所撰之家傳授余。曰:“此《節烈述略》藏之已四十年。其間書籍之散佚者,不勝枚舉,而此稿則頗愛惜之。已丑冬,曾攜此稿隨薛星使至海外,擬丐星使爲之傳,而未果。至今歲,始知丁安人即吾子之祖姑,遂丐桐城蕭君敬夫傳之。其《節烈述略》叙次美備,余已録副,他日預備江蘇文徵之選。其原文及蕭君所爲之傳,吾子其藏之勿失。”福保展讀之下,既喜祖姑之節烈,得彰於五十年之後,復悲周氏無後人,恐不能將此文登諸周氏家乘。余小子他日如能重修宗譜,此文當敬謹刊入,以誌不朽。光緒辛丑七月九日,丁福保謹記於滬江客次。

(丁錫鏞等纂修《[江蘇無錫]南塘丁氏六修真譜》 1924 年木活字本)

海神廟燈祭會序

丁 浩

竊維明州瀕海,時多駭浪之虞;崧嶽降神,特顯迴瀾之力。恭惟境主敕封善濟昭澤侯王羅公尊神,僊窟丹成,職司海甸,鹹塘澤沛,世沐神庥。海舶猝遇夫波濤,神燈屢著其靈異。頌德歌功,尚切輸誠於薄海;春祈秋報,敢忘託庇於明神。境聯桑梓,列東西南北而居中;時擷蘋蘩,擬禴祠烝嘗而殷薦。爰於孟春元夕,燃萬炬兮星輝;洎乎季夏中旬,效千秋之嵩祝。籌添海屋,日永蓬壺;泉汲神漿,波澄金井。此際銀花火樹,幻成海市之奇觀;頻年甘雨和風,長拜神恩之普護。崇廟貌於四百年以降,欣瞻海宇而常清;守成規於五十載以還,願酬神功於不朽。是爲序。

海神廟燈祭會緣起

丁　浩

境廟燈祭相沿已久，相繼實難。自乾隆五十一年間，五境祀户醵錢捐貲，置有田畝店房，議給輪承當辦。嘉慶元年，輪逮中境，大約息微費重，猶然疐後跋前。其時朱公諱虎臣、楊公諱廷佐、張公諱懷英、沈公諱在正、朱公諱秉時、王公諱永昌、周公諱覲賢、朱公諱永欽、王公諱永言，及我祖諱紹堂，又復議捐立柱，各出己財，並稽折酒貼鄰，分存境友。迄今五十餘載，所積已裕，所需細目悉詳老簿，續增附列新規。則夫妥神靈者秋報春祈，既貴隆其禮數；承先業者飲和食德，尤宜擴其規模。庶幾獻歲迎新，咸頌卿雲之旦；不獨銀花火樹，侈張元夕之燈。

道光辛丑歲太簇月穀旦。

宗祠臘祭記

丁仲舉

祭不欲數，數則煩；祭不欲疏，疏則怠。吾族宗祠之祭，每歲二舉，外此無聞焉。非敢怠也，費不敷也。仲思人子之事父母，朝夕視膳，奉養無方。迨其後有服官者，遊幕者，服賈者，比至改歲，或賚銀以供甘旨，或備物以娱高年。爲父母者，亦倚門倚閭以望之。子孫之於祖宗，何獨不然？是以古人制禮，月祭時享，而歲終又舉行臘祭，亦之死而之生之意也。《月令》："孟冬臘先祖，五祀。"鄭玄註爲"蜡"。然臘祭先祖，蜡祭百神，昔入辨之甚詳。晉張亮云："臘者，接也。祭宜在新故交接也。"道家言五臘，十二月正臘日爲王侯臘，則臘祭之在十二月，而不在孟冬明甚。

歲戊辰，仲與族叔快然、再堂，族弟得天，又輪充宗祠司值。越三載，辦祭之外，贏餘錢八十四串。於辛未六月，置得日字一千三百二十七號田壹畝捌分捌毫。即於是冬十二月二十一日，將是田所入之息辦祭席四桌，偕族長衣冠羅拜於宗祠中。祭後飲福，族人曰善，名之曰"臘祭"。祭甫畢，族弟邦俊、景申、繞瀾，堂姪鷺飛，復將乙丑、丙寅、丁卯三載辦祭贏餘錢七十一串，置得湯字五百五十一號田壹畝肆分捌釐叁毫。並於臘祭前一日放焰口壹壇，於追遠之意更爲肫篤矣。第事固難於圖始，尤貴於善終。使仲甫啓其端，而無族弟邦俊諸人共襄之，保能久而不廢乎？且其中積儹生息，得天、鷺飛之力居多。於是誌其緣起，俾後之司祀事者踵而行之也可。嘉慶二十二年歲次丁丑長至前一日，三十一世孫仲舉百拜謹識。

（丁南生纂修《[浙江]蕭山丁氏家譜》 1932年木活字本）

卜氏宗譜

先賢卜子祠碑記

瞿　溶

國家崇儒重道，凡先賢支裔遷居他郡者，例得建專祠，請官祭，予祀生，以奉其先，不特宗子之襲經博者克纘承先緒也。

吾郡千乘侯梁子、須昌侯商子，其後裔之居常州者，皆建祠請祭，而卜氏獨缺然。卜氏之先有名勝者爲文學。卜子五十五世孫自前明洪武初，由河南温縣遷居常州，迄今四百餘年。子姓蕃衍，登科第、宦中外者，已數十輩，爲吾郡巨族。蓋文學源流，尤遠且大矣。先是勝之六世孫大韶，始建祠於郡城西門外海子口。入國朝，徙郡城化龍里。嘉慶十七年，十三世孫桐高等因祠宇湫隘，不足以昭祖德而妥先靈，再徙於迎春橋周家巷，爲今先賢卜子祠，然尚未遑請官祭及給襲祀生也。道光三年，十二世孫汝鼎等始賫譜牒走鉅野，呈請於其宗子經博君卜先立具詳衍聖公，移咨蘇撫韓中丞，轉飭常州府長吏，於每年春秋上戊致祭，並予襲祀生二人。於是卜氏宗祠遂與吾郡之先賢梁子、商子二祠埒。祀事定，汝鼎等寓書都門，屬溶爲記。

溶惟文學卜子去今幾二千年，而訓典垂世，炳如日星。士大夫家沐浴遺澤，罔不欲奉瓣香而尸祝之，况其爲子孫者乎？梁氏、商氏亦皆以支子遷居吾郡，其建祠給祭，歷年已久，況卜子尤爲聖門高弟乎！宜汝鼎等之追慕先賢，不遠數千里奔告宗子，思奉明禋以昭祖德，以妥先靈也。溶猶憶登第之前一年，歲癸酉，家居里中。適卜氏先賢祠落成，見其規制宏敞而嚴肅，並聞其族姓僉以請祀爲亟。今汝鼎等得遂所請，欲誌諸貞珉，以示後世。溶因不揣譾陋，而爲之記。

賜進士出身誥授中憲大夫吏科掌印給事中掌山西道監察御史前翰林院庶吉士瞿溶謹撰。

（清卜起元等纂修《［江蘇］常州卜氏宗譜》　清光緒六年惇本堂木活字本）

于氏宗譜

光緒九年在日本國寄黔中家書

于德棶

德棶自光緒七年辛巳歲三月三日拜別後，其時正丁憂賦閑，人口嗷嗷，異常困乏之時也。則奔走於黔嶺、蜀山、巫峽、鄂水、湘江、洞庭。只因命運不辰，復馳驅於青草湖、岳陽樓，重遊武昌，迭趨漢口，再走過赤壁黄岡，吴山皖水，又飛渡瓜州口、黄天蕩，復飄至上海、粵洋，今又到黑水茫茫之日本國矣。回憶命之苦，運之否，於我爲極。現在海島寄跡，身羈異國，如入虎穴龍潭之中。將事業稍稍理出頭緒，則又聞家中失和，煩難之件，令人心寒。夫家徒壁立，食指繁增，單靠我獨木撐拄，務望和氣撙節，代爲支持，勿忘前苦，至爲籲禱。伏憶先大夫筮仕秦西，廿有餘載，迭遭兵燹，其境況之苦，家中人諒亦深嘗。特以日久，想俱忘却。而德棶所歷艱難，尚略記注，故迄今丁憂無路，補實錦岡巡檢，將奉札到任，即丁憂。服滿，正值停捐停保，本職歸選，得缺無期。既不能歸湖南原省，只好隻身出洋。憑空奔來海外，舉目無親，於萬難謀爲中博此一途。幸而境遇漸可，實未敢荒唐，縱齒餘牙積，節穿儉戴，均以顧家爲事，不使闔宅稍受饑寒者，皆從苦裏得來，夢寐中未嘗稍忘也！

憶昔咸豐九年庚申秋，吾父交卸鳳翔經歷，聽差郡城，則瘠况頻臨。然不過家貧乏僕，自己不能不效童僕之役，斯亦常情，無足怪者。至同治癸亥元年前八月初四日卯時，遭鳳翔回逆倉猝之變。彼時僑寓南門外，舉室驚逃，家屋拋去一空。全眷弔城乃上，假寓甕城廟内，衣被皆無，又值大雨滂沱，饑寒交併。德棶深愧穉年，難助父力，良深憂憤。因見父延王耀斗甥弔城至原住宅内奪物，渠以"古老錢財，窮人性命"之語，辭而不往。側聽之餘，德棶即自率一傭，冒險弔城而出。先將箱籠奪獲，繼則物件書畫攘歸。城中難民麕集，旬日間佃屋不出。至半月，始賃得周姓屋一間，月租八貫。全眷棲身，父則就寓巡查局。德棶日則購物送家造食，夜則侍父局中。被圍既久，舉室患役，棶亦重病，而以乏僕，必自買藥，一方須經四五鋪始能購全。其負病行走之艱，不堪厥苦。每至小巷街頭，難民男女病斃者殊多，尸積滿道，其未斃而將斃者，七竅小蛆生滿，蠕蠕往來，臉目皆赤，吐洩徧地，目之頗生惻悚。

同治二年癸亥七月初九夜，賊從西門破城，已經上登女牆者百多人矣。彼時德棶在南城外黔軍營中宿，夢裏驚覺，只聞鎗炮人聲貫耳，火急跋城回家報信。苦乏燈油，全家舉措無法，嚎啕大痛。生死交關之候，老稚存亡之秋，此景此情，何堪回首。幸得黔勇捍禦，殺賊保全。迄今思之，不覺毛髮俱悚矣。圍城年餘，油鹽每兩皆易錢三百，斗米易錢廿五貫，有銀無市。城門緊閉一十七個月之久，煤柴燒盡，日食雜糧，以麥麩醋糟代柴作炊，每造一餐，誠非易易。父病將愈，甚想雞食。通城罕有，偵知謝姓僅存一隻，以五貫錢易獲。攜家，即生一蛋。將黄熬油，燒煙過癮，繼炖食之，病覺迭愈。因黔軍募到，父獲營務處差。棶則文案挂名，按月博得薪資，均供家用。恃有黔勇，棶方敢率營夫出城採薪。有樹木處，皆離賊巢甚近。賊追來，速急奔回；賊返去,薵爲搬取。至是,則炎火可免缺乏矣。

癸亥冬,解圍。父差已滿,月俸即停。而薪桂米珠,嗷嗷八口,待哺甚切,日無進益,焦灼曷罄。只得親往東門外回賊舊巢,負餘麥歸以濟食,私衷略慰。因降回有曰異心悉生地變,已而父命攜二妹隨鄉人徐虎臣赴西安省逃荒。徒步馳驅,荒煙蔓草,旅店蕭條,夜眠破室,或止宿荒郊。一日奔走甚勞,渴乏水飲,迺至一燒殘破屋,遇一老者求水。又以有井無桶,真有望梅之象。悵惘就道,恐行遲徐,去遠,不知道路矣。備嘗艱苦,乃到西安,尋親覓友,皆不可得。歸依無所,愁慘難堪,而徐姓又恝然不顧,棄我兄妹旋黔。可憐煢煢孑立,囊空如洗,又有八齡小妹累身。輾轉無法,乃餂以甘言,挽懇資助。予銀五錢,已復再求,復與八錢。既得路資,即午遄歸。沿途風雪,足凍手皴,又恐川資不濟,拼命蹈雪急返。同治三年正月初十夜二鼓,大雪,抵岐山縣,遇先君率眷由鳳翔晉省,剛到岐山。將妹攜交,而楙足創已重,跬步難行,迭經風雪,又復感寒成疾矣。而亦未敢聲言,恐貽父憂。正值王耀斗甥到岐亦病,同留養疾。念閤室去省,告貸無門,五夜焦灼,乃成心病。父母臨别,楙身邊僅餘盤費銀八錢,概呈慈顔,少助途用。自念隻身困苦,固不足惜,竊恐舉家前往,途路尚遥,旅費欠缺,何以到省,心殊懸懸。留岐半月,病愈進省。全家猶寓於開元寺斌升店内,典當一空,炊煙幾斷。嗷嗷八口,斗米三金,饑民滿城,居實不易。父則求差不獲,出門無衣。當其時也,復誰過問?真是名場潦倒,世路崎嶇,困苦情形,筆難罄述。山窮水盡,只得典衣一襲,獲錢五百。星奔鳳翔,向黔軍哨官鄉人吴德富公借獲十金。飛馳旋省,勉度一月。父又於屠、徐二公處通融,方能暫爲敷衍。因見活瓢死水,終非久局,向鋪賒四兩銀子醬豆,販運甘肅行營易售。烽煙連野,晝夜奔馳,其苦更甚往昔。幸獲利數十金,爲同行所忌,陰起劫心,遂不分星夜遄歸。宿草屋,棲窑洞,忍飢捱餓者三晝夜,始達省城。到屋,家用浩繁,米珠薪桂,不兩月,復爲烏有。可憐先父母於焦灼之際,萬難之時,見兒女輒加詬誶,憒施夏楚。因思父母憂心如焚,皆由家務窘迫之故,曷若出外圖謀,或可助其急焉。因取舊券,奔河南何夢廬處索債。徒步廿三天,乃到汴梁。詎料世道艱難,人多負義。至彼,既不(睟)〔謀〕面又弗招留,幾幾乎淪落大梁。百計尋覓,躭延半載,始獲念金。

甲子八月二十二日回西安。父已於七月委署咸陽分縣,私心叩謝彼蒼默佑匪淺矣。交篆後,兩袖清風。楙復去鳳翔蔣雨峯太守署,作書記生涯。不久居停丁艱,回省旋招母故。馳至武功縣捕廳李欣亭署,討賣車賬。沿途迭遇回捻各匪,幸而免死。到武功,復遭赭寇圍城,助守兩月。脱圍,收賬旋省,添還喪葬,家用仍乏。復往河南中牟縣何夢廬處,討獲百廿金,歸來支持半載。父得查街差,繼委虢川釐務。己巳秋差旋,飭楙回黔就親,給土藥二百五十兩,易銀七十二金作旅費。特以嗷嗷八口,竊喜家尚有餘蓄多支時日。楙步行長途,雖云極苦,一人受之,殊不爲苦,是以未敢勉求多給。

回黔後,先奔至望安江安定營,向德楷兄假獲辦婚費銀五十金,函撥省城糧台付給。旋省川資,尚是售皮衣充費。庚午三月初十日,假廣袁花餘母舅宅内,房屋二間,草草成家後,圖獲省城糧台事務。當差半年,鄂帥更動,復往江西張羅。始就巡檢,赴都驗看,試用楚南。同治十一年二月三日,至長沙稟到。八月解餉回黔。十二年五月,親去桂林迎請胞伯勉之公回黔。次年十月仙逝。光緒二年丙子返湘,補麻陽縣高村巡檢。摒擋巨款,赴秦迎養,並搬取繼母弟妹三柩到湘。父不欲閒居,改官鄂省。一面送鄂候補,一面挪費扶柩回黔安葬。旋湘,將之履任,聞父在鄂病耗,星奔湘水。夜渡八百里之洞庭,四晝夜馳至武昌,視疾垂危,而人地生疎,婉求父躬,復往長沙。臨登舟時,父病危甚,人衆驚懼。俄而眼目角弓,頭顱下垂,轎送上船,心實危之。楙雖扶輿隨行,常行窺問,得父一應,則於萬分驚怕中稍有一線生機。幸解纜後,微覺清爽，愁衷略釋。夜則牙關緊閉，氣幾欲絶。默禱虔求，參茸迭進，人乳多服，始覺轉危爲安。即放棹南上，途中亦幾瀕於危，擔心懸膽，怖悸非常。而洞庭無風難渡，誠恐途中不測，何所措手？幸遇順風三日夜，得至長沙。先乘小船趕至城中，遍尋佃房，覓有十餘處，於小東茅巷租定三進公館，火急挪扯押佃百金交後，躬親掃地糊窗，函託同鄉假借家具，一面飭輿迎父許。父未至，憂慮復生，誠恐舟泊城外而薨，如何得安？心似火焚，輾轉不安。想親迎江干，則佃房内無人主持。正一人徘徊無主意間，約兩時許，輿始至。掀簾迎喚，父小應聲。負至房床，頭垂難立。用被數床，迎面枕頭，緩緩舉目向㮾曰"汝作事求實，吾死亦放心。深恨我上無以對祖先，下無以對兒女"等論。當跪於床榻前，稟慰曰："求父安心調理，指日定當全愈。"隨蒸參乳敬上。再飭迎庶母弟妹上船。柬請四醫診治，衣不解帶者匝月，而用度浩繁，囊中空乏。日則四出張羅，夜必湯藥親視。於斯時也，真是腸針釜蟻，度日如年，更難言其苦處矣。無奈百計千策，難回天定，竟於光緒五年已卯歲冬月十五日辰時，慘遭大故。呼天號泣，痛不欲生，父子恩情，傷何極矣！彼時豈難一揮慧劍，侍父九原，徒以親櫬未安，弟男無倚，自歎自解，留此軀殼，勉去傷懷，了當大事。惟幸前由鎮遠購帶陰沉上等枋板，以充棺櫬。謹備衣衾，親視含殮。庚辰春，扶柩並送庶母及德坤弟暨七妹八妹回籍。水道行五十日，到貴州鎮遠府。沿途遭木排撞舟之險阻，逆水惡灘之艱難，幾於心力焦碎矣。將到鄉間，深慮田房皆無，若大家人，憑何作驅風避雨之處？煞費經營，始獲倉後街公館居住，贖取黑坡田業度日，卜葬父於甘家堰。因欠外賬至千八九百兩之多，不能不奔來海外，謀求歸楚云云。

（于德㮾輯《[貴州貴陽]于氏家譜》　民國二十六年石印本）

于氏祠田記

周　煥

于氏祠田肇置於宋迪功郎丕基，後益於明知府嫡祖宗之義門長史鄭楷，撰記暨碑久矣。考其初規六宅，各一人司租，每歲春秋祭儀併輸國税，餘者儲之祠以須公費。邇來司非其人，侵匿充橐者有之，甚而將田質鬻者有之，宗長憂焉，投牒於官，得復其田，乃命孫森乞記於余。蓋祠田歲久失其常而之變者，勢也；變矣乃復返於常者，宗長之力焉可泯也？雖然，尤有望焉，爲于氏子孫者於復田隆祀外，更丕揚其遠且大者斯可耳。否則孝道甚宏，豈僅僅復田爾乎？勉旃！勉旃！周煥撰。

（清于賢一達等纂《[浙江]浦陽西溪于氏宗譜》　清同治八年篤彝堂木活字本）

寸氏宗譜

祖墳影像跋尾

寸開泰

古者墓而不墳，至周始有封築，然其制不同。有若堂者焉，有若坊者焉，有若覆夏屋者焉，有若斧者焉，皆所以識久遠也。吾族始祖兆域於和順後山撒馬壩，葱葱鬱鬱，佳氣特鍾，鳳嶺來朝，盈江環抱，塽塏寬平，頗占形勝。牛眠吉卜，馬鬣封崇，其墓道初題曰"漢寸太師慶公墓"，乾隆壬寅年重修，改題曰"明德逸諱慶寸公之墓"，仍藏舊石於塚中，迄今百數十年矣。陵谷變遷，銅駝荆棘，而此塚巍然獨存，自非鬼神呵護，何能如斯。其二世祖成、亨、通、堅賜葬處皆不得其詳，惟成、通二支子孫附葬於公墓前者甚多，即移寓洞坪之澮公，仍歸葬於此。首邱之正，古人所重，今恐日久傾圮，特攝始祖佳城之影於譜内，俾後人觀覽而興拜掃之思焉。開泰謹跋。

宗祠影像書後

寸開泰

《禮》：君子將營宫室宗廟，爲先聖人明命鬼神，以爲天下則，教民反古復始，不忘其所由生。此後世宗祠所由昉也。宗有大小之分，繼祖者爲大宗，繼禰者爲小宗，有百世不遷之宗，有五世則遷之宗。親親故尊祖，尊祖故敬宗，敬宗故收族，祀禮所以教敬也。吾族繁衍，散處各方，而總祠則建於和順大石巷口，經始於嘉慶中，其後屢有增修，而正堂，而右廂，而左樓，而前廳，而大門，而欄干，而月臺，而花園，而廚房，而廁所，牆垣階級，無不備具。依山面水，占據地形，種樹栽花，點綴風景。妥先靈而安神位，每年春秋祭祀，僾乎見而愾乎聞，外盡物而内盡志，極愛慤著存之悃，展焄蒿悽愴之誠，藉以統宗會元，報本追遠焉。披是圖者，其亦生仰止之意，竭力從事，以報其親歟。開泰謹書。

（寸開泰纂修《[雲南騰沖]寸氏宗譜》 民國二十八年石印本）

仇氏宗谱

新遷鞏昌府儒學記

仇　敬

學校之設，所以明人倫而重治本也。自古帝王之有天下，未嘗不以此爲重。明以武功闢九有，以文德綏萬方，故凡郡邑皆設學，選民間俊秀，命師儒以教育之，復命憲臣以提督之，恩至渥也。是以人才之盛，前代莫及。士生斯世，何其幸與！鞏昌儒學建于宋紹定間，淳熙（整理者按：此年號有誤）中增脩之，元季毁于兵。洪武三年，勑天下新學校，於是更創建焉。予奉命來守是郡，視其地卑下，逼近城池，每霪雨，水輒漶漫，慨然欲改建之，乃首捐己俸爲倡，聞者欣助。買城東軍營民地一區。長五十一丈，闊則少長五之二。復遷某氏祖地而建明倫堂。木植之蠹者易之，甎瓦之壞者補之。肇功于上年九月，落成於是年冬十二月。殿堂、門廡以及明倫堂、齋室、神廚、牲房，靡不備具。

予惟堯舜之道乾道也，夫子翼之曰："君子進德脩業。忠信所以進德也，脩辭立誠，所以居業也。知至至之，可與幾也。知終終之，可存義也。"乾乾惕若，閑厥放心，則至善存焉。操存少懈，惡自妄生。雖契復教以人倫，亦僞而已。鞏昌之俗淳樸，不事技藝，有忠信之資者或未好學，有脩辭之學者或未立誠。自今行必慊心，念念無妄，性與天會，則德日進。言必顧行，事事無妄，倫由性敘，則業日修。於戲，人皆可以爲堯舜，多士勗哉！

（清仇昌祚等重修《［山西曲沃］仇氏家乘》，清康熙二十年木活字本）

孔氏宗譜

厚德堂記

吕伯傳

嘗聞德賦於天而具於人。惟行得於己，斯澤被於人。德也者，美善之名也。故《洪範》有“三德”之稱，《周官》有“六德”之號，《大禹謨》則曰“九德”。此言德之修於身也。《盤庚》曰：“施實德於民。”《小雅》曰：“既飽以德。”《傳》曰“子其德我乎?”此言德之及於人也。“君子進德修業，”《易》繫之矣。“民之秉彝，好是懿德”，《詩》詠之矣。故求其德全於己，而人聞風而向化焉。豈易言哉！

余自乾隆庚戌館於四十五都之鳳梧書室，六載，而門弟子之游於泮水者十數人，後閣廣禘字祀先者，亦拾芹而去。數年後游盤山，宿于祀先家，盤桓數日，偶至一堂曰“厚德”，額曰“厚德培風”。細覽之，係乾隆十四年三月縣尊張公朱梅所給送之匾也。余詢其由。祀先曰：“我曾祖諱毓柱，字君萬，秉性誠樸，不尚浮華，日與昆仲子侄輩説敦倫崇實之道、興仁講讓之事，以至家喻户曉，革薄從忠。一鄉之人皆知節用謹身，而囂凌之陋習化而爲醇厚之休風。縣主聞之，賜額旌閭，且給頂帶榮身。此額所以至今尚存也。”因請記于余。

余以爲人受天地之中以生，人同此心，心同此理。爾祖之德既厚而化，而導之一方之人，其德亦歸于厚也。舉子三諱：傳金，傳玉，傳旺。克承父志，廣其惠于人，故孫支之繁昌視他族爲更盛。《易》曰：“積善之家，必有餘慶。”信不誣矣！其以厚德名堂也固宜。今記之，以待家乘之重修，付諸梓，以垂不朽。時嘉慶四年歲次己未三月，邑廪膳生舜授氏吕伯傳拜譔。

恒德堂記

孔廣柳

記者何？紀實行也。作記者何？以今日之所知，而併欲使後人知之，是以記之。自記者何？蓋先人有可表著於世，而人不能代爲彰明之，是以自記之。憶祖髫齡遂失怙，賴陳氏太祖妣鞠育成材，以綿嫡支之傳。并賴庶祖妣吴氏青年守制，節操松筠，享壽八旬有五。後邑主崔公，諱之煒，贈以“鶴壽松貞”之匾，而不失祖考飲賓之名。惜也，祖年二十，萱花彫謝，故不能功舉子業。事庶母不殊生母，待二弟無異胞弟。然平生性情勿營華屋，勿圖功名，不食膏粱，不衣文繡。崇血食，飭家風，惟以詩書教子爲志，禮延師傅，獨任館東三十載。經營義利，跋踄杭城二十年。長伯諱友三，芸窗半生，屢試不獲售。次伯諱新三，應試冠羣童。士林咸稱爲文壇宿將，場屋無不敬服其學問，竟不能少獲一衿，以慰先祖之願望。即柳也，生不逢辰，仰體先祖之遺志，假館金以苟圖徼倖而不能。志雖未滿足，力有未逮也。豈先祖畢生之志竟付之流水以没世乎？嗚呼，命也！後之覽者，亦將有感於是夫？時道光丁酉嫡孫廣柳。

新禧庵記

孔昭融

吴寧之南有山曰盤山，高聳天表，嘗有雲氣往來於其上，遥望天台、雁蕩諸山，如相連接。世傳梁昭明太子羽化於此焉。山之陽平蕪十里，則爲下田，兩澗夾流，萬山四合，遶抱村墟數百家。蓋孔氏族聚於斯者已二百餘年矣。依山枕水，列嶂開屏，南控天姥、會稽，西接麗州、温郡。峰欲迴而徑仄，轂相擊而肩摩。越關山，悲失路，幾動離人唱《行路難》曲也。里中善士某等爲之首倡，鼎建梵宇於水口獅屏之麓，通衢孔道，結屋懸崖，儼然齊雲上舍。爰捐錢若干緡爲創造資，捨田若干畝爲久遠計。議請高僧住持方丈，得朝夕施茶，沁征旅熱腸，駐行人繭足，意在斯乎？夙聞台邑净慧寺禪號新溪，諱法象者，悟參一指，罷脱六根，松風水月，精華仙露，明珠朗潤。遂乃躬親上剎，訂請開山。而新溪上人亦即慨然願往。爰於庚戌之春，攜其徒曰一居化者，仝振招提，裝就如來七寶，衣缽相傳，牟尼一串，又復傾囊錢建舍宇香積禪房。花濃春静，或坐蒲團入定，或扶藤杖看雲，或賦新詩，或招歸鶴，潭影空心，山光悦性矣！而且茗爐之宿火時燃，自乏望梅夸父；航海之浮蘆初泛，寧來痛哭步兵？指迷途其未遠，點頑石於三生。須菩提於意云何，觀自在亦復如是。而里小諸善士之本願其亦可以大慰矣！爰名其庵曰“新禧”，并爲之記，以示將來者之世守清規，其不忘夫佛祖西來本意也可。時乾隆六十年歲在乙卯十月望之又五日，峴東郡庠生昭融撰。

（《［浙江永康］孔氏宗譜》 1919年木活字本）

孔氏山莊記

鄧　翔

雲巖之下曰蒲澗，有蘇長公游蹟。嘉慶間，孔熾庭編脩偕張南山司馬等七人，沿澗築雲泉山館，粵中風雅壇坫稱最焉。同治元年，其季子廣陶爲生母梁太淑人卜兆，得白雲東峯厝之。山對雲巖，左坡墓成，築層閣于坡上，晨夕瞻望。蘇賡堂給諫牓其閣曰“陟屺”，誌孝思也。閣下多脩篁，因勒雪堂湖洲畫竹于壁，自系以詩，題曰“雪湖篁影”，追千古風流，成兩世風雅。編脩君有嗣音矣。若夫山閣點綴，補入雲巖畫圖，又當與山館詩編不朽也。同治二年歲次癸亥仲夏中澣貢禺周浚霖書丹。

本族賑饑並禁賭小啓

孔廣鏞、孔廣陶

竊以饑饉薦臻，情殊可憫。賭博沿習，法所不容。風俗既日就澆漓，饑寒更日形交迫。故鏞等於前年重修祖祠，整飭族務，位置井井，誥誡諄諄，建務本所爲我族蠶桑之區，補種竹松，爲我族藩籬之衛。所冀奉公守法，孝弟力田，不負區區苦心，無愧海濱聖裔耳。詎料五年水旱，務農者尚溝壑堪虞，而同溺字花游手者仍禁諭不改。正當分晰善惡，獎罰勸懲之時也。况本歲春耕失望，秋獲無成，計待哺則四五百人，恐絶糧在正二三月，必得按丁給米，庶緩須臾。溯道光間，先大夫榮禄公倡賑於前，朝議公繼賑於後，推木本水源之義，如己饑己溺之心。鏞雖不才，敢弛先志？兹首先倡議，幸衆樂成，分别册名，按照均派。定於本月廿一日起，在祥齋祖祠前分送。男女大丁，每人每日一升；男女小丁，每人每日五合。一月三次，十日一分，悉依向章，無所增減。情殷周急，豈有彼疆此界之殊；志在必公，斷無此嗇彼豐之弊。分派之日，務望男女有别，長幼有序，毋争先後，毋致喧嘩。而後使盡心者不至勞心，盡力者不虚竭力也。至於族中向來收買字花，私伐松竹之人，無論男女，本應扣除。然姑念或爲衣食妄求，遂至挺而走險，再與自新之路，勿爲舊染之污，及早先圖，毋貽後悔。倘更有不知自愛者，得米易錢，别希妄想，俱一經查出，均應立即停止。輕則懲以家法，重則置以官刑。既藉延生，可忘正業？切宜自重，慎勿自欺。從此勤儉相成，必獲一歲四秋之慶；友愛相卹，同敦一本九族之風。是鏞等所厚望於我族伯叔兄弟者矣。謹此佈聞，并祈原鑒。同治三年臘月初十日廣鏞、廣陶謹啓。

闔族致廣鏞廣陶等謝啓

敬啓者：耕田而食，唐虞先土穀之修；粒我烝民，后稷以稼穡爲本。迨後救荒之策十二條，經其常，尤權其變也。溯夫彩虹僑寓羅格有莊始祖雖(當)〔嘗〕托跡南荒，早已關心農事。嗣是，後人繩武，棲畝餘糧。不料六年水溢，百室磬懸。陳平無糠覈之肥，公信有蕨薇之餓。鴻嗷可憫，鶴俸誰分？兹幸賢昆仲克承先志，大發慈忱。解囊不吝乎青蚨，載橐先籌乎白粲。更爲廣勸同心，用成集腋。告糴有類於泛舟，均給遂周於比户。一升五合，大小分明。十日一期，密疏停妥。由是家堪饘粥，屋蓋炊烟。屈指可及瓜期，覿面應無菜色。歲當甲乙，呼鮮癸庚。是皆深念乎棠棣行葦之情，以致有此葛藟根本之庇也。從此含哺鼓腹，務盡力乎農桑；守法奉公，戒馳情於賭博。飽德者恒每飯之不忘，施仁者自百祥之迭降。曰云改歲，人占大有之年；爲善於鄉，神錫戩穀之慶。敬修寸楮，用達謝忱。

(清孔廣鏞等纂修《[廣東]南海羅格孔氏家譜》 清同治四年詩禮堂刻本)

尤氏宗譜

述祖詩

尤侗

小序

吾夫子嘗曰："某殷人也。"而《離騷經》亦云："帝高陽之苗裔兮，朕皇考曰伯庸。"蓋古聖賢人尊所自出如此。吾尤氏自閩遷吴六百餘載，夾處姑蘇、毘陵之間，傳二十五世矣。家譜之作昉于太常同父公，繼修者蒼梧十峰公、京兆西郇公、大參迴溪公、比部南華公，至方伯雲谷公欲修未遂。今族人允祺刻于錫者備矣，獨蘇譜合焉而未詳。自司徒守元公著《萬柳谿邊舊話》，擴元公廣爲《近話》，後亦未有續者。小子侗伏處菰蘆，每念先人嘉言懿行昭灼若此，後世子孫日煩，德業日微，既不克紹承遺烈，且泯滅是懼，用敢採摭家傳，擇其文行最著者四十二人，附見列女四人，次爲歌詩，并注本事，以志不忘，俟諸百世有所考焉。其他名在中下者，概從闕文。語曰："君子疾歿世而名不稱。"亦以風也。昔謝靈運作《述祖德》詩，衹敘太傅車騎之功，而不及諸謝。吾家世德庶幾邁之，然而文詞不及古人遠矣。康熙九年歲次庚戌秋八月既望二十二世孫侗拜譔。

若稽吾宗，昞季受氏。越唐光啟，爰居固始。卜遷于泉，嫌名去水。世有聞人，載在閩史。五傳入吴，系爲别子。尤之先周文王第十子昞季，食采于沈，爲氏。閩人避王審知諱，去"水"爲"尤"。

别子爲祖，待制肇封。少年避難，徒步江東。西禧作室，自石考宫。漢壽告夢，天誘其衷。縱横翰墨，以貲自雄。三致千金，比陶朱公。右氣如雲，左氣如松。楝城虎伏，玉堂花穠。乃分二子，繼别爲宗。始遷祖贈待制公諱叔保，宋天禧間，自晉江至長洲，居西禧里。祈夢關侯祠，手賜錫器，中書成字。占者曰："器者，皿也。皿加成爲盛。公其居錫而盛乎？"遂遷許舍白石里。爲人正直，以書畫名世。晚年頗雄于財，園亭池舘爲一時勝。嘗游福勝寺，午睡，覺有老僧坐其旁，告公曰："吾居鳳凰山，禪定百年，傳相氣之法。見公左鼻氣如松，右鼻氣如雲，子孫貴不可言。今祠額名"雲松堂"，蓋自定也。許舍山深多虎，公命蒼頭拾楝子百斛，置繩股中，埋于四圍。不數年，樹長如城，虎不敢入。山中人德公，號楝城云。堂有玉蝶梅四十二株，公書"環玉堂"顔于梁間。後文獻四十二歲而入玉堂，此其兆也。

在錫有終，在蘇無己。有終早世，亦既抱子。烈哉少婦，伏劍而死。無己游俠，義形閭里。殪二淫人，荆卿一匕。惟烈惟俠，其後大起。贈少師有終公，諱大成，早夭。夫人范氏年十九，哭泣三日，抱孤兒付徐少姑曰："姑無子，以我子爲子可也。"言已，持夫故佩劍自刎死。有司給粟養孤，表其墓曰"貞烈"，贈少保。無己公諱大公，有勇任俠。鄰右許氏婦與人私謀殺夫，里宰發其事。官曲聽，入里宰罪。公奮贖之，一夕持刀登樓，斬二人首以出，遁歸西禧里。

堂堂文獻，駿發吴趨。弱冠登朝，翱翔亨衢。端委東閣，運籌西樞。帝賜上尊，命繪尤圖。

溯公仕籍，大觀元符。不洛不朔，無咎無譽。榮華壽考，元老規模。文獻公鵝津，諱元更，名輝。年二十一登宋紹聖元年進士，仕至兵部尚書、知樞密院事、觀文殿大學士、少保、贈少師。壽八十五。上賜壽觴，繪圖進覽，題曰“尤圖”。

司空繼序，蜚聲玉局。勘破本來，遽返初服。天龍一指，九龍用六。終老覺林，悟成一宿。亦有道人，含丹辟穀。令威歸來，尸解何速。仙佛一家，邈焉高躅。工部侍郎九龍公，諱著。宋紹興二年進士，生而右手六指，四歲尚未能言。忽遇老僧抱公曰：“六指禪師，其生于此乎？又落富貴劫矣！”公曰：“别來乎恙？”相對而泣。自此能言。甫耆引疾致仕，營覺林寺老焉。一日見老僧復來而逝。從弟太學生諱時泰，舉博學宏詞，除國子監主簿，不赴。嘗得王八百井中儲丹食之，遍游名山，號浩光道人。一旦還家，年已百歲，顏如嬰兒，子孫俱亡，獨兩曾孫在。侍奉又二十年，無疾化去。五日聞棺中呼人名，啟視，惟一玉冠、一履而已。

孝哉陽秋，歿身布素。聞殺色變，以母之故。孝乎惟孝，子孫孺慕。雲耕養志，結客景附。排難殉身，同穴泉路。哀哀蓼莪，吴塘廬墓。世德格天，風雨靈護。贈少師陽秋公，諱申。以母死于劍，戒家人不得言殺。布衣食淡，人稱爲清素道人。三十生子，遂與鄒夫人别居。鄒年百有四歲。子贈少師雲耕公，諱時亨，有曾參之行，傾財好客。爲里人蕭氏辨冤獄，以勞瘁死。耿夫人一慟而亡。公與夫人生同年月，死同日，亦一異也。子文簡公，卜葬吴塘，廬墓三年，始葬十日，月夜見萬燈滿湖，叱聲震地。公懼，隱喬松之下，聞空中語曰：“此地發福三百年，彼人子何德而異之？速令發去！”又聞空中應曰：“尤時亨累世積德，袤又純孝子也。”空中又曰：“世德純孝，可當此地矣！其善護之！”紹興十四年秋事也。

文簡挺出，應召神童。讀書萬卷，裒首南宮。誰與頡頏，有二文公。昌言議禮，易祖爲宗。過官封事，移孝作忠。排秦攘諱，羣蠱畢攻。早賦《遂初》，御墨如虹。闡揚理學，發矇鼓聾。龜山玉泉，吾道南東。儒林尸祝，千載欽風。文簡公延之，諱袤，五歲能詩，十歲以神童薦，二十二歲禮部試第一，(延)〔廷〕擬狀元，以不呈卷秦檜，易之。登紹興十八年進士，與朱文公同榜。楊文公同官舘中，有尤楊之目。太上崩，公定號高宗，洪邁請易世祖。公執奏：“太上親爲徽宗子，子爲祖，父爲宗，失昭穆之序。”邁論遂屈。光宗以疾不省壽皇，公上封事千言，駕即日過重華宫。韓侂胄以應辦超授四階，公論罷之。又奏汰中宫謁廟濫賞官吏百七十二人。張説入西府，公率三舘上書，忤旨補外。陳源、姜特立召用，公抗疏，極言二人之惡。不聽，遂乞歸。自號遂初居士，光宗書“遂初”二字賜之。公從喻玉泉游，得楊龜山之學。今東林書院七先生並祀云。仕至焕章閣待制、禮部尚書、少師、贈太師。所著有《遂初稿》、《梁谿集》。

五湖公子，方外司馬。百花滿身，二泉盈野。太常清齋，性躭幽雅。晏坐竹林，緑雲瀟灑。刺史五經，銜官屈賈。棄二千石，賣文吴下。迪功薄宦，省親乞假。白首邱園，圖書陶寫。處士潔癖，顛迂流亞。焚香騎鹿，一塵不惹。五老雖殊，並稱達者。兵部侍郎五湖公諱棐，生而全體刺百花鳥雀。性豪華。以蔭仕二十年，極聲色之樂。許舍山中，井水鹹苦，人飲澗水，多患腹疾。公夫人高氏夢神人與一鐵柱，恍惚如金色。泉水湧出柱下數尺，驚覺。久之歸寧，輿中見山間一柱如夢，問女使不見也。命僕以松樁識之，召匠鑿不十尺而水湧出，甘淡不異二泉。鄉人作地溝分注數十井不竭。吴承相有《二二泉銘》。太常寺博士與平公諱概，宋淳熙二年進士，人稱爲“真書橱子”，以其肖文簡也。少無宦情，在仕籍十年，半在告。甫壯懸車，築室萬竹中，晏坐焚香，泊如也。所著有《緑雲寮草》。廣德太守率齋公諱棟，十歲通五經，十五已開萬卷矣。登宋景定三年進士，以秘書正字出守，不樂吏事，告歸。二子燾照高隱能文，一時江南金石文章皆其父子之筆。迪功郎與茂公，諱森，宋慶元五年進士，監潭州南岳廟。父寶慶太守諱衮，致仕。公遂乞歸養，絶意仕進。家貧以圖書古玩娱老焉。處士正平公諱梁，性好潔，雖畜妻妾而不喜近。一日數盥洗，不飲酒茹葷，好熏異香。狎一馴鹿，所至隨之。人謂公從仙位中來云。

莊定翩翩，少飲香名。繩其祖武，小同康成。繼典秩宗，進參宰衡。弼予俾侯，爲國梁楹。五世三公，一人所榮。優游緑野，洛社耆英。散金贍族，重繭歸誠。室有孝婦，姑目再明。天壽平格，接踵簪纓。莊定公木石，諱焴，年十九登宋嘉定元年進士，與文簡公同戊辰科。仕至禮部尚書、端明殿大學士，封毘陵郡侯。告老林下者二十四年，築圃西湖，花木秀野。度宗嘗幸其第，題柱間曰：“五世三登宰輔，奕朝累掌絲綸。”縉紳榮之。晉江宗人每歲來覲，贈遺甚厚。置田十二頃，以贍貧者。事詳門人趙探花《端明日曆》。夫人吴氏甚孝。姑(兵侍夫人)患目疾，每發劇，幾欲投水。吴夫人慟哭籲天，刺臂血調藥以進，姑目遂愈。

衛尉文人，匪重世胄。薄榮慕古，河汾教授。將作嗣美，吟詩解綬。三世莫京，司徒特秀。

髯之超羣，革言三就。貂蟬上公，勳名輻輳。晚號知非，豈其思舊。萬柳谿邊，話深堂構。嘆絶哲弟，高蹈巖岫。陳東謝翱，風節先後。君子表微，宜志史右。衛尉寺丞宗英公，諱燿，世家，好文。諸生受經，歲以百數。公擇其貧者給食，次者給毫楮。門人益親。甫仕，即拂衣歸，教授如故。子將作監主簿公垂公，諱帶，博極羣書。以詩牾達者，去官。所著有《復初齋稿》。三傳至司徒守元公，諱玘。長身美髯，才略過人。元初辟爲中書(椽)[掾]，仕至户部尚書，封魏郡公。非其志也。晚年更號知非子。從弟大學生終慕公，諱山，守節高尚，有勸之仕者，輒以醇酒醉之。私謂家人曰："吾家三百年科第，十世冠裳，宋恩渥矣。吾何忍失身二姓乎？"司徒退居萬柳谿上，日聚親族談先世事。著《舊話》三卷。以太學終焉，即公猶心愧之矣。

少卿篤行，爲母忘身。楚材晉用，遭際真人。達視所舉，薦由文成。履虎不咥，存没交旌。太常寺少卿休齋公，諱良，失愛嫡母，事之甚謹，刲股愈疾。省試第一，舉元致和元年進士，不仕。明洪武初，以劉基薦召封稱旨，除閤門使，數賜飲膳，屢有建白。上嘉納之，賜俘一人，進少卿。卒，御撰文祭之，給舟賻鈔，特恩也。

萬户談兵，羈縻僞國。總管賈勇，裹尸馬革。出也非時，風雲失色。味菜懲羹，耕田自力。惠及饑人，式飲式食。尤圖尤渡，偏爲爾德。蠡瀆梁溪，古今同則。萬户和齋公，諱義，沉鷙多謀，注《六韜》《三略》。擒湖盜王竿六，憲使禿堅不花敘爲護民巡檢。又承制授義兵千户，皆不拜。張士誠據吴，與公結納，薦于朝，授浙江宣慰，管平江萬户府事。公懼，不敢辭，竟以憂卒。子草亭公，諱國祥，博學，舉通經，不就。補處州路總管府判官，詔權父職。張氏强驅用之，[多]膂力，善騎射，平營之戰死焉。公嘗游中原，訪豪傑，交中山王，而不識真主，命也。夫子味菜公，諱居敬，避張氏黨禍，棄西禧鉅萬資，潛跡迴溪。奉詔闢蕪田廿頃，開池獲金，捐賑飢民。民德之，稱其地曰尤圖溪，有渡曰尤邨渡。

少參端慤，克孝則友。不邇狎邪，彼婦出走。患難相扶，緩急時有。嫁卿阿鶩，不愧死友。辭尊居卑，挂冠褻牖。東里當國，咨嗟良守。五馬造門，篲擁老叟。寧安湫隘，違恤衿肘。學爲人師，俎豆不朽。參議退菴公，諱安禮，性篤孝，與弟文節友愛。生平講學辨認理欲甚真。嘗行委巷，邂逅一姝獻笑，公亟避去。同舍生試之，引至妓家。公望見卻走。有友陳文學當戍，泣謂公："吾必不生還，妻少且更嫁矣。如弱息何？"公曰："子弟往，我在，無慮也！"未幾，友死。公賑其妻，得守節。娶其女爲子婦。女有疾，或難之。公曰："吾豈食言于亡友耶？"卒娶之。公中建文己卯榜，教諭崇安。滿考，諸生詣闕請留。命增秩還任，尋擢兵部郎。整飭陜右驛傳。用尚書楊翥薦，召拜祭酒，辭。改授中丞，又辭。乃除貴州參議。條上利弊二十事，上嘉納，行之。既而謝病歸，貧甚，絶不詣人，人亦罕見其面。太守況鍾八覲楊文貞士奇，問公起居，況無以應。楊曰："公爲廉吏，不識尤文度耶？"及歸，訪之，得一老絡絲巷中，布衣芒屩，環堵蕭然。況見所居隘陋，欲割官地益之。不可。遺以金，亦不受。今專祠有司祭春秋。

恭靖明道，醇乎醇儒。辭禄將母，垂釣溪魚。彼何人斯，捧檄絶裾。齋莊中正，禮樂詩書。復性至命，濂洛玄珠。文清剩夫，服膺非誣。中憲優學，報政洪都。以死勤事，賢哉大夫。恭靖先生十初公，諱文。究心理學，以復性至命爲究竟，持敬凝静爲工夫。誦讀端莊，言笑不苟。徵孝廉，以養親固辭。母嗜魚，日釣溪鮮以進。廬墓六年，不御酒肉。年踰八十，講學不倦。詔授七品服，徵書有"志懷堯舜，行合閔戌曾"之語。薛文清贊像，陳剩夫序其《語録》，門人私謚"恭靖"。同知斐菴公，諱實。洪武丙子，魁《春秋》。永樂(而)〔丙〕戌，擬會元。主考王侍講達，公内戚也。避嫌去之，乃特疏薦公授南昌府同知，尋攝府事，多善政。會征銅羅障寇轉餉，染瘴卒。贈中憲大夫。

菊軒作述，是父是一。絳帳傳經，聞者興起。永昌治行，龔黄媲美。矯節開倉，更追汲史。訓導菊軒公，諱謙。居家孝友。嗣恭靖講學，門下弟子數百人。周文襄舉任武進訓導，不就。同知静菴公，諱謨，景泰庚午舉人。薦爲國子助教，以父老辭歸。除遂安令，潔己愛民。毁尼寺，材修學宫，尼配鰥卒。升永昌府同知，以擅發粟賑飢而罷。永年善政，發奸擿伏。救死積薪，殲厥羣秃。選部通才，揚清激濁。代吏受過，長者論篤。介特自守，圓融混俗。精悍有爲，藴藉悃愊。博文多識，不事表暴。待詔數言，知我太僕。知縣公厚公，諱淳，景泰癸酉舉人。令永年，浮慧院歲一僧焚身，公疑，率兵往覘。有僧縛置積薪。命解縛下之。僧泣曰："乞食濟上。道人挾我來，醉以醇醪。醒而身在薪上，口塞不能叫呼。"公鞫得其奸，伏法。焚寺。子少卿篤菴公，諱樾，正德戊辰進士。任文選司郎中。考功署焚，巡風罪當戍。公言于冢宰曰："令甲任滿，當改官者。公罪例得免。某請獨當之。"遂上疏引過。詔勿罪，擢太僕寺少卿，而公歸矣。文待詔徵明狀云："公介特自守而圓融渾物，人不知其操。精悍有爲而悃愊藴藉，人不知其才。博文多識而不事表暴，人不知其學。"數言殆知公者。廣文吉夢，龍袞親裁。伯姬殉節，止水堪哀。健令强項，抗服千崖。氣凌貂□，義感魔槐。納饘棘寺，投刻烏臺。故人麥飯，不敢言財。名同筆公,古之直哉。教諭友梧公,諱輔,初冠,廪食。夢王耐菴贈詩有"龍袞親裁第一人"之句。及廷試,上躬御文華殿校第,批公卷第一。分教登封。孺人成氏從公游學靖江。江水夜溢,家人倉皇升屋。孺人整衣欲上,問:"爾等衣耶?"衆謝不暇。孺人曰:"安有男女裸而可苟活耶?我獨留死耳。"衆哭請,不應。明晨水退,坐死榻上。知縣十峰公,諱弼,成化癸卯舉人。令楚雄,迕督府,調江川勘諭,千厓宣撫使刁怕落,絶公飲食者三日,詞色不撓,乃聽撫。補崇陽,疏陳時務,事涉劉瑾。瑾令客刺之。客隱梁間,見公食菜,伴當赤脚,義發躍去。瑾誅,補蒼梧。公嘗交吴廷舉于曩首吏部時,躬進飲食,護往雁門。吴起副使,公令其邑,爲言兵使朱志榮、太守曹琚相倚爲姦。公揭之。直指憎其亢上,排之幾死。賴吴力救,免歸,茨居草食三十年無怨言。吴公巡撫江南,籍豪强産千金饋公。公遺書譙之。吴式廬引過,執手勞苦,涕淚俱下。菜羹麥飯,淹留竟日,既登輿,大聲曰:"愈奇,愈奇!難得,難得!"京兆謇諤,青蒲敢諫。扈從威儀,至尊稱善。雪罷雲中,揮金不盼。跡類簡傲,性實剛健。鶴湖山人,逋仙再見。樂志園林,移情藝苑。第五之名,驃騎不羨。順天府丞西邨公,諱魯。嘉靖壬辰進士,擢給事中。諫燒丹,劾方士。世廟南巡,以公容貌宏麗,首選扈駕,日三顧問。有邊帥失倖璫意,逮至。公破首明無辜,獲釋。帥進千金及寶鼎玉帶,悉卻之。進京兆,推升浙江巡撫。旨未下,聞父病,遽□□。公性剛嚴,遇事奮發,不顧利害,故居鄉得簡傲名,然實正大偉人也。弟叔野公,諱質,著作甚富。公卿翕然稱之。入太學,吏部試第一,授京衛經歷。佐膳皇城,賜金幣,遷耀州佐。不樂仕,請歸。聚奇石,栽異花,藏金石書畫,結客游山,賦詩飲酒。家畜二鶴,嘗扁舟放鶴于芙蓉湖上,人稱爲鶴湖山人。

卓爾參政,名冠南畿。建儲止醮,風生小儀。牢籠宇宙,鼠視分宜。提兵嶺外,蛾賊戈麾,五十八穴,我陵我池。築城十七,屹壯藩籬。餘威赫濯,歿作靈祇。雲中躍馬,角奔六師。邛州博雅,名父佳兒。雲鴻小隱,紅箱出奇。參政迴溪公,諱瑛。生之日,適得少參公遺像,童齒高岸。太僕公奇之,曰:"吾祖像至而生,祚有徵矣。"解綺金半臂爲贈。中嘉靖癸卯解元,甲辰進士。爲禮部郎。三疏諫醮,兩請定儲。卻蜀藩饋,辭騎馬贄,皆千金。上聞其名,且不次擢。忤嚴嵩,補嶺東兵使。公素雄武,計擒僞王李廣目,平寇穴五十八,築十七城。進三品服俸。公没爲神,民稱尤太師,軍稱尤恩主。凌尚書雲翼率兵攻大帽,誤入鐵峒。公忽現雲中,萬軍呼爺,轉敗爲功。凌爲同年,覩公貌如平生,爲之感泣。廟祀十七城,廣人祈禱如關侯焉。所著有《迴溪集》。子邛州判鏡湖公,諱鏜,博學有名,薦録大典。除邛州,不就。築雲鴻館,著書自娱,有《紅箱集》、《停釣書》、《酒志》、《護鯖録》。王緱山爲立傳。

迴山碩德,易名貞孝。洵美英姿,下筆敏妙。子弟從游,琴詩寄傲。擴元餒而,不忘家教。有才無命,三君是悼。文學迴山公,諱璿。宿學德行,門人私謚貞孝先生。子文學洵美公,諱鈿,才名甚盛。從游者多達。屢試不第,寄興山水詩酒,間嘗感時事,借楊椒山名,作《王勃然變乎色》文,至今傳誦。文學擴元公,諱錝,著《萬柳谿邊近話》,無子,門人文質刻之。小秋循吏,宛平萊陽。保障弭寇,煮糜救荒。不拜三公,白首爲郎。顯允方伯,仗節清剛。布公鎖闈,矢直封疆。上交不貢,下交不攘。擒苗馘播,武耀鬼方。帝曰咨岳,銘功太常。投簪告歸,終老桂薑。刑部主事南華公,諱際昌,隆慶庚午舉人。令萊陽,清隱田,革小丁,拒礦使,備海寇。遷宛平,歲旱,奏發倉粟,捐俸煮糜,有循吏名。雲南布政雲谷公,諱錫類,萬曆庚辰進士。分校北闈,江陵相以少宰司空子爲託,謝絶之。守真定,吏進羨餘萬金,卻不受。巡撫檄取常例,持不予,被劾。部議直之,調襄陽,而巡撫並罷。一縣令懼大計,殿餽二合于公。公坐,堂皇發函,得金爵貯庫,參黜焉。擢貴州副使,值楊應龍叛,署監軍,寔無一兵。公計借土苗,勦撫互用,卒平播賊。晉雲南方伯,敘功推巡撫,而公不能事權貴,中格。七十致仕。居鄉,有富人子以千金請托者。公曰:"吾如節婦,垂老失守,可乎?"其介行如此。吾祖肯堂,上梁龍見。榜曰逢辰,七葉累驗。後進寥寥,衰門中斷。我生不辰,滋之永嘆。初文獻公創書堂于許舍山,上梁日,龍見,故榜曰"逢辰"。後文簡公袤、莊定公焴、太常公良、太僕公樾,相繼戊辰高第。府丞公魯壬辰,參政公瑛甲辰,布政公錫類庚辰,猶驗。嗟予王考,至德天全。賢良文學,孝弟力田。家傳一經,日讀百篇。才綜鉅細,□達經權。再贊荒政,茂宰推賢。清議格物,鄉約敷宣。大夫式廬,饋乞賓筵。車馬冠帶,賁及九泉。匪爵是榮,維德之傳。吾聞君子,善必稱先。先烈備矣,家乘昭然。後有作者,胡不式焉。小子作歌,以俟如椽。文學清宇公,諱挺秀,性孝友。母夫人臥病經年,侍湯藥,籲天請代。兄佻蕩廢業,負逋。公代爲償,且割産讓之,卜地即以葬焉。博學尤精《易》,以教子及孫,老不釋卷。戊申,吴中歲饑,長令祁公承爜聘公主賑,民沾寔惠。卒事,餘百金,歸縣。縣以歸公,公不受,乃置學田,以贍貧士。葉令成章雅重公,公知無不言,言不及私。惟本區水鄉征苦輸,公請諸令,得列十八水區,區人賴之。辛未大水,公復助孫令謙上請蠲十之五。生平重然諾,解紛排難,里人多質成焉。講明鄉約,尊爲鄉祭酒。太守陳公洪謐舉鄉飲禮,肅公爲上賓。年八十二卒。詔給七品冠帶。

二十二世孫侗百拜謹譔，玉峰門人徐元文百拜填諱。

郡城尤氏宗祠記同邑雪堰橋庠生

吴治允冠甫

《禮》曰：“君子將營宫室，宗廟爲先。”宗廟者，祖宗神靈之所式憑也。尤氏系由鎬洛派衍晉江，自宋贈待制叔保公由閩遷吴而還，椒衍瓜綿，子孫振振繩繩，有年有幹於兹矣。厥後派别支分，遷徙不一。其地凡平江、雲間、毘陵、京口諸郡邑聚族而居者實繁有徒。而各支多有分祠，祀待制公爲不遷之祖，而以遷祖配之。然或圮或建，興替存亡，指不勝屈，姑不具贅。至若西禧之文獻公祠、惠麓之文簡公祠炳燿耳目，録諸祀典。唯常郡城支族屬萃涣不齊，爰是宗祠未建，殊爲闕典。同治庚午春孟，族祭酒蓮溪彙邀各支宗喆、維初、霽軒、馥堂、士惠、永章、啟裕、儀俊、復之、濬遠、芝崖等集議曰：“吾儕戴高履厚，託祖宗庇廕，幸沐雍熙，緬維報木追遠之舉，莫宗祠先也。”此唱彼和，僉曰：“維命！”奈苦無公帑，棘手堪虞。於是共商照丁籌資，有力者復酌捐佽助，玉成斯舉。遂相宅卜基，適小河沿嘉樂觀巷内有某姓屋出售。前進三間，第二進和合廳六間，雖不鳥革翬飛，而美奂美輪，尚稱合式。因倩篤信親友議值成交，鳩工整理，權設待制公并常郡各支先祖神位於其中而祀之。迨辛未長至，修理既竣。乃虔備庶羞，集族人落其成，且藉以介丕祉焉。烏虖，崇明德之維馨，以妥以侑；嚴明禋於報本，于豆于籩。繫世之奠，昭穆之序，親疏之别，尊卑之秩，胥於是乎在，所謂一舉而數善備焉者也。余嘉尤氏諸君齊膂勖勸，尊尊親親，以成報本追遠之業，爰爲之記，俾刻譜中。將使尤氏子姓有以考郡城宗祠所由始，且使後之繼起者知初時締造之不易，勤加修葺，勿使傾壞焉。時光緒元年歲次乙亥小春上浣。

採芰家祠記

吴治允冠山

尤氏自宋贈待制叔保公由閩遷吴，而後或居錫之許舍，或居蘇之西禧，人文蔚起，科甲蟬聯。文獻、文簡二公俱有專祠，春秋戊祭，殺青史乘，載有祀典。爾後遷徙不一，支别派分，各有支祠祀其始出之祖，配以遷祖。惟採芰一支緣族寒丁稀，有志未逮。同治辛未，尤君道南倡議建祠。竊念本宗夙無公帑，若照丁籌捐，僅有二十餘丁，殊多掣肘，姑商諸伯叔兄弟。此倡彼和，僉曰：“此誠善舉也，爾既有心，吾儕自當竭力從事，以襄厥成。”於是相土諏吉，庀材鳩工，經之營之，成於不日。權建一進四間，設神位而妥先靈。倡其議者爲道南尤君，襄其事者則興茂、興南、耕壽、金孟、東瑞、小榮、永根諸宗彦也。道南意欲遲一二年，俟各稍有羨積，再建大廳、後進。不幸天不從願，道南赴召修文，事遂中止。嗚呼，因族立宗祀先有廟，以孝子慈孫之素而成報本追遠之舉，苟非光前裕後者，曷克臻此。今因族纂宗譜，興茂、耕壽、東瑞等囑余一言記其事，因書之，以誌勿諼。光緒元年歲次乙亥蓉月下浣。

洛陽板橋在水祠堂記

尤玉如松齋

粵稽尤氏，自我祖文簡公錫邑分支來居於常，已二十有八傳矣。文簡與楊龜山、喻玉泉、李小山、蔣實齋爲東林道學儒。其專祠在梁溪惠山之麓，與秦華諸名祠相鄰近。至枝幹之殷繁，科名之顯赫，於梁溪爲最盛。厥後子孫之散處者不一，或在蘇之長洲、葑涇，或在杭之錢塘。而元季兵變，仲明公由杭避亂於常，實爲毘陵之始祖。越數傳，至信卿公諱實，信卿之侄諱瓛者，相繼掇巍科，登仕籍，而昔日書香之盛又爲之克紹焉。源之遠者流自長，信不誣也。又數傳，而至信卿之孫敬修公，自毘陵移居洛陽板橋里，即文簡公十一世孫，而我之始遷祖也。積於今三百餘歲矣。而信卿之宗譜屢次失修，久欲建祠，又復不果。不特文簡公之一線幾於失傳，而先人之廟食亦久替矣。不肖所以日夕切心而有隱憂也。爰集族分永裕、觀周、永興、迎龍等四股公捐。七房分將墩基一塊，魚池屋四楹，捐入公堂，改作分祠，仍四股派丁修輯之。庶文簡公數百年未墜之脈一旦之繼，此即子若孫莫大之孝思，而我祖在天之靈亦默佑以福矣。矧玆墩之勝廣不過數百武，而清流在抱，遠挹諸山，挺然於平夷曠野中，而英秀之氣，蜿蜒之脈，又盤曲於其下。安知非天將昌大我後人者而先爲之鍾靈乎？繼今植桃柳，栽芰荷，花明柳媚，掩映清泉，亦佳麗地也，雖梁溪之名勝不多讓焉！庶益足以妥先靈而來止來寧也夫！凡我同人共襄厥事，且勒之石，以誌不朽。乾隆丁未中秋月裔孫玉如觀德拜識。

在水祠堂妥侑先靈，創於乾隆丁未，擴於嘉慶乙丑，誠善舉也。後轉因在水屢被淹没，遂遷於小村之前，今又頽敗實甚矣。將約合族子孫捐貲修理，以復先人舊觀，未知果得如願否也？尚賴先靈默佑，庶幾得鳩厥工，預誌於此。道光歲次戊申裔孫瑞元謹誌

（尤浩鵬纂修《［江蘇常州無錫］尤氏常錫宗譜》 1915年遂初堂木活字本）

萬柳溪邊二話後序

尤慎言

不肖隱居西山，自課子耕讀外，不復問塵囂事。適爾延侄輯譜告竣，復以《溪邊二話》執卷相商，言此書凡我氏之忠貞節孝、文才品行咸備焉，今板籍廢失，若不繼譜授梓，將高曾懿行湮没不傳，凡我有心，能無恫乎？況近來各房節操文行亦復彬彬不少，概見集附編末，并以垂戒後昆，相傳世美，誠盛典也。余曰："然，此固賢子孫事也！"爰囑之樹莘弟。弟曰："是余之責也夫！是余之責也夫！"奈館於鵝湖，不便參訂，因轉命之邇諧侄。侄爲之慨然曰："是刻與譜並垂，一展卷間覺高曾之懿行歷歷在目前也，烏可不修？修之，令後之子若孫見之，如見高曾之懿行，一如見高曾云爾，寧非盛典？第侄分卑才拙，僭筆續修，不共嗤爲妄且迂哉？"余曰："非妄也，非迂也，家有記，猶邑有志、國有史，昔守元公始撰《舊話》，擴元公繼輯《近話》，原欲世世子孫景行維則，期後之有志者纂續不絶云。今特中衰，曷以上繼祖考，下續孫傳？"邇諧侄復作而對曰："伯與兄既樂施剞劂，侄雖不才，何敢多讓焉。前恐嗤爲妄且迂者，今將仰伯與兄觀厥成矣。"余曰："藉有侄爲之參集，庶幾先人手澤不至徒勞於前，同族家珍無復罔聞於後。"噫！今幸得刊集成編也夫，而後得垂戒後昆矣，得相傳世美矣，更得俾後之有志者纂續不絶矣。向邇諧侄所謂今後之子若孫見之，如見高曾之懿行，一如見高曾云爾，不信然乎！余因弁一言，用垂不朽。

時順治歲次辛丑二十一世孫慎言百拜序。

（尤福堂纂修《［江蘇］陽羨溪西尤氏宗譜》 1920年敦敘堂木活字本）

文氏宗譜

六　歌

佚　名

有妻有妻出糟糠，自少結髪不下堂。亂離中道逢虎狼，鳳飛翩翩失其凰，將雛一二去何方？豈料國破家亦亡，不忍舍君羅袂裳。天長地久終茫茫，牛女夜夜遥相望。嗚呼一歌兮歌正長，悲風比來起彷徨。

有妹有妹家流離，良人去後攜諸兒。北風吹沙塞草萋，窮猿慘淡將安歸？去年哭母南海湄。三男一女同歔欷，惟汝不在割我肌。汝家零落母不知，母知豈有瞑目時。嗚呼再歌兮歌孔悲，鶺鴒在原我何爲？

有女有女婉清揚，大者學帖臨鍾王，小者讀字聲琅琅。朔風吹衣白日黄，一雙白璧委道傍。雁兒啄啄秋無梁，隨母北首誰人將？嗚呼三歌兮歌愈傷，非爲兒女淚淋浪。

有子有子風骨殊，釋氏抱送徐卿雛。四月八日摩尼珠，榴花犀錢絡繡襦。蘭湯百沸香似酥，歘隨飛電飄泥塗。汝兄十三騎鯨魚，汝今知在三歲無？嗚呼四歌兮歌以吁，燈前老我明月孤。

有妾有妾今何如？大者手將玉蟾蜍，次者親抱汗血駒。晨粧靚服臨西湖，英英雁落飄璚琚。風花飛去鳥嗚呼，金莖沆瀣浮汙渠。天摧地裂龍鳳殂，美人塵土何代無？嗚呼五歌兮歌鬱紆，爲爾遡風立斯須。

我生我生何不辰，孤根不識桃李春。天寒日短重愁人，北風隨我鐵馬塵。初憐骨肉鍾奇禍，而今骨肉相憐我。汝在北方嬰我懷，我死誰當收我骸？人生百年何醜好，黄(梁)〔粱〕得喪俱草草。嗚呼六歌兮勿復道，出門一笑天地老。

和夷齊西山歌

佚　名

小雅盡廢兮，出采薇矣。戎有中國兮，人類熄矣。明王不興兮，吾誰與歸矣。抱《春秋》以没世兮，甚矣吾衰矣！

（清文嘯山等修纂《［湖南萍鄉］萍西陂頭文氏族譜》　清嘉慶十一年在兹堂木活字本）

文信國公祠堂記

王守仁

宋丞相文山文公之祠舊在廬陵之富田，今螺川之有祀，實肇於我孝皇之朝，然亦因廢爲新，多闕陋而未稱。正德戊寅，巡撫孫公及巡按屠君守巡諸司，相繼謁祠，咸曰："風化之所繫也，盍拓而新之。"以屬郡守伍文定暨縣令邵德容，咸曰："斯有司之事也，敢弗敬承。"上下争出贖金以成兹役。而悉心規畫，守尤罔懈。明年工訖，圮者完，隘者闢，遺者舉，巍然焕然，不獨廟貌改觀，而吉之人士奔走瞻嘆，益翕然起其忠孝之思。則是舉之有益於名教大矣。使來請記。

嗚乎！公之忠，天下之達忠也。結椎異類，猶知敬慕，而況其鄉之人乎？逆旅經行，猶存尸祝，而況其鄉之士乎？凡有職守皆知尊尚，而況其土之官乎？然而鄉人之興慕之也，三有司之崇尚之也，三公之没今且三百年，吉士之以氣節行誼後先炳燿於世，謂非聞公之風興而不可也。然忠義之降，激而爲氣節；氣節之弊，流而爲客氣。其上焉者無所爲而爲，固公所謂成仁取義者矣。其次有所爲矣，然猶其氣之近於正者也。殆其弊也，士流於矯拂，民入於健訟，而猶自是以爲氣節。若是者，容有之矣。於公之道，謂非操戈而入室者歟？吾故備論之，以勗夫兹鄉後進，使之不愧於公而已矣。今撫巡暨諸有司之表勵崇飾，固將以行其好德之心，振揚風教。《詩》所謂"民之秉彝，好是懿德"者也，人孰無是？苟能充之，公之忠義在我矣。然而世之表勵崇飾，有好其實而崇之者，有慕其名而崇之者，有假其跡而崇之者。忠義有諸己，而思以喻諸人，因而表其祠宇，樹之風聲，是好其實者也。知其美矣，而未能誠諸身，姑以修其祠宇彰其事迹，是慕其名者也。飾之祠宇，而壞之於其身，矯之文具而敗之於其行，是假其跡者也。若是者亦容有之，於公之道非毁瓦畫墁者歟？吾故備論之，以勗夫後之官兹土者，使之不愧於公而已矣。

守仁嘗令兹邑，觀公祠之圮隘而未能恢，既有愧於諸有司；慨其風聲氣習之或弊，而未能相與講去其偏，復有愧於諸人士。樂兹舉之有成也，亦惟本其愧心之言而爲之記。

宋丞相文信國公祠堂記

羅　倫

爲臣死忠，爲子死孝，死一也。可以動天地，可以感鬼神，可以貫日月，可以孚木石，可以正萬世之人心，可以位萬世之綱常。《孟子》曰："我善養吾浩然之氣，以塞於天地之間。"夫殺身成仁，舍生取義，非浩然塞於天地之間者，能與於斯乎？若宋丞相信國文公是已。公名天祥，甫弱冠，奉廷對，陳君道之大本、經世之急務，文思神發，萬言立就，可謂天下之大材也。董宋臣主議遷幸，公上章乞斬之。賈似道誤國要君，公嘗以義裁之。吕師孟偃蹇傲命，公又上章乞斬之。勤王詔下，重臣宿將縮頸駭汗，公提孤兵獨往當之。虜至臯亭，三軍震動。宰相遁荒，公挺身獨往説之，可謂天下之大勇也。夫慷慨就義，決死生於一旦，中人猶或能也。若歷履萬死，其執彌堅，其志彌勵，非仁者其能然乎？方公之使虜，詆大酋，駡逆賊，當死。脱京口，走真州，如揚州，趨高郵，抵通州，苗再成逐之，李庭芝疑之，外迫於虜寇，内煎於饑餓，無日而不當死。然後遵海道，涉鯨波，歸立二王開督南劍，敗績於空坑，當死。仰藥於潮陽，當死。絶粒於南安，當死。卒至就囚燕獄，從容南向，再拜而死，震動天地，照耀萬世，可謂天下之大忠也。

夫公之誠，能墜空山之石，能通七里之神，能作廣陵之風雨，能起夷狄豺狼之敬悚，而不能免賈似道之沮，黄萬石之嫉，李庭芝之疑，張世傑、陳宜忠之忌。何也？蘇子曰："其所能者，天也。其不能者，人也。"其斯之謂歟！宋之亡也，死國事者多矣。陸秀夫、張世傑死於海，李芾死於潭，趙昂發死於池，江萬里死於饒，姚時死於常，趙時賞死於洪，先君武岡公死於吉。督府行朝死者不可勝數。雖然死矣，未有如公之出萬死而後死。微子之去，箕子之囚，龍逄、比干之諫，伯夷、叔齊之餓，諸葛武侯之鞠躬盡瘁，備於公之一身矣。自古亡國之臣未有如公之烈也。收宋三百年養士之功，立千萬載爲臣之極，不在於公乎？公非仁者之勇浩然塞於天地之間者乎？

公去今二百年，順天府祠公於學宫，鄉郡祠公於城南，公之子孫祠公於富田。富田之祠，元季兵燹，爲横民所奪。龍鳳間，僉事李公歛冰復之。正統間，知府陳公本深繼之。景泰間，都憲韓公雍奏加謚號，録用子孫。今成化二年，僉憲李公齡來掌學事，以公九世孫繼宗入學，俾公鄉人周丕憲割田贍之。是皆有功於名教，可書。故書之以詔後世之爲人臣者。

六義堂重修記

顔　約

堂以"六義"名，著其志也。構堂者誰？宋丞相文信公之族伯登仕郎蓬山翁也。先世居錢市固塘，爲禾川宦族。至蓬山翁，得固塘奇勝之地家焉。翁子六人：曰明叟，曰翔麟，曰翔鳳，曰昭叟，曰高叟，曰翔龍。俱事經學，研窮六義之旨。迺築堂爲藏修之所。後枕三峰，前襟秀水，清池茂林，蔭映左右。棟宇宏敞，門徑幽邃。清時暇日，衣冠列座，琴書滿几。涵泳乎風雅頌之章，反覆乎賦比興之詞。沉浸其濃郁，含咀其英華。于以感發善心，于以懲創逸志，弦歌之餘，盎然有得。邪穢爲之蕩滌，渣滓以之消融。其於夫子所謂興觀羣怨，邇之事父，遠之事君，多識於鳥獸草木之名者，信乎其有得於斯矣。時信公嘗一登斯堂，以敦同宗之誼，顔之曰"六義"，遂大書以昭揭之，復賦詩以頌美之。龍跳虎卧，勢動軒楹。雲漢昭回，光分卷軸。由是家聲大振，與相鄉仕族頡頏相高。

奈兵燹以來，連雲甲第落而爲墟，丞相墨蹟無有存者，至於今且百五十餘年矣。蓬山有雲孫仲達氏，迺能重構而新之，輪奂翬飛，不改舊觀。復得翰林學士解公大書揭之楹間。前紹興太守彭公之令子汝裘氏爲仲達内戚，知文氏爲詳，爲予備道斯堂之興廢，而囑予敘之。

予謂仲達之重構不減蓬山之規模，翰林之特書不減信公之神妙。矧丞相之雄篇偉句尚有能相傳而誦之者，書之於座，文彩焕然，不可尚矣。以余陋劣無能，奚庸贅一辭於其間哉！既辭弗獲，乃爲述其概。於戲，斯堂之重構也，使蓬山與"六義"之名歷數朝、逾八世而表表愈偉猶一日，非仲達之善繼善述曷致爾耶？繩其祖武，世其先業，紹其家聲，仲達可不謂之賢乎哉！爲文氏之子孫，登斯堂，誦斯文，而感仲達之義者，孝悌之心油然生矣。豈不有能明六義之奥如蓬山之六子者，繇是掇巍科，躋膴仕，不難矣。又安知不能追信國公之盛烈大業歟？其勃然而興也可期矣。余當拭目以俟。

（文家暹等主修《[湖南長沙]圍山文氏家譜》 1931年六義堂木活字本）

壽塔八景

佚　名

雙筆連雲村前有雙峰筆

離奇雙筆聳千尋,縹緲無端住白雲。出岫未攢峰矗矗,連空誰擘絮紛紛。數聲啼鳥飛深處,一片流霞鬬夕曛。更喜山頭圜緑樹,東西掩映望中分。

七星映月村中有七小塘名七星塘

七星旋繞室西東,皓月浮光處處同。俯仰金波雙激射,高深璧彩兩昭融。低縈竹樹依雲際,倒印樓臺入鑑中。愛玩眠遲無限興,莫教蘋末倏生風。

蟾山雨意

蟾山對面不須移,景色晴佳雨亦宜。潤灑巖花紅欲滴,甘飛谷草緑含滋。澗泉奔注東流疾,霧鳥歸來北隴遲。圖畫天然供賞玩,游人停屐倚欄時。

竹院書聲

美竹菁菁春復秋,緑陰深處讀書樓。露寒玉葉聲逾壯,風過烟梢韻共流。和擬鳳凰鳴盛世,清宜律管叶詩喉。罷吟如會心空記,可少此君一日不?

梵宇春晴謂朝陽庵也

春到風光處處新,晴游梵宇更宜人。日高花影千重疊,風暖鶯聲百囀頻。緑樹陰中流水遶,丹霞蔚處遠峰屯。門前一任驅車馬,瀟灑高僧自出塵。

壽岡殘雪

倚檻晴空一望遥,壽岡積雪未全消。花餘松栢疑梅樹,絮落樞榆誤柳條。殘色尚浮明月夜,散輝争似白雲朝。故人門外無須掃,醉酒吟詩復見邀。

桑園鳥語

墻外青青百樹桑,時來好鳥語關關。如催少婦三春日,勤執懿筐十畝間。得地宛然啼竹院,可人恍若噪蟾山。於今領略芳園趣,欲逐珍禽日往還。

桐塢風輕

勝日尋芳汗漫行，盤桓桐塢塢風輕。依微籟發喬枝爽，蒙密陰移秀幹横。擇樹鳳凰應戢羽，披襟童冠覺多情。舞雩自昔資游覽，佳景原因曠悟生。

附祠聯

代遠年湮，縣右生祠安在；

宗功祖德，家東世室常存。

白竹十景

佚　名

白竹垂陰

手澤三竿復兩竿，栽培成蔭漸團圞。一泓水抱眠琴緑，半榻雲垂漏日寒。爲問主人何灑落，每留佳客報平安。此君貴本侯封埒，付與龍孫奕世看。

黄峰飛瀑

蒼翠横空白練飛，風吹不斷落巖扉。問渠活水源頭是，肖彼廬山真面非。倒瀉九天霏霧露，懸噴萬斛碎珠璣。何人足向清流濯，更上高峰載振衣。

雙溪明月

舍北舍南二派流，爲廉爲讓一源頭。波間月點圓珠顆，水底天涵夾鏡秋。想百東坡隨浪化，疑三李白舉杯浮。合將今日前身證，我欲乘槎桂闕游。

萬壽清風

一徑通幽著屐攀，高僧卓錫白雲關。夜敲石火烹飛瀑，曉放鐘聲度遠山。羽化不聞鸞舞曲，松陰自有鶴知還。桑田滄海知多少，惟此清風萬古閒。

禹嶽雲封

孤峰拔地插雲中，咫尺天低頌禹功。高峙城南空宇宙，平連斗北峻衡嵩。洞深烟鎖常疑雨，松老濤翻不假風。擬陟頂湖潭上坐，虹霓爲線釣龍宫。

仙潭烟鎖

昔日仙姑去不留，此潭真蹟自千秋。斜陽半向雲容鎖，紫霧長含水面浮。我欲呼龍乘浪破，誰曾倩鶴御風游。鮫人豈住人間世，何事烟綃織未休。

虎坡牧唱

牧子何知考牧詩，笛横牛背過山陂。閒尋芳草吟林麓，小立斜陽唱竹枝。九十犉歌殘照候,兩三聲弄晚風時。坡前見慣原無虎,放卻烏犍信口吹。

象麓樵歌

上山歌又下山歌,韻應丁丁出澗阿。一闋腔殘紅樹杪,數聲響遏白雲多。隔林長嘯同操斧,空谷知音定爛柯。舊説樵夫曾笑士,試看象麓象如何。

石筍觀魚

煉就媧皇剩一拳,仰觀俯矚印天淵。此人此石三生悟,非我非魚萬象全。鯉欲化龍知有日,筍教成竹問何年。相看不減濠梁樂,爲誦《南華》《秋水》篇。

屏山啼鳥

削開丁嶂列雲屏,屈曲峰排面面青。鳥夢未回人早起,鶯簧頻奏我傾聽。雙柑斗酒攜山郭,戊雨庚晴喚草亭。好爲詩腸當鼓吹,定教崧嶽助精靈。

(《[浙江東陽]壽塔方氏宗譜》 清咸豐元年木活字本)

題可已堂

方山京

有田力可耕,有書勤可讀。人生霄壤間,胡爲圖利禄。名堂曰"可已",知此萬事足。桃李羅前除,子孫常在目。受享百年期,更無榮與辱。笑彼趨炎徒,擾擾空相逐。

芙峰唫詩草

方 鑑

題宗譜匣

帝榆建業肇基悠,傳至方雷幾百秋。厥後孫枝盈大地,當年祖德最中州。嘉言雖有鴉青著,懿行還資鼠尾修。珍重牒編休亂擲,好將手澤付來儔。

山 居

林木參差繞户前,此中生養可怡年。無多則壤供王賦,大半生涯志聖編。時羨旻雲争出岫,頻驚峭壁挂飛泉。四方多事我安枕,不讓桃源寓陸僊。

浪 詠

擺落塵氛把句敲,文爐潑飲異顔瓢。妄思足躡青雲路,脱卻青衫换紫袍。

誕辰自述

倏忽年華近七旬,星星毛鬢一時新。青雲路遠常裹足,南極星高當紫宸。

摇落

落拓經生體，蹉跎六十秋。詩書夙有債，筆墨世無仇。自幼閒來往，終身任去留。遥慙定遠業，頭白已封侯。

構廈

窮巷難棲隱，雕牆分不安。拓基臨水北，築室面山南。營木苦憔悴，論材愧杞楠。蔽身期托足，蓬户賽宫潭。

遣懷

豪傑不虚生，兀然支天地。上爲君國資，下亦民生庇。達人多厄窮，志士困遭際。瓦釜今雷鳴，黄鐘古毁棄。神與造物游，身向壺中寄。春色門外山，孤情道周杕。風月弄還吟，麋鹿友相戲。禹稷並顔回，同道原無異。

田家樂

廬結丹山下，門無車馬填。種桑百餘樹，種稼滿陌阡。衣食既饒足，時節會賓筵。林外雜花噴，晨興鳥語喧。菰米堪作飯，溪魚味殊鮮。稚子解奔走，室婦工絲緜。清泉可濯足，庭樹可怡顔。相忘憂共樂，安識經與權。倚杖閲巖壑，緩步當車船。時唱無腔曲，恒談没字編。梅杏其荼茗，甕缶其管弦。在上遠追呼，在下罕熬煎。熙熙恒自得，邱隴别有天。

君子有所思行

攜伴陟烏峰，凝眸相顧望。城闕儼嵯峨，樓臺暫且莊。長江日自下，喬木變蒼蒼。覽物興長嘆，天道不於常。福者禍之根，樂者憂之秧。昔日崇軒士，今爲田舍郎。紈袴旋短褐，藜藿本膏粱。人生盛行邁，華衰豈久長。朱顔忽已改，白髪俄無光。貪安召傾欹，無逸基厥昌。志士恒惕若，愚昧忘悚惶。慮患苟不遠，徒爲覆轍傷。雲山千古在，仰止起徬徨。

漫興

勾章舊宅居，四明今喬里。址托芙蓉阡，廬結象獅屺。二十鄙邱圖，四十慕强仕。廊廟憶鉅猷，弦歌思鈔里。不料皇路艱，終被室家累。筆底塵漸封，閒齋草將薾。因念鳥休巢，還悟魚伏水。物尚反固然，我豈異乎此？招朋時往來，呼童恒步履。興至發狂歌，憂來恣麴酏。種藥復采芝，烹鮮每釣鮪。休養度餘年，優游終暮齒。

行路難送徐二

泰山高無極，黄河險且深。世路多如此，出門有迷津。君胡悼嘆賤與貧，富貴營求不任人。丈夫四十强而仕，君已六十杖鄉辰。豈徒草木畏冬雪，人亦舒息待陽春。酌美酒，御瑶琴，乘皓月，沸謳吟。人生命蹇終由天，身居窮巷豈偶然。賈生曾爲長沙屈，梁子亦吞海曲冤。子胥極諫浮江上，靈均被放沈湘淵。從來知足能遠辱，功成不退軀難全。惟樂醖常滿，奚憂囊少錢。直須種竹培蘭移甲子，何庸子孫牛馬度殘年。觀絶巘，聽流泉，行路難，君莫前。

闢邪謌

嘅家世兮不知要，畔聖經，逐左道。古初惟有聖共賢，漢後競尚佛與老。斯人氣，聚則生，散則死，雖有銼燒舂磨將奚造。栩栩大夢，魂魄縹緲。子婦哭泣，心焉如擣。何忍簫管啁啾，鐘鼓伐敲。尤怪親本無罪着僧道，破獄超仙，彊作假悲悼。咄，蠢愚兮不爲怪，我家儒冠儒服，煽得舉止顛倒。誦彌陀，皈老教。廢鼎牲，設齋醮。把稱仁說義肝腸墮入歧途惡套。嗟乎哉，畔聖經，逐左道。

對酒唫

夕陽影亂日沈西，老子窮途懷蕨薇。錦庭花漫來明月，郇廚烹膳進甘肥。秦箏音何壯，胡笳聲正悲。東君肆華席，賓舊酌金罍。夜烏聲嘹催飲醁，拍手高聲鼓一曲。寄語臨安諸少年，蘇小呼盧酒未足。吴宫謌舞地，芳草冷荒邱。阿房覆壓三百里，楚人一燎煙花浮。白雲繚繞幻奇峰，倏忽縹緲散長空。冰山光曜齊靈嶽，朝暾甫及杳無蹤。古人知命何曾憂，北窗高臥羲皇儔。黄金散盡不嘗吝，朝朝泥飲齊雲樓。於今花月可永夕，月落花殘嗟何及。

際旱希雨謡

在昔大有書年笑啞啞，而今澤斷邱隴憂形色。湑澼旱蓮開，江鼉井穿脊。爲時兩月餘二旬，帝封江湖截點滴。魃鬼肆威復火燒，一望千畦俄成赤。芃芃苗黍罕一青，黍稷彧彧求難得。但見桔槔軋軋無了期，還聞牛車咄咄喘靡息。東溝車水西洫乾，上隴未黑下畦白。嗟哉，窮黎悼苦辛，地力雖竭疇沾益？問室罄其懸，撫倉蔑擔石。洗釜爨徒炊，囊空糧胡糴？黄口不知泣呱呱，黑頭痛隱淚盈臆。老翁覩止亦嗟咨，拊髀頓足計安出？熟思(這)〔祇〕有叩神明，兩瓣筊坏占箇的。上自龍神邇土王，巫祝輸誠禱諮諮。遑問靈輿鑼鼓聲甚雄，兼投幣帛享薦曷有極。神乎神乎心惻惻，目擊神傷沛恩澤。鞭霆駕電逞厥威，霡霂霔注顯儂力。枯穗勃蘇青轉黄，元黎鼓腹慶安食。乃庢曷敢復寇侵，自有鬼杖神戈暗相擊。爾時烹羊執豕報神功，把酒傾田田彌濕。

丁丑夏秋亢旱，名一都十里地面竟無點滴，邦境騷然，傷感賦此。

悲哉行　爲辛未夏旱秋仲風雨暴至作

太上養物四時行，災害洊至難聊生。夏杪旱魃虐千里，涼秋風雨連天平。巽二逞威豐隆怒，海若蛟龍鬬縱横。鄉村城郭盡摇蕩，萬竅玲瓏號何壯。窮簷士女聽轟雷，還竚高塘看雪浪。伊時豆麥並皆摧，只見蒿蓬飛天上。在昔百錢米一斗，今年倍二糴何有。浩浩平原一望灰，比屋京坻誰入手。蓬斷草枯已爾爾，風馳雨驟又如此。嗷嗷食盡將奈何，壯者離散老餓死。野哭吞聲那堪聞，幸哉長吏還有耳。亟將荒隱達撫門，等閒調劑解民慣。看看隨有殊恩下，沾活窮黎百萬羣。我今目擊心暗傷，巖阿伏處隔君王。總有嘉謨併廟算，難動天顔誥四方。祇假彤管勒殘書，旱乾水溢神爲馳。百般苦辛身盡歷，留取毫端告後知。

自呈十二韻

西明有士抱真醇，傲睨王侯賤紫紳。露濃煙淡隨棲息，棕鞋桐帽愛呻唫。興闌歌落應山谷，閒去呼朋踏翠春。優游緩步當車馬，晚食山餚賽席珍。滿眼芬芳蘭並桂，案眉輝暎瑟和琴。

簡編襍出經批覽,人物懸殊定等倫。市朝不識塗城鬧,天人細闡没年深。啣盃樂聖忘昕夕,覽勝登高躡巘岑。遥遥月窟身思探,杳杳桃源路問津。年幾杖朝神壯往,掀眉岸幘怯鬼神。解紛一諾如山峙,論事肝披恍渚清。甲子循環流不極,天長地久復何垠。

自署有生行蹟

天台峰映扶桑赤,迢遞奔馳赴越東。鬼斧鑿開靈洞府,谷底丹爐到處逢。肇晨結伴頻來往,劉樊偕昇駕阜風。白君巖際懸飛瀑,孔祐亭前睹鹿蹤。扶輿磅礴流元氣,秀鍾人寰産俊雄。醇儒世出騰口頰,桃花嶺畔羈方翁。塵鞅曷足縈高慮,百城穿破透其宗。含英咀華齧芳潤,吐納光彩嘘長虹。揣摩簡練抱席珍,甲兵數萬羅心胸。蕞爾西明不滿志,跳脱南海冀適從。權謀智術睎塵土,清談玄議追崆峒。濂洛淵源持名教,朱張學道啟盲聾。坐嘆生民困塗炭,作興甿隸反淳龐。代天敷化心懇懇,扶危救敝氣雍雍。屈伸去就隨所遇,仕止進退皆從容。某山某水我游釣,歸來棲息芙蓉峰。

丁山廟記

方　飛

丁山隸西明,在膽山之右,形勢崢嶸,若獅蹲狀。頷下有石裂二丁字,所以名山者以此。西南之麓約高二成許,狀如毬,巖石嶔奇,廟冠其上,額曰"西明第一祠"。正殿祀土穀神,俗相傳爲故餘侯虞公。其東廡祀文昌。楹前孤松特立,黛色虯枝,時聞風籟。每春秋佳日,登踐而望,覺吾鄉之勝俱在目前。殆蘇子所謂山之踴躍奮迅而出者歟。廟之下有水香亭,亭之前有趙埭,溪派澄澈,環繞於巖石之左右。廟之北,從山徑斜下數百步,有望月庵,脩竹短籬,頗擅幽趣,亦此山之勝也。因并及之。

西明山人雜詠

方　飛

丁　山

山勢雄蹲宛似獅,峰頭奇石聳參差。蒼松翠列平岡静,秀竹陰連斷岸敧。名勝獨占金谷里,神靈應屬故侯祠。問誰剷破重巖蘚,篆刻依稀似古碑。

丁山廟

獨誇勝地擅西明,第一神祠此著名。山勢盤空真踴躍,溪流抱石自澄清。虚廊翠落孤松影,内殿風添秀竹聲。巨筆東陵遺記在,應須刻石棧前楹。

水香亭

纔入西明第一程,小亭臨水列長楹。只應源自桃花嶺,猶帶香風送客行。

望月菴

萬個篔簹抱一菴，山腰曲徑入幽探。最宜回望東山月，滿眼清光到佛龕。

丁山書齋自怡

數椽小閣傍山隈，座有春風意興催。側耳唯聽窗外鳥，談心如握掌中杯。桃花紅入仙源近，脩竹青傳禊事來。寂靜頓消塵俗想，柴門臨別尚徘徊。

丁山書齋自嘆

何時得志顯寒門，克慰毋欺墜緒魂。猛虎怕人人怕虎，游鯤翻浪浪翻鯤。千秋故事殊難識，一片精誠猶可原。但覺孤身傷寂寂，争傳賀客鬧喧喧。買臣見辱妻安在，季子陳書篋尚存。莫道榮光同日月，誰知困厄轉乾坤。從來剝復憑天定，自此亨屯咬菜根。不到功成心不死，敢爲暴棄惱家尊？

佩萱詩稿

方玉初

丁山

是誰高隱幾曾經，奇石參差裂二丁。山北麓有巖石，裂二“丁”字，因以爲名。修墓於今徵地脈，山北有回龍顧主名墓數穴。建祠自昔顯神靈。明萬曆間，太祖龍溪公艾餘無嗣，一夕夢神告之曰：“爲我建祠，當續爾後。”爰建廟奉神，明年果如夢言。草庵晚望偏宜月，山畔有庵額曰“望月”。埭水香來直到亭。西北有埭，亭列其上，名曰“水香”。山勢周圍數百丈，行人猶詫伏獅形。山狀如獅，又呼“獅山”。

丁山廟

鳳凰村前後方昔名鳳凰村。北峙丁山，廟貌巍峨列此間。憶昔龍溪初草創，太祖龍溪公所建。至今神宇倍寬閒。孤松垂老盤虯勢，殘竹從新發翠顔。靈秀尊巖推第一，榜曰“西明第一祠”。四方祈報競登攀。

疊前韻

吾家高祖號丁山，高祖予靖公，別號丁山。歷世重修殿五間。自龍溪公初建，高曾兩世重修。軒廠不教貧士臥，曾叔祖秉黄公於廟左建文昌閣，兼助田畝，議令閣下予姓貧乏者於此延師讀書，並給膏火之費。清幽惟許老僧閒。樹碑有記徒虚願，曾祖徹菴公重修，時邵在陬先生記其事。余擬樹碑而未逮。題壁無詩亦厚顔。面水背山依舊蹟，摧殘無復桂枝攀。廟左向有丹桂一枝，爲鄉人攀折而斃。

望月庵

茅庵結搆小，清淨等招提。鐘磬雲堂寂，幡幢寶宇低。幽篁環法界，嘉樹蔭闍黎。劇愛開軒望，黄昏月影西。

寶仙庵

結庵仍古刹，蘭若久相傳。舊爲寺，後改菴。林密藏三寶，山深隱列仙。自非演武地，從弟森榮演武於此。詎忘讀書年。舊與龍鏡從兄讀書於此。苦海如何脱，生涯只悟禪。

山居我家世居丁山之陽，環豁畔上，因有感而賦此。

山居無他好，滿野青青草。欲謀終歲儲，多種數畝稻。園蔬應候茹，山果結亦早。有客具雞黍，無賓自采藻。熱則披粗絺，寒則衣破褻。俗尚自樸淳，風清月皓皓。生性愛潔清，庭除急灑埽。時或歌采薇，時或誦天保。是非置不聞，從何生煩惱。吾自行吾素，畊讀任終老。富貴與功名，焚香亦難禱。一切禮不拘，忘情聽穹昊。惟有向平願，鬱鬱縈懷抱。更愧遭遇乖，憂心直如擣。室既懸磬如，何恃心無懆。楚書有明訓，惟善以爲寶。君子不憂貧，惟憂不謀道。

晚步前山橋

薄暮前山道，平橋信步過。白雲暝靄合，紅樹夕陽多。水勢隨溪轉，樵夫隔岸歌。伊人勞竚望，底事竟婆娑。

篆刻

莫笑雕蟲技，須知示信嚴。篆應分體製，刻欲逞鋩銛。繁簡無撓法，方圓貴合鈐。由來秦漢後，名著筆刀尖。

對鏡

蹉跎辜負好年華，自對青銅仰面嗟。無可奈何髯似雪，是誰相愛鬢添花。牢騷意氣慚三尺，磊落胸懷悔五車。往事不堪回首憶，緑陰深處夕陽斜。

歸家

藍輿乘霽色，迢遞渡江津。夾路黄禾熟，沿山翠竹新。浮雲迎過客，落日送歸人。抵舍剛逢暮，燈前話舊因。

秋暮游丁山道上

晚步丁山麓，征夫往復頻。幾回驚落葉，半日待歸人。偃蹇長爲客，淹留爲訪親。黄昏猶未至，寂寞停崖垠。

悶坐

寂寞縈懷抱，青氈奈老何。思疲詩作祟，精耗病遭魔。浩氣隨雲捲，雄心逐日磨。可人還可即，聊與强吟哦。

再疊前韻

半生真潦倒，末路更如何。直欲消愁緒，而翻惹酒魔。胸懷嗤曠達，歲月枉消磨。不盡窮途感，無聊託詠哦。

偶 成

兀坐重徘徊,雄心肯自灰?一年愁裏過,半世病中來。紅葉經秋落,黄花向晚開。斜陽嵐影外,搔首且銜杯。

抵 齋

每到家鄉後,常遭俗慮侵。不如身作客,反得我安心。幽賞三秋菊,閒情一徑陰。主人清興足,相對自開襟。

甬江舟次

輕航昨晚出靈橋,興盡而歸又一宵。曉霧平分車廐渡,東風直送丈亭潮。沿江蘆荻迎人面,隔岸雲山送畫橈。所喜舟程行不滯,去來無事客心焦。

秋水風帆

秋山秋樹傍雲栽,秋浦秋濤向晚回。絶似洞庭秋色滿,蒲帆無數望中來。

春山對峙

扁舟昨過郁家灣,破浪乘風望碧山。浦口兩峰相對峙,恍然身在畫圖間。

攜琴訪友

蒼松翠竹傍遥岑,流水高山托素心。應是知音曾有約,特攜珠柱過疏林。

擬行路難

山之高兮雲半封,水之深兮浪千重。中多珍錯千金價,意耽探取心憧憧。將登太行畏虎豹,欲渡滄海驚蛟龍。四顧茫然何所適,欲守株兔難再逢。行路難,差可擬。春風和煦豔陽時,款段游行故鄉里。

歲暮感懷

寄跡江鄉歲月過,頻年忽忽嘆如何。讀書未遂雙親願,守拙空懷四皓歌。人到途窮知己少,詩當愁發入情多。半生莫展資身計,顧影徒慚兩鬢皤。

奉和胡小葵題白雪草堂

定是羲皇已上人,超然高臥蕙江濱。碧梧翠竹真殊俗,明月清風寄此身。不學陶朱工殖産,聊同原憲自安貧。遥知埽徑迎賓侯,滿院花飛别有春。

其 二

映雪初晴賽玉臺,憑欄相對每低徊。梅花香老月爲伴,竹葉樽開客自來。半世生涯真冷淡,二難兄弟孰疑猜。草堂一曲應須和,愧乏梁園作賦才。

懷山農叔并以誌感

舉世曾無百歲人，何妨笑傲老溪濱。色絲黄絹空談藝，布襪青鞋尚此身。晝不酬人原自債，山堪栽果孰云貧。光陰易去煙霞在，莫使樽間竹葉春。

其　二

百計難營避債臺，枯株仍待好春回。欲忘世態消愁去，且約山翁飲酒來。數畝磽田耕未厭，一年多病客休猜。人生窮達皆由命，底事高懷北阮才。

和胡鼎庵感懷元韻

君年今正合登庸，況復心含錦繡重。每讀雄詞驚大手，偶評佳句豁塵胸。共知落落爲人瑞，底事孜孜類客傭。愧我半生真珞琭，欲求寸進竟何從。

其　二次前韻

難争富貴與勳庸，老托西明第一重。山水有情皆豁目，酒樽隨意自澆胸。垂綸不作釣鼇客，鋤圃聊爲賣菜傭。他日長安如有會，可能鞭鐙許相從。

和胡鼎庵冬夜元韻

每喜黄昏月映紗，空齋危坐讀《南華》。欲將酩酊酬佳節，不把機心擾亂麻。經世乏才空寤嘆，資身無策費長嗟。西風颯颯穿窗急，曉起愁看六出花。

其　二次前韻

燭燒寒焰透輕紗，獨撥爐灰感物華。不羨鄰翁衣狐貉，願隨仙侣飯胡麻。一身無病真堪樂，萬事由天不用嗟。倦臥醒游皆自得，莫將風雪誤梅花。

嘆　懷

一生藝業篤儒林，萬疊瓊編苦用心。才拙未能趨鳳闕，腸枯偏喜效龍吟。沉深義藴疑中悟，奥窔玄機箇内尋。暑往寒來無逸晷，黑頭男子雪來侵。

抵齋偶題

栽花即已愁花老，開處曾看幾時好。夜來風雨打園林，落英滿地無人埽。

秋日書懷

桂香菊艷展清秋，醉酒酣歌儘客游。雲路晨馳金絡馬，錦湖晴泛木蘭舟。誰能公子從無忌，空憶佳人綈莫愁。獨對良宵明月迴，目窮千里倚高樓。

秋夜獨坐

歲晏深宵静，煩疴夾怔忡。香飄煙篆碧，火謄藥爐紅。花影窗前月，燈光户外風。無人同剪燭，兀坐思何窮。

深夜復疊前韻

獨坐清秋夜，憂心實有忡。誰憐雙鬢白，自戀一燈紅。細雨何妨菊，輕寒不爲風。但令除老病，寤嘆豈終窮。

春日田家即事

布穀聲聲喚，田家欲放牛。急修晴雨具，忙作稻粱謀。望滿小康日，情殷大有秋。農人終歲事，强半在西疇。

自　遣

生平原惷懦，慷慨志猶存。自喜獨清醒，人嫌已老昏。浮雲看富貴，落日對田園。不盡滄桑感，無聊罄酒尊。

傷　老

蠅頭蝸角苦相縈，慚愧生平百不成。卻爲愁多髯鬢白，逢人都喚老先生。

朱巷道中

鄉村雜遝古虞東，一徑逶迆過碧叢。煙靄遥看青嶂外，書聲時出緑陰中。三叉歧路宵行誤，萬里前程此去通。笑我年年緣底事，往來已熟白頭翁。

雪　竹

昨夜一天雪，修篁壓欲折。雖然枝葉傾，不改凌霄節。

雪　松

飛雪遍四野，萬物蕭條極。獨有嶺頭松，青蒼不變色。

雪　梅

積雪滿山村，寒梅頓迷失。扶笻無處尋，風吹暗香出。

春　雨

每值芳辰雨，經時不肯晴。路迷沽酒客，巷斷賣花聲。棲有歸巢燕，啼無出谷鶯。緜緜何太滯，應爲近清明。

春　草

探春郊外望，草色碧於油。南浦傷初别，西塘夢早游。軼嘗能指佞，萲亦解忘憂。滿地成滋蔓，徒添野客愁。

月下散步丁山

山體故如丁，寥寥月滿亭。高岡凝宿露，平野亂飛螢。爽氣乘風挹，松聲隔岸聽。幽人應早臥,莫漫叩禪扃。

曉登桃花嶺口號六首

盤空石徑繞檀欒,險峻何如蜀道難。努力捫蘿拾級上,令人一步一回看。

其　二

重岡疊嶺鬱嵯峨,石壁天成似削磨。我欲題詩無筆硯,惟憑心口自吟哦。

其　三

地遠紅塵絶世譁,幽深彷彿有仙家。此中莫道無人至,許我朝來餐紫霞。

其　四

鳥唤深山聲更幽,泉鳴石澗響隨流。若能攜榼頻頻至,消得平生萬斛愁。

其　五

回看身在翠微灣,遥望鄉村隱約間。寂寞山中無長物,隔溪聊采紫芝還。

其　六

世途危險游人畏,山路崎嶇過客稀。贏得老夫腰脚健,獨行終日未言歸。

漫成七律

世情顛倒究何因,誰得優游自養真。衣被重裘翻畏冷,家無擔石不知貧。守錢自古情成癖,任俠從來義獨伸。造物難齊生性異,底須一例望斯人。

其　二

回首自憐兩鬢絲,感恩歷歷數伊誰。交情厚處貧方見,世味深嘗老始知。無可消愁唯飲酒,從何遣興且吟詩。蹉跎歲月成孤寂,贏得清名是畫癡。

老少年

塞雁來時色自妍,妙顏合唤草中仙。世人莫笑年衰老,不老安知似少年。

胡鼎庵下榻丁山次答原韻

殷勤時出望高巔,中有詩人似樂天。三載睽違曾夢想,兩情聯合倍留連。琴樽此日成良會,風雨他年憶夙緣。但恐鯤鵬難久息,一朝奮翮又翛然。

芙蓉峰館感興

少年結客競追歡,幾許光陰興已闌。菊以秋來都欲放,人於老去只求安。向平婚嫁何時了,庾亮襟懷强自寬。情緒多端難驟遣,撫心聊爾獨憑欄。

對菊漫成六言五首

種菊由來不易，栽培遠歷三時。要看雨露風日，澆灌先須合宜。

其　二

最忌蟲攢細葉，更防雀啄嫩枝。不是辛勤保護，雖開花亦無姿。

其　三

此花實具五美，佳名標自東籬。莫怪陶公僻愛，一般傲不諧時。

其　四

籬下獨稱晚節，不礙開時太遲。自有淩霜傲骨，莫教竹箭扶持。

其　五

日日庭前兀坐，相對時吟小詩。只少白衣人至，與儂同醉清巵。

懷胡鼎庵

羨君到處學臞禪，向在慈邑謝山廟設帳，今在丁山古刹。憾我無從斷俗緣。絳帳自依三寶設，丹心常共一燈懸。襟懷獨達貧非病，境界何分佛與仙。況肯浮雲看富貴，半生安守樂陶然。

索　居

久不入城市，伊誰問是非。優游消壯志，寂寞度流暉。人隱知交少，家貧樂事稀。翻欣催科吏，時爲叩柴扉。

詠懷自嘲

轉眼少年事，俄驚一老翁。朱顔留不住，白髪頓相從。自問生涯拙，誰云造化窮。果然貧可逐，作賦學揚雄。

其　二

無禍即爲福，甘餐勝食觜。稱身隨布帛，安步免驅馳。首尾終身畏，愆尤卒歲稀。惟應耽薄酒，聊以解憂疑。

晏起書事

晨興理何事？庭院先灑埽。汲水遍灌花，焚香無所禱。東園摘菜蔬，西陌閲禾稻。詩書難救貧，農圃學須早。偷閒坐棐几，檢點舊詩稿。有酒斟酌之，豪縱忘衰老。午倦枕曲肱，醒對忘憂草。農功喜有成，休息謝蒼昊。

小市戲作

肆列村居近，秋時亦可嘉。市期三六九，山貨芋茄瓜。亦得肥豚買，還多美釀賒。客來堪小住，間或有魚鰕。

不寐

輾轉渾無事，惺松繫我思。爲逋兒女債，卻被米鹽欺。歲久交情見，衾寒獨宿知。爬搔緣底事，愁絶爲情癡。

倦游辭

方振綱

君不見孔子懷寶歷侯邦，衛齊陳蔡竟皇皇。鳳不至兮公不夢，東山家食舍而藏。君不見孟子齊梁胡不遇，魯侯將出駕胡駐。天不欲治臧氏來，浩然言歸達時務。古來聖賢屆數奇，即是還轅息陬期。嗟予樗櫟無所用，何爲夢夢不知時。憶昔弱冠甫逾二，科試采芹稱小試。閣中稽古又三年，天賜食餼酬所冀。入泮後，延胡鼎菴師開館丁山文昌閣，予從事甲申至丙戌三載。甲申科試，遂補廩。從此失怙丁父憂，友人延至五桂樓。梁弄五桂樓藏書處訓蒙。且教且讀心慼慼，每慙皋比擁齋頭。服闋之歲二十九，戊子入闈悵不售。丑年護堂復見背，病不能行心欲碎。家業式微不可支，仍耕硯田筆爲耒。光陰倏忽快如梭，自亥至未九年多。館五桂樓九年。從者日進吾日退，甲丁空薦奈命何。惟有館穀每年熟，鳳亭瑶街歌百福。館瑶街衕董祠。攜書佩劍入南城，己酉年，遷館於南城姚江書院。書院頗可攤卷軸。叩門問字日益多，朝吟夕諷館規肅。教學相長兩相歡，自信傳道在斯塾。是時艾期已過興猶存，會有慈湖虚白軒。延我提撕一二字，兩人相契默無言。示以孝悌兼貼括，甫經三載入黌門。此邦訛傳化如雨，城内同人具脩脯。館慈邑虚白軒胡宅，遂復開館於慈湖書院。遷我青氈書院中，兩年入泮三四五。湖鳥雖白蠅偏青，不久旋復館丈亭。是年院中延山陰董梗爲山長，而慈城中俞斯瑗亦開館於右廂。兩家生徒並無入泮，而予館左廂，多獲雋。董、俞兩人不無忌言，予遂遷館丈亭。丈亭離家八十里，回首西見欃槍星。夜見彗星西出，光芒數丈。冬歸果聞局兵起，十八局避梁通裏。梁弄，古名梁通。局匪因官兵嚴拏，遂逃避梁通。我謁湯師入署門，是年己未正月，宣士文局横甚。邑侯湯西山夫子係予己酉房薦老師。其手諭云："兵勇一到，玉石俱焚。"予因入城謁湯公，請保安印旗五口。不知者恐予擒獲宣士文，遂造非語。多少不良嘩於市。幾如過宋遇桓魋，幸赴應館避人倩。算來正是己未年，初週花甲嶺梅開。去年西寇逼諸暨，粤匪踞金陵已久。己未年，又破省城，旋復退出，迭破上六府城邑，故直逼諸暨。我齋地遠更嘘唏。急來本邑通德鄉，即今姜渡十二房。館於姜家渡姜硯夫家，其行十二。姜渡原吾舊游地，昔年開館敬勝堂。距今業經十五載，舊時童子今成行。始吾今吾兩番坐，前後風光忽相左。回憶三十餘年來，學不荒兮教不惰。試問主司與友朋，誰是垂青略許可？歲科試十六次，上一等者八，二等者六。鄉試十六場，與薦者六，而終不見知，可悲也。嗟乎哉，國家危兮如累卵，庚申年，英夷由北通州闖入京華，擄掠圓明園，粤匪竟踞金陵。鴻雁哀兮苦兵火。故鄉已作用武場，辛酉五月二十八日，匪首黄春生、潘世忠爲宣士文復仇，焚燒丁宅街建隆隩房屋至二更時。焚前方祝三侄家，其勢甚兇，不許他人撲救。世界難言平不頗。函丈齗齗欲何爲，姑歸去兮念哆哆。富貴浮雲不須求，人生由命非由我。

癸亥春試航海同人北上

方恭壽

重洋茫茫水拍天，爰賦張華泛海篇。此後問誰濟巨川，飈車儼作孝廉船。長風直破蛟蜃煙，志切鵬程敏且顓。萬頃琉璃凝紫淵，共締李郭同舟緣。五雲縹緲聚羣仙，西指登萊東朝鮮。履險如夷占轉旋，浩然一瀉銀河懸。怒濤噴雪濺珠圓，縮項吾思槎外鯿。足躡長虹俯大千，蠻煙蜑雨紛來前。舵端四顧心茫然，我欲長生慕老籛。蠛蠓俯瞰圓嶠巔，豪飲犀盃仿古鐫。海若天吴靈炳焉，乘舟何羡鑿空騫。探珠驚起驪龍眠，願與諸君着祖鞭。咫尺天顔望北燕，移情祇事誇成連。葡萄美酒開瓊筵，直足狂吟擬暮蟬。慷慨胸襟傀儡捐，錦袍畫鷁奚翩躚。豪情笑指洪厓肩，淩遠仰窺牛斗躔。鼇可釣兮黿可搴，製鯨碧海轉坤乾。霜毫快吮拂雲箋，破浪乘風孰占先。遇順鴻毛無簸顛，今朝好語似珠穿。吴歈越唱同聲聯，衮衮諸公皆少年。奮翮終須雲路便，簪花珥筆聽臚傳。一帆直到蓬萊邊，海不揚波有聖賢。

丁山文昌閣記榜曰“西明第一閣”

方叔猶

四明多峰巒之秀，而若俯若仰，蜿蜒於村落外者，丁山也。有廟翼然峙於丁山上者，勅封顯應侯神靈之所在也。廟旁有閣精潔而幽静者，文昌閣也。建閣者誰？我祖秉黄公也。公曷爲建閣於丁山之麓者？爲子若孫讀書計也。讀書何必於此閣？蓋登高望遠，足以開拓心胸而助讀書之樂也。每當春夏之交，黄花帀野，香風時來，則足以發揚其志氣也。洎乎秋冬之際，紅樹連村，寒煙四合，則足以抒寫其性靈也。讀書之暇，或吟詩，或作畫，詩情畫意，取之當前而已足也。松竹之色與目謀，山水之音與耳謀，翛翛然迥出塵埃外也。

公之行狀未及詳知，而即此一端，已足見公之德深且遠也。然而公能建之於前，不能保其不毁於後也。故址尚存，而重新之者，子孫之責也。慨然而出其私囊以助經費之不足者，我堂叔元陛也。董其事者，始則先叔祝三公，而後則堂弟莘野也。今緣譜牒將成，而爲之記，以頌揚先德者，公之五世孫叔猶也。

别有天園吟草

方叔猶

述　懷

不慕公侯，不羡瀛洲。我行我樂，及早優游。花開錦簇，樹密陰稠。清風徐拂，宿雨初收。香氣馥郁，鳥聲輈輈。半醒道人，鎮日勾留。詩情畫意，任我取求。天地一粟，人生皆浮。古今一瞬，歲月如流。窮達安命，於人何尤。

詠　錢

悟得盈虚理，持籌也枉然。斯文真埽地，大力足回天。不出經營外，能争氣數先。英豪揮手盡，一笑付雲煙。

吸洋煙十戒

敗財

横陳孤榻一燈紅，不管今朝囊橐空。漸漸消磨人不覺，千金耗盡一盤中。

敗名

人當年少亦風流,自吸洋煙廢應酬。某里某村人某某,一經指點各搖頭。

敗業

造物生人無棄才,人甘自棄總難回。寬胸僅博須臾樂,不惜工夫去又來。

敗身

昏迷晝夜損精神,克永春秋有幾人。自顧藐躬關係重,如何不惜壯年身?

敗名教

代承遺業讀兼耕,門外雍雍善氣迎。名教之中多樂地,奈甘鴆毒玷家聲。

敗法律

從來君子自懷刑,況有明條莫道輕。此輩昏昏如入夢,幾經呼唤不曾醒。

敗廉恥

年來蓄積本無多,耗盡貲財可若何?不比吹簫堪乞食,營求無術涕滂沱。

敗風俗

安分能無分外求,村莊猶有古風留。不知鴉片爲何物,誰使愚氓共效尤?

敗光陰

寒來暑往迭相更,歲月如馳屢送迎。終日竟當終夜睡,雖然壽考亦虚生。

敗似續

人思似續定乾坤,枝葉繁生藉本根。就是多男憑寡慾,後來相肖尚何言。

雨　霽

開門延衆緑,一雨長蘼蕪。白鳥忽明滅,夕陽時有無。

其　二

新水碧如油,濕雲淡欲收。蛙聲鳴閣閣,羣鳥和輈輈。

其　三

白雲突然起,截斷半山青。忽被風吹散,依然列翠屏。

其　四

堦下長莓苔,柴門扃不開。紅塵隔斷處,時有妙香來。

讀善書有感

我生天地間,太倉一粒粃。禍淫而福善,常理定如斯。中人信報應,謂天不我欺。豈知冥冥中,難以淺見窺。事事快人意,視聽恐或遺。即無絲毫爽,鑒察不勝疲。萬事偶然耳,權非造物司。顔淵傷短折,盜跖享期頤。搔首問彼蒼,彼蒼亦不知。杳渺難盡憑,行善毋希冀。争理不争數,有志在自爲。人定或勝天,勿爲流俗移。

秋日野望

景物全憑節序催,郊原晚眺暫徘徊。人歸紅葉叢中去,鳥向青山缺處來。雲漏殘陽供夕照，煙迷古樹待晨開。最憐千古悲秋客，觸動愁懷日幾回。

夏夜聞蟋蟀

獨坐聞蟋蟀，未秋先已鳴。可憐多少恨，訴我不分明。

醒　世

人情每不足，望蜀更望隴。試看富豪家，貲財嘗坐擁。羅綺耀鮮明，珍羞侈供奉。計較析錙銖，簿書理繁冗。暴殄干天怒，衰微不旋踵。更有守財虜，一錢千金重。愛財真如命，見利忍作俑。未得涎已流，有求心先悚。倉箱多積儲，聲氣竟隔壅。季倫安在哉，華屋成高冢。何如蓬蓽居，吟詩兩肩聳。日高眠未起，鳥聲無數種。

遣　懷

静坐焚香心自清，秋來更覺一身輕。畫如索值恐難應，詩不求工便易成。緑水滿時紅葉落，青山缺處白雲横。菊花應比去年好，未到籬邊香氣迎。

地　理

葬親事本無他圖，入土爲安擇一區。若要遺骸换富貴，術家先自享華膴。

其　二

聖如孔子本生知，終老棲皇未合時。倘出緒餘談地理，盍遷防墓獻神奇。

其　三

天道茫茫莫漫猜，山川本是毓奇材。倘教靈秀憑人取，將相都從術數來。

其　四

擇里居仁世所宜，九泉應不事遷移。私心憑著一坏土，竟把先塋作弈棋。

一丈紅花

繁英密葉日交加，童子留連一半遮。倘使曹交開處立，渾疑頭上插新花。

七姊妹花

同氣連枝未有家，纖絲時節見風華。但多姊妹鮮兄弟，我已爲卿種棣花。

聞雷失箸

説起英雄天上聞，才如孟德何足云。驚心失箸緣何事，霹靂保全劉使君。

其　二

一節何由見隱衷，阿瞞從此失英雄。即令失筯因雷致，豈遂甘心拜下風。

夾溪居吟稿

方　鎮

元日聞雷有感

爆竹聲殘歲已除，猶防窮氣未全驅。蒙天霹靂當頭震，换我從前一故吾。

初三日謁　高祖淯津公墓

不謁先塋已有年，殘軀多爲病糾纏。今春差喜精神健，安步當車到墓前。

其　二

欲謁先靈興索然，半由風雨涉遷延。東皇若解吾人意，翻作晴明光霽天。

自　嘆

一年又過一年春，屈指年來過五旬。自悔生平無底事，被天翻改作閒人。

自　慰

誰不堪爲王者師，笑人莫笑我心癡。有朝一日風雲會，渭水投綸也未遲。

自　述

一身猶是一舟横，砥柱中流定不行。任爾風波飄蕩甚，隨來隨去過生平。

自　問

畢生無罪亦無功，萬事何妨自返躬。中道而行中道立，中人從此執中中。

喜閱牧齋從兄雜詠

久仰君擅畫與文，聲名從此震同羣。案頭更有新詩出，不落陶云我亦云。

月　餅七排

中秋賞月登佳品，竟把團圞月樣評。太白樓頭方對影，公羊家裹最關情。乞來天上姮娥巧，添得廚中餅餌名。英粉淘成金粟碎，牢丸堆向玉盤盈。酥含澡雪全消魄，芝點零星碎似瓊。折餡彌縫三五缺，隔紗妝理十分明。翠袍包處香儲桂，素手摶時膩合餳。印許丁斐誇十字，贈攜素女伴三更。紋肌皎潔盤銀縷，色相圓靈簇水晶。彩匣開如雲翳净，崑刀修擬斧聲輕。嘗之薄夜延新賞，取爾懷中訂舊盟。可是充飢非入畫，渾宜邀飲快飛觥。嚼同蜜露千般美，配合糖霜百煉精。此夕味參煙火盡，前身香憶麥風清。供餐惟肖霞杯佐，作賦還須雪案呈。會卜明年恩宴日，紅綾錫寵到蓬瀛。

詠　梅

笑意尋檐索幾回，孤山嶺畔費心裁。一聯佳句初成候，最喜仙姿冒雪開。

踏　雪

雪暗芳郊暗色饒，策驢踏遍路千條。不嫌寒氣侵人骨，也學唐賢步灞橋。

尋　梅

一天快雪喜初晴，衹有幽香觸鼻生。何處春光消息動，溪邊微策馬蹄輕。

其　二

一别孤山久不回，小窗無事獨徘徊。欲攜鳩杖匆匆去，爲有寒梅鬬雪開。

冬夜圍爐

奚以禦冬有計無，中庭添置小紅爐。一團和氣功歸炭，四座多儔坐倚蒲。至熱熱非關熱客，嚴寒寒不到寒儒。閒談共樂親燈火，冷露何愁逼體膚。料峭渾忘殘雪夜，温良疑是聖人徒。報籌各自聽銅漏，斟酒兼堪煖玉壺。候記更更頻聞鼓，寒消九九弗庸圖。烘吾雙足差堪喜，免得姓湯婆子呼。

四明山懷古七古

君不見四明山，山高一萬八千丈，不有仙梯不可上。又不見四明山，山多二百八十峰，峰峰削出青芙蓉。此山曾有仙人迹，千年往事人傳説。雲南雲北紀勝游，那得一枝凌雲筆。四面石窗開，雲霞任往來。欲問劉樊高風今何在，曲曲彎彎一直到天台。吁嗟乎，人生難覓長生草，誰識此山即仙島。草枯草榮俗眼迷，居民空向山中老。

樂亦處雜詠

方　霖

東嶽殿

泰山嶽府與天齊，赫濯聲靈保我黎。殿宇閎寬向逆水，四明兩社分東西。

其　二

上帝前清勅紫皇，左劉右許列其旁。巖巖氣象惟東嶽，殿宇寬閒恰異常。

寶仙菴

胡家嶺下向西南，林密深藏有寶三。聞昔列仙從此隱，舊名寺兮後名庵。

龍王堂

廂旁殿正恰堂皇，大旱時間引領望。雨施雲行操左券，神靈顯赫曰龍王。

其　二

龍以黑名稱聖王，未知誰氏建斯堂。時人皆曰膽山府，雨順風調民不忘。

丁山廟

丁山別號即獅山，當面滔滔埭水環。廟貌巍峨推第一，春祈秋報競登攀。

其　二

西明郡北有丁山，第一神祠立此間。初創龍溪原可溯，重修子靖更寬閒。

文昌閣

丁山廟左有文昌，初建溯源係秉黄。此閣名稱惟第一，延師課讀固堂皇。

武昌基

西明祠右一荒基，振遠當年衹自持。閣建武昌徒有志，迄今仍見草參差。

水香亭

何處滔滔景異常，西明祠下我難忘。其源出自桃花嶺，流入亭前埭水香。

其　二

西明祠下有香亭，過客行人多暫停。埭水相臨曾馥郁，關公對此亦威靈。

望月庵

獅山後擁一禪庵，大半向西略向南。回望東方明月出，衆星旋繞可兼探。

其　二步原韻

西明郡北有山庵，獨坐東兮稍顧南。月照當頭憑我望，兼之辰宿足幽探。

老祖堂

鳳凰郡裹姓多方，上祖流傳有一堂。未悉何年何日建，名雖曰老莫能忘。

倫敘堂

宗祠初建賴何人，偉一二公並受辛。能使子孫曾有敘，昭穆無或失其倫。

雍肅堂

丁山方氏有崇祠，肅肅雍雍義可思。念我宗功併祖德，左昭右穆弗參差。

其　二

俗呼僉曰小祠堂，子姓散居前後方。雍肅其名兼有義，丁山公下列三房。

明德堂

公行憲六有分祠，明德惟馨句可思。地點堂皇何處是，高墈登裹孰非知。

方陳宗祠

黄子襄公豈餒而,後陳曉里有專祠。雖然兩姓同心建,半子猶能存孝思。

其　二

秉黄敬德兩相隨,同盡孝心非爲誰。緣有子襄爲外父,方陳合建一宗祠。

其　三

後陳曉里建宗祠,祀事孔明盡孝思。二壻同心爲孰計,子襄外父足維持。

元旦感懷

一聲爆竹響清晨,端坐整襟瑞氣伸。三百六旬從此起,今朝宜慶歲華新。

春日早起

緣何唤起夢中身,曉日曈曈曙色新。獨倚闌干頻忖度,殷勤花鳥爲誰春?

春日宴起

春來幸得一枝棲,客夢歷歷路欲迷。不覺日高眠未起,數聲窗外子規啼。

清明無客不思家

誰望家鄉不動情,時光又況屆清明。門庭樂事胸中在,旅客離愁夢裏生。回首關山千里隔,感懷花柳一亭盈。思歸難慰旋歸志,多少游人恨未平。

其　二

清明時節雨如麻,遠望鄉關道路賒。此地緣何勞作客,今朝能不猝思家。征途忽見生荒草,深巷都聞賣杏花。游覽伊誰忘故里,歸來春色尚堪誇。

其　三

忽届清明改火時,會親曷敢負佳期。勞勞作客緣何事,緩緩歸家豈不思。旅館新愁都莫解,鄉關舊夢有誰知。韶光最好逢三月,我已吟成感遇詩。

其　四步前韻

憶昔他邦作客時,清明節到計歸期。一家洩洩誰同樂,萬里迢迢我獨思。游子行踪芳草伴,旅人心事落花知。鶯鶯燕燕尋巢去,予亦還鄉欲詠詩。

清明埽墓清明日,闔族埽上祖墓于箭山。

埽墓情殷去復還,同宗子姓每同班。雨如莫遇清明日,曾爲先塋到箭山。

觀劇偶成

自古奸邪終受虧,忠良畢竟得便宜。棃園最足戒人世,人世何多弗肯思。

其　二

人性每多貪且頑，誰能看破利名關。《霓裳》一曲真堪悟，得失窮通瞬息閒。

久　雨

久聽池塘處處蛙，屐聲競雜路三叉。何時忽報東皇旨，捧出扶桑旭日華。

新　晴

聽罷前邨鬧屐聲，應知苦雨解新晴。晚來醉捲珠簾看，多少樓臺浸月明。

嫌　雨

瀑雨緜緜聽不休，農家用是寸心憂。客留屢卜黄粱熟，舟泊難隨碧水流。幾日寒聲驚入耳，奚時霽色啟當頭？者番防旱今虞没，一種田禾兩樣愁。

喜　晴

忽聽芳園伐木聲，忽忽雨歇報新晴。遥看嫩日明猶暗，回顧癡雲散不行。水郭霏紅花尚濕，山邨颺翠柳初輕。三叉屐静天開霽，喜得農人緑野耕。

沿邨緑樹隨見偶題

多少人家古道存，濃陰緑樹已連邨。枌榆結社穿幽徑，花木無言傍小園。一碧參差圍柳巷，千紅隱約露柴門。此間住處宜高士，興愜桑麻課子孫。

長夏見緑樹陰濃有感

重重緑樹傍琹堂，槐夏偷閑爲日長。葉底濃添晨露潤，枝頭高罩午陰涼。林間翠幄雲容鎖，天上銅壺晷刻忘。引入薰風高士座，扶疏繞屋信無妨。

勸爲學五言

趁此韶華早，詩書務講求。窮年知好學，畢世勵真修。螢案何人共，駒光不我留。寸陰心屢惜，五夜意防浮。豈爲邀青眼，休將悔白頭。春華功待奏，秋實願須酬。惟恃風雷勇，曾驚歲月流。三餘時敏者，努力戒優游。

勸農桑

俗尚敦龐洽，明農又勸桑。星言勞夙駕，風諭遍遐方。安土家家至，蠲租處處忙。千門風可採，萬户業無荒。五畝懲多曠，三時慶有常。笠陳紅雨隖，梯倚緑雲鄉。春老蠶登繭，秋新稼納場。編氓衣食足，恩沛邁羲皇。

十日一雨

好雨知時節，何嫌久不晴。一番如有約，十日定相迎。澤沛行去雲密，期符晝水成。看花循次第，采緑記分明。序恰三三協，年剛六六生。乙前占易耨，癸後課深耕。甲子旬堪卜，乾坤數可衡。作霖歌聖治，氣候報昇平。

五風十雨

盛世休徵協，風風雨雨時。五朝疑有約，十日盡如期。慍自歌弦解，霖還字水滋。撫辰欣淡蕩，週甲快淋漓。晝石飄何礙，看花滴又遲。槐街吹習習，杏里潤絲絲。數每伴天地，情終異畢箕。太平占氣候，聖治正無爲。

大　水

大地浮空水接天，波光蕩漾望無邊。狂風瀑雨雙流急，下隰高原一色連。氾濫難分雲樹合，淪漣莫辨浪花牽。茫茫失卻三千界，我欲登樓看浩然。

打　稻

聽得枷聲到處同，農人打稻愛蓮紅。鐮垂曲影如新月，擔壓平疇趁晚風。向日深耕田左右，今朝盡拾畝西東。歸來剛好燈初上，剝棗烹葵話歲豐。

其　二

雁帶新秋信乍通，田家打稻太怱怱。祇防猛雨千莖落，爲趁斜陽萬井同。隔夜磨鐮剛月白，崇朝拾穗帶霞紅。登場築圃功初畢，忽報生孫翠又叢。

桂林無雜木

百卉逢秋象復森，惟瞻丹桂獨成林。蟾宫未許凡材附，鷲嶺難教雜木侵。品敵崑山誠足貴，風迎竇氏有餘陰。憑看密樹都凝碧，巖上無花不是金。

其　二

高嶺翹然桂一林，參差雜木勿容侵。叢叢異種仍無伴，馥馥餘香許獨尋。嘉樹迎風原拔萃，名花浥露自成陰。榮華罕譬英才聚，除卻凡材若有心。

採　菱七排

一葉扁舟放浦中，菱歌聽徹畫橋東。吴姬兩兩排前面，越女三三學曲躬。縱覺根浮泥似隔，要防莖密路難通。拍開白鷺眠難穩，驚起朱鴛夢已空。紫角青腰工點染，紅嬌翠婉漾玲瓏。苞連芒觸蒽尖刺，掌握絲牽柳浪沖。少婦收藏裙一幅，佳人撥破葉千叢。提筐碎簇流霞麗，挑篚低垂薄霧籠。藴玉探看秋水碧，懷珠摘愛夕陽紅。蓮裳色潤三更雨，荇蓋香添兩袖風。此日藍曾盈白膩，來朝錢欲賣青銅。乘時小艇西塘泊，幾度芬芳入短篷。

攀桂仰天高

杜老人推第一流，仰天攀桂賦中秋。花探蟾窟高擎手，曲譜《霓裳》静舉眸。癡夢原隨雲路去，怡神正向月宫游。從知黄雪光初秀，瞥見青霄色更幽。繞袖香疑來宇界，登梯寒欲問瓊樓。情移采采驚鸞鶴，目送盈盈接斗牛。定許繁條齊入掌，憑看圓鏡恰當頭。芳馨市樹排金粟，皓彩臨窗滿玉鈎。折取吴仙煩借斧，觀瞻謝客若同舟。今宵葉與星連摘，此夕枝應露未收。馥郁援因千點密，清涼望到一輪浮。分明蕊榜新名字，翹首迎風拂面遒。

種菊有感

春色多栽富貴家，秋容端合矮籬笆。古來除卻陶元亮，更有何人愛菊花。

初冬曉起

天時乍届初冬節，一夜西風吹凜冽。怪道孤眠覺被寒，開窗忽見東岡雪。

種　梅

月明林下自攜鋤，移向窗前花影疏。爲愛癯仙真耐冷，一枝斜映賞心初。

畫　梅

一幅丹青奪化功，榮枯雙管寫玲瓏。佳人看處真難辨，惟有幽香畫未工。

除　夕

無限愁添豈易消，且攜盃酒學逍遥。雞聲競似驪歌唱，一歲光陰盡一宵。

水心室雜誌

方　正

題鳳凰村

鳳凰村裏無他好，惟有溪山環且抱。翠竹緑楊佳景多，佳聲還聽枝頭鳥。況乎里號爲金谷，魚可釣兮書可讀。門外又無車馬喧，清閒恰是家中福。春耕夏耨水爲鄰，灌溉何容日日辛。數畝良田心自足，無求於世長精神。夜紡早績書彈棉，且有桑麻種宅邊。雖少輕裘適我體，布衣儘可禦身寒。園蔬野果勝嘉珍，淡泊自甘養性真。每日羹湯茶飯飽，身安泉石似高人。乾坤上下無今古，幽林髣髴神仙府。儼然屋舍臨清流，局面堂皇闔族聚。

環谿十二景前後方古名鳳凰村，别號環谿，四圍佳景十有二，故即景詠之。

獅山戲毬

横覽西明第一山，宛如獅列畫圖間。神完氣足全身伏，爲戲毬兒莫笑閒。

兔山望月

前山形勝復如何，髣髴兔兒弗揣摩。爲有左山如月照，令他仰望莫能過。

牛眠秀石

秀石生成恰似牛，長眠山下幾千秋。風吹徧體毫何動，雨打全身汗若流。寧戚歌來休繫角，田單燒去弗回頭。問誰喚醒眠牛夢，能使躬耕畎畝不?

象鼻深洞

山勢崢嶸宛似象，象身高約十餘丈。鼻疑捲物屈而伸，洞可隱人俯且仰。遥望緜長脈蜿蜒，欲聞呼吸風來往。其間祖墓得安然，環抱石砂稱福壤。

巖成丁字

閒步丁山向北游，纔知奇石列山頭。文如丁字問誰刻，深淺相傳自古留。

亭號水香

游覽丁山幾度經，山臨埭水水何馨。緣知源出桃花嶺，拂拂香來直到亭。

烏膽毓秀

西明勝境最堂皇，烏膽高懸東北方。孝烏同名形確肖，明君雪恥味須嘗。勢如直上凌雲筆，意欲指南浮海航。秀毓峰巒真特出，衆山環拱此山岡。

龍舌迴瀾

龍自膽山蓄勢來，臨村吐舌局纔開。垂涎流作深潭景，入首化成曲水隈。脈到平原真踴躍，時逢過客任低徊。鏡中倒影差堪擬，猶有波瀾去復回。

鐵帽垂纓

山勢巍峨以帽名，峰間宛似鐵裝成。雖然奇石重重列，冠冕堂皇樹作纓。

石洞聽泉

奇哉石洞深而空，歷世相傳與海通。流水滔滔從此去，未知何日到龍宫。

壽桃仙境

山體團圓曰壽桃，尖峰簇簇勢何豪。結時祗許東方竊，熟候還教王母撈。蒂固潤含雲外液，根深飽釀雨中膏。若詢此果何年種，大造生成萬載牢。

筆架文峰

屹立三峰秀異常，宛如筆架案中藏。崎嶇鼎峙嚴而整，彷彿花生艷且香。勢欲凌雲拱北斗，地緣迎日在西方。世人或以山呼月，即景言情未審詳。

自題爾與陳君所繪半身小影

陳君妙手洵堪誇，繪就奚妨一半遮。確是廬山真面目，形容與我不相差。

其　二

寫意如君知我深，匪惟骨幹且知心。不加粉飾用清筆，寫就正堪傳古今。

自題高地伏落虎壽域

形如伏虎飲甘泉，兩足爲砂左右旋。高嶺重重抱座後，小溪曲曲繞宫前。龍從背落勢何逆，穴結鼻餘局亦圓。吐出唇臺至下岸，分明血界有低田。丙峰獨聳揚旗狀，丁水直來執笏然。向立長生坐艮上，流歸沐浴到庚邊。龜山作案近非遠，鳳隩特朝正不偏。余自甲寅得此地，佳城預築題新篇。

孤館自悼

蟋蟀伴予吟，一燈照予心。予心容照見，誰復感升沉。

月下偶詠

良夜月迢迢，相思轉寂寥。一身勞作客，杯酒益無聊。

莫恃才歌

我無才兮人所詈，我有才兮人所忌。分明無德并無才，妄作有才以相戲。洵如此其多才兮，才難之説亦可廢。即美才如周公兮，驕吝亦爲人所棄。太息茫茫世宇兮，有才無才不勝計。或役役於功名兮，恨無才以逞技。或碌碌於升斗兮，嘆無才以覓利。奈人事之不齊兮，縱有才兮不遂意。信天心之有常兮，不問一才與一藝。雖無才而有德兮，亦將護之而兼庇。任爾恃才傲物兮，人事天心兩莫憶。雖竭才以營謀兮，徒垂頭而喪氣。吁嗟兮，吁嗟兮！有才不足恃，無才多取戾。

勸爲善歌

爲人之樂樂何如？行善事，讀善書。爲善惟知日不足，積善可卜慶有餘。是以有善則遷過則改，莫爲不善於閒居。惟善爲寶，人其念諸。禍淫福善，天之道與。或謂惡而免禍者不少，善而獲福者終虚。豈知爲惡不滅，祖宗有餘德，德盡乃除；爲善不報，祖宗有餘殃，殃盡必舒。嘅天網兮不漏而疏，雖然報或有遲速，要知賞罰費躊躇。善降祥不負予，惡降殃豈赦余。誰可擠不善以著善而不復其初，嗟乎哉，行善事，讀善書。

謹勸士農工商四民詞一七令格

士　士讀書明理敦品行，萉經史。業精於勤，學優則仕。讀豈爲功名，教應施弟子。絳帳黄卷青燈，雪案螢窗書几。文章果立一身中，名譽顯揚尚何恥？

農　農收秋藏冬比如櫛，崇如墉。常歌歲樂，復慮年凶。耕種時毋失，培植心莫慵。有時横經負耒，有時禱雨求龍。不惟米粟由勤得，猶有園蔬足佐饔。

工　工製器建宫以規矩，求玲瓏。戲嬉無益，勤敏有功。善事先利器，合作貴和衷。若得心而應手，毋有初而鮮終。製造精良價值貴，復求奇異自流通。

商　商設肆開行利可取，本毋傷。生財有道，和氣致祥。利權不外溢，國家乃富强。通有無於百貨，慎貿易於四方。交同管鮑情何厚，富比陶朱自可望。

西明第一祠俗呼丁山廟楹聯

廟貌繇來久，創龍溪成丁山，知二祖立功不朽；
神威到處靈，保鳳村普金谷，令四甲被澤孔長。

其　二

祠宇列丁山，赫濯聲靈，不愧西明第一；
神恩深埭水，撫綏士庶，洵推東浙無雙。

其　三

山石有丁文，確是鍾靈毓秀；
居民分甲第，疇非頌德報功。

其　四

石裂二丁，名揚九夏；
社分四甲，祀奉千秋。

西明第一閣俗呼文昌閣楹聯

閣建丁山，憶吾祖竭力經營，洵爲子孫讀書處；
輝映埭水，知此地隨時赫濯，端由文武獻靈來。

其　二

乃聖乃神，位居境北；
允文允武，威振明西。

望　月　庵楹聯

望望對面即是西方，然非誠意修身，雖覓西方無覺路；
月月關心何須南海，但得循規蹈矩，就知南海在當途。

其　二

望慰人心得慈航，咸超苦海；
月明法界有脩竹，宛擬靈山。

其　三

望慰蒼生離苦海，
月迎赤子渡慈航。

水　香　亭中堂楹聯。内有關聖大帝，故云。

威名揚華夏，真義士真忠臣，百世流芳，德並丁山永峙；
戎服讀春秋，亦英雄亦儒雅，四明信仰，恩同埭水常深。

其　二外楹聯。

旅客請款停，欲解渴何須埭水；
清茶留衆飲，若敬神還薦馨香。

龍　王　堂頭門聯。

龍德昭千古，
王恩被四明。

其　二中堂楹聯。

龍何黑也，考其自烏膽而徙後岡，雨順風調，允矣三農無害；

王曰聖兮，爲此於獅尾以建大殿，春祈秋報，宜乎百穀有成。

東嶽殿楹聯。

泰山憑吾仰鐵帽，左峙石洞，右環地秀，則神靈赫濯，宛然東魯；
上帝自古封兩社，平分九甲，均立天齊，如聖德撫綏，何止西明。

其二

青府繞青峰，石洞鐵山隨左右；
紫皇乘紫氣，四明兩社列東西。

鳳鳴第二校校門聯。校舍借雍藨堂祠開辦，故云。

聊借方祠開鳳校，
爰招諸子入龍門。

其二

校無舍，操無場，無地無基，無捐無費，并無些區區能力。直弄到無策無謀，聊借我小小方祠，真真無柰；

課有堂，習有室，有規有則，有握有權，還有點瑣瑣助頒。算不得有。財有産，但願爾莘莘學子，箇箇有成。

其三

農戰工戰商戰，皆以學戰爲本；
德育智育體育，悉由教育而來。

瑞和齋長箱内聯

瑞氣靄深宫，看玄宗知樂審音，何啻棃園設教；
和聲鳴盛世，欣諸弟升歌下管，宛如蓬島遺風。

其二長箱外聯

慕韶樂，播新聲，靈鳥來時徵聖瑞；
詠霓裳，譜舊曲，衆仙同日慶音和。

其三團箱聯

瑞應仰虞韶，得鳳來儀徵盛舉；
和平邀衆聽，致神感格表真誠。

其四團箱聯

瑞世奏元音，流水高山隨我志；
和聲傳古曲，阜財解愠洽人情。

水心室跋

此處也，山水環抱，溪水分流。大溪之水在西南，小溪之水在東北，四面旋繞，似此爲二水之中心點。今故築室於此，而顔之曰“水心室”，不亦宜乎？或以爲“臣心如水”而名之，則吾豈敢？爰爲之詞曰：書室名曰水心，水流徹底清。洗心不染塵，滌舊污而自新，可作湯盤銘。

（方正等纂修《[浙江寧波]姚南丁山方氏宗譜》 1921年倫敘堂木活字本）

繼源之序

方學秀

天地造化並育萬物，而人以萬物之一。故天地者人之始，而父母者人之本也。當知天地之大德曰生，是以君子所貴夫報本。然務本之道惟重家譜，蓋家之有譜，猶國之有史也。

粤自我高祖應鳳公由方家堰之基礎，徙於鎮邑西管鄉鎮名莊市下，(居)〔于〕湯姓對面名曰薛姓置産居住焉，迄今歷數代。昔時余幼孤貧，伯兄早殤，賴母撫育，得於成立。嗣從奔走衣食，萍路滬江。前清光緒十四年，得識同宗沛兄，酒餘申懷，藉知底藴。初猶未敢貿然，乃遄返梓里，詢余姑母，棐言都相符。再稽以契券等，益徵我爲方氏的派無疑。蓋自我高祖遷居於斯，歷曾祖士興公，祖朝仁公，父世昌公，以逮於余，未一造祖基，一展先塋。得悉之下，慚汗涔然，忘祖之愆余其難辭。一念及此，如芒刺背。乃攜契券分書出申，集少長族人公議。爰將分書並纂末歷史彙(奇)〔齊〕族中核對，確有應鳳公其人，而譜無註續嗣。蓋係徙後，未一寧家音問，遂致隔絶，無從稽考耳。嗣經宗長學槐、柱首、伊笙等公認，而余十餘年來之負疚能贖前愆於一旦乎？然時雖已認集，而譜尚付闕如，遺憾殊甚。今余年竟(化)〔花〕甲，再不岌岌於此，尤何以昭遺後世。適舊族祖堂年久頽廢，去冬由族人方汀、家驥、家標、家義等發起募資重建，於今春新築落成，以設安主，擇於四月十三日公共合族進主。族内函咨余返族請祖主陞座。余得函後，爰特返甬拜賀，理誠族誼。余並將先人兼兄主等，又當余嫂氏暨妻並進壽主入祠以爲記。於是囑從孫家義抄就本房連枝一氣之夫譜，以備異日修宗譜，俾可一目了然也。是爲序。

中華民國十一年歲次壬戌閏五月　日，嗣孫學秀謹識。

柰何辭

方學行

晴不綢繆雨柰何？暖不蠶織寒柰何？豐不儲蓄饑柰何？少不好學壯柰何？富不儉用貧柰何？健不保身病柰何？生不積善死柰何？賭博求勝輸柰何？醉後狂言醒柰何？人有千算柰天何！

題二樟書屋寄贈從堂兄學千

方學行

菴側生老樟，蟠鬱逾百年。冰霜並閲歷，奇幹仍挺然。傍築方家堰，繁陰落清泉。其東建蘭若,鐘聲出樹巔。吾族賢處士,對影讀陳編。六藝精數學,協紀得真傳。閒誦三昧經,合掌禮金仙。有時瞢騰睡,風濤起枕邊。長夏不知暑,四圍如緑天。歲運同治初,吾邑擾烽煙。神靈此呵護,不損一櫨椽。惟願常蔭覆,休息共談禪。

義　門　詩

方學行

甘田美宅九華東,頒白熙熙庭萕通。倉廩任虛無異爨,衣冠雖變有淳風。兒孫繞几稱堂壽,羔酒堆盤樂歲豐。聞降芝書旌孝悌,爲君敦勸里閭中。

(童成章纂修《[浙江鎮海]慈東方家堰方氏宗譜》 1931 年忠恕堂木活字本)

宋太廟齋郎右正言方公像贊

瞿鴻禨

懿歟正言,擊奸投荒。晚歲牽復,隱居句章。鶴山峩峩,鳳浦湯湯。載遷柏墅,嗣裔蕃昌。遺容重繪,邈矣忠良。笵銅留影,譜牒煇光。丕顯亦世,陟降兹鄉。仰止景行,公像在堂。

正言府君遺像附識

方仁熙

按古來藎忠之士,鍾靈河嶽,炳耀日星,可以動天地泣鬼神者,代不乏人。然歷年久遠,休有烈光者固多,而湮没者亦不少。孝子慈孫往往求其軼事不可得,又何論乎遺像哉!若我始祖正言公有私幸焉。公立朝大節載在史册志乘,不敢贅,爰誌得像之原起。謹考,自宋以來,公像藏於寧波府學,幀額附録公劾蔡京疏。蓋公當時已入名宦祠。近十年以前教授謝太史重修之,綴以跋語。咸豐辛酉,髪賊陷郡城,得公像,威儀堂皇,誤以爲天官圖也,攜至鄞東鄮而懸焉。次年,賊平。有士人見而異之,讀奏疏跋語,知所從來。時值郡試,士人遇方家堰諸生名鷗者,告以所見。鷗即往奉公像以歸,臨摹一幅留諸鳳浦湖,來商於熙,欲爲公立專祠而不果。後五年丁卯,鷗登賢書。又二年己巳,我宗祠告成,而鷗已殁。熙即於鳳浦湖求得公像,倩名手更爲摹仿,面目鬚眉無不畢肖。蓋鳳浦亦公後,而鷗遷居方家堰,又鳳浦後也。噫嘻!自宋至今且七百餘年,歷四代,鼎革之際,金人擾亂,國珍蟠踞,倭寇蹂躪,殘明抗拒,經兵燹者屢矣。而公像固無恙,可知藎忠之氣爲天地鬼神所呵護,且將與日星河嶽而並壽。不然,雖不經滄桑之變,而風雨霉潮,蠹損鼠耗,皆足以銷磨其間,豈能歷久而如新也哉!我子孫當世世敬守,寶爲千秋神物,享祀無窮,以表公之忠節,以爲我宗祠光。宋靖康間公始來鄞,占籍於慈之鳴鶴山,子姓之衍實肇於是云。

案寧波府學教諭謝榮埭記公像略云:"歲在戊午七月既望,余秉鐸四明,見署大堂藏先生像,年久紙裂,題字亦漫漶過半。因重爲裝潢,歲時奠以蔬酒,以誌景仰,且以俟先生之後裔訪而歸之。"兵燹之後,果爲方氏所得,亦異事也。

始祖正言公畫像後記

方義鶚

吾族重修譜事告成，竊喜嗣裔加繁，行實略備，而尤可慶慰者，則莫如重得始祖正言公畫像一事。蓋吾族卜居柏墅當明萬曆年間，至前朝同治己巳始從鳳浦宗人摹繪正言公像，從伯仁熙公爲之記，備述得像之由來，固已艱矣。光緒丁亥，雨水滲漏，損及藏像，不可展視。既得而旋失，人人咎供奉之不慎。每遇歲朝吉日，宗人會聚，罣然穆然，思見公遺像不復可彷彿，因以留缺憾於我子孫者蓋二十有七年矣。距柏墅南三里許曰方家堰，亦吾宗之所聚也，有公遺像二幀，一紅其袍爲朝服儀，一藍其袷爲燕居式。因聞吾族修譜，欲得公像銅印冠諸首册，願出所藏，借以重摹。爰酬之百金，延畫師名手敬謹繪成宗人環列瞻拜，見夫威儀肅穆，衣冠莊嚴，赫然如吾始祖之臨其上，相與歡喜讚嘆。於是重繹仁熙公記文，始知鳳浦之像，即繪自方家堰，前後曲折同出一原，則又事之至奇，非偶然也。嗚呼！公事蹟見省郡縣志，當其以疏劾蔡京，故付詔獄，貶嶺南，竄永州，皇皇然幾不能保其身。及收復後，亦僅用爲縣令，卒且貧困不獲還鄉里，以寓公終於鳴鶴山，亦遑計身後繩繩繼繼，似續不替，有如今日也哉！然則瞻公之像，固將奉爲立身行道之資，而不第永其孝思已也！用謹書其事爲後記，以示將來。中華民國四年仲春月

養閒跋

方義路

閒可養乎？席先人勤勞世業，余小子奚敢出此。余幼羸弱，年十五，先駕部公棄養。當壬戌赭寇之難，先兄幼鹿中翰病歿申江客次。先駕部公用是憂傷成疾，卒以不起。念健在時，固未嘗一日閒也。余小子生無以爲養，歿即營先人之兆。壬申未竣事，而余病瀕於死者數。門户零丁，自憐形影。丙子，乃營生壙於杜郭。己丑，復於其村東建柏墅山莊，規制略具，顔廳事曰“養閒”。余將乘此閒暇，延致名師益友，課子侄其中，俾養成材質。以讀書而明理，夙願如是，以冀仰副先人期望之至意。維余坐不讀書耳，若退老林泉，優游曠放，思享一味之閒，非余守約素志也。是爲跋。光緒庚寅荷花生日。

無題

方崇年

水晶簾卷雨如絲，小語娉婷速客遲。應是鴛鴦初罷繡，暗彈清淚怕人知。
相逢轉瞬即天涯，流水無情日易斜。願逐春風化蝴蝶，由他生死總隨花。
游蹤數載類飄蓬，金屋空教羨漢宫。賸得零脂殘馥在，和詩收入錦囊中。
我本三生杜牧之，揚州一覺十年遲。春來多少關心事，難遣花閒小立時。

培玉學堂緣起

江　迥

昔德之勝法，俾斯麥執教鞭以示人曰："此小學校教育之功也。"故夫世界列强莫不視教育爲比例差，其尤强者，教育愈盛，學校亦愈多。我中國自變法維新，振興學務，於是省府州縣仰承廷旨，創設學堂。然率注意於中學以上，而蒙小學堂通州縣不能得五六，或并不能得二三，其途隘矣。又且校舍卑蕪，教科缺乏，無學堂之形式，無學堂之精神，其制陋矣。隘且陋，而望教育之普及也，得乎？

吾寧波通商最早，風氣最先，欲求完全之小學，亦不獲屈指數，斯其缺點耳。

鎮海方氏郡之巨室也。樵苓太守有鑒於泰東西盛强之故，於是創辦培玉兩等小學堂，特建校舍，廣招學生，可謂得普及之旨矣。太守謙不自居，以爲此吾先觀察性齋公之意，今特賡續而推廣之者也。蓋觀察公嘗設師范堂義塾以培族中子弟，而額其軒曰"培玉"，并跋以文。以爲佳子弟如芝蘭玉樹，宜厚加培植，因勖後人葘畬經訓，根柢實學，以庶幾君子比德於玉。此培玉學堂之所由名也。

夫吾儒言學者至矣，自輓近以來，視學爲弋獲科名、誘取利禄之具。上以是求，下以是應，家庭以是相詔勉。於是所學非所用，而儒者遂爲世所詬病。今日者懲於内憂外患，急起圖存。而主國粹者一説，主歐化者一説，兩者齗齗，幾如日本變法之初，各争一是，將安取衷哉？不知主國粹者即向者經訓之説也，主歐化者即向者實學之謂也，兼資並進，體用始賅。觀察公竟能於數十年之前發明要旨，而太守君又即本此旨以定蒙養之方鍼，求文明之實際，堂構相承，可謂盛矣。頃者新校落成，規制完善，戊申春日開學有期。太守君之熱心教育，其陶成子弟、造就國民、以承先志而有補新政者，固學界諸君所願聞其厓略者也。余以太守君委任管理，故既與商訂章程，而復爲敘其緣起如此。光緒三十三年冬十月朔。

培玉兩等小學堂記

湯壽潛

非興學無以救時，今學興而時且益瀕於危，此何以哉？後生挾其速成之所得，藉詞變法，罠飛而起；言教育者泰半略去小學，務爲高等，艶其名而不既其實，不知德育爲何物。智育而奸益滋，體育而虓益甚。以此言學，吾用恩之。班孟堅譏漢博士爲禄利之路。齊時朝士慕操鮮卑語取富顯，顔之推猶恥之。嗚呼！世變如是其亟，而猶不反其本，且變而加厲焉，庸可倖歟！

鎮海方氏，吾浙右族。壽潛所識多聞人，樵苓太守尤振奇不可一世，嘗以培玉兩等小學章程見示，曰："此吾先君子之志，今特推廣之耳。"先是，太守封翁性齋觀察嘗起義塾於家。"培玉"者，封翁所以額其軒者也。太守善承先志，專事小學，講授有等，游息有所，舉動有度，出入有經，俾學子循循檃栝之中，而無或稍有踰越，處能成尺寸之業，出乃可期以定天地之變。挾策大言，其中虚者，吾知其必踣矣。太守專事小學，洵知教育之本者哉！抑太守嘗告壽潛矣。章程雖冠以方氏二字，遇有來學者，族人、非族人悉著於録。壽潛矍然興曰："學界至浩博無涯涘，無族界，無縣府界，亦無省界。太守能不私其族，則玉樹所培當益廣，所以承封翁之志者亦益大。洵知教育之本者哉！"

夫鎮海負山海之阻，海上有事，兵火輒先焉，誠不徒蛟龍、靈怪、珠璣、玳瑁之所生，商賈百貨之所蓄集。曩者一礮而斃法將孤拔，迄今夷艦過者猶指以爲戒。士生其地，童而習聞之，長而興起焉，益孟晉於學以自奮自立。異日必有人焉出乎方氏之學，以濟當世一日之用者。豈維鎮海之幸，抑豈維吾浙之幸哉！書此以質太守，其以爲知言否？光緒三十四年六月。

方氏培玉學堂章程序

楊魯曾

今年夏，因事至鎮海方氏，乃余向者設館授徒所舊游地也。弟子方樵苓導余觀培玉學堂，堂室寬敞，科學完善，爲郡中小學堂冠。輒欣喜者久之，恍然記憶舊書齋懸有"培玉"二字匾額，實樵苓之父性齋觀察親自題跋，以爲佳子弟勖者。然昔第爲家塾起見，今則樵苓移以名其堂，由一家一族而及鄉邑之子弟兼收而並教之。人或以冠以"方氏"二字，疑其教育之不能徧及，殆猶未窺其内容之完備也。夫余離方氏迄今已十年，此十年中，廢八股，停科舉。過渡時代，新舊互鬨，或主保存國粹而於科學之精深未喻，或喜醉心歐化而於祖國之文字反荒。余宦游江蘇，竊見學堂之興日益發達，大抵官立者有形式而無精神，民立者又大半經濟恐慌，規模粗陋。故小學堂之完美者，更難一二覯。上海澄衷蒙學堂爲鎮海葉氏所創，設立最早，規制閎矣。然猶惜其在上海，而遺本鄉也。幼穉時代非父兄行商在外，必不能遠離家鄉。彼隨父兄至上海入學堂一二年，學級未滿，文字粗通，乘除粗曉，棄儒而賈矣。一若學堂爲經商之基礎，無與於朝廷變法育才之精意也者。是以學堂林立，其能由小學而中學，而大學，而思爲朝廷用者有幾人耶？樵苓試思之。有形式矣必求有精神，有精神矣必求有成效。學堂中果有如玉其人者佳子弟可勿慮其他，貧則佽助之，無父兄者則成全之，必使九年卒業，由小學而中學，而大學，而卒爲朝廷用。是則不負今日興學之初意，而亦有以慰觀察公培玉未成之志焉爾。樵苓勉乎哉！光緒三十四年冬十一月既望。

培玉學堂記

陳祖詔

今上紀元二十有九年，懲前毖後，詔天下普設學堂，所以作育人才，爲安内攘外之本。意至深，法至良也。越三年，而吾鄉柏墅方氏培玉小學堂以立。培玉學堂者，樵苓太守之所立也。方氏故有餘慶堂以贍其族人。太守之父性齋觀察公又籌集鉅資，創設師范堂義塾，以訓其族中子弟。時以地狹，姑附於宗祠中。閒取晉車騎答太傅"芝蘭玉樹"之語，書"培玉"字揭於餘慶堂之軒楣以示意。夫義塾之意善矣。古者黨庠里塾皆掌之有司，自官失其職，而好義有力者乃創爲義塾之制，所以補王政之缺，而人各親其親之道也。惜其所及有限，而師若弟所授受者又鄙陋不足觀。自學堂詔下，太守乃別建精舍，都凡若干楹，所費無慮數萬金，并招四方學者以充其中，取觀察公所揭"培玉"字以名之，所以示承先志也。夫曩者觀察公之惠其族之子弟也，非拘守宗盟之見也，姑爲其時之所可爲者而已。今太守之兼及他姓子弟也，非侈大前人之觀也，亦爲其時之所得爲者而已。吾因之有感焉。

當觀察公時未有學堂也，然而其時之爲子弟者多能知孫弟之道，故爲父兄者莫不以甄陶子弟爲樂。學堂肇興，學科之周詳百倍疇昔，然而幼儀之謹或不逮焉，接於吾聞見者豈勝浩嘆！

傳曰:"不知東西者視斗極。"理義,亦人心之斗極也。往者日本變法之初,民氣亦甚囂張矣。彼土有識之士乃復講求古學,申明倫理之重。士習既純,國勢亦蒸蒸日上。況明詔諄諄以守範圍、正趨向爲勖。吾願吾黨之士循曩時孫弟之風,而復擴之以近日之各學,知行並進,嶄然如太傅所謂佳子弟者,庶上有以副國家振興學堂之旨,而下亦不負太守推廣觀察之意。不然,本之撥而末是務,則亦與曩之家塾互爲得失而已。余以太守之招,忝主國文之席,頗得聞乎規建此堂之旨,故舉以告來學者焉。光緒三十四年七月。

培玉小學校改訂規程敘

江五民

培玉學校第三次規程改訂既竟,敘曰:《易》窮則變,變則通,通則久。立一法而拘拘焉守之惟謹,謂可通行久遠而不弊,則古之聖人亦安事因革損益紛紛者爲哉?我國自興學以來,因專制立憲之遞嬗而法一變,因共和民國之建設而法又一變。昔譏老大頑固,今且日新。又新立法行政宜藉手者易於奏功,而教育之效乃往往無與於法之或變或不變者,則何也?培玉學校乃鎮海方氏新其義塾、以宏教育者也,成立至今七年有奇。余之承乏亦五年有奇矣。其間改革之跡因時變通,蓋亦攝入於潮流末由自主。故已過之規程亦自有不能不變者,然每一變焉,必根據中央之法令,考察社會之程度,以期適合乎進化公例,則區區之心也。竊嘗論我國開化之早,學說之精,遠非世界所能及,而今反瞠乎其後者,蓋有故矣。拘守陳跡,憚於更張,鴻已冥冥,猶視藪澤,此一弊也;棄我固有,揣摩時尚,相風之烏,轉移不定,此又一弊也。戒此二者,而無學識無精神以貫澈其間,虛與逶迤,冀免過誤,其視二者之弊殆有甚焉。余委身學界,非謂於教育之目的之方法有所窺見,要祇守任法不任法之旨,以從事其間。而方氏諸君子之熱忱,共事各員之勤職,與夫齋舍之明潔,圖書儀器之具備,乃得完善學科,蘄有成績,此則可與共見,而固非僅恃數十百條之規程所能收其效也。昔陶桓公謂行法須得法外意,斯言諒哉!因改訂規程,略誌數語,爲同人告,且以自勉云。中華民國二年六月。

師範堂記

張家驤

古者合族而食,設爲宗祧,窮者收養之,不知學者收而教之,恩明誼美,萬世之規也。自宗法既廢,風俗寖衰,至有歲時會食之不舉,慶弔往來之不聞,散漫無紀,視族姓若路人者矣。有宋以來,吴郡范文正公常置贍族田千畝,各給衣食。凡子孫有過,悉聽治於祠中。以故衣食足,禮義興,行之近千年,海内猶嘖嘖道之。鎮海柏墅方氏,自明季遷居,支族繁衍,爲邑中著姓。性齋觀察承先世遺業,勤儉居積,家有餘貲,慨然有志於贍族之舉。宗祠旁構屋一所,立爲義莊,置田若干畝,錢若干緡,歲收其息,以所入穀分給貧而無告者,餘則婚嫁喪葬皆有佽助;復聚子弟於塾中,資其膏火。其婦人守節者,與以存活之計。規模詳審,井井有條。嗚呼!今世素封之家朝夕享用,止於一身已耳,而族之人不得沾其餘潤者,比比皆然。以君所爲與之較絜長短,有不赧顔者哉?《孟子》曰:"親親而仁民,仁民而愛物。"民物之衆由親親推之,則以君之此舉爲里閭倡,蘄至於民康物阜之盛不難。抑聞之范氏祠規剏於文正,其後忠宣司諫繼之,規畫大備。君之子孫克篤前烈,斟酌盡善,垂之久久,將家聲遠大,炳焉與范氏比隆,此又其必然者也。同治十一年歲次壬申秋七月既望。

（江五民等纂修《[浙江鎮海]柏墅方氏恭房支譜》 1933年木活字本）

方氏祀則序

張壽榮

《經》曰："春秋祭祀，以時思之。"《記》曰："霜露既降，君子履之，必有悽愴之心。春雨露既濡，君子履之，必有怵惕之心。"蓋祭之動於情之不能已也。夫情有其近而切者，有其遠而疏者。自吾身而上，吾父爲近，吾祖遠矣；吾祖爲近，吾曾祖遠矣；吾曾祖遠而未疏，吾高祖遠而疏矣。夫此遠而疏者，必謂非近而切者之情之比。謂致其情者，高祖以下之親同之，非吾一人一家之私也，吾惡乎用吾情？誠念夫遠者不可以愈遠而遠而近之，疏者不可以益疏而疏而切之，吾又惡乎不得用吾情？方子仰峰偕其諸弟議置祭田，其於身以上三世多寡有差，復於高祖上曜公歲時禋祀，增置田十餘畮，俾合舊遺數畮。出漸廣，入漸贏，祀典得以漸加詳。而後裔之守之者乃能奉行而不廢，是非特於遠者而近之，疏者而切之，實能深思長計于遠者疏者，而善處之也。今其祭則、物儀具載於册，丐余數言弁諸首。余深有嘉乎是舉，爰取而書之。夫仰峰亦行其情之所不能已者爾。

賢訓堂家訓序

張壽榮

人之念及其子孫，欲有以詒之，室廬之安，壤植之美，衣食財用之充裕，如是焉已耳！而後人無以保之，其去漠視。夫子孫未嘗有詒者幾何哉！然則將聽子孫之自爲計乎？抑我有其室廬、壤植、衣食、財用，我自享之，亦自罄之，而不爲子孫詒之乎？曰："是又不然。"鄒魯之諺曰："黄金滿籯，不如一經。"非薄黄金而務去之也。無黄金之可詒，必以經詒之；有黄金之可詒，尤必以經詒之也。顧吾謂經之文博而義深，可詒也，不可遽得其人而通之也。不若條爲家訓，切要簡當，俾子孫易於省覽持循，人人能知之。則如我邑方君楓人賢訓堂家訓之作，庸可已乎哉！

君内性肫摯，見於家庭並及姻黨；又坦白不爲城府，其出而交游也，世途嶮巇，人情鬼蜮，曾未之知。後始得諸閲歷，故於君子小人之間怵惕懲創，悚乎言之。而其書都爲綱者十八，中如重法守，敦節儉，課職業，紹家聲諸訓，粹然儒者之言，尤足以垂久遠而無弊。或病其語稍近俚且多緐複處。余舉《袁氏世範》例之，謂四庫中取其明白切當，使人易從，與文章家固各爲一事。則其俚正無妨司馬子長於楚詞深有取夫重疊之語，謂一篇之中三致意焉。蓋非是不足以見其悃款纏緜之思。緐複又出之者，情動於斯而不能自已者也。夫何病哉！夫何病哉！

昔任氏，富者數世。史稱其家約，非田畜所出，弗衣食，公事不畢，則身不得飲酒食肉，以此爲閭里率。余以爲方君家訓奚第任氏云云也。則其守之子孫，行且廣之閭里而同奉焉，益有可券信者矣。丁丑冬月。

叩寂居遺稿序

張壽榮

昔東坡題文與可畫竹有曰："其身與竹化，無窮出清新。"知畫之貴清新也，惟詩亦然。少陵云："詩清立意新。"韋蘇州云："詩似冰壺澈底清。"昌黎云："一座競吟詩句新。"坡詩亦嘗云："新詩如洗出，不受外垢蒙。清風入齒牙，出語如聽松。"其諸所言可以想見矣。余讀方君楓人《叩寂居詩稿》，清思縷縷，一往纏緜，間亦有機趣横溢、意理愜人者。蓋已臻乎清之境，而將闢乎新之扃也。夫清則不濁，新則陳言務去。斯境若易而實匪易，又況身與俱化，至出之無窮哉！唐人詩，太白風華宕逸者也，少陵沈雄悲壯者也，其餘雅正若陳伯玉，秀拔若岑參，豪邁若杜牧，曠遠閒澹若王摩詰、孟襄陽，典麗精工若沈佺期、宋之問。所造之境各自不同，要皆有清新者流行乎其際，令人可以紬繹而得之。故余嘗語從游，學詩當自清新入，既於初桄有所憑，進是而深造焉，各視其性之所近以馴至乎唐人諸境而無難。而如方君之才學充而積之，又奚第若所見云云哉！惜君以家政倥偬，不卒所學，而復大厄之年遽捐館舍，故其吟篋所存衹此數十百首，以抒寫其清機而已。今哲嗣冠青持其詩文遺稿視余，求弁數語。文僅四首，非君所經意者。余可無言爲論列其詩歸之。丁丑冬月。

仰喬方先生七十徵詩文啟

劉鳳章

粤稽宋州增秩，高年荷錫命之恩；滎陽奉觴，子舍昭祝延之敬。盛事流傳，由來久矣。封公仰喬方翁修道養壽，美意延年，今年十一月十三日爲七十生辰。令子義鏞觀察等冀得光什，上博歡心，屬綴儷辭，以資喤引，試循乞言之典，臚陳致福之由。原夫蛟水蕃支，鳳湖衍派，羽儀有耀，門閥彌崇。尊甫建康贈公遺澤在人，榮名照世，頌聲徧於里鄙，慶祚衍於門庭。翁聰穎夙成，風氣日上，過庭聞禮，嫻習幼儀，循陔補詩，雅諳古訓。嗣以家政繁冗，遂輟誦弦，出游有方，歸省無曠，服賈承歡，交盡其誼焉。崇修内行，逾越常倫。文彊事親，温凊盡職；伯喈侍疾，頃刻不離。逮乎堊室居憂，終堂抱戚。奉甘泉之像，籩豆維虔；葺瀧岡之阡，松楸必整。仲弟無禄，過時猶哀。推同穴之恒情，用聯嘉耦；泯高堂之遺憾，彌切孝思。篤視女弟，歷久不懈。分甘贈遠，時寄大雷之書；割舍撫孤，推廣益州之誼。瑞室既開，福衢斯託。廬江好義，搆廬以庇單寒；雲居好施，置田以營窀穸。廣開家塾，刊敬叔之工程；崇建義莊，仿高平之遺制。凡以敦族誼、篤本支也，推論措施，悉徵幹濟。竭貲助餉，當局褎稱；捐金飼饑，緜區感頌。修定川之志，分任督刊；築浙水之塘，有資捍衛。仁聲義聞，翕然靡間。翁才餘肆應，契合參同。絳繡從心，絲無棼而不解；權衡在手，甬有概以胥平。材幹冠乎輩流，譽望著於鄉國。更歷時事，益勵束脩。投分老蒼，締古歡於縞帶；欽心儒碩，託幽贊於韋弦。洵集益之上規，保身之淵量也。至若貴能守謙，儉以保泰。不染紛華之習，自持謹慎之箴。整飭家儀，柳宗以風規著；崇嚴庭誥，顔門以禮法傳。植綱扶紀，茂矣美矣！在昔得之濟勝，峻坂風馳；驎士耽精，奇編手録。並皆登進耄耋，振發精神。翁種福無涯，養生有要，日行卅里，步健如飛；夜視細書，眼明若鏡。以今方古，何多讓焉。邇來傳政家督，退閒養堂，種樹成林，課花爲業。每當芳朝春煦，涼夕秋澄，即景游觀，招朋暢敘。北海之座，尊酒不空；郇家之厨，常饌恒旨。獻酬交作，談諧斯暢，優游暇晷，致足樂也。餘慶所鍾，嘉貽載遠。喆嗣三人，咸有時譽。伯仲則階列監司，季子則榮叨郎署。連枝濟美，丕振家聲。錫類推恩，榮膺寵誥。晚福滋至，未有涯量。兼以三孫踵美，七業並興。早露騏驥之姿，咸挺瓊瑶之質。非夫清白垂訓，貞固貽謀，曷由衍慶儲祥，若斯之盛哉？兹者亞歲回和，稀齡益算。簪裾畢會，特開洛社之筵；笙管鏘鳴，合唱壽人之曲。鳳章叨依仁里，仰止耆英，試敘次其麗洪，以章闡乎懿美。惟願儒林耆碩，文宛鉅公，寵錫名篇，以祈曼壽。庶幾連篇發藻，佐一堂善養之歡；比事成文，播萬石門風之盛。謹啟。

仰喬方君八十徵詩文啟

董　沛

祝黎汭漢之歲，仰喬方君年七十有九。十一月十三日，其生辰也。哲嗣振玉孝廉等將洗腆用酒，預爲君慶八十，丐詩文於海内立言君子，而屬余以一辭先之。余熟君行誼，無可諉也。

方氏世籍閩中，宋時有諱軫者官鄞縣令，遷居定海之霞浦。皇朝改定海曰鎮海，遂爲鎮海縣人。先德鑑航贈公起家寒素，以孝弟義俠聞於鄉里，邑志有傳。君，其長子也。生具至性，事父母能竭色養。贈公患痔病，劇時沾染裳褥，侍者掩鼻。君治藥，每日親敷之，痛爲少止。奉母劉太夫人曲體意旨，雖服賈在外，而勤於歸省，伺食息起居而怡怡然有婉容，終身弗懈，其孝敬有如此者。有弟一人，未冠而夭。君援魏鄧哀娶甄氏、唐懿德娶裴氏例，擇殤女以配之，營治塋兆，歲時祭掃。有妹二人：長適翁，夫婦相繼歿，挈其孤同居，無異己出；次適周，體弱善病，有贈遺必親致之。其友愛有如此者。舅氏家貧，振卹其孤寡。姑子女之無依者，咸出己貲爲之嫁娶。待宗族尤摯，靡間疏遠。或遭鬱攸，則營其宅。無葬所者，割田畀之。創祖祠，修家譜，建義莊，綜其所出，無慮數萬金。其敦睦有如此者。君席先人蔭，回圖申浦，緡符穀册，歲有增羨，復設肆於郡中，南北往返，鮮有暇晷。居家，則省工作，課農圃，日辨色而起，周行阡陌，監視其勤惰，至昏始息。客至必躬自款待，終日無倦色。其勞勩有如此者。自奉甚約，衣粗而食淡，居室之中無貴重器。佳日宴賓朋，恒卜其晝。三鄗饋問，無取珍品。誡諸子出入必告，十里以内，屏輿馬勿用，徒行而已。其節儉有如此者。自疆吏不戒，寇盜交訌，王旅徂征，半資義饟，以及他省賑饑之捐，海防善後之費，四十年來相繼不絶。君情殷報國，輸貲最鉅。浙中修海塘，縣中修志書，皆解橐爲諸家倡。他若濬河成梁，治道修廟諸善舉，君亦靡弗與也。其慷慨有如此者。君年届上壽，而康强貞固，不異少壯。振玉與其季弟鼎甫並登鄉薦。仲弟蓉舟有聲庠序間。諸孫九人，英英露爽，異時膺上第，踐華資，敭歷中外，光大其門閥，天之所以福君者，未有艾也。余以不腆之辭，爲諸君子先導，伏乞宏碩俊偉之彦寵之篇章，以光壽讌，以慰孝思。當亦錫類者所樂爲命筆矣。

光緒十五年己丑二月吉旦。

（張美翊纂修《［浙江］鎮海柏墅方氏重修宗譜》 1915年六桂堂木活字本）

秋夜雨中

方　整

寂寞愁長夜，何堪苦雨侵。蛩聲添細響，蕉葉助清音。零落三更夢，蕭條萬里心。更憐孤店客，此際豈安衾。

夏日田園雜興

方　整

山繞平田水抱門，豆棚瓜架日黄昏。閒邀鄰叟科頭坐，同舉傳家老瓦盆。
青笠芒鞋任所之，四圍苗穎似針時。閒來植杖耘非種，飽聽蛙聲歸未遲。
北窗一枕伴羲皇，雅愛窺園趣亦長。底事紅塵飛不到，荷花香老稻花香。
細雨初過池水涼，緑槐陰覆讀書堂。書聲漫雜琴聲起，卻被風吹度短墻。

七學士峰

方　端

南天峰一一，學士寄游蹤。試問登瀛者，先登第幾峰？

梅花谷訪王守約先生讀書臺

方　端

小牕低向五龍開，山色泉聲入座來。嶺上春光猶未到，梅花香滿讀書臺。

山　居

方世瑜

旭日初出山，先照方山頂。山在萬山中，巋然而秀整。一峰一天地，峰峰太古静。清泉白石間，結廬非人境。鹿豕偕游侣，俗塵山外屏。采芝朝療饑，采蕨夕佐酪。身閒讀古書，心悶賞清景。山人懶出山，游目吟懷騁。不知老將至，長嘯青松嶺。

夕望有感

方世瑜

一片殘陽下大隄，那堪回首問征西。杜鵑愛管興亡事，直過黄昏不住啼。

喜唐大來過訪

方世瑜

小園昨夜老梅開，卻喜今朝故友來。眼底滄桑都莫問，但評書畫倒深杯。

二月晦日夜坐

方　鶴

紅燭將殘未忍眠，詩情若爲海棠顛。明朝有酒留花醉，不是青陽二月天。

閒　　居

方　鶴

琴德愔愔述子春，梧桐陰下隔紅塵。年來亦是閒風月，肯把鶯花當主人。

漂　母　祠

方希孔

母豈知人者，長留一飯恩。世皆欽國士，此獨念王孫。報德金猶少，明禋祀最尊。南昌亭長婦，相去又何論。

客　　至

方希孔

晝長閒寂小窗開，寶鼎清香爇麝煤。倚檻正看飛鳥過，打門忽報故人來。剛從竹外安吟榻，便埽花間置酒杯。桑甚煖斟新出甕，殷勤莫惜玉山頹。

遣　　興

方希孔

爲埽炎威點點侵，先人留我舊園林。新從種樹求良法，時以評花發短吟。北海尊開茅舍裏，東陵瓜滿土牆陰。二三同契閒談藝，臨別依依一片心。

星回節五華山晚眺

方希顥

寒燄欺燐火，夷歌雜暮砧。星回脂豺起，風緊燭龍沉。野寺蠻王血，幽閨烈婦心。至今灰燼裡，時復聽哀音。梁王以是日害段平章於東寺。阿襤痛平章之死，作詩悼之，遂亦自縊。事見野史。

菜　　海

方希灝

春歸日永氣初暄，隄上閒行避俗煩。浪暖營兵争洗馬，煙深游客駭翔鴛。荷花紅隔漁舟路，柳樹青通酒市門。佳絶泥螺堪大嚼，些些風味佐芳樽。萊海酒家製田螺薦飲極美，又其姓曹，遂以曹螺螄著名已久。

月夜獨坐

方 檢

拋書莫問夜何其，撤手空階獨坐時。隻影自憐惟見月，閒情無賴尚敲詩。最難静境長如此，肯把清光讓與誰？不待中秋發高興，素娥應亦笑人癡。

柳枝詞和劉寄庵夫子

方 檢

春光又渡柳條新，争長長條綰着春。兜起陽關無限恨，眠應尋夢醒應嗔。
灞水橋東緑一灣，悄絲萬縷影姍姍。臨波慣舞輕盈態，那管樓頭妬小蠻。
狼藉東風不解癡，長堤誰與話相思。鶯兒會得儂心意，説是春愁莫上眉。
消魂别緒逐春波，回首秋風唤奈何。量着郎腰結帶子，端因瘦比去年多。
輕煙淡淡曉風柔，一帶濃陰翠如流。底事湘簾都不捲，洛浪睡起不梳頭。
眉自纖纖眼自星，高樓倦倚午風停。關情最是張京兆，偷得春痕入鏡青。

西 江 月

方 檢

甲申元旦發筆，萬事更新如意。高堂福禄慶康寧，闔宅歡呼大吉。册載飛光何急，且莫預期名利。祥兆梅花報弄璋，含飴喜過繼志。

子欽臨别以詩見贈即次元韻餞之

方 渤

有客從來晉水邊，依稀聚散是因緣。芝蘭氣味情肫切，風雨關山意渺綿。半載同心深景仰，三生清夢與周旋。懷才此去爲仙吏，遺我新詩手一編。

元 和 宫

方秉孝

古刹臨池上，身閒每一過。水光依檻近，山色上樓多。攬鏡鬚眉活，幢森竹柏羅。誰能畫清影，欲問老維摩。

晚游圓通山

方秉孝

峭壁動暝色，陰厓生暮寒。興來攜短笛，獨自倚迴欄。園老蝶魂斷，台荒梅影殘。探奇歸緩緩，明月照林端。

月夜登五華山

方秉孝

多情好明月，先照五華峰。一路踏松影，半山聞暮鐘。龍池煙曖曖，螺髻霧重重。襟袖迎西爽，行吟答夜蛩。

新秋雨後游盤龍寺便過萬松寺

方秉孝

路出東門第一峰，青青迴繞似盤龍。經聲散入蟬聲咽，山色遥分水色融。活佛塔光金舍利，仙人琴韻玉琤琮。新泥曲徑還防滑，更借僧筇款萬松。

碧嶢弔楊升庵先生

方秉孝

先生本是雲中鶴，萬里投邊借一枝。豈報巍科方議禮，聊抒幽憤寫彈詞。采蘭袚濯繁華夢，垂柳悲歌憔悴時。惆悵碧嶢峰上月，照人清淚洒空祠。

金砂訪李軒民先生

方秉孝

金砂佳氣鬱嵯峨，中有高人獨嘯歌。一水縈紆山嘴過，山光水色滿吟窠。

邨　望

方秉孝

平場争打豆稭灰，揮汗如泉暑燄煨。忽聽水田蛙喚急，濕雲挾雨過山來。

示　諸　子

方　邨

仁里鵜雎舊有名，關雎雅化重生平。力田孝弟傳家遠，勉爾同胞好步行。

鳳凰橋聞啼鵑有感

方　邨

鳳凰橋上杜鵑啼，渾似天津路欲迷。歸去幾聲飛不見，滿城煙火夕陽低。

侍趙石禪老人游盤龍寺

方樹德

青山隱隱似盤龍，深樹盲山翠色濃。古刹荒涼人事改，浮雲變幻世情空。蓮師吞吐留遺偈，坡老低回認舊蹤。負手咒龍臺上望，玉蘭開徧玉玲瓏。

鶉　雎　廠

方樹德

鶉雎聚族結茅廬，半是耕田半讀書。竹外梅花桑外柳，四時風景畫難如。

與臞仙弟夜話

方樹德

階前坐話月光明，梅影横窗畫不成。絮絮家常過夜半，老來兄弟最多情。

偕周惺庵先生華允三何小泉趙澄甫和甫諸君暨諸弟子侄侍石禪老人登日照峰

方樹德

新晴日照快來游，撰杖登高豁遠眸。百里湖光供嘯傲，江南風景望中收。唐解元堯官謂：晉寧風景大類江南，蒼洱非其儷也。

直上峰顛訪五龍，松陰篩日翠重重。今情古抱都棖觸，謖謖松風蕩我胸。

筇竹寺步郭維舟先生韻

方樹猷

岫湧青雲石湧泉，羊腸百轉接長天。疏鐘遠韻知何處，古寺深藏信此巔。五百應真都有象，三千世界本無邊。尋犀往蹟還相問，翠竹森森不計年。

游海寶山寺次楊升庵太史韻

方樹猷

新都謫戍古梁州，曾自高嶢放艇游。遷客題詩傳勝地，散人攜酒醉高樓。風來雲影枝頭散，雨過嵐光屐齒流。唐池南段午衢諸賢今不見，呼僮漫把野花求。

安江柳堤小坐

方樹猷

幾樹垂楊繞曲欄，濃陰深處好盤桓。芳塘一鑑閒垂釣，彷佛江南畫本看。

任教福安校園老梅一株開學後值花盛放紀之以詩

方樹猷

一樹寒梅出短牆，最高枝上洩春光。疏簾乍捲微風起，習習清香到講堂。

壽 母 盤 龍 山

方樹猷

阿母壽八旬，康強荷天庥。龍山咫尺耳，奉母盡日游。勝境一一覽，心曠喜開眸。親心得兒慰，兒心依母休。兒命孫采芝，華芝如蓋抽。兒命婦治肴，山肴勝脯脩。跪誦《南陔》什，觴詞衆孫謳。祝母壽百齡，富貴等雲浮。

吾家本食貧，艱辛母備嘗。兒年已不惑，愧怍弗顯揚。母恩何日報，兒心實難忘。藉兹山水地，作我愛日堂。母壽南山高，歲歲來稱觴。山花香而秀，山水清且涼。四代四十人，相聚樂未央。拜母母拜佛，佛佑壽而康。

偕臞仙四兄侍石禪老人並和甫五弟華允三何小泉兩兄游盤龍萬松諸勝得五律二首

方樹猷

六百年來佛，摩留面目真。擔公稱弟子，介老認鄉親。識遠知兵禍，功深轉法輪。無須哀一炬，滅蜕了凡因。咸豐間，回亂。邑人奉蓮師肉身於城内如意宫。城陷，與宫並燬。涅槃火浴，終歸滅度也。今像乃取骨灰和香泥爲之。松與人俱老，人如松耐寒。望中孤鶴翥，驅後五龍盤。志載：蓮師咒五龍於山後，留一龍於寺右以濟飲。酒潤詩還迴，樓高酒興寬。鳥啼山翠合，客至樂盤桓。

偕周愜庵先生華允三何小泉趙澄甫和甫諸君家兄弟六人侍石禪老人冒雨游盤龍諸勝

方樹猷

任是天陰雨,詩人不礙游。萬松森古翠,深澗激寒流。僧舍揞吟榻,芝樓豁醉眸。泥濘安緩步,步步得探幽。

名山常選佛,此重照師傳。荷法隨龍象,開宗紀歲年。梅開關地運,雨霽結天緣。漫憶梁藩事,滄桑幾變遷。

游山喜新霽,著屐踏莓苔。樹葉沿途滿,禪關對海開。先遵伏虎地,繼上兕龍台。更有無窮樂,催詩雨又來。

雪廬老名士,精舍至今名。王雪廬先生築松翠山房,即萬松寺西廂。松翠迎襟爽,詩魂入夢清。談禪空色相,搦管任縱横。自謂無拘甚,逍遥過此生。

萬　松　寺

方樹猷

萬松何鬱鬱,孤寺更巍巍。倚檻濤聲壯,當軒月色輝。客穿青藹入,僧杖白雲歸。有暇常箕踞,嵐光起四圍。

盤龍寺次龔太守韻

方樹猷

乘興來游不計回,佳山佳水望中開。心閒便擬攜尊至,路短何須策馬來。風響松間驚鶴夢,雲飛石上走龍媒。曹溪勝境堪棲止,休問人間幾劫灰。

巖泉寺懷六弟紀青寺在宜良。

方樹猷

峭壁依雲表,山光入畫樓。時危僧亦苦,佛笑客偏愁。藤老干霄上,泉香繞檻流。登臨念阿弟,未獲與同游。

憶　　母

方樹猷

自愧難將菽水供,歸與空賦滯行蹤。慈顏日夜思相見,夢隔雲山幾百重。

陸涼中秋未見月

方樹猷

又到中秋節，愁心縷縷生。旅懷孤客泪，别恨老親悄。痛念狼煙惡，頻聞角鼓驚。今宵來拜月，慘澹未分明。

自西郭外移歸舊廬

方樹猷

吾愛鶺䳇廠，余村古名。先人舊結廬。田園爲我慣，世事與人疏。任教談新學，偷閒讀古書。慈親開九秩，侍奉樂何如。

收 獲 遇 雨

方樹猷

農家九月中，郁郁稻已熟。未及納禾期，先將場圃築。倉庾半已罄，計日可能續。若得半月晴，即是天予福。陰雨何綿綿，朔風何肅肅。四野黄雲鋪，室中乏升斛。刈之已十日，安得一日暴。炊爨無積薪，鍋破炒新穀。余本學爲農，隨農將晴卜。

自 遣 二 首

方樹猷

掃地焚香讀畫，攜琴飲酒看花。眼底滄桑莫問，年來文字生涯。
小苑春深晝永，盈堦蝶舞蜂狂。抒憤詩吟甫白，怡情字寫蘇黄。

偕友泛舟中延澤即南盤江睹江上風光佳麗口占

方樹猷

攜友中延泛葉艖，清溪秋至美魚蝦。青山緑水天然畫，堪羨龍顏爨世家。
炎天無雨亦清涼，陸上閒行草木香。文獻滇南增異彩，龍顏而後又祥光。

到 家

方樹猷

拜母堂前日已昏，鶺䳇老屋幸猶存。西城一肆灰飛盡，卅載辛勤淚暗吞。
燈前兒女話三更，都道萑苻太不情。刮盡脂膏驚破膽，賊梳兵篦可憐生。

題畫寄方握之

普　荷

千古交情在此間，拈豪有韻雪生班。寄君不用丹青手，耐久還須水墨山。

答方握之

普　荷

重君品調動相思，地北天南未可期。要見鬚眉知不遠，梅花香處月明時。

題方夢亭教習詩集後

師　範

潭心朗印娟娟月，松下横吹謖謖風。自是詩人有能事，一時收入錦囊中。
軟紅十丈人如蟻，辛苦躭吟獨閉門。翠葉黄花秋一至，不隨塵土寄籬根。
趨庭記向盤龍麓，君未成童我少年。轉眼流光十餘載，冬郎佳句已堪編。
御杯就我勤商榷，老馬空餘識路能。未備宗門皮骨髓，一燈思付恐非燈。

寄懷方夢亭教習

師　範

夢亭真静者，三拜格猶存。嗜酒宵留客，攻詩午閉門。琴彈秋水調，曲演落梅魂。丹鳳城西路，人知教習尊。

輕車東下日，相送市門前。袖出新詩卷，人歸落照天。遲暮心何切，飛揚興未捐。士安空有序，賦愧大沖賢。時爲予作《研露集敘》。

夢亭出與望山文五唱和之篇予亦依韻作此並以誌别

師　範

狂歌燕市有二子，龍門太華相對峙。過眼時人不知數，譽者尚非況於訾。文生磊砢節目多，琢句往往驚下里。方生跌宕無俗姿，獨抱精神照秋水。安得如君五七輩，闖入詞壇振委靡。我今見獵興忽動，把酒一笑離席起。敢憚摇膝與拈鬚，若未投桃焉報李。東街買馬行束裝，風攪愁心月明裏。苜蓿堆盤亦君恩，傳經肯蹈肉食鄙。詩能窮人人自窮，仰天聊欲究所以。捉筆聰明見其真，今寧盡非古盡是。再言恐被鬼神呵，寒宵分袂言止此。雪花似掌風似箭，跨劍鳴鞭越楚壘。刺舟或從望山游，回首金臺夕陽紫。時望山想已抵滇。

送夢亭教習還滇並寄乃翁鳴九同學

師 範

我亦將歸去,君先我着鞭。酒人燕市少,詩興冷官偏。帶雨穿黔嶺,看雲入楚天。盤龍山下宅,綵服照華顛。

都門九友歌有序

師 範

庚戌春,七赴南宫。九君者皆不以爲老醜而晨夕過從,互相慰勉。古懽今雨,雖交有新舊,而情無厚薄,遂作歌以紀之。敘次則以齒:洪大棕巖銘、龔大簪巖錫瑞、王五西山藩、方大夢亭學周、文五望山鐘運、張大洲溟鵬昇、朱四笏山奕簪、沙大雪湖琛、嚴大匡山烺,蓋九君之品固不盡是,而予之獲九君於都門,似可舉是以概之也。識者審諸。

棕巖磥砢無俗姿,春官報罷神如癡。斗室高卧空言詞,簪巖意氣邁等夷。先聲奪人人箏馳,閉門習書類守雌。西山學欲窮媧羲,餘事兼善卜與醫。清談博辨忘朝飢,夢亭淡若千頃陂。歸夢時落昆明池,棗花香裏拈吟髭。教習館書舍,夢亭榜曰"棗香"。望山一飲盡兩瓻,酒酣走筆何雄奇。左盤怒龍右文彪,白眼看天大於箕。雪湖久客燕南垂,興到亦復躭名姬。戟手就座誦新詩,溟洲倜儻才不羈。五陵裘馬光陸離,日懷刺字衝炎曦。陳遵鄭莊君知之,笏山皎皎瓊樹枝。妙解所及山難移,論尚敦篤我當師。匡山俊逸嫻風儀,前身恐是江總持。鏡臺寫出長相思,曾有"一春書對鏡臺修"之句。空見紅藥翻階墀。已登中正榜,奉旨旋寢,其事殊爲可惜。

題方夢亭洞庭湖詩卷後

師 範

長天八百洞庭湖,翠羽金支乍有無。寫出煙痕兼水色,晴波如鏡月如珠。
當時我亦洞庭游,把酒題詩向岳州。此日逢君低首拜,粗材終覺欠雕鎪。

夢亭固坪二廣文俱有贈詩賦此答之即以誌别

師 範

弱歲即相與,已餘三十年。紀羣交並密,嵇阮迹胥捐。送我去爲縣,看君仍住燕。途長艱旅費,欲别意空懸。

趙覺莊留飲索句偶成一律並柬羅琴山
方夢亭方兑峰何魯巖楊曉園何瞻魯

師 範

風雨瀟瀟滿一城,五雲紅處感宵征。開尊未減西園興,薦士常懷北海情。詞賦名高前七子，弦歌化愧魯諸生。由來此會非容易，莫負人間伐木聲。

懷方夢亭廣文

師　範

會垣一晤垂鞭去，微弄吟髭格倍清。同是北來先半月，看花知已過樊城。

重游晉祠同方夢亭

師　範

五日兩頭過，渺然襟抱新。水聲塞漱玉，稱色遠浮茵。趣溢三杯酒，胸消十斛塵。無須誚輕薄，我本不羈人。

攜友重相訪，林泉致更深。雲調初伏雨，樹結半樓陰。漸已隔人境，因之生道心。輿闌歸路近，纖月映遥岑。

許岐山邀同方大夢亭游孟氏東野園漫成二首

師　範

久晴雨亦好，既雨晴更佳。杜句。鬱鬱東野園，招邀萃朋儕。到門足幽趣，木石工安排。架空一橋渡，濕翠交欄堦。魚鳥自相親，風月誰與偕。池荷静無語，娟秀如吴娃。宴坐清道心，人我淡忘懷。回睇孺子榻，白雲生高齋。

喜滌塵土襟，遠踐林泉約。晴波漾虚廊，流雲掩藂薄。徑曲迷亦佳，室邃入還卻。歷歷此平川，忽具小邱壑。石氏金谷園，倪家清閟閣。華樸恰相半，每事見斟酌。俯檻極眺聽，日昃諠聚雀。風雨洛陽天，春花自開落。洛陽天園中種牡丹處。

喜方夢亭廣文由京過訪時將之江西

師　範

卌載論交合紀羣，盤龍山下有餘醺。年光駛似過灘月，離緒濃于觸石雲。雁到衡陽秋已老，江臨溢浦水初分。劇憐歷落崟崎客，消盡聰明始封君。時予失聽。

邀方夢亭游迴龍宫偶成二律

師　範

雲偏忙似我，山更静于僧。一月三回過，題詩有客能。膠黏連理木，龍起度巖藤。老藤、連理木皆在寺東。説向滇鄉去，堪爲識者稱。

十三年外事，同作晉祠游。丙辰夏，與夢亭同游晉祠。彈指成今日，相逢盡白頭。功名原一物，心性有千秋。送子西江去，晴峰引棹謳。

夢亭用予贈海幢韻書之扇頭又復有作是韻蓋始于鄧山人至是凡四疊矣

師　範

眼前何事可相關，癖畫躭書老更頑。明鏡也知憐白髮，深盃時與借朱顔。緑垂墻角絲絲柳，青擁城隅片片山。未識應官聽鼓客，阿誰能似此中閑。

九月初一日揭曉喜趙幼援掇解方夢亭薦魁仍疊前韻奉贈並寄第三名何魯巖

袁文揆

兩兩雄飛各有情，頭銜今共緼袍更。夢亭官廣文。天憐吾道風流寂，士到文場寵辱驚。雙實錦榴傳碧海，用葉廷珪《海[録]碎事》。晉寧今科中式五人。一枝仙桂壓青城。探花早屬何驃騎，花樣曾誇第一名。魯巖曾舉丙午副車第一。

渡黄河後與方夢亭臨岸飲酒

嚴　烺

乾坤浩氣入洪波，九曲偏教瞬息過。我輩此間能飲酒，古來若個敢馮河。雲生遠岫風先到，水繞中原色不磨。便欲尋源乘醉去，太行王屋夕陽多。

襄陽舟中和夢亭韻

嚴　烺

乘風被浪知何日，狎鷺盟鷗亦可傷。一葉小舟浮大澤，滿江新雨怨朝陽。紅欄隱處人家近，緑柳中間酒旆藏。莫把功名輕漢水，西流那復氣蒼茫。

習池舊是高人醉，峴首今無過客傷。此去流觴空漢水，古來餘恨滿襄陽。雲歸楚塞魂先斷，夢入巫山影易藏。惟我與君狂唱和，郢歌一曲感茫茫。

漢水舟中懷方夢亭學博

嚴　烺

我昔侍親歸，浮槎游漢水。江干五月天，晨餐進鮮鯉。方子偕之來，輕舟謌嘯裏。朝探黄鶴煙，暮採洞庭芷。同是歸來萬里人，昆明池上别三春。一鞭又度關山雪，九陌還沾衣袖塵。春明門外花開早，人生只有看花好。小立曲江江上雲，一樣青袍似春草。春草連天别恨多，湖襄重到意云何。常隨楚客游三峽，不見騷人續九謌。片帆兩指襄陽路，曾是前來喚船處。昔年同坐俯滄溟，今日相思望雲樹。落日浮雲思共長，炎天依舊客他鄉。故人欲報山中信，記取巖頭丹桂香。是年鄉試。

澂江學舍留别方夢亭廣文

嚴 烺

官閣梅花苦唱酬,勞人身世等虚舟。入山未遂三生約,時思入竹山,不果。訪友難爲十日留。雪後行蹤瞻馬首,風前離緒滿羊裘。鄭公書法詩兼妙,欲去能無一一求。

爲方夢亭作畫即題長句以贈

錢允濟

君家昆池南,我家昆池北。衡門相去不百里,隔水互見青山色。春草香,秋樹碧。昔日共飲昆池水,衹今同作天涯客。燕市相逢意氣深,笑我落拓君垂翮。短衣長劍氣自雄,未遇寧逃俗眼白。酌酒與君君勿憂,君才精粹瑩天球。東風會見歸瀛洲,天禄石渠待博搜。今日爲君歌且畫,不作方壺縹緲界。但寫昆池兩三峰,天開雲淡漁樵話。贈君彷彿對家山,家山風景日往還。惟期白首投簪日相與,垂綸秋水夕陽間。

餞别方夢亭先生錦旋

錢允濟

君豈廣文才,天心念老萊。三年修北溟,五斗慰南陔。芳草憐人去,鄉雲接馬來。同爲游子意,歧路獨徘徊。

嘉慶辛未臈月過訪方夢亭先生清齋四壁焕然戲爲小詩一章

馮承恩

龍門近可望,不厭重升堂。苜蓿緣階長,翰墨古壁香。美哉輪美奂,室白虚生光。雅人餘深致,筆研尤精良。鄴架書千卷,周秦漢三唐。六經僅紛綸,諸史滿青箱。白茶花三韻,連城價誰償。元唱甚高,和者彌難。强鄰竪赤幟,三舍深避藏。日前漫投轄,丙夜豪飛觴。持籌百千疊,喧嘩四座揚。陳登飄然去,索我留别章。小離情難已,折柳搜枯腸。星辰感落落,聚會真匪常。驪歌我又賦,惆悵風雪狂。相邀黄叔度,竹亭。共座春風旁。攬斷黑甜趣,追譚少年場。梅度春迎歲,感我兩鬢霜。餘事相游戲,許我詩疥墻。恩戲言,新壁可以糊詩。先生言,詩尚未帖。針鋒如是如是。

酬方夢亭先生

馮承恩

嘯傲湖山學政優,清餘苜蓿愛賡酬。軍逢鉅鹿方酣戰,恩每寄一章,先生必亟和之,直若强鄰壓境。恩亦不敢一戰而北。飲到平原戀款留。獨角麟珍家國瑞,賢郎才品廟堂之器。交枝椿永八千秋。先生俱慶,天倫之樂罕與比焉。蘭陔至樂歌金石,弦管原非爲遣愁。

餞別方夢亭先生

曾 罂

無限相思覺漏長,閒庭月落仰空梁。十年傾蓋同關閔,千里班荆并范張。鐸振悠揚連洱海,薪傳次第續河陽。獨嗟傲吏難諧俗,依舊清風兩袖涼。

從今罔作斷腸聲,恍悟人間聚散情。青眼已憐勞小友,絳紗何日晤先生。舊時詩酒須重約,此後雲霄好共程。莫以沉淪悲景暮,龍泉焰起出豐城。

方夢亭先生以詩見示奉和二首

陳正榮

棗香飄處度新聲,庾子清思調轉新。好句如嘗味外美,多情已向卷中親。緇林晝永堪消暑,絳帳風微若坐春。我亦躭吟成白俗,徒拋心力愧詞人。

江表誰聽玉振聲,謝庭錦繡復翻新。官何嫌冷腸偏熱,詩本緣情交倍親。才若泉源思欲湧,人猶風月羡宜春。棗香座下須知幸,着個騷人作主人。

柬方夢亭先生

陳正榮

江城落日冷,荒署入秋深。清氣籠高樹,寒光堆遠岑。啣杯獨引醉,彈鋏誰知音。近念方三拜,躭吟劇苦心。

四疊前韻奉酬方夢亭先生并述旅懷

蔣慶芬

元亭問字館新開,名士無雙繡虎才。講席三年依頖水,春風四度上燕臺。纔分韻去詩魔到,正讀書時酒興來。室滿清香窗映緑,一庭芳草雜菘萊。

指揮文陣到同寅,賦就天台字字新。手握智珠生夙慧,花開斑管證前因。情牽閬苑三千界,跡寄宫墻廿四春。苜蓿青氊原不俗,冷官留得性情真。

夜來秉燭小園看,萬點星光上畫欄。數去年華雙鬢改,撇將離緒寸心寬。天邊月朗宵如晝,柳外風輕暖不寒。折得花枝春在手,吟情輸卻與方千。

隔葉黄鸝鼓吹譁,光陰百六景非賒。牡丹亭畔春留跡,芍藥欄前客憶家。衣上酒痕偏蘊籍,懷中花影最風華。十三行帖纔臨罷,掃地焚香静午衙。

和方夢亭先生寵行原韻即以誌别

潘光文

古道憐貧别,新詩壯遠行。緬懷分韻地,渾繫故鄉情。白髮春猶健,青雲氣已平。惟將湖海月，和影照俞城。

雪後寄方夢亭廣文

馬之龍

紙窗雪後開，寒雀啄蒼苔。對酒不成醉，悠然明月來。月來游興動，欲訪山上梅。今宵有幽夢，樹下同徘徊。

柬夢亭姑父先生

戴　淳

近接方夫子，襟懷老愈恬。宦情獨冷慣，家難一身兼。屢就閒時過，同消夏日炎。久依塵市裹，我自愧垂簾。

送夢亭姑父之官西蜀

戴　潢

坐客氈寒廿九年，恩綸特下彩雲邊。道遵平蕩無憂蜀，帝簡循良獨重滇。上諭有滇多循吏語。苜蓿青猶思舊味，橦花紅自門新妍。欲知老輩風流政，濯錦江頭有誦弦。

滇南方夢亭老先生先君子經師也爲廣文後久不來京樸生也晚未能一接道貌今耄歲引見知縣枉過敝居以先君子猶在故也樸悲喜交集爰跋詩卷

奕　樸

如此老翁世有幾，精力不衰儀容偉。今纔墨綬與銅章，半生官冷誰歔唏？樸也何能知先生，樸父當年從受經。曾謂先生今長者，鯉庭心識仰儀型。心仰儀型未覩面，滇南冀北那能見。慈父見背先生存，一見先生淚如霰。新詩兩卷光燄長，後生小子驚望洋。竊承家學弄文翰，始晤淵源律髓方。暮年作宰眉亦揚，猶勝苜蓿題詩牆。廣文師範宰君道，爲師爲君復何傷。應知樸父白雲鄉，快覩鳩杖憑琴堂。

題方夢亭先生桐陰覓句圖

黄　琮

先生八十風貌古，爲愛青桐結茅宇。丰神酷似孟山人，倚樹閒唫聽疏雨。少年走馬長安陌，推敲是處逢詩伯。懷才不改儒生酸，長鋏羞從門下彈。焦桐何處求知己，捧檄無妨就冷官。明湖照人清且潔，愛爾漣漪不忍别。一鞭遥指玉龍山，從此詩腸沁冰雪。青雲得路又西川，父老争誇明府賢。碧桃遍種安仁樹，緑綺頻揮宓子弦。計拙催科不草草，陽城自願書下考。便辭軒冕亦欣然，歸去碧雞金馬間。暇日琴書有樂趣，田園守拙安吾素。陶冶全憑三徑花，盤桓時撫孤松樹。夜深得句紙窗寒,桐葉無聲墮清露。

餞别夢亭方老夫子歸里

郭　鎮

不欺愚賤守循良,清似冰壺映玉堂。士被春風崇學校,民依化日務農桑。衹期君子留斯地,誰料伊人各一方。如此恩波難再得,涪江千載水流香。

愛人君子學,民士誦聲嘩。月挂虚堂鏡,天培滿縣花。茂州雙印綬,郪水一琵琶。仁厚風長在,甘棠比户誇。

前　　題

楊芳春

數載沾公潤澤深,一朝解組老山林。雍容尚是儒生度,忠厚長存長者心。自此不懸陳氏鏡,從今難聽宓公琴。臨行相餞無他物,一首新詩酒滿斟。

前　　題

傅　霖

驥老空爲伏櫪悲,飄然霜雪上鬚眉。幾聞廉吏尤工字,最是貧官更善詩。公有煙霞娱老境,我無桃李寄遐思。可教書法同遺稿,長作涪江墮淚碑。

前　　題

李謨鴻

百年遺愛感孚神,績著甘棠士庶遵。漫以風聲移下里,但將仁厚育斯民。草生囹圄青迷竇,花滿公庭錦疊茵。從此虚堂人不見,空留明月照涪濱。

前　　題

楊占春

慈君解組路迢迢,冰鑑堂高久寂寥。無計可留賢尹住,多情惟送律風遥。山林自應重爲主,升斗何妨再折腰。此去未荒松菊徑,年來消遣脱塵囂。

前　　題

姬守緒

案牘分勞已倦人,從今瀟灑出風塵。十年宦跡霜沾鬢,千里還山璧返真。遺像陸公應嘆老,歸田陶令不嫌貧。清風兩袖無他物,數卷殘書自在身。

前　　題

張東森

行李倉皇疾始瘳，龍鍾人更帶離愁。知公不爲浮名累，恨我難將厚澤酬。山有林泉堪適意，水無風浪可垂鈎。儘多清福公消受，但願頻添海屋籌。

前　　題

李仙林

數載憂勞涪水濱，春風和暖仰宏仁。秀頑人共依慈母，忠厚心難告小民。入幕嘉賓真佼佼，趨庭公子亦振振。太邱美政誠堪擬，漫道姚公竟絶倫。

題鄉先正方夢亭先生遺稿

李承祜

弁冕鄉之望，林泉美在中。高吟摩聱叟，雅化踵文翁。名已三都著，才非百里同。至今傳蠹簡，雛鳳羽毛豐。

爲方臛仙題其先德夢亭先生遺集

徐　旭

儒流多韻事，況復值乾嘉。治術宗黄老，詩篇祖白家。朗如珠露潤，静絶鼓箏譁。長慶當時體，誰知有怨嗟。

太息方千去，沉沉二百年。魂歸遼海鶴，淚落蜀山鵑。薄宦聊復爾，清吟亦偶然。吉光留片羽，繩繼賴喬賢。

題方夢亭先生遺集

錢良駿

酒後論人物，乾嘉極一時。詩名先戴古邨。李，即園。儒雅照袁蘇亭。師。荔扉。蠹帙遺殘簡，龍門發古悲。秋宵燈若炬，光燄吐離奇。

題方夢亭先生桐陰覓句圖

宋嘉俊

久坐桐陰日上遲，簿書餘暇好尋詩。萬家憂樂關心事，盡在拈毫密詠時。

爲方臞仙題其先德夢亭先生桐陰覓句圖

趙式銘

薰香宫女來深殿,畫船官伎陪驩讌。唐宋風流不復存,乾嘉宦味猶堪羡。使君公退樂琴書,曲曲迴廊聳碧梧。玉腕烹茶翻雪乳,紅裙磨墨潤荷珠。故人一别長爲客,荔扉溟洲各頭白。撚斷吟髭意若何,懷人祇在天南北。雪嶽金華佳山水,宦游到處聲名起。看花徑入子雲家,酹酒還尋伯玉里。百年一瞥駒光縱,獨有丹青攝飛鞚。魑魅難吞紙上名,滄桑未改桐陰夢。如今官舍似荒村,破竈濕薪煮菜根。那及朝廷右文日,翠翹雲髻侑金樽。

壽方臞仙母葉太孺人六袠

李承祜

百物養親無可寶,只重瞻依能娱老。君家孝弟釀天和,烽煙熄去樂業早。志學偏慕東臯子,力耕那愧南陽翁。賢者所爲本母訓,縱不彈冠有古風。今日徵詩交水右,盈篇寄我皆瓊玖。春酒豈但祝春暉,眉壽上介母之母。難老總此不匱思,同里實録鮮諛詞。冷齋呵凍喜染翰,爲君一補白華詩。

壬戌十月大雪後得臞仙書來乞畫梅並云輯師荔扉先生年譜將成欣然爲作此幀綴二小詩

趙　藩

窗几通明是雪光,老夫薄醉倚胡床。梅花寫贈梅居士,滿紙春風滿紙香。
年譜聞編師荔翁,滇南文獻此其宗。饑寒何與卿家事,矻矻梅花香影中。

畫梅贈臞仙

趙　藩

萬樹梅花一布衣,萬梅花裏一荆扉。客來與覶梅花味,此是方千杜德機。

臞仙允三夜過留宿齋中

趙　藩

頻枉羊裘顧,無嫌蔣逕荒。坐限燈影仄,談入雨聲忘。感慨弢雄劍,温馨惜篆香。祇應時款曲,鬢髮各蒼蒼。

苦雨悶坐柬宣三臞仙

趙　藩

蘭臺虚語作黄金，典到中郎爨尾琴。敢笑米鹽謀瑣屑，頗難閭井雜浮沉。衰頽鏡影凋玄髮，賞析書叢眷素心。總負名山登眺約，浮雲天際尚層陰。

不獲堂題德有隣，衝泥尚慰往來頻。學新固自輸時彦，詩好那能到古人。盾日流炎何取畏，杞天憂墜但聞呻。雨昏燈暗床床漏，念爾讎書亦苦辛。

爲方臞仙題師荔扉先生畫山水

趙　藩

馬椿樹與薄刀山，貌襲擔當笑破顔。不道大雷池長筆，居然胎息透倪關。

誰喻遺民寄託心，無弦琴外得知音。解參畫裡如禪理，漫逐稜迦脚跡尋。

陸寄洲畫師荔扉先生望江官廨小停雲館紅白桃花圖爲方臞仙題

趙　藩

小停雲館樹，此樹劇丰神。紅白花連理，丹青筆駐春。詠之成雅話，逝者幾傳人。天付臞仙有，重裝焕一新。

臞仙約游盤龍萬松甲子八月十七日偕華允三何小泉二君挈五兒宗煦發昆明

趙　藩

戊年游約甲年償，曉御飈輪晚卸裝。預想小樓今夜夢，絺衣已襲萬松涼。

滯雨二鼓始至方宅下榻小樓

趙　藩

雨泥滑滑鷓鴣聲，僕馬痡瘏困夜程。炬火將迎肴核錯，留賓彌見主人情。

贈臞仙昆弟

趙　藩

清芬夢亭後，兄弟自相師。掃軌安家食，循陔倚母慈。温醇彭澤酒，真樸道州詩。老屋寒梅樹，天心歲晏知。

方氏宗祠

趙　藩

鷄鳴卜築誦先芬，衣德祠堂有紹聞。五百年來成茂族，芸香比户稼連雲。

方　村

趙　藩

煙茗無寮溷肆門，百家耕讀古風存。南中鄉治萌芽始，端合題爲模範邨。

方童子懷民見紫芝一本采以相贈

趙　藩

曩游石寳得靈芝，作圖未暇曾題詩。萬松山中古松下，今得此本非夷思。風塵鴻洞昏南北，天放閒身寧易得。皈心白業不名禪，駐顔紅玉難爲色。深谷療飢昔避秦，與人家國老逡巡。留侯何似方童子，欲問商山四老人。

登舟返昆明呈臞仙

趙　藩

遵海半環周，粗償百里游。何人主東道，此水自西流。望遠遲聞雁，忘機久狎鷗。低篷談促膝，温意滿衾裯。

歸寓廬後柬臞仙允三小泉

趙　藩

飛出醯雞瓮，披襟闊海天。舟車來往蹟，詩酒酌斟緣。世隘寧輕合，吾衰故少眠。耦畊將數子，下潠欲求田。

晉寧游歸五日矣山水風物猶在夢寐間復成七古一篇柬臞仙

趙　藩

天女孤城保聚完，畫封百里未爲寬。犂鉏故是推淳俗，冠蓋寧徒詫顯官。仙鶴高飛空悵望，神龍懶起自潛盤。萬松山翠滇池碧，游客披襟快一觀。

金線魚篇柬臞仙

趙　藩

滇池欹岸巖攢廩，巖穴流泉入池冷。池中産美金線魚，三寸四寸沙鰍如。内體腴時外體熱，競唼寒流泳巖穴。罟師取魚魚性知，一網折盡珊瑚枝。本趁清涼落烹煮，人黠魚癡奈何許。巖穴名馳金線洞，金線年年壓者衆。盤飧上味飫豪家，丙穴南中那足誇。我窮尚未彈長鋏，方君時餉調羹滑。安能忍俊謝東坡，有待歧亭申戒殺。

臞仙老弟得陳卧廬爲劉寄庵作墨梅大幅爲題小詩

趙　藩

潭西詠梅旬霏雪，卧廬寫梅筆屈鐵。臞仙愛梅尤愛人，兩翁此幅蟠精神。買來借我空齋挂，紙上香風吹日夜。還君我亦賸以詩，後有讀者如何思。

臞仙同學藏杭人顧月坡墨梅横幀乾隆末顧與吴人龔國用銕簫在滇畫梅俱有名檀白石所稱爲梅精者也爲題二絶句以張之

趙　藩

客滇吴越兩梅精，龔顧毫端得氣清。此是月坡經意作，猶留香影在昆明。
李園舊弆屬臞仙，雅稱臞仙嗜好專。待覓鐵簫來作伴，天公知不靳因緣。

李石齋畫松爲臞仙題

趙　藩

緬功耻敘黑山門，歸卧城南竹樹邨。畫不取工惟取適，丹青别一李將軍。
磊砢輪囷一古松，枝枝葉葉起秋風。臞仙收此蒼涼本，可在時賢賞鑒中。

趙州谷西阿先生寫松鶴贈晉寧方夢亭先生滇亂失其圖丙辰秋臞仙於昆明市攤購歸合浦珠還非偶然也爲題小詩以識

趙　藩

西阿畫鶴南園馬，自是高人自寫真。相者舉肥驚刮目，怪他愈瘦愈精神。
鶴是長生松不凋，霜天清唳徹雲霄。實藏稱餉方三拜，閲過滄桑又九朝。

丙寅冬十月十九日方臞仙同學招同周惺盦華允三何小泉暨余攜二兒宗瀚五兒宗煦復作盤龍萬松之游欣然赴之臨發有作

趙　藩

萬松探勝返，夢每入松風。失喜離羈紲，相將理笠筇。龍曾皈佛祖，鶴亦迓仙童。最憶雙茶院，花應破曉紅。

至方氏宗祠宿

趙　藩

祠屋居成聚，清門五百年。鷄睢肇祥地，詒燕誦芬篇。人以詩書化，基惟稼穡綿。長懷愚谷叟，梧月此留連。

贈方氏六昆弟

趙　藩

書儲萬卷田連頃，圃雜瓜蔬徑繞花。壽母康娱兄弟翕，天將全福予君家。
陶室師齋勵景行，老臞面目本書生。時賢馳騖原分道，不重修名重噉名。

臞仙慫恿乘兜子偕諸君登日照峰頂晚晴縱覽心目皆豁口號二首

趙　藩

松翠□青槲葉黄，沿緣登頂俯蒼茫。得抒老眼還棖觸，不看朝陽看夕陽。
雲容海思渺無邊，城郭昆明一抹煙。記與羣賢舒嘯日，中華民國丙寅年。

自盤龍歸紀青餉家釀白酒一罌夜酌奉懷得二絶句

趙　藩

黄雞白酒山中味，飽飫君家幾日餐。欲去更勞攜酒送，恰宜煨酌禦宵寒。
寂歷盆梅小着花，□書相對影欹斜。一般清絶山中景，酒味醰醰躉迸茶。

臞仙餉錦川里櫻桃口占謝之

趙　藩

錦川珍果紫櫻桃，鄭重詩人餉老饕。帶葉連枝飽風露，分甘嘖嘖逮兒曹。

秋感柬惺盦臞仙

趙 藩

露臺看月獨沉吟，來室挑燈共酌斟。風肯戀松泉戀石，雲知歸岫鳥歸林。一廛棲託勞生骨，卌載消磨用世心。誰道關河限南北，寥空無際尚層陰。

偕臞仙允三小泉及五六兩小兒往西山瘞硯飣于華亭僧寮歸舟有作

趙 藩

半天微雨半天晴，來去樵風宛送迎。扶叟上山藜杖健，看童蓦澗筍鞋輕。最欣瘞硯添詩事，亦信銜杯淡宦情。如葉小舟行自在，舟中容得幾書生。

輓方潤齋

趙 藩

盤龍游處數朝昏，改歲悲生哭寢門。長服先疇田舍樂，絶無遺行布衣尊。母猶系慕康强祝，弟可抒懷友愛敦。六十二齡非笮促，向禽願了已添孫。

臞仙聞其長兄病趨視則成殮矣不勝孔懷之痛以詩慰之并當挽歌

趙 藩

倉卒鴒原急難行，可知悽絶拊棺情。去冬始識元方面，不道迴頭便隔生。
六株嘉樹一株枯，慈蔭依然庇室廬。爲語君家好兄弟，團圞補作奉觴圖。

柬臞仙

趙 藩

拙計那無見事遲，古歡多屬用情癡。笻聲落葉閒行處，書味寒燈宴坐時。苦不自知青鏡照，辱於君厚白圭詩。山谿奥窅雲煙態，亦盼常來一寫之。

夜雨有作柬臞仙

趙 藩

盤跚無力怯登臺，況復層陰鬱不開。天氣峭寒侵小雪，病懷粗減試新醅。幽房訊尚唐花秘，煙竈香分炒栗來。遮眼一編良夜坐，覃思方信古人才。

館居柬臞仙

趙　藩

養疴避亂此盤桓，花木圖書樸學軒。亦慰兒孫便省視，敢勞交舊枉寒暄。天心淵嘿終潛轉，世事離奇詎忍言。日夕鄉邦談掌故，喜君提要與鉤元。

贈　臞　仙

趙　藩

住瑯嬛地亦前因，君我都爲世棄身。喜玩庭花新沐雨，漸看簷雀下親人。謏聞過耳難言學，生意盈懷總是春。守缺抱殘應有事，天公不易與清貧。

壽方臞仙母葉太孺人六旬晉六

段履富

予於癸卯春承乏晉庠。方生獻廷從予游，得稍悉其家世。其兄臞仙，性孝友，篤學嗜古，舉之爲優行生。諸昆仲耕讀恂謹，舉動一遵慈訓，門以内秩如也。歲己酉，臞仙留學省垣優級師範，獻廷充高等小學教員。予以倡設女學乏女師，權爲教授，苦無以應諸生，適臞仙述其太孺人行誼，索予言以爲壽。予非能詩者，特喜太孺人志行大節，有足爲巾幗式，并嘉喜臞仙之孝友，率成俚詩一章以應之，且舉爲諸女士模範，以生其觀感。至世俗祝嘏諛詞，知爲識者所厭觀，予亦筆端所未有也，故置而弗道云。

家世發祥基母德，母德類多嫻内則。證以所見無異辭，驗之方家信不忒。方家望族居晉陽，聲華累代顯文章。中經兵禍肇花門，投筆幾難衛梓桑。幸有葉氏相天子，挑燈佐讀研經史。翩翩年少掇芹英，指顧雲程輕萬里。太孺人歸行先公後勤襄内政，公始游泮。夫何壯志阻烽煙，溷跡軍書度歲年。公於咸同兵燹時委辦軍餉。氏乃有家歸未得，艱辛避難自生憐。太孺人挈長君及生父母避難他方，備嘗艱苦。且憐所生尠嗣續，瞻依左右慰心曲。不教離亂缺甘旨，何憂耄耋悲風燭。太孺人因生母無子，於生父辭世後迎養生母在家，今年八十有九，精神尚健。承平拮据遠歸來，廬舍何堪付劫灰。得邀妯娌相親愛，茅屋經營結草萊。承平歸回，房屋燬於兵火，棲身無所。太孺人與嫂氏兩相親愛，經營茅屋以安身。困難百倍維家政，任憑夫子躭吟詠。公晝耕夜讀，不悦制藝，好研古音韻，吟古詩歌，爲時所窘。太孺人摒當家務，貧困不可言狀。相期雍睦萃一門，漸看家運臻興盛。果然賢淑召庥祥，森森玉樹儼成行。占得乾坤生六子，情殷舉案孟隨梁。太孺人生六子一女。胡意霜華侵棣萼，旋驚椿樹形凋落。倉皇幾欲殉所天，其奈一身肩重託。公繼其兄先後辭世。太孺人喪葬盡禮，哀毁骨立。還看女侄若親生，提攜配偶極關情。嫂氏歿，所遺四女，太孺人待若親生。更將數子承先業，昕夕安排讀與耕。誰知愛篤心彌苦，既謀家室廣田土。幾經創置幾焦勞，贏得鬢絲生素縷。克承淑訓不相違，濟濟趨庭聽指揮。課得農桑兼誦讀，各供職務慰慈闈。養成羣季工文藝，箕裘自應書香繼。先後同簪墨沼花，聯翩桂萼輝門第。矧求新學愈精研，造就師資重講筵。奮志鵬程期遠到，着鞭合讓祖先生。從此萱堂膺厚福，香凝寶砌芝蘭馥。交推孝友慰英華，端自家庭隆教育。太孺人壽六旬有六，精神强健。六子十孫，綵舞一堂，其食報正未有艾，爲之欣羡無已。特將女學急提倡，愧乏坤儀式女郎。賴玆壽母兼師道，爲闈芳徽作表坊。

贈　曜　仙

華世堯

鮑君幸遇倘前因,肝膽相輸分外親。窮達偶然都有命,風塵卓爾豈無人。論文冀得江山助,託業同安畝畝身。今日登堂來拜母,和風吹作一家春。

此生從不作諛詞,況敢於君偶效之。豈獨彝倫爲足式,即論儒雅亦堪師。經霜梅老何嫌瘦,出岫雲閒不礙遲。海上青琴音調古,一彈無取外人知。

題方曜仙滇南茶花小志

郭燮熙

嘉名誰錫曼陀羅,山縣名葩種類多。鄧子渼千言先吐□,宋公湘一醉獨狂歌。雲邊花史甫修也,雪裏瓣香將祝那。我亦愛鄉兼愛國,莫教真品老巖阿。省花應繼國花鳴,金碧河山市亦聲。要有文家斟雅故,乃能詩界播芳名。古稱佳茗例堪引,天許老梅神共清。他日一編驚海内,連番風信報邊城。

題曜仙滇南書畫録

郭燮熙

晉寧方四不以書畫鳴,而獨嗜書嗜畫神骨清。捃摭滇南足文獻,得知先正某某之生平。某也工書且善畫,某也擅長一藝專以精。爰自搢紳、介胄、薄宦、迂儒,及遺老、輿夫、布衣、方外、閨秀、寓賢,一一羅羣英綜三百人,録四卷兩朝掌故。清和明最是品行不高,屏不列,列者風韻都芳馨。吾觀翠湖困叟爲之序,雙管齊下,波瀾洵老成。君不聞倉頡六書鬼夜哭,庖羲一畫天日擎。時爲邃古,書畫權輿始滇也,銀蒼金碧早徵荒徼之精靈。又不見天上彩雲極炳蔚,山中文石森崢嶸。是宜墨客高人並世出,各稟天地山川之秀蜚英聲。孟碣爨碑甲海内,石淙大筆不掩於勳名。錢馬谷鶴,不過餘事耳!然且傳爲神物,羣焉驚此外,書耶畫耶莫不妙,藝林志乘在昔名公評。惟君自笑有滇癖,癖於滇書滇畫,而能著録誰與京。是縱不希爲彼昌黎之金石,夫亦何妨老於曹霸之丹青。憶昨賃君廡下住,見君曾買萬卷陳編擁百城。時復收藏好墨蹟,南荔草堂書簏畫笥幾充盈。小楷珍黄子琮,幽蘭愛白丁。嗟余學書乏深詣,少年干禄聊亦師率更;又畫梅花三十載,瓣香私淑湘老彭。也知技道相通乃游藝,往往静中參悟存《黄庭》。君家世住鶴睢廠,南滇梅花輝映老人星。先正風雅近堪念,石禪老人留芳型。幀亦爲君跋,齋亦爲君銘。他日君歸梅谷觀書讀畫處,知是漢魏六朝唐宋以來置郡之晉寧。

宿方邨贈曜仙昆仲

宋嘉俊

再踐鶴睢約,扶筇冒雨行。升堂懷舊德,宅爲夢亭先生故居。入座話鄉情。歲熟懽賓主,家肥睦弟兄。諸君高誼重，肝膽許相傾。

贈　臞　仙

宋嘉俊

文獻一身繫，吾鄉僅見之。新潮驚氾濫，正學嘆淩夷。祠重先賢祀，詩搜故老遺。苦心誰共諒，祇許古人知。

方氏宗祠

宋嘉俊

里俗敦仁厚，家風重讀耕。祖祠延世系，蒙塾啟文明。一桂香留客，雙桐高過楹。登樓開倦眼，秋稻訝雲横。

贈　紀　青

宋嘉俊

掃墓勞君駕，歸途贈我詩。索書容後報，得句愧先施。教子經盈篋，酬賓酒滿巵。樂耕著吟草，真摯剪蕪詞。

贈方臞仙

陳　樹

昆池一水淨連天，叔度汪洋喜共研。獨具遥情千載上，苦躭吟興廿年前。一門風雅承家學，萬樹梅花結古緣。自向方山亭下拜，敢將俚句質逋仙。

癸酉七月二十五日六十初度臞仙同門約同宋鏡澄游其鄉之盤龍山早發昆明晚至盤龍簡老臞

趙式銘

見説游山興似雲，攬衣剛及曙光分。曉鴉今日應輸我，老馬餘年重累君。相約歧亭嚴殺戒，自安禪榻禮迦文。倚闌笑問鶺睢宅，遥指炊煙向夕曛。

初晤臞仙令弟紀青喜而有贈

趙式銘

無因去訪叔苴子，有約來尋足穀翁。馬背穩於三月艇，車聲速似九秋鴻。紀青先一日具輿馬至火車站來迎。身操農器詞多旨，紀青有《樂畊堂詩》，多自得之趣。頦擬田詩句枉工。倘許耦畊煙雨裏，與君叱犢詠《豳風》。

生朝萬松寺禮佛奉謝紹先藝五耀仙紀青四昆季

趙式銘

欲報親恩百不能，銜哀來上佛前鐙。偶然未死仍爲客，今春大病幾殆。或恐前生也是僧。菌萵藜窠形似鈕，魚肥金綫肉成稜。支離社櫟何勞問，重費君家酒數升。

樂耕堂奉酬耀仙紀青諸昆弟

趙式銘

鶺睢邨在縣城西，款段銜塞踏赭泥。下馬入門童稚喜，烹鮮酌酒弟兄齊。西頭新屋東頭舊，秇五、紀青新卜築於村之西，舊屋則老耀所居也。前輩宗祠後輩題。老耀刻夢亭先生所書楹句，與石禪先師聯楞於祠中。信是君家風義古，不容一宿便分攜。

望天女城梁王山再酬耀仙紀青

趙式銘

典午而還迄畏吾，山川城郭總模黏。沈崖露泫戎王子，戰地雨荒金僕姑。人似倦禽尋故壘耀仙有寓廬在省，每歲一歸故里。客如病馬放寒蕪。阿連真有田居福，一卷陶詩一酒壺。

感晉寧風物之美呈鏡老耀公

趙式銘

故鄉無此海山雄，天女城荒四望空。百里雲煙三古縣，謂呈貢、晉寧、昆陽。一家人物幾詩翁。謂唐五龍山人李鶴峰，中丞張滇洲太守，方夢亭大令，宋梓儕太守諸家也。芙蓉惜影臨秋水，秔稌低頭熟好風。最是滇池開郡早，輿圖先已入堯封。

紀青以輿馬送至呈貢道中有作卻寄紀青

趙式銘

游客真從雨隙行，也宜陰翳也宜晴。好山似與故人別，秋水不如高士情。魚子初生安識罟，牛兒稍長即勝畊。城闉隱隱知呈貢，卌里郊原一望平。

題耀仙同門滇賢像傳

趙式銘

滇賢遺著荔扉補，滇賢遺象耀仙譜。荔扉後身耀仙是，屏山創論吾能語。須眉歷落十數公，其中未必無我汝。耀仙後身更有誰，文獻而今已塵土。

爲臞仙題師荔扉先生所畫歸釣圖

趙式銘

詩人自古寄粗官，仕進難於鮎上竿。何似江鄉煙雨裏，紅蜻蜓點碧琅玕。
束脩入手赴長街，不市虀鹽不市柴。揀取荔翁三百軸，故應書室號師齋。

紀青六兄來訪有作

趙式銘

野色隨襟袂，秋心入鬢華。每來必造訪，小聚亦清嘉。生事安農畝，詩名動客槎。鷦睢有餘宅，便擬共桑麻。

題臞仙同門滇賢生卒考

趙式銘

有觴不壽武安牛，有歌不挽衛青死。獨爲滇賢識存没，去留亦足争青史。日星爚熤兀降精，金碧晦冥斐流聲。年年此日酹杯酒，一展千秋萬古情。

題臞仙同門滇南茶花小志

趙式銘

滇王常羌閉漢使，越王尉佗擬天子。嶺南三月木棉紅，滇南十月山茶紫。風流可惜落南疆，不與中原分壁壘。花事應推赤雅魁，芳名敢壓朱天尾。方干料理冷生涯，特爲名花紀終始。虎倒龍顛自一時，亘古不斷惟此耳。梁州萬里都開徧，東京西京最稱艷。花時火繖爛成叢，見者謂是爇天餤。茶花兩朵雙南金，僰雞亦解南中吟。由來兩物不易得，一朵費盡炎精力。似聞滇池之龍血，淋漓染出東風三萬枝。又疑傾翻寶井石，碎爲萬片紅琉璃。詞人喜作滇游草，誇向世人人不知。書生未免衒科甲，口頭筆底多微辭。祇今遼瀋不自保，何地更容朝廷小。願向東皇借顔色，朱旛插上扶桑島。櫻花瑣細不足名，蝴蝶翩翩更纖巧。方君亦是傷心者，書成血淚和花赭。南强北勝太悤悤，一幟高張照天下。

題臞仙同門滇南書畫録

趙式銘

滇中山水渾雄奇，發爲書畫無凡姿。當其平日會心處，山水已入人肝脾。一朝落筆不自制，腕底常有龍虎隨。南紀萬里阻舟檝，不與中原分鼓旂。藝林近列滇書畫，僅搜其毛與其皮。我意未饜人見賞，進於此者佳可知。昆明市上足縑素，真贋參半光陸離。將軍身貴意閑暇，争買名作不計貲。南園一紙百金重，此外不復知有誰。君能一一爲收拾，不惟其望惟其資。人生名節是根骨，被以一藝尤堪師。明清大有作者在，一洗前此荒陋訾。

題臞仙同門歷代滇游詩鈔

趙式銘

滇山極天天倒瀧，匯爲滄怒連金江。縣繩度笮心慺慺，蘆笙月黑歌蠻腔。按道侯至森麾幢，講學不事戈矛摐。漢武遣韓説至滇。説教士興學。《明通志》謂滇有古漢學基始此。子長相如尤鴻龎，欲渡孫水愁無杠。盛張從學浮孤艭，歸教鄉里無賢惷。後來車轂紛摩撞，化行草野感吠尨。山有蘭蓀水有茳，文采流落天南邦。龍文百斛君獨扛，二袁一師心爲降。比年戰鼓喧逢逢，人心之賊何奇厖。逝將歸臥西山窗，把君此卷斟春缸。不願泝流船繫樁，不願通道朝冉駹。此謂莊蹻、唐蒙。但願秋風茅屋燈明釭，時有鯉魚投雙雙。

臞仙同學餉金線魚詩以謝之

趙式銘

與君同作客，念我更無家。珍饋分金線，新詩報木瓜。香浮故園鯽，劍湖冬鯽最美。味勝晚秋蝦。劍湖東溝蝦亦佳。還擬扁舟去，銜觴對鞠華。

悜盦詩初印行而臞仙北游搜訪鄉先賢遺著亦同時還滇屏山翁招飲湖樓書此志喜

趙式銘

詩卷即令先我出，酒尊連日待君來。平生得此一編足，前輩都隨獨客回。最近廿年多壽梓，茲行萬里少遺材。衰遲祇爲他人喜，忘卻星霜日夜催。

予將謝病歸里紀青自晉寧以長句寵行奉答四十字卻寄

趙式銘

世態日數變，惟君不改顔。新知如白首，相對似青山。詩坿雙魚到，春催一鳥還。瀕行問烽火，心折撫刀環。

紀青寄示學圃雜興并促爲賦奉酬四十字卻寄

趙式銘

往寓昆明日，新詩數寄將。及歸書不斷，在遠意何長。手自鉤浮白，臞仙昆仲刻滇賢手蹟於學圃。經猶寫硬黄。紀青嘗以黄紙硃書佛經。名園難作賦，不是故相忘。

壽方䍦仙母葉太孺人

袁嘉穀

方君之福有是夫，爾有母遺我獨無。先母徐太夫人以丁巳見棄，今六年，愈羨太孺人之康强，愈敬祝之。陟屺久賡魏風句，舞綵卻羨萊衣圖。享有大年九皋鶴，感於至孝三足烏。白雲親舍望無極，春秋風雨胡爲乎。

爲䍦仙題師荔扉先生畫山水

袁嘉穀

手拓萬里天，天南大文獻。鄉人著鄉書，不羨王南面。普荷三千偈，雲林十萬圖。合爲一妙手，知者有人無。科第百廿年，戲言恍如昨。思君停雲館，引我清閟閣。先生舉乾隆甲午第二，余舉光緒甲午第二。小帆每以余學荔扉爲戲云。我家南山南，秋味如畫裏。笠屐幾時歸，遠尋方山子。

訪方䍦仙於方家村旋應李伯貞招飲河西廠即席賦贈

袁嘉穀

步訪方千里，狂歌李白樓。沙隨新樹漲，河傍老城流。煙火高低屋，春雲上下疇。荔扉舊游地，欣見兩溟洲。

題䍦仙藏陳卧廬爲劉寄庵先生畫梅

袁嘉穀

䍦仙性愛梅，尤愛滇先儒。告我獲奇珍，梅畫出卧廬。昔知卧廬好，擘窠工大書。今見卧廬畫，畫與書無殊。墨花黑一丈，花腴幹則枯。疑是湘妃立，神契蕭東夫。香浮黄昏月，疑肖西湖逋。魂斷關山雨，又疑東坡蘇。化身百千億，乃現此靈株。靈物慣能飛，問君篋何如?

題䍦仙藏師荔扉先生贈錢芷汀詩幅

袁嘉穀

荔扉前身滇王莊，荔扉再世滇縣方。聞者笑我歌荒唐，此中奇理我能詳。闢滇要鑿雲開張，扶滇要染雲煇煌。乾嘉羣驥争騰驤，芷汀逸足馳河漳。爪印留得詩三章，桃新漁老山水長。䍦仙曾得荔翁小停雲館紅白桃花圖、歸釣圖，並山水立軸。合貯一笈千瓊琊，滇池山水靈皇皇。荔扉游釣客爲鄉，賓懽主愉本尋常。合浦含笑歸孟嘗，一心之誠通明光，我願追逐參鶢翔。

晚宿方氏宗祠贈臞仙昆弟

周鍾嶽

一夕鶺睢宿，鶺睢村名。祠堂夜氣清。楹書先世澤，雞黍故人情。風義兼師友，天倫樂弟兄。邨居澄萬慮，款話欲三更。

方臞仙滇南茶花小志題詞

周鍾嶽

玉斧輕揮大渡河，賸教炎德益州多。已從異域移優鉢，更喜漫天雨曼陀。照殿名傳滇海艷，看花人帶酒顔酡。南中待補嵇含狀，合與虞衡志不磨。

贈 方 臞 仙

金天羽

方子淵雅人，古貌又古心。晉寧蟠龍山，瀑布如龍吟。驅車導我游，把臂欣入林。書囊更無底，談諧開素襟。

臞仙贈我蒼洱石屏形成煙水歸舟之狀余將東歸賦此誌别

金天羽

蒼山片石含景奇，春江寂對摇風漪。滇城花事開將離，南荔草堂花竹稀。尺屏贈我心有助，期子不復忤馮夷。海島風和换葛衣，歸及菰蒓療渴飢。整頓詩卷牛腰肥，拜君之雅當刻肌。忠信涉波我不疑，蒼山不到詩無題，再來與子勤驂騑。

贈 方 紀 青

金天羽

亂頭粗服是山農，經訓菑畬有古風。且把犂鉏且著作，晉寧城外一詩翁。
山翁覓得句蕭疏，自信天涯道不孤。扶我山行吟我句，萬松岡下識君初。

壽方母葉太孺人八旬

郭之楨

往昔舌耕返桑梓，吾鄉得晤農髯子。言貌古樸性情真，家珍惠我藏空史。奈何吴下一阿蒙，志僅科名取青紫。繼乃漸探星海源，恍悟先生直如矢。正擬執經時請業，不期遽招巫陽使。臞仙兄弟起聯翩，踵武宫牆訂隨肩。文字切磋猶餘事，鶺鴒屢賦詎忘年。飽浥滿階蘭桂馥，因悉高堂大母賢。母氏系出鄉賢遂，字若實。康熙壬午舉人。姚安府教授。祀州鄉賢。幼嫻女戒瓊琚佩。

葉公弄瓦診於璋,不輕許字擇良配。年未及笄卜宜家,終鮮兄弟無姊妹。謝蘭一一挺孤芳,女德女紅軼同輩。二九之年回亂滇,乃適舅翁理廢墜。房廊灰燼田園蕪,風雨室家曰盡瘁。始焉奉姑終養母,勤勞奚止能助内。又爲伯姒撫四女,視如己出同教誨。若此艱鉅集厥身,即處康樂易怨懟。況遭水火又刀兵,滇池鼎沸不澄清。扶老攜幼竄荆棘,饔飧采蔌務怡情。二十年來靖燧烽,一家咸資母中饋。誅茅剪茨結衡廬,拮据蓄租墾荒穢。再造室家汔小康,無何舅翁即見背。盡禮盡哀治喪畢,血汗灑成桑枯淚。郡志陳其行妻事。幸有冢君已達材,善服先疇善繼志。祇承慈命率諸昆,東作西成勤乃事。年穀屢豐家以裕,完婚娶婦依其次。迄今六樹紫荆花,子婦孫曾四十四。綿綿瓜瓞肇其昌,螽螽螽斯衍慶長。既令子孫胥逢吉,宜增大耋享康强。二月七日春正好,共賫春酒一登堂。華封既慰三多祝,寶婺聿昭四壁光。考叔遺羹鄭伯悟,臞仙壽母我心傷。母與我母居同里,方母氏葉余母李,金砂生長悉清門。齒序後先適一紀,方母先屯而後亨。余母初泰終何否,我因方母悲吾姥。臨終之壽旬未五,爾時余始及十齡。凄涼景況幸目覩,我今空羡方母甘。清夜追思余母苦,方母之苦今回甘。余母之苦余痛楚,欲求余母苦而甘,昊天罔極終莫補。

題方紀青牛背哦詩圖

郭之楨

頻年牛背苦吟哦,扣角臨風輒放歌。堪笑寧生俗念頗,徒甘賞爵奈而何。

梅花邨外柳盈堤,緑暗紅殷路若迷。求牧不知何處是,豆阡麥隴接鶺雎。

題方臞仙滇南茶花小志

趙　芹

朱天南詔開荒日,丹頂東坡潑墨時。七十二品滇産富,百千萬朵艷稱奇。芳名獨占虞衡志,雅韻争傳月節詞。我獻小詩君製譜,寸心遐契古人知。

方 氏 宗 祠

趙宗瀚

古梅花村方氏祠,主人留客恒於斯。甲子之秋八月吉,吾翁菭止曾題詩。今又撰杖侍登眺,我初瞻禮宜爲辭。樓榜誦芬堂述德,碧梧翠竹羅階墀。越五百年居成聚,積累之厚良可思。君家我家互相勉,世寶經訓爲畬菑。

贈方氏昆弟

趙宗瀚

各安本分了無争,心折方邨六弟昆。澤守詩書承母訓,勞甘稼穡勵躬行。酒篘浮蟻由家釀,茶品團龍爲客烹。孝友一門雍睦甚,令人增重友于情。

贈矅仙同學

何秉智

方郁舊門第，夢亭留楷模。庭前老梅樹，我友同清矅。矍鑠堂上母，鳩杖不須扶。昆弟率孫曾，含飴母心娱。累代勤耕讀，田園美且腴。家學原有自，不愧孔孟徒。藏書溢萬卷，滿目珍球圖。愛敬鄉先正，拾墜而搜逋。立身重淳厚，梓里爲薰濡。常親石禪老，霽顏佳士呼。導觀宗族社，信知情感孚。誦芬樓上望，滇池白雲鋪。偕游盤龍勝，松翠沾衣裾。贈處敦古誼，百年盟不渝。

宿方氏宗祠柬矅仙昆仲

何秉智

百家煙户半清門，水禾崇祠遠市喧。龍鶴環山增氣象，梅桐依檻肇昌蕃。最難雍睦輝珠樹，尤喜康强慶瑞萱。尊酒小樓風雨夕，年來游事苦相煩。

憶盤龍山藥師院雙茶即贈矅仙紀青昆玉

何作楫

年年春市鬥奇葩，苦憶龍山雙古茶。硬緑凌空撑玉樹，肥紅曜日燦珠華。大材豈必凡人諭，通德何嫌衆口誇。小院閒階相對立，萬松深處足爲家。

謁方紀青先生

范培鈞

萬梅深處結芳鄰，愛日堂開不老春。先生母葉太夫人，壽高八十，精神尚健。岡上卧龍離舊榻，令兄矅仙教授省垣。田間牧犢避囂塵。一庭花竹真標格，滿架圖書盡寶珍。正學家風詩禮裔，得親有道亦前因。

長歌行贈别方矅仙

陳榮昌

吾友方矅仙，本爲滇産知愛滇。生世六十年，一心表襮鄉先賢。摭拾詩文作珍玩，網羅書畫揮金錢。經營越十稔，采訪窮三邊。送歸宏文館，裒輯成叢編。六詔零珠碎玉都搜盡，或者猶有麟毛鳳羽飄零散落天地間。平生足跡未嘗出閭里，而今老矣翻思一着祖生鞭。問君此行將安往，君爲屈指一一言。發軔先經桂管道，探梅直上羅浮顛。便從珠江之流域，乘輪衝破海中天。東望泰岳入齊魯，北渡桑乾走幽燕。閒訪故宫弔禾黍，只恐沾襟涕淚難爲湔。回車奔馳向南去，看盡江南江北好山川。一尊夜酹瓜步月，一掉晨泛秣陵煙。京口楊相曾營浣花宅，望江師令曾奏武城弦。不獨錢唐明聖湖，玉峰祠宇孤山邊。前輩流風餘韻之所芘，寧無世家舊族收遺篇。惜哉洪楊亂後幾兵燹，幾番滄海變桑田。藏楹藏壁之書子孫且不守，誰復守爾萬里邊儌彩雲箋。吾曹癡人作癡夢，安知皇天不假緣。汲冢遺文古固有，燉煌故籍今方傳。古今奇逢往往出意表，況復先哲陰相理。或然安排鄴侯架，料理米家船。待子歸來解裝出環寶，定有文章光燄輝星躔。

臞仙將赴各省搜求滇賢遺著作此送之

周鍾嶽

臞仙敦樸古之儔，廓落嗜好無所求。獨嗜滇中舊文獻，廿年閉户窮雕搜。自言方隅囿耳目，欲訪遺書馳九牧。懷鉛握槧向殊方，望子歸來供掌録。

甲戌初冬臞仙老友爲搜訪滇志資料將有南北之游賦此贈別

趙式銘

裘馬近聯翩，輕裝覺汝賢。寶書徵百國，滇乘補千年。霜薄麊泠軌，《漢書・地理志》：麊泠，在交止郡。應劭曰："麊音彌。"孟康曰："泠音螟蛉。"《雲南通志》概作冷，非。風寒析木船。故人如問訊，爲道亟歸田。謂哲夭、爾雅、鐵上人、松岑、印泉、方國瑜、周杲、李家瑞。

臞仙賢友赴各省搜訪鄉先賢遺著首途有期賦此送別

秦光玉

輯刻叢書已廿年，更縱全國訪遺編。網羅文獻千秋事，鞅掌風塵萬里天。先正有知應相汝，後生可畏獨勞賢。零珠碎玉多甄採，滿載歸來莫宕延。

臞仙游南北各省搜訪雲南文獻詩以送之

由雲龍

舊學沉冥日，兹行亦要圖。遺書收散佚，吾道闢榛蕪。鉛槧同楊子，縢纏似賈胡。餘情在山水，得句付奚奴。

甲戌秋暮臞仙同道馳往南北各省搜訪鄉先輩遺著成行有日詩以送之

宋嘉俊

蒐輯滇雲乘，勞君萬里行。遺文徵故老，遠志快書生。湖海孤帆穩，關山匹馬輕。歸裝歌得寶，端不負長征。

臞仙遠游搜求滇南文獻事至偉也留飲齋中以詩贈之

蕭瑞麟

兵燹中原夕照紅，秦皇烈焰更南東。掇將煨燼搜文獻，勝鑿龍門纘禹功。
搜來奇秘壓歸裝，金碧輝輝繼盛張。再輯南中耆舊傳，儒林文苑寫縑緗。
自添活火暖新醅，有客敲門冒雨來。蜀黍飯香豆羹熟，春田猶記豆花開。
君展輪蹄作勝游，我愁二豎阻中秋。明年明月同聚首，朋酒羔羊醉一樓。

臞仙學兄將赴各省搜訪通志資料詩以送之

何秉智

初冬好天氣，萬里乘長風。河朔人文盛，江南景物豐。快游酧素願，博采竟全功。葑上抒離緒，爲言相憶衷。

臞仙北上搜訪滇雲文獻宜有贈言勉成長律二首

王用予

搜剔叢殘數十年，鄉邦文獻費重編。又攜珊網從雲下，更採遺珠到日邊。卷軸幾端横畫舫，江山萬里壯吟鞭。相期歸後重相晤，蠹簡蟲函載滿軒。

遠從雲嶺下幽燕，薊水滇山路八千。卅載光陰黄卷裏，一生心事彩雲邊。遺文殘缺資搜補，墜緒微茫待仔肩。此去不妨衣被少，滿將行篋貯詩箋。

臞仙北上搜訪文獻已贈長律二首餘思未盡續成七古一篇

王用予

滇池建國思莊蹻，滇南文獻昌明早。唐蒙宋段雖荒朝，亦以詩書化羣獠。文章禮樂儕中州，希踪齊魯敵燕趙。聲教南暨自炎漢，流風遺韻何綿渺。忽失故步效邯鄲，西風到處皆雲擾。斧斤牛羊滿秋山，故國喬木風聲杳。厭故不惜黄鐘毀，國故飄零秋風掃。臞仙老友古之徒，惟與古人敦夙好。古書古畫古殘碣，古人遺跡皆珍寶。囊中有錢盡買書，留資文獻備徵考。有時逡巡古書肆，蠹簡蟲函常盈抱。有時踽踽翠湖濱，懷抱遺書訪遺老。編摩什襲成癖好，鄉邦文獻賴君保。叢書輯刻待殺青，通志纂編將脱稿。猶恐遺文未全收，又向勝國名都勤。搜討飯道古越裳，買舟蒼梧渡嶺表。吴楚東南一帆風，驅車直走長安道。臨水憶石淙，過橋思丁卯。一生低首在鶴峰，荔扉南園皆傾倒。前朝同鄉女才子，關心最是蘩香草。尋墓披蒙密，訪碑穿叢篠。泰華千尋不畏高，鳥道蠶叢不嫌小。圖書萬卷不厭多，行李半肩不妨少。驢背詩成細推敲，新都可有韓京兆？記言度歲客燕市，除夕祭詩思賈島。故宫游罷理歸裝，零箋碎簡行囊飽。更擬歸後讀君詩，滿目琳瑯看不了。古香古艷古書庫，古拙樸厚不傷巧。有子復能讀父書，誦芬述德摛鴻藻。

臞仙將赴粤桂吴越燕趙徵訪文獻賦此誌别

繆爾紓

蓄志已十年，壯心在萬里。衝寒歷燕趙，不懼逼衰齒。放懷縱游觀，天涯咫尺耳。長鯨吸百川，如君能有幾？奇書滿載歸，千秋照青史。臨風爲浩歌，東帶候之子。

臞仙往游南北各省採訪滇南文獻瀕行詩以送之

郭之楨

碧雞金馬久塵埃，生面誰能令别開。不憚關山勞跋涉，願將心力起沉埋。海珠匿采歸珊網，荆璞韜光荷卞裁。此去燕吴秦魯衛，南中潤色藉宏才。

臞仙北來搜訪吾鄉文獻賦贈二絶

王人文

寒暑書叢二十年，石禪而後有臞仙。河山萬里勤搜訪，不負前賢畏後賢。
舊京古物今無地，邊徼奇才大有人。夢境瑯環池館月，何時歸醉翠湖春。

題方臞仙梅林覓句圖

陳榮昌

晉寧東郭東，舊有梅花谷。臞仙性嗜梅。擬筑讀書屋。自言此谷當明時，王唐二老皆人師。曾傍梅邊作精舍，莘莘學子相追隨。明季兵起遭焚燬，天赦老梅得不死。寒家亦自有梅園，若論幽邃非其比。平生文獻劇關情，校書留滯苴蘭城。稍待殺青便歸隱，當以梅谷爲衡門。翠湖有困叟，聞之開知口。我曾遁跡明夷河，寇來那得林泉守。只今何處無萑苻，聚螘屯鼇號訓狐。内憂未平外患起，中原東北成危區。西南邊徼亦驚恐，梅谷豈是桃源洞。君今欲向梅谷藏，無乃一覺羅浮夢。思之重思之，天意安可知。或者臞仙老多福，林逋終卧孤山陲。昔聞盤谷歸李愿，昌黎作歌情繾綣。何年君向梅谷歸，我當置酒爲君餞。

前　　題

宋嘉俊

香雪深如海，梅花繞屋寒。世情名利澹，詩境地天寬。吟苦髭頻撚，居幽膝易安。何時閒過訪，聯句話宵闌。

前　　題

秦光玉

生長梅邨老梅谷，與梅白首結詩緣。寒香隱約參三昧，瘦骨嶙峋得一天。南宋吟壇推陸氏，西湖韻事似逋仙。王唐精舍人才出，繼逋前徽賴後賢。

前　　題

金天羽

方干老處士，和靖古詩仙。瘦影花間覓，疏香句裡傳。寒瓊好夫婦，采筆染雲烟。識得天心處，春風欲放顛。

前　　題

趙式銘

石渠書校罷，老圃客歸來。竹簡何時畢，梅花昨夜開。縞衣寒獨守，翠羽夢初回。此意憑誰續，騎曹最擅才。

凍筆春風淺，長縑朔雪深。此中無俗詠，何處是知音。久坐如中酒，徐行似覓鍼。誰言山澤叟，綺思出荒林。

前　　題

周鍾嶽

臞仙生長梅花邨，先人手闢梅花園。園中數椽讀書室，梅樹繞屋揚清芬。自言愛梅入性命，以梅命名梅吾身。家中千樹看不足，尋梅日出城東門。五龍山下梅花谷，花時滿谷香氤氳。昔賢於此築講舍，横經學子常莘莘。兵燹久歷屋宇燬，老樹幸未摧爲薪。遺址屢經重太息，欲謀規復傷哉貧。朅來昆華久留滯，時從故紙搜遺聞。去家百里歲一返，常與梅別梅應嗔。蔡君夫婦雅好事，長卷爲寫山中春。孤筇短屐稱幽討，展看已覺飛吟魂。指點圖中作息壤，添構茆屋依梅根。叢書殺青會有日，歸向寂寞尋芳鄰。我生愛梅有同癖，但恨詩思如枯智。何時巡擔索佳句，爲我急遞龍池濱。

前　　題

郭燮熙

眼前突兀有嘉梅，梅谷種梅三萬株。人以艷才稱宋璟，天將清福畀林逋。揮來畫稿同爲譜，繼起詩龕又此圖。君家夢亭先生有桐陰覓句圖。我亦愛花如性命，滿身香雪契真吾。

直從空谷寄吟身，是處桃源一問津。花裏溪山應有主，橋邊風雪更無人。須知尚友古今日，便覺滿懷天地春。安得賃春如往事，余昔與君同居五年。與君垂老結芳鄰。

前　　題

由雲龍

鬱鬱晉城東，萬香彌一谷。中有淡宕人，隱居寄高躅。尋芳行復歌，得句工且速。餘興搜叢殘，詩客甘於肉。羅列萬牙籤，滿架散芬馥。苴蘭百里内，編校就書局。傾注如江河，盡抒夙所蓄。預期殺青後，歸潛效京叔。整董舊篇章，歲華曰可讀。抗志在古人，爾音閟金玉。蔡君趙管儔，爲寫林間屋。冰雪落毫端，清迴脱塵俗。嗟今遍横流，何地堪跧伏。自唯方山子，蕭然守真樸。巡擔索笑中，至味獨醲郁。嘆羨逋仙倫，擅此山林福。

題方臞仙梅林覓句圖即送其游覽各行省

袁嘉穀

孤山之梅林逋妻，詩香九百餘歲時。賞花我卧西湖西，滇山之梅臞仙師。漢郡三百里滇池，愛花今有詩人詩。是花是人兩不知，是今是古渾忘之。是詩是畫我能題，題罷送君萬里馳。燕晉吴楚秦魯齊，風塵僕僕勞我思。杭州斗酒荷風吹，水面初平雲脚低。香山句。暗香疏影籬横枝，知君小醉醉言歸。酒襟痕洗詩囊攜，老我從君梅谷棲。

附自序

樹梅性嗜梅，故即以之命其名。生長於晉寧西北里許之古梅花邨。祠畔有小園三畝，園中老梅百餘樹，先人名其園曰梅園。樹梅名所居之堂曰萬梅草堂。又晉寧城東十里許有山曰五龍山，山下曰梅花谷。明正統間，鄉賢王守約孝廉創建梅谷書院，聚邑人講學其間，成就甚夥。嘉靖間，唐五龍山人主講，造就人才尤衆。晉寧明代人才無不自梅谷書院中出。明季燬於兵，迄今三百餘年，遺址尚存。老梅之逃斧斤者尚不少。樹梅鄉居時，一歲恒數數游，有志恢復而未逮。近歲羈滯苴蘭，往往夢游老梅下。時危勢迫，文獻夙所關懷，擬叢書殺青，歸隱梅谷，結茆屋三間，聚古今名籍，埋首而讀，讀罷出游梅林中覓句，求其五七言句稍有成就，於願足矣。兹倩嶺南蔡寒瓊夫婦作圖以爲券，爰敘其略，將乞名流題詠，以爲光寵云。晉寧方樹梅臞仙

題方臞仙龍池校書圖

孫樹禮

兵火焚書歷有年，累朝典籍鮮流傳。今君采訪徧寰宇，當有遺珠載返滇。
我昔西湖典閣書，琳瑯四庫慎分儲。惜今老弱艱趨步，未得從君返故居。
斯文未喪荷天慈，刦後昆明二老遺。袁公與君。一幅丹青共欣賞，恍扶笻杖到龍池。
南邦文運喜重興，百尺高樓日夕登。日夜燃藜勤校勘，漫云文獻苦無徵。

前　　題

高步瀛

昆明山川天下奇，翠湖潢瀁華山陲。山樓一角俯龍池，樓中有叟方屬思。嘿嘿草玄從鳳嬉，入懷有夢皆蛟螭。謏聞震駭溝瞀疑，後有子雲當自知。爰徵文獻搜佚遺，簡得汲郡鼎出郟。鴻篇鉅製光陸離，碎金片玉堆纍纍。瓌寶不踁走四夷，幸今桑梓同護持。先哲精爽實憑之，恖恖歲月二十棋。青鐙白首圖可披，波斯購實嬰甘飴。索之不盡余心悲，東走閩粤北青淄。舊京文物雲逶迤，中歷豫雒西灃岐。荆湘吴越恣騰馳，捆載寶典盈舟欙。山行光氣驚魑离，水行時有蛟龍窺。南轅遵陸履坦徠，北游萬里神不疲。山成九仞功無虧，會撫勝蹟命畫師，我當爲子題新詩。

前題聯句

蔡談溶

收拾殘叢氣味同，寒。精神卻遜盤龍翁。夫妻慣作瑯嬛犬，月。昔黄子壽建蘇州藏書樓，刻其象壁間，曰瑯嬛之犬。僅讓君爲柱下龍。寒。狂臚文獻走萬里，寒。敢謂斯人古所無。金石妾能爲刻劃，月。爲刻萬里搜訪文獻印記。龍池留伴校書圖。寒。

前　　題

吴　煦

莫言地僻罕藏書，卜築龍池儼石渠。已得異聞窺閣秘，況逢佳境好樓居。堤垂碧柳穿輕燕，沼植香荷躍巨魚。身在畫圖心在筆，丹鉛何事待三餘。

旁搜散佚幾回經，矻矻窮年筆未停。詳校定無三豕誤，朗唫疑有老龍聽。曉迴蓮炬生花赤，夜徹藜光照眼青。一事平生深感佩，表揚先集切心銘。

前　　題

王樹柟

書樓高峙翠湖隈，夜夜然藜手自裁。秘籍流傳徵漢略，殘篇零落出秦灰。東都疏録皆搜徧，南鄙文明已大開。試展龍池圖上望，長波一碧接天來。

前　　題

方　若

館闢龍池擁百城，羣書校罷畫圖成。不嫌惡札勞徵及，辜負先生萬里行。

前　　題

王獻唐

文獻搜羅苦未能，滇南一老骨崚嶒。鄉邦萬卷丹黄徧，風雨龍池一穗燈。

前　　題

蔣　藩

九龍池水碧於天，福地端宜駐上仙。二十年來文字樂，人間合有畫圖傳。
墜緒旁搜未有涯，薊南山左早停車。中原文獻今零落，虚負南雲萬里槎。
丹黄梨棗傳薪火，金碧江山見史才。我亦嵩河摩汗簡，媿無椽筆續蘭臺。
萍水雪鴻亦夙因，相逢漫奏伯牙琴。他年風雨懷同調，記取梁園有素心。

前　　題

王　健

龍池春水拂垂楊，古籍丹黄歲月長。我亦關中同纂校，天南翹首熱心香。

前　　題

談錫恩

世途荆棘苦縱横，小隱瑯環擁百城。更向人間搜秘籍，江山萬里壯哉行。
碧雞金馬鍾靈氣，縹帙緗囊發古香。午夜丹黄龍作伴，一輪明月映滄茫。

前　　題

余炳成

典籍紛綸仗别裁，滇池澄澈嶽雲開。山川歷徧文章老，司馬南游公北來。
剖判藝文劉子政，網羅政典杜君卿。中原遺籍重搜討，萬卷書成萬里行。

前　　題

柳詒徵

蠟屐從容徧禹州，異書飽載翠湖舟。碧雞金馬騰奇彩，肯讓陳農擁九流。

前　　題

王　燦

高樓明月送清涼，草木臨池有異香。坐擁百城居福地，身行萬里負緗囊。徧徵文獻心真苦，老覺詩書味更長。我欲從君圖畫裏，藜光分照點丹黄。

前　　題

蹇先榘

危樓高聳俯澄流，坐擁瑯環事校讎。皓首青燈忘日月，丹鉛黄卷送春秋。燃藜午夜頻深討，杖策寰區遍博搜。他日歸舟應滿載，知君雅志定能酬。

前　　題

金天羽

晉寧城中一老拙，頭項不爲時貴屈。胸中積疊天南書，踏遍中原此迴轍。曩歲我走昆華道，九龍池上蔭清樾。掀髯捉臂排日飲，掉盡書囊底未脱。臨歧但云作小别，浮海波濤紙可慰。今春相遇臨潼驛，馱書十篋奴脛蹶。云自燕雲走湘沔，歸去仍當出南越。詫我得書比得雋，奇勳當揢書城笏。重來吴會面黧黑，卧聽嗚蜩向天末。江南梅雨乍滂沱，泥行祝子馬無秣。開軒更置軟脚酒，叵奈酒醒見殘月。子今掉頭挽不住，歸到龍池構書窟。長歌送子心如醉，恨子屢擊催詩鉢。詩成落筆手苦顫，還借弢父與塗抹。攜歸，倩趙弢父爲余書之。

前　　題

戴振聲

湖柳湖蓮水一方，天留佳處闢書堂。廿年抱郲此間坐，獨領青鐙滋味長。

九龍吐氣貫長虹，寫寄閒情尺幅中。讀萬卷書行萬里，藹然三拜見高風。

遠勞訪戴重推袁，君持樹五先生手書過訪。爽氣迎人古道存。足跡壯游半天下，千秋史筆起龍門。

老我西泠拙守株，自捫儉腹愧書橱。仰看東壁奎垣峻，曾詠文瀾補闕圖。圖爲吴興周夢坡作，予題長古一篇，印入《滬瀆倚聲集》，因舉以爲贈。

前　　題

宋嘉俊

曩歲曾披覓句圖，梅花深處結吟廬。關情桑梓搜文苑，移硯龍池去校書。

門掩垂楊砌長苔，清幽池館净塵埃。夜深莫借東鄰火，料有青藜照案來。

手點丹黄正誤譌，真如落葉掃還多。君身疑是蟫魚化，故撿書業作睡窩。

城西陋巷卜蝸居,時過師齋辨豕魚。老我生花雙霧眼,年來鐙下怕攤書。

前　　題

趙式銘

昆明五載經三病,藥爐禪榻猶孤詠。枕上詩成不待明,盼得君來互商訂。君才何渠不如人,專精讎校千秋盛。吾師開口説方干,滇中文獻兹其徑。升庵到處西羽隨,山水之間助奇興。公家片紙珍重刊,私室叢編零碎印。書生事業本荒唐,恥向毓華門聲問。地下重蘇隱士魂,冢中新續文人命。由來才鬼皆好名,挨盡飢寒薶氏姓。得君萬里爲搜羅,髑髏戴齒磨奸佞。龍池風雨一燈青,廿年凋盡雙蓬鬢。嘑鳩聲聲草不芳,環湖處處蒲初迸。明年春暮我家居,定復思君想君更。書成莫惜寄山扉,老眼雖花心尚硬。

前　　題

周鍾嶽

翠湖蕩清漪,水木自明瑟。湖壖筑崇館,甲乙庋縹帙。中有一臞儒,嗜學忘澣櫛。手書日校讎,窮年常矻矻。每思滇文化,漢代始萌茁。延緣至魏晉,賢儁亦時出。唐宋失馭邊,蒙段遂强倔。角立互雄長,方隅自扃鐍。采風所未逮,文獻苦湮没。元明騁長駕,聲教復南訖。人物蔚然興,寖與中原匹。或者著事功,或者究經術。往迹所流傳,煌煌富篹述。曩披藝文志,舊滇志藝文。著録頗翔實。兵燹惜屢經,存者百不一。緬維諸耆舊,捃摭盡遺逸。叢書輯千卷,次第付剞劂。臞仙實後起,抗志踵前哲。時爲斠舛譌,間亦搜殘缺。丹鉛勤點勘,木榻坐穿膝。比者續滇乘,志材助裒掇。提槧適殊方,萬里遍車轍。西北極燕秦,東南歷吴越。所得誠夥頤,差足補墜失。歸來理舊文,屏跡山水窟。作圖亦祈嚮,兹意吾心折。吾身雖就衰,典籍夙忱悦。炳燭貪餘明,大業何時畢。願分青藜光,炯炯窺太乙。

前　　題

由雲龍

我生嗜書自髫童,曹倉鄴架希前蹤。少壯南北奔馳久,所得亦足稱雄封。累人仕宦奚足道,祇昔莫專鉛槧功。頭白丹黄未及半,牙籤十萬將安庸?老友方千有同好,雪鈔露纂腰欲癃。邇者志乘搜資料,早有成竹羅心胸。和盤托出恣采取,更走燕齊吴越後西東。遺編墜簡徧徵輯,匪惟桑梓能敬恭。歸來坐卧書城裡,潤賁蕘圃追高風。龍池柳荷擁萬緑,中有兀兀讎書翁。意氣冥然與古會,比之掃葉或發矇。兹樂偏與時俗迕,經巢詩語真可宗。世人解羡大官耳,安知此道無窮通。夙效張華志博物,問難往復如撞鐘。望洋若難竟厥業,君乃熊熊神獨充。古籍鄉獻賴收拾,津逮後學無終窮。徐子作圖染妙筆,桐陰媲美夢亭公。并藏家乘成珍物,定有長虹貫月氣勃蓬。

前　題

袁嘉穀

方家郛上文章雄，以學養母開儒風。白頭母賚白頭童，得賚换書棟宇充。余曾贈臛仙聯云：戀母甘於宦途遠，愛鄉喜與古人親。我爲滇省叢書叢，廿年相伴伴九龍。搜詩直欲陳石南。趙石禪。同，精誠乃與師荔扉。許五塘。通。我以一介蝨其中，心雖壯乎力苦窮。銘君母墓馬鬣封，矢君懇懇圖厥終。金碧精英天下宗，維桑與梓疇敬恭。君曰吾願訪之，搜之，購之，鈔之，歸之，刻之，傳之，寬厥功，南走江海西崆峒，亥步十百千萬重。吴越二士驚奇逢，繪圖題圖僉曰工。我輩前身皆蠹蟲，如軾嘲轍案簡攻。龍池之水聲淙淙，上下千載誰適從？

前　題

蕭瑞麟

我昔校兵兵無譁，今日校書迷蟲沙。校書難於兵十倍，梵右佉左倉直斜。點畫微茫訛毫髮，勝似華袞斧鉞加。兹事獨推方子任，龍池歲歲勤搔爬。勘破萬卷鑽萬紙，更羅佚文走天涯。因緣曲石圖成卷，捆載羣籍同歸車。我亦龍池老同舍，輪君後起稱專家。披圖恍悦發長嘆，名山事業空吁嗟。登壇建纛醯雞耳，何如脈望三食神仙耶？

前　題

吴良桐

校書肇漢代，其大要有二。一爲正譌文，一爲明義類。鄭樵章學誠，踵劉爲《通義》。《七略》與校讎，後乃各分轡。自鏤板盛行，尤重校文字。唐宋多專家，最陋是明季。以不誤爲誤，删改輒專恣。有清乾嘉時，誼乃極其至。高郵王石臞，父子稱巨擘。錢盧孫顧嚴，洪俞抑其次。凡所校定書，精確不可易。僉謂此學難，心思要密緻。首宜明源流，又宜辨真僞。涉誤緣注攙，改字由諱避。或求於本書，精槧庶爲貴。或證諸旁籍，類書胡可棄？此已非通人，不能窮其邃。段先生有言，更令人驚悸。定本子是非，淹博尚可治。作書者是非，詎能定其意？吁嗟校讎學，夫豈可輕試，竊怪今學者，昧昧以從事。何聲爲讀爲，何語爲況譬？何文爲通轉，何字爲乳孳？雅詁匪所達，方言從未肄。但知某作某，某與某本異。如胥吏鈔書，衹可名爲對。似此云校書，徒貽人訴議。不意吾滇中，方君出拔萃。富貴非所知，惟校書爲志。早游滌園門，淵源本有自。藏身圖書館，爲館掌書記。藉以脩所業，四部資寢饋。館在一水中，四圍垂楊媚。明窗攤古書，山光落窗翠。如時掃落葉，思誤轉足喜。校書復著書，書畫録大備。小史撰茶花，楚楚出風致。文獻重鄉邦，闡揚爲職幟。昨歲作壯游，由粤而揚冀。懸價購鄉書，不惜千金值。秘笈壓裝歸，歸來理廢墜。出示校書圖，龍池盈荷芰。樓閣烟雨中，畫師善布置。虎觀麟趾殿，并此鼎足巋。鄭重索我題，不文深自媿。然亦嗜此學，少少窺典秘。特用以相質，且用以自毖。詩成返君圖，莞爾一言戲。校書如此貪，恐干造物忌。

前　題

郭燮熙

滇南文獻足存真，晚近徵求始趙介盦。陳。虚齋。蓀鑑端推兩遺老，校讐還倚一山人。高齋白漏花陰月，曲檻青摇柳色春。聚此龍池金碧氣，天公特地與清貧。嘗見介公贈君詩，有"天公不易與清貧"之句。

草堂亦自有叢書，君所著書已刊數種，顔曰《盤龍山人叢書》。卻惜滇賢著作餘。風雨一編心契處，江山萬里眼明初。抗希傳贊稽龍馬，深味經香掃蠹魚。海内題詩多墨客，我今補詠羡奚如。

前詩意有未盡再題一律

郭燮熙

春光緑到九龍池，爲輯叢書館在兹。掠水燕飛風翦翦，棲林鶯囀雨絲絲。幽人隱逸繩三拜，賢相文襄景四知。龍池西偏即楊文襄公祠。君正輯《文襄年譜》。大好湖山圖畫裏，記君撿校我題詩。

前　題

孫光庭

碧雞金馬徵文獻，近者桐村與樾村。陳虚齋、趙石禪。諸老流風今未沫，得君尋緒古長存。關河萬里薪勞迹，風月一樓藜照痕。池上畫圖傳不朽，方干功可媲師袁。師荔扉、袁陶村昆弟。

前　題

葛在庭

九龍池上方山子，庵居蔬食厭甘旨。不隱光黄隱翠湖，日親左圖與右史。故紙堆中求生活，滇雲文獻思整理。吉光片羽韞櫝藏，漢碣唐碑拱璧視。昔年滇籍壅上聞，誰實爲之臨川李。清乾隆間開四庫館，詔各督撫來遺書。滇撫李湖搜滇書數十種，輦歸其家，面以滇無書奏聞。君志欲還合浦珠，發憤遍游五都市。借助他山訪故籍，躬歷十省行萬里。搜求吾人未見書，捆載歸來光桑梓。本愛滇心爲滇役，闡幽發微烏容已。置身天禄石渠中，窮探汲冢嫏嬛裏。編纂近續師荔翁，校勘遠法劉中壘。一生端在藝林游，書成價重洛陽紙。等身著述出布衣，君家三拜堪比擬。我今展圖凝神玩，道貌岸然鬚眉偉。油然一片愛鄉心，爲君喜更爲滇喜。再進一言爲君策，名山事業有如此。還君此卷三禱祝，但願滇人繼君起。

前　題

李根源

萬里勞奔馳，爲訪滇賢籍。龍池歸著書，金碧亦增色。

前　　題

何秉智

彩雲深處圖書府，藝林人文埒中土。翠湖山水清且幽，九龍靈氣煥今古。近數百年文教昌，金碧寶藏不可數。師荔扉。袁陶村蘇亭。黄矩卿。許五塘。趙石禪。陳虚齋。李，厚安。最愛鄉邦選政主。薈萃羣賢一堂中，繼續前修典獻補。臞仙獨能專精勤，卅載搜討厥功溥。窮極三迤拾片羽，南越北燕足跡普。曠覽胥資濟勝具，書生何曾畏艱苦。年年湖柳挹山翠，丹鉛不廢力愈努。表章前哲著述富，名山事業重琮珇。舉頭忽見雲亂飛，無端倭氛擾區宇。何日天戈擣扶桑，陶然一醉再題譜。

前　　題

繆爾紓

盤龍山人篤嗜古，搜嶮搜奇闕遺補。爬羅剔抉萃千腋，攟摭掞摛珍寸縷。海山皆深罔弗到，雨雪凄迷未知苦。彌天烽火忘險艱，滿地荆榛詎消阻。南尋禹穴過吴越，東謁孔林滯鄒魯。故都手鈔且爲胝，忘餐日走圖書府。得雋不惜破千金，琉璃廠上識書賈。西州片札意緬邈，老屋殘篇色飛舞。堯羹舜牆神與會，典謨訓誥字欲煮。爲擷菁英掃粃糠，隻眼別具儲敗鼓。神州文獻皆所寶，尤愛吾鄉樂吾土。肝膽芬芳添古葩，擢秀時與芝同茹。回首卅年同硯時，日綴方志當族譜。五華風雨陰晴夜，每笑家珍時時數。年來搜討益加勤，叢書通志皆儔侣。南荔草堂更駢蕃，棗人剞劂靡寒暑。提要鉤玄恒兀兀，小儒見之舌欲吐。盤龍山接九龍池，龍文炳炳賽彪虎。聞君自作校書圖，我以神遇勝目覩。石禪老去屏山秋，舍吾老友誰踵武？我獨瓠落無所容，妄趨李白追杜甫。往往深宵耽苦吟，攬鏡對影行踽踽。老友賜書且成城，猶未遍讀空百堵。作此好歌持贈君，君當我嗔何自詡。

（方樹梅纂《[雲南]晉寧方氏族譜》 1937年誦芬樓刊本）

石峽書院八景小詠有引

王行健

此方蛟峰先生祠也。昔日書院開先，錫嘉名于石峽，今兹專祠世守，屢敷賁于象賢。歷幾滄桑，聞者興起，于是編題爲景，惟深仰止云爾。

峽水環鎖

雲物晴開諍對怡，溁洄四面影漣漪。緣波遠近平如掌，信有迴瀾障地維。

龍山列障

竦峙東皋護隱扉，千秋著業亦同暉。高山大嶽徒懷古，近挹峰頭入翠微。

獅案拱屏

平楚雲煙生面開，捲簾閒晤簇青來。翠屏象物天爲琢，南望悠然日幾回。

印石浮章

羣峰迴盡吐微波，放眼平疇湧碧莎。勝域坤靈隨處見，含輝尤著一拳多。

碧池毓秀

爽目秋光貯在壺，翠添左右映出隅。須彌芥納觀如是，便是剡中乞鏡湖。

虬松積翠

黛色参差秀可餐，幽人三徑自盤桓。遐觀莫作支離嘆，恃此蒼顔耐歲寒。

梧桐疏雨

龍門秀質靄蒼烟，百尺無枝帶雨妍。獨有據梧南郭子，淒清風細静聞弦。

丹桂庭芳

戰秋勁幹綻鮮葩，不獨皐塗各勝誇。金粟一叢香自晚，誰云野性傲煙霞。

石　峽

程士宏

峽水曾經睿藻書，恩光彷彿五雲廬。閣中不逐秦灰冷，猶有遺燈照石渠。

龍　山

程士宏

崒嵂龍崗插玉屏，山前水石響泠泠。莫言滄海桑田换，野老猶傳南渡經。

松　陵

程士宏

爲問松楸不記年，龍鱗虬骨倍蒼然。殘碑斷續牛羊道，指點王孫滿墓田。

印　石

程士宏

一卷之石宛中央，碁布星羅繞玉堂。流水年年飃翰墨，行人幾度説荒唐。

石峽書院八景

張羽颺

峽水環鎖

黄河折九曲,峽水溯三臺。瀲灩波光照,文星倬御臺。

龍山列障

□□□三帶,□翠列龍宫。屏翰千羊石,彌殷仰止中。

獅案拱屏

奔走驅龍鞭,常聞獅子吼。巨靈獨排空,誰敢出其右。

印石浮章

碣石自禹門,不須女媧補。何物布星羅,乃作衆山祖。

碧池毓秀

池上豁雙泉,可以消長夏。水面天心時,風乎舞雩下。

虬松積翠

峭壁掛蒼松,松陰雲結譜。秦兮復晉兮,中有蛟龍舞。

梧桐夜雨

瑟瑟秋光薄,閒吟抱短桐。涼雲逐細雨,掃葉付詩童。

丹桂秋月

金粟花離離,飄渺衆香國。應有青雲郎,獻賦姮娥闕。

石峽書院八景

周上治

峽水環鎖

峽鏁重重源濬長,潺湲大浪别瞿塘。巨靈自闢鍾奇秀,永衍天波翰墨芳。

龍崗列障

一崗雄峙障東川,夭矯猶龍見在田。羃霧瀰雲全蹟隱,恍疑飛躍入穹天。

獅案展屏

遥瞻展案儼如屏，自昔稱傳獅有形。風撼林松驚吼舞，屏森花卉羡丹青。

印石浮章

印石名彰永不磨，蝌蹤鳥跡篆文多。曠懷漫擬荆山璞，那得奇逢卞氏和。

碧池涵清

雙沼清泓致不常，映羅星斗焕文章。叮嚀魚釣無驚攪，好與潛蛟静養藏。

虬松雪景

詩吟冬嶺孤松秀，嘉此蒼松古軼倫。雪滿虬髯鱗甲變，龍鍾皓首更精神。

桐庭月朗

月上梧桐致最清，况當明月一輪盈。商風微弄蕭疏影，此際襟韻懷勃生。

桂院風和

桂翔雲外噴天香，喜是和風思是狂。惹袖悠悠自芬襲，吹窻冉冉味偏長。

長錦派八景詩

佚　名

風潭弄月

一泓潭水鼓微風，自古稱名今亦同。每到月明情更好，頻番搬弄影玲瓏。

錦石投河

錦石天成信足多，誰爲投去在清河。任他巨浪洪波促，穀影迴紋永不磨。

佛菴聖境

由來聖境在東南，豈意當前有佛菴。此界並無囂雜擾，登臨一眺興偏酣。

寶亭高蹤

高蹤所寄本堪銘，閑步徐行到寶亭。暫息勞生煩慮滌，笑他游子久飄零。

水環金帶

水名金帶究何關，曲折流來自抱環。不是騷人能領略，幾將好景没塵寰。

朝拱玉屏

村居雅景筆難描，幾縷晨烟日出消。更有一般堪羡處，玉屏高拱隔溪朝。

獅山滴翠

遥遥回顧有獅山，此是名區鍵橐間。積得翠光偏欲滴，一番憑眺一番閑。

象嶂迴瀾

奔濤[駭]浪等狂瀾，端頼旋迴象嶂蟠。直使東流添幾曲，鄉村于此壯遐觀。

甘屏里居圖詩

佚　名

甘屏自鑑公遷居此地，舊譜詳載，其紀可不復贅。兹但題七律一首以誌其形勝云爾。

金紫龍行起伏來，迤邐結構到頭開。奇峰列峙蒼而秀，曲澗環流去復回。獅象雙成居水口，鼓鐘對峙傍山隈。天然一幅真圖畫，此地當鐘有異材。

甘屏十景詩

佚　名

金紫沖霄

巍然特峙上沖霄，金紫芳名自古標。矗從半天仙路近，宏羅一帶衆山朝。身登絶頂襟懷暢，地隔囂塵眼界遥。志乘留遺真不朽，閒中披閱樂陶陶。

月巖夕照

名巖如月古來傳，繪影圖形信宛然。狡兔夕升千里澈，明蟾對照十分圓。不隨銀漢盤常轉，何異高堂鏡自懸。美景天成稱絶勝，登臨一眺賦詩篇。

象鼾捲浪

石象生鼾踞碧溪，力能捲浪作防隄。涉波豈必真如冢，分水何常獨讓犀。風静無因來起舞，日沉有影尚茫迷。昇平久獲安瀾慶，聊借名區一品題。

獅口流泉

天生獅口在山頭，中有源泉萬古流。石齒巉巉何日落，銀濤瀼瀼幾時休。雄威欲噬開難合，清韻如敲放不收。别有一峯來拱護，遥瞻恍惚似抛毬。

卵峯積翠

巉崖積翠本重重，絶巘無如彼卵峯。葱鬱可觀偏慰我，登臨欲墜實驚儂。行間黛色誰濡染，空際嵐光孰醞釀。探景窮幽來此地，不嫌邀伴共攜筇。

砥柱洄瀾

砥柱高撑信大觀，屹然中立可洄瀾。憑他巨浪難摇撼，雖有洪波自奠安。崢磴恰同磐石穩,顛狂奚作横流看。此邦勝概斯爲最,游賞忘歸興未闌。

佛洞雲封

佛教由來世所崇,誰知此洞即其宫。慈雲封處乾坤大,法雨飛時色相空。貝葉文生形影際,菩提樹在有無中。於焉已是超凡境,何用松間問小童。

香爐烟繞

奇巒多在萬山中,中有仙蹤路可通。峯頂雲飛紅掩映,爐顛烟繞碧玲瓏。飄飄直欲沖霄漢,渺渺旋將透昊穹。千古芳名留勝景,縱教妙筆畫難工。

棋盤舊跡

峯頂天生一局棋,仙人對下樂怡怡。忘機不計年和月,雅敘何知我與誰。自古嘉名原顯耀,而今舊跡尚迷離。縱然形勝雖如此。也借騷壇漫賦詩。

鐘鼓芳蹤

鍾鼓奇山氣勢張,巖巖對峙在高岡。信非絶境雙峯列,那得仙蹤萬古芳。習習疏風敲仔細,簫簫及雨響丁璫。崔巍自爾鐘靈秀,擁護村墟保一方。

右源旗峯十景詩

方嗣綸

千畝勝跡

旗峯聚族已多年,地脈宏開千畝田。合鏡士人還濟濟,連畦陌阡復芊芊。羣遵舊德書爲本,共服先疇食是天。百里西流環秀氣,昭然勝跡至今傳。

雲嶽雪洞

雲巒雪洞景悠然,欲界仙都井里烟。溶洩嘘成千嶂秀,晶瑩别有一重天。嶺巔斜映紅如錦,洞口寒鋪白似氊。五色乘風連六出,瓊宫玉府記山川。

瑞塔獅吼

浮圖高聳映獅峰,白澤靈奇地氣鍾。裝就嵯峨三百尺,闢開峻險萬千重。自天玉碎鳴風鐸,何處金聲吼寺鐘。勢若狻猊馴擾久,他年題雁蔭吾宗。

旗峯侵霄

旗峯矗矗接青霄,捷足先登路不遥。高插丹霞增羽旝,直侵碧漢絶塵囂。水爲玉帶山爲障,雲作霓裳虹作橋。極目静觀歸畫譜,飛揚旌旆正高標。

前畔樵歌

村近山限爽籟多,鹹酸世味盡消磨。花明前畔迷幽徑,柳暗深溪映緑波。牧子常吹無調笛,樵人時唱太平歌。依稀風景須行樂,同慶長春萬物和。

蓮岫争妍

巖岫亭亭儼似蓮,纖塵不染孰争先。雖無紅艷嬌臨水,自有青華翠接天。芝草鮮妍千尺雨,蒼松蒽鬱一林烟。山多秀色人皆傑,文物聲名萬古傳。

鳳山朝陽

鳳山屹立賽梧岡,面面朱輪罩曉光。隴上寒松先占煖,巖前芝草早傾陽。儼然逼漢翔千仞,自可迎曦燭萬方。仰止天低紅日近,扶摇直欲接穹蒼。

文筆點青

即目文巒聳碧空,金毫璀璨五霞中。嵐光靄靄花流潁,空翠遥遥筆掃風。名壓羣山無可比,文昭列岫有誰同?龍唫虎嘯關形勝,代毓簪纓寵命隆。

天池秋月

冰輪皎皎印天池,萬里山河一鑑知。池底蛟龍騰月起,月中蟾兔倚池移。若華欣有雲霞蓋,丹桂寧無雨露滋。遍覽秋光何處好,悠悠此景最相宜。

石嶺環翠

天然石嶺俯幽鄉,形勢巍巍厚且長。脉貫千煙開錦繡,峽穿萬户發文章。懸崖古木青堪挹,峭壁奇花秀可嘗。安堵於今誇固圉,地靈人傑步前芳。

時大清嘉慶十八年歲次癸酉菊月吉旦,湖北縣丞宗人嗣綸頓首拜撰。

雲峯嶺坡十景詩

方開蘭

獅象環流

雙溪一帶接丹邱,怪石嶙峋鎖碧流。獅勢懸崖峯曲折,象形横澗浪勾留。繫鈴不使揚牙爪,捲鼻從教炯眼眸。山獸似供人世樂,移形换相景彌幽。

龜蛇鎖翠

見説山青靠水青,龜蛇屹立萃精靈。茵鋪芳草文呈背,霧繞茸章印列屏。未許牽蘿占吉夢,何勞掃石問奇齡。須知地利成佳境,也傍方家寓物形。

木魚懸澗

巍然一石傍清渠,澗落泉聲響木魚。懸向空潭形隱隱,敲憑流水韻徐徐。神龍聽法撾宜遠,舞鶴聞經影更舒。爲語山僧尋好境,嶺頭恰是愛吾廬。

帳岡堆雲

吟罷蟬聲雨後聞，帳門岡上又堆雲。應知神女歸巫峽，故遣天孫織綿紋。香擬方山峰外集，影疑石峽障中分。一輪明月開粧鏡，斜倚靈巖瞷夕曛。

小橋泉韻

小橋隱隱隔叢林，石磴飛泉韻欲沉。題處不堪容駟馬，聞時猶得洗塵心。溪頭有雨人忙屐，巖外無弦自弄琴。曾記當年流水曲，清風潭上得知音。

複嶺松濤

曲曲盤盤路幾重，青松林下響無窮。濤奔蒼翠濃陰裡，潮落層巒疊嶂中。龍角翻來天上雨，鶴翎界破嶺頭風。仙翁一去無從訪，許邁山頭認不空。

青山晚收

一抹斜陽掛碧蘿，山前風景更如何。人騎牛背穿芳樹，霧鎖蜂腰染翠螺。黄犢驅回青滿塢，白雲踏破緑盈簑。牧童忘卻歸來晚，峽裡疑傳扣角歌。

野隴春耕

攜榼載酒聽鶯聲，忘卻前村布穀鳴。一塢雲開連矮隴，百花香滿恰春耕。緑波紅雨都成景，宵月晝霞總入情。怪道山房終是隱，玉堂歸去重宗盟。

金寶晴烟

曈曈曉日上遥岡，半嶺晴烟卻渺茫。隱似金爐呈瑞彩，真如寶鼎現祥光。峰頭鳥吸銀盤露，峽裡花藏玉液香。裊裊縈縈斜日好，嘉名肇錫擅芬芳。

玉屏雨霽

鳩聲啼罷雨聲連，欲寫屏風韻未全。座隔紅塵山韞玉，窗籠霽色岫含煙。朱簾捲去秋如滴，白點跳停翠亦妍。峭壁洵堪題好句，詩成函致問青蓮。

時大清道光二十三年歲次癸卯秋月吉旦，石峽宗人開蘭題贈。

新田盤峯十景詩

洪鍾元

三臺拱秀

微垣皎皎列三能，下應名山翠作堆。暢好當門排玉筍，鬱葱佳氣接蓬萊。

疊嶂凌雲

絮絮雲窩似玉盂，環村萬朵擁青芙。朝來柱笏回頭望，如展倪迂疊嶂圖。

貢嶺茶歌

鷓鴣聲裏露茅新，采采旗槍藉草茵。一片宫商雲外度，窈娘唱出太平春。

脚坪牧唱

一笛迎風樂意多，傳來寧子《飯牛歌》。髲肱恍入桃林野，維衆維魚夢緑簑。

高樓夜讀

燈火高樓月上初，咿唔聲徹夜窗虚。興闌間向簷前望，笑指文星拱帝車。

茂潭印月

魚兒躍處鏡光圓，一顆明珠印萬川。記得聖湖游讌夜，三生石畔共談禪。

玉環帶流

隔斷塵紅玉一灣，門前鴨緑勢如環。天光雲影當空徹，悟得源頭在碧山。

踏雪尋梅

百花頭上訪仙蹤，月地雲階未許逢。何處暗香來鼻觀，野橋雪霽試扶笻。

洪坂農蓑

繡野金針茁緑秧，繅車布穀鳥聲忙。迎風一帶田歌起，遥指青蓑掛夕陽。

松嶺鍾祥

巍巍廟貌仰王侯，祖德如山奕葉留。保障一方同受祉，四時長此祝千秋。

時龍飛光緒拾年歲在甲申仲冬月中澣之吉，拔貢式金弟洪鍾元頓首拜贈。

（清方作彪修、方丙纂《［河南］方氏宗譜》 清光緒十九年石峽世恩堂木活字本）

隱龍八景

方彦思、方文易、方子俊、方彦春

新塘夜月

一鑑宏開處，宜逢月色新。更闌風静後，徹底湛天真。彦思

澄澄湛碧玉爲欄，沿罷歸來月未殘。風静露清人影息，一天星斗浸波瀾。文易

鑿開苔地規模壯，導引源泉意味長。漾月波心涵太極，方圓動静悟陰陽。子俊

静看星河入夜分，空明一片縠生紋。月沉水底涵銀鑑，風拂波心蕩錦雲。彦春

石屋朝雲

山深辭俗蹟，竟日白雲封。松下無童子，漫漫路孰通。彦思

山宇沉沉一徑深,白雲閒鎖淨無塵。蓬萊此去知何處,門掩桃花幾度春。文易
嵯峨石屋無塵染,窈窕靈區有路通。徹曉雲烟籠碧瓦,清宵月露浴元宫。子俊
洞門深鎖碧苔侵,嶺上蒼松自結陰。欲訪仙碁無着處,只留片石可眠琴。彦春

暮園秋色

木落空山寂,修修玉萬竿。閒看棲彩鳳,日爲報平安。彦思
影摇碧落舞蒼龍,翠蓋亭亭挺柏松。勁節虚心霜雪古,肯如桃李逐春風。文易
蠟屐閒游尋勝地,名園畫景似倪迂。雨餘霜葉濃如染,一幅煙雲水墨圖。子俊
春時玉樹滿林芳,秋後風吹色老蒼。原草尚含朝露濕,丹楓冷帶夕暉光。彦春

臘圃春香

春雨朝初霽,名園靄似雲。冶容觀不盡,時有暗香聞。彦思
笑倩東風巧樣粧,雪晴寒蕊總含芳。探梅乘興歸來晚,猶逐書聲滿院香。文易
陽回芳圃生春色,風綻寒花一院香。頻引騷人吟興起,閉門索句坐書堂。子俊
慣從臘後獨尋芳,喜有寒梅引興長。更待春來花映日,連天芳草亦含香。彦春

北山金誥

天地本無心,於兹獨有意。誥軸翠屏開,預列官封製。彦思
一山秀列五雲緘,天地爐錘信未凡。千古遺模渾不改,煌煌官誥彩鸞銜。文易
席帽山形久擅名,圍來錦軸接横城。金花一幅開天牓,此地原多紫石英。子俊
昔日侯王萬户封,恩綸稠疊報殊庸。今看五色山花麗,應有佳音降九重。彦春

楊林玉印

二水擁中洲,分明玉印浮。更栽花作綬,萬里兆封侯。彦思
兩溪清擁一銀洲,信是當年地脈遒。天相吉人應有兆,好看賢允世封侯。文易
刻玉由來造化工,積年深祕緑楊籠。篆蟠緑字無人識,紐合靈波有水通。子俊
崑山片玉映湖邊,林外霞光色正鮮。我爲新秋看斗柄,剛逢天印傍天權。彦春

義井醴泉

山下出甘泉,天機恒潑潑。萬頃足滋濡,千家同一勺。彦思
源泉混混出無窮,萬口饔飧日足供。不數廉泉兼讓水,一門義氣勝張公。文易
萬年不改形如鑑,千汲無窮味若醇。夜浸靈砂光射斗,朝浮甘渫氣含春。子俊
凜凜清泉石罅通,其甘如醴汲無窮。千家共看銀床影,多少長繩繫碧桐。彦春

屏峰錦嶂

谷口樹屏峰,天然不雕琢。山山列錦城,洞裏乾坤豁。彦思
隱龍山隱五雲中,四顧重重錦繡麗。縱有神工寫不成,壺中别有一天地。文易
嵐開仙筆通靈畫,秀擁天工鏤瑞屏。掩映雲霞成錦綺,鮮妍花草勝丹青。子俊
座後屏風列萬峰,山環錦繡疊千重。煙霞傍夕懸羅帳,絢爛還看睡夢濃。彦春

又題隱龍八景

方彦思

鑿石通江海，深涵養伏龍。澄波浴日月，倒影落芙蓉。新塘夜月
月白遺仙蹟，雲深隔世塵。悟真能到此，道外更無人。石屋朝雲
落日秋山静，濃霜碧樹殘。試看松柏翠，歲暮不知寒。暮園秋色
牆角平頭白，瑶枝帶雪開。貞元消息會，飄馥占春魁。臘圃春香
横山陳誥軸，羣卉奪仙葩。累代褒封寵，偏來故舊家。北山金誥
雙溪流水緑，兩岸柳煙青。寶玉千年鎮，元勳紀鼎銘。楊林玉印
形圓金鑑浄，色映玉壺清。義汲無今古，千年敘舊盟。義井醴泉
壁立凌蒼漢，横城障白雲。夜來占氣象，環衛入星文。屏峰錦嶂

隱龍八景詩有小引

亨　咸

隱龍，舊爲德化里旌德名區也。里名邑名皆從德者，以唐國子博士德公稱焉。德公爲黟侯裔孫，舊居即縣治，爲國讓家，遂卜居於此邑。人德之，繫其名於邑，於里，誌不忘也。余方氏族盛於江南者，皆黟侯之裔，世遠族繁，莫考其始。今年訪君立兄與逸羣侄於隱龍，見山川毓秀，林壑聳奇。追遡其源，自始遷迄今，上下千百年，兵火幾經，而村落完好，子姓殷繁，益信祖功宗德源遠流長，而人傑地靈，洵有由也。逸羣偶出一帙，爲《隱龍八景詩》，前賢時髦，經此者皆有題詠，因次其韻而和之，非敢侈巴里之能聲，聊以記淵源之有自云。

洞口桃花郡志選載

洞口桃花一望齊，攀轅不復解東西。風高絳雪迷人蹟，日麗繁華送馬蹄。越嶺漸知三徑廣，披雲俯瞰萬峰低。武陵别有山川在，雞犬桑麻何處谿。

湖天一碧

畫船蕩似鑑湖平，欸乃因風響更清。蹟若阮劉雲外入，人同李郭鏡中行。碧空如洗千山秀，白墮頻澆百累輕。波吐蚌光晴月好，周遭倒影數燈明。

玉井千家

玉液源通不紀年，雲根石罅沁清泉。轆轤朝轉一村雨，屋舍時連滿徑烟。地近南宫藏水庫，村開東井灌圭田。梧桐好傍銀床植，鳳集鸞棲飲啄便。

隴頭春信

石苔如罽草如茵，夢入梅花又一新。月白暗香清有色，水横瘦影淨無塵。行同橋畔騎驢客，誰是亭前放鶴人？空與繁葩争爛漫，先輸官閣十分春。

石湧清泉

驚看石上暗泉流，疑似瀟湘是也不。噴薄騰空晴亦雨，清寒徹骨夏如秋。風于夜定聲應細，月待宵分景更幽。怪底千年聚宗族，先賢獨愛此山邱。

琴山夜月

琴山別館踞平臺，月映蒼虬幾樹梅。脱帽偶然懸薜荔，提壺隨意坐莓苔。杯中常見驚人影，爨下原珍不世材。轉笑柴桑橋上客，無弦空撫伴尊罍。

屏巒聳翠

隴頭小憇筍輿停，四望斜陽列翠屏。憶昨雪淹溪水黑，幾時春遍象山青。心驚歸鳥飛還止，酒到鄉園醉亦醒。最愛同堂諸子弟，屹然高峙玉亭亭。

筆峰凌雲

分來一點蜀山尖，靈秀千秋共仰瞻。心學相仍惟正始，形家每謬作蒙恬。雨過草聖烟痕活，春到江花夢境甜。五岳崢嶸方寸起，掞天妙句彩毫拈。

隱龍八景詩有小引

張郝元

隴頭春信

絶嶺寒雲重，前山已報春。如何花氣味，全是月精神。江上雪初霽，堤邊柳未勻。好將憑驛使，寄與灞橋人。

洞口桃花

洞口峰如幛，花源爛若霞。捫蘿通鳥道，隔隝見人家。犬吠雲初起，鶯啼日欲斜。壺中有天地，留客飯胡麻。

鑑湖一碧

峰頂澄湖碧，亭浤一鏡圓。因風魚蹙浪，搓日柳含烟。岸迴疑無地，波明别有天。幾時還載酒，醉泛木蘭船。

玉井千家

見説山頭井，千家共轆轤。大瓢分玉液，修綆汲雲腴。金杵流丹石，銀床蔭碧梧。何當倩能手，繪作醴泉圖。

石湧清泉

石上湧清泉，驚濤萬壑傳。銀河翻雪浪，玉井噴龍涎。仙液珍珠迸，飛流瀑布懸。靈源想開闢,終古此涓涓。

琴山夜月

明月掛高峰,琴山第幾重。無弦響空籟,一曲奏疏松。自有泉鳴玉,還傳谷應鐘。清光當此夜,踏破白雲封。

屏巒聳翠

峭壁雲如畫,層巒翠作屏。玉芙開面面,繡幛列亭亭。霞落千峰紫,天垂一帶青。百城擁環堵,有客抱遺經。

筆峰凌雲

誰抱凌霄筆,孤峰倒插天。銀河翻墨瀋,碧落寫霞箋。夢裏生花管,懷中架屋椽。何如此揮灑,卓立繞雲烟。

隱龍八景詩有小引

方　俊

洞口桃花

雲從嶺上翠雲叢,十里桃花夾岸紅。招隱莫將秦漢問,尋幽只有阮劉通。幾重春色迷仙洞,無數溪山列畫工。拾級更逢新雨後,芳蹤無路訪山翁。

湖天一碧

百尺峰頭一鑑開,山村宛在水之隈。不妨蕩槳沿堤去,惟有清風拂面來。日麗浮光迷草樹,天空雲影下樓臺。沙鷗幾隊多閒意,魚躍鳶飛亦快哉。

琴山夜月

高山流水興悠然,别館由來幾度傳。一曲松風歸夢鶴,半窗蕉影動鳴蟬。更闌自得環中趣,坐久時聞音外弦。消息幾經歌古調,提壺人自愛前賢。

石湧清泉

石罅泉聲落翠峰,津流仰出日淙淙。曾聞井底能藏鹿,誰識山中有隱龍。夜詠詩成忘骨冷,春酤酒冽帶香濃。何年劍化潭中去,猶見光芒透幾重。

隴頭春信

煙光雪影欲糢糊,春入梅園草木蘇。山嘴橋遮新北閣,溪頭路轉小西湖。寒林聽鳥詩多趣,野店鄰村酒易沽。占盡江南舊風信,生機活潑寫倪迂。

義井千家

山深誰識水雲村,義井遥通一脈存。地腑瀠洄資養育,天機噴薄帶和温。瓜分夜月無人語，綆汲朝烟少市喧。千室共忘耕鑿力，同懷渺渺溯根源。

筆峯凌雲

擲筆空中影尚寒，孤峯高插碧雲端。秋風欲度毫先透，春雨初晴墨未乾。雁字横開隨意寫，龍紋斜掃待名刊。何人得入生花夢，且把山頭子細看。

屏巒聳翠

環望峯巒景物奇，玉屏高峙列西陲。林間月落王維畫，澗傍雲生杜牧詩。草色上凌銀漢淨，松風斜拂翠霞移。天然妙境無雕琢，爲檄山靈好護持。

龍山十詠

方藜光

隱龍山景，前賢已有前八景、後八景諸作。余游覽之暇，觸景抒懷，覺猶有未盡之致，因漫爲十詠以續之。

嶺上白雲

攀巖陟嶺絶塵氛，望裏青山鎖白雲。兩岸桃花尋不見，舊有洞口桃花。一聲清磬半空聞。嶺上有雲從庵。

高山流水

萬壑千崖遶碧樓，嶺頭流水瀉龍湫。此中應有清音在，夜月琴臺一曲幽。邵郇太史有《琴臺夜月》詩。

龍城錦帳

天半龍峰列錦城，委蛇盤折萬山横。憑誰裁此芙蓉帳，太華由來削不成。

巖壑村烟

傍巖依樹駐雲巔，雞犬桑麻别有天。髣髴武陵尋洞入，一溪流水一村煙。

堤柳翠屏

春風淡蕩遍郊坰，緑柳堤邊列畫屏。最是湖光相映處，鏡中眉影半拖青。

梅園春色

别後羅浮午夢回，澗邊籬落又探來。滿園春色無人賞，與我因依只有梅。

石洞盤椿

雲迷洞口緑蘿新，石上盤根古大椿。日煖高枝寒欲盡，八千爲歲不知春。

松亭待月

青林一抹晚烟濃，入望亭皋幾樹松。憇客停杯饒野興，徘徊月出影重重。

活水源頭

斧劈仙巖半壁懸，乍驚崖洞湧流泉。晦翁句裹源頭水，會見龍山石澗邊。

豸峰文筆

豸峰高矗勢凌雲，萬丈光芒映夕曛。龍躍天門開筆陣，半空横掃動星文。

隱龍村八景詩七律八首

汪　時

嶺頭飛瀑

隱龍四望色青蒼，嶺上飛泉百丈長。枯槁禾苗蘇瘠壤，冥濛宿瘴洗高岡。聲喧萬壑春雷怒，影射千厓夏日涼。聞説廬山尤絶勝，布帆何日掛潯陽。

天際長虹

東西石壁半空撑，縹緲長虹跨澗横。雁柱齊排春漲湧，鼉梁高駕暮烟平。崇朝雨霽煩遥指，大旱雲霓慰衆情。雙玉倡修行旅便，天然橋額至今名。

清風放鶴

空山寥泬鶴雙飛，一角荒亭枕夕暉。草履黄冠逃世網，蒼苔白石養天機。蘇髯作記傳今古，丁令還家感是非。老輩風流零落甚，翩翩雲表幾時歸。

梅嶺探春

桃花洞口早開殘，越嶺探梅路屈蟠。疏影幾枝欹酒旆，暗香十里送吟鞍。溪山轉秀萌春意，松竹同清耐歲寒。高士由來甘冷淡，問誰冒雪訪袁安？

牛山烟樹

煙痕樹色碧無垠，彷彿眠牛對夕曛。匝地陰濃横牧笛，参天幹老赦樵斤。峰頭隱約堆紅葉，石角崢嶸擁白雲。千駟景公空隕涕，何如招隱謝塵氛。

秤石奇峰

幾堆頑石秤錘同，幻出奇峯聳太空。拜下米顛留韻事，煉遺媧后溯神工。層巖鐵鑄泉飛白，疊嶂銀鋪夕映紅。一福丹青新畫稿，細衡造化味無窮。

池彎半月

村谷何年鑿石池，形如半月最新奇。弓弦乍展鳴清籟，鏡匣猶藏盪碧漪。秋水一灣荷净吐，畫廊幾曲柳低垂。羣峰倒影摇空緑，好趁初晴捲幔窺。

瑞衍九蓮

蓮開萬本九塘連，瑞兆羣英獲雋先。士女争看花似錦，村莊艷説藕如船。金飈送爽掄才日，玉露飄香放榜天。莫笑賓興今罷舉，滿池依舊葉田田。

新　八　景

張澤臨

嶺頭飛瀑

百丈源頭天上來，登臨大是費疑猜。琪花玉樹春常駐，雪浪銀濤汛自催。疋練恍如文鳳舞，巨川端爲隱龍開。誰云海上蓬萊遠，對此長流應溯洄。

天際長虹

天然佳境起長虹，五色斑斕貫日中。鵲駕不妨銀漢隔，龍眠無礙碧波通。晴空迤邐開雲路，大匠瓏玲奪化工。得意人從橋上過，霓裳一曲奏春風。

清風放鶴

清風一角遠紅塵，萬里雲程鶴舞頻。松柏性堅同骨格，梅花影俏比精神。幸無羈絆偕龍隱，不受牢籠肯獸馴。倘遇孤山林處士，何須重買六橋春。

梅嶺探春

開殘黄菊小陽時，一綫初添景物移。浮動牛彤香暗淡，緩尋鶴跡路萋迷。沾衣竹露凝冰骨，捲地松濤洗玉肌。踏遍寒山春不見，東風先著向南枝。

牛山煙樹

牛山風雨報新秋，溟色蒼茫望眼浮。霜葉雲封成玳瑁，寒林煙鎖隱蛟虯。尋巢倦鳥迷歸路，隔岸啼猿覓舊游。問爾何時空障礙，一輪日馭景清幽。

秤石奇峰

曾聞玉尺可量天，地厚山高莫與權。卻羨奇峰知分量，常憑頑石較金錢。孫公説法真能悟，米老呼兄未盡顛。既正人心存直道，分明輕重不私偏。

池彎半月

不作方塘作月形，平分皓魄見熒熒。春山翠鎖疑青女，秋水煙籠款玉蜓。幾點疏星看隱約，一弓橋影鬥瓏玲。香飄何必皆丹桂，菡萏花紅映緑萍。

瑞衍九蓮

遍開菡萏九連池，不鬥紅粧鬥玉肌。國色自標真艷麗，凡香翻悔染燕支。臨風摇曳花生筆，承露玲瓏珠奪驪。採得水仙歌一櫂，房留百子衍螽斯。

新八景七絶

張澤臨

嶺頭飛瀑蜂腰體

龍德雖潛勢若蟠，危峰猶教起波瀾。汲取江湖清净水，掛作山頭素練看。

天際長虹蜂腰體

萇弘之血荆卿歌，精氣常留未滅磨。好將一匹光明錦，束取秋雲共疊羅。

牛山煙樹

煙籠淡月月籠山，樹色模糊猿鳥閒。如此家鄉風景好，膏肓巖穴應非頑。

秤石奇峰

干戈蠻觸幾時休，銖粒紛争亦足羞。賴有均衡一片石，峯頭獨立鎮悠悠。

清風放鶴

梅花開後仲春天，攜榼游山興亦鮮。爲愛嶺頭風力好，呼童放鶴入輕煙。

梅嶺探春

春光未洩且追尋，乘興騎驢涉遠岑。忽訝嶺頭梅放早，灞橋風雪不虚侵。

池灣半月

潭限午夜弄清波，半面初粧擁素娥。争奈道人心地冷，偏將印月證婆羅。

瑞衍九蓮

蓮生九九應賢良，吾里由來仁澤長。雙穗靈芝入雅頌，此祥亦足垂篇章。

十　景　詩

方維蕃

磴留馬蹟嶺腰磴石有神馬遺跡

磴上寒風雜馬鳴，蕭蕭金埒騁春明。餘音曠邈塵沙色，勝蹟驕嘶遠近程。草磧勁催殘葉下，霜鐘齊踏亂雲横。秋來星洽垂天闊，客感驪駒顧影輕。

嶺接鳧翅

無限綢繆遠慮删，弋鳧晝静入龍山。鳶靈争息層巒外，鴿布吹生疊嶂間。谷轉新盤螺髻整，峯迴淺刷翠眉彎。交飛寒雁障南近，又聽前村語作蠻。

嶺頭飛瀑

飛瀑奔騰雪作堆，嶺頭直逼隱龍來。飛花秀映千巖疊，碣石奇增萬壑㢠。觸岸瓊波流激盪，凌虛瑶島勢崔嵬。偶然濤湧思何處，掛笏難尋數點梅。

天際長虹

乍霽長虹影未消，無邊天際隱層霄。蜃樓瓊碧天衢肅，星渚晶瑩日彩昭。挹翠氣空非韞玉，惜紅雲斷恰成橋。東西位置焉能混，景慶焕然勝昨朝。

牛山煙樹

牛山煙雨影參差，樹木深濃護董帷。芻牧幾重遮曲徑，風波四面撼疏籬。三犧入陘渾迷燕，五羖藏身暗轉鸝。趹犢不教紅日透，干時饒有翠雲垂。

秤石奇峯

秤石懸岩恍挂帆，峯奇壁峭石巉巉。壽山庵影藏紅葉，義井泉聲瀉翠嵒。曲直背疑湘水轉，公平嘴愛夕陽銜。千層風露嘗應飽，坎下崎嶇看不凡。

清風放鶴

放鶴琴山興不孤，清風亭畔想清腴。蕭閒馴集柴門久，疏闊飛騰野徑紆。招引掠疑殘雪似，迴翔望到斷橋無。神仙孰識風雲路，煙水難描笠屐圖。

梅嶺探春

庾嶺梅花古驛詩，探春千里助文思。夕陽翠嶂三更夢，殘雪紅塵一騎馳。瘦馬煙痕荒堠草，寒驢霜影戍樓旗。幾枝盈手臨岐折，香到芳心隔歲期。

池灣半月

清池游賞豁塵襟，元老祠前半月臨。九曲玲瓏盤漱玉，一奩圓湛粟摇金。風前蓮影圍紅嶼，雨後樨香落素琴。影漾湖平無障翳，龍山派向曉霞侵。

瑞衍九蓮

湖邊漁火映星圓，瑞衍九層歌采蓮。貽燕千春魚尾尾，隱龍萬派葉田田。藻思暗逐薰風偃，花樣如隨斗柄偏。摘艷含芳凝雪聚，灣前消夏想冰堅。

新　八　景

浩星海

嶺頭飛瀑

嶺頭百尺瀉飛泉，疑似長虹落九天。誰識隱龍行驟雨，驚看放鶴入輕煙。珠璣吹灑廬山頂，匹練空懸石澗邊。縹緲峰巒如仙液，晶簾捲挂翠微巔。

天際長虹

嘉名肇錫本天然，髣髴長空彩線牽。玉石頻添龍隱渡，銀河不待鵲飛填。鼉梁遠望紅霓墮，雁柱還看白練懸。此日人從橋上過，星霜閱世幾千年。

牛山烟樹

古柏森森列太空，每逢烟雨畫難工。四圍樹色丹青裏，一幅山光水墨中。牧笛聲如峰向背，樵歌唱徹屋西東。夕陽雲影歸來晚，髣髴桃林路已通。

秤石奇峰

遠望橫峰似秤橫，巍然形質自天生。曾經媧煉真奇巧，不待權衡較重輕。爲寶在山原未朽，有靈雖石亦公平。層巒聳翠知多少，銖粒紛紛何必争。

清風放鶴

清風亭畔影迴遭，放鶴青天興倍豪。丁令時歸紅日晚，西湖人望白雲高。梅花密覆酣三徑，明月微遮夢九皐。笑彼乘軒成俗態，不如喬木借枝牢。

梅嶺探春

纔從嶺表探春回，夢入梅花想已開。山嘴寒光清有影，峰頭秀色净無埃。林間放鶴情同切，橋上騎驢興不衰。借若江南逢驛使，窗前雪影可懷胎。

池灣半月

池光雲影似彎弓，半璧妝臺列畫工。疑是窗前懸匝鏡，幾同雨後落長虹。四圍螺黛揚眉吐，一曲姮娥側面籠。髣髴形如垂匹練，烟波縹緲碧空峒。

瑞衍九蓮

蓮開九九護羣英，瑞應平湖水月清。菡萏亭亭傾虎觀，芙蓉面面貢龍城。頓教瑶草連塘種，且看琪花并蒂生。從此人文咸脱穎，五雲深處望蓬瀛。

（方鏞等修《[安徽]隱龍方氏宗譜》 1922 年方氏敘倫堂木活字本）

佛 光 記

方學行　方　鵾

真知不昧，靈燄無窮，照而常寂，寂而常照者，自性之光明。佛光無非性光也。

先大人浩然府君性仁慈，好賙濟貧乏，足跡所經，施衣施藥。雖居塵俗，時有出世心。初好道，徧求丹訣。繼遇善知識，謂楞嚴十種仙，猶難免劫數，遂舍道而學佛。道光初，先妣顧孺人卒，不再娶，惟日修淨業，手持牟尼，朗朗宣佛號，兼誦《心經》《大悲咒》，雖寒暑不稍間。

壬辰歲，不肖至虞山，得依膝下。嘗夜分睡醒，見光明滿室，以爲天曉，攬衣而起，俄而晦黑如故。蓋先大人中宵趺坐習淨，故有此靈應。雲淨則月明，水淨則波明，心淨則智明，至淨而感至明，固理之常，無足異者。夫佛以智炬普照衆生，横亘十方，竪通三際。衆生爲無明所覆，遂不能顯現。而先大人獨有此感應，以是知净業之將成也。先大人知淨土法門徹上徹下，三根普被。嘗以此教導人，信從者日多，有臨終異香滿室者。道光乙未夏，寓吴門桂花衖，得疾，自知歸期。於六月十三日，端坐中廳，念佛而逝，享年六十有一歲。次年丙申，靈柩回里，葬方家堰東岸。不肖熟聞庭訓，故雅慕蓮宗，然心爲塵垢所累，未能發妙光，有忝於所生者多矣。爰稽先軌，載之譜中，以示後賢修淨業者。

造祖堂修宗譜之始末記

杜昂斯

鎮之西方姓村有祖堂焉，曰"忠恕"，矮屋數椽，蓬户甕牖。入其堂，蛛網羅列，蓁莽荒穢，不克須臾留也。有學槎公者，蓋斯堂之裔孫也，目擊情形，興念欲木之長者必固其根本，流之遠者必浚其泉源，思族之興者，必壯其祖堂，爰想堂之東西民房數楹，設法收買，重新建造，以擴堂舍之範圍，未果，尋病終。其子方汀君承先人之遺訓，繼續努力進行。迨民十冬，有學秀、方灤、方涵、家棨、家驥、家槺、家義、家樂等諸君襄助，即行卸舊建新之舉。翌年夏，鳩工告竣，需金千餘。堂基平廣，風清水潔，祖堂巍峨，超然凌雲，雕棟畫梁，氣象儼然。其間主座三間，位列昭穆宗親，尤爲精華。及奉主入堂，儀仗畢舉，應禮盡禮，需費千有餘金，可謂盛矣！顧堂宇落成，堪慰先靈。但於堂宇有密切相關之宗譜，亦不得不積極爲之，以昌民族而重血統。憶是家之宗譜，歲歷四十有九，未曾纂修。兹由學秀、方灤、方汀、方涵、家權、家槺、家棨、家樂、家營、家義等諸君倡議，始於今庚實行纂修宗譜，并聘任方汀君爲採訪。方汀君肩此重任，焚膏繼晷，努力工作，閲六閲月，始告付梓成帙。特筆書之，以誌不忘。民國二十年十一月里人杜昂斯謹識。

方家菴即普照菴碑記

方學實

方家堰藉以蓄淡水，阻鹹潮，田畝溉不下數千頃，井竈汲引不數千家，實鎮邑水利之一大防也。道光二十餘年間，漫漶過半。實居近咫尺，不敢坐觀，欲捐資堅築之。適有同鄉應緒薪、洪其汾、唐懷新、童學、童慈潮、方鎮諸君相與圖成，并勸殷户童慈潮助田貳畝有奇，以爲看管之費，當經慈邑存案出示。至於修堰之法，底石以上敢煉黄泥石灰鋪以寸許，灑以桐油，使石工打之使堅，其後如法增高。且堰下設門，自爲啟閉，以使潮之有上無下。下河添立平臺石磁，以便人之登涉。其時適值連大(兩)〔雨〕，實一傘一屐顧視月餘，庶得告竣，爰勒數語，以爲後世修堰者勸。

童慈潮助田本在路沿，唐因爲水路，人换在近堰上河，立有鎮龍堰字號界石。大清同治五年孟冬首事方學實立。

霞蔚書塾易名記

方景雲

童君繩霞構家塾將落成,過余而謂之曰:"昔先考之設義塾於宗祠也,承先祖寄霞公之志,故事成以霞蔚名其塾,誌不忘祖也。然數十年來,族之子弟就學者歲常落落無幾人。且我族不乏聞義勇爲之輩,亦未聞佽助。及此叩其故,或曰受人施者常畏人,是塾有自名之跡焉,故來學者多趑趄;或曰君子不掩人之美,按是塾之稱,乃明明爲一家物也,故言助者常囁嚅。信斯言也,則知吾人之建業貴廓然而大公也。今構塾將成,請更名以示,俾得顧名思義,公爾忘私,庶執經者黽勉從事,好義者踴躍從公。何如?"余曰:"美哉! 此即令祖考學而思淑,擴而漸大之本志。更名正善繼其志也。童氏世居龍江,故其族之南有橋曰鎮龍,其東曰見龍,兹以龍江易其名可乎?"曰:"善!"遂誌之以示巔末云。光緒十六年孟冬月吉旦方景雲譔并書。

認　族　記

方　汀

學秀公之認族也,係前清光緒十四年間,由族兄伊笙指謂東房。因閱其舊文書,有房長應龍字樣,確是該房無疑。繼後于民國十一年夏初,重建祖堂,完工進主時,余代行細查,東房有應鳳公遷徙無查,想必是也。今修譜問諸族人,公議無訛,以纂成血脈一統。

廷佑公一派曰南房,歷無房譜。因該房無讀書識字之人,由此失之。今次修譜,余將該房所有新陳契券、宿舊古書、羹飯牌等一一細細查察,始得纂成系圖,一脈流通。惟世次配氏生卒殘缺不全,此亦無可如何,且不敢僞造。聊書數語以誌。民國二十年冬月二十六世孫方汀謹識。

得　像　録

方學槐

同治三年歲次甲子秋,啟在榮和號司帳,得軫公像於乾泰煙葉行棧司之手。同治三年八月二十,謝洋六元。忠直公之像當着方洵負歸,藏於學寶兄家中。初則每年底設祭筵一席,向公堂支錢三百文,邀宗房長參拜享餕。光緒五年過止寶兄殁後,此祭隨格而不行。以後像藏方清家。至於謝軫公之像,計洋五元零,酬藏晒之棧司洋一元。此洋乃學槐字啟堂向榮和支俸代出。於同治六年起,正月初二日,由存厚堂分給丁碗,每丁一隻。至光緒十七年止,計三週一十二年。自光緒十八年壬辰改清明日分見竈碗,每竈兩隻。因忠恕堂有慷慨助田,始于是年正月初二分丁碗,故存厚堂清明分竈碗也。二十五世孫學槐誌。

致羅玉田書

方　清

晴峰表兄大人賜覽:久别芝顔,臨風懷想,曷勝依依。遥祝玉體安康,合潭均吉爲慰。弟庸才碌碌，無可告慰。唯微軀尚安，差慰錦注耳。昨觀啟堂叔一信，云及得像謝金，彼未滿意。論子孫獲祖宗之像，本宜竭誠酬謝，實緣敝族寒素，竟難如願，故只酬洋兩元，殊多抱歉。然考軫公之像舊藏郡學名宦祠，祠内恰有牌位，且係咸豐戊午蒙學官謝方齋師重加裝潢，并題像讚。弟持於八月既望衣冠叩謝，送呈楹聯一副。蒙方齋老師允諾，準藏舍間，限每年春戊秋戊兩次負像祭奠。弟已承命屬實，此像礙難送還，祈爲婉言轉知得像之友。至於謝金，實因無力。如果堅意要加，惟二三元之間，尚可相商，過多難以遵命。種種費神，瑣瀆之至，容當面謝。此呈，即請近安，并賀秋祺。不一。啟堂叔均此。弟方清字，頓首。

（童成章纂修《[浙江鎮海]慈東方家堰方氏宗譜》 1931年忠恕堂木活字本）

毛氏宗譜

韶山記

周定寧

韶山，楚南一名山也，祖西華，面南嶽。《盤古輿圖》：按軫宿在玉衡，天文照曜。其辰在巳，星在熒惑，五行在丙，天市在西垣，次含在鶉尾，細度在軫十六度也。介三湘而遠七澤，發嶽麓而控東臺。瀠迴地湧，水飛雪浪之花；巃嵸天開，山横玉枕之案。綿亘百餘里，蜿蜒來八面之龍山；蒼莽際無隆，狩幸致南巡之大舜。鳳音亭丹鳳啣書，胭脂井紫龍吐沫。上麓天馬凌空，岱上靈龜不老。褒忠貞女，來朝相隨，鵬山白鶴峁護，石人抱子引將。東鶩鳳凰，烏臺石巃草衣；崖畔湘西，獅子石羊入山。左湘潭，右湘鄉，風雲際會；前金紫，後龍王，雨露同沾。登望而咫尺星沙，轉盼而昭山羅列。青草灣、金雞觀，秀麗花園；鐵陂塘、楓梓山，恢宏烏石。平地班竹，竹山青葱四季；南岸創石，石崗雄壯長天。黄田白田，月城山之保障；黑泥花橋，桃樹山之前朝。釣水洞、鯉魚砦，魚龍變化；青山砦、文林砦，虎豹風生。太乙觀中夜燃藜，白蓮庵四時玉藕。韶峰庵、仙女庵，列三女仙之金像；團山寺、清溪寺，繪諸菩薩之儀容。九天韶樂，時來迭奏鸞音；三邑叟童，日每瞻依聖境。果然特地乾坤，信道(斬)〔嶄〕新日月。不仙不道，眉山盤谷風規；産(樂)〔藥〕産花，桃洞天台景象。皓月是長明公不老，白雲乃不速客頻來。繪動風常清山麓，松垂露輕洗妖氛。寧與達翁毛子家相對而望隔山峰，性相同而恒樂山水。瑣瑣姻亞，淡淡邑鄰。因思祖而念宗，同年修譜；緣上崙而下嶺，信口記情。余與達翁爲龍爲蛇，既已謝陽秋之太史；呼牛呼馬，一任彼月旦於時人。以文章爲游戲，將希劉勰逃禪；看齒髮之衰頽，自信鮑昭守道。今覩峰(鑾)[巒]窈窕，一拳便是名山；花竹扶蘇，半畝何如金谷？孔孟以經常濟世，不欲炫奇怪以駭時；佛老以妙道度人，每藉神通以悚衆。惟閱此山，野芳發而幽香，佳木秀而繁陰，風霜高潔，水落石出，四時之景恒周，一道同風永遠。乃述題數語，聊綴七言：

繞岫嵐光凝欲滴，長風輕裊雲煙側。山涵五月六月寒，地擁千山萬山碧。從來仙境稱(詔)〔韶〕峰，筆削三山插天空。天下名山三百六，此是湘南第一龍。

山右布衣周定寧謹識。

亥豕焉馬之訛，銀根丹舟之誤，千秋話柄。要非出於著作，類皆出於謄真梓人也。即如右記中轉盼之盼，産藥之樂，峰巒之鑾，韶峰之詔，不相類也歟！昔人有嘲人訛字詩云："枇杷不是這琵琶，衹爲當年識字差。若是琵琶能結果，滿城笙管盡開花。"詞意美矣！録之以博一笑。

本堂輯稿主人識。

(清毛際賡等修、毛蘭芳纂《[湖南湘潭]韶山毛氏鑒公房譜》
清同治七年西河堂木活字本)

王氏宗譜

述先德頌

王振綱

嗟余生不辰，中歲凋萱椿。明發不能寐，往事重追陳。昔翁秉家政，精明復儉勤。惟寬乃濟猛，雖厲仍思温。教訓延明師，道範嚴且尊。刻石天香樓，翰墨搜精神。購書積萬卷，留遺等寶珍。推恩先宗黨，舉念通慈仁。廣積太倉粟，飢饉慮洊臻。良田廣施布，困頓謀窮民。生者既有賴，死者誼更親。買山建義塚，搆屋庇同根。輪奂拓宗宇，丹雘更一新。烝嘗薦時享，怨恫神罔聞。迺爲同村計，潮漲防秋春。隄塘躬督築，千金填河漘。閘高資蓄水，橋成横要津。文昌踞高閣，香火懷前因。每念瑯琊胄，識丁無幾人。西山立義塾，勸學崇斯文。睦宗已若此，捐祭敦舊姻。惠澤徧外戚，任恤周比鄰。孝思更難負，旌典邀楓宸。大母當七十，綽楔耀星雲。祖塋患未吉，卜徒安幽窀。叔也似續艱，擇後承明禋。田園親付託，犁然嫡庶分。即此一家事，懿行今尚存。天不假翁壽，遽爾歸沉淪。嗟我實不德，回首淚溢巾。揮毫記大畧，垂示子若孫。

掃鶴洲公墓遇雨

王振綱

春風吹送木蘭舟，飽放蒲帆達墓邱。不信紙錢能化蝶，偏逢冷節慣啼鳩。雷霆響震空山外，蓑笠聲喧古渡頭。回望佳城雲樹渺，萬峯濃翠潑如油。

戊申七月四日哭五橋叔

王振綱

金飇吹報竹林寒，觸我愁腸淚眼酸。回憶從師同筆硯，曾隨小院事丹鉛。詩敲夜月吟偏壯，酒酌春風量較寬。半世精神消蠹簡，十年心跡滯鵬摶。文章憎命真無賴，慧業生天定不刊。此去蓉城應快慰，手持遺集見蘇韓。

宗譜告成頌

王振綱

洪維我祖，世德作求。姬水鍾祥，受命曰周。有王太子，仙骨清遒。吹笙騎鶴，緱山嶺頭。以王爲氏，積德綏猷。自秦及漢，名將列侯。迄乎東晉，江左風流。唐宋遞更，世居越州。乃卜東林,剡曲之幽。乃徙達溪,石隱與儔。載遷載播,以釣以遊。西山之麓,娥水悠悠。既耕且讀,貽厥孫謀。俾爾熾昌,作德日休。越高王父,譜牒未修。命管城子,草創始收。逮先大夫,繼述校讐。厥功未集,嘗曰痛羞。余小子綱,散軼維憂。抱殘守缺,探原溯由。閱一寒暑,遠紹旁搜。其文則史,崇實斥浮。謀及宗老,資費同籌。剞劂告功,萬世千秋。

(清王振綱等纂修《[浙江上虞]梁湖王氏宗譜》 清咸豐三年木活字本)

王氏宗祠記

王大樞

熙湖龍山之北案溝西源里,吾始祖知禄公墓。後山星體爲武曲博左輔金度,取天穴癸丁兼丑未向建立王氏宗祠。因山勢之㞳峭,隨其陂陀削培縮結,分間布架,爲一進三重:上重崇臺搆閣,叠級飛簷,遥攬山色,名曰"延青";中重龕堂平敞開豁,爲享祀正宇;下重栅門牖壁,爲子孫序立之所。每重限以犖确高岸,岸設欄櫺,虚懸神道,登降由兩階扶廟拾級摳衣上下,頗有《風》詩"陟巘在原"之趣。祠之左右有廂,左偪山根,故且圖右。佃屋緊附,藉補空缺,照應祠墓,亦一助也。廂壓於祠,簷牙垜角,亦大類祠而低亞鱗次,望之差差,亦殊矗矗,廂後高岸,憑阻爲軒,檻隔無階,惟由廂之北室梯樓㞳上,步飛橋數武,即可登軒。軒啟小扇通祠,祠之旁門復繞廂通軒,葢勢雖阻絶,路可環周,亦小曲折也。軒前適當古槐,殆百年外物,因名軒曰"蔭槐"。既,又新栽小槐二株,物以類從,初不爲三公起見,因而戒祠前勿植樅柏等木,謂是鬼庭俗套,且林陰周映,毋更當門翳塞也?

祠雖三重,閣爲主腦。閣上奉始祖神主,閣下臺上奉二、三、四世神主,皆櫝藏之。中重總龕分爲五格,今禮尚左,五户各依次奉高曾祖考神主,旁親無後以其班祔主,旁注奉祀某名。遞添於下,則遞遷於上。法有改題,禮有毁祧,乃分義之不得不爾。苟愾深霜露,間一告虔可也。葢嘗論祠堂之制取堅緻而不尚華靡,祭享期誠意而不飾觀瞻。若在單寒之族,縱欲華飾,力亦焉能?苟其得一爽塏,隔遠塵囂,依先民廬墓之鄉,適宗門不枉之路,呼山靈而欲語,愛流水之關情,此似地結天緣,山邀水助,自然響應,莫之能爲,尚何計夫華與不華、飾與不飾也?今玆所建,意亦希此,然歟不然,則未之敢信。

慨自明季兵燹,人家祠廟毁滅多矣,幸際我朝孝治維昭,民德歸厚,雖山陬敝族亦興起建祠,以此知皇澤之所及遠也。諄囑子孫孝以祀先,更當忠以報國也。初議祠費,丁畝兩派,衆頗躊躇。一經開導,貧者力役,富者捐助,並皆踴躍歡呼,惟恐不及。以是知孝弟之心無人不具,特無所感觸則興起無由。諄囑子孫苟欲圖始,苟欲樂終,必有機緘,當思有以發之也。起議之時,卜基不定。赤子何知,亦口談風水;青烏無目,惟手掐羅經。樞獨取自然形勢,決意玆處,頗干衆喙。及至落成而登閣一覽者,則又嘖嘖以爲得宜、未必得宜、未必不得宜也,以是知中無定見而。凡道謀築室,難與圖成。諄囑子孫凡事當與知者謀之,定識定力,毋惑於衆口之嘵嘵也。祠基所占約計順上勾横五丈;從閣頂垂線下抵平基,股直五丈三尺四寸;下重至閣進身,弦斜共一十六丈二尺三寸。月臺岸計高五尺,中重岸高一丈二尺,上重岸高一丈一尺五寸,閣下臺高四尺,蔭槐軒岸高一丈八尺。起手於嘉慶八年癸亥十二月十四日丑時,訖工於丙寅之春。倡議者大樞、肅高,監修者建章、謹權,執事者長依、全五、敦倫、占魁、享申、贊朝、廷璠、室輔;捐銀者户户有人,另具。是乃一時之大畧如此。至若所以建祠之精意,祇祀之小心,祭田、祭[器](嚣)

之必需，行禮之儀節，隨時之緝理，尤當與知識者遂漸講明，非一時一言所能盡也。不贅。

皇清嘉慶十一年歲在丙寅夏四月穀旦，十九世裔孫大樞謹記。

重修宗祠記

王念祖

光緒十年夏六月，守祠者告蔭槐軒壁圮於雨。是年春，念祖奉先考諱回籍守制，族中長老因就謀定重葺之議。先是咸豐初，粵匪盤踞南陽、薛義兩河，祠適當其衝，後重延青閣遂爲所壞。同治癸亥，吾師玉巖公纂修譜牒，且謀葺祠，時亂離甫定，窘於貲，乃因閣之舊材爲板樓，以奉始祖，餘則撤朽搘傾而已。譜成，率族衆祭畢，諄囑重葺無過遲。越五年，師歸道山，同時襄事諸老已彫謝殆盡，板樓亦擢殘不蔽風雨。於是諸長老咸慨然曰："祠之宜葺久矣，族雖貧，其不能以妥先靈乎？今天雨壞軒壁，殆先靈之示警。是役也，豈惟一軒之云乎?"遂剋期會族遷主開工。

先從事於延青閣。閣故高柱竦於平臺，四畔繚以垣檻，疊級以上，三面皆櫺。今名匠名材並難致，遂易以磚，實其三面。前仍重檐高檻，凭檻眺望，山色依然，幸猶不失名閣之意。更旁自平臺下起樓房爲之輔，高及閣之次簷。堆垛低亞於閣，亦文家襯托法也。閣成及軒。軒附於中重西壁，其地則横濶有餘，乃裁數尺爲夾道，以隔通祠之門。更即夾道闢門通軒後，踞斜坡隙地搆小室二間，簷垛恰低亞於閣之輔。葢上以輔閣，而下以障軒。由軒而下廂，亦朽敝已久，乃並新之。至是而祠右之事畢。然考舊記，祠之左右有廂，葢言定制當如是也。繼云，左偪山根，故且圖右。曰"且圖右"者，非謂左可不圖，葢有待也。故既因文示意，復預啟雙扉於東廊。今族日益蕃，與祭者動逾數百，右廂及軒不敷住宿。乃度地於東扉外，稍事培削，因坡叠級，如祠搆小三重。中廠大廳，爲祭時族之儒冠者講序禮數之所。後爲齋室三楹。前重地稍狹，中啟重門，兩旁各爲耳室，以居閽者。前後左廊並啟門以通廚廁。凡以輔於祠之左，以稱祠之右，而祠之氣勢益大且雄。既又自閣而下至前重大門，悉丹雘塗堊之。始工於甲申七月，訖乙酉冬月。用費照始建例，丁畝兩派，繼以各股公私捐助，捐目録後，俟鐫。

溯自嘉慶丙寅我白沙公經營伊始，中經屢葺，至於斯而祠之體段粗完。雖頗有增易，然大綱皆公所規畫，圖記固猶可覆按。竊謂公負曠世之才，不獲畧施於世，僅稱有造於家，殊可惜也。然自始祖遷湖，更歷數朝，雖舊稱巨族，而人氣亦稍涣矣。自公纂輯族譜，創建宗祠，垂示家法，而湖邑遂咸知西源王氏。古稱其量十世，其量百世，公於王氏豈非功德不祧者歟？繼自今大祀始祖，請以公配食，當亦歷代列祖之靈所深許，而子孫世世所翕然同心者也。工既竣，諸長老乃諏吉會族，奉自始祖以次神主入龕。祭告禮畢，遂復相與餕於軒。又四年，重輯宗譜。諸長者囑附圖記於舊圖後。念祖因按舊圖詢曩者軒前古槐狀及白沙公所手植，已無有能道其詳者。乃穆然於先澤之云遥進，而與諸長老話樹木樹人之計也。

光緒十五年己丑夏四月，　二十四世裔孫念祖謹記。

子貴公支祠記

王宏祖

民國七年戊午冬，子貴股支祠已落成。越明年己未，譜牒將告竣，該股房族長繪圖請載，並請爲之記。竊我族五大股，惟該股丁口爲最多，住居亦最散，將欲聯疏遠之衆、篤一本之親，非祭祀歲時以聚之不可。然有祭祀而無祭祀之所若社會然，孝弟之心無由感發，休戚之事漠不相關，非支祠歲時祭祀以聚之，仍不可也。數年前維垣公提倡興建，丁畝兩派立議矣，乃祠基未經選定而公已下世。於是焕祥、機文、迎賓、節行諸人以此役未便中止，且責無旁貸，乃躍然而起，視同己事而分任之。爰擇於竹林嘴適中之地奠立祠基，剋期庀材開工。先起享祀正室三間五架，上下兩重；次及左右翼室各五間，以爲春秋祭祀子孫齋宿餕餘之所。將來如有餘力，義倉義塾亦得附設之。工竣，擇吉奉主入祠，始自支祖子貴公暨各房在祧之遠祖，春霜秋露同告虔焉。宏祖記之，因思語云："有志者事竟成。"善哉斯言也。玆祠立議之始，該股丁衆靡不以爲難而色然懼者，詎知難在一時，過此一時吾知向以爲難而色然懼者，今則忘其難而不禁又色然喜矣。天下事大抵如斯也。贅之以告夫我族中有志而未逮者。

民國八年歲次己未冬月，二十四世裔孫宏祖謹記。

（王宏祖纂修《[安徽]太湖西源里王氏宗譜》　民國八年華新社石印本）

修　譜　詩

王　電

追思先代宗祊遠，喜見明時族屬繁。世衍古今皆共祖，居分南北實同門。芳名奕奕流千載，慶澤淵淵會一源。繼起更須賢子弟，修明辛苦視玆番。

修　譜　詩

王　栢

淮南宗最盛，江左族尤繁。水本分星宿，居遥對海門。撫今雖異派，稽古實同源。幸得相資助，重修譜一番。

九疇古沙諸族長佳章賜教勉步韻奉答而續貂之誚固非所敢辭也

王　栢

其　一

高平奕葉由來遠，南渡雲礽兩地繁。珍襲遺編原有自，作新今緒豈無門？直須會海觀羣派，更欲先河泝一源。賴得京江諸父老，慇懃誨我幾多番。

其　二

瓜瓞承山左，簪纓歷世繁。南徐稱甲族，淮甸愧名門。祖德今猶昔，孫枝委有源。多君相羽翼，譜牒得新番。

無　題

王　栁

瞻彼千尋木，枝榦何其繁。北榦凌九垓，南枝蔭千門。栽培歷百世，灌溉只一源。今古作梁棟，工師求幾番。

無　題

王承宗

久聞世族稱王氏，茲見吾家派果繁。江北枝分餘萬指，江南爨析幾千門。三槐後裔皆同脉，兩晉先賢本一源。草創成編八世後，迄今修輯已多番。

無　題

慈谿仰峯王廷章

合修南北譜，世遠且人繁。晉代衣冠胄，明時閥閱門。一枝分萬葉，千派會同源。信是傳家寶，生平見幾番。

重修族譜步前韻

王　坦

其　一

三槐世澤流芳遠，十派于今齒浩繁。濟濟人才推右族，翩翩甲第號名門。峯高泰岱寧無本，水遶滄溟自有源。愧我疏庸惟竊比，妄將舊譜作新番。

其　二

天干作派叨居首，昭穆森嚴子姓繁。其道簪纓開晉國，争誇忠孝萃吾門。千尋枝葉無殊本，九曲河流共一源。惟願中才賢子弟，慇勤修輯幾多番。

丙戌之秋九月既望公玉老叔重修譜牒告成即生不凡子真吾家之國器掌珠也因命名世譜載之新册信乎祖宗在天之靈感格不爽特占一律志喜以卜他年發祥之兆以啟後人興感之端

王　坦

祖功宗德幾多年，舊牒重修始焕然。孝感熊羆符壼内，瑞徵麟鳳應庭前。菊籬綽約懸弧吉，桃浪融和奪幟先。共慶太原垂世澤，還將瓜瓞咏綿綿。

（清王元禄、王硯農纂修《[江蘇鎮江]開沙王氏重修甲分譜》　清道光二十六年思植堂木活字本）

建祠修譜總記

王芹采

我族自前明由句容遷肥,初未有祠與譜也。自乾隆辛卯,闔族捐貲生息,以備建祠、修譜之費,各分經理。至癸卯,公買撮鎮西街市房,所剩餘資,迭經乙巳、丙午大旱,給本族之貧苦者已盡,僅有每年房租積存。嘉慶丁巳,始卜定祠基於瑶岡,諏吉興建。是秋又旱,遂止。迨庚申春,轉賣西街市房,工復興。至冬,祠宇落成,譜亦告竣,公同結算,除公項用盡外,仍空錢一佰三十三千零。采因斂費維艱,勉力添出全公。自辛卯至庚申,出入使用清賬俱存日忠處,而春秋祭祀之費仍無所出。己巳,復議捐貲中分捐錢十千文,後分捐錢十千文,前分捐錢十千文,蔣分捐錢十千文,采捐錢六十千文,共合錢一佰千文,存祠生息。各分執事者輪管,條例均載祠堂碑記。

但我族户大丁繁,先時祠中執事者先大人偕族伯、族兄等經營辦理,自庚申夏先大人見背,采承遺命,日夜兼營。爾時欲速成功,故數月之間祠宇落成,而譜亦刻期告竣。譜多魯魚亥豕之訛,木主亦因之錯亂矣。采每一披閱,痛心曷極。遷延至丙子春,不容姑待,即邀同各分執事者酌義各理支譜,以備重修宗譜。是冬,賬結祠中之錢,近數年來有放而未收者,有收而仍欠者,照管艱難。因議三契共買民田弓口三担四斗二升三合半,莊房一所,田房俱坐落前分,計共用錢三佰千文。其錢除田價并吊欠外,盡剩錢十六千六百文存祠,以備祭費。戊寅冬,四分支譜稿成,擇於己卯季夏吉日,先將木主世序、名諱逐一校正。各款所用尚在不足,宗譜更難辦理,采憶昔先大人諭采曰:“宗祠未成,族譜未修,吾九泉亦不瞑目矣。”言猶在耳,於是引爲己任。其費不出自宗祠,亦不派自各分,取每分支譜悉心校對,並確查每分有名目遺落、次序錯亂及遠貿外省未得載譜者,細爲校理。五年以來,晦明寒暑,未敢稍安。今幸成世系一卷、世牒五卷,共四部,每分一部。將前譜之不足據者悉於祠中毁之,以志慎也,亦以告成也。祠中更設立賬簿,凡有新進木主,生年、死月、葬所俱登明賬簿,俾將來重修者得所依據。采今修成之費不過百餘金,何敢市美?後之從事者尚其鑒之而並諒之也。

皇清道光元年拾壹月二十日,十一世孫芹采謹記。

建祠置田記

王觀禮

我宗祠之初建也,屋數椽,田難畝計,規模狹隘,前人目擊,心憂之。爲慎出入、權子母,公爾忘私,無錙銖毫髪之染。未五十年,積金數千兩,租田三百畝,息田二百畝。爰集衆議,改建宗祠,仍厥舊址,擴而大之。搆屋四進,每進五間,門堂廓乎有容,祠宇焕然。制祭器、備祭儀,牲牷酒醴,以潔以虔,趨蹌拜跪,餕餘飲福,氣象一新,非復向之樸陋因循、潦草塞責矣。統計土木之費暨春秋二祭,取精多、用物宏,復餘剩數百金重修族譜。嗚呼!前人黍積寸累,經營締造若是之艱,後人益宜如何保泰持盈,爲繼長增高計哉!觀禮深恐族衆繁多,賢不肖不一。賢者急公而敬事,不肖肥己以營私。恣簧鼓、盈谿壑,始托名暫借,旋久假不歸,勢不至前人所創基業終歸子虚烏有焉不止。今急宜杜漸防微,特與族中父老子弟相約,自後各有緩急,概不得向宗祠挪移,違者議罰。有私自借給,惟經手人是問,不得事後推諉。立定章程,率由勿改。庶乎日增月盛，歲獲贏餘，惠族之典可漸次舉行矣。爲子孫者其共體之。

嘉慶歲次己巳季夏月，二十四世孫觀禮謹識。

附祀記

王承義

人之事其親者，苟能生事以禮，死葬以禮，祭之以禮，孔子之所謂孝也。然人不能皆有後耳。子子孫孫綿延弗替，固家庭之幸福；苟不幸而無子，又歎門衰祚薄，近支無可嗣之人，則身故之後，將爲若敖之鬼，不其餒而？今閲我族譜牒世系，絶而不續者甚多，墓叢宿草，麥飯誰供？實可憐憫。今遵族長之命，邀集通族會議：於先文正公大宗祠内設龕，於兩廡附祀族中無嗣之人，並立木主，永薦馨香，春秋弗替。庶足以慰故鬼於九原，即孝思之所推廣也歟！并將族中乏嗣之産捐入宗祠者，每歲生息，納其所入常供祭掃之資，則子子孫孫可以永保，而附祀之俎豆亦可綿百世而無窮。嗟乎！鬼猶求食，豈可使不祀忽諸？死而有知，亦當幸絶世可繼。凡我族人，同遵此議，豈可謂祭非其鬼之爲諂也哉？正宜見義而勇爲之也。是爲記。

宣統元年歲次己酉孟冬月，二十八世裔孫澧芳氏承羲謹識。

（清王慰祖等纂修《[江蘇吴縣]王氏三沙宗譜》 清宣統三年三槐堂木活字本）

素風堂記

王時霖

素風堂者，先君子之所葺也，嘗取先文正公語而標諸額焉。或者竊竊然疑之，謂文正公相真宗十八年，懋勳廣勣，頏頡周、召，即如郭汾陽窮奢極欲，天下斷無有議其侈者。乃以素風訓於家，其非人情實甚。若吾家習儒素業，老屋數楹，委巷蕭然，雖欲不素風而不可得者。以今準古，殆非其倫歟。蓋嘗聆先君子之訓矣，其言曰：而亦知夫素之爲義乎？素者，太初也。其體冲寂而無朕，其用黯淡而無華。誅茅補羅，素之地也；瓦罇土鼓，素之具也；太羹玄酒，素之味也；淡泊寧静，素之人也。《中庸》曰："君子素其位而行。"有在朝之素焉，有在野之素焉。昔之視今，亦猶今之視昔。揚子雲曰："守吾元素，厥風可長。"其斯之謂歟？且世之額其堂者多矣。崔有"艷古"，賈有"半閒"，裴有"绿野"。崇棟而宏櫛，雕楹而繪榱，羅紈曳於前，絲竹陳於後，非不騁心志、快視聽也；乃百年之間，化爲朽物，蓬蒿聚之，麋鹿游之，欲求所謂素風者，而杳乎不可復得矣。今吾之爲此堂也，無崇隆之觀，無塗澤之美，無羅紈絲竹之盛，不過如文中子所云，先人之敝廬，足以蔽風雨而已。陶於斯，泳於斯，聚子若孫而教誨誦習於斯。夫安往而不得吾素風者乎？蓋吾之奉教於文正公也久矣，爾小子其識之。敬述其意而爲之記。

槐慶堂記

張　洪

君子論世澤之深固，莫大乎根源也。根之固者，其葉必茂；源之深者，其流必長。而前人是以啓之，後人是以承之。常謂晉公祐手植三槐曰："吾子孫必有三公也。"嗟夫！公之言豈偶然哉！吾知天人無二理，福德同一致。以善及於人者爲甚大，則知所以祐我者亦必極其大也。以德施於人者爲甚厚，則福之降自天者亦必極其厚也。然公佐宋太祖定天下，民不罹兵刃之苦，功德多矣，豈特使魏州一事之美哉！

自公以下，其孫皐南遷姑胥，莫不繩繩蟄蟄，多而能賢。今居蘇之長洲荻扁村者，王氏士誠洎弟彦洋甫氏實爲三槐之後。其富而好禮，寬而有容。養親於奉萱堂上，勤勤乎愛日之誠，惟恐斯須不及也。其昆季之間，伯待仲者若友，仲事伯者若父，彬彬然有厥祖之風焉。遂顔其所居之奥爲"槐慶堂"，皆所以不敢忘祖之義也。嘗持此卷過予請記，余甚嘉之，廼記之言曰：昔宋晉國公德著於三槐，其流澤未甚遠也。天必生賢者以大王氏之門，信乎被德於當時者，必有餘慶於後世者也。今有取斯義顔堂，以昭示子孫，欲其知所流慶。後之子孫亦烏可以外求哉？勉於此而已矣！豈不曰"根之固者，其葉必茂。源之深者，其流必長"者乎？請斯言爲斯堂記。若夫槐下之清陰美景，四時樂事，則能詩者必吟咏以記載於篇什，余奚述焉。

永樂癸卯清和上澣，翰林院修撰承務郎同修國史東吴張洪撰。

（清王鍾等纂修《[江蘇]王氏三沙統譜》　清光緒二年三槐堂木活字本）

重建田尾山孝思庵記

葉時新

予鄉固多山也，由歷山而西至櫸嶺，爲祁、池接界。其間層峯叠嶂，巍然高而大者不勝數。田尾山爲最高山，峯迴水轉，中開平原，視其下去五里許，是亦一勝境也，然其始僅荒蕪不毛者耳。寒谷公好行其德，既建圓通庵於櫸嶺，烹茶濟渴，以慰行道之苦。往來是山下，望而愛之，乃不惜厚值易爲己有，而築室於其中，以爲隱居之所。室之前地平而廣，用功開墾，俾可耕而種；危壠峻嶺，則樹之以木。蓋數世於兹矣。廢興相循，向之蔚然深秀者而已濯濯也，荒煙野草，頹垣朽棟，過而覽者莫不爲之躊躇而悽慘。

利見昆仲，寒谷公之世孫也，惻然念曰："是固我先公之開創也！是固我先公之所勞而筋骨、瘁而心志也！予承先靈庇護，無在弗然矣，而忍視先業之頹壞乎？"歲己丑，以僧惠芽與其叔通祥，固苦心修道於圓通庵者，延居是山中，而以是山田計十三畝餘，爲香燈之需，俟世寧重建慈室，務期久而弗替。居之數年來，土田日闢，材木日茂，山漸有復興機矣，世亦甫寧矣，然人物之新故不一。利君又惻然念曰，孝莫大於繼志。予與二兄以光先志爲急務。志未及光，伯仲已相繼即世，予亦已老，其于先業何？庚子之冬，幸子姪輩朝暉、仁化、仁桂等又善體予之志，遂大興工創造而闢其址以爲佛堂。堂高數仞，廣三間，兩廊深遠而環抱惠門，端聳皆與堂相稱。中殿佛像與我寒谷公神主，朝夕供奉香燈，左右廂房其僧室也。至於木石等物，本山固足以供；工食之費，則照有山分者出。備經營之苦，募化之功，則惠芽僧爲政而通祥輔之也。是歲之仲秋月，工始告完而問記於予。

予謂祁西僻處窮山中，諸如林壑之美固不勝數，且雲霧深處每多古庵，而皆不盡傳也。所可傳者，惟是仁人孝子往往以不朽之德建不朽之業，而其地亦因以俱永。兹庵之建，蓋承先志而世守之，可謂善繼述矣。因爲名之曰"孝思庵"，而刻其事於石，以誌不朽。

時皇清康熙元年壬寅仲秋之望日，堤上葉時新景明甫撰。

（清王應化等纂修《[安徽祁門]祁西若溪沓琊王氏家譜》　清光緒二十一年正義堂木活字本）

樂善公墳山記事

佚　名

先人封監察御史樂善府君墓在蘇州府吴縣靈岩鄉二都四圖靈應大王界北“歳”、“水”字等號，共有官民山田地五十餘畝零，各有契書，輕重則額號段，四址明白，併吴山嶺下山地四十餘畝，共該正耗秋糧四石一斗九升二合，將王義名字立寄莊户，籍在吴縣三都一圖辦納。墳塋佳城外有饗堂五間，石欄露臺一座，碑亭三座，門道三間，四柱石牌一座，土地祠一所。左有山亭五間，次房五間，厨房三間，井竈、浴缸、坑厠及周圍石牆、街道、橋梁、石池，牆門外有井亭一所。山上平地各樣樹木通令家人弓安夫妻在彼看管、燒香、打掃。我等又用銀過繼義男某，就娶彼處潘氏女配爲夫婦，相幫弓安看守四房，每年各付飯米二石，其餘空閒地段就與弓安自種生花作爲寒夏衣資。前項山地税糧，四房元、亨、利、貞第號輪流辦納。二處山地柴草亦隨糧樵斫，各不許違誤。弓安等如不用心坏事，另自着人看管。

常年四季，各房輪當一節：元辦清明，亨辦夏至，利辦中元，貞辦開爐。祭禮務要原生新鮮物件、及時菓品等物，盡在一誠，各宜敬謹。不可苟且將用過隔宿殘物虚設，反爲褻瀆，寔是不敬。各要臨時預先相約，用舟邀請各房男婦一同過山拜掃。倘遇風雨不便，只得或前或後而行祭禮。各遵先君遺命，但宜從儉而行，後之子孫則長久可辦，庶使祭掃不缺。各房倘有他事自要祭祀者聽便，不在從儉之例。四弟不幸早亡，可配享先君之右。祭畢，就將禮物安排一飯同回。每年春增土一遭，就僱墳隣，各房共湊糙米一擔與他。常年斫草，切要分付家人不許因時悮斫各樣竹木。如有此等，宜加痛治，以警將來。

前後事件永爲定例，今具一樣四本，每房各執一本，務宜常行檢點，以時思之。

一、祭禮：鵝一隻，猪首一枚，羊一隻，雞一隻，猪肉一方，鮮魚一尾，盒粽一盤，乾菓五色，時菓五様，時物五種，脯醢五品，時菜五味，饅頭五盤，放糕五盤，粽子五盤，碎案五盂，菓盒五個，清酒五爵，飯二錫掇，香燭楮錠。

一、祝文：遵家禮。

一、要綿白紙三十張，打作紙錢，入門掛至墳堂内各樹，不可缺少。

一、土地祠内：土地一張，金紙一塊，蠟燭一對，線香一箍，肉一塊，雞一隻，魚一尾，粇盤一個，糖糕一楪，粽子一楪，時菓三色，酒三鍾。祝文亦遵家禮。

一、庵内和尚，每祭可送與酒肴一桌。

一、計辦在享堂上：神櫥一座，供檯一隻，青石爐瓶一副，方燈兩柱，木蠟筌一對（亨），淨水瓶一隻并架（元），箸瓶一箇，香盒一箇，籩豆二十箇，紅桌子十二隻，橐子二隻，櫈十二條，祝板一副（俱元），竹轎一乘，凉床一張，左右房門鎖全。

一、山亭上：金漆桌子十二隻，金漆東坡椅十二把，高椅四把（亨），竹椅四把，茶盤一架，鍾匙全。大櫥一口（元）。

一、墳上樹木等倘有要修斫枝梗，須待我四房兄弟親自看過，各發老成家人同去斫分。

一、墳上舊剩木植、磚料、石料等件，各房不許擅自取用。

一、周圍石牆倘遇風雨淋倒，可看長短、高低、丈數多少，量湊飯米、蔬菜、銀錢與弓安，隨即僱人修補完整，不可失悮。

一、山上倘缺物件動用，四房務要竭力置辦完備，不可推故悮事。

一、山上各處房屋亭堂如有損壞,切要隨即料理修好,不可遲悮。

按此係舊祭規,今附葬漸多,祭禮亦豐,不用此例。

重修樂善公墳山記

王　錫

公號樂善,以次子中丞公貴。初封監察御史,累贈江西巡撫,葬于王山。初,中丞公以季弟明威公早世,命葬樂善之右,同域。故余四房子孫得累代祔焉。中丞公葬于左另域地,其五十畝零,坐落吴縣北“歲”、“水”兩圩。舊有碑,四座亭亦如之,今俱毁壞。因同族子姓等摹刊兩碑,重建一亭。橋梁、華表等一一重整,墓門外至河橋,鋪出路一百零七丈,循舊界也。聊識數語,俾後之人常思繼述,勿替先澤云爾。

乾隆九年五月,十世孫錫謹記。

南墳記事

佚　名

南墳坐落吴縣王山南“歲”字圩,在樂善公墳南不下里許,故號“南墳”。葬樂善公長子月湖。公諱賢,以國學授承事郎,子恩懋,孫説廣東吏目、謨烏蒙通判。以後世業農桑于吴豐廟之旁,家道殷實。厥後雖漸衰,合元分子孫户田猶有千畝。惟不事詩書,悮聽人言,至割地與蔣氏爲墳,遂至陵替。同輩惟桂卿不肯書押,不願分銀,終其身猶稱小康。嗚呼!亦可以勸,可以戒矣。雍正初,子孫愈貧,有説合將此地盡棄于人,已成交矣。我四房聞之,出資解議,將此墳歸入祖墓,墳糧、斫柴亦足辦賦,以後再有他志,合族共攻。惟祭掃缺如,深爲可嘆。今議于乾隆丙寅年始祭樂善公之日,多備一筵,分遣一人往祭,與好齋公同例。父子兄弟共進一觴,樂善公有知,其順矣乎!其元分有祔南墳,聽之。

中丞公墳山記事

佚　名

《中丞好齋公墓誌》,潘力田先生作《松陵文獻》時猶及見之,今漫滅不可見矣,因補題曰“先賢明中丞好齋先生之墓”。其墓坐落吴縣北“歲”、“水”字圩,在侍御公墓門之内,各有幽城。明季時,亨分子孫割地市人,我貞分子孫訟官得全,以後辦糧、祭掃俱係貞分承管。康熙辛巳年,從孫本始著祝文,其辭曰:

於戲!敬薦兮蘩蘋,穆將欣兮帝臣。托豊隆兮陳辭,溯一本兮枝分。光前兮忠貞,啟後兮潔清。鍊鋼兮爲操,凜秋霜兮爲容。倚虚心之緑竹兮,撫高節之青松。芟蔓草於周道兮,采幽蘭於山之阿。奠西江兮水澄清,安東海兮不揚波。會荆棘之叢兮,願操刀而必割也。奈美人之淫戲兮,雖有志而終不能達也。羌愈美而好修兮,恐蛾眉之衆嫉。爰憶鱠與思蓴兮,亦何待於秋風之蕭瑟?日冉冉其將暮兮,及未夕而去之。路幽昧以曭莽兮,乘扶摇而上之。訪甪里於五湖兮,武靈威之故山。紉緑莎以繼佩兮,茹紫芝而朓顔。抱日月以長終兮,亘今古其彌光。鑒微忱以來格兮,聽鏘鳴之琳瑯。亂曰:仰惟烈祖之風兮,山水失其高且深叶春兮。斟出酌處適乎中兮,洵風俗之表兮,夫豈獨我族之宗兮,尚饗!

芳洲公墳山記事

王 錫

芳洲公諱明,貢士樂善公第三子,葬于吴江廿五都"大"、"光"字圩,地七畝,遥見甘泉橋。子惠、孫誥俱祔焉。曾孫封文林郎。甘泉公始遷郡城,墳糧四房代辦,以義田二十畝三房有分故也。康熙間,三房向四房歸價,公田獨歸四房,墳糧仍代辦,惟祭埽不及。今於乾隆甲子年始,祭樂善公之明日,司祭者備一筵往祭,與元、亨二墳同例,亦廣親親之義云爾。

九世從孫錫記。

王沂鍾四書解序

周 爰

讀書之病有二,曰浮曰鑿。浮則不能入,鑿則不能出。心粗識闇,雖讀他書且不得其解,况聖賢之書乎?四子書者,六經之閫奥也,其旨精微,其道易簡。朱子折衷羣儒之説而集其大成,微言大義昭昭然揭日月而行矣。學者童而習之,白首茫如,何哉?墨守章句者多畧觀大意,不求甚解,而書理在影響間矣;厭棄傳註者又必鈎深索隱,别參一解而書理仍在雲霧中矣:二者之病將無同。吾友王子沂鍾,好學君子也,其讀《四書》也,沉潛體察,從容涵泳,必求心得而后已。得輒隨筆記之,久而成帙,名曰《四書解》。以予爲昔年同學,頗諳此中甘苦者,郵寄其書屬爲題引。予受而讀之,見其抉疑摘奥,往往發前人所未發,而討求歸趣,實本朱子《集註》而疏通證明之,未嘗横生枝葉,創爲新奇可喜之論,以蹈近時講説家之流弊。蓋用心精而識見正,可謂有大醇而無小疵,卓然羽翼經傳之書也。予承乏學政,觀文章以驗講習,求其解書無病者蓋少,此書若刊以行世,豈不足以挽頽波而闡明聖教哉?王子猶不敢自是而藏之篋中,曰"姑以備家塾子弟之覽觀"云爾。又可以知君子好學之心之無窮,而家學淵源之垂于後昆者,將逾遠而彌光也已。

賜進士出身提督江西學政裕哉周爰訪書于南昌試院。

偉岳公文稿序

陳沂震

丁酉秋,余里王君偉岳以《尚書》掄魁浙榜,而其兄之孤子覲揚亦同榜掄魁,一時里中傳爲盛事。余在歷下聞之,不勝額手。蓋偉岳世系出自先賢好齋先生,而自幼受業於余季父宁薇公,後復從先伯父軼庭公遊甚久,積學數十年,今如獲雋。而覲揚之尊人師維於余先君子及伯父、季父皆嘗受經焉,惜其中年奄忽。今覲揚以弱冠之年,與其叔同薦鄉書,則固君門之積慶,抑豈非吾家師友之源流有可以見信於當世者歟?

越二歲,偉岳將以其文稿問世,而寓書索序於余,余何足以序君之文哉?雖然,余自庚辰通籍以來,實未嘗一日荒棄文字,今又承乏學使,以較閲爲職業,其何敢自諉于不知文者?况予生平不從他師,所習者實惟先君子與伯叔之家教,然則尊所聞、行所知,予固與偉岳共之,又安得無一言以表彰偉岳之文乎？偉岳與其兄皆少孤當室，備歷艱辛，而偉岳天姿尤高，能於人事紛雜中時生妙悟。其爲文清新俊逸，絶不屑寄人藩籬，而抒寫胸懷，瀟灑自得，有月到天心、風來水面之致。昔歲癸酉，復聖裔顔學山先生主試浙闈，偉岳卷已被識賞，以經義小過失之。其後學山先生復奉命視學兩浙，偉岳仍列前茅。可知其文之脱穎而出，世固不乏識者，而必遲之二十餘年而始遇，且與覲揚較，若難易之相懸者，要皆時數之適然。然而其文具在，讀者姑舍其遇合之遲速難易而求其不容不遇之故，亦可知文章之聲價有定，而不當漫以不可知之時數諉之也。若予之贊美推服，則自以家世門墻由來有素，而與世之隨聲附和互相標榜者固不侔矣。

康熙己亥桂月，賜進士出身奉敕提督山東學政禮科給事中年家眷世弟陳沂震書於濟南試院之四照樓。

王岱雲蛩吟草序

高聯登

三江之濆，笠澤之濱，必多懷才高隱之士。余同寅王君半溪罷職後，又同薦於朝，樂與晨夕。今余分剌吴郡，駐劄楓鎮，寒山鐘落，每思良友，乘月一棹，得過半溪齋頭，快聚平生，真樂事也。因謂半溪曰："此間有隱君子，可共商確今古者乎?"半溪曰："余叔岱雲，人言癡，實不癡。"邀之至半溪，具紙筆聯句，出語驚人。遂請出其平生所著詩，名曰《蛩吟草》，讀之，蓋自寓其不得意而唧唧于草莽堦壁間也。噫嘻，岱雲高隱士也，有詩足傳，又何羨于當世榮名而唧唧耶？半溪曰："子曷序之乎?"余曰："諾。"因叙得遇岱雲始末，而深信其詩之必傳無疑也，且致慨于三江、笠澤間如岱雲而無由一見者，可勝道哉！是爲序。

星威公遺稿序

沈德潛歸愚

天下工制藝者不知凡幾，其薦于有司者千百人中僅得一二，童而習之，皓首無所遇者可勝道哉？其或年壯志盛，進取之氣方鋭，而天奪之筭，有志不遂者亦往往而有也。故曰：能爲可傳之文，不能爲必遇之文。然使其文而果可以傳，雖不遇猶遇矣。文果可傳而又得賢子孫以光大其傳，雖不遇抑又勝于遇矣。

乾隆庚申，予舘吴江之同里鎮，始識王子益能，端雅士也，間出其尊人星威先生遺稿示予，且屬爲序。先生蓋所謂有可傳之文而不及遇者。予觀其爲文也，取材極富，析理極精，布格取勢極雄壯。其得之心而注于手也，如水赴壑，如劍出匣，如天馬行空，瞬息千里，如絳雲在霄，隨風卷舒，變化不可方物。非夫學有本源，養之有素者，何能閎中肆外若是耶？使當日遇知有司，此稿早已懸之國門，風行海内矣。今垂四十年，猶藏之篋中，鄉邑之間，懷鉛握槧亦未及遍觀而盡識，良可惜也。然世固有弋獲科名，而没世之後文采寂寂無所表見者，其視先生爲何如耶？歐陽子云：爲文之要，勤讀書而多爲之，自工。韓子云：其用功深者，其收名也遠。此二言者，先生殆兼之矣。

王氏故吴江望族，自中丞好齋公以名臣顯，子孫科第不絶。先生有弟三人，叔、季並薦賢書，仲亦有聲埸屋。先生少爲名諸生，獨賫志早卒。今令子益能善讀父書，麗藻彬彬，日與羣從切磋不倦，奮然有萬里扶摇之志。先生所鬱而未伸者，将大發於其後人。吾又以知士之不遇而有傳文者，必得賢子孫以光大其傳，而不遇於身者，必遇於子孫無疑也。誰謂可傳之文而非必遇之文也哉！

擬兩王孝廉時文合刻序

任蘭枝

雍正己酉，予典浙闈，得吴江王子俊求卷，博大沉雄，湛深經術，知爲宿學名士。揭榜後，俊求來謁，因出其文稿求予是正。予閲之，則皆揣摩成熟，舉業中之金科玉律也。亟勸之梓以行世，而俊求顧謙退不敢應。既而曰："生之文雖邀賞識，何敢言能？生有三兄，皆工于文。叔兄映薇尤傑出，弱冠應童子試，長沙陳恪勤公嘆賞其才，以爲吴郡之冠。尋舉辛卯鄉試，不幸早卒。今遺稿在篋，將丐先生爲序而刊行之。"後俊求入都，亦不及持其兄稿示予也。予謂："俊求君兄弟之文皆可行世，俟君登第，我當爲君作全稿序。君兄遺文我苟獲見者，亦當序而傳之也。"無何，俊求一試南宫，不第。間歲，遽以病不赴公車，尋歿。余悲俊求之才而止于此，萬里之途，出門而蹶，與映薇後先一轍，何天豐其才而不使展其藴歟？自是，君兄弟之文謂終不得見其行世矣。

某年某時，俊求之叔子堡乃郵寄二稿，而以書請曰："先人及先伯文今將合刻以行，願先生卒序之。"予既喜俊求之有子，又喜得見映薇之文，披玩終日，益嘆兩人之作，工力悉敵，真所謂二難競爽者。大抵映薇豪于氣，滔滔汩汩，如長江巨河，順流而東注，魚龍沙石與之俱下，昌黎所謂"水盛則物之大小畢浮，氣盛則言之短長與聲之高下皆宜"者是也。俊求鋭于思，如游魚啣鈎而出重淵之深，翰鳥攖繳而墜層雲之峻，非精騖八極、心游萬仞，烏能有此大含細入、衆有悉包也哉？士衡論文，俊求得其宗旨矣。至于樹骨于典訓之區，選言于宏富之地，劉彦和所稱宗經述聖爲根本者，則兩人之所同也。近日時文昆仲合刻風行海内者，莫如二賈太史。今兩孝廉之文，體大思精，不讓二太史能事。此稿刊行，豈但一時膾炙人口而已！夫以俊求兄弟之文如此其工，而曩時重自韜晦，不汲汲於當世之知。至今得賢子弟爲之表彰，而後人知有兩孝廉，足以知其家學之務實而文之可以行遠者，不獨映薇與俊求也。予聞俊求伯兄能文，早卒；仲兄老于場屋，有聲；而子弟皆穎敏嗜學，文譽鵲起。堡以髫年先入庠序，青雲事業拭目可俟，《花萼》之編、《聯珠》之集行且與古人媲美，追攀二賈，殆非所難。因堡之請序也，并書以勗之，是爲序。

賜進士及第禮部尚書年通家生任蘭枝頓首撰。

棲碧堂詩稿序

俞希哲

半溪王先生與先子澹崖爲同門友，詩酒往來最歡。余五六歲時侍先子，即識王先生。先生多鬚，鬚甚長，每見酒酣談詩，輒掀鬚大笑，意氣自如。嘗謂先子曰："我二人使得珥筆事天子，天子命修明堂郊廟詩，不識可追商周之作者否耶？不然，當搜羅遺逸，歌咏忠孝，傳之來兹，毋徒爲窮愁牢落之言，非風人之教也。"噫嘻，自後先子甫登一第，没于京師；先生一行作吏，亦鬱鬱不得志。今閒居且十數年，鬚髮半白，盍將老矣，回首曩昔，何以爲懷？亦著詩自娱耳矣。先生詩古雅任質，不爲流俗所喜，語人曰："澹崖俞君没後，惟其子子與能誦我詩。"因召余，賞以酒，而命爲序。余退而書此以贈，乃不自知其狂云。

門眷姪俞希哲漫書。

（清王錫等纂修《[江蘇]吴江王氏新譜》 清乾隆十一年刻本）

養元公墓記

王奕組

葉灌伯先生向余言，曾看地過白沙，有王氏古墓，或云係秉之公墓。查家乘，秉之公墓在蝦蟇嶺下，曹塢之原。詢之鳴岡姪孫，言更詳確。則白沙非秉之公墓，審矣。今緣續輯家譜，酌繪恩塋各墓圖，因訪白沙之墓，究屬伯英公何派子姓。據土人云：聞其後世居郡中白蓮橋，四十年來無人祭掃。墳丁蔣龍，其子蔣桂，盜賣在墳樹石，並欲賣餘地，族中東輔知而禁止。現在蔣桂之子蔣富看守。即唤蔣富問之，託言不悉前情。現有辦糧之累，經造周天表，向索積年賠絶銀二兩、揑立蔣代王户山地二畝辦糧。墳上惟存青石幽城，内計五穴；另黄石幽城，内一穴。俱無墓碣可考，四柱上書"明貢士王公墓道"七字。查十六圖官册，"貴"字圩二百二十丘，計地二畝八分八釐八毫，南至陸地，西至蔣仲賢地，東至吴松如地，北至行路。或云：總在恩塋優免四十餘畝數内。詢周天表，云：實係揑辦。既在優免，自宜照舊清丈步口：東首許氏墓道東南隅侵出一步，西首鄭氏新阡以黄石牆趾爲界，餘無侵佔。覆查家譜，明貢士係先文恪第三子少溪公長子養元公，爲明貢士。詢之東輔姪，云：數年前曾查過，有明伯、關伯兩姪孫札在。閲關伯札，知有"奕"字輩號蘭若者，即係養元公後裔，緣入籍順天大興縣，久未南歸省墓。伊子名熾、名某，俱出仕於外。溯蘭若六世祖，即少溪公長子養元公，爲明貢士。按之世系，考之名爵，白沙之墳，其爲養元公無疑矣。

稽少溪公，諱延陵，生有懷，號養元，生五子：國棟、國光、國華、國皋、國觀。今幽城内附葬四穴與外幽城一穴，或即五公附葬，未可知也。國光，第二子，祚長，生斯行，無子，以姪潼爲嗣，生奕基，字蘭若。奕基生三子：長賡揚，字昭威，山東鄒邑典史；次世煌，字紹明，甘肅張掖縣典史；次世熾，字文爲。自少溪公迄昭威，皆歷歷可考。少溪公支尚有：奕鼎，字夔重。二子：世豊，字羽儀，子元伯；世瑾，字瑜光。奕晉，字子孚。子世陞，字天階。俱已詳悉。現在郡城。

今春，尚賓公支子姓到山墓祭，言及養元公墓頹圮，拜掃乏人。遂偕日宣姪、席珍姪孫備禮往祭，并囑墳丁補種松柏。嗣令我子姪每春輪流代祭，以俟嫡裔到山省墓，庶百年墳墓，得以長保，不致湮没無稽也夫！是爲記。

明三公墓記

葉雋彩

外王父姓王氏，諱奕倫，字明三，文恪公七世孫也。公少習舉業，長而貨殖，遭時不偶，家業就衰。壯年縱覽山川，遠遊西蜀，喜其地僻風仁，是以棲遲於此。公秉性慷慨，有民胞物與之概。因其土産藥材，遂設藥舖，虔製丸散，施濟貧困，咸懷其德。不意沾染時疾，賫志而殁。適族姪愷伯出守成都，爲之經紀喪事，遂卜兆以葬其地焉。我母聞訃之日，呼天搶地，殊不欲生。家君揮淚而慰之曰："吾岳母在堂，可以迎養以盡孝思，過傷何益？"我母始含哀朝夕，追慕不釋。既奉慈親，進以甘旨，惟恐少怠。日以父葬他鄉，不安寢食，常勤紡績，冀助舅氏以遷葬。舅氏僑寓金陵，每多疾病，未竟其志，時以爲恨。迨外王母含咽平生，遘疾而歿，吾母倍增慘怛，日夜惟自刻苦以安葬先人爲事。後得卜地於東曹塢之西麓，具外王父衣冠，招魂合葬焉。至於祭掃，亦吾母任之。舅氏葬親之後，未幾辭世。表孟百振生長江甯，祭掃久失，以致外高祖墨池公、外曾祖静齋公墓湮没無考。吾母傷之，命兩弟雋彰、雋彬買舟隨侍，訪查約略幼時隨母祭掃之處，水陸並進。至石壁小長巷查核明確，惟墓碣已損，乃命重立。玄孫震伯出名立者，現在墳丁陳二傍地，已爲墳丁所侵蝕，是可慨也。外王母卒於乾隆戊午六月十一日，葬於丁丑九月十四日。外王父生三子：長世禎，字兆初；次世祥，字景星；三世祐，字啟周。女一，即吾母也。兆初公亦生三子：長震伯，字百振；次泰伯，三□伯。景星公一子，字甯州，無子，早亡。啟周公無後。今百振久居金陵，日後兩墓不更可憂慮哉？故我母命書坐落都圖四址步口，繪圖勒石以杜侵佔，現在墳丁殷供成看守。我母一生，孝思至老不匱，又命紀述，並繪圖載之太原家乘，以垂永久。另有墨池公、静齋公兩世墓記備考覽焉。我母於春秋祭掃，至今弗替。因年七秩，恐日後烝嘗有闕，常以示雋彩等，異日當曲體吾心，毋使吾兩墓湮没，毋使吾祖父失祀，弗忘太原之所自出，則源源克繼，即可慰我惓惓之念矣。雋彩等敢不謹遵慈訓？謹爲記。

訪得少詹公墓記

王仁寶

少詹公諱世琛，字艮甫，文恪公八世孫。康熙壬辰廷試第一，官至少詹事。方視學山左，本其先祖文恪公家法，化道青、齊，文風爲之丕變。公父給諫公殁，謀葬地，三年得渚頭山地。及闢土，盡石也。後得虎阜塔影浜地，卜宅於平壤。公既殁，葬於雍正九年春二月，居給諫公塋石。咸、同兵燹後，湮没無聞者迄五十年。光緒癸巳春，扞鄭弟仁俊曾經訪查三次，迄無下落。客秋遣族孫懷蔭攜墓圖往查不得。既返，遇飴孫姪約懷蔭緩日同往，今復年餘矣。且省垣族人皆尚寶公裔胄，多少詹公近支，年來仁寶一再諮詢，卒無知者。至是又戚戚然以訪查之不易焉。月前偕譜局同人商榷，適族叔雲泉自山至，聞其事。一日，叔途遇素識菜傭鍾亞榮。鍾，塔影浜鄉人也。詢得其地確有名王家墳者。叔雖衰苶，不自怯餒，遇事輒欲强爲之，才力勝否，弗暇顧也。詰朝攜墓圖獨往，查得墓碣，有陳氏繆氏字樣者。此亦尚寶公支派道樹公支之墓，與少詹公墓不符。天氣且寒冽，夜宿村舍，叔耐勞趨公可佩也。明日乃返，復與譜局同人磋商，擬再往。同人憐其志，爲之檢閱少詹公墓誌銘，得墓址所隸長洲縣九都三十二圖"藏"字圩，指引方鍼，玉成其美。叔乃詣烏鵲橋訪族弟蓉生，適呻吟牀蓐，病莫能興。蓉生遣人詢素稔之汪區差，轉屬是圖經造先往調查，然後約同勘眎。

未幾，經造報命。約下澣五日俟於齊門外北馬路橋茶肆，同往察勘。誠恐叔年邁而伶仃也，命懷蔭偕行，竝約飴孫同往。抵齊門，由經造馬金壽鄉道。及至，而三墳鼎峙，羅城不完，墳前石坊傾圮，字蹟不可考。都圖圩落、方向形勢悉與譜合，固碻然少詹公墓也。乃勘眎一周，羅城旁厠一陸姓塚，前年避鐵軌遷此，拜台下數十武一吕姓塚。兩塚皆鄉人尤富貴看守。葢少詹公墓域廣數畝，荒廢既久，糧已註銷，餘地爲經造所售云。至商遷他塚，恢復舊觀，一切善後事宜，尤少詹公近支之責，仁寶所厚望於昆季子弟者。宣統二年十一月壬子謹記。

壑舟園西偏壽藏記

王世錦

《禮・檀弓》云：葬者，藏也。其爲期也，自貴及賤皆有一定之制，分無可干也，制無可踰也，其嚴其慎，惟恐曠延時日，暴露其棺耳。第衣衾、棺槨尚可猝辦，至於葬地，難以刻成。何世之人動多禁忌，有言及預爲營葬之計者，輒畏縮不前，以爲不祥。由達者觀之，死生一致，愚智同歸，有何異焉？錦胞兄求古、從兄燕山，素性洒落，不牽於俗，且友愛性成，日與諸兄弟同堂言笑，有姜家布被之風。嘗云："我兄弟同居共業，晨夕追隨，致足樂也，身後亦必同穴，庶孔懷之誼，無間生死。"壑舟園之西偏，有隙地一區，計其廣狹，可容五穴。商之琢成、從周兩弟，咸以爲然，共相贊成。或有以風水之説進者，則曰："我兄弟幽明相聚，於我心固已安矣。且福田自在方寸，何必遠求佳地耶？"方經營伊始，值友人葉子崑發過舍，素善堪輿，視其地曰："是果吉壤，又得賢昆友愛存心，奚爲不可？"於是築土爲域，編籬作障，凡一切石工、粉飾之事，概從其略。廣栽桂樹，以代紫荆。其東偏又築室三間，名曰"歸休"，蓋取蒙莊之意也。族姪關伯聞其事而稱之曰："達哉！達哉！唐司空表聖豫爲壽藏，史册傳爲美談。兹且兄弟同穴，敦友于之誼於泉壤，用意不更善乎？"因題"達並司空"四字以贈。工竣，囑錦爲記。錦見世之累棺不葬者，或以費繁，憚於興作；或泥風水，遷延歲月。其所見之廣狹爲何如也？□□得附於穆，故敬述兩兄之意而爲之記。乾隆甲申仲冬，再陸氏記。

壑舟園西偏兄弟墓記

王　錞

族叔眉菴公暨忍菴公同居石橋第宅，式好無間，子若姪薰習家訓，無忝所生，人咸嘖嘖稱孝友。居西偏，爲壑舟園。園外有桑地數畝，面湖背嶺，氣抱安和。葉君崑發精地理，曰："此即吉壤，奚用外求？"忍菴公長君燕山顧謂求古曰："吾儕承祖父蔭，安宅于斯，生同室，長同學，出入遊處同伴。他年骨肉歸土，分疆異域，死而有知，情何以堪？是地既可卜葬，且恰能容五穴，吾昆弟埋骨有所矣。"求古者，眉菴公長君也，欣然韙其言。遂乃濬池培土，繚以垣籬，周遭栽桂數百本，葢天然一佳城焉。辛卯、壬辰歲，燕山胞弟從周暨求古相繼辭世，宅兆預定，葬各如期。余從蒲坂歸拜兩弟于墓，臨風隕涕之餘，幸死者藏身之善，又嘉生者之克踐前言，真能綿孝弟先澤于勿衰也。是爲記，系之以銘曰：白豸鬱盤，縹緲巑岏。爰宅于斯，既固既安。風雨同牀，花萼同集。何如泉壤，依然同室。

重修文恪公祠堂後記

王芑孫

始芑孫自華亭奉諱還家，震累趣芑孫爲修祠之記。記成八九年矣，而石迄未立。蓋重修之日，關伯方知湖南之澧州，故所書錢數獨多。錢未至，而關伯卒官。震以私錢代填其闕，及關伯子文浦爲温縣典史，始次第歸償。而震方求羸息于文浦，欲待文浦畢償其息，乃與刊石，故遲之而又久也。今去重修且二十年，其事亦不容不已，故芑孫捐一石藏之。率錢名數，依漢唐碑例，不分先後，獨標别華亭同姓鼎寶序者，以鼎寶序雖與松江諸王不同派，相傳遷自蘇州，要其世系輩行概無可考。其爲是吾家？非吾家？莫得知也。二十年前鼎與芑孫有文字交遊之好，彼此皆不敢攀援入譜。芑孫久在京師，初不意修祠之舉，遽有鼎寶序率錢在。鼎寶序以先賢祠宇，樂輸，固不問同宗與否。而在吾家既率其錢，不宜無列其名。既列其名，不宜竟入宗支之内。故表而著之，以還文恪公當年不敢遠引文正謹嚴之素。因又爲之後記云。

重修文恪公祠堂記

王仁俊

先文恪公祠建自明嘉靖間。迨我朝一修於康熙辛未，再修於乾隆丁未，三修於嘉慶辛酉，皆别有記。兵燹後，族兄瀚稍葺治之。嗣後屢議重修，久不克舉。光緒壬辰夏，仁俊在京師。族兄鴻謨書來，知祠門傾欹，牆宇剝陊，饗堂東北損壞尤甚。秋潦將降，殆難搘柱，及今不治，曷妥先靈？乃謀之姪頌蔚，是秋假還，又謀之叔熙鴻，報命於兄。不足，則告兄仁鍾於桂、姪叔蕃於閩，均慨輸多金。遂徧募同族，命工改建門庭，視舊升高，聿新堂壁，闓明窗牖。碑刻之廢者出之，禮器儀物之闕者補之。經始於癸巳之春，以其年冬落成。都用洋銀陸伯元有强。是役也，族中無不踴躍。其董督梓人，兄仁熙、姪孫季廔爲之。增庋祭品，凡仁基爲之。至往返函商，綜核出納，則兄鴻謨之力居多焉。既蕆事，仁俊輒依漢唐碑例，敬次行輩，著其醵錢之數，以示後人。光緒乙未四月十三日生辰，十二世孫仁俊謹譔并書。

熙鴻　洋壹伯元。
仁熙　洋伍元。
鴻謨　洋貳拾元。
仁鍾　漕平銀壹伯兩。合洋壹伯肆拾捌元有奇。
仁基　洋肆拾元。
仁俊　洋肆拾元。另敬增家祭并祔祀忠義節孝捐存公項洋柒拾元。
仁爵　洋拾元。
頌蔚　洋壹伯元。
叔蕃　洋陸拾元。
錫熾　洋拾元。
叔鴻　洋伍元。
叔祺　洋拾元。
頌清　洋伍元。
頌彬　洋拾元。
叔鎬　洋伍元。
季廔　洋貳拾元。
季鍇　洋拾元。

改建文恪公專祠記

王仁寶

先文恪公祠，明嘉靖丙申始建于郡城。吴中先正載在祀典者，不一其人。國初，部議裁汰各省名賢祠祭，而吾文恪公祠獨留，有司歲致祭焉。顧文恪後裔，或城居，或他徙，山中則寥寥無幾。咸豐以前歲時享祀，合族子姓匯祭於前山之閣老廳。髮匪之亂，廳屋頽廢，族人多寒儉，力不能規復也。後山陸巷向爲文恪公故居，左有巍科三坊矗然而樹立。當時山俗樸嗇，祠宇之制惜乎其未備也。會元坊後八世祖君胄公祠在焉，嘗被賊據作僞署，神牌木主傾棄於旁廡。子姓不忍褻置，遂遷於俞隖丙舍。僉議以此爲永安先靈之祠矣。君胄公廢祠既遭劫，雖窗櫺摧折而堂階尚完。合族議改作文恪專祠。謀既定，由族長仲安、仲鑒、仲祧、仲澥具稟郡太守，以在山添建專祠，届期委員致祭爲請。有司以先賢宜祀，典禮具存，許可其事。族長昆季於是籌款，起而經營之。鳩工於同治三年二月初一日，落成於四年十一月初八日。美輪美奂，祠宇一新，所以崇德而報功也。文恪公爲前明元老，亮節宏猷，彪炳寰宇，不特合族所宗仰，抑亦萬俊所景行。爲之後者，宜如何齊明誠敬，世守其祀事，而勿使陵替也。

宣統二年庚戌季春之月。

陸巷君胄公祠堂記

王熊伯

昔司馬温公作《文潞公家廟碑》云：先王之制，天子至官師皆有廟。秦尊君卑臣，無敢立廟者。漢世多立祠堂于墓所。《朱子家禮》云：君子將營宫室，先立祠堂于正寢之東。是士大夫家得立祠之禮也。

吾家世居東山之陸巷，巷有井，是我十世祖壑舟公所鑿也，名曰玉帶泉。泉甘且洌，里人皆取汲焉。井之上爲我六世祖君胄公故宅。公舉明萬曆戊午科浙江武孝廉。因當明季，不樂仕進，惟以武略捍衛鄉里，以孝弟儀型門内。生丈夫子七：其最長者爲德遠公，最幼者爲我高祖德和公。公殁，各房分授遺屋，而以其中間爲公祠。舊有查灣歲貢生賀萬初所書"孝廉君胄王公家祠"八字，即今祠宇下所懸額也。湖濱有地畝八楞，蕩田一畝八分，爲祭祀之用。自後丁繁屋隘，我高祖德和公支既移住石橋村，從高祖各支亦遷居别宅。當日各房分授之屋，皆典質于他姓，公祠亦廢墜焉。

嘉慶二十三年，族叔父世申慨念先祠，謀於族衆，必爲修葺。而族叔父世健、從兄松伯等不遠數千里，呼告子姓之宦於外者。維時從兄伯需方就養其子仲澍商河縣署，首捐銀一百五十兩。姪仲溎捐錢七十千。姪仲沅、仲澧共捐錢五十六千。其餘捐輸有差。遂於二十四年贖回基地，先建門座三間，因費不敷而中輟。今道光三年，仲澍姪選授安徽建平縣知縣，深以公祠未成爲念。而族弟輿伯議建堂廡，添置祭産，非得千金不可。於是仲澍捐銀五百兩。仲滂姪在蘭儀同知任，捐銀一百兩。其餘子姓捐各有差。其銀存貯族中有力者，歲收其息，則祠事之舉固可計日以待。

顧從來家之有祠，非經營創建之爲難，惟子孫能勤職業，永世敬守之爲難。熊嘗見德遠公所繪《君胄公燕喜圖》。君胄公與愼氏太君相莊於上，我高祖德和公隨諸從祖環侍于下，莫不婉愉焉，雍肅焉，德容可仰。穆然見我先代孝慈友愛之風。又嘗見德遠公手札，言我高祖德和公存心厚，處事能，居家孝弟。惓惓反復，愛之，重之，稱許之，不一詞。是足見德遠公友愛之深，與我德和公内行之美。而又以推本於君胄公之孝慈忠厚，故其薰陶于一家者深，而其庇蔭夫後人者遠也。今公之子孫百有數十人，皆讀書服賈，克守先業。其登仕籍者後先三十餘人，咸知存心及物，不貽怨詈于斯人。是非先人餘慶之長，何以至是乎？《詩》曰："無念爾祖，聿修厥德。"《孝經》云："修身慎行，恐辱先也。"我子孫瞻仰公祠，思所以敬承之而慎守之者，必有道矣。道光丁亥秋，熊在蘭儀，仲鎏姪書來，以續修譜事將成，屬熊爲公祠記，刊入譜中。乃即建祠始末而謹爲之記，并以夙聞夫先世之緒言敬質諸我昆季及羣子姪焉。

重修君胄公祠堂記

王仁寶

我八世祖君胄公，以勇略舉於明萬曆戊午武科。因時勢不可爲，甘心隱遯，世居洞庭東山之陸巷。爲人急公好義，其於家也，敦孝弟之行，鄉人皆愛敬之。有子七人，而七世祖德和公爲最幼，尤能養志承訓，友于兄弟。君胄公歿，各分其屋，以正中者建爲公祠，冀垂型於久遠。其後支派紛繁，析居散處，所遺舊屋典質既盡，而公祠亦尋廢。

嘉慶二十三年，高叔祖裁筠慨念公德，而欲復其祠，以費鉅不克獨任，謀於族衆。而高叔祖應乾、曾伯祖畏三等復呼告昆季子姪之宦於外者，量力協助。爰於明年贖回基地，建屋三間，而費已罄，遂中輟焉。及道光壬午，伯祖滋堂以公祠未成爲念，復出鉅貲爲首倡。於是建築堂廡，添置祭産，而祠遂成。前人煞費苦心。似可永傳而不敝矣。不謂理可推而事不可測，咸豐庚申，髮匪蹂躪東山，人物遭劫，慘不忍言。公祠爲賊所據，而亦蕩廢矣。族人感念遺德，惄焉憂之。因思公墓向在俞塢，墓前有屋，與祠無異，遂遷木主以入，權宜爲祠。仁寶於時年雖少，嘗聞之而敬服族人也。曾幾何時，榱桷棟楹漸將崩折，牆墉屋瓦漫漶不鮮。春秋祭掃，薦祼興俯，由是而不中禮式，何以明祀事而饗神保？"禮有五經，莫重於祭"，我子孫其能安乎？每欲因其舊址一爲重修，而以遊宦燕趙數十年，蹤跡倥傯，斯願莫遂。

迨光緒丙午歸田，愓然於此舉之未行，乃命工師興治土木，循棟宇之舊制，起圮就固。桷瓦之破殘者更易之，牆垣之傾欹者圬墁之。雖無流泉鑿池之清幽，臺閣之壯偉，而寥廓之野，寂寞之鄉，嘉樹古丘，左右適相掩映，遠山近水，前後自爲環流，真趣天然，實足助公祠之氣概。倣古人之築爲宫室，設爲宗祧。本遺蹟以苟完，庶久存而不朽。非敢矜爲富麗以侈前人，亦反古復始，不忘其所由生也。工既竣，族黨之蒞觀者咸稱修建之適當，遂謂仁寶曰："家祠之創建也難，後人之繼志永守也亦難，至于屢廢而復興則尤難。盍撰文以記之？"我聞其言，因思夫世有興一園宅，僅足以娱情而資遊觀，猶且侈述而爲之記。况木本水源之舉，豈可漫無所稽乎？爰以爲記，以表公祠之因時興廢，而卒不可以不興，亦以詳吾之所自出也。

祠　堂　記

胡鳴玉

祠之設也異於廟，廟必奉敕而後建，祠則人皆得而立之。《記・祭法》云："庶士、庶人無廟。"《王制》云："有田則祭，無田則薦。"又云："庶人祭於寢。"祀於祠，其猶"祭於寢"之意歟？數無定，神亦無定，惟以展其報本反始之忱：或由祖禰上而遡之始祖，或止祀高、曾、祖、禰而不及始祖。世更有旁推交通而及於母族、妻族者，此皆祠之錫類推仁，非若廟之限於一定而不可踰也。

洞庭東山太原王氏，自文恪公以來，勳名、理學，代有聞人，直上埒乎大夫之廟三而不至下夷乎官師之廟一。迨其繼椒衍瓞緜，支分派别，或三廟，或二廟，或一廟，或祭于寢，等次雖分，要皆不失簪纓之舊而克守清白之傳，誠盛事也。今者令嗣忍菴永懷世德，不敢别有創造，就壑舟園之中庭改爲祠宇，以祀其祖禰，且曰："非以爲祠也，聊藉園林花鳥之勝以妥侑先靈耳。毋忘先澤，竊有志也，報本反始，予滋愧焉。"余聞其言而不禁慨然嘆興曰："王氏之祠，其殆準於古而宜於今，不僭不忒，無怠無荒者與？"嘗讀朱子《家禮》述司馬公、文潞公家廟碑云：先王之制，天子至官師皆有廟；秦尊君卑臣，無敢營宗廟者；漢世多建祠堂於墓所。則是祠之建也，漢以前無之。而忍菴之欲于祖墓丙舍内供奉神主而祀焉，此猶合於古人建立祠堂。將壑舟園中堂改作之，軒敞幽適，先靈應亦戀此也。且園之初成也，兩兄嘗云：余三人晚年無事，當憩於斯以終老焉。不幸兩兄偕逝，惟予孑焉寡處，孔懷之悲，曷有終極？兹以園作祠，亦以成兩兄之志也。子姪輩咸以爲然，于中堂設三龕於壑舟園，門外重立祠門，卜中秋六日迎祖考、祖妣、顯考、顯妣及伯仲兩兄木主入祠，一切祭享之品皆從省約。嗟乎！寒素家風，敢云備物？藻蘋蠲潔，亦可明誠。藉園林景物作朝夕馨香，聊以自展其誠謹云爾。謹定祠規二十一條，與有分子孫共遵凜焉。

修雲津堂記

王申伯

先府君贈朝議大夫公，分受壑舟園、雲津堂、後軒三間。叔祖贈儒林公，分受前軒三間。於乾隆壬午秋，照分書價值歸作祠宇，藉園榭清幽，藻蘋蠲潔，妥侑先靈迄今四十年矣。堂之大梁係松木，爲白蟻蛀空，歲久不治，將有摧折之虞。嘉慶四年秋，從弟鼎伯來豫。申伯時以中牟令署南河同知，謹捐廉俸交鼎伯弟攜歸。稟商從叔父晚壑公、守瓶公，并託諸兄弟姪，共襄厥事。命匠購材，於五年二月内開工，八月底完竣。木料、甎瓦、匠作等項，共用紋銀四百有四兩。經營其事，鼎伯弟尤任其勞焉。整舊如新，仰承先志。烏呼！水源木本，人俱有心。後之子孫思所自而嗣修之，是則申伯之厚望也。是爲記。

孔安樓記

王世鈞

《詩・商頌》曰："寢成孔安。"孔者，甚也。安者，安也。廟中之寢，所以安神也。《禮・王制》云："庶人祭于寢。"寢者，息也。前曰廟，後曰寢。《史記・樂書》：三代以前未有墓祭，至秦始出寢起于墓側。漢因秦制，上陵皆有寢園，凡居室皆曰寢。我家家祠始于乾隆二十七年壬午，供奉神主於雲津堂。胡公吟鷗先生爲之記。先子忍菴公率從兄碧山、求古共爲紀略條規，歷有年矣。碧山兄自中州解綬歸里，興懷明發，流連往事，念叔弟之規模，觀族姓之繁衍，撫今追昔，爰創議雲津堂後復起祠樓，敬供神位，以妥先靈。庶先人居之，足以遠攬湖山之勝，近得園林之趣。漢公孫卿有云："仙人好樓居。"十二樓之築意在斯乎？今計天繪閣之原價子母相衍，稍有積聚，更得藍水弟倡舉之義，集會襄助而成；又兼祠下子姓各捐，蕆事於戊申蜡月，敬奉神位于樓上。自壬午迄今戊申，又二十七年矣。樓成，僉議以"孔安"名之，即《商頌》"寢成孔安”之義云爾。至于鳩工庀材，出納之數，詳細于後，以冀世世子孫保守修葺于勿替。是爲記。

碧山公祭田記

王伯霈

古者再命以上皆有圭田，以爲禄養之榮。《儀禮・少牢饋食禮》曰“受禄於天，宜稼於田”是也。孟子言：“士無田則不祭。”蓋古人非禄仕無以有田，則與庶人同薦寢而已。後世無限田之制，田連阡陌者不必仕。而今之士大夫得禄者，家不必有田，則祭固不係乎此。然欲展孝思，普錫類，傳之永久，莫若置祭田。舉田而係之於祭，俾衆子孫共守之，固愈於一子孫獨守之也。我先君碧山公嘗以田三十四畝抵欠，後以廉俸無多，僅贖其半以爲槐亭公祭田。彌留之際，猶諄諄命伯霈等以舊業宜復，其貽謀之意遠矣！歲己卯，伯霈謹奉遺言，始以三百金將原田贖回，入於碧山公名下，永爲祭産。俾我兄弟三人之子孫世守勿替，亦以承先志也。因復敘其端末於左，以貽來葉焉。是爲記。

洞庭王氏家祠記

王芑孫

吾洞庭王氏自先文恪公始，大公之自譜其世也，不敢紀遠，五世以上靡稽焉。凡今族姓之分支，皆自公曾祖贈大學士伯英公爲始。伯英公五子：曰惟善、惟德、惟貞、惟道、惟能。是五人者，于古皆當繼别爲宗。芑孫，惟道之後，而世登則惟善之系也，故世登于芑孫爲祖父行。惟道之後稍蕃，或城居，或他徙。而惟善之系至今居山中，其人多善服賈，或出而從仕，猶不肯舍業。以是能保有厥世綿延二三百年，不見興替。顧山中風氣樸僿，歲時享祀，薦寢而已。家祠之制，未暇講也。及是，世登慨然以千金度地構屋，潔恭時事，堂階觕立，庖滌有地，他所宜具而未具者，將皆次第增修。世登蓋有未已之願焉，屬芑孫先爲之記。家祠之設，起于近世，或因之爲義莊，爲書塾，以寓收族敬宗之義，而睦婣任卹行乎其中。君子謂其事足以維宗法之衰，未嘗不樂道而深與之。今世登旁無援助，諸未遑暇，要之一簣之覆九仞，所基嗣是，宜將有析薪而負荷之，終畝而菑畬之者，世登之所啟發遠矣。惟道之後，故有文恪專祠，兼之冢舍積多，無一錢主辦。芑孫比歲不自揣量，勉力捐金，呼號其衆，惘然莫應。烏虖！族之人非盡愚無知也，其賢者常苦於力之所不及；非盡貧無賴也，其人皆身操細民之業，以苟一日之幸。不出于好貨財、私妻子，未嘗有意乎士君子之行，雖田連阡陌，猶之降爲皁隸可也。芑孫息影家間，涼涼無與，居恆俯仰，惄焉私憂。求同其憂者，而幾幾乎勿得。故具書世登之舉，刻石以告方來。吾家自伯英公以下，羣昭羣穆，匪啻萬指。來者無窮，衆不可蓋。安知世登此舉與芑孫今日之心，不有大慰於他時者。祠作于今兹歲紀壬申八月，庚戌十一月甲申落成。

嘉慶十七年長至日，伯英公十三世孫芑孫謹記。

嵩下王氏支祠後記

王仲鎏

族祖雲庵既建支祠，屬族兄愓甫爲之記。其從子琢堂叔父謂予曰：“是祠之建，吾父槐亭公實有其志，今吾叔父遂成之。予喜先志之克酬，故六月盛暑，鳩工督役，不敢少怠。子能爲我記之乎?”予謂族中有公事，莫患乎富者吝其資，貧者吝其力。苟其皆無所吝焉，則事無不可成者。雖爲之立義田、義塾，皆易易也。《禮記》云:“貨惡其棄於地也，不必藏於己。力惡其不出於身也，不必爲己。”予嘗誦此語於族人，而好貨財、私妻子與夫惰其四支者，其亦可以自省矣。今如琢堂之言，殆將不愛其力乎? 故狥其意而爲之後記。惕甫之記慨夫富者之吝其資也，予之記并慨夫貧者之吝其力也。

王氏家塾記

王伯霈

嘗考《(大)〔小〕戴禮·學記》一篇，家有塾，先於黨庠、州序。蓋古者二十五家爲閭，閭同一巷，巷有門，門有兩塾。上老坐於右塾，爲右師;庶老坐於左塾，爲左師。出入則里胥坐右塾，隣長坐左塾。新穀已入，餘子皆入學，距冬至四十五日始出學。此家塾之名所自昉也。昔先師之言曰:“弟子入則孝，出則弟，行有餘力則以學文。”蓋將令童而習之，耳濡目染，漸漬於不自知。則教化之原本，風俗之樞機，未有不基於此矣。我先祖槐亭公慨然有見於此，嘗欲規古義學之制創爲王氏家塾，延師課業，歲時給其修脯，以教族中無力讀書者。嗣以經費不敷，未及舉行，賫志以没。洎吾父令洛陽時，亦常舉此意以相訓勉。後因予遠宦邊陲，簿書鞅掌，未暇議及先人之意，卒未嘗一日忘諸懷也。致仕後，亟以千金存貯族中殷實者，出息爲膏火資。肄業者定以十人爲率，過則另爲延師。執經問難，歲以爲常，迄今凡五閱春秋矣。未嘗不樂槐亭公之志有成，而足爲族黨式也。予竊惟我王氏自元季迄今，幾五百餘載。有明中葉以來，人文之盛，推於吴下。恂恂好學之士隨時間出。予尤願入斯塾者，循名責實，砥礪躬行，以蕲至於古人，庶無負立塾之初意也夫。因撮其梗概而爲之記云。

(葉耀元纂修《[江蘇吴縣]洞庭王氏家譜》 清宣統三年木活字本)

鶴巖逸人古意諭俗五首

王　階

勉　學

茫茫宇宙間，事物咸有理。衆理具一心，求之亦甚邇。微言寓羣經，歷歷有根柢。致知以力行，典學念終始。

制　欲

人心已危殆，况乃衆欲攻。外誘日膠固，乃蔽明與聰。熾然不可遏，至理漸銷鎔。制之豈無術，澹泊以爲宗。

遠　讒

積羽可沉舟，群輕能折軸。巧言必譸張，利口多翻覆。詖淫及邪遁，害事爲甚速。苟不塞其源，涓涓蔽川谷。

知人

稂莠終亂苗，珉瑜頗相類。君子與小人，顔面何以異。善惡本殊途，薰蕕本同器。辨之如不早，斯爲名德累。

行恕

四時既平分，二氣亦均起。草木悦春暉，霜露亦凋瘁。舒慘貴適宜，好惡初不計。恩多易生怨，威褻忘敬畏。大哉一恕言，終身用無既。

（《[浙江]東陽王氏宗譜》 清乾隆三十二年木活字本）

鶴麓王氏小宗祠記

胡以彩

鶴麓王氏文六七公，諱得志，字文孚，號鶴巖逸人，稱鶴巖公。公承家學，自五經《周禮》、《儀禮》至有明一代典章及天文、地理、方技諸書靡不涉獵。邑令黄公仲芳延至舘，咨以民間利弊。時金華二征之外，復有夏税、絲羅及房賃、牛租等税，乃爲黄公具疏，其言剴切詳明。奏上，七邑俱停征。正統十四年，邑中賊起剽掠，野多積骸。公獻計邑令聶，立保互相攝法，選壯勇屯要害，邑乃安。公雖高尚不仕，而其德在鄉邦如此。余聞活千人者封侯，公之克昌厥後固宜。公配駱氏、任氏，舉八子。一以孝行著，一以太醫院院判顯，一爲廣濟教諭，一爲浮梁令。孫儉連州司訓，寬龍南教諭。曾孫乾章仕終雲南布政使左參議。玄孫嘉忠，蒼梧兵備道，嘉亮常德太守。來孫元賓，盧氏知縣。其他有聲藝苑者不具載。考其哲嗣名孫之衆盛，歷久弗替。夫孰非逸人仗義積功之所致乎？公之嗣孫既祀公于大宗祠矣，至是復于正寢之東别爲小宗祠以奉公祭，蓋以功德之盛而深致孝思于無窮焉耳。兹因懇余作記而爲敘其世德，并詳著其後裔之昌熾，亦以爲作善降祥，固信而有徵云。其祀田則撥常産若干畝外，并俟衆子姓各如其力量以捐助，並列于後。

時嘉慶二年歲次丁巳孟冬之吉，時年八十有三同邑困齋胡以彩謹記。

佑啓堂記

胡以彩

堂曷以"佑啓"名？王君德輿暨顯學、顯莘、百源諸生念世德燕詒之遠，大書昭揭，示不忘也。余思"佑"訓助，"啓"訓開，此二字義通上下。在邦國，則謨訓功烈，足替賢親樂，利於無窮。在鄉閭，則醇厚敦龐，俾守稼穡詩書，而弗替事。雖各隨分量，而理則一也。稽鶴巖王氏，自玉溪南里遷居於兹閱五世。清塘居士生二子，長雙漁翁，次友漁翁，相友于，人稱二難。友漁翁居雙魚澗東，故稱東宅。嗣後世積德，培元氣，高尚不仕。若念中翁，里人直呼爲佛；以及松如翁施惠無德色；鶴邨翁積德懷仁：均稱長厚，則尤嬌嬌者。自是人文蔚起，太學、郡學、鄉校接踵肄業，有聲婺東。其他望重東榮，或候選典史，及以齒德受覃恩至再至三，亦若而人。其業儒而懷瑾握瑜者濟濟藹藹。是皆石橋東泉二公之後，上承友泉、念中諸公之世澤，而綿綿延延以臻此。

然則佑啓之大，有荷於先德者，夫豈偶然哉！抑余更有説焉。先人佑啓後人，欲後人繼承之。後人荷前人佑啓，宜益思光大之。蓋先人之積累惟仁德，則上不悖天理，下不拂人心。其佑啓正當合天人以爲言。《易》曰："自天佑之。"佑者，助也。天之所助者，順人之所助者，信。《詩》曰："天之牖民。"牖，開明也。猶言天啓其心也。天啓其心，人亦開其意合天人之佑啓。以推佑啓之意，顧可僅視爲一家親愛之情已乎？吾願澗東之髦士登斯堂，繹斯旨，永矢弗諼。既本稼穡爲方穀之資，益精詩書爲致用之實。將必有起而光濟於時，而勳庸紀於大常，德澤流於蒼生，如昔日雙漁翁之賢裔迭出者。余忝爲友生，爰應屬而爲之記，且以整饔軒之意云。

時嘉慶二年歲在疆圉大荒落桂月既望，恩進士候選儒學教諭困齋胡以彩撰，時年八十有三。

亦政堂記

蔡元海

資於事父以事母而愛同，資於事父以事君而敬同。《詩》云："夙興夜寐，無忝爾所生。"蓋言孝也。聖人於或人之疑不爲政，而以《君陳》之言孝者答之曰："是亦爲政。"誠以孝爲德之本，是教之所由生也。故始於事親，中於事君，終於立身。而愛親者不敢惡於人，敬親者不敢慢於人。所以非法服不敢服，非法言不敢言，非法行不敢行。夫是以言滿天下無口過，行滿天下無怨惡也。鶴巖王百源、運清、運新、同榮先生營建家廳，而顔其堂曰"亦政"，重有望於後之賢子孫。秀者，風琴雅管，陶詠乎詩書禮樂之文；愿者，藝黍牽車，服習於孝弟力田之事。則由修身以齊家，由齊家以治國，而是亦爲政之道皆於是基之矣，豈不懿歟！

時咸豐七年歲次丁巳十月小春穀旦，道光己酉科欽賜舉人前廩貢生受職訓導八十九老人眷晚生蔡袁海拜撰。

大將廟萬安堂碑記

崇　炳

社廟之設由來久矣。禮大社、國社外，大夫以下皆立社，曰置社。今鄉都里保尸祝土神而報賽之，倣古遺意也。邑東三十里鶴山之麓爲余宗，詩禮望族，簪纓累弈。余仰其人文樸茂，屢訪先哲於此。見是鄉依山環水，前爲杭、紹、台經由孔道。旁有大將廟，爲鶴巖公建，前楹則震所公增建。廟東有新殿，廟西有佛舍僧房。前産頗供住持香燭，然歲久廟圮，未免艱於修葺。今哲嗣王彦涵等議族捐修勒石，登載新舊田地共若干畝，令賢歲時塈葺，洵義舉也。夫鬼神非人是親，惟德是依，能以善感，斯以善應。行見神靈呵佑，風俗駸駸日上，微獨爲世家雄觀瞻已也。余誌之以鐫諸石，俾賢裔共護持於不朽云爾。

時乾隆歲次戊午年桐月下浣吉旦，鶴潭崇炳撰。

石馬新屋四維堂記

章徵杰

自古有功德、材行、志義之美者，其流傳堪不朽矣。要必爲之後者得能傳之人，而其盛斯傳也。馬澗王式周者，予同窗密友，平居聚談間，每道其宗祖之流澤。所謂數典不忘祖者，殆其人歟。今當家史重新，一日余造其廬，爰相告曰："予嫡祖行愷十二，諱之萃公，乃行德四任密雲縣典史公曾孫也。紹箕裘者，禮、義、廉、恥四房，爰額其堂曰'四維'，其取旨也微。兄能言士，爲予紬其義而記之。"余壯其言，爲之進一解曰：人生於世大節關焉，束筋骸，會肌膚，恭敬辭讓不爲事物所摇者，禮是也。舉而措，行而宜，常變經權克妙化裁之準者，義是也。至若取與間一分不苟，莫尚乎廉。而恥之一節，於人爲尤大。《孟子》曰："人不可以無恥。"知凡非禮非義之事足以壞廉潔者，當自知愧恥而不可苟焉爲也。此昔管子所謂"國有四維"，誠屬宜張。今以爾祖之意推之，其兢兢於管子之訓也深。其以禮義廉恥訓其子，并以"四維"額其堂，欲世世孫子不至於禮義廉恥間缺焉而弗講也已。吁！祖宗以禮義廉恥爲心，爲之後者能以祖宗之心爲心，俾祖宗功德、材行、志義之美悠久而無疆，豈不善哉！豈不善哉！余爰周請，不自揣淺陋而樂爲之記。

時光緒十三年歲次丁亥一陽月中浣之吉，石塘增廣生韋徵杰拜撰。

石馬元饒公碑記

王肇岐

余族自宋南渡後垍公，雅好山水之勝，偕子紀公由玉峯南里奠居於斯。纘紀公緒者，昆季七人。西山派居西廊，後遷西金者。雙阜派惟冢嗣元饒公遵祖父訓，偕弟數人恪守兹土，無他適焉。庸知歷宋、元及明，世系綿綿，子孫繩繩。余元饒公者流澤其孔長與後。逮明季時，瓜綿椒衍，子孫益繁庶矣，卜樂土而遷處者不一其人。迄今若葛覃，若東張，皆公苗裔。族黨老成恐年湮代遥，雖屬一家一姓，無念乃祖乃宗。爰於光緒八年歲壬午春，各情願意懇，糾集房分，均議捐資，爲元饒公積累常産，而以水源木本之義昭示來許，俾綿遠雲仍。每歲春秋躋彼公堂，羣焉生孝弟心而享祀以不忒而已。由是報本追遠之道明，睦族敦宗之義備。縱千枝競秀，乃一本根，萬派分流，實同源委。所謂綱維世教者，不在兹乎？豈猶慮服盡情疏，漠然視若途人也哉！吁！此義舉也，予附在驥尾，亦與預焉。老成以事竣告，并以記囑。爰揭巔末以勒諸石，千百世下倘觀感而興起者，亦不無小補云。是爲記。

時光緒丁亥年一陽月下澣之吉，廿二世孫肇岐頓首拜識。

（清王揚泮等纂修《[浙江東陽]王氏宗譜》 清光緒十三年木活字本）

王氏祠堂記

王繼徽

家廟之設，所以妥先人之靈也。我祖自宋萬五公由台之牛頭赤墈來仕吴寧而卜居於此，世世相承，源長流遠。上有不祧之祖，下有昭穆之親，莫不於祠乎賴焉。顧前之宗祠，建於八字墻東，祀事之舉，各因乎時，凡與祭於廟者，蹌蹌濟濟，孰敢不恪。聿至於明，時值數奇，遭回禄之禍而付之一燼。則當其時，固有目擊而心傷者矣。迨其後十九世孫諱一輝，有尊祖敬宗之思，首倡建祠之議。捨大園左側之己業以爲基，又因不足，而百計圖維，便買餘地，集腋成裘，承以凑錦。詎知志焉未逮，祠未建而身已逝矣。再越一載，諱曰明釵者爲之繼志述事，挺身効力，約同各房若一行、明林、本源、可重以及予之嚴君等商議行事。而一時衆子孫亦皆踴躍從公，争先恐後，而其祠遂觀成於乾隆戊辰之明年。噫，覩斯舉也，意亦先祖之靈爽實式憑之而默爲呵護者乎？今修譜將竣，載其本末，使後之考譜者觀前之記，可知興廢之有數，觀後之記，可知再造之勤勞而。且思夫流風餘韻，至今猶存，爲之孫子，宜有以擴前緒於無窮也已。是爲記。

時乾隆四十七年歲次壬寅桂月上浣之吉，嗣孫繼徽謹識。

澄塘創建門樓記

王　潮

癸丑之春，適逢寒食，義祭外太祖於澄塘之松樹塔。因同宗兄南音合祭。禮畢，于餕筵之次，南音論及重葺先祠、創建門樓一事。因限於地基，時南音會集祠下房長，於本祠門前所有各己業，或捐或買或更。袤延五畝許。其號畝零列於左。展拓前規，極其開敞。此誠賢子孫之各勷義舉，有光先德。而南音之創義，尤亢宗之傑出者也。蓋傳而勿替者，祖宗之遺澤流長；守而勿失者，子孫之繼承無忝；而能恢洪前業，使保世以滋大，善乎！聖人之言曰："前人有此志，而後人成其志，此爲繼人之志。不必前人有此志，而後人所行之事若大有恰於前人之志，乃爲善繼人之志。"今觀澄塘，廟貌尊嚴，規模整肅，大書以標其旗常，分門以揭其祖訓。入斯廟者，咸知爲禮樂衣冠之地，仁慈孝友之堂。宜其金貂傳於累葉，玉樹起於千尋。由是而胥訓詁，胥保惠，胥教誨。定知以事舉，以德進，以言揚，奕世載德於無艾也。因丐余一言以垂後，是爲記。

時嘉慶二十三年歲次戊寅小陽春月之吉，宗侄孫郡庠生潮謹撰。

（清王繼培等纂修《[浙江東陽]竹里王氏宗譜》　清咸豐六年木活字本）

蘭亭近草

王尚賢

痛　父

飛鴻展翅隔天遊，撫育羣雛志未酬。海角風生魂夢警，日傍霧塞路途幽。辛勤到處添餘愛，顧復隨時抱隱憂。廻憶曲衷恩罔極，熏心祇覺痛悠悠。

壽　母

彤管能書母氏賢，北堂春色襲瓊筵。慈顔德附《周官》册，霜髮名標《女史》篇。杯薦金莖甘露美，歌翻清角舞衣鮮。一章裁作南山頌，好共絲綸次第傳。

丁巳秋仝任惟遠任景躋陳彝敘諸友會課適值微雨偶作

細雨階前潤筆忙，金蘭四座自芬芳。陳詩兢織天孫巧，作賦誰分蘇子長。千結愁腸憑供洗，百城重價總堪償。祇慚濫廁吹竽内，枵腹由來换酒觴。

秋夜獨坐感懷

獨坐黄昏有所思，秋風瑟瑟斷腸時。黄花各自逢人好，皓月何曾與我期。冷煖世情誰是主,飄零吾道復奚疑。無聊不到消魂處,豈肯添成蛇足詩。

春雪詞步漢武《秋風原》。

春風嚴兮白雪飛,草木生長兮燕西歸。坐書齋兮蘭芬芳,對小子兮不能忘。一葦杭兮濟廣河,水清漣兮泛緑波。情無極兮謡且歌,哀煢煢兮淚痕多,盛年不再兮奈何!

春山展畫圖七言律詩

春事情移遠眺間,圖成妙畫莫如山。平舖嫩草一痕碧,高掛層巒數點斑。繚繞空中人寂寂,娉婷曲處鳥喧喧。清幽况味誰尋得,勝似桃源絶俗攀。

春山展畫圖五言律詩

芳春誰處是,最愛在看山。畫就霞烘翠,圖成雨拭斑。低連流水處,高映彩雲間。邱壑明如洗,藤蘿近可攀。參差抽玉筍,縹渺露烟鬟。巖迥疏風逼,林深倦鳥還。安仁應所好,太古有餘閒。爲語丹青者,登臨長一班。

(清王學泉等纂修《[浙江]東陽上潢王氏宗譜》 清光緒七年木活字本)

天台山紀遊

王國陛

乾隆癸亥八月二十庚午,偕金華金孔時、義烏龔映書,從寒舍行登金蒙嶺。暮抵嶺口,虞堯章留宿。辛未,過靈谿庵,夾溪嶺六十里抵烏巖口宿。壬申早起,五十里至台城西清溪旅店一飯。從城中出北門十里,至國清寺。雍正甲寅,世宗憲皇帝頒賜帑金新建,金碧輝煌,梵宫綺麗,然僧侶絶稀。住持爲道參。余投以二詩,不契。知客文嵩亦蚩蚩者。

次早,緣澗而入,登金地嶺。峯回路轉,俯見深谷,松篁蓊鬱,鐘樓矗起林表,則高明寺也。下銀地嶺,奇槎異卉,參天蔽日。笋輿行次,橡栗墜地,鏗然有聲。蹊徑泥濘,牛蹄雜沓。趙州指爲五百羅漢遊山跡,殆即此耶?時秔稻初熟,僧衆争出刈穫。住持止如他往,其徒不二在焉。不二姿甚敏慧,台教源流口能指陳。飯畢,從寺右折而下,導遊元通洞。三面阻壁,巨石横駕其上,窗户四啓,下平如砥,似浮石飛墜壘成,非洞也。緣洞而下,有望雲臺。左爲獅子峯,其形昂;右爲象鼻峯,其狀俯。其前爲幽溪瀑布,卉叢蔽之,但聞水聲而已。從寺右引而上,達嶺巔,有定光庵址,有智者塔,有招手石。相傳智者在金陵宣教,定光登石上,以手招之,頃刻即至,遂爲本寺開山之祖。定光産吾婺,行脚至台,遂著奇蹟云。折而北,有巨石二:其一仰面而凸,劖"教源"二大字;其一面平而削,劖"天台山"三大字。書法甚古。緣蹊而前,有合掌石,有麥磨石,俱奇峭蒼秀。余皆有詩。其上爲太平寺,寺已傾圮,無盡大師塔焉。無盡博通教典,著《幽溪别誌》二十卷,在高明,爲明季中興之祖云。

甲戌,復從銀地嶺上,過陳田洋、龍王壇,曲折之繞三十里,至華頂寺。寺阻大山,其巔皆雀葦,自腰以下,雜卉茂密。山深寒早,霜氣微襲。林葉猩緋,間以淺丹濃紫,鮮麗奪錦。飯畢,日將晡。行五里,上拜經臺。天空雲浄,無遠弗矚。一萬八千之高,羣峯擁衛,如千瓣蓮花,仰護花胎。西眄赤松,東眺四明,北覽錢塘,南窮滄海,咫尺千里彷彿可見。渺渺乎與灝氣并真,有遺世獨立之想。其旁有龍爪泉、太白堂、王右軍墨池、黄經洞，次第登覽。四山之麓，静室百餘，皆庇以叢竹，黄茆蓋廬，孤鐺獨煮。不二曾與余言，此中僧有荻舟能詩，圓淨會禪。余急欲訪之，以日晚，即投寺宿。星光如炬，至雞鳴，即促伴起，擬登臺觀海日。而大霧瀰漫，一啓窗即絮擁而入。林梢滴瀝如雨，咫尺不見山影。飯畢，撥霧登天柱峯。僧茶話移時，陰晦益甚。仍反寺，冒雨右引而南十五里，抵上方廣寺。衣袂皆濕，僧以爐火焙之。寓居樓上，澗流潺潺聒耳。小憩，登曇花亭。憑欄俯視石梁，東西瀑泉兩道交於上流，至梁下仍空懸而出。從石磴步登隔岸下方廣寺，寺亦頹圮。下引過板橋回亭。亭下有銅塔，高數尋。亭中列五百羅漢象，蝸纏圜繞至於亭頂。是夜，仍回上方廣宿。住持松友修髯鶴立，一見如夙契。余贈詩四章，頃刻依韻酬答。快談徹夜。

丙子，從釣水臺抵萬松庵，遂踰萬松、萬年二嶺，至萬年寺。九龍聚講，雙澗合流，真名刹也。主僧爲止先，知客爲海光，皆紀公之高弟。紀庵在萬年，道法最盛，法侣雲集，其嫡嗣散布他郡者不可勝數。今止先繼席，真誠淳樸，謙抑宜人。其海光則詩僧也。二僧與余倡和詩頗多。淹留二宿。

戊寅，二僧送至谷口。將尋桃源訪劉阮遺迹，爲陰霾所阻。西行三十里抵桐柏宫。宫爲上方頒帑新建，巍焕異常。旁建清聖祠，有伯夷、叔齊石像。道士高東籬初自西泠金鼓洞膺邑令之請而至。其人渾噩有古風。偕登瓊臺，從嶺腰凹處折而西。僕夫牽掖，遂造臺頂。前見雙闕嵯峩對峙，俯視四山石氣如鐵。昔王季仲評云："骨格清奇，氣象華焕"。洵不虚也！曩余季齊五台回，盛述瓊臺之勝，而鄭子《南谿紀遊》則嫌瓊之低陷。然余季僅從嶺之凹處蛇退而下，仰視臺高，則贊其奇峭，而初未登巔。南溪則從嶺凹一眄，已抹煞臺矣，曾未緣澗入谷一諦觀也。

次日，過石橋出谷，而澗水旱涸，千尋之瀑僅如殘縷斷烟，若明若滅。東行十五里，見赤城雙峯拔地而起。一田父前導，從山脊樵蹊上，荆棘叢蔓，歷盡危險，直至峯頂。浮圖巋然。引而下，入玉京洞，洞甚虚敞。僧皆依巖穴而處，補以簷楹，搆以户牖。前臨廣野，邑城村落，原隰溝塍，皆在履舄之下。洞之左右石色皆丹，勢如潮湧，氣若霞蒸，稠疊横亘，不可具狀。飯畢，緣嶺而下，抵紫雲洞。其深廣倍玉京，而僧房結構相類。遂出嶺行七里，仍宿清溪。

次日爲九月朔，孔時别去。余與映書西南行，過平頭潭六十里，抵張家衙。踰小嶺，見層丹鬱起，峭壁摩天，雙溪會其下，沿南溪而入。兩巖對峙，一峽中虚，爲明巖寺。少憇，僧法元導遊獅子洞、千佛洞、朝陽洞。三洞高可五六丈，而深廣稱之。最後則爲明巖洞，石罅中有馬頭側仰，若潛若見，即閭邱遺蜕處。一石張臂拔起，爲螳螂；一石穹背而俯，爲蟬；一石横踞而昂者，爲獨鯉；一石素質黑文，緣於壁罅，爲白狸。兩石對峙作合掌狀，指尖上矗。天光倒垂，日影四射，徹洞虚明。其峽口石壁，則有寒、拾遺影在焉。宿巖穴中，夜半鐘磬聲從洞中出，清泠沁人心耳。

辛巳，沿溪而出，復從北南溪入，奇峯怪石，黝黄亂拔。五里，抵寒巖寺。兩寺腹背相倚，而繞道行則隔五里。梵宫極壯麗，觀察朱公輪瀚額其堂曰"雲巖月窟"。殿之後即寒巖洞也，雲霞日采，烘蒸鬱襯，金光熠熠不定。洞口方石平列，是寒山趺坐處。右引而上，則天橋駕空，插入雲際，不類石梁之低陷。寒巖之虚廣倍於明巖，而石竇之幽邃玲瓏則明巖特勝。昔人之論曰：山之肌膚，得水而澤，得石而古，得林木而蒼，得嵐翠而韻。石梁之勝以瀑泉；華頂之勝以雲日；高明之勝以幽溪之環繞；天柱之勝以羣峯之擁護；而萬年、國清、桐柏之勝，則以巖壑之競秀；瓊臺、赤城、寒明俱以石勝者也。瓊臺以石骨之巉峭勝，赤城以石色之濃麗勝，寒明以石竇之嵌邃勝。赤城竅於山巔，故上蒸霞采。寒明穹於谷底，故曲引溪流。此則台山之大概也。

映書曰："寒明之僧惟事田作，藁穢塞路，不知經卷爲何物，未免爲山靈之污。"余曰："不然，達摩東渡，不立文字，今諸叢林各踞牀秉拂，說禪說道，總不會佛法。如寒明僧，真佛種子。雞犬桑麻，犁鋤作息，是武陵境界。”遂沿溪而出六十里，宿於後溪坑之周家樓。越三日，乃抵家。

三快堂記予自乾隆壬午秉鐸江山，至戊子任滿，作“三快堂”以額諸廨

王崧壽

苜蓿冷署，謀食未遑，何快之有？然仲尼、顏子樂處隨在可尋，惡乎不快？

予以爲廣文職卑禄薄，而品甚清貴，不事逢迎上官，無煩趨承司牧，見大憲長揖而已。課士之餘，無案牘擾，惟克體統自重，勿致稍有陵夷，一快也。職司秉鐸，則有教率之責，每因與諸生較量錙銖，以致情誼闊絶，不獲時相切劘，最爲不美；苟克顧名思義，畧爲看破，日與門徒研究經書，講習文藝，以敦品立行相誠勉，則化雨浹濡，心悦誠服，盈門盡桃李矣，二快也。諭、訓兩齋，鮮相輯協，以諭發源科目，有藐視飽食廩粟出身老儒，訓則自矜膳壇名宿，根底深厚，講明大家先輩，鄙夷陳爛，墨腔獲售，猶同乳臭，各不相下，遂成畦町。更以須微蠅利，頓萌嫌隙，立户分門。既已心攜腹誹，甚至徵色發聲，惡陋極矣！予幸際同寅高雅，不但猜嫌盡泯，亦且觀磨有賴，緩急相資，誼侔手足，三快也。

民使由不可使知，吾第能言未克能行，書此以告來者。

麗川放生潭碑記

王遐年

予祖自仲祥公從東川徙居，沿溪而家。溪夾山而出，上流湍激，多砥石，至是峯回路轉，溪勢平坦，曲抱宅舍如帶。堪輿家謂宅類泊舟形。先是，卧雲公文學冠諸郡，士多從之遊，一時如馬公裕齋、唐公悦齋、陳公龍川諸名宿，嘗往還於此。或乘小舟，隨流賦詩以觀魚樂；或攜樽抱琴，逸響幽咽，遊魚出聽。因愛其居以愛其溪，特錫佳名以號是溪曰“麗川”。因愛其溪以愛是溪之魚，乃勒諸石以垂後曰“麗川放生潭”。既而族居繁衍，男女出汲澣洗，無休時刻。恐禁少弛，侵假而網罟雜沓，侵假而赤身濫漁，可若何？爰請於憲，載入邑誌，至今守之不懈。時見春晴景明，堤容倒映出没，柳蔭歷亂間，秋光一碧，隊聚戲泳波鏡中，或聞岸上行人聲，輒鼓鬐揚鬣，喁喁向人，若忘機鷗。予每喜緩步憩此，動令人不忘濠梁，有超然與物俱適之趣。

夫網密於淵，則魚頳其尾。吾邑南北二溪多附村落，雖家業富庶，間諸書爲諸生者，皆習於漁，鈎網藥毒，相繼不息，水絶纖鱗。律諸魚禁鯤鮞不尺不鬻之例，即謂之殘生靈以濫王章也。可視此滋生繁息，不忍相犯。人與魚共優游太平化日中，即謂之“觀於鄉而知王道之易易也”可。且族居之廢興，人心之厚薄爲之也。人心之厚薄先見於倫類，而後及於生物。麗川自兆族以來，先人以振族愛物之意貽是潭，後人以重祖尊先之意守是潭，厚之道也。然則自今以往，是潭之廢興惟族居主之，而族居之廢興又將於是潭卜之矣。居麗川者其容忽諸？

有心子傳

王崧壽

友人自號爲“有心子”者，以丐予傳。予曰：旨哉！天地以無心成化，聖人以有心成能。是

心不可有，亦不可無也。着於有則滯，淪於無則寂。蓋心止於符虚而待物者也。釋氏言，覓心不得，因無所住以生。儒家言，普物無心，有所則失其正。雖然，有説焉。荷簣"有心哉"，三字寫出尼父道濟天下苦衷，大聖人一生作用和盤托出。其爲千古帝王師者惟此，其爲萬世斯民表者惟此。諸弟子稱頌孔氏，極口盡情，未有若此三字之的切而深中痛癢者也。

爰是泛而論焉，大以成大，小以成小。爲君上者有心於民，則宵旰憂勤，己饑己溺，而天下安寧。爲官吏者有心國事，則矢公矢慎，以報朝廷，而政治淳良。爲士庶者，有心於事親則孝，有心於敬長則弟，有心於睦族則和，有心於尊祖則敬，有心於耕種則豐收，有心於學業則名成。何一而可無心哉！

不寧惟是，吾嘗見吾先君子矣，視人之有患難者，雖不克排解之，而多方策畫，無限籌圖，終日而時戚戚於心也。遇人之有疾病者，雖未獲治療之，而遍閲方書，詳諮世醫，寤寐而時耿耿於心也。見人之窮窘而饑餒者，即欲分食解衣，出所有以資扶之，而時惓惓於心也。見人有善，而稱道不置，娓娓於心也。見人有惡，而厭惡若浼，蹙蹙於心也。懼先賢之泯滅，而急爲闡揚，戀戀於心；慮後進之無傳，而勤爲啓廸，愍愍於心。無歧形骸，無間物我，滿腔熱腸，一片婆懷，悉本性天，毫無假飾。吾親炙久，閲人多，覺天下之有心人，未有如先君子者。其克成一代之偉儒，安知不在是也。

予不佞，罔敢上擬，而恤窮憫困，解紛釋難，好善如飴，疾惡若臭，區區鄙意，聊堪自白。但不屑如村學究胸中絶無所得，高談殊論，妄詆前哲，只能向章句討生活。究其歸宿，惟知自私自便，視人之緩急漠不相關。以之居鄉，則毫無濟於族黨；以之居官，則毫無裨於生民。庸庸碌碌，靡所短長，以其一切皆無心故也。吾故急欲得一有心而兼相知心者，與言利人澤物事，了不可得。而友人以兹自號，然乎？否乎？吾願假之以號予，而并以之自傳也，曰"有心子"。

環溪詩稿

王穹年

小 序

環溪躭山枕谷，貌古神清，中年與從孫盤溪、家賓同爲古詩文之學。盤溪古文非三蘇不道，而環溪則津津二曾。嘗爲先考撰格靈碑，理明詞卓，至欲易一字不得。蓋味二曾之腴，而加以柳儀曹之潔，王半山之峭，所見詮次，環溪一人而已。詩則盤溪推尚杜韓，而環溪獨談王孟，至其到處直底陶公。初視如散漫不屬，久之乃轉覺遒勁無假，刻劃儘得風流，蓋五七言之逸品也。

平江樓上層即景

石橋春水滑，欹柳晚鷗眠。舟小蘆花入，笛清山月懸。

囑豎子欣留守菊林

人情戒久欺，勤怠咎歸誰。秋晚凝霜葉，清香慰遠離。

秋江行吟

偶訪秋江色,芙蓉醉不言。夕陽明遠浦,紅樹映山村。

步月湖堤

清徹湖光鏡裏天,誰人弄笛柳堤邊? 夜闌無計空歸去,恨少扁舟對月眠。

種　園

昨眠風雨向簷吹,起視園蔬色已滋。市遠不須腥肉味,黄瓜緑韭飯相宜。

題斯二孝子傳後

人子微軀父所生,捐身一報發哀誠。當時庸行行將去,千古高風莫與争。

宿張子明山居

幽人天假趣,塵俗我來清。春酒釃鄰釀,山田引水耕。籜隨殘雪響,月落暮雲横。未了羲皇話,兒童進野羹。

尋白雲洞二首

坐久巖花落,林陰氣漸和。流杯看曲澗,入室捫垂蘿。筧水通茶灶,茅亭依石坡。山棲如可寄,容我著荷蓑。

斜日思歸去,行行眺石梁。板橋分竹路,秋雁浴寒塘。屋北縫棉襖,村南打荳場。夜深頻獨酌,夢裏白雲鄉。

初冬若耶溪行船

家居多寂寞,水宿興偏豪。岸上冬收稻,橋邊霜賣螯。孤舟繫浦月,虚枕壓江濤。忽訝時將暮,村村有索綯。

龍遊縣途中

霜白林虚起宿鴉,晨行殘月向西斜。時聞賽社村中鼓,錯問他鄉過者車。秋野酒旗風醉客,江雲鴈字影籠紗。青蚨用盡賦留賣,莫計前途路正賒。

過卞石田居

近知樂事在桑麻,陽氣遍蒸景物華。春雨雪開沙岸路,板橋人問竹籬家。矇聾世事田三畝,零落故交天一涯。馬上題詩勝刻燭,歸鞭揮影酌明霞。

青陽山館夜寒有懷

青燈寒夜雨聲中,讀罷殘更爐火紅。木落猶號秋後月,山空時響竹林風。黄花陶亮思辭貴,丹轂揚雄恨不窮。醉後披衣庭外望,來朝紫氣滿江東。

感　懷

枯柳堤邊繫小舟，聊將心事語閒鷗。無情松柏笑人老，衹恐詩文逐水流。夢向石梁看曉日，醉隨秋月卧高樓。呼童紙筆先時備，昨夜吟成尚憶否？

秋日期葉履仁重過山居

去年尋菊到山鄉，今日柴門猶有望。市買黄雞留客宰，甕開白酒待誰嘗？一林霜葉歸高閣，萬壑秋聲徧草堂。錯問過橋人未識，舉頭雁字忽排行。

遊水竹塢

霜月林丹日久晴，斷橋山徑小溪行。萬松峻嶺層層護，滿塢閒雲片片横。竹裹幼僧傳客到，石頭覓水煮茶清。歸來力倦亭前坐，遥聽高峯鐘暮鳴。

鶴洲同客暮眺

夕陽戀戀摇衆峯，西望晴霞淡續濃。隔岸秋山紅葉寺，滿川明月白霜鐘。荒疏巷議全無據，寂寞鄉情轉近庸。邀客歸來燈下醉，桃源何處訪遺蹤？

乙巳春故人樓更一命子來訪詩以誌感兼答所詢

梅花渌酒過新春，延客禮疏恕率真。我寡詩文興後輩，君猶道義望愚人。山低漸暖初鋤筍，市遠歸遲晚得鱗。年富正堪窮學海，良才素願久相珍。

夢　仙

曾將凡骨傲仙家，今日相逢渤海涯。玉液味寒開石壁，天衣舞罷閃明霞。偶尋野鹿花香晚，空羨瑶池酒侶奢。含笑一言皆了了，幾時重得叩雲車。

古　意

匣中龍泉劍，十年不示人。囊中藏鳴琴，懸掛恆棲塵。不平事蝟起，知音恐失真。長使英精物，百載不逢春。雖云人事違，厥咎當自瞋。

題岳墓鐵像

岳公天地萃精英，姓名到處敵人驚。高宗庸懦罕儔匹，偷安偏隅遂生平。忍視奸黨折柱石，檜有罪誰縱厥横。帝曰不使丞相跪，丞相常跪貌似生。殺戮忠良恣佞心，宋家萬里壞長城。青銅鎔鏡鏡好醜，難鑑萬古檮杌行。孰若斯鐵堅勿朽，冷面黑質峙錚錚。前鑒魁惡後鑒奸，過客叩鐵鐵聲鏗。李林甫罵李林甫，伎倆莫與此鐵爭。烈烈轟烈公之靈，歷久瞻仰神愈清。能愧萬世作奸者，寒風肅肅兮忠精。

咏程濟

燕兵北伏人未知，岳州教授有程濟。叩闕上書指燕王，明年北兵勢難制。有詔當誅狂妄言，臣言未驗請囚繫。九江開門延燕兵，後宫火焚成讓帝。二十二人請從亡，隱踪匿跡願長逝。

脱離虎口悲餘生，螭龍抱珠無暫離。營救有術過難星，耿耿孤忠久更細。三十六載帝還宮，克完臣分成高詣。寧武子有忠似愚，稽紹濺血帝前衛。苦節可敬更可憐，吾知濟也忠希世。

梅濱詩稿

王穹年

九日登黄亭巖

亭巖百尺勢崢嶸，剛遇重陽着屐行。白石周圍山徑仄，青螺倒影古潭清。賞心花裏萸觴辦，舒嘯風前笠帽傾。勝境依然時序换，鴻傳霜信暮雲横。

依韻酬杜汪千年伯

世德曾傳幾樹槐，良箴我欲勒蕭齋。雲山縹緲思偏永，堂室幽深道莫階。工部才華留古韻，青箱事業寄空懷。即今往復瑶章意，依舊生涯分外佳。

戊子重修家譜讀先公遺集

耳孫適祖事依然，不盡貽謀寄古篇。逸韻後人難接武，風流往哲共稱賢。詩同工部悲秋調，身際淳熙論道年。手澤幸留兵燹後，得從譜牒輯遺編。

盤溪詩稿已入《金薤集》、《金華詩録》者兹不載

王家賓

樓更一相過

地僻囂塵少，情真密友通。一牀羅古史，三徑得微蹤。竹葉投心好，蹲鴟足野風。夜分星斗凈，談語尚融融。

病中書懷

胸懷磊落豐城劍，病裏精光尚欲衝。天地可能容我老，人民到底致時雍。抛荒事業書千卷，潦倒生涯酒十鍾。抱璞何當施肘後，丹砂一粒駐芳容。

讀漢書二首

孝武雄風凌百代，獨捐秦敝闢斯文。闡揚大典明星日，甄拔人才廓見聞。天馬何曾來外域，民錢坐使蠹中軍。尚欣晚節初心在，愧悔能如穆滿云。

幼主當陽若委裘，聰明天亶少人儔。早知燕國書詞詐，莫遣將軍畫室留。太甲居桐方識尹，成王感電始迎周。享年但使成中壽，未必邦家不大猷。

夜　雨

蕭蕭微雨隔窗疏，灑落簷聲急復徐。萬物夜寒都向静，四時冬暖敢抛虚。東坡海外留專

集，杜老夔州尚著書。名字我今還未達，能將事業等華胥？

閣　上

北山峭且高，西溪杳而曲。小閣峙其南，三者遥相屬。我時登山椒，長嘯松風足。我時泝溪湄，魚戲新藻緑。偶然臨閣上，人烟滿百屋。竹籬眠犬雛，樹下羣雞啄。桑麻遐陰翳，田家足所欲。

笠雲詩稿

王穎粟

長門怨二首

菱花臺畔怯新妝，秋到長門夜夜凉。不獨驚心傷玉漏，水晶簾外月如霜。

不應消瘦減芳容，舊曲琵琶欲上供。夢裏承恩心未穩，誤人腸斷一聲鐘。

小園新成偶作三首

卜築開新境，餘弓闢小園。穿池通活水，取逕近幽軒。擬種叢叢菊，先營短短垣。避人無不可，時聽鳥聲喧。

石自他山致，梅從别圃移。晴添花藥甲，露裛海棠絲。不用開三徑，無煩插短籬。懸知風月夜，最與納凉宜。

最喜青郊近，陰濃緑樹叢。窗聽蕉葉雨，門度竹林風。隨意栽新韭，因時藝早菘。興來閒賞玩，醉倚夕陽紅。

春　遊

滿眼春光媚，閒遊覽物華。弄晴鶯語滑，掠水燕飛斜。碧樹藏歌舘，紅旗露酒家。溪添新漲闊，峯帶斷雲遐。緑遍緣堤柳，香傳夾岸花。尋芳搴薜芷，浪迹伴烟霞。憩石窺松影，看山避蕨芽。到門興不盡，微月上窗紗。

即　景

冉冉爐香晚，醺醺酒意濃。斷烟棲樹白，斜日落霞紅。澆藥疏新水，移花芟舊叢。生涯拘束少，把釣有漁翁。

登明月樓

迢遞高城瞰碧流，氤氳佳氣望中收。山連婺女天邊出，江載雲帆樹杪浮。陳迹百年今對酒，古人千載此登樓。惟餘明月長空掛，夜夜清光照客愁。

冬日雜感四首

茗爐火煖峭寒天，短帽綿衣體自便。瓦屋雪消晴似雨，繩牀夢穩夜如年。尋春擬製探花屐，愛客先餘買酒錢。疏懶性情今巳慣，端居空羡竹林賢。

依稀燈火傍黄昏，颯颯風聲亂打門。急杵惱人喧短巷，疏鐘和月落孤村。壯年偏切萱庭恨，畢世難酬鞠養恩。嗚咽情懷渾不寐，荒雞雜沓暗銷魂。

白雲皓月愜心期，人世悲歡一局棋。短笛梅花飄小院，芳洲杜若寄遐思。往還只合家鄉老，姓氏從教鷗鷺知。且趁朝暾安筆硯，自裁藤紙寫新詩。

蕭蕭短髮不禁霜，嘆息人間底事忙？小澗斷冰依宿草，野園殘雪落疏篁。生前素業詩千首，夢裏伊人水一方。棲息衡門心計穩，欲尋溪鳥話行藏。

田家雜咏六首

宿雨土膏潤，郊原景物滋。荷蓧出門去，田間風日遲。乳燕飛隴畔，倉庚鳴樹枝。田事日以逼，農功貴及時。深耕莫憚勞，力作不知疲。薄暮驅犢歸，兒女夜戲嬉。兄嫂相慰藉，濁酒斟滿巵。明朝天氣晴，早起備晨炊。

瘠上樹桑麻，沃田藝黍稷。飲食粗有餘，衣服無文飾。鄰里共往還，雞犬亦相得。春晴驅犢耕，夜深聽婦織。門前無車馬，所事惟種植。但願玉燭調，風雨無愆忒。國課及早完，終年食舊德。斗酒時自勞，相將歌樂國。

青青蒲葉長，垂垂麥穗黄。處處布穀鳴，家家農事忙。婦子饁南畝，風吹餅餌香。深耕一犁雨，滿意插新秧。憩息青樹蔭，鄰叟來相望。藉草與之坐，高談話羲皇。語罷叟謝去，遥山含夕陽。呼牛緑莎陂，濯足碧荷塘。歸來日嚮晦，燈前傾酒漿。

田園多樂趣，日用少憂煩。牆垣羅薜荔，籬落散雞豚。簡略人意穩，醇樸古風存。樵擔雲際來，稚子候柴門。何以解劬勞，新釀沽前村。月下聚隣曲，欵欵笑言温。

羣山遠奔赴，起伏相送迎。廻環勢中轉，其下澄潭清。展然開碧野，于焉買犢耕。蔥蔥嘉樹茂，交交山鳥鳴。春餐糲米飯，秋啜晚菘羹。采藥雲巖幽，垂釣石磯平。逍遥人世裏，何慮復何營。

夏畦種黄瓜，春田藝早韭。桑麻蔭園牆，禾黍垂隴畝。夜漁燒松火，朝舂鳴杵臼。俯仰無他營，時復會親友。白馬誰家兒，揚鞭馳道右。衣服光陸離，緑幘兼華綬。相顧不相識，自知非儕偶。隨手掩柴關，且盡杯中酒。

閒 夜

細雨生夜凉，幾點疏螢度。輕風捲餘雲，月掛前溪樹。野竹淡生烟，池荷香得露。浮生若大夢，榮枯隨所遇。何以舒心懷，時自尋樂趣。

擬 古

蓬萊有仙人，翩翩駕輕霧。澗上九節蒲，園中三珠樹。饑餐玉嶺霞，渴飲瓊花露。赤鯉躍銀濤，青鸞寄尺素。招我上瑶闕，勸我凌飛渡。自愧塵世才，難學靈仙步。隨意掩柴關，舉杯酌清酤。

春日過平巖嶺採入邑誌。

入山不厭深，秀削多佳境。日色盪空濛，霞光散萬頃。氤氲香氣融，掩映塵埃屏。初從巖口來，仰觀雲路永。逶迤逕漸高，屈曲步難騁。啁啾野鳥聲，瀟灑蒼松影。晴雪落疏篁，空翠撲衣領。途危心膽寒，風緊鬢眉冷。小憩萬峯端，心懷頗寂静。緑陰遮半壁，藤蔓垂青穎。懸泉噴若飛，怪石秀而整。巖脚雜榛荆，澗底流藻荇。回望來時路，蒼茫烟霧併。伫立難久留，忽忙且下嶺。紆徐足力舒，幽約閒情靖。隱隱見前村，酒家露紅杏。莫歌行路難，邂逅得麗景。

復旦詩稿

王揄印

臘月客中思鄉

日暮江風起，蕭蕭古渡濱。野梅開且落，猶是未歸人。

醉時歌

昆吾淬一劍，欲斬冠山鰲。以血釁鼉鼓，一鳴海日高。

春曉

月暗孤村白，林開宿霧收。一鶯花外囀，清夢落高樓。

送别

隴首瀉鳴泉，聲聲亂意緒。回看行路人，遠在雲飛處。

晚眺

雨歇園林一鳥啼，頻催渡口夕陽低。孤雲影卧半溪水，人在江城畫閣西。

泛舟

古木殘陽野渡東，輕舟摇蕩緑陰中。晚風吹入菰蒲港，短笛一聲江月空。

揀衣懷母

細鍼密縷指痕團，慈母當年爲我寒。分付阿嬛輕澣濯，一聲砧杵一聲酸。

讀先君遺稿

披讀遺篇憶苦辛，依稀滿紙血痕新。從今毋飽蠹魚腹，祀典何如著作真。

山中訪友

美人住盤谷，攜杖覓幽棲。古木紅三逕，秋雲白半溪。柴門對修竹，斜掩夕陽低。隔水問樵者，言釣澗之西。

秋夕散步

縹緲羣山外，秋陰低暮天。急流吞石很，亂葉著風顛。鳥没孤村樹，人歸半島烟。須臾新月上，浩蕩畫樓前。

寄懷何荇洲

握手翻嫌年似日，睽音却恨日如年。故將草閣窗前意，寄語桃源洞裏仙。岸樹織雲南浦外，秋風吹夢短籬邊。佳期二八曾相約，記取蒙莊第一篇。

舟次八詠灘

危城控壓大江流，緑樹堤邊艤夜舟。八詠灘聲殘客夢，三更警鼓落樵樓。菰蒲港冷雙橋月，菡萏風高一雁秋。回首詞人何處去，水光山色雨悠悠。

登金蒙嶺

峯廻路轉上金蒙，地軸崚崢氣象雄。遠水渾吞雙澗北，羣山半出大盤東。巖邊步滑寒雲重，樹杪秋深落葉空。薄暮擬投人宿處，炊烟一縷夕陽中。

客途遇雨

向日昏昏古道邊，飛烟飛絮逐輕鞭。護龍雲勢思傾海，吞雨風聲欲捲天。佩劍暫停芳樹下，歸心遥落故山前。幾回愁煞離亭晚，獨向江頭唤渡船。

弔五人墓

馨香俠骨勝芝蘭，花市東頭仔細看。奸黨非無妖勢焰，屠沽自有鐵心肝。土花血染千年碧，華表風高六月寒。荒塚尚含牛斗氣，令人憑弔髮衝冠。

月下大醉夢遊仙窟

夜静仰看斗柄回，天空雲散無纖埃。爲我呼童烹宿酒，好風吹下嫦娥來。輕抹淡糚入小閣，滿斟進我一金罍。俄覺頹然大醉倒，夢魂飛去遊天台。天台三萬八千丈，中有洞門爲我開。水晶之瓦黄金屋，赤玉琢闌銀作臺。瓊葩琪樹壓檐額，臭味渾同霜後梅。青童語我仙人住，仙人之花手自栽。贈我一朵大如碗，云此中間寳玉胎。牽衣更引峯頭駐，笑指海溟一酒杯。揮絃爲我高聲唱，咫尺雲濤連九垓。旋聽空際金雞報，送我丁甯流水隈。醒來嘉客去何處，滿地曉陰侵緑苔。

慈烏嘆

雨零零，風颼颼。烏母危巢卧困頓，烏兒仰首長悲號。口銜粒黍哺其母，其母依然豐羽毛。朝暮飛飛出林谷，母前子後來東皐。吁嗟矣，烏兒爾力能幾許？爾身能幾毫？偏偏報爾所生之劬勞。我軀負六尺，我口誦風騷，問我雙親事，雙親委蓬蒿。昔日嘗以禽視爾，今日難以人自豪。昔日親存勿克報，今日無親空忉忉。蒼天蒼天假我高堂之歲月，痛爲撫摩癢爲搔。撫之搔之之不善，即至唾我駡我鞭笞我，而我心愈洩洩而陶陶。何今日之母遥遥如海闊，而父杳杳如天高。搶不應兮呼不起，山沉沉兮水滔滔。雲慘淡兮白日暮，樹欲静兮狂風撓。身昻藏兮不如烏，耳而記之中心慅。《孝經》光日月，《内則》燦雲璈。予口囁嚅不敢讀，而且不敢以之訓兒曹。慈烏慈烏爾有母兮其憐我，且勿對我常叫囂。

雲巘詩稿

王之屏

病後思親八章

其一

憶予胎時,其血玄黄。胎未經月,母氏病床。予孕二十日,母即病。餐飯手拱,湯藥口嘗。具曰予父,朝夕不遑。嗟爾人子,胡弗審量。

其二

暫離母腹,黄口呱呱。寢食不安,瘡痍甲膚。人無以堪,我親獨扶。長二三歲,鬪屮爲娱。如燕翼子,如烏哺雛。

其三

及生七載,命授良師。點明句讀,嫻習禮儀。師或姑息,恐兒荒嬉。師或笞鞭,恐兒困疲。一粥一飯,念念吾兒。

其四

廿四忽病,起自庚申。綿延五載,今稍復真。憶初病時,卧牀不伸。親自丸藥,延醫祈神。吁嗟蒼昊,在兒一身。明發有懷,二人苦辛。

其五

兒病深篤,親心欷歔。兒病稍減,親憂未除。只期病愈,未思讀書。父兮母兮,嘅獨在予。

其六

家内理治,家外謀爲。囊錢已空,中心憂危。不謂兒愈,妹復隨之。有鵩在庭,季女已尸。嗚呼我親,乃至於斯!

其七

予小忤逆,俯仰多虧。病時默悟,噬臍何追。維天假宥,維親護持。生兒恩莫大,救兒恩無涯。昊天罔極,悠悠我思。

其八

命兒養外,欲兒葆真。望彼岵屺,白雲無垠。不能代力,曷貴晨昏。嗟乎我兒,一念不思親,烏乎爲人?

慈　雲集古

雲壑窺仙籍權德輿,琴歌列梵筵陳子昂。六根成解脱楞嚴經,萬事且蕭然劉孝先。水月空中相瞿文懿公,山林静裏緣王宇。一燈如悟道孟浩然,客去更安禪王維。

漫　興

乾坤浩蕩海雲過,虚白堂中意若何?地近竹陰留客久,山深鳥語落花多。柴門春永無塵事,酒國年豐且醉歌。半榻琴書足佳趣,閒情聊寄小東坡。

枕席晴開醉墨馨,任他雞犬鬧幽庭。留春三徑草猶緑,對我一窗山可青。晨引松聲來静院,暮邀花影宿茅亭。飄飄脱落神仙境,掃石閒看《道德經》。

題張某姑丈玉照

岸然獨立渺長空，骨秀神清意氣融。可有曲江風度在，秋山雨霽淺深中。

癸亥臘月訪何荇洲夫子不遇坐以待之

着屐步南湖，風寒吹衣急。庭梅已放花，門外猶獨立。

又

歲迫天欲雪，簾垂户半開。虚擁臯比坐，留待春風來。

大雪歌

北風昨夜倒坤乾，愁雲四起天無邊。戰罷玉龍破殘甲，横飛世界銀三千。崩騰排拶壓郊藪，紛擊簷鈴碎玉斗。白帝一麾旌旗揚，鋒淩山骨虎潛走。虬鬚豪客白氈衣，手摘星辰從天飛。鐵彎大弨擘蜩兩，衝雪一刻馳無圻。歸曳潼關盡披靡，非人非獸争疑似。吁彼錦帳卧羊羔，那識長安有壯士。

題徐竹坡小影圖有先人遺容三軸，課兒讀書諸景。

苓谷東海郡，古來稱孝里。即今圖小影，徐君復爾爾。美景不我樂，默想生所始。三玉軸尚存，遺容在箇裏。覽圖淚潸然，忍以路人視？捲此好修飾，一心常在是。念昔翁誨君，殷勤當如彼。今日君課兒，辛苦又如此。君欲揚父名，奈時勢多止。教子誦一經，毋使風過耳。光祖顯乃父，聲達長安市。圖中景雖誇，知非君獨喜。祇此承先志，聊云答怙恃。一飲一思親，黄泉悲何已。架上列《孝經》，跪讀秋風起。

臨平巖石鼓

雲扃磵户陰重重，臨平巖下春風濃。霹靂一聲巖已破，瞥見石鼓根長松。憶張茂先博物子，海涵地負足經史。蜀中桐材植幾年，鼓聲坎坎誰爲此？苔青蘚碧水粼粼，一擊一歌春復春。况得超然物外者，神遊目斷天無垠。

擬陶徵君田居

郙南郙北布穀聲，人間處處催春耕。春耕只期春雨足，塊確牛蹄願年熟。早起老農向清晨，敲門醒唤東西隣。蒻笠桐蓑治農事，一犁鑿破鶯花春。其穀五種國之寶，逢年自力人難老。芸田植杖趣有餘，種樹何如種苗好。火耨水耕老益强，衣不蔽膝西風凉。譁然競説争恐後，畦丁臂脱能插秧。婦女餉田目遠指，呼兒只在深山裏。數米而炊酒一杯，田家風味原如水。歸來日没語兒童，學書不成唯學農。少習長安事所事，唐虞之世比屋封。一斗粟舂一日積，黄雞白黍皤皤醉。請爲父老歌有年，嘗然飽後吾何事。

寶掌冷泉歌

金華三十六洞天，悠悠彤雲碧海乾坤浮。吴寶鼎間劃山水，光芒作作東南州。峯巒峇崿排雲霞，寶掌朗開如玉花。環山百里拱晴翠，凌空直上天無涯。中有飛泉振細響，秋風瑟瑟月初上。冷然瀉入胸懷間,不駐纖埃耳根兩。我來漱玉聲涓涓,江南江北晴無烟。如此好山買不得,雞丹犬鼎馳神仙。嶺仄崖傾濺濃緑,百折流隨竹竿曲。清清泠泠石上來,千丈崖飛白日瀑。君不見仙掌之月金波光映寒江雪,又不見寶掌穿雲絡石之清泉,秋聲萬里風鳴絃。

台遊紀畧辛亥冬遊天台作。

王崧壽

華頂台山尊,一萬八千丈。東溟日初升,八表皆開朗。四圍多奇峯,千首同瞻仰。傍塢盡幽人,趺坐事内養。蕭蕭疏竹陰,破鐺煮茅厂。石梁半天横,汩汩流清瀼。直下翻雪濤,奔雷不停響。旁爲曇花亭,朱緑耀明晃。應真五百尊,隱形在方廣。衆衲少積儲,隨緣飯來往。饑食蕨粉羹,還拾楢溪橡。赤城建霞標,突起如龍顙。中空多房寮,松竹栽餘壤。黄冠與緇衲,分處非儔黨。國清餘寒松,萬年集龍象。智者大願船,今掉曹溪槳。佛法有多門,入室原無兩。高明紹智燈,千珠同一網。桐柏萬黄冠,建造資國帑。琳宫與貝闕,賜號揭銀榜。相去一千年,零落同草莽。惟有清聖祠,留作羣真長。司馬悔出山,劉阮誤凡想。桃源尚依然,重來若迷罔。瓊臺殊不遠,擎天如寶掌。下臨千仞泉,鼓勇騰身上。俯瞰忽驚魂,驚定發神爽。所以王季仲,於此獲奇想。寒明兩山近,倦足且無强。天台宜春遊,雜卉紛萬象。花開衆鳥啼,再去異疇曩。窮冬天欲雪,吾且理歸鞅。

瓊　臺

危峯峭立各争奇,雙闕空懸月影移。足躡巉崖驚俯瞬,身憑仙石脱凡思。水鳴谷底風催急,鳥啄林陰雪壓饑。名勝不邀俗士駕,瓊臺第一幾人知?

桃　源

峭壁蒼崖點雪花,仙姝曾説此爲家。路迷忽遇驚人鹿,林静時聞争食鴉。幽洞有天如窟室,蒼峯終日住烟霞。欲窮劉阮尋真處,山盡潭深老樹斜。

國 清 寺

雙流環繞五峯晴,靈境天開帝力成。慧日高懸澄佛界,香雲永覆護神京。光生檜殿瞻金相,寒入松風挾水聲。林外浮屠高插漢,凍消谷口曙烟清。

護 國 寺

花幔珠幢説法臺,龍從鳳擁四山開。鳥巢古殿知僧少,犬吠寒籬訝客來。偃蹇巖松欹白石,模糊碑字長蒼苔。門前只有雙殘塔,常伴香林歷盛衰。

萬 年 寺

世事營營一覺除,霜松雪竹伴禪居。萬年一息心常住,粒米千僧食有餘。開鑰只須三頓棒,啓關不用五車書。梵宫雄麗林深窅,路透長安一步初。

高明寺

碧岫屏環香界清,幽溪深處即高明。寒濤風激崖巔泄,懸瀑珠飛樹杪傾。林際鳥驚翻雪墮,嶺頭人動向天行。修篁繞舍日光淡,出谷猶聞疏磬聲。

上華頂

披草紆回歷險蹊,華峯不與衆山齊。嶺頭怪石儼人立,谷底孤僧抱佛栖。跂足遠瞻疑絶頂,循途親到又平低。風聲颯颯皆黄葦,茅屋疎烟日正西。

拜經壇觀日

聞鐘早上拜經壇,萬八千尋此處安。日至天中千里鑑,影升波底一丸丹。晶光微露雲霞綺,曙色平分海氣寒。疊嶂層巒花簇簇,神超物外欲忘餐。

(清王俊士等纂修《[浙江東陽]河汾王氏宗譜》 清咸豐十年木活字本)

義祠記

蔣壬文

王氏世爲吾宜巨族,子孫蕃庶,掇巍科、膺顯仕者代不乏人。而在邑西之分水墩尤大著,其聚族而居也,有大宗祠,有小宗祠。而小宗祠中又有所謂義祠者焉。

夫義祠之始也,王公以良毓德種仁,鄉黨稱之,生子五,半讀半耕,皆循循謹厚。有女生而淑慧,甫齠齔,即嫻禮法,舉趾静正,異恒人。及笄,字六平潘氏慶六,未嫁而壻卒。訃至,哀毁欲絶,誓守義。父母不忍强奪其志,即於是日送歸于潘。迨嗣子成立,盡將家業付與。然節操凛乎秋霜,而風波起於平地。鴞無好音,蜂求辛螫,孤苦難存,惟求速死。父母憐之,呼之至,俾依膝下,養其終身,以全大節。夫其依父母也,衣食不憂,而性耐勞苦,勤紡績,操針黹,無間寒暑。日積月累,而資斧充盈。屬其兄弟爲買屋數間,以作祠宇。且曰:"吾生依父母以全節,死亦不忍與父母離。父母没,主居上,吾没而主附焉。以後兄弟子姪亦以昭穆爲序,即爲王氏支祠可也。吾無以報父母恩,以此表苦衷云耳。"兄弟從其意,且以其餘貲爲之經營,買田若干畝,以爲後日修葺祭祀之費,名其祠曰"義祠"。令後世世世奉祀勿替。

夫未婚而壻没,矢死不嫁,義也。立祠以報父母,推及於兄弟子姪,亦義也。且積累於苦節之中,籌及永久,其屋與田固是淚是血也。視世間以不義之財浪費於無用之地者,奚啻霄壤!則祠以義名也,固宜。以良公曾孫寅龍,吾友也,爲余詳言之,且屬余爲之記。余雖不文,不敢辭,故次其大畧如此云。

歲貢生候選訓導蔣壬文拜撰。

祠堂説略

王三重

君子將營宫室,先立祠堂於正寢之東,爲四龕,以奉先世神主。所謂尊祖敬宗,開業傳世之大端也。周制,天子七廟,諸侯五廟,大夫三,適士二,官司一。下至庶人似有所不得爲者。程子曰:管攝天下人心,厚風俗,使人不忘本,須是明譜系,收宗族,立宗子法,明昭穆,妥先靈,不立祠堂則人不知本。自昔宋仁宗詔聽太子少傅以上皆立家廟,而有司不肯奉行,是豈報本意哉? 幸有文潞公者先立廟於京西。司馬温公以爲影堂之説始此。伊川先生謂祭時不可用"影"字,故改影堂爲祠堂。

祠堂者,家廟之通稱。制以三間爲度,外爲中門。中門外爲兩階,階三級,東曰阼階,西曰西階。階下隨地廣狹,以屋覆之,令可容家衆敘立。又爲遺書、衣服、祭器庫及神厨於東,繚以周垣,别爲外門,常加扃閉。此建祠式也。祠内以近北一枷爲四龕,每龕置一桌。大宗及繼高祖之小宗,則高祖居一,曾祖次之,祖次之,父次之。繼曾祖之小宗,則不敢祭高祖,而虚其西龕一。繼祖之小宗,則不敢祭曾祖,而虚其西龕二。繼禰之小宗,則不敢祭其祖,而虚其西龕三。若大宗世數未滿,則亦虚其西龕,如小宗之制。神主皆藏於櫝中,置於棹上,正向龕外,各垂小簾。簾外設香桌於堂中。非嫡長子孫,不敢主廟祭。由是大宗之家,始祖親盡,則藏其主於墓所。而大宗猶主其墓田,以奉墓祭,歲率宗人一祭之,百世不改。其第二世以下祖親盡,及小宗之家高祖親盡,則遷其主而埋之。其墓田則諸位迭掌,而歲率其子孫一祭之,亦百世不改。餘必改題主而遞遷之。此神主承祧之大較也。乃若置祭田,具祭器,正至朔望必參,佳節則獻以時食,有事出入則告。或遇水火盜賊,則先救祠堂,遷神主,此又孝子慈孫不可不知者。

我王氏自環慶以來,處處有祠,不暇致詳,即以分水里言之,始自我祖念溪公捐資倡建,同志二溪公,鎮西、鎮南公等董事樂成,隨於宅居之西立祠二進,一爲棲神室,一爲序齒堂,前後共計屋十間,周垣縝密。安神主,置祭田,春秋孝享,通族共之,誠盛典也。及至天啟初年,族衆人繁,支分派别,祭餘燕飲,實有不能容納者,因以三分人另立一祠於本祠之前。其屋亦有二進,俾三分子孫分祠另祀。今人謂前後祠堂者。斯亦權宜之術耳。夫何順治八年,回禄肆虐,將我序齒之堂化爲灰燼,可勝嘆乎? 嗣後有能丕整規模,尊崇廟貌者,誠哉賢子孫也。祖宗實式憑之矣! 爰爲此説。

康熙甲辰一陽月既生魄,二十六世孫三重謹識。

(《[江蘇宜興]瑯琊王氏宗譜》 清環慶堂木活字本)

盛世詞

佚名

丹鳳來儀大地春,中天雨露四時新。人間好事惟忠孝,臣報君恩子報親。

感君恩詩

佚名

祖宗世世受皇恩,爲士爲民統一尊。國課早完常畏法,好留清白與兒孫。

親 恩 歌

佚 名

我今未説淚先零，難報爺娘養育恩。自是斷腸談不得，斷腸談與族人聽。
十月懷胎兒欲生，牙關緊閉眼睛昏。直從剪下胞衣後，再過三朝纔是人。
撒得渾身尿屎來，爺娘忙把破衣揩。畧無半點憎嫌意，洗滌勤勞日幾回。
聽得嬌兒哭一聲，翻身就把手來擎。只愁伸縮驚兒覺，自己何曾睡得成。
大雪紛紛臘月天，偎頭偎臉抱兒眠。只因乳是孩兒吃，徹夜開胸在外邊。
説到孩兒出痘瘡，頓時嚇得眼翻黄。直從放出標來後，盡日何曾吃米湯。
幸得孩兒兩歲零，扶牆摸壁自能行。只愁跌破頭和面，掛肚牽腸不放心。
百計千方勸讀書，經營脩脯費躊躇。現成茶飯朝朝奉，道是吾兒辛苦餘。
孩提轉眼已成人，食愛肥甘衣愛新。但願吾兒知愛好，自身粗草也甘心。
寸寸絲絲總是恩，誰能描得半毫真。蓼莪縱使能描畫，只好依稀一二分。

訓 孝 詩

佚 名

萬象元亨易理詳，惟言孝道費評章。追思父母劬勞苦，罄筆難書淚一行。
萬般勞瘁有時休，育子辛勤無盡頭。若不盡心行孝道，天雷霹靂總堪愁。
幼時全賴我親恩，懷抱提攜饔與飧。設使當時親不在，饑寒難保命難存。
人生切勿怨親貧，養育恩深萬苦辛。有食必須留子食，有衣必定子先輪。
兒有微痾親不安，求神服藥痛心肝。將身欲把兒身代，涕淚汪汪相對看。
衰年甘旨喜時嘗，侍奉晨昏細酌量。白髮老人難百歲，勸君及早敬爺娘。
孝子思親應不閒，親如紅日已西山。門前流水依然在，日向西山不再還。
苦口言詞欲動人，勸君竭力孝於親。倘然一日親年老，不見雙雙空淚盈。
何必靈山燒甚香，只須堂上敬娘爺。眼前活佛原非遠，好把虔誠一室將。
豈不深知父母恩，世間那有鐵心人。只因看得妻孥重，没得工夫到老親。
漫把錢財米穀論，此身原是父娘身。如何毫髮能私得，你是雙親甚麽人。
兄弟原同一樹栽，專心供養莫相推。譬如孤孑無兄弟，更向何人推卸來。
燒香原是爲娘爺，但願親年百歲長。菩薩有靈應保佑，孝心一點格穹蒼。
縱然牲鼎祭吾親，不及生前菽水真。打罵來時陪笑面，庭幃歡喜一家春。
休怪雙親家内貧，要穿要用懶求人。莫因親未分明説，做啞裝聾不作聲。
要一分時討一分，誰人常有許多心。勸君六飯三茶外，還要供親幾兩銀。
誰人不具好心腸，貧苦人家孝益彰。但使爺娘能飽煖，糟糠自吃又何妨。
不識親恩看養兒，千辛萬苦不推辭。閒來細把親容看，爲甚精神日漸衰。

婦道詩

佚　名

子孝還須婦與俱，妻如不孝罪歸夫。初來媳婦原宜教，莫壞門風類蠢愚。
誰家媳婦不相安，難使公婆片刻歡。你不敬親誰敬你，自家做與後人看。
忤逆卤頑是賤人，竈神登記不容情。災殃一到難逃避，磕破頭皮枉費心。
從古家和福運開，人家吵鬧便生災。暗中更被旁人笑，那得還逢好日來。
叫駡休教太逞凶，須知頭上有雷公。火燒地滅知多少，忤逆從來天不容。
忍耐須當十二分，皇天只愛孝心人。一身福壽雙全得，好樣還留與子孫。
一言也要勸公婆，度量宏時獲福多。寬水養魚終究好，莫因愛惡起風波。

醒世詠

佚　名

舉頭三尺有神明，何處容人暗裏行。常對蒼蒼懷怵惕，良心天理要公平。
行藏虚實自家知，禍福因由更問誰。善惡到頭終有報，只争來早與來遲。
得放寬時且放寬，積些陰德始心安。眼前地步須知退，好景多留後日看。
幸得詩書被化新，又生中土作良民。此身不向今生度，更向何生度此身。
居心誠實是根基，一事虚時百事疑。到底虚言終削福，明明天道總難欺。
陰謀暗算害人家，天眼分明自不花。禍到身來方懊悔，始知前日念頭差。
世事如棋轉眼更，癡人何用苦紛争。今朝未識明朝事，鐵面閻羅不狥情。
湛湛青天不可欺，未曾動念已先知。勸君莫作虧心事，古往今來放過誰。

要無煩惱要無愁，本分隨緣莫强求。無益語言休著口，不關己事少當頭。人間富貴花間露，紙上功名水上鷗。勘破世情天理處，人生何用苦營謀。

富貴從來未許求，幾人騎鶴上揚州。與其十事九如夢，不若三平兩滿休。能自得時還自樂，到無心處便無憂。於今勘破循環理，笑倚欄杆暗點頭。

閒居慎弗説無妨，纔説無妨便有妨。爽口物多終釀疾，快心事過必爲殃。争先徑路機關惡，退後語言滋味長。病到身來思藥餌，何如未病早隄防。

得失窮通總在天，機關用盡也徒然。人心不足蛇吞象，世事到頭螂捕蟬。無藥可延卿相壽，有錢難買子孫賢。何如安分隨緣去，一日清閒一日仙。

莫進州衙與縣衙，勸君勤儉作生涯。池塘積水須防旱，田地勤耕足養家。教子教孫須教藝，栽桑栽菉勝栽花。閒非閒是休多管，渴飲清泉悶飲茶。

（王焕煜等纂修《[江蘇]毘陵王氏宗譜》 1948年三槐堂木活字本）

永思堂記

聞人棠

是此之春，鄉賓希賢公守租東山貲，積貯數十年，偕族長則富、麒佩、爾泉、復之等廣置産業，以爲搆祠鬻基之漸。夫何修短有數，秉楨幹之公而遽殁。欲建前庭後寢，不戛戛乎其難哉！

迨至雍正癸丑冬，爵翁偕思祥、克忠總理其事，佐臣文生總催，協贊分幹約一十有七，悉皆齊心。不數日而百堵具興。特建(文)〔永〕思堂。其增式廓，入晉漢先賢靈爽于其間，屬予作文以記之。

予觀寢庭勝狀在王氏方山，繞緑水，近名溪，嵯嵯峨峨，棟宇凌雲，掩映增輝，氣象萬千，此則永思堂之大觀也。前賢之靈妥矣！遥憶自昔王玔曾建金庭觀以崇祀羲公，今厥後光前，復建永思堂以追崇貴二公：得毋類乎？蓋孝結而爲思，思積而爲永。追念祀事，相土以營其地，選建以董其事，十日鳩工，以搆此堂。明發不寐，精神專注於祠。登斯堂也，仁孝之思愾乎如聞，僾乎如見。春露秋霜，感極而悲者矣！且相予肆祀，陳設牲牷，趨蹌有事，其喜洋洋者矣。原愛敬以尊祖，親親賢賢，老老幼幼，一脈相承，衣冠不改，禮樂輝煌者，此永思祠也。極建祠之偉績，莫非報本追遠之孝思。侍高□之側，則思其親；入寢堂之前，則思其祖：是永思也。作廟奕奕，寢成孔安，億萬斯年矣。噫，微總理諸人協力贊勸，功誰與歸？

時康熙乙未年三月，賜進士第候選知縣山陰聞人棠拜撰。

永思堂記

鄭　彦

《詩》曰："永言孝思，孝思維則。"凡爲人後者，誰不宜然。今於方山王氏稱似續焉。憶康熙乙未春，我舅氏希賢公端慤性成，每與伊族則富、麒佩、爾泉、復之等念祖不忘，爰由租東山之貲，頗可積貯，爲搆宇計，協力齊心，秉公置産，約塋田壹拾貳畝，此永思堂所由始也。然而暮年肇基，有志未逮，臨易簀時，惟此事慇懃囑咐。嗚呼，公等之思可謂永矣！倘繼起乏人，思於前者不復於後，以云思尚未也，何永之足云？今觀我表兄天爵先生，暨思祥、克忠、佐臣、文生諸幹十七人輩繼之述之，經之營之，來歷相傳。列祖洎方山聚族數十傳，高曾祖父序昭穆，春祠夏禴，秋嘗冬烝。横經者有人，負耒者有人，詩禮傳家，耕讀世守，不其休哉！斯即以永思顧斯堂也，夫何愧焉！或曰："曩時玔公特建金庭觀侑享羲公，兹堂永思，得毋踵其事乎？"余曰："'匪且有且，匪今斯今。'是乃王氏望族一脈相傳之意也云爾。"是爲記。

時乾隆四年十一月，鄉進士揀選文林郎眷外甥鄭彦頓首拜撰。

報德菴碑記

章　泰

嘗思祖宗之德，積厚流光，如木之茂而先培其本也，如水之深而預濬其源也。原其積德之由不堪殫述矣。蓋盡倫以敦本，積善以植基，以至教養持家，好施布澤。如是以迪德，故能雲礽丕振，瓜瓞綿延，繼繼承承，至今弗替。推其積德之始，豈望子孫之報而然哉？然而爲子孫者，不可不思所以報之也。

王氏諱悦華公派下捐資建菴於王家湖之東，立有大殿三楹，暨東西兩廡。中設蓮臺，以供釋迦諸像。顏其額曰“報德菴”。殆欲報祖宗之德也。并捐田畝爲香火資，延僧持住，晨鐘暮鼓，貝葉經翻，借紺舍之梵音，冀幽冥之超拔。如是可爲報德矣乎？然以是而謂之報德，猶淺焉。蓋是菴而以“報德”命名，亦欲子若孫顧名思義，不忘前人詒謀之遠，常懷先祖開創之功，庶幾凜彝訓而前光克迪，懷良謨而懿範克修。將家道可敦，宗族可厚，人心可正，風俗可培。以是而言報，其與香花之供，蘋藻之陳，朝夕之瞻依，晨昏之頂禮，其相去爲何如哉？後有賢達者，當繼祖宗之志，嗣而葺之，庶斯菴之不朽也。爰爲之記，以勒諸貞珉云。

時咸豐八年歲在著雍敦牂無射月，國學生南廬章泰譔。

天宜菴堂碑記

章　泰

嘗思龍生於水，虎生於山。離莊五六里許，有山名虎洞巖，昔多樹木，茂林陰翳，修竹檀欒。且巖石崔巍，境多險阻，人迹罕臨，故虎豹喜潛踪焉。夫既爲虎豹所居之地，何爲建菴於其中哉？蓋由後人斧斤伐之，去其障塞，豁然開朗。於是王氏祖諱悦華公派下糾衆捐資，結廬於山中以爲菴，名曰“天宜”。蓋取宜民、宜人，受禄於天之義焉爾。且捐田畝以爲持住香火供膳之資，誠美舉也。

數年前，余因遊山，流憩於是菴。見其山四面環繞，且多積石巉巖。余曰：“此必虎洞之遺跡也。他日之虎果安在哉？”從遊者曰：“昔日虎地，今日佛地。仗佛之靈，虎必遠徙之矣。是未可知？”余笑曰：“虎王設法，虎觀談經。昔之人，豈果與虎同居也耶？特因其地而名之耳。”因思虎洞巖前固有虎穴之者，第菴之作必於虎既去之後也。今觀其山中芳草鮮美，落英繽紛，門鮮車馬之喧，境多煙霞之集，是誠可以羈安禪登比邱，而非同野畔之紺宇猶不脱夫紅塵也。是爲記。

時咸豐八年歲在著雍敦牂菊月，國學生南廬章泰撰。

水月菴碑記

章桂芳

蓋天下清明之物能具化機者，孰有如水與月乎？夫水則善鑑萬類，晶瑩秀澈，至清也。月則冰輪皓魄，玉宇輝流，至明也。更可喜者，以至明之月映至清之水，則如寶鏡雙開，一塵不滓，即此可以悟道體之無窮矣。豈知千潭月印，光雖分而月則一也。萬殊者，不由於一本哉？夫水月乃天地自然之化，所在皆是也。

乃王氏祖廷明公建菴於阮廟之東，而獨以水月命名，何哉？蓋菴之外有塘名王家湖，中有清泉湧出。其水淵然而静，窈然而深，且青蒲緑藻生於岸曲間，摇曳多姿，宛如澧蘭沅茝焉。夜則明月高懸，輝映上下，虚靈之景可玩也。此命名之所由來歟？夫菴之内，則禪房寂静，曲徑通幽，且佳木異卉，布置閒雅，真可爲高僧憩跡之所。後之住持者果能即虚靈之境，而得悟道之機，俾心地光明，亦如月之映水，虚靈不昧，將道岸可登，道源可溯，何難臻迦葉之拈花微笑也。且是菴廷明公派下已有田地十餘畝，爲常住設齋供佛之費。厥後元善公亦樂是菴，因捐田數畝，爲佛前香燈之資，以垂永久弗替焉。兹因王氏葺譜，囑余記之。余即以水月之義推闡而爲之記。

時咸豐八年歲在著雍敦牂無射月，邑增生馨山章桂芳譔。

（清王崇垣等纂修《［浙江嵊縣］剡南方山王氏宗譜》 清光緒十五年永思堂木活字本）

辛酉殉難録序

郭守民

自古騎擁黑山之賊，謡興朱水之年，必有馬革裹屍，蛾眉致命者。鈹夾胷而罵貉子，劍在頸而拒象奴。爲國家標一代清風，爲士女扶兩間正氣。然而遼東祀麥、濟北封韓者，天子褒忠之典也。子政書毛彦昇表下者，文人慕義之心也。真卿不紀於平原，草誰知勁；帝子未騷於湘水，竹曷名斑。而況蘭九畹以皆霜，玉百朋而盡火。銀刀十萬，陰陽之劫齊來；金管三千，忠孝之文必録。此我王嘯林先生所以有黄巖辛酉殉難之志也。

黄巖者，尾海東浮，羽山南拱。朱元晦遺風未艾，杜貴卿餘澤猶存。慨自竹苑孤鳴，桂林豨突，九千里天狼照野，十一年風鶴驚人。袁晁旌旂，遂横兩浙；高駢矛戟，直抵四明。則有九曲遺民，六潭壯士，仿宋朝之團練，參漢世之齊盟，排比甲之五千，集上丁之十二。龍頭龍尾，情願相從；虎口虎鬚，力圖一鬭。臧洪此日，亦成五校之兵；楊僕當年，曾作千夫之吏。互相犄角，各樹爪牙。亡何雞逼酉年，鼠狂子月。彼以偏師直入，我乃一旅相加。獲覩虎於平中，卧王羆於道上。方欲力支大厦，手挽狂瀾，無如鄒楚勢懸，曹滕兵潰。旗僵小白，士散中黄。妖人則讖應魚羊，君子則化爲猿鶴。雖復無存賤族，汪錡童年；亦且踴躍歸仁，激昂盡節。其土著者以百數，其宦遊者止一人。謂胡侍衛鳳鳴。是則森森椒江，香帶旃檀之氣；沈沈梅井，忠埋葵藿之忱矣！

且夫慟欒陵於齊境，彌思斛律之賢；懷聶政於韓郊，更慕姊嫈之烈。雄狐滿地，帷幕難遮；彩鳳朝天，樊籠何及？遇黄巾而不屈，甘白璧之長埋。羣撑明月以高懸，不使埃生顧兔；各赴清波而下逝，直教泣伴潛鮫。真可方從氏於趙璁，媲劉家於高叡。或者謂中原逐鹿，盡苦灰釘；楚國亡猿，悉遭焚炙。幸脱者，趙熹之塗附；難逃者，宋婦之浮囚。刑士七十人，豈皆王蠋；屠家十九口，安必杞妻。不知砍桂樹而風香，戲桃花而鬼青。死真得所，生亦何爲？嗟乎！青骨珊珊，疇拔秣陵之劍；紅妝豔豔，誰摩代國之笄。彼夫詩詠蘭成，詞吟花蘂。沈呼家令，蔡贖文姬。長樂老人，且更五姓；清河公主，空泣六軍。朱泚兵興，竟迫鄭侯之火；息侯國破，重開嬀氏之花。非皆遇亂關河、失身盗賊者耶？鴻毛命捨，熊掌義明矣。先生才優七略，學擅三長。悲鳶飛擇肉之秋，述豹死留皮之節。詳及生年卒日，附之哀傳輓歌。或過墓以微吟，更寄書而博采。都關故里，不涉旁州。經生與田父齊編，愍女共貞姬一帙。哀爲兹集，命作弁言。報以駢文，愧成嘷引。庶幾瑶章金字，賁凰諸而卹國殤；雄鬼靈神，藉鴻裁以登邑乘。

（《辛酉殉難録》）二十六世諱維翰撰。公字子墨，别字小林，又偁歗林。光緒壬午恩貢生。咸豐辛酉，粵賊陷黄巖，士女死者百餘人。公搜訪事蹟，輯爲是録。寧海郭拔貢守民爲之序。稿藏於家。

荆樹承恩館詩鈔序

楊葆光

葆光沈淪下僚，居多抑鬱。加以婦病乍起，友別方新，令尹伍君芝孫調任仙居。感事無聊，當秋棖觸，乃展《荆樹承恩館集》而讀之。停雲欲流，墜雨猶溼。其賦物也，如驚飈之拂野；其寄意也，如春枯之抽條。追念昔娱，深喻其旨；倘非前契，未見其倫。煙墨狀其襟懷，華實窺其表裏。臨年共悦，遂釋歧路之嗟；悼心忽開，頓解牢愁之况。洋洋乎，泛泛乎，其真移我之情矣！

王君嘯林舊有詩古之編，同膾炙之耆；猶復探索不已，嚌嚅益深。紀事之文，因時而成帙；編年之什，思古而述懷。留戀景光，多娱情養神之作；掇拾毫素，發潛珠匿璧之華。脩禊事於蘭亭，有懷嘉遯；指扁舟於雪夜，合適古懽。因比采之更工，歎結意之殊邈。使非鎌採之暇，漁釣之閒，而能若是乎？夫人當中年以後，軒冕不足厭其志，江湖無以寫其憂。悠悠琴酒之倫，黄壚致慨；落落烟霞之舉，白髮相尋。回憶文海瀾翻，瀛臺路隔。奇禽異羽，惜錯采之未彰；華轂車輪，何壯志之不偶。晉代詞旨，狎之如奴隸；唐賢科第，遠之如神仙。將宣寫於長言，或慨歎於短咏。况君商量舊學，陵鑠衆賢。辭既獨新，理復盡善。留連潘陸之緒，折衝曹王之間。高情屬於雲天，測交必慎；宏文富於江海，授簡如飛。疑其抑鬱無聊，喑嗚自詑；而乃折衷澹泊，遺棄顯榮。門多問字之車，室有傳經之帳。成均拜寵，適同惠連之兄；君充庚辰恩貢，伯兄价人爲丙子恩貢。魯壁徵奇，羣慕樂廣之壻。厚名克副，逸趣横生。此固賢者所優爲，實非俗流所能及已。

葆光乍來劇邑，早數通人。乃懷剌之初修，已酬篇之下逮。忽聞白雪，驚俗耳於郢中；遠過高軒，愧虚名於海内。有見訪詩。慷慨歎人琴之杳，仙去湘靈；有懷錢子奇詩。淋漓摹畫幛之奇，私漸王宰。有東乞畫山水詩。詩禪乞序，存塵外之賞音；有以台山梵響乞郭太守序詩。簿領嗟卑，勗丞哉以循蹟。有謝遺酬倡集詩。蓋其取之者博，故因應尤覺其宜；亦其積之者深，故發越皆衷於厚。猶且不遺凡響，猥索弁言，自笑頹唐，隨人描畫。有時借面，深嗟逐隊之非；無處昂頭，絶少拏雲之氣。以視君之技工刻葉，詞著粲花，手鈔者八千張，在學者三百日，談論皆如句讀，枕葄自成馨逸。但知歆羡，望若龍威；何足讚揚，窺猶蠡測。然而氣聚者轍合，志洽者岑同。涉世雖有高卑，處心實孚磁鐵。造新聲於絲竹，豈乏知音；引神趣於宫商，幸稱同調。窨花成蜜，何敢侈敝帚之珍；昨以所刊集奉寄。擲米爲沙，奉此作藏山之業。

光緒十年歲在甲申秋九月，雲間楊葆光序於烏巖官廨。

荆樹承恩館詩鈔序

馬志舉

吾嘗以謂，古今之文原於人情。情不深者理不明，情不真者語不摯。蓋必陶咏哀歎之情蟠結於中，然後發之於言，可以泣鬼神，可以驚風雨，可以感人心而維名教，可以警當世而詔來兹。《詩》三百篇，情之正也；屈子《離騷》，情之變也；蘭成《哀江南》，兼乎情之正變也。上下千百年間，詞人韻士稱爲文章之至者，指不勝屈。要其文之可歌可泣而不可滅，必其情之可常可變而不可遏。夫情一也，和、介分焉。介者之文，清勁奇特，有廉頑立懦之功；和者之文，温深徐婉，有寬鄙敦薄之效。古之彰文采於没世者，氣體聲律，異世輒殊，而用情之地，卒莫超軼乎二者之間。雖然，天地以和煦長養萬物，介則有嚴肅之象焉。人以和平涵養一世，介則有矜争之勢焉。

則與其得情之介，不若得情之和。與其得情之介而其文剛直忤俗，又不若得情之和而其文風雅宜人。試迹古人之文，以求古人之情。辭嚴義正、模範一世、足以成一家言者，不數數覯。而内和順，外英華，淵源於敦厚温柔之教，自漢魏六朝，歷唐宋以迄元明，數人焉耳。蓋介固難，和亦尤不易也。

近世文人用情而得其和者，其黄巖王嘯林先生乎？淵然而其旨彌深也，斐然而其文彌粹也。藹然其可親，予人以玩味靡已也；悠然其可會，引人以懷思莫罄也：其惟先生《荆樹承恩館詩》乎？先生篤於情，言論丰裁，雅與著作稱。甲申夏，余主清獻講席，獲與遊，對之輒矜平躁釋，以是知其情之和。其於余也爲初交，往來過從，款款有故人意，又以知其情之篤於和。本纏緜悲惻之情，著爲文詞，故其情爲至情者，其文即爲至文。然余不能究其情之所至，又烏能究其文之所至，姑以爲情至文生，文至情生而已。

光緒十年太歲在甲申長至，上元馬志舉序。

台詩待訪録序

王棻

吾友小林明經，以阮文達公《兩浙輶軒録》於吾台詩稍略，將自乾隆以前輯補其闕，而自嘉慶以來則續而成之，名曰《台詩待訪録》。會學使潘嶧琴先生有《兩浙輶軒續録》之役，而以台詩屬吾友子常刑部。子常轉以屬余及小林。小林欣然應命，竭數月之力，旁羅博綜，蒐討靡遺。於吾黄之詩已備，其餘五邑則姑存其略，亦以諸邑賢者各能自任其責也。編既成，分爲十卷，達諸當道，備採擇焉。余瀏覽一周，因識數語於簡端。光緒十有六年十月既望。

（《台詩待訪録》）維翰公編。光緒庚寅，潘學使衍桐續輯《兩浙輶軒録》，以台詩屬公蒐訪。公因爲是編，自順治訖同治，得四百十四家。王棻有序。書成不一月，而公即逝。有寫本，今藏於家。

台山梵響序

陳璚

夫詩之旨趣尚矣。辭芟俗累，妙緒自然，語含天機，往古有作。是以翹迹潛穎，郭景純之《游仙》；杖策經廬，左太沖之《招隱》。境以心曠，志與物忘，况乎塵外養真，箇中習定。晨鐘夕梵，則激其清思；貝葉金簡，則資其妙理。豈真參西域之密諦，佛座傳燈；必將結東林之勝游，騷壇争幟哉？且夫才人歗詠，陟險巇而非勞；開士住持，阻幽窈而爲宅。昔者隱巒入蜀，寄唱廬岑；賨誌辭梁，卓錫灊麓。虎邱演闡提之説，鳳嶺標處默之題。綜此巖阿，未絶氛壒。又孰若赤城兀秀，華頂摩空，倒景重溟，興公因之述賦；高峰天姥，太白於此夢游。綴老氏之囊編，洞天福地；薈浮屠之勝業，儒行墨名。緇流既繁，雅什斯夥。或鏤塵而繢景，或嘿玉而歕珠。則有支遁道猷，導源典午；寒山拾得，繼軌李唐。歷宋元明以洎乎國朝，彙古律絶而備有衆體，此王子歗林《台山梵響集》十卷所爲編也。其間神智曠夷，標致誕逸；振落凡調，茂㥪宗風。如獨鶴之唳高空，如水龍之吟静夜，如欒神衛膚之侻乎俗，如莊夢冦御之造乎虚。雖摩詰散花，未離色相；而阿難巧咒，不涉言銓。競病相諧，和聲聲之玉磬；莊嚴盛設，開面面之金容。是知趣合道符，謌發天籟；指頭見月，絃上流音。魚山聞唄，陳思寫其節簇；香火聯社，樂天悟其因緣。禪理詩心，異轍同軌。豈謂法必常寂，始稱南戒真宗；鳴其所能，即非西來大意也哉？余未閑竺典，犓學蕪詞。湧意興於毫端，百篇自遣；異瀾翻於舌本，千偈同參。太守一官，兹邦再莅。攬鍾毓之秀起，披吟哦之紛如。睹斯集也，但覺現千佛會，成一家言。疊韻雙聲，翕叶並《華嚴》之母；銥心劌目，璘豳焕舍利之光云爾。是爲序。光緒十年歲在甲申重陽日。

（《台山梵響》）維翰公編。是編甄録台僧詩，自晉迄清，凡二百五十餘家，得詩一千七百餘首。首有台守貴縣陳璚、侯官郭式、昌縣令新安倪望重及鄞縣郭傳璞、臨海江培、同里朱游、王棻諸序。有寫本，今存。

台山梵響序

朱　游

歗林居士，辟支前身，於賢劫時，拘尸那國拔提河邊雙樹之間涅槃會上承佛授記。佛言居士：今日以後二千餘年當來之世，汝當往生青箱舊族。因汝久參文字禪，故當樹彼時騷壇一幟，選詩大政汝可主之。我觀台嶽，遠自括蒼，摩空千仞，以作其祖。起伏窈窕，宛如游龍。子孫復興，峙爲華頂。羣峰翼張，分支衍派。雙闕瓊臺，高出雲表。赤城丹邱，丹崖白嶠。靈江蒼溪，二水中流，海門東鎖。如是之地，稱八吉祥。未來世中，多生佛子。是諸佛子，經我授記，次第往生豐干古佛、寒山、拾得，是彼導師，三人同志，以詩説法。或篇或章，乃至一句一字一筆，乃至無有語言文字，脱離色受，想行識界，猶如虚空，無有邊際，皆是古佛與二導師所説法要。所以者何？不二門中，一乘妙音，本自如是。三人之外，復有五百五十餘人，亦復高吟，留傳詩卷，散落人間。諸佛子中亦有善才，智慧莊嚴，一音演道；亦有妙行，游戲三昧，耀德詞章；下此復有聲聞緣覺，樂爲才人。更有二乘及諸凡夫，身爲佛子，意在求名。高聳吟肩，效顰學步，如是等等，若聖若凡，有學無學，憑汝選擇。彙爲一集《台山梵響》，是以標名文字因緣，皆成眷屬。所以者何？居士當知此一段事，令彼凡者得聖者度，令彼無學得有學度，如此方便度人法門，賢聖劫來得未曾有。選詩成帙，製序須人爾。時台南有德園子，此人亦曾經我授記。彼雖未能演説大乘，此事因緣源流顛末，必可周詳。製序一事，屬彼任之。佛授記已，歗林居士歡喜踴躍，作禮而退。

台山梵響序

江　培

台嶽奥阻，孫興公所謂元聖游化者也。隋唐以來，道場益闢，鐘梵日盛。故南戒稱爲台宗。彼一無三幡衍爲語録，緇教之所習者無論矣。若游戲三昧，以詩説法，則氣含蔬筍，趣洽烟霞。韓蘇元白諸公俱樂道之。殆以詩之與禪，是一是二，旨趣無異。矧台爲禪宗，以五七字爲緣者代不乏人，而無有薈萃成編，蔚爲巨觀，亦淨域中闕典也。吾友嘯林，本散花身，掉吐蓮舌，了除障礙，洞徹人天。以羅太史所刻《台岳英華》僅採一時之人，未能兼綜異代，爰取自晉以至近時，得僧二百數十人詩一千七百餘首，名曰《台山梵響》。盛矣哉！是編也，不特爲選家别開生面，且多一重香火文字因緣。以之呈佛，當亦相視而笑也。光緒庚辰木樨香候，无垢江培病起倚枕書。

焦尾閣遺稿後序

周家禄

家禄從軍朝鮮之明年，因張季子謇、范中子鍾之請，寄題王工部彦威太夫人《焦尾閣遺稿》於江南。詩凡四十言，展轉五千里，再易舟而後濟，六閱月而始達。季子、中子亦可謂好事不苟然諾者矣。明年十月，見工部于吴門。今年再見於通州試院。工部以前詩隱括大恉，畧焉不詳，光遺册則有餘，揚先徽則不足。因介朱君銘盤，復以駢文爲請。恐不得當，一再寓書，匪但揚闡之光，抑亦神明之式。工部之求請可謂勤矣！期望可謂厚矣！抑家禄之愚非所敢承焉。

稿凡古今體詩三十三首。發音傳經之日，啓均續史之年，稱圖書而炤言，稟風雅而游藝，則有《即事》至《登九峰》之作。刊落《(姘)[静]女》，緝藻于古人；驅遣《葛覃》，聯跗于同氣。風月澹其秋暉，雲樹暱其冬愛，則有《送弟杭州》至《寄弟温州》之作。薄澣而告歸，循陔而治膳，假使有以爲仰事，無以爲俯蓄，尸齊之職勤，則式穀之誼薄焉，而《秋夜課兒》以下諸作在焉。《大車》何以行役，《卷耳》何以懷人，假使有倡而無和，暫别而不思，蘋蘩之義隆，則鐘鼓之情殺焉，而《和夫子游委羽山》以下諸作又在焉。《詩傳》有之曰：夫婦相戒以勤生樂善，則賦《女曰雞鳴》。《詩序》有之曰：《關雎》之化行，則衰世之公子皆信厚如麟(止)[趾]。斯修齊之極軌，賢士大夫所由聞風起也。亡何負米而歸，則有憯沮之容；并日而食，則有斯飢之色。"肅肅鴇羽"轉徙而無養，"鴻雁于飛"流亡而不歸。命之窮矣，躬丁其厄。君子讀《避亂感懷》以下諸作，憂時苦兵，嗟嘆詠歌，未嘗不歎其用意，蓋在小雅《蓼莪》、《大東》之間也。按《事畧》，太夫人詩盈數卷。避兵時，工部請刊，弗許。然則此三十三首者，特含章之緒餘，翼訓之萬一。以意逆志，舉一反三，婉嫕淑慎，一言以蔽可也。工部以同治庚午舉於鄉，家禄是年亦以優行科貢太學。家禄于工部爲同歲生，則於太夫人實爲年家子。受簡屬辭，以序遺文，禮也。《詩》曰："子子孫孫，弗替引之。"烏乎，工部昆弟斯能勿替引也已！光緒十一年六月海門周家禄墨蹟。

日本竹添光鴻序曰：張君季直，持王夫人所箸《焦尾閣詩集》一卷見示。受而讀之。其詩婉麗而無纖佻之習，敦厚而得性情之正。蓋淵源於三百篇者也。因歎曰："夫人有斯學矣，宜乎其在家爲孝女，既嫁爲令妻，爲順婦，爲賢母。且備嘗艱苦，而不失其常也。"余於是竊有慨乎世變。古未有婦人而不學者。九嬪掌婦學之法，列於《周官》；保姆教婦德，備載於傳記。而太姒之輔佐文王，莊姜之籌畫大計，讀《卷耳》、《燕燕》二詩可以觀焉。不學而能如此哉？諸侯稱曰"夫人"。夫，扶也，言扶成人君之德也。惟有扶成之責，故以王后之尊而仲春親蠶於北郊，上春生穜稑之種以獻之於王。自諸侯夫人至士庶人之配，皆刈葛覃於中谷，遵女桑於微行。《殷其雷》之勸以德義，《雄雉》之誡以德行，無非扶成其君子之德者。祭則泂酌行潦，有賓客之事則與焉。而又有時出遊，翟翟竹竿酌於水，翹翹錯薪秣於野。節動静而怡性情，其平生所養如此，故身無疾病，能通世故。鳩居之日爲令妻，爲淑母，而螽斯之祥聚焉。此聖人之世所以内教修而賢子孫衆多也。至後世，女教不講，非錮之於深宫而戕害其才，即雜之於稠衆而亂内外之别。雖寬嚴不同，其失教則一耳。譬之夫者天也，婦者地也。天時雖和，地力不厚，則嘉穀不植矣。其婦無學無識，而欲其子之賢，可得乎？余亦抱女矣，有爲父之責者也，今讀此卷，知教女之道，豈非夫人之賜乎？因書數語於後，以志感云爾。明治十六年八月熊本竹添光鴻。

焦尾閣遺稿序

張婉紃

《焦尾詩》一卷，黄巖盧恭人之作也。其人也，餐赤城之霞，攬瓊臺之月，搴委羽之雲，舞龍湫之雪，千嗽萬噈，七陶八冶，挹彼靈芬，成其詩境。明河初上，花光與之降升；薄靄未收，山痕若爲界畫。蓋淵如也，澹如也。烽火不情，人間何世？蒼茫駕鶴，遂返瑶空。縚繩之散誰收？愁苦之音以作。裁湘筠而作簡，尚鬱酸青；蘸藍汁以當鉛，半成慘碧。身非壯士，乃餘變徵之音；生甫中年，彌振哀絲之韻。爲話滄桑之刧，婉孌生愁；惜哉吴越之分，踟蹰未面。伫兹彷彿，服到心形。光緒丙子秋八月武進張婉紃。

焦尾閣遺稿書後

李慈銘

《焦尾閣遺集》一卷，同年王君禹堂母盧孺人所爲詩也。孺人有賢行，詩亦清雅有法，不假余言以傳。而讀王君所撰行述，及孫按察衣言所爲序，有不覺涕之泫然者。始黄巖被寇，孺人倉皇奔避，及事平，而孺人旋病。其卒也，王君方應試於杭州，故君述之以爲至痛。按察則言，其太淑人之卒，按察兄弟皆羈宦於外，病久而不知，既殯而始歸，以爲痛尤有甚於王君者。夫人不幸而遭大故，莫不有難言之隱恨。王君及按察之言，蓋人子自責之常也。若慈銘之遭先太恭人之喪，則誠有出於事理之外，而百喙莫寬其罪者。

粤寇之陷紹興，慈銘在京師，諸弟皆弱而病。太恭人挈八口徙會稽之馬山，轉徙山陰之柯山。風鶴屢驚，星夜奔走，至於數日不得食，以緜衣禦冬，猶拮据以活家人。家人竟以俱免，而太恭人以勞疾致病矣。病屢瀕危，而慈銘勿之知。逮乙丑之夏，慈銘以假歸，值大水，薄田甚廢。又爲當事者挽之治海塘，於是徧走吴越間。至次年太恭人已病甚時，猶居柯山。慈銘羈寓郡城，猶不得日待食，間數日一省親。及襆被歸，而太恭人已不能言。越二日而棄養矣。悲夫！當避冠時，太恭人之憂危艱苦有百倍於王君所言者，而慈銘兵火隔絶，齧指無效。既歸矣，菽水之養無一旬，湯藥之奉無一日。其始出也，非仕非吏；其既歸也，非公非私。而劬勞之日，終天之恨始矣。烏乎，誰非人子，謂之何哉？

王君雖未親視含歛，而其出也以試事，按察之在鳳陽以王事，皆不可與慈銘同年語者。至按察言其兄弟之再出，非其親意。然按察奉天子命以監司淮右，按察之弟又入爲侍從。以視慈銘之傾家入貲博銅臭之末級，又何啻霄壤！而王君與按察之自述猶悲痛如是，則如慈銘者，又何以爲人也！王君年少而敦行力學，坐致光顯。其所以慰孺人者，將未有艾。今年始相識於都下，而屬慈銘以一言。慈銘與按察亦故交也，因略舉身世之痛，以復於兩君，亦可以塞王君之悲也。同治閼逢閹茂之歲畢元之月，會稽息荼盦學人李慈銘。

（王舟瑶纂修《[浙江黄巖]西橋王氏譜》 1917年木活字本）

述祖德詩

王時霖

嗚呼，祖功宗德，其勿可忘也已！昔謝靈運艷稱車騎太傅之烈，作《述祖德詩》。而后白沙陳氏、遺山元氏、堯峯王氏、悔菴尤氏，多倣而爲之。其旨本於繼述而體衷諸風雅，洵乎麗以則矣！余小子束髮受書，深維前代文章功業之盛，心竊嚮往之。顧以伏處繩甕，坐淹歲月，齒髮就衰，忽焉已老，鮮克表揚先業而光大其前猷，感嘆之餘，不自知其潸然出涕也。爰於纂輯家乘之暇，規前人體，作《述祖德詩》。斷自后稷而下，或限於禮而難祖，格於時而罕稽，譜中所不載，而淵源所自，不敢或忘。及文中子以下三沙始祖止，其勳績炳燐、文行卓爍者，俱以世次類敘焉。凡得詩十七章。夫取良材者入鄧林，溯長江者窮岷山。水有源，木有本，蓋猶然陽夏之遺意云。裔孫時霖敬識。

王氏係本姬姓，后稷其自出也。舊譜奉爲始祖，於禮則僭甚。今係以詩，冠列祖之首，匪曰上援，示不忘之意云。

天造草昧，姜源履武。烈烈思文，樹藝中土。卜年八百，永奠九五。祐啓王家，允矣鼻祖。

靈王太子晉，字子喬。幾諫忤旨，謫居太原，因稱王家，爲王氏受姓始祖，後于嵩高緱嶺仙去，詳《列僊傳》。

赫赫天潢，始居太原。幾諫教孝，驂鸞馭僊。板里開基，萬水同源。大宗有子，百世不遷。

太原公威，秦武城侯離次子。自咸陽復遷板里，爲太原王氏始祖，與瑯琊並稱云。

王氏有家，厥在板里。太原再遷，維桑興梓。頡頏瑯琊，肇開孫子。公侯之後，必得其始。

都督公元謨，謚曰莊。歷齊豫等州刺史，氣節高亮毅直，多所建白，爲宋主所嚴憚，蓋屹然具名臣度矣。

都督高亮，有太尉風。擁節臨戎，露布武功。直立不撓，宋主改容。一代重臣，令名無窮。

太僕公元則，爲都督公介弟，以儒術顯名於時，江左稱王先生云。

太僕崛起，粹然儒者。商歌雒誦，齗齗如也。爲王先生，被服儒雅。河汾先路，厥號不假。

博士公隆，太僕公五世孫。傳其遺業，教授子弟千餘人，以國子博士出爲同川令，是生先儒文中子，《中説》稱同川府君。

博士濟美，學者宗之。高坐傳經，甯勤毋嬉。同川綰綬，庶績咸熙。誕生哲人，爲後世師。

文中子通，傳太僕博士酉公之業，教授河汾，爲一代理學大儒。隋季屢徵不仕。明嘉靖九年，詔從祀文廟西廡三十五位。今按《中説》以世系可考者爲主，奉爲全譜始祖云。

隋季昏闇，吾道墮地。斯文未喪，先生紹繼。黄河倒流，泰山高峙。孔林陪薦，俎豆百世。

朝散公勃，文中子孫，博士福畤公子也。六歲善屬文，以神童稱。詩文華贍，與楊炯、盧照鄰、駱賓王稱四傑云。

朝散穎絶，角丱屬文。揚葩摛藻，炫采流晶。鸞臺獻賦，滕閣高吟。騷壇鉅公，四傑齊名。

中丞公仲舒，文中子五世孫。貞元中舉賢良方正，由御史中丞出爲江西觀察使，在任代償積逋，斥逐佛老，昌黎文公亟稱之。

中丞偉人，少舉賢良。排斥異端，正學堂堂。江西敷政，畟壘庚桑。河汾繼緒，五世其昌。

晉國公祐，中丞公四世孫。歷任兵部侍郎，有陰德。嘗植三槐於庭，曰吾子孫必有爲三公者。後以子文正公貴，贈如其官。

芝草有根，醴泉水源。猗歟晉公，靈珠之淵。積功累仁，興也勃焉。顧視其堂，三槐參天。

魏國公旦，相真宗朝，秉政十八年，相業炬赫，爲宋代名臣之冠，謚文正。

維嶽降神，生我魏公。舟楫鹽梅，左右真宗。巖巖不阿，休休有容。全德元老，高朗令終。

懿敏正素，文正公少子。仕至工部尚書，世濟厥美。仁宗稱爲"真王旦子孫"。

極盛之後，恆難爲繼。懿敏紹述，弓冶不替。直諫批鱗，斷獄稱異。天子眷之，賢相之系。

太常公鞏，懿敏公少子。曠達不羈，作清虚堂，號清虚堂主人，常與長公遊，坐詩案，貶海上，倡和詩備見蘇集。

太常高曠，文酒陶然。一師一解，相於坡僊。清虚堂上，黄鶴樓邊。世無此樂，垂三百年。

太傅公皋，太常公子也。靖康之季，拒金逆，斥張邦昌，扈隆祐太后駕南渡，累立大功，拜殿帥府太尉。子世職，尋晉柱國太傅與時相忤，隱蘇之荻扁，家焉。爲南渡一世祖，厥後遂分三沙支派云。

太傅特立，矯矯虎臣。拒逆觸奸，旂常樹勳。拂衣高卧，重湖之濱。南渡始建，三沙鼎分。

太尉公昜，太傅公長子也。嗣世職，自荻扁遷崐山沙頭，爲東沙始祖。

太尉冢嗣，無忝象賢。繼體克類，奎藻蟬聯。别子爲祖，載卜崐山。東沙後人，瓜瓞綿錦。

中沙始祖護五公，諱鐸，官尚書郎。太傅公中子也。守其遺業，居荻扁，稱中沙云。

世臣之家，比於喬木。太傅遺業，維公嗣服。荻川之上，淇泉菉竹。此都可懷，永矢勿告。

學士公胤，太傅公少子。歷官顯謨閣直學士，樞密副使，與韓侂冑不協，疏論其奸，遂致政歸。自荻扁徙居無錫之沙頭，爲西沙始祖。事詳邱文定公墓誌。

學士静臣，古之遺直。白簡觸邪，青門遯跡。西沙隩墟，五湖風月。龍山惠水，競高比潔。

村居三十詠并序

王思静近村

性懶趨時，身甘混俗。守檀林之香火，自知作佛無緣；餐蓬島之烟霞，誰道求仙有分？荒涼三徑，親除仲蔚之蒿；瀟灑一庭，手植子猷之竹。四時花易謝，安能佳節常陪；千日酒難沽，不過醉鄉暫駐。午睡抛書，醒聞樵唱。夜遊秉燭，酣譜田歌。韻拈三十，敢誇萬丈光芒？字寫百千，聊託一時興會云爾。

柳遮花映翠兼紅，小結幽廬住箇中。户對龍山延爽氣，家依鳳里著清風。蕉牕晝静棊聲出，竹塢春深鳥語通。案有琴書尊有酒，眼前樂事正無窮。

矮屋三間户幾重，閒來俯仰甚從容。寒衣暖帽妻能給，淡飯粗茶子克供。詩伯有銜難實授，醉鄉無地却虚封。名心久逐浮雲散，隨分盤桓撫老松。

本無才略足經邦，聊學淵明卧北牕。心静不愁猿作對，夢甘偏喜蝶成雙。柳塘玉尺隨跳躍，花院金鈴任擊撞。一覺酣酣舒眼望，夕陽籠樹影韜杠。

晚霞紅襯碧琉璃，信步閒行繞屋基。竹裏迎風清醉眼，花間吸露潤詩脾。芳郊日落巾車散，極浦潮生釣艇移。興到囊中搜錦句，不教長吉獨稱奇。

久参《周易》漸知幾，安穩藏身見客稀。聊逐蛟龍潛水伏，不隨鷹隼入雲飛。筍抽玉版挑偏嫩，梅壓金丸摘正肥。時物滿前堪薦酒，風塵擾攘欲何依？

百年世事有乘除，跳出樊籠得自如。棲止豈須金作屋，曳婁何用錦爲裾。篇章實業生前創，簡策虚名死後書。却羡歸真顔處士，預知安步足當車。

何必逃名泛五湖，幽棲一室俗塵無。几攤司馬凌雲賦，屏掛袁安卧雪圖。桂玉預謀寬顧慮，條銀先納免追呼。耕山釣水年來慣，嘯傲園林興不孤。

兩村環抱列東西，緑樹扶疏繞屋低。日暖但看蝴蝶舞，天晴惟聽鵓鴣啼。花臨水鏡紅相照，竹隔山屏翠欲迷。長此棲遲真快樂，不須遥訪武陵溪。

截竹編茅創一齋，窗明几淨巧安排。心甘隱晦聊藏拙，性懶逢迎略使乖。遮雨圓裁青箬帽，步塵匾織白蒲鞋。太平無事消長日，閒共山妻鬬骨牌。

翦却蓬蒿一徑開，飯完茶罷小徘徊。鳩呼鄰女條桑去，蝶引村童鬬草來。芍藥紅攲煙擁護，芭蕉緑展雨滋培。江鄉地僻無他物，買尾鱸魚侑酒盃。

結箇蝸廬寄此身，從來萬事率天真。座排怪石爲奇友，庭排名花當美人。吹面好風温似玉，照懷明月朗如銀。有時逸興飄然發，便覺胸中絶點塵。

伏處江卿罕見聞，襟懷浩落出人羣。笙吹緱氏山頭月，筆埽滕王閣上雲。劍術曾嫻羞任俠，兵書亦讀恥從軍。天生傲骨宜閒散，絶類癡翁八九分。

馮涇潮滿没沙痕，風卷波光緑繞村。竹勢參天招燕雀，桑陰匝地放雞豚。時和盡説漁樵樂，俗陋安知將相尊。曲徑苔生人罕到，自題凡鳥閉衡門。

紛紜世事百千般，秏盡精神那得寬。人若有懷真欲哭，我惟無恙只爲歡。但求子弟能營圃，莫教兒孫强做官。紆紫拖青如演劇，須臾鼓罷戲文完。

身甘落寞混塵寰，底用將錢去買山。移榻每當深樹裏，擲鈎常就小溪灣。欲求弟翕嫻歌鄂，因博親歡學舞斑。會得天倫饒樂事，如何遊倦不思還？

消夏園林别有天，披襟脱帽坐風前。宅邊翠鏁淵明柳，池上紅開茂叔蓮。磁碗調冰供渴飲,石床設簟待閒眠。興來拈管生花筆,細把新詞照譜填。

潤物絲絲細雨飄,晴開頃刻斷雲消。排行蒲蒻編書席,種箇葫蘆解酒瓢。鶯囀塢中煙樹密,鷺飛塘外水田遥。手持蕉扇身披葛,貪看芙蕖過板橋。

蝸角蠅頭久撇抛,潛身如鳥入窠巢。避風已預牕糊紙,防雨還先脊蓋茅。畫上樓臺新結搆,書中彦聖舊知交。一生出處安排定,不用君平判六爻。

采菽烹葵興自豪,山林雖美忍潛逃。牀頭笛待桓伊弄,薦上琴留叔夜操。菡萏花殘風淅瀝,梧桐葉脱雨蕭騷。從來不作悲愁賦,獨典村沽剥蟹螯。

玉走金飛疾似梭,及時行樂莫蹉跎。人憎弄酒呼爲鬼,我愛敲詩號作魔。世俗遭逢青眼少,親朋契闊白頭多。枯碁三百能消暇,何必求仙訪爛柯。

初冬寒氣到山家,塞向糊牕四面庶。高□眠床鋪稻葉,厚裁坐褥納蒲花。驕兒侍祖能操杖,愛女隨娘會紡紗。夜掩蓬門添榾柮,擁爐挑火誦《南華》。

慈烏結陣雁排行,碧宇蕭條日色黄。回暖未烹紅荳粥,破寒先啜紫薑湯。呵冰作字花生筆,冒雪裁詩絮撲囊。獵獵胡風臨晚歇,凴涇凍合絶鳴榔。

臘梅寒壓老枝横,半掩荆扉懶出行。秔飯三餐温且飽,絮衣一襲暖而輕。村翁暫訪猿先報,社友頻來犬早迎。歲晚甕頭椒酒熟,介眉堂上勸飛觥。

黑帝乘驪返北溟,東風暗裏預調停。蘆根淺帶沙痕白,麥葉深粘土色青。影落水邊鴻避繳,聲馳雲表鴿馱鈴。江鄉隔歲春先到,早有梅花插膽瓶。

春初寒氣尚嚴凝,野店惟傳酒價增。山色未青猶有雪,水痕將緑已無冰。吹簫擊鼓村中樂,結綵懸球市上燈。興到逢場先作戲,逍遥何用跨鯤鵬。

會得人生本是浮,空將名利苦營求。逢山有路須攜屐,遇水無橋且放舟。紅杏店中狂客醉,碧桃園裏謫仙遊。一春花事真如夢,擬續蓮池七筆勾。

晨鐘暮鼓遣光陰,何用勞勞枉費心。縱使移花能接木,終難點石便成金。吴歌創出臨風唱,魯酒賒來對月斟。萬事只求安分好,幽居村落勝山林。

一番烟雨醉江南,宴起遲遲尚半酣。馴雀投懷機已化,好花照眼笑先含。遷移始信桑田幻,閱歷方知蔗境甘。顛倒乾坤成泰象,静中時把卦爻參。

牕頭卷起竹絲簾,雨過晴光繞屋檐。説妙何須參《道德》,談空豈要諷《楞嚴》。情緣詩畫琴碁適,興爲風花雪月添。煩惱本來無着處,一生不解蹙眉尖。

村居何用署名銜,葛作頭巾布作衫。熟閲人情分冷暖,深嘗世昧别酸鹹。焚香敲瑟狂心歛,翦燭觀書老饕饞。身外窮通都不管,操存即此勝庸凡。

村居詩

王汝羹淵如

小隱林於五十年,無聞空自愧前賢。從今不事求名利,願結終身翰墨緣。

太原風度自翩翩,愧我襟懷遜昔賢。詩酒自慚門外漢,居然也要學神仙。

半事詩書半事耕,年來名利兩忘情。願從道士浮邱去,聊向緱山了此生。

争奈高堂有白頭,求仙有志未能酬。年來無事從容甚,聊逐羣鷗水上浮。

絳帳風流羡馬融,青氈聊守舊家風。也知名教非吾樂,辜負栽培一片衷。

化雨春風簇簇新,爲因世事逐風塵。鴛鴦有樣何難繡,愧乏金鍼度與人。

秋深雜感

王奉萱

一

菊緑橙黄九月天,不堪回首訴從前。世略花花皆成迹,未必今年勝昔年。

二

無家飄泊客中天,佳節相逢卅八年。願祝秋風解公道,厲兵秣馬一齊捐。

三

重陽何物饒佳興,花總新年勝舊年。客裏不知秋易老,桂花看到菊花天。

四

敢將詩酒學文豪,一字難題九日糕。可恨滿城多風雨,教人無意去登高。

輯譜頌

王蔚文

秋高氣爽,萬里長空,晴天一碧。秋風黄葉,大地蕭然。仰望雲天,感傷無似。我東沙王氏,於此物力維艱之秋,振奮精神,本精簡節約之原則,修輯支譜,期以闡揚我先人德業,記尊卑長幼,以爲我族今後人事興衰之稽考。輯稿既竣,行將付梓,烏可以無記。爰爲文以頌曰:竊維我東沙王氏,於此時代躍進,歷史蜕變之期間,以狹義之宗族意識觀念,而猶修輯支譜,竊恐爲外界人士所不諒。然乎?否乎?請申吾説:夫歷史之開展與其真切之意義,非爲時間之延續其重心所在,而爲追溯敘述已往人物動態之變遷,以供後代之衡量與評價。至其悠久綿延無盡之歲月時日,其作用僅爲浮載此歷史階段人物事蹟之河床。而形成歷史具體之内容者,乃人類爲之主宰。故人事之變遷活動,實構成歷史之必然條件也。不僅此也,在今日國家組織中,人口爲構成國家民族之要素。人生之滋長蕃衍,以及其死亡流徙,足以决定國家民族人口之多寡。世界民族之種類繁夥,其最著名之民族,在歐西國家中有拉丁、條頓諸民族,在我國之民族即爲國族。我國民族之構成基本上爲各宗族所組成,故民族可以説是各宗族結合之總匯。宗族、家族乃民族之實體,而以我國民族固有之精神美德,經歷代之嬗遞,滋生繁衍,而孕育成我國今日之愛和平、愛世界、愛人類之優秀民族。夫我宗族、家族固有之優秀傳統,允久宜保存,非可遽予廢除。宗族、家族之制度者,其理甚明。則我東沙王氏之修輯支譜,闡先人嘉言懿行,並記閤族人事生聚存亡之變遷,尚不失其歷史之意義與價值。質之賢達,其爲何如?

己丑草衰葉落節中,二十八世孫蔚文撰于暨陽古邑。

(徐徵吉等纂修《[江蘇崑山]綺山東沙王氏支譜》 1949年三槐堂鉛印本)

丹山里居圖賦

王廷杰

葢山之裔，濲水之鄉。硯峰領脈，丹岫成莊。天開圖畫，地聳巒岡。里外煙崖縹緲，村邊雲浪飛揚。此處鍾靈，不少文人蔚起；箇間毓秀，每多名士軒昂。縱溯厥淵源，緱嶺之笙歌已杳；而延夫瓜瓞，晉國之槐蔭猶芳。

於是觀山，山容突兀，鸞舞蹁躚，鳳翔飄忽。紆徐則兩翅平張，左右則雙彎對揭。豈必猿門雁塞，始覺奇標；儼如紫蓋青泥，聿徵秀發。東嶂城圍，西峯屏凸。楓寒石塢，艷勝春花；谷轉茅灣，照宜夜月。誰其翰墨繪林，有此雲霞作窟。

水則盤旋，其清且漣。卧虹腰於上下，排雁齒於中邊。勢若千迴百折，痕將欲斷仍連。銀牀金井，讓水廉泉。萬點噴來碎玉，一泓深處涵天。流少清音，自見不窮之養；汲憑修綆，羣欣居所而遷。三塘列鼎，四面浮烟。碧帶頻牽細荇，紅衣乍吐芳蓮。菱芡儘堪採茹，鰋鯉還足供鮮。

其野平廣，厥土和融，塍長塍短，畝南畝東。泥帶香而草輭，樹接徑而烟蒙。杏雨霑濡，菜散黄金未了；梅風飄拂，麥掀翠浪何窮。蛙鼓與蚓笛偕鳴，夏畦聲鬧；虎掌與龍睛並熟，秋稻香籠。毯滿鱗原之外，雲鋪鳩隴之中。豆密貍沙，金穰幾倍；子垂烏桕，玉粒逾豐。

至若村居，農勤耕稼。扶犂叱犢候來初，燒筍烹葵人送乍。麥刈清秋秧分首夏。戴星而出，露滴曾霑；去莠無遺日殘未罷。豚蹄預祝篝車，枷板齊收穲稏。碓舂粒兮，素色如瓊；釜炊秔兮，新馡滿舍。力穡之餘，服田之暇。龍鐘老叟，催治春韭秋菘；鴉角童兒，看搭瓜棚豆架。迨雪霜霏野，滌場欣入室之時；并芋栗堆盤，酌酒話圍爐之夜。

且也蠶生日暖，桑採梯斜。鸝巷往來客少，馬頭祈禱情賒。算曲植之眠三，青閨共勉；計繅絲之繭八，紅女争誇。蟹匡纔畢，鴃語相譁。漚向池干，絶異蒯菅之屏棄；績臨燈畔，誰嫌經緯之交加。功分麻苧，利及棉花。碾鐵鋋兮在在，彈竹弩兮家家。纖手操筒，捲就如冰之縷；輕輪紡緒，團成似雪之紗。從此鳴機効織，方無卒歲興嗟。

别有詩酒爲窩，琴書置幌。焚香默坐以從容，對月高歌而雋爽。聽鳥心閑，栽花意敞。若夫芸窗卷列，秦漢文摹；雪案毫堆，晉唐帖倣。不高吐鳳才能，不數雕蟲伎倆。師下帷之績學，蟻術求精；效鑄硯之潛修，駒光慮往。木雞養到，奚愁鴻遇難逢；金馬情殷，可卜鵬摶直上。樗櫟何甘，圭璋是仰。嗚呼，江左才高，汾河教布。憶珠樹之留名，羡梅花之詠句。物换星移，年湮人故。敢誇地靈，實由蒂固。子孫勿替，維祖德之深培；風土胥淳，亦山靈之暗護。紹箕裘而承世澤，端在奮興；傳詩禮以振家風，非徒追慕。繪畫想夫前賢，譜牒修於此度。握管搆思，披圖擬賦。

時皇清道光二十有六年歲在柔兆敦牂終痫月穀旦，丹山廷杰敬賦。

（《[浙江象山]丹山王氏宗譜》 清木活字本）

新祠堂記

王氏嗣孫

《禮》曰："君子將營宫室，宗廟爲先。"蓋宗廟者，乃祖宗精靈所依，又爲崇享之地，爲子孫者宜經營保守，未可忽畧視之耳。

我族王氏自始祖榮忠公於元末明初之時，由豫章而遷湘鄉屯墾桑棗園、銅鈿彎、沙子江等處，廣袤數十里，皆我祖宗之棲址。我族在明朝時代爲最盛時期，建立宗廟，營造住宅，生聚斯土。每逢月朔，召集子孫於祠宇，諄諄教訓敦篤倫紀各事，職業以耕讀爲本。自是有親睦之風，鮮悖逆之事。此數十里之間，我王氏子姓無一不受其甄陶也。

迨至明末兵燹之後，祠堂既廢，住宅皆燬，族人星散，田園荒蕪。及清朝定鼎，欲恢復種種舊業，勢有萬難普及之處。首由先人召集族衆，經營住宅，督墾荒地。又由初揚祖等搜筆蹟於灰燼之餘，倡修譜牒，我王氏子孫始稍環聚焉。遞至乾隆甲午，三嶺祖等目覩我族情形，欲偕族衆追祭先祖，無從奠獻。於是苦心孤詣，即以建祠爲急務。幸賴祖先默佑之力及子孫孝思之誠，未幾而巨功告成。

遞乾隆迄光緒歷祀百數十年，歲時既久，木蠹垣頹，墻壁椽瓦圮毁將半，靈爽奚安？爲子孫者不忍恝視，是以合族會商，僉謂舊祠湫隘，不足以肅廟貌而妥先靈。與其修葺舊祠，抱殘補缺，不如建立新祠，尤覺光耀。適有讓房世柏公屋坐落桑棗園老屋灣，基址寬敞，山水灣環，適合建造新祠地址。而世柏公派下子孫亦樂從其議，願將該業議價對調。於是謹卜扦向，以寅山申兼艮坤爲合宜。光緒庚子，公舉主修明軒、萬祥、韻簧，糾修曉春、清勝、夫奏等，經理部署，以專責成，重新起造新祠三棟及東邊廳房。竊幸祖宗默佑，祠宇落成。民國八年，族衆又謂我祠主堂完備，先靈雖妥而規模尚未闊大，急應完成西廂房屋，以壯觀瞻。不一年，而大功又告成矣。兹值通修族譜告竣，合將新祠繪圖撰記刊譜，庶光大前人之業，而澤流裕後，有奕世無窮者矣。所有仁孝子孫起造新祠捐資勷助者，已泐名碑石，垂諸久遠，此編不贅。

嗣孫合撰。

老祠宇碑記

王　湘

嘗思創垂由先，接述須後。後有建修，莫不承先人之德以光大也。我族自先祖榮忠、柱宇以來，忠厚傳家，孝思啓後。置立公産，如地名湖山，原有祭田百餘畝，奈人心不類，田雖多而存蓄無幾。迄今多載，不可復問，是以去滴水埠，就堵家垻祭田二十八畝、先農壇祭田五畝，祭祀之外，存餘不多。數十年族首經理，遞至族首文中交卸之日，有銀二百餘兩。湘於乾隆三十五年接領一届，才劣力微，豈必别有創立，但念先代祠宇明末已朽，基址尚存，其巍峩石門猶施永泰寺。覩物興懷，常有黍離麥秀之悲，欲偕族追祭先祖，無從奠獻也。接代之日，即以建祠爲急務，與上首文中，新舊房長名聲叁、陽紹、宗則，添太乙名顯綸，如楚傑、光槐及族衆公議，詢謀僉同，其交領所書，對祖靈而立誓。因祠式闊大，舊址難恢，英樂才捐地五尺，不容昧者。前棟方成，公項告匱，即將族租湊賣變價祭糧之外，亦難敷施，以致寢室未就。湘也寤寐不安。今蒙衆力合助，後棟已竣，寢成孔安。賴先祖默佑之力，亦諸君子孝思之誠。其銀數已捐者，勒名於碑，罔敢或遺，俾知爲族首、房長者，族人公舉，其所經理，矢公矢慎。若有侵蝕，不顧前誓，必人神共殛。倘有無良圮族之輩，不思任事之艱，亦無分文之助，反肆詿言誣罔，亦必祖靈默譴，殃逮後嗣。兹及巨功告成，先靈獲妥，蒸嘗可以弗替。吁！爲善獲昌，尊祖敬宗，今有同心，是所望於繼起者增光前緒，庶無負祖靈之洞鑑云爾。

乾隆三十九年甲午歲季冬月吉日，十二代嗣孫湘三嶺氏盥手敬録，同志房長及族衆公立鐫碑於祠。

新祠成立，當時恭請老祠主位迎入新祠祭祀，而老祠空廢，日見木蠹垣頽，中棟又遭回禄。有讓房載萬公派下子孫等，畧備價值，接管老祠。嗣經族衆會商，允許其議，接受價值。並由族衆書立遺管字約，附載議案，交載萬房接管，仍存先人舊業。

新祠告成，循刊老祠碑記附此，謹註。

誥房金聲公享堂記

王氏房衆

我邑城東首善鄉十餘里，地名疊麓衝，右側有金聲公之享堂在，民國三年我房子孫所購立也。公諱世鍠，字金聲，爲子華公之冢嗣。配沈氏生子六派名浩、滔、淳、法、淮、湘。淮公字三洲，於乾隆朝徙居龍陽，五房子姓環聚於斯。數百年來，叨我公庇蔭，頗稱繁盛。公没，葬享堂對面張家嶺。沈夫人原葬牛形山，民國十二年，因政府修築潭寶汽車路，改葬公墓右側。原公所葬之處，係縣龍分枝，特起古樓峯少祖，由少祖出脈數節，結木星、長鉗穴，地基寬敞，山水清奇，爲邑東吉壤。先輩見該山樹木叢雜，有礙觀瞻，於嘉道時將樹株變賣。稍得微資，擇房下經管掌理，積爲我公每年中元祭祀之費。歷年既久，累積甚鉅，房衆會商，於民國三年價買嗣孫東日契管彭家老屋水田壹拾陸畝、屋宇壹宅，立爲我祖享堂，以隆祀典，永享弗替。而公墓又在享堂附近，即云墓廬亦無不可。雖子孫孝思之誠克恢先緒，要亦我公貽謀裕後，流澤孔長也。至於闊大規模、恢宏祖德，是所望於後之孝子嗣孫云。兹值譜牒告成，特繪圖誌之，以垂永久。

房衆合誌。

（王百樓等纂修《［湖南］湘鄉桑棗園王氏族譜》 民國十九年太原堂木活字本）

宗　祠　記

王正寧

《禮》曰："君子將營宫，宗廟爲先。"古制，官師皆有廟。漢以來士庶家多建祠於墓所，後世因之。凡一姓每於聚族處建宗祠，卜地卜日，地其尤謹者也。

邑城南渡，下灄司五里許，入白雲深處，一派清流，澄瑩翠碧，秀匯湘靈，舊名泉沖，吾二世祖孝廉汝礪公元至治年間挈家居焉。遞傳而下，子孫蕃衍，上自三角塘，下抵趙家洲，連井聚廬，不下千餘家。秀者詩書，樸者稼穡。田舍無恙，丘墓猶存。歌於斯，哭於斯，聚族於斯，已數百年矣。乾隆庚子年，族議建祠而難其地也。歲己丑，恩房接張姓王家沖業，亮公夫婦之墓在焉，本善公之墓亦在焉。族衆商之，恩房用卜祠基，以其地尚隘而又未之定也。適恩、憩兩房公接郭姓許家營田屋，與王家沖聯屬，形家者謂靈奇鬱蟠、山湊水會勝地也，而祠基以定。四十五年筮吉拓基，部署周詳。庀材鳩工，閱三年落成，縻費約二千餘金。計祠屋兩進：上爲寢室，中龕安主，旁遷主雕格十四，合左右貯祭器、司會計屋各一間。前窗豁達，窗外小墀。堂前簷障以木欄，設門啓閉。地最高階，下砌石級敞大，墀植柏、桂各二。左右長廊有樓，上爲齋宿所，下以備餕飲位次。前構戲樓，旁可附鼓樂，下廚屋兩間。大門外木欄如後堂，前地端正周廣。兩旁有塘隊列，水深而魚肥。此就近形勝之較著也。遠而溯之，嶽脈緜亙，東下五巃山，逶迤蜿蜒，奇峯磊落，舒徐數節，秀靈聚焉。左則奔騰簇擁，勢若導若翼，泉源流長，旋繞祠門。過右數里至寒潭港，興隆橋關鍵，右砂疊抱，如環如拱。前開大面，弘敞數千畝。近山如印案，外聳玉笥，文峯先靈式憑，其在斯歟？

祠成距今二十餘年，每當祭祀之暇登樓遠眺，心胸耳目爲之一擴，未嘗不嘆先澤長流，益以山靈呵護，遂長享禋祀於弗替也。環祠皆祀田，公私各契，另作祠田記。建祠董事明遠、芳遠、江淮、朝殷、文名、河清等及近年經理祠務時若樹門璞菴等例得並書於後，是爲記。

時嘉慶九年甲子秋九月穀旦，十六世孫正寧敬撰。

澤山公祠堂記

王壽平

自野祭不文，君子鄙之。然後古制官師皆於聚族處建宗祠，序昭穆，奉烝嘗，士庶亦莫不如斯。然不得其人與地，縱欲大啓爾宇，奚以聯一族之志意，起百代之孝思？

余一派祖東曙公，官善邑教諭；二派祖大冶公，隸潭籍孝廉。玆於王家灣建八派祖澤山公祠者，蓋該處爲余族自元迄今祖業也。公祠遠脈與大祠同，近自驛路過峽約二里許入泉，沖土屏另行，起祖“王”字，三畫連中，荷花形勢，水乳交融。周圍公私田屋各契據明晰，此亦悉數難終。第觀其祠後木欣欣向榮，衆鳥飛鳴；前有月池塘壩，魚躍錦鱗左右馳犇，雲矗城郭；嶙峋朝山，端正西水，東行案外，會合太極生成。若夫美秀而文者，則有太陰、太陽拱照，儼若仙掌之高撐。光緒丙子，善、誥兩房子孫卜吉建祠，計費約數千，不一期而工竣。客曰：“山水佳甚，宗廟美甚，此亦由地之靈，人之傑，爾祖之呵護益深。不然，彼《詩》詠‘如竹如松’也，《書》云‘乃塈乃塗’也，當經營締造，美奂美輪，豈不穀是爲？其必曰：‘保世滋大，遺我子子孫孫。’乃未幾而他人入室，未幾而地主屢遷，甚至故宮離黍，蔓草荒煙，往往令人欷歔憑悼，不勝悵然！究何若‘君子將營宮室，宗廟爲先’，上可以妥先靈，光俎豆；下可以貽後嗣，讌几筵。而況廉泉、讓水，源遠流長。如爾王氏，有一族之大祠，更有八派之房祠焉。”族衆羣起揖客曰：“是祠也，我等諸前輩念列祖一灣廬舍，世守弗售，丘墓環列，永植松楸。故自嘉慶甲子續譜刊定。咸豐壬子，譜再續亦仍修。特衡宇湫隘，尚須闊大其規模，倘再不爲之區畫，其如‘若考作室，厥子弗肯構肯堂’何？迄今定議，基址仍舊，遂更一進爲兩進。竊幸苟完於少有，制作維新，猶未知有當於祖若宗之靈暨諸前輩初哉始基之意焉否？然則客謂地之靈，可謂祖宗之呵護，可謂爲人傑，其何敢當？”客復贊曰：“先代卜吉兮，終允藏。後人克紹兮，熾而昌。三槐仍茂兮，家聲顯揚。千秋奉祀兮，明德馨香。”客退之暇，房衆命壽作記。

壽竊思：晉有蘭亭，逸少序之；唐有滕王閣，子安序之；宋有待漏院、黃岡竹樓，禹偁記之。若宗廟煌煌，尤爲特甚。壽雖不才，不敘源委，繼往開來，責將誰任？爰揮毫紀實。庶王家灣房祠不愧人以地傳，地以人傳之盛云爾。至設義學，廣祭田，擢高科，登顯仕，是所望於後之賢能者。

時光緒十八年壬辰孟夏月穀旦，十八派嗣孫壽平介眉氏敬撰。

我思公墓廬記

王道純

夫墓廬雖非古禮，然自子貢廬於夫子之墓六年以後，世人原情定禮，對於尊長嘗有廬其墓而居之者，殆亦不欲急於死其親之微意也。

我十二派族祖我思公諱心祖，號一齋，爲邑名諸生。以清康熙四十一年生，乾隆四十五年歿，葬於十二都七甲謝家山莊屋右側。其地爲公遺業，歌哭聚葬於斯者，已六代矣。同治間，其裔將欲出售，族人感公之盛德，服公之博學，而不忍棄之，乃出我八派祖予山公祠之餘款，購歸公有。議定永作祭祀之所，法至良、意至美也。

夷考我族自江右遷湘以來，歷元而明以迄於清，所存舊譜，無非斷簡殘編，況值兵燹之餘，幾成灰燼。公遂於乾隆十一年與族人商議：修輯收拾舊譜餘燼及其時之宗人生齒，彙集成牒，蔚爲大觀，徵序文於名公巨卿者凡八。書成，進呈御覽，賜蓋"澄懷曠覽"四字玉璽一顆，此即我族現存之初修譜牒也。雖當時賴有族祖廷弼公及其子仕南、孫世述兩公保全劫後餘灰，而公之繼往開來，承先啓後，俾今日猶得知前人之世系生歿、丘墓隴向者，厥功爲不少矣。此公之盛德也，族人至今感之。其體式蓋取諸歐、蘇兩家，參酌而釐定之，簡括詳明，悉歸至當。齒録而外，他如序例論説、祠規家訓無在不見，其立言之審慎，見解之高遠，且均以淋漓大筆出之。至其中《睦族論》一篇尤爲傑構，非深有得於《禮運》"大同"學説之菁華者莫辦。此公之博學也，族人至今服之。夫以公之盛德博學加惠後人者如此其深且遠，則族人感之服之宜矣。雖公之嗣三世而絶，而公之澤固可遺至萬世而不斬也。

此次五修族譜，志吾君與道純同膺艱鉅，讀公遺著，感服之下慨然有崇德報功之商，亟欲爲之立祠而未果也。嗣與予山公子孫協議，即於謝家山公之廬墓所在地，就原有莊屋由族人捐資修理，立主奉祀，以作公之墓廬。並劃定予山公所管蝗蚶塘水田五畝，撥作祀産。日後各房子孫一概不准再行進葬，以妥先靈而垂永久。

蓋收族莫先於敬宗，敬宗又必自尊祖始，墓廬之設置，尤爲尊祖之重典也。爰薰沐拜首，濡筆蘸墨，以紀其事之本末焉。

傅巖公墓廬記

王振育

我族公私祠廟，多由後人積款，就先人葬地或其生前徙占之區、釣游之所購田地而建置之。惟我高祖傅巖公墓廬則係自置之業，遺命存爲公産者也。公自遵母命將大塘沖遺産掃售，分銀百兩，奉母率二子(甸)[佃]他姓田屋耕居，兼營礱春小貿。公諳青烏術，黄孺人早歿，爲卜佳壤，義不再娶。復爲謝太孺人購牛眠吉地。故凡經營，無不屢中。逾二十年，即購買狗毛塘今名曉沐塘。田屋爲莬裘，又購他莊田數百畝。嘗策杖登右山，即今墓廬後山。愛其山阿形聚氣蓄，砂環水繞，指謂雇工曰："余百年後當瘞此西向，但非伐此樹不能攈穴。幸識余言，他日地師或盲然者，請告之。"迄薨，地師不能決，舊雇奔至，如公言窆焉，亦生旺佳城也。嗣兩房分析，遵命以山下屋爲墓廬，屋後週圍爲公山，山後四斗沖田四畝爲公産。惟屋係木架，卑陋不堪爲寢。越六十載，光緒乙酉，大水漂散，始闢基改建如墓向屋，甎瓦蓋焕然一新。以款絀，不克修祀，且爲子孫入據。又十載，佃他姓，歸余經理。十餘年償舊貸，尚存銀近百兩。丙午，余交卸東遊，適大水更甚於前，舊甓稍卑，復圮於水，木材漂失。議重建，款薄，意見參差，不果。民國初年，接買長房鬮存山後六斗沖田六畝，遂無餘。又十餘載庚午，存金將逾千，有議分給者，余力斥，亟命購屋材，興土木，舊基完固，就而崇其甎坪，填高亦二尺餘。木材舊者十之二，餘物皆新。兩月而廬成，大小、正副十餘間，支用恰於存數。惟存款有難取用者，致虧約二百金。乃加佃短租，越辛未訖癸酉，外内略事粉飾，額以“版築山莊”，杜當道苛征也。門左右泐“溪生蘋藻，屋蔭松楸”八字，又明示爲墓廬矣。東壁門聯水經獅壩，聲如吼，“月到魚山影欲吞”，以下手山曰“獅子山”，下有壩，壩以山名。堤閘流響甚大。隔溪西面一山名“木魚”，皆象形也。西壁門聯最好，迎門流水，曲無妨平，野遠山低。右門面南，正迎太極來水，大礲寬敞。上游地勢雖高，而山則低覆如盎。凡此皆紀實也。嗟乎！公以百金之資，手創大業，而所存者僅此。後人反屢覬之，非在天有靈，墓廬幾不克重建。百餘年來，尚未舉行祀事，其何以對越先人？追遠報本之謂何？後世子孫其亦念公積累之厚，墓廬建設之艱，潔己奉公，羣策羣力，擴充祀産，緜馨香於勿替也乎！余記之，尤殷殷望之矣。

以齋公祠堂記

王厚純

嗚乎！厚純不肖，無以顯揚先人，而於祖與父所欲爲者，蓋未嘗一日忘諸心也。吾祖以勤儉起家，年登大耋，足不出閭里而鄉人載德。性好與鄉人遊，仰而望山，俯而聽泉，課農桑而話晴雨，欿然自得。鄉之中有地名井塅者，其山翼然而環，其谷窈然而秀，其下有清泉滃然而出，去吾宅約里許。吾祖購其地，顧而樂之，每流連不忍去。吾祖歿，吾父欲於其地建祠以妥吾祖之靈。未幾，吾父疾亟，不果成。彌留之際，呼厚曰：“若井塅山水之盛，固爾祖所欣羨者也，此吾所急欲建祠以妥爾祖之靈者也。今已矣，爾善爲之。”嗚乎！此非吾父之能成先志哉，厚雖不肖，謹誌之不敢忘。先是，吾祖生伯父咏卿公、可亭公及吾父星階公三人，伯父相繼早卒。咏卿公生霞江兄；可亭公生惕安兄，惕安亦早逝，有子儒瀚。吾父歿越數年，厚與霞江兄及弟與姪輩商之，相時度地，庀材鳩工，數月告成，祀主於祠。歲時致祭，祖以下子孫咸在焉。嗚乎！祖往矣，伯父及吾父又往矣。自今而後，由吾與兄與弟與姪推之，吾之子若孫及兄弟與姪之子若孫，緜緜延延，散而難聚矣。今得以建斯廟者，上承先志，下示來兹，報本恒於斯，聚族恒於斯，不亦可以油然生孝弟之心哉？是役也，費銀柒伯餘兩，皆先人所羨餘也。祠有田九十畝，歲得穀以供祭祀。祠中有事，三房子孫共紀理之，垂之久遠。祠成，因誌其始末於石以告來者，是爲記。

光緒十八年壬辰孟夏月穀旦，孫厚純敬撰。

論秀公祠堂記

王振育

茶陵坪，廣野也。本名紮營坪，與上、中、下三營皆明初屯墾地，今田賦猶存屯册可證，土語轉音訛爲“茶陵”二字，失真義矣。其西一灣，曾祖論秀公祠在焉。公於清道光購買是業，咸豐間分歸仲房，祇存他處祀田九畝。同光時代，仲房子孫仍售歸公管。公舊兆水淫，改葬山頭，甃石崇封，豐碑華表，規模弘壯而享堂以定，企待卜建。適親屬草塘田七十畝求售，美且廉，衆議受之。舊經理殷者以宜私得公款原議儲存建祠爲辭，衆卒購之，於是經理三十餘年者始替交簿款。宣統庚戌，羨餘將三千，四房集議興建，殷者懷前意不會，衆置之，立約推長者總其事。存款難立集且不濟，議借債，外息廉於内，少年勇於事不諗而貸，巨貲坌至，長者愠，堅不任，幾敗。予以兹事體大，力促其成，遣執事往購屋材。已届秋中，湘江例涸，忽盛漲，竹木、磚瓦悉漂載坪前河畔，起運咫尺，數日而畢，若有神助。乃拆舊屋，擇日平基豎標，以駱駝峯腰土屏爲的，與墓向易一字。方下數版，有堅持如墓向水口者至，言亦成理，衆莫決。乃書"丑"、"艮"二向，團紙入筒，禱墓拈之，丑也。遂依序興築。上梁前夕，廳左壁角洿地，基未凝固，忽陷裂，亟設法搘拄，拆壁掘礎，更下石塊和石灰、砂土堅築，以次甃之。炬如晝，衆工齊作，未明而畢。

祠成，廳三楹、八柱、三室、七級，花格框緣下設格門二十，畫棟重簷，上嵌窗格，下配捲棚。廳口柱角縣獅，護以闌干。柵門三：左右正房一，前後窗房、前鐘鼓樓各一。丹墀闊大。左右廊壁八，方户一；上爲長臺，壁牖三角門一。前連舞臺。臺凸式，亭角翼然，縶鐵馬，伏獅鳳栱斗，層頂望之若二臺。邊聯以雕欄，左右格扇爲裝扮室。臺下左右正房一，前有窗，大門框石前階亦障以欄。右廊門内爲杠廳，大小室廚五，上下正房、左右廳堂俱有樓，窗櫺高大，預爲學校地也。左廡亦如之，惟易廣廳爲過堂，多二室接連。附建瓦茅莊屋二行，便佃人居。前垛壁花窗二，垛側莊門二，壯觀瞻、利出入也。丙午，大水及階下。此次崇其址，巨磚抵樓，寢廳更崇二尺，閱兩寒暑蕆事。祀公夫婦大神位於上，四房子孫以次配列，廳置大祭案一，大磬一。款絀，虚左右室不設祭位。冬始蒸，演劇，享之家族佃人，餽燈綵數事，民國元年壬子也。後置大龍燭二、雕椅八，餘皆未遑。自始至畢，縻費七八千金，除儲存及加入佃銀，負外債三千。人懷攜貳之心，維持力鮮。予曾議集合族間大小祠公成大銀會，視財力多寡分配次序，既得保存公産，他祠公亦可儲修譜之費，利亦溥矣。獨爲大力者所沮，始將草塘並舊存祀田售之以償，僅存本祠田百九十畝。而因歲有減收，修整祠宇、墉壖、族校、學(榖)[敎]，迄今二十五年猶有虧負。論者謂建祠未能撙節，枉約千金，是不無咎。顧往日經理手存多銀不息，出入矛盾，舊簿疵點顯然，積算無慮數百，平時作俑，何怪步後塵者之不利用也？抑又思之，倘不及時舉事，踰一載而清鼎革，秩序淆更，無負責之人，儲金將爲子孫耗散，焉有建祠之望。祠莫建公産亦必瓜分，若敖既嘆"餒而"，庭堅永將不祀。今幸膚功克奏，子孫亦附祀其間，宜若先人靈爽有以啓之，雖枉猶不枉也。自兹以往，苟能潔己奉公，無忝爾祖，聿修厥德，不敢效尤。豈惟宿累可去，祀産可增，器物完成，禮儀具備，他日長子孫，弘閥閲，富貴壽考，光前裕後，揚芬史册，與公祠祀事馨香於無窮焉，亦意中事也。我祖在天之靈，默鑒以相之矣。予據實以記其始末，固深念締造之艱難，爲先人幸，更爲後人勖也。至山水之勝、形勢之佳、風景之美，具載祠基圖説，則不敘焉。民國二十三年夏六月曾孫振育撰。

（王振育等纂修《[湖南]湘潭泉沖王氏五修族譜》 1934年槐蔭堂木活字本）

儒高八景記并詩

毛超倫

遂邑踞浙之上游，山川名勝幾甲東南。論者謂間氣所鍾，必有珍奇瑰麗之屬，傑然特出，爲世寶貴，始足洩其藴而罄其藏。然而金錫圭璧不産於鄉，璣珠錦貝不登於府，則其汾淪盤礴之氣蓄而未發。如曲突之凝烟，淒滄之欲雨，久之不可遏抑。而一時之世家大族托處此邦者，適會其盛，以日增其蓬蓬勃勃之勢，故稱隆焉。

儒高王氏者，余母族也。其先世代有顯人，始於宋，盛於元，而蔓延於明。蓋七百餘年於兹矣。意者其渾淪磅礴之氣亦有獨萃於斯者歟。予少長其地，與王子天成讀書棲鳳樓中。每當花晨月夕，偕二三同人脱冠納履，肆志登臨。凡山巔水湄、幽巖奇壑之區，足跡幾遍焉。以故知儒高之勝爲最悉。其居址僻處藺岫之下，翠柏蒼松，輪囷離奇，若翠屏之浮空而出也。前擁長隄，烟波激射，若虹蜺之蜿蜒而飲於川也。循隄而下，儒水交流，迴環盡致，若襟帶之相屬也。東流數武，一水中分，沙洲横列，若游魚之溯急瀨，而巨艦之隨波上下也。其峙於溪之北者爲月山，峙於溪之南者爲道山，爲錫山。三峰屹立，上淩霄漢，下俯平川，烟雲繚繞，若隱若見，矗不知其幾千仞也。噫嘻，東南之勝，於斯爲美！宜其毓秀而鍾靈者之宏且久也。其在詩曰："望楚與堂，景山與京。""卜云其吉，終焉允臧。"言其規方定位，順陰陽也。又曰："崧高維嶽，駿極于天。惟嶽降神，生甫及申。"言和氣所鍾篤，生非偶也。以吾所聞，參以所見，古人豈欺我哉！歲丙寅，天成有世譜之修，編次考訂，胥詳胥慎。因出儒高八景，命予誌之。且曰："此固吾子所習知者也。子其毋辭！"夫山川之勝，非其人不傳。予與天成同學以來，屈指已十有六載，而猶然故我。嗚呼，如許頭顱，尚欲吮毫潑墨，以竊附作者之林，是重辱我林泉也。而余於斯終有不獲已者，亦以王氏之先世德相承，其孕靈於川嶽者甚深且厚。由兹以還，將綿綿亘亘，歷千百世以及於無窮。即迂拙如余，亦得廁名世譜之中，以垂不朽。是余之詩若文不足以傳儒高之勝，而儒高之勝適足以傳余也。其又敢以不文謝乎？爰賦短章以誌其勝，聲調卑蕪非所論矣。

道峰聳峙

烟霧霏微路幾重，遥天削出翠芙蓉。層巒疊嶂何縹緲，知是東南第一峰。

儒水匯流

雙溪如帶繞村流，水碧沙明兩岸秋。昨夜鯤鬐初鼓浪，洪濤汩汩蕩孤舟。

前洲漁唱

白蘋紅蓼兩悠悠，彷彿當年鸚鵡洲。一葉孤舟離草岸，數聲欸乃過溪頭。

藺岫烟横

藺岫嵯峨擅地靈，烟雲横亘接荒亭。朝來雨霽千峰秀，此際分明擁翠屏。

柏園喬木

幾株蒼翠欲參天，歷徧風霜歲萬千。聞道九嵒條幹好，龍鬚雁翅自翩翩。

青石長堤

垂楊枝下草萋萋，碧映澄潭水色齊。恍似六橋明月夜，烟波萬頃浸長堤。

月庵晚照

遊人歸去亂鴉飛，古剎荒涼苜蓿肥。且喜夕陽留晚照，尋常籬逕自生輝。

拱秀晨鐘

錫山高峙月山東,路轉溪迴一徑通。爽氣西來山寺曉,鐘聲杳杳出林中。

芹川八景記并詩

吴　江

山川景物與氣運相終始者也,然惟得其人則靈。古云:深山大澤,實産龍蛇。語近似而理終未全。假令奇峰異壑生于荒僻絶遠之處,樵夫豎子日經歷其間,厭鳥語爲聒人,刈芳蘭爲薪具。都人士不一過而問,其與頑山鈍石同泯没弗傳者何可指屈數。予嘗持此議以衡論宇内諸名勝。謂予遂若芹川王氏,蔚人文,敦禮教,彬彬然稱東南望族,意必有瑰麗嵯峨,源深派遠之致與其風土人物交相輝映者。曩與王子子健交,而未嘗一爲予悉也。今其令嗣周萬書八景於簡端以貽予,稱道歷歷。予覽之未及終幅,已不啻趾閲而目覩焉。及卒讀,謂王新建嘗有《誌勝》一編,先代奉爲世寶,不幸亡失於兵燹之餘,然其標目尚可千餘年不朽。予乃躍然曰:"人傑地靈,相因並著。實爲造物所特鍾,况有理學事功之鉅儒,爲之標奇者哉!"因口拈俚句,序次其佳麗。非敢爲山川景物妄添註脚,亦欲使天下之文人詞客攬勝記遊者共知得人則靈之説非謬妄也,庶幾于尋常蹊徑外能另具隻眼耳!

銀峰聳秀

壁立千尋恍插天,緑雲層罩欲生烟。從來仰止隨人力,直挂高名在日邊。

芹澗澄清

溪流曲曲信源遥,藻采紛披影樹稍。坐待晚深清見月,纖塵如向鏡中消。

象山吐霧

岡巒起伏象爲名,噴出祥烟繞洛城。任意盤旋憑豹隱,高蜚衹看後先争。

獅石停雲

巉巖分自五峰西,日作毬兮雲作肢。長夏奇峰横側起,驚疑怪石與天齊。

玉屏獻翠

翠屏坐擁自天開,芳草菲菲染緑苔。正恐長康描不似,地靈應有紫雲來。

金印騰輝

位聯東壁映邱墳,星斗横斜作篆文。如是借觀懸肘後,何人不羡殿中勛。

餐霞滴漏

洞天如許别爲家,疑是銅壺待月摀。看到晚霞吞吐處,應知聲色總生花。

沙護鳴鐘

莫訝禪林况味涼，鐘聞午夜繞楣間。此中節奏知多少，贏得牟尼一朵黄。

接翠園記

徐世寧

古來山水之奇，園林之勝，凡騷人逸士，類能記之，以留贈後人，且垂不朽。凡以記其地，記其盛也，而於其間兼傳其人物，并序其始末。然或鑿險巇，甃泉石，加之潤色爲工者，所在有之。若夫村墟里落之中，士民雜處，即一丘一壑，不過落莫於廣野平疇耳。使非大有人焉，因其天然之美作而成之，此間佳趣，誰歟得之以暢敘幽情哉！

予歷遊名勝多矣，嘉慶壬戌，秉鐸遂陽聞邑之芹川。有接翠園者，爲王子蘭馨所作，名噪一時。予過訪其處，王子邀而欵之，因流覽焉。時當春夏之交，輕颸微扇，登高望遠，舉酒相酬，不辨其爲天上人間也。方其遠碧浮空，新青入杳，嵐光一抹，積翠飛來，而園適與相接焉。園以北蜿蜒磅礴，重岡疊嶂。其高者矗雲端，漸而坦腹迤邐，以至於園，若辭樓下殿之疆乃址也。東望平野，阡陌壤錯，一水溶溶流入田中。有拳一足立于秧針萬緑叢中，時見一白者，鷺也。其南則迴欄曲轉，逶折所過，踈櫺凡數十間。窗列遠岫，螺鬟若沐，如古所云"南山當户牖"也。其西則三槐古蹟，葢即王子之舊家聲，今聚於斯焉。時見茅簷覆地間以大廈千章，或畫棟飛雲，或珠簾捲雨，鬱鬱蒼蒼中有源泉自連嶺幾百里來，滙於川曰芹川。是非有名山大川也，亦非若孔道通衢也，依依比屋，藹藹人村，而園獨接翠于其處。天然秀色，在有無間，蓋相薄而若相拱，不亦異乎？予聞浮羅兩山也，以風雨離合爲之，此境有會心。焉獨惟地能壽人，人亦能壽地。古來名勝必有名士以壽之，將來接翠之名其園可誌，而王子倜儻雍容，雅與相稱，一時倡和往來多名下士，此其間豈無淵雲墨妙，嚴樂筆精，足以壽斯園者？至於斯園之始末，王子生平，皆載王子傳中，不復記。聊記此，以俟誌輿圖者採焉。

時嘉慶壬戌秋八月上浣之吉，本學教諭姚田徐世甯謹識。

（清王心豫等纂修《[浙江遂安]江左王氏宗譜》 清光緒七年木活字本）

雲川冷水塘記

祝其珠

婺南兼有山水之美者惟雲川。雲川土地平壙，豁然開朗，中可容萬家。外聚石成山，争爲奇狀。其衝然而上者，若石屏之列四隅。西有溪環山而過，瀏如也。南有泉自地湧出，激如也。古稱海眼，謂其潛潛不竭也。或曰：南，陽方也，火位也。獲是泉也制之，自昔居民不告災，是即天之所以獨鍾其美也。其然歟？特是溪與泉隔邨皆里許。而比屋稠密之處，見山而不見水。人遂以不足于水爲雲川病，病其遠也。余幼時聞而怪之，竊疑雲川美地，當大不然。丁卯以後，每歲三四至。至即主西園。出西園不過數十武，有大池，方計數畝，窪而廣，窅而深，莎藻浮青，髮苔牽緑，漣漪浸碧，蕩漾流霞。秋高則月照空潭，春暖則魚遊香沼。隨風則紆迴有態，逐雨則鈴淋有聲。石路跨塘，若西湖之堤。行堤上，挹波光，余每流連不忍去。其水可以利灌溉，資瀚濯，借游泳，備臨眺。余益信天之所以鍾此美者，有以生之，有以養之，未有有餘于外而不足于内，有餘于遠而不足于近者也。

夫土躁則産暴，石堅則産剛，水則産沃，物之情也，人之性也。雲川代多偉人，風俗茂美。宗族相見，藹然如賓，非獨得于土氣之厚，石氣之凝，并涵濡于水膏之潤有如是乎？名其塘曰“冷水”。淵然而冷，昭其質也。南北兩岸累石爲砌，皆可造勝。其北岸祠宇巍然，南岸則虚而有待。時與王氏諸君子遊，指其岸告予曰：“因兹石砌，年來幾訟于官。”余聞愕然而驚，急求其故。曰：“吾氏聚族而處者一祖兩支，因有内外兩門。内門學八公裔也，外門學六公裔也。乾隆庚申，内門始築北岸，外門亦築南岸，互争廣狹。其少年好勝者相持而不下，幸老成人力解其事。時乾隆五年十月廿二，大祠管理士璉、士管、錫纓、清庚，兩門祠首起喬、起和、尚蘭、振助、士興、兆曖、天女、華巽、淳良、士懇、玄瑞等各自秉公，照税分業，當立議墨，力爲調和。較形勢，定和議，衆從之。築成之日，兩門喜交拜，親睦如初。其詳載于墨者，不盡記憶也。”議墨載云：原因雲祠畔有陰字六百四十七號，土名冷水塘，共税壹畝叁分壹厘肆毛。鱗册註：王文亨壹畝貳分肆厘叁毛外仍税柒厘壹毛，原係天存公支孫元琛公己業，于嘉靖年間批八大祠，故鱗册註有王永存柒厘一毛字樣，内外兩門各該叁厘伍毛伍絲，今因兩門各建書館，公議照税分業于塘内各自抱塝，其天永公叁厘伍毛伍絲扒入錫永堂户下，聽其東邊塘内從便抱塝作地自建書館，其天存公塘税叁厘伍毛伍絲扒入存著堂學八户下，聽其西北角便于學八公己田邊抱塝作地，自建書舘，永存共塘柒厘壹毛，各抱塝訖，竝無存留，其來水去水兩門不得阻塞，其餘所存之塘，計税壹畝貳分肆厘叁毛，俱係天存公文亨股清業，與天永公無涉，其祠規註有陰字陸百四十一號，照鱗册原註，土名楊柳塘，祠規錯註冷水塘，與日前筆墨一并不在行用，兩門子孫毋得異説。今欲有憑，立此議墨，一樣貳張，兩門祠首各執壹張存照等語。余聞，復怡然而喜，知人之所以欲争者，争此美也；既争而和，讓此美也。美哉斯塘，塘之澤可以利用而資生，塘之清可以䟽污而激濁，塘之静可以釋躁而平矜，自有斯塘，水至足矣。彼溪之過于其西，泉之湧于其南，水之遠而環于外者也。斯塘之溶漾瀦蓄，水之近而裕于中者也。宜乎雲川擅婺南之美，而斯塘者又擅雲川之美。美哉斯塘，美哉雲川也。明日索視分塘解訟之墨，又事之美者也。因爲之記，誌美也。

披梅郇堂室圖記

王潤崊

騏陽南曰湯家灣，其爲湯氏邈矣。明嘉靖時，我祖諱煒耀公，以父汝良公命，結廬而家焉，更號梅郇。斯堂室所自始也。四世孫應宜念祖所發祥，恐後莫能悉，又爲《梅郇堂室圖》。潤崊披圖憑眺，則見有爲圖之所已載，有爲圖之所未及載。堂室外紫陽脈梅嶺南來，如珠絲，如馬跡，隱隱躍躍。右分幹西折，蜿蜒盤鬱，平崗數里，南廻爲陵，與騏山之峙北者若自下而俯伏箕踞然，遥與拱侍。而若金盤之山、横曲之水，咸衛左。麓石如印，横當溪流，游魚上下其間，曰大馬石，當足嶙峋如筍，直視亦如筍茁出，高下參差，在上爲遥對。稍右海眼流爲桐坑，陂委縈其側，一望沃野綿亘，洋洋巨觀也哉！斯固圖之所未及載，而幽邃清曠，堂室中可撫而有者也。吾因知夫闇鄉公之家此也，粟稼于田，魚蓄于水，蔬灌諸園，薪木萃諸山。嘗沿泉流紆而乘之爲兩碓，砧聲上下，以寂益喧。而環山之麓、溪之旁植以梅，遠近數十百本，高低向背，錯落陰翳。槐嶺居者，郊望煙樹掩映，就之寒香紛襲，清水漣漪。不知應宜翁之爲此圖也，何以不共寫也。意闇鄉公之爲人可彷彿於梅，而豐芑燕詒，或不在此耶？余聞堂室所由作矣，家君曰：德洪年十九，領家政，偕弟茂潤讓事母潘孺人，以術士言，就外築而堂室，復特新圖載前門，儼閥閲狀，謂必高大以待興者。門以内爲前廊，杖戟可容，森如也。東西兩廡不亢不卑，引以長也。歷階而升爲廳事，宏博深邃，可陳俎豆，不啻旋馬之容也。堂以内爲奥室，高明之象，鬼神可瞰也。諸如庫廡庖肆，環以列門外東偏。石磴層而下，有井。又下，則注泉焉，清可鑒。堂室所負南西隅道通及園，曰大活石，袤丈有二尺，横五尺，戒勿伐存護蔭也。度地，堂南北四丈八尺有三寸，東西七丈三尺五寸。路四達，中緣堂入後基，南折抵園，即衆倉基。合陸拾貳步壹分有奇。命曰世共守之勿替。餘析以分載於圖，歷歷不爽。而牆之畔，路之側，皆梅所護持。故老言曰：維時堂室間，伯也惇大，仲也直義，叔善形家學，窮山水之勝妥祖魂，季督教家塾。當闇鄉公在時，課耕勤職，聚書史，日訓以先世孝友儒術。間亦仗劍自豪，韜畧咸裕。謂梅邨地僻處幽，當戒不虞。而自堂室之既新也，孫曾繁衍，皆嫺禮教，逸韻寄之梅間，士大夫遊福山過而訪焉。覺山洪御史雅善環溪君，登斯堂也，蓋不以時計者也。今則紛然散處，若不必戀戀於梅邨之堂室也者。即越數百年以往，又烏知梅邨之所發祥者何如而爲闇鄉公之托始耶？而謂是圖可無作乎？㳽惟欒，欒其所自生，禮不忘其本。爲問梅邨故址，但見明堂嘉石，緑草依棲，梅萼清芳，瀟疏數本。或曰：是地也可托以高棲，不足以聚族。或曰：作宗廟則吉，謀宅兆則凶。今之居者一家，每子孫有慶，夜聞鍾鼓聲。嗚呼，蓋吾祖靈眷眷於斯也。

旱塘記

孫士鑑

雲川土性墳赤，多石而少泉。而東南土尤燥，歲常病旱。梅嶺岡者，紫陽過脉處也。岡有隙谷吭上游，山環，而中廓窪若澤然者，廣可三百畝許。山流奔注，然沙壅水瀉，不爲人利用。我祖雲峯公欲治之以護田，人多難之。公捐貲首事，度水勢所浸得五千四百餘畝，畝募穀二升，分里人收其入。時康熙二十八年己巳一陰月也。八月六日始濬，間有怠且沮者。十月初九，公乃請於官。十一月鑿石築堤，購田治圳，逆塘坑之流而入焉。明年三月蕆事，費五百，工三千。每歲春，及水滿岸碧，波浸長天，日月出没，魚沉鷗浮，不可弋鈎。決則水淙淙從口出，順流而西下，灌禾黍，槁者興，秀者實，無機事而功倍於桔槔，其波及可發碓十日，居人樂之。初公之始濬也，約諸隣，隣笑以謝，蓋薄其事之不成也。既而悔之，忌甚。甲戌，程氏寄者率徒衆夜壞我東隄，隄下有大石可坐十數人，發之莫能舉，驚去。至究石從何來，雖同事不識也。辛巳，齊氏、方氏、程氏交訟公。公庭折之曰："水可共，隄不可廢也。"官如判，既公置田十餘畝，以善後。年七十五乃謝事。噫，今誰繼起者？然數十年間，以兹邱之高燥竭泉，而幸少大暵災者，旱塘之利賴普存也。乾隆乙亥冬，不肖孫鑑胠其藁，敬識之，俾後之董斯役者知其艱而加擴焉。是余小子囑望之意也夫！是則一鄉之利澤也夫！

（清王魁昇纂修《[安徽婺源]婺南雲川王氏世譜》　清乾隆二十一年刻本）

祠堂記

董沛

今昔之禮不同，蓋世變爲之也。有井田而後可以行封建，有封建而後可以行宗法，而後五廟、三廟、一廟之制可以行之永久，而俾支庶聽命，毋敢有私祭，此先王之禮然也。井田廢，封建絶，公侯不世爵，卿大夫不世官，宗子之賤者降爲氓庶，夷爲輿皁，使之登降、拜跪而有所不知，何以主先代之祀？其貧者奔走衣食，散而之四方，於其父母之養亦或缺焉，更何以收其族乎？

《禮》曰:"支子不祭。"如執是説也,則今天下之得祀其先者亦罕焉矣。是故人情之所不安,雖先王之禮亦有不能至今行者,時也,勢也。吾鄉諸大家皆有統宗之祠,其主則自始祖以下,族之人以東西序。其祭則以尊行主之,而祠内之子孫咸與於拜跪之列。其或遷居他處,傳緒久遠,則别建支祠,奉始遷者爲不祧之祖;而尊始祖爲所自出,亦奉於祠,歲時祭告,胥於是乎行禮。是非先王之廟制也,然而人情習焉,行之而無弊焉,則亦相率爲之矣。松漕王氏,其先自宋居鄞大宗王家庫。明正統中,其一支東遷里許,宅於松漕,子姓繁衍而未有支祠。清嘉慶初,宗老國平偕其羣從創議營建,越十載始成,宏敞堅樸,面陽背陰,昭穆之序肅而禮讓之風行。斯可謂得先王之禮意,而非拘拘於制度之末者也。凡爲子孫皆自盡其報本追遠之忱,以達於冥漠之表,其爲教孝者大矣,而何庸以今昔不同之禮相訴病哉!祠之制:正室三楹,左右有夾室,東西有廊;前爲大門,門左右有翼室。其成也已歷五紀,於是王之宗人以今歲重修而謁余爲之記。乃闡禮不相襲之意,以告後人之善言禮者。光緒三年十月,江西即用知縣同里董沛記。

(戴彦纂修《[浙江]鄞縣松下王氏世譜》 1933年植本堂木活字本)

文會記

潘鴻翔

古者黨有庠,術有序,國有學家有塾,所以教養人才者上下各有專司,其爲法特詳。三代後京師郡縣皆立學,此教之成於上者也。而成於下者,家塾而外,莫重於宗族之文會。然合一族之人而教養使之成才者,其事甚不易,是必有懷德好施、强而有力者乃足以任此。

婺城王氏,爲星江望族,賢才輩出,其家廟在城北廟中,祭祀親親諸典禮具俱備,惟是所以作人者未之行,毋亦以斯舉爲不易也耶?癸巳歲,予館王仁伯先生家,授諸孫經。仁伯先生爲章先生季嗣也,忠厚立心,樂善不倦。從遊久,始知廟中如内寢、義祠諸義舉,皆爲章先生與諸昆季之力爲多。後與諸名賢交,皆學問醇謹之士。予固曰:"王氏既有諸名賢,又有樂善不倦如仁伯先生其人者,如之何斯典不行也?"予嘗以是語仁伯先生,即首肯予語,後以病未果行。及卒,曾以是事囑其嗣冰如年兄。冰如年兄以屢客姑蘇,亦未果。戊申歲,予以老辭舘家居二年矣。然王氏而欲作人,則斯舉不能不有待於冰如年兄也。今年,王氏諸名賢致書於余,始知冰如年兄允族老之請,慨然輸金置田於祠,事例經畫皆得體無間,而斯典行矣。欲請弁言於余,余因喟然嘆曰:"偉矣哉!斯舉也。非常之舉,吝於財者不欲爲,闇於理者不能爲。今冰如年兄獨能視一族如一家,爲久大計,毅然以愛吾祖宗者及於百世之祖宗,以愛吾子弟者及於子姓之子弟,而以愛吾功名事業者及於族人之功名事業,膳以養之,法以教之。此非篤於仁義,見道之深且遠者不能也。"來書云:王氏欲酬其德,議以其父仁伯生先祔食家廟。冰如兄謙讓再三,力請,始以其祖爲章先生。允承兹典,亦善則歸親之意也。憶予年弱冠舘于邑,曾得交於爲章先生,温然肅然,仰之者有泰山喬嶽之思。殁而可祭於社者,宜在斯人;即無斯舉,固當祔食。至於仁伯先生亦當得祔食,今雖未與,或者其猶有待歟?《詩》曰:"孝思不匱,永錫爾類。"斯固"錫類"之大者,能或匱哉?王氏固多俊乂,今有斯典,是猶策騏驥于康衢,驤首聯鑣,其勢自倍。爲朝家棟梁,爲聖賢羽翼,爲宗族典型,王氏之盛,豈有既哉?予竊喜冰如先生有以承先志,又重諸名賢之請,雖慚固陋,無致謝焉。是爲序。

(清王啟魁等纂修《[江西婺源]雙杉王氏宗譜》 清光緒十九年孝睦堂木活字本)

士秀告親乞哀文

王士秀

古云：不得乎親，不可以爲子。其余之謂矣！憶余生時，先君覲光大人，先母劉孺人，撫育長養，無不周至。數歲，延師課讀，庭訓綦嚴。又數歲，出外就傅。余家本清寒，凡膏火薪炊之費按時給發，無稍缺焉。當是時，先君惴惴焉，唯恐余學不就，名不立。余亦頗知自奮，稍有寸進。孰意歷試場屋，經數十年卒不能拾一青衿，以慰高堂心。中年以往，家日益窘，每歲授徒爲餬口計。而館穀所入不敷，薪水奉養之需缺然。嗚呼，幼既不能希旨承顔，慰親心于膝下；長又不得潔膳豐腆，養暮景于當時。此清夜自維，痛深肺腑者也！抑予遭家多難，更有不能縷述者。余廿一歲娶室樓氏，生一子一女。子五歲而殤，樓亦謝世。續娶張氏，生數子一女。子皆不育。雖河山協偕老之章，而伯道之痛實戚予心。不得已，納妾周氏，閱今又三年矣。予年日益增，而精力日益衰。先人血食之悲，時縈夢觳，而似續之計竟復杳然。言念及此，不禁涕泗之滂沱也。先君卒於嘉慶己未年三月十九日，距生於雍正己酉年三月十五日，享年七十有二。先母卒於乾隆甲午年二月十三日，距生於雍正丙午正月初三日，享年六十有九。予卜葬地，得苦竹坂塘衕灣之月魄形以合葬。予心稍慰。今年春，族衆修譜，余任纂修事。族弟忠亮、光珠，姪景章，勸予爲嗣續計。予惟胞弟士喬祇生寧位一子，無可繼，繼堂弟士愷幼子寧兆爲己子，擇賢也。嗚呼，予生斯世，艱苦備嘗，功名之不立，奉養之不給，愧滋深矣！乃至陷吾身以大不孝之罪，痛尚忍言哉！唯冀先人在天之靈默爲祐助，俾得綿血脈於一線。斯余罪得以稍釋，而先靈亦可以稍妥也夫！

時嘉慶二十年歲在乙亥二月，士秀自序。

自序雞肋集

王恩湛

予幼多病，六齡始行。性偏躁急，好搏擊技，忿狷怒蠅，常形諸事爲而莫可遏。縱叨鯉對，而癖成譽子，無時不見慈愛之天也。見世之尊貴者，屢以井底蛙視之，自以謂天下無愈己者。年十八九，粤匪竄剡，與鄉里少年共集民團擊賊諸要害，未嘗因危事而有懦卻心倖也。縱横鄉里間，父老以周處嘆焉，亦置之而不聞。時與同事不協，未獲有合於大人，即棄而弗顧也。當是時也，足未履芝生四叔之庭，儼然劍佩雄冠一豪俠士焉。里巷徵逐之餘，亦嘗撫劍而談詩歌，恒與權貴相搆怨，直欲頡頏乎朱家、郭解之間。歲甲子，天下肅清，朝廷詔廣求賢士，皆奮志。家君復以詩書相勗，未免怏怏，予懷而若有所失。適四叔家居無事，即招予而戒之曰："人生於世，大抵以立心制行爲要，於吾姪必以懲忿爲先。吾閱人材夥矣。若以才論，則溥兒爲首，懷甥爲二，於爾惟成爲三也。爾何暴棄如是耶？"予心戚戚，不覺感而悦服，願趨侍左右而學詩焉。於是品石評花，論文讀畫，凡一往一來娱於目者，悉詩以誌之。幸荷陶成，依然有隱者風，飄飄乎脱去世俗之樂，而自樂其樂矣！又謂予而勸之曰："山林肆志，布衣而没世名稱，豈非人之大快事哉！然子陵不遇光武，雖美弗彰；淵明不辭彭澤，雖盛弗傳。山林也，正藉鐘鼎以發揚之耳！李白所謂'一經品題，便作佳士'，亦是意也。揚名顯親，《孝經》不嘗云之乎？砥節勵行，性道也，即吾所以取鐘鼎者也；鐘鼎也，即吾所以行性道者也。尚有沽名釣譽之譏哉？"予則欣然也，理文房具，肄舉子業，欲干青霄而直上。時年二十有四。無如不一年，而四叔即爲地下司文郎。則天之棄予也，何其甚！此抑鬱悲歌所由起也。夫是雄心未已，復學詩於湘秋錢先生，學文於心齋郭先生，乃素所敬服，克使頑石點頭者也。惜乎道遠難通，不得時親雅教爲憾。即便於趨承者，殊不適所意。何也？有躬行而無文章者，則無益。有文章而無躬行者，則不甘。衡所短長，既有慨於誰從，則不如自較之爲得焉。所以爲文無中肯，爲詩無佳什。文則名之爲閑談，爲貽笑云。若夫詩者也，當樂而寫其樂，當憂而寫其憂，因景而寫其景，因情而寫其情，脱口而出，不入乎格。適如食之無味，棄之不甘之謂也，故名之曰《鷄肋》，而於工拙實有所不計。至丁丑，故技復癢，與好俠者奪禪林田百畝爲義塾費。庚辰辛巳，高堂相繼逝世，塵務紛擾，而欲業之不廢也難矣。兼以家計窘迫，寄食人間，恒不得志於小試，亦分之宜。

光陰荏苒，四十餘年，而欲文之生色也得乎？易山林而爲鐘鼎焉不能也。中情耿耿，實有難已者。在人以工拙者責予，予固無所辭。若以難已者諒予，予亦有所望。即予之抑鬱悲歌者，非病也，乃貧也。如是而老，則因貧而爲病者也。是以富者日益富，貧者日益貧。貧者之庭無富者之跡，富者之庭無貧者之跡。貧與富大相懸隔矣！無可奈何，正賴此以宣其抑鬱耳。雖然，立志何必息。使近試中格者爲盡矯矯焉，予將斂手而退矣；而中格者豈盡矯矯哉？則摩厲以須也可也。孟子曰："一鄉之善士，斯友一鄉之善士。一國之善士，斯友一國之善士。天下之善士，斯友天下之善士。"聖人之考行則然，而人之留意於性道文章者，亦何莫不然。若予之瑣瑣者，天下一國則予何敢望？而望之一邑，亦有所不能。望之一邑而不能，則望之於一鄉；望之一鄉而不能，則望之於一家。一家猶可望有後也，亦予之幸也。然而後也，何可必然；而後也，無容必有。是或有見而諒我者，未可知也。有是或有見而笑我者亦未可知也。何也？在幸與不幸耳！幸則孫陽可冀賞識。亦或有真不幸，則潦倒山林，與草木而同腐命矣。毋相强矣。達人安命，豈無見哉？其所閱歷者深也。予嘗心乎愛之，亦惟以是歌泣悲歡，消遣而已矣！是故，甲戌以後，不敢云詩，聊記一生之不偶，非欲誇多而鬭靡也。是以序。時光緒丁亥閏四月下澣吉旦，恩湛書。

穀來山居絶句三十首

王景章

丁丑歲杪，旅食京華，未遂歸輿，頗憶故鄉風景，綴拾成詩，名曰《穀來山居絶句》。嵊故山縣，而穀來又山之極幽邃所。高人墨客渺未登臨，水誌山經稀逢採輯。因爲指名核實，切事言情，體近竹枝，語無詮次，冀故山數君子見而和之云。

穀來山下竈煙屯，溪壑秦餘擬共論。四面屏風開畫幨，三邊流水遶花村。

穀來，見《緯書》《嵊志》，言舜耕於此，天降嘉穀，故名。恐亦未確。邨東五百岡，諸山林立，森若障屏。大黄尖一峯聳特高出雲霄。峯前爲鷹嘴巖。自鷹嘴逶迤而西，岡巒起伏，約十餘里，一山横列，狀若牛眠，爲穀來山村，人依西南麓處焉。上東山一水，發源鷹嘴之南翼岡，西流，受何家坑磨廚灣諸水，經村南保惠橋，至老櫸樹潭，與南大溪會。下東山一水，發源鷹嘴之北翼岡，西流，經村北前王橋，至稽山下，與西南諸水匯。

西望烏尖爽氣饒，曈曨曉日麗單椒。炊煙一縷遥空盡，早有兒童出牧樵。

村西諸山，烏尖特奠。山北爲黄箭嶺。嶺南一村，穀來黄氏分支。

大黄尖下亂峯環，暖翠浮嵐不一般。無數夕陽修竹尾，上東山與下東山。

穀來諸山多栽貓竹，而上下東山最盛。

夕照暝暝薄翠鋪，大梁山色近模糊。分明一幅雲林畫，寫出秋山暮靄圖。

大黄尖下一峯秀出，爲小黄尖。如太華之有少華也。山勢蜿蜒而西，至界牌嶺斷而復起，層巒疊嶂，拱峙村北，爲大梁山。以其團欒如蓋，故又名大涼傘。

溪南白馬數峯青，萬个篔簹冷畫屏。一夜朔風横積雪，曉窗同聽玉瓏玲。

白馬岡，在村之東南，山如駿馬，故名。山下即大墳山。

箬帽坂前放晚晴，橋頭山下翠微横。斜陽牛背沿溪路，過雨春流泱泱鳴。

箬帽坂在村北，下東山水出其前。坂下即橋頭山，山因前王橋得名。

禽聲歷亂樹参覃，溪下山光落鏡函。茅屋三間一灣月，巖棲好作畫圖探。

溪下總受東西南三路之水。山與稽山對峙，緑樹抽簪，修篁戛玉，鳥語花香，溪光山色，可與剡溪畫圖山争勝。

廟前長坂草萋萋，一水拖藍没遠堤。正是麥黄蠶荳熟，春山兩岸穀公啼。

大廟山在村南，因廟得名。山自南來，平岡五里，俯伏白馬岡前。山盡即秋蘆坂，西爲黄箭嶺。下其東則長斜坂，通衢在焉。廟前南大溪，發源大牛肩、石姥嶺諸山；之行十餘里，至砩頭村；遶白馬岡麓而北，逕大廟前，束以横橋；橋下匯而爲老櫸樹潭；循村西而下，與西溪之水合流。

東來一水響潺湲，絶壑雲封逈莫攀。一路金光瑶草色，青天直上五龍山。

由下東山而上，攀崖歷磴十餘里，至大黄尖；下折而東北數里，爲真如寺；又折而北數里爲五龍寺，支道林棲遁所。寺後即五龍山，産瑶草。

關王廟後翠峯環，十畝潭清浸髻鬟。歸鳥一聲人欲去，魚跳波面日銜山。

伏虎山在村之西北。黄氏自諸暨徙此，再徙穀來山。前有關王廟。廟前爲十畝潭，受西溪之水。上即秋蘆潭。山後爲苦裏塽。塽盡，即竹葉灣。

萬山摺疊一峯圍，竹葉灣高没翠微。記得當年淩絶頂，天風吹散五銖衣。

竹葉灣陡削巉巖，樵蘇徑絶。衆峯羅列，盡是兒孫。余少時曾歷山椒，覺天風朗朗，有振衣千仞氣象。山側有石筍三，皆矗立數百尋。惜爲諸山包裹，罕覩真面。若使置之大谷名山，恐雁蕩卓筆諸峯亦未足矜奇。

秋蘆潭水淨琉璃，一曲巖隈萬竹枝。箬笠半肩人鷺立，嚴陵瀨下拂竿時。

秋蘆砩潭，瀠洄澄澈，源遠流長，溉阪田數百頃，無旱乾之患。潭測有限，上臨峭壁，籙篠週遮，臮窕沖融，沉深莫測。每一瞻眺，如覿衛武有道之容。巖下一石，平臨波面，緣崖而下可容四五人。村人往往於此垂釣。

春山潑翠氣氤氲，上塢雲連下塢雲。日静蜂聲喧卓午，落花風暖草微薰。

上下塢在大廟山之上。

雨餘寒食暖初回，草茁鶯啼躑躅開。士女如雲行作隊，大墳山上上墳來。

大墳山爲始祖塋兆。寒食日展墓，盡族皆行。

上段下段鶯花飛，大年小年貓筍肥。油菜莢豐香薺嫩，春廚配食未全非。

王氏居溪頭者爲上段，黄氏居姚街者爲下段。穀來半田半山。山多貓竹，而有大小年之分。大年筍皆留以成竹，非退筍不取而食也。小年筍則任人採掘，例所不禁。

街邊家廟廠堂堂，隔水秋蘆峻阪長。最好斜陽新雨過，鷺絲低掠稻花涼。

黄氏家廟，前臨大阪，氣象頗軒豁。

屋外篬筤密密遮，硃頭蕭櫹幾人家，卻憐一水當簷過，椝樹團團蔭淺沙。

硃頭村在村南兩里，亦黄氏分支。村邊老椝數樹，密蔭濃遮，頗有可觀。

黄箭嶺下炊煙殘，秋蘆硃頭暝色寒。牧笛一聲樵逕黑，靈山梵唄出林端。

靈山菴在黄箭嶺下，頗幽雅。

荷花山下怒流嘶，石角嶙峋打石谿。一自長虹跨斷岸，人行穩渡野橋西。

西溪一水發源諸暨，東流逕石步，始折而北，逕打石溪，兩山窅窕，一水奔瀧。溪中怒石鶻立獅蹲，飛湍箭激，訇磕砰磅。吕梁洪之險亦無過此。先是有張姓者豎木架籬，以濟頽波。每山水暴漲，驚濤洶湧，撼橋椿析析有聲。行者目眩心迷，墜水不救。癸酉歲，家君率鄉人捐金鳩工，累石成長橋數十丈，高稱之，闊又次之。不獨人無病涉，當風清日暖，偕一二勝友徐步石橋，徜徉掛榜巖下，内倚絶壁，外俯迅流，崖前壽藤古木轇轕四垂，風篁翠篠掩映層波，隔岸望荷花形諸山，林木參覃，濃緑蓊鬱，如披石田翁著色山水卷，洵乃林泉勝觀。

春泥新筍迸驚雷，穀雨纔過暖漸催。小揭都籃纖手女，界牌嶺上採茶來。

界牌嶺在村北三里，舊時會稽與嵊縣交界處。自分剡南地置新昌，始割嶺下之會稽五十六都歸嵊縣，而名則仍其舊。

城后嶺南足水田，百花深處一犂煙。荷鋤帶月人歸去，笠影松陰個個圓。

城后嶺在大梁山下。嶺北爲城后村。村人多種田嶺南。

下東山裏小村居，茶筍生涯樂有餘。最憶烹泉留客處，緑陰千個掃庭除。

循箬帽坂而上，坂盡得石峽，入峽呀然開豁，爲下東山村。山田可百畝，别有園林。金氏世居此。

磨廚灣口雨濛濛，修竹檀欒石逕通。行到水窮山盡處，别留雞犬暮雲中。

磨廚灣在白馬岡後，屈曲五六里。兩崖悉産貓竹。竹盡開坪爲後王塔，余族人四五家居此。東去有秀峯菴，又東歷山而下，則爲山伴樓。

山坳一逕兩三家，茅屋炊煙縷縷斜。苦裏墺中燒筍過，紅爐又焙荳花茶。

第三次採者爲荳花茶。

稽山山下水交流，岸草汀莎貼遠鷗。點綴秋光無限好，便應唤作蓼花洲。

稽山，一名寨基山，黄氏塋山。

山農伐竹響丁丁，溜榦衙衙石罅行。老櫸樹潭春漲暖，浮簰一帚棹縱横。

老櫸樹潭俗名門口潭。凡縛竹簰三十枝爲一帚。上東山、何家坑、磨廚灣、白馬岡、四山之竹皆聚此潭。

白竹毛茶次第收，鵞黄稻熟割花秋。朱公廟裏豐穰慶，五社年年鼓樂酬。

貓竹經二三年出山放水，至會稽湯浦發賣者爲老竹。新筍至五六月間斫作紙者爲白竹，以其削去青皮，只存竹肉故也。鵞黄、白花秋皆稻名。朱公廟即大廟。上段爲一社，下塅爲二社，黄箭嶺、下硃頭各一社。九月秋成後，五社共報賽於此廟，塑金牛大王，而副座朱老相公尤著靈驗。

王家祠廟有輝光，古柏蕭森已渺茫。只有輪囷老櫸樹，溪頭閲盡幾斜陽。

祠門外古柏一株，大數十圍，中間鋸去板片丈餘。乾隆元年，經火遂枯。嘉慶元年大風拔折，香聞數里。相傳柏榮盛時，黛色參天，亭亭如蓋。柯間别生梅樹，能開花結實。洵千年古榦也。溪頭老櫸一株，大與柏稱，亦數百年物云。

風高木落薄寒凌，夜柝宵嚴漏滴凝。明月一街人静後，紅邊露出讀書燈。

穀來街，南起保惠橋界村而北止前王橋，長一里。

屋後松濤遠有聲，丹楓黄葉況淒清。凋零已是悲秋氣，愁聽子規徹夜鳴。

余屋後即穀來山，大楓十餘株。長松老梓攢簇山巔，子規鳥恒啼至五更不輟。

穀來山人星甫王景章未定草。

山　居

王紹祥

結屋亂峯裹，心清地愈偏。白銜山頂月，青界樹腰烟。鳥語含春意，溪聲警夜眠。吾廬吾亦愛，長此謝塵緣。

山居秋興

王紹祥

幾椽卜築亂峯中，到此秋容更不同。鳥集平場曬新穀，人鋤荒圃種寒菘。螢窗夜聽桐陰雨，繭被涼侵桂子風。最好登樓一憑眺，青山缺處又丹楓。

一灣流水遶村居，中有高齋我讀書。深巷客來黄犬吠，空庭樹老緑陰疏。殘陽欲下僮呼犢，溪漲乍低人釣魚。省識此中無俗韻，雲林小景畫難如。

柴門寂静獨徘徊，負手閒吟日幾回。山徑曉行寒霧重，石崖秋暖野花開。留賓市遠無兼味，嘗稻杯深有嫩醅。卻恨未栽陶令菊，不曾籬畔白衣來。

自分將終老此鄉，山光占得更秋光。開窗遠岫排雲出，煮茗新泉沁齒涼。松激寒濤風料峭，竹篩瘦影月昏黄。但收夜景供詩料，不學潘郎賦斷腸。

冬日即景

王紹祥

微雨竟連日，冬天不肯晴。遠山含雪意，深竹助風聲。村小人都静，樓高寒早生。何當邀好友，炙酒爇松明。

夏日即景

王紹祥

地僻囂塵遠，山空夏日長。煮茶逢客至，曬畫看僮忙。竹徑雲來暗，荷池雨過涼。哦詩消永晝，清趣最難忘。

九日偕恩澍恩浩登上東山嶺至魍魎洞興盡而返用杜工部重過何氏韻

王紹祥

忽動登高興，旋抛案上書。薄游攜勝侶，聯袂離蓬廬。山曉樹横霧，溪行人逐魚。遥疑白雲塢，或有散仙居。一徑入寒谷，幽尋步緩移。林巒隔塵境，粱肉鄙羣兒。問路花間客，聽泉竹下陂。休誇陶靖節，看菊醉東籬。愧我山居久，無多躡屐時。竹泉春試茗，蕉雨夜吟詩。讀畫思林壑，臨流憶釣絲。何圖今日興，不負阿咸期。更喜逢佳節，山深趣愈長。曉寒凝石乳，秋暖茁茶槍。古洞封苔蘚，高田足稻粱。壺中有天地，開闢溯三皇。未得窮幽境，題詩且紀年。人歸松下路，心憶竹間泉。此日留苔屐，他時賣石田。嶺頭成小築，獨往亦欣然。

村居晚眺

王恩溥

野鳥急投樹，閒雲徐返山。惟餘斜照影，留戀稻花間。

午晴緣溪小步

王恩溥

微風送遠音，林木矗蕭森。人立青疇小，村藏碧樹深。溪流分左右，山色半晴陰。緩步欲歸去，留人啼野禽。

午晴郊行

王恩溥

草笠出村落，晴暉清四郊。薰風入長林，木葉鳴蕭蕭。煩熱遁焉往，襟帶翻然飄。衆壑淨如洗，一峯争天高。白雲漫太虚，缺處見青霄。平田一何闊，雨餘長良苗。蒼蒼無遠近，農歌遍東皐。饑鷺下新塍，水淺魚鰕跳。流泉有餘韻，波光漾溪橋。萬物樂我性，徐行忘疲勞。欲賦原野詩，曠懷愧非陶。

村居閒游即景三首録一首

王恩溥

歲稔山莊賦早輸，那曾詩興阻催租。花叢鳥起驚寒蝶，簷角蟲號罥壁蛛。曲徑幾灣遮杞柳，方塘半畝簇葭蒲。倦敧瘦石聽泉響，兩耳鍼砭淨垢汙。

穀來十八景

王恩浩

來山平眺

策杖來山巔，惠風正和暢。妙景入詩囊，摇青拱相向。

櫸潭垂釣

投餌千尺潭，波摇新水緑。吞鈎有游魚，曾説山人足。

烏尖朝暾

露重霧連江，山村雞盡唱。旭日何遲遲，先照烏尖上。

黄峯夕照

暮靄隔江低，閒雲一帶齊。黄峯留返照，歸鳥緩投西。

金釵雲松

松蓋覆金釵，雲陰連數畝。何人隱此山，便號蒼髯叟。

玉成晴虹

雨過斜陽裏，垂垂映暮虹。平橋跨明鏡，摇蕩水光中。

龍潭月印

一派晴空落，天清水亦清。纖鈎漾波纈，下有老龍驚。

鷹巖雲蒸

山氣連雲氣，山多雲亦多。青山幾重疊，白雲幾經過。

花塚聽鶯

花過緑陰成，林深晝囀鶯。聲中春色老，客夢幾回驚。

柴溜歸樵

采采柴成束,輕拋下石叢。萬山斜照裏,霜葉一肩紅。

蒼塢茶歌

蒼塢春將老,家家去采茶。歸來歌一曲,春色滿籃賒。

團山牧笛

驅犢上團山,斜陽棲木杪。短笛兩三聲,莫驚枝上鳥。

竹坂春耕

南山小庵近,苦竹千竿緑。雨後趁新晴,一犂春水足。

蘆坪秋色

前村新雨後,畫取箇中秋。一望蘆堆雪,青山竟白頭。

東溪蟹火

麥黄春已老,蟹火滿江紅。夜月留嘉客,持螯酒不空。

西江竹筏

雨餘新水足,荷笠撑青竹。急水下高灘,一竿春水緑。

碧雲晚鐘

荷杖僧歸晚,斜陽隔遠山。鐘聲驚宿鳥,一片碧雲還。

寨基晴雪

寨基陰積雪,留作玉峯看。林外晴光露,山村增暮寒。

從　軍　行

王恩浩

夜坐披唐樂府《從軍行》,有感我族鄉團擊賊,用其題以誌,不求音節體製之符也。辛未重陽前三日,并序。

唐虞之民莫道無,唐虞之政不可得。君王薄斂臣飽囊,遂使寇盜紛南北。小民亦具報國忱,誓願從軍破殘賊。賊爭寰區不計功,歸來依舊服田力。

曉過澍田嶺感懷壬申作

王恩浩

□路荒涼處,曾經作戰場。同治元年,粤匪陷剡,虎視北山,予從業師馬斐亭先生率民團防□是嶺,與賊接戰。

關山收毒霧，村野護朝陽。白骨歸何地，青山剩故鄉。蕭條悲舅氏，母舅馬兆遠公殉難是嶺。有淚灑秋芳。

穀來十八景

王恩垕

來山平眺

曳屐閒遊上小山，羣峯羅列水彎環。錦囊收拾供詩料，比是探奇五嶽還。

櫸潭垂釣

垂釣清溪樂趣真，輕摇碧浪暗浮春。人間亦有桃源路，誰是漁郎許問津。

花塚聽鶯

萋萋灌木囀黄鶯，欲聽清音緩步行。仿佛戴公山下路，爲攜柑酒送新聲。

柴溜歸樵

青峯直上幾千層，紅葉垂肩絆碧藤。斜日滿山歸已晚，林陰缺處月爲燈。

竹坂春耕

冥濛小雨潤平疇，緑野扶犂二月周。驅犢歸來花滿笠，似曾東郭踏青游。

蘆坪秋色

名山深處是吾鄉，素節朱嬴一味涼。昨夜蘆坪秋信到，滿林紅葉滿林霜。

蒼塢茶歌

采蘭欲過采蘭坡，采采香芽更若何。兩岸青山一樵徑，春來處處起茶歌。

團山牧笛

牧笛無腔弄幾番，凄迷烟樹緑陰屯。幽人拾翠春相問，遥指溪頭紅杏村。

東溪蟹火

幽火星星淺水中，共傳秋信到篘櫳。歸來領略持螯趣，倚醉茅簷燭影紅。

西江竹筏

南山截竹作方舟，竿打桃花逐水流。欸乃一聲聲不斷，緑陽洲外起沙鷗。

龍潭月印

天半銀河一派通，蒼巖幻結老龍宫。四山風静晴波澈，鏡影珠光上下同。

鷹巖雲蒸

大黄尖下最高峯，五色雲飛駕六龍。山雨欲來天忽暝，隨風吞吐萬枝松。

烏尖朝暾

山雞唱罷鳥初鳴，露濕園林旭照明。十里楊隄烟裊裊，一竿催起賣花聲。

黄峯夕照

青天萬里片霞紅，百丈黄峯倚暮空。指點樵夫歸路細，一條條映夕陽中。

金釵雲松

萬樹喬松帶露寒，魚鱗脱盡化龍蟠。此中不見高人迹，欲問詩情畫裏看。

玉成晴虹

界破青天雨乍晴，一條飛作翠橋横。江涵秋水纖塵斷，雲影波光相映明。

寨基晴雪

峯影團圞樹影長，箇中世界本清涼。忽然一夜山頭雪，尋到梅花暗有香。

碧雲晚鐘

鳥宿枝頭好作朋，江村十里暮烟蒸。木魚聲起鐘聲歇，月下敲門有老僧。

補縠來二景

王恩垕

小湃柳橋

楊柳小溪橋，溪長映嫩條。風波何激盪，落絮自飄飖。

長林松鐘

長林有松一株，盤柯甚古，一枝獨垂，聚葉如鐘。今大二圍許，可博奇觀，故云云。

松老碧山横，垂枝照眼明。鐘輕不堪擊，逸韻待風鳴。

八月十五夜在半舫書屋作

王恩垕

連朝風雨聲蕭蕭，愁無明月虚良宵。晚來乘興到小院，主人瀟灑開夜醮。美酒嘉肴白玉杯，胡琴羌笛耳邊催。昔年明月無客賞，今夜豈無明月上。小住暫看雲霧開，坐擁宣爐待月來。揮手出堂高興發，流雲已吐天邊月。主人愛石兼愛花，品石評花成一家。自古幽人得幽趣，幽趣足令人愛慕。嗟嗟誰是素心人，陶然之樂全天真。良宵佳會雅如此，樂兮樂兮曷云已。

（清王頌年等纂修《[浙江新昌]穀來王氏宗譜》 清光緒三十一年敦倫堂木活字本）

重修祖廟記

王士章

夫孝爲百行之原，祖爲百世之本。人但知順親之爲孝，而不知尊祖之爲孝，但知尊祖之爲孝，而不知廟修以尊祖之爲孝。彼武王、周公之聖也，孔子稱其達孝，而惟以《春秋》克修祖廟爲始。誠以祖廟修而以享以祀，子孫濟濟，昭穆秩然，尊卑貴賤罔敢隕越。人人祖其祖而親其親，雖治平可奏，寧第一家之雍睦而已乎！漢唐以來，自天子公卿以至士庶皆得立廟，以尊祖敬宗，諧親睦族。然則祖廟之修其容緩乎？我祖邠國公自會稽隱處鳳林，枝派昌茂，賢才鬱興，代有總祠，以奉祀事。迨宋黎公自洋川徙居曲江，子孫繁盛，分爲六派。至明嘉靖間，守尚金悌等行諸祖建祠於大賚塘之上，各派助産立祭。迄今歲久，未之修葺，風凌雨薄，棟宇且蠹朽矣。祭産六派各自分收，則祀亦幾湮息也。嚴考任湖州武康教諭，告歸謁廟，目擊心恫，命章備筵會請鄒平縣大尹作賓兄暨宗長等。嚴考乃言曰："祖廟不修，行將崩圮，胡以薦馨，胡以寧神乎？"衆咸感激曰："罔不惟祖是念，有心欲修久矣！但未有人倡率其間，故爾延待至今。"章則以爲祭産不歸於祠，人心離涣，則修葺惟艱。因彙各派祭産，盡歸祠内收租，以備祭。衆心踴躍。嚴考同作賓兄捐資助金爲之倡率。宗長紹烇立禮明訓，文華等戮力同心，助金歛需，計丁効勳，相木程材。鳩工丕作，肇自菊月，至臘之辰而祠已焕然重輝矣。噫，非吾族子孫賢明，人人各懷孝敬之心，不至此。祠既重輝，惟願後裔追孝前人，增光祖廟。則必有道隆宫牆，如恩陽令公者；則必有爵榮台鼎如文定公，湛明經史如文憲公，學重經筵如梅谷公者；抑亦必有名登元第如龍澤公，忠貫日月如忠文公者；且必有逸不降志如稱平公者。是所望於後人矣！章殊淺陋，敷言無文，而修建勞勩不宜湮没也，故敢抒拙言以昭來許云。

時順治十年歲次癸巳孟春月吉旦，裔孫士章書。

重建曲江家廟記

王廷珠

祖廟之作，妥先靈也。余王氏自宋節度使邠國公隱居鳳林，遞傳而至宋黎公，由洋川遷曲江，占地最勝。其水之瀠洄者若帶，其山之層抱者如環。秀毓靈鍾，子姓日以繁衍，故明嘉靖間建廟於瓜山之麓，報本追遠，以奉祀事。歷有年所，其間堂寢新舊異致，成毁殊觀，於是乎賴有重修之典。溯自國朝世祖定鼎之十年，先族祖武康學政一友率子士章暨先族伯鄒平令昭孺珠伯父、汀洲司馬惠庵公等，踵事增華，綿延世緒。倏更六十餘載於兹矣，榱桷牆垣，復多頹敗。乃於乙未歲，伯瑞族長兄偕珠輩聚族人於永思堂，而與語曰："夫人之思祖澤念宗功者，蓋不忘其身所自來也。一身棲止尚務攸寧，而宗祖憑依獨不知經營修整之，安歟？否歟？"維時族人拱手而聽，崇先之志舉油然生。遂羣推伯兄爲首倡，程材鳩工，卜吉興役。爰始於丙申歲之小陽，成於己亥歲之冬杪。先事積資，在伯兄獨殫心力矣。監董給費，則儀一、子文、昌起、蘭生與有其勞，又如狩臣、汝哲、介一、聖生踴躍任勤，皆稱盡職。計祠之大規，前門五楹，中置廳事，後成正寢，左右則翼之以層樓，爲庶母室，爲恤孤所。環林縈映，清穆敞間，較諸舊時，厥觀焕然。由是登斯祠者，東望曲水之汪洋浩瀚，慨然思我宋黎公與後起蜀府長史仲修、建安教諭孟高諸君子，忠君孝親，遺澤有與波俱長者。南瞻上下崇山林麓森茂，則祐廿五與尚五十六諸公，由大宗而小宗，尚理學，講文章，簪纓續起，不又有令人流連喬木而榮羡靡疆者乎？嗚呼！數百年之上作此者，意切創垂；數百年之下修此者，心存紹述。苟繼自今復有孝子賢孫如我伯兄者，挺然而起，春秋霜露時，將對越之誠，樸斲梓材，更切塗丹之想，庶先靈永妥，而吾王氏孔曼且碩，殆足占浙東族姓之最勝矣乎！是爲記。

時康熙五十八年歲次己亥季冬月吉旦，甲午科舉人吏部揀選文林郎裔孫廷珠齋沐頓首拜謹書。

曲江新建本源祠記

王明攀

始祖宋邠國公祠舊在二十八都之鳳林，蓋我祖始遷處也。子姓即其地而祠焉，宜矣。其後宗支蕃衍，闢址遷徙者，遠近不一所。合之鳳林，凡八派，曲江其一也。派各立小宗，而始祖則仍合祀於鳳林。迨夫世遠情暌，兼以居址遥隔，策應維艱，而祠事漸就廢弛。明季，會合建大宗祠於縣治西南隅，以便會集經理虔修祀事，計至善也。未幾，以兵燹煅遷延，數十年闕焉無議及者。我曲江派裔孫鉅八百六十瑞翁獨惓惓以水木本源爲念，謂此事斷不容一日緩。康熙四十年，就祠址設祭，召諸派之長會議重建。一時亦皆踊躍，既已鳩工庀材，躡故跡而棟宇之矣。亡何，有始鮮終，彼此觀望，致堂而弗構者十餘年，呼之不應，未如之何。翁見人心萃涣無常，其勢不可與持久，於是退而商諸本派，議獨立祠於曲江。衆僉以爲宜。初度址於本里新屋之旁，以形勝未稱，方圖再酌。而瑞翁於次年丁未即世，而嗣子光武奉遺命以繼志。服闋，徧請於前之與議者，協心力以成前事。乃卜址於瓜山之陽，依山體南北之正而修平攘剔之，因地之宜而高下其層級。上爲寢室三間以棲神；中爲廳事，如寢室之數，爲承祭序立之所；前爲大門，門左右室各爲耳門，自耳門達於寢室；翼以兩廊，以便駿奔將事，燥濕之不時。潔以黝堊，繚以周垣。經始於雍正八年庚戌之秋，以明年辛亥仲冬訖。工凡十有五月。縻金錢以貫計者陸百有奇，皆本派裔孫所樂輸者。其經畫規模，裁度體製，則承福之慧識匠心也。倡率勸輸，權豐約而贏縮之，則光武、兆浚、思定、延佾、嘉喜、勗德、惟賢之準酌持平也。掌司出納無濫嗇，則協三、用霖之清慎而縝密也。貿材物，别良楛，而上下其值不爽銖錙，則有周悉物情之明來、鳳翔、子雲若而人。更番監理，秉程度以課工，則有警敏精勤終始弗懈之世訓、所進、成琬、文昱若而人。既皆各効所長，受任分理，而又以不才明攀忝列齒序，僉以綜核事宜，調度諸務之任委焉。於其成也，并囑以記。

夫以通族始祖支分八派，傳世三十有一，而今獨創祠於兹土。不著其因，後將莫喻其所以。爰質述前世興廢迭蹟，暨我瑞翁之拳拳於反本復始，與今之繼志成事者，以昭示來兹，俾悉原委焉。祠門之額題曰"本源"，端翁在日所酌定也。子子孫孫毋亦瞻仰興感而圖所以引之勿替也歟！是爲記。

雍正十年歲次壬子秋月，曲江派裔孫明攀百拜撰。

（王景星等纂修《[浙江義烏]鳳林王氏曲江宗譜》 1925 年木活字本）

鳳林王氏郃國公祠記

王槐復

始祖宋鳳翔節度使封郃國公孝二府君者，由會稽徙居義烏之鳳林鄉，而鳳林王由斯肇焉。厥後子孫繁衍，派別支分，猶木之本深而枝茂，水之源遠而流長。然欲長幼尊卑、親疏遠近涣有以萃，世代秩然不紊者，莫若議辦始祖郃國公祭所，每歲會聚，行尊尊親親之禮焉。適有縣治西南在都三長派五里頭，明中憲大夫諱宗聖號濱湖者，郃國公第二十二世之裔孫也，在新湖橋下遺有宅子一所，坐北朝南。其子家勳、家望、家業及孫邦霖、邦雨等將是屋契賣族中爲始祖之祠，議與價銀捌百四十餘兩，書契十一紙，祠族分執。契内載明：堂樓三間，堂屋三間，正廳三間，門樓三間。四進，凡十二間。東西衖堂，衖堂外有牆。以牆外滴水爲界，前有明堂、天河，河中東有石墩、樹木。後進西向門首，路通小街，上有庭，植"三槐"石額；前進大門西面路通大街，街面有門樓一間，上有"鳳林"匾額。自此每歲八月二十日，合族大祭，歷有年所。詎料康熙甲寅，全被寇燬，苦無常資，猝難建復。至癸巳，竭力勸捐，僅將前三進仍舊基址，八派分造，草草粗具，未獲觀成。堂後空基，留待後人辦理。及康熙五十五年，暫借徐子英、鮑廷九、孟聖祥、金禄友等前後借造披屋五間，立有借約，每年八月十九日付租基銀若干，約内載明八派建造，拆屋還基，無異。至乾隆二十五年，孟永漢轉立租札居住。咸豐六年業已議建，令其後嗣孟大魁退還基地，屢次延誘，有久假不歸之意。不已，投託四門毛雲和、陳秋鍔、金式鴻、孟錦林四位向理，仍復羈延至九年八月，卜吉鳩工。不料大魁妻金氏攜有廢契，影射圖佔，并敢裝傷，吵害誣控，以致兩相持訟。復蒙前中并邀季廷魁、童文鑑、孟文涫、孟周源、黄啓枚諸位再理祠内，因檢萬曆年間家勳等出賣印契呈視，諸公閲此鐵據，僉云實係王姓祖業，外人不得争執，當即理令退還。孟大魁夫妻愧服，情願具結銷案寢事。吾族遂於去冬卜吉建造正廳三間，并廂屋共計十一間。越庚申春夏，前三進亦大修葺，共費若干金。届兹創修總譜，諸務告竣，聿觀厥成，固繩武貽謀之大要，尤尊祖睦族之盛舉也。爰執不律，謹書原委，以弁首云。

時咸豐十年歲次庚申季秋月，三十世孫槐復謹識。

鳳林亭記

王　褘

鳳林亭，吾王氏之所作也。鳳林，鄉名，在義烏之南鄙。故老相傳嘗有鳳凰至，因以名其鄉。今來山之陽，復有小山巍然起於平壤之間，即其地也。王氏之先，太原人。唐末五季之際，有諱彦超爲越州節度使者，自會稽來居焉，是爲始遷之祖。厥後子孫日蕃以衍，至宋皇祐五年，固登進士第，仕爲恩陽令，義烏有進士實自恩陽始。而褘之十世祖宣奉公悦、九世祖正議公喬年，逮七世祖中散公寧、朝請公寅，復自鳳林遷居縣東之沙溪。其分適於他邑而顯者，在金華則尚書莊敏公師心、丞相文定公淮，在浦江則太常忠惠公萬，同出於鳳林。而鳳林王氏之盛，號稱衣冠家，著聞東南矣。若吾族之世居鳳林者，雖不表顯以自見，而能以詩禮相傳，襲守其家業而不隕。宋之季年，嘗即山之麓作亭焉，以爲宗族歲時會聚之所，即所謂鳳林亭也。歲久而亭廢，今族子德生又因故址而重作之，遵先志也。嗚呼！王氏之居鳳林，鳳林之有王氏，四百餘年於兹矣。林姿谷態，藹然如昔，曾不與時而變遷。凡吾族人遠近親疏固有間也，而追念厥始，千百人之身同出於一人之身，初曷有親疏遠近之間哉！登斯亭者，觀夫水之有源，木之有本，尊祖敬宗之念、孝弟之心其必油然而生矣。且吾祖宗奕世載德，厥維深厚，故其澤延於今，愈久而愈繇，所謂德之厚者流之光也。我後之人纘承遺休，繼迓先祉，有引而弗贊，必將圖無愧於前人：或以功業而名世，或以文章而華國。出爲邦家之瑞，而羽儀於天朝，豈非所當自致者？雖然，惟吾族人，凡鄉人之至於斯，見夫源之深而流之長也，本之茂而末之昌也，歆艷之意不能自已。其不奮起作興，思致於光顯而求儷美於王氏乎？《詩》曰："鳳凰于飛，翽翽其羽，亦集爰止。藹藹王多吉士，惟君子使，(婚)[媚]於天子。"此褘所望於吾族人與吾鄉人者也，書諸石以爲記，用以告來者云。

十六世孫褘謹識。

王忠文公祠記

陳文治

滇有雙忠廟，祀前明王忠文公與吴公相繼死節者也。公，義烏人，字子充，謚忠文。明祖始興，聞浙東二大儒，惟公與宋文憲，重幣聘之，朝夕左右。元鼎革，惟梁王負固不廷，太祖怒，欲興師討之。公曰："勞師萬里，非計也，請以隻身下之。"太祖可其奏，遂行。梁王夙敬公，將從公言。值元遺孽使自沙漠至，偵知大明有招諭者，欲以威脅公，公怒罵不屈，遂遇害焉。滇之人咸壯公之烈，欽公之忠，重其遺殖而封之，遂與吴忠節公合葬於地藏寺，建雙忠廟於東城外之重關，歲時致祭。

前者公墓原是土築，嘉慶初年間，先叔祖名嶟，號仰山，其門人郡庠生栗正繩教讀於地藏寺，見公墓漸有坍損，急倡捐修金數兩，並勸同學共捐數十兩，改建石墓，不惟堅固，且肅觀瞻。墓之左右，樹以松柏，氣象亦葱葱鬱鬱。一時諸文人爲詩誌之，并鐫於碑。余於嘉慶十八九年亦教讀於其處，每逢朔望，必具衣冠瞻拜於墓下，常低徊景仰不能置。今奉命宰公桑梓，撫循之暇，訪求名蹟，始悉公族鳳林氏實郡邑之望。上世歷以詩書禮樂世其家，公實紹金華道學之統，隱志之地在青巖山。子孫祀公有家廟，邑人祀公有六賢祠。近又奉憲興建，以著無忘先哲之意。惟五里頭山生祠最早，係公宗族念公之切，即其生長處建造，以展時祀者也。奈歷年久遠，壞於風雨剝蝕，然宗族猶向遺址歲一拜奠焉。辛丑季秋，公族衿耆溯典型之如在，仰忠孝之常昭，造余商確重建。余以綱常所寄，光昭前烈，實維有司者之責，能不從諸君請，相與獎勸鼓舞，襄此美舉哉！爰集鳳林族屬，設簿醵資，余急子廉金，少資始事。仍即五里頭山舊址，鳩工庀材，始事於孟冬上弦，暨造於仲冬至日，踰月而垣宇就成。較舊有增：後進堂事五楹，中列神龕兩廡各二楹，前臺門五楹，與後堂稱。週圍横直均六丈有奇，廡外并置廚湢之所，約計所費金若干。祠成，更將議捐田産以爲每歲營祀計。嗚呼！公之忠烈已歷五百年矣，族之人猶經營廟貌祀事，罔不踴躍趨赴，爲之慮周詳、圖永久，藉非公之忠孝道德有以動人嚮慕之誠，奚能數百世後振興不替有如此哉？是舉也，不惟崇廟貌、壯觀瞻，且有裨於綱常風教者非淺，余故樂得而記之。

昆明曼雲陳文治撰。

(清王大成等纂修《[浙江義烏]鳳林王氏僉祠總譜》 清光緒六年木活字本)

重建崇德堂記

楊汝舟

平陵爲江南望邑，王氏爲平陵巨族，樊川爲王氏大宗，則崇德堂之建不可以隘小也，明矣。念自宋保義宫教卜宅樊川，明初科第名宦繼繼承承，得立宗廟以祀先祖。至乾隆年間，大起廳寢，追祀晉國公爲一世祖，中列太室，凡功名耆節配焉，龕分左右，凡西東祖宗位焉，正以守有家之名分，亦以示傳世之本基也。詎料遭庚申之變，粤逆一炬，可憐焦土。克復後，會集各分，舉目有山河之異，傷心於時事之非。遂思苟安小就，新建繼善堂於村首，以展孝思。然而苞茂之咏於《斯干》也，安寢之下即占夢熊；奂輪之頌於張者也，歌哭之餘即言聚族。今舊祠不建，恐男子之不育，聚族之無所，其何以妥先靈佑後嗣哉！西東分仲興正裕族中奉爲祭酒，議曰："廟作於亶父，而瓜瓞綿延；廟修于魯僖，而岡陵頌禱。將營室處，先立宗祠，禮所當然。況祖宗之爵秩無非公侯將相也，規模不大不足以示尊崇；子孫之蕃昌散處東西前後也，舊章不遵不足以昭法守。神所憑依，將在崇德，舊基勿壞，其將新之。"衆曰："唯唯。"於是西舉三人焉：守之、學正、春普，東舉三人焉，聽高、振庸、廣才。按丁捐資，經理數載。至丙子冬，報曰可。於是庀材集事，擇日興工。先去其堆積，而築寢室五間，前進五間，至中進五間，尚嫌力有未逮。現裝餙神龕，涓吉安主，焕然一新矣。今設譜局於其中，而見其長者持重，年少勤清，安排祠事，井井有條，而尤羡其協力同心，不避勞怨。嗣後序昭穆於一堂，薦蘋蘩於四季。後之視今，亦當如今之視昔，方不媿爲崇德之子孫，三槐之嫡系也哉！因印其巔末以爲記。

光緒四年歲次著雍攝提格病月，眷晚廩貢生候選儒學訓導楊汝舟拜譔。

永享堂祭田記

王瑞士

享以永名，示不忘也。或子孫富厚而樂意相輸者，或宗廟空乏而捐資公買者，或年老無嗣而分析以助者，祭田致立之由雖有不同，而立之以示不忘則一也。瑞自乙丑遊庠歸樊川，謁祖廟，省墳墓。後與諸父老閒談，共悲五載兵燹，子孫所存十無其一，各房承繼垂緒茫茫，不絶如縷。回念昔日之盛，目覩今日之衰，相形之下，不覺感慨係之矣！東分尊長正裕、夢奎、亮吉慨然曰："逆賊之害，天命所存，理數難挽，悲何庸焉？但死者已矣，生者無幾。我分雙福公，天保、義保公，德明、德世公，耀文、餘萬公今既無嗣，服内又無昭穆相當之人得以承立田産，所遺將安歸焉？吾念服内或可獨受，服外斷難分執。將産歸公，春秋立祭。六公今雖乏嗣，而田有息，祭有資。今日立之，後世守之，繼繼承承，永于勿替。其與立嫡立愛無異乎！"共稱之曰："善。"議立支圖，名其額曰"永享"，亦使後人守之勿失，並一望而知祭之所由立，田之所由來也歟。斯時瑞默識之，深信其議之公且正，子孫之有以起孝思，祖宗之可以永血食，無不於斯議賴之也。父老歸散，正裕、夢奎、亮吉命瑞作記以示不忘。瑞不辭蕪陋，援筆以記其本末焉。

同治四年三月，泗村三十一世孫瑞士謹誌。

聞巷重建宗祠記

竇　晉

宗者，本也，其廟百世不遷者也。昔朱文公編《家禮》，而立宗廟一節持冠篇端，蓋以報本返始，尊祖敬宗爲子孫開業傳世之本也。歲戊寅，樊川續修譜牒，余附諸老成後濫竽從事。有文川、良富來言曰："我聞巷自承議郎季羔公諱端朝，少以博洽聞鄉，舉第一人，太學又第一，官秘書省正字。南宋紹興七年蒞本邑宰，愛斯地風水之吉，卜居於此，故名曰'聞巷'。嗣後或蜚聲黌序，克紹家學；或賙䘏貧窮，惠孚閭里者，代不乏人。明經觀宣公嘉慶續修宗譜記，而知宗祠之建造，祀典之尊重，實有賴於十五世德芳公之有以開其先也。詎料咸豐庚申，世運滄桑，劫涉紅羊，宗廟盡行燬拆。承平後，瓦礫成堆，荆榛遍地。各房子姓目擊心傷，不勝感慨之至。遂乃倡議捐籌起資，子母相權，經理數載，執事通盤結算，約有五百餘緡。某等謀於族衆，協力同心，僉曰秋成在邇，仍其舊址先建後進，可以鳩工飭材，涓吉砌造矣。倘假祖宗之靈，閲月蕆事，衎我烈祖，罔事怨恫，子孫之職分庶幾稍慰於萬一"云。余聆其言，不禁欣然曰："祖宗者，子孫之根本；子孫者，祖宗之枝葉。祖宗安，則子孫自無不安。况君子將營宫室，宗廟爲先。君等力任其職，董督斯事，果能重建寢堂，光大前業，祖宗之靈爽式憑，錫福無疆。後之仰榱桷而履階除者，序昭穆於一堂，薦蘋蘩於四季，以尊祖敬宗爲念，存報本返始之心，繼繼承承，永綿勿替。夫固瓜瓞千秋，雲礽百世，寖昌寖熾，方興未艾也矣！"是固不可不誌也。因即其巔末援筆書之，仍名其堂曰"槐蔭"云。

光緒四年歲次戊寅秋月朔日，附貢生竇晉頓首拜譔。

七堡支合修宗譜記

王正裕

予向有事於湖東柚山泗村，王巷、西墅皆同宗也。一日，太學生恒奎偕一人來，自稱曰身名聽大，係七堡支，始祖通二公，實由樊川遷居七堡。緣乾隆年間，譜與五葉合修，故樊川宗譜失修兩次。樊川本大宗也，思欲歸宗久矣。余置之。詢諸旁人，僉曰："父老傳述，果有其事。"余亦置之。去年，聽大即世。今春開局修譜，恒奎率潤金、來發、庚有等備香燭、肅衣冠拜謁。言曰："習聞父兄之言，欲仍歸樊川。懇求大宗各分尊長憐念祖宗一脉，合修是幸。"予曰："向聆是説，恐其傳聞也。今有是心，亦屬空言也。既有譜，盍徵之。"越數日，潤金、來發、庚有等挾譜來祠。考其支派，按其世次，悉與舊譜符合。方信果是祖宗一脉，前言不誣也。今既來歸，何忍拒之，遂允之。

夫狄武襄不附梁公，千古韙之；郭崇韜之拜汾陽，士論嗤之。蓋祖非其祖，勢必至不祖其所當祖。今潤金欲反本歸宗，是能得所祖而幹蠱蓋愆，且善繼祖父之志者也。因嘉其志之高而尤憐其情之苦，哀其意之迫，不可不念其力之弱也。然吾猶爲之幸焉。聞之求木之長者，必固其根本；欲流之遠者，必浚其泉源。今雖寥寥，而根本既固，淵流既浚，行見枝葉茂，川流長矣！是以記之。

二十九世太學生正裕謹識。

湯村重修祠堂記

竇　晉

瓦屋之陽有湯村焉。其先祖字奕受，諱良臣，自樊川遷居於此。子孫創建宗祠於村東，支分六分，派延一脉。村居星散，人丁蕃衍，何莫非祖宗之創業垂統有以開其先乎？乾隆年間，士旂、成盈公等恐祠宇狹隘，高其閈閎，重搆寢室。雖非畫棟雕樑，而于豆于登，亦足以妥侑先靈，供祀神主，俾得伸其孝享之忱，感其廕庇之庥者，固已邀福於無涯矣！歲逢庚申，兵燹後，蒙祖宗之靈，祠宇得保無恙。第恐日久年湮，以致榱桷朽廢，黝堊崩頽。倘不急加修葺，非所以昭世守而繩祖武也。遂於同治六年謀於族衆，按丁集貲，鳩工庀材，踴躍赴事，整頓宗龕，安排神主。傾圮者修之，倒塌者補之，陳腐者飾之。撤其廊廡，樹以牕欞。入廟而觀，焕然一新，孝悌之心有不油然而生者乎？後之春秋致祭，俎豆馨香，子孫恭肅，室事交户，堂事交階，瞻輪奂而遡修葺之功者，安可忘其所自始哉！爲問倡其議者誰？興佐、效仁、廷全。董其事者誰？廷燦、正炳、興林也。語云：種德深者其後必昌。良臣公卜居於此，歷世種德，代有聞人。庇葛藟，綿瓜瓞，王氏子孫甲於邑之西北間。興佐、效仁輩承離亂之後，慎毋隕越家聲，以玷辰祖宗也。

附貢生永豐竇晉頓首拜譔。

甲辰續修宗譜記

王　晉

《禮》有之曰："尊祖故敬宗，敬宗故收族。"收族云何？由一人之身既分爲千百人之身，使千百人之身仍知爲一人之身，此修譜之説也。竊嘗讀我《王氏宗譜》，而知先賢先公創者創，繼者繼於康熙壬辰，於乾隆壬戌、壬寅，於嘉慶癸酉，於道光乙巳，於光緒戊寅，兢兢修輯，而未有已時。豈争名歟？豈争功歟？非也！凡以盡收族之道者也。而今也，溯自戊寅以來，又將一世焉。修譜之舉，曷可緩乎？雖然修譜非難，醵資爲難。幸我王氏自戊寅重修事竣，捐俸入局，有正裕、振庸二公爲之倡，遵法伯亦慨然樂從其後。散譜時，每譜一分，領洋二元。迄乎今，子母相權，計得一千六百餘緡。此譜資原來之不當没也。若夫按章程，遵義例，鳩集賢能，共襄厥事，尤非易易。是役也，倡議者爲遵法、敘興西東兩宗長。東湖德佑、德汝，湖東實庚、勝福，偕我兩祠孝龍、德俊、義隆、藩林、學正、咬臍、夢魁、文錫、志發、廣才、彭祖、志庚暨各支分長均竭力贊成之。始終任監督之職者，推我族伯養正師爲首，有乎司造，係浩燦、文松、炳茂、文慶、德珍司謄寫，子青、樹敏綜理其事，而出納會計又分任之。此得人而理之不可忘也。啟局于二月下旬，竣事于六月上浣。宗長命晉爲之記。竊維昔者眉山蘇氏既序族譜，又作亭記，舉其鄉之望人之壞其風俗者以告族人，而垂炯鑒。蓋振已壞者難爲功，防未然者易取效。自今以往，顧我王氏子孫守宗規，凜祖訓，曉然敦睦大義，時以辱其先人是懼。則親親之意自油然而生，既無背乎？蘇氏作記之思而亦即《禮經》收族之典也。夫倘不此之務，而恃有譜存，天下之同譜而視爲塗人者豈少也哉？晉雖檮昧，幸隨子青、樹敏兩賢後，得無貽隕越羞，謹布區區，濡筆而爲之記。

時在光緒三十年歲次閼逢執徐皋月之吉，三十一世孫晉謹譔。

重建崇德堂申廳記

王中曜

余家自宋代扈蹕南來，卜吉兹土。保義、宫教兩公，王氏九世祖也。越傳十七世，可宗、可貞、用宏諸公名望顯赫，德澤崇隆，豈不知君子將營宫室，宗廟爲先？第格於時事，有志未逮。越傳二十四世，載甯、亦遂諸公合建公祠於康熙庚午。再傳至林福、貴元諸公，又創中廳於乾隆辛丑。斯時也，路寢孔碩，既應門之將將；旅楹有閑，復新廟之奕奕。左爲昭，右爲穆，在庭陟降者，王氏之宗祖也；周中規，折中矩，獻酬交錯者，王氏之子孫也。百年之丕基，千秋之孝享，胥於是乎著焉。詎料赤眉紅巾，天未厭亂，一轉瞬間，凸涪之山川未改，廟社之鍾簴頓圮。我王氏向稱爲崇德堂者，叢叢荆棘所，纍纍瓦礫場矣！迨歲在甲子，同治中興，大亂甫平，子姓漸復。我先兄仲興，先伯正裕，族中推爲祭酒者也。就苟安之計，始創繼善堂於丙寅、丁卯間。嗣休養十餘稔，乃議復舊址。爰建正寢於光緒丁丑歲。前槽後寢，合漠團情，俾王氏千百世子孫歌斯哭斯，聚族於斯，不重有賴於是乎。然而事屬創始，不過規模粗就。孫等念前緒之未竟，知後事之宜踵。歲在辛卯，值族中會集宗譜，勝才、萬明兩族老偕德育先生倡議於前，曜等贊襄於後，各支尊長願分譜資貳伯餘緡，備添宗祠器用之需。因於是歲建中廳三間，夾室兩間，兩廡左右小廳六間。五閲月而告竣。是舉也，西分之效力者有榮仁、德俊、正洪，而學正居其首。東分之效力者有敘興、樹春、廣文，而中曜居其殿。學正司銀錢之出納，中曜司簿書之會計。其得以各勤乃事，無廢厥職者，又各尊長教導之方也。今當修譜事竣，各尊長命中曜記其巔末，因書其事如左。

光緒三十年歲在閼逢執徐皋月之吉，三十世孫中曜謹識。

重建崇德堂寢室記

王中曜

祠之有寢，所以奉祖宗承祭祀也。歲時霜露，子若孫將於是展謁焉。倘觀者狹而謂之陋，人或譏其泰而弗康。無論祖宗之靈無所憑依，即爲子孫者其何以奉祀事。吾族自兵燹後，於光緒丁丑始建復祠宇，嗣後漸推漸拓，規模粗具，特因中廳崇潤，寢室卑狹，諸長老恐不足以妥先靈也，乃諏日鳩工而重建之。曜亦分任其勞焉。竊惟長久之計，廟作於亶父，瓜瓞可以綿延矣。廟修於魯僖，岡陵可以頌禱矣。夫宗廟之制，過儉則無以展孝思，太奢則無以昭先德。爲人孫子而使祖宗偏安於小就，若世何守？然必雕文刻鏤，極土事木工之飾，以致違祖訓而陷於不義，亦非後人孝享之道也。故於是舉務使豐約得中，上無負於祖宗，下可對乎子孫，庶幾春秋祭祀，神罔怨恫，慶及曾孫，幸矣！至於峻宇雕牆，崇臺閎館，固非吾祖宗所樂爲，抑豈吾子孫之所宜效哉！自光緒二十六年春間擇吉興工，凡三閲月而告成。前此寢室署卑，各房神主挨擠難容。今增高五尺，添設神龕一層，由是可依次進主。並置一應祭器，釐然完具。諸長老樂其事之有成也，命濡筆而爲之記。

光緒三十年歲次甲辰余月之吉，三十世孫中曜謹譔。

東湖重建慶延堂記

王中曜

山必本乎崑崙，水必原乎天乙，人必始乎祖宗。山非崑崙，無以形其千峯而萬岫；水非天乙，無以見其千涯而萬川；人非祖宗，無以申其千子而萬孫。此《家禮》一書，宗廟所以特冠篇端也。維我烈祖，紹祥符之休風，振太原之世緒，作國股肱，戰功卓著，膏澤既下，民情允孚。維道里之多艱，去昭慶之舊宅，爰占溧邑，卜居合化。以詩書訓後，代有聞人；以清白傳家，世多良吏。越我十四世，補受府君將多前功，肇遷東湖，積慶克長，綿延用遠。本支子孫奕世振振，或列章服，或守先疇，並食祖德之貽，常懷宗功之報。議構宗祠，以妥先靈，情有不得自已者。況四海想中興之至美，東湖爲來蘇之望族耶？於是明珩、尚高、德忠等倡謀於前，曰文、漢庚等贊襄於後。重建是堂於光緒甲申。歲越數載，復裝合神龕，以塗丹畫。於光緒甲午年，爰諏穀旦奉主，以開百世之基。告成而厭萬年之德，如非無滋他族，安能子子孫孫永荷熾昌之祉，繼繼承承，長貽燕翼之心？禮有之，萬物本乎天，人本乎祖。東湖以“慶延”名其堂者，殆亦山必本乎崑崙，水必原乎天乙之遺意也夫？後之覽者，亦將有感於斯文。

光緒閼逢執徐皋月之吉，樊川族孫中曜謹譔。

重建德求堂分祠記

王中曜

古人尊祖敬宗，言有孝也；惇族萃涣，言有義也。爰立祠廟，尚已。溯自十六世補受公徙居東湖，遂別爲一宗，已不與樊川祠事。五傳而有仲公，欲建分祠，有志未逮。再傳百餘年，瓜瓞蕃衍，日以寖盛，斷自世祖仲公下，計丁算畝，捐資輸分，展轉生息。越十數年，廟貌奐輪，規制美備。不有庚申之變，何至俱成瓦礫哉！迨同治中興，諸長老意欲復舊址，因建造數椽以爲祖宗歆祀之地。客有謂尊長者曰：“是地則平廣，室則湫隘，既不足爲世俗觀瞻，諒非人情之所同悦，又何取於此乎？”尊長謝之曰：“不然。君子將營宫室，宗廟爲先。子孫之燕處，祖宗之廟食，皆不可一日無也。特才力不逮，未能如願以償耳！” 今者傑才有志，欲使瞻依之念有所憑，上不失祖宗艱難辛苦之業，下以昭後世肅雍揖讓之休，協力同心，因重創是堂于光緒丙申歲。斯時也，導其志者德佑曰春也；主其事者炳泉曰武也；不憚煩勞，率作樂成者德錦曰銘也。是役成，庶幾仲公之心以慰，而列祖列宗在天之靈亦具降鑒于此乎？至于鳩工資財，零有會計，故不贅。特弁此以解東湖之潮。

光緒三十年歲在閼逢執徐皋月之吉，樊川族孫中曜謹譔。

泗溪重建申錫堂記

王　晉

攷之第十世，由樊川大宗而一遷，至二十世，由王巷小宗而再遷者，泗溪支也。是支也，里以溪名。蓋環里皆溪，故溪以泗名。蓋毓乎秀鍾乎靈，慕形勝於東魯洙泗。故南面向離約五里許，則有百卉蓊茸，千章晻藹，望之而神怡氣爽。春夏雨時，尤得佳趣者，琅玕山也。轉而向巽，去郙約半里許,則有飛虹淩空,飛鵲填實,首辰尾戌,斜跨宜、平兩邑。問其名,曰興市橋也。郙外約百步許,則有舊廟基一所,新廟宇兩進,前槽後寢,凡八間。卓卓然,綽綽然,高峻計二十餘尺,周圍計七十餘弓。對琅山而居上位,臨泗水而鎮上流。令人仰之神凝氣肅,人之得以伸愛敬、盡孝悌、明友恭者,申錫堂也。按兹堂創設於明季,迄國朝康乾兩中葉而緝修之,而增廣之。遭髮匪擾境,燬於咸豐庚申。今仍東祠遺址,重建於光緒辛丑。堂之名,其始曰"睦親",嗣後宗彝公恢駿業而"申錫"之名興,學沛公譔鴻文而"申錫"之義著。要之樊川有"崇德",所以祀大宗。泗溪有"申錫",所以祀小宗。尊所尊於此,親所親於彼者也。此所尊者,第一世爲晉國公,八傳至保義宫教,發祥於平陵。彼所親者,始祖爲郛公,冢子初七公是始遷祖佐公是也。夫佐公以下有書一、碧山、用卿暨思芹、思勇、思臧諸公,皆前輩倡議建堂之人。余謂兹次建堂緣由,頗有三難:財不足一難,力不衆一難,處不衆不足之時,而且欲綢繆布置於亂離之後,此之謂尤難。辛丑春,涓吉興工,至歲冬落成。統計其費約鷹洋一千五百餘圓。不更知祖宗陰佑默護,使今日又大有人在乎?其人爲誰?曰歷年獨任仔肩者寶庚兄,臨時共相據手者行義兄也。堂既成,徐謀粉飾楹楝,裝合寢龕,皆當不旋踵而可期行見。執豆籩,陳黍稷,奔走於堂上者,四時之報享也。扶鳩杖以盤桓,歌功於堂中者,白首之歡情也。奉兕觥以踧踖,獻壽於堂下者,青年之雅度也。繹繹卜蟬聯,由今以往。申之至百傳,申之至千萬傳,積厚流光重申者,未有艾也。悠悠推鶴算,由今以往,錫之以一紀,錫之以二三紀,延洪納祉加錫者,誠無疆也。今春,族中纂修宗譜,爰有欲載其巔末以爲垂遠計者,此寶庚兄大喆嗣家淦是也。承家淦之意,達家淦之情,握筆而書之者,詠蘭館羲亭氏晉也。晉不才,安能文,因生平好讀《醉翁亭記》,故髣髴以成之,且敢借"醉翁"二字爲斯堂一時長老頌,並爲斯堂世世子孫祈。夫醉翁爲誰?古賢盧陵歐陽氏文忠公也。

光緒三十年歲次閼逢執徐臯月中浣日之吉,三十一世孫晉謹誌。

(清王晉等纂修《[江蘇溧陽]樊川王氏繼香集》 清光緒三十年木活字本)

彦光公墓被人盗掘記

王胤玉

彦光公墓,在崑邑東南門外王官人橋南進,施家衖東南百步許,塚東小河樊居岸木橋之西南約一箭路,係天區拾圖拱字圩也。原額四十八畝。宋乾道三年十月十六日,公葬於新漕里。元崑山州令吕昭《詠王御史墓》詩中有"城南新漕里,荆榛埋銅駝"之句,所以土人相傳競稱"王墳"。後僅存六畝五分,各户完糧。自宋徽宗至本朝丙申,共計五百三十二年。順治十二年十二月廿四日夜,被劣衿掘取杪木蓋一塊,做成天然几,長七尺。因匠衆争論工價,洩漏風聲。族人公呈告准。其中一並三棺,目覩明板四角帶西北。當時堪輿徐洪宇先生照原穴定盤云,丙山,壬向,取蘇州塘一帶風水造橋,爲青龍王官人橋之名所由始也。碑亭石物在北,華表柱在新漕河南岸。墓誌中有"新漕里"之稱,其此之謂乎?弘治辛亥,邑侯楊子器造碑亭,向南,反失其墓之所故向。時諸人共見明板四角帶西北,及棺大頭在南。至於盗蓋亦在南方取去。丙山,壬向,無疑矣。

順治十三年六月十七日,孫胤玉書。

元增按:此篇經高祖考實,庵公删潤,録入《崑山祖塋地址隨筆登記》,較之譜中所載原文,簡而且明,特爲刊入。而以原文附録於後,以備參考。

彦光公墓在崑邑東南門外王官橋之南進，施家衖東南百武許，塚東小河樊居岸木橋西南約一箭路，係天區外十圖拱字圩也。原額四十八畝。宋乾道三年十月十六日，奉公柩歸崑山，安葬于新漕里。據元時崑山州令吕昭所謂“城南新漕里，荆榛埋銅駝”，所以土人相傳，競稱“王墳”。然此墓之所從來，於今可稽也。憶昔起運時，始于元。因嗣續蕭條，星散各居，被豪强佃糧侵占，迄今僅六畝五分，各户完糧。自宋徽宗末年甲辰至清丙申，共計五百三十有二年矣。于順順治十二年十二月廿四夜，被豪衿等發起靠南側石，盜取着西一棺杪枋蓋，做成天然几，長七尺，闊一尺八寸。汪、俞二木匠經手，徐哄場上做完。二匠索工價不遂，頓然説出。次年正月初十據報，墳隣張敬證，王瑞、王村報縣、報學。通邑共聞，男婦老幼咸往觀焉。至於行者説於塗，居者談於室，竊以爲希聞而罕覯也。如是約以月餘計。斯時，吾宗會集觀驗，上石板仍舊堆泥，石板南下有空處，照見果然有棺無蓋，止存兩側黑紅色漆木。隨舉族公呈，控縣、控學李公思恭、張公希哲。十七日，兩學師出牌，着地方鋪設。十九日，勘閲。丁酉季春，吾族往江陰學道張公能鱗告理，蒙批蘇刑廳王，轉批徐知縣邦俊。徐公新到任六日，四月初八日，出牌搭廠揭采。發開靠南新泥，果然豆藤堆泥，遮塞石板，與地相平。石板下懸四尺深到棺口。當時點簹洞穴，親見横側木無蓋，周圍有空路走得。轉棺，下鐵大檯起上石板，至下約有丈深。徐令看語：看得王氏祖塋，卜葬新漕已經數世，忽而塚破棺開，情激哭訴。及卑職親勘，果真。則族發掘之控不爲無據矣。云云。庶幾稍慰先靈，稍慰乎凡王氏之後，系悉知墓之緣由也。然其中一並三棺，目覩明板四角帶西北。當時堪輿徐洪宇照原穴定盤，據云丙山，壬向，取蘇州塘一路風水造橋，爲青龍王官橋之名所由始也。碑亭石物在北，華表柱在新漕河南岸。墓所有“新漕里”之稱，其此之謂歟？弘治辛亥，邑侯楊子器永言建碑亭，向南，反失其墓之所故向。時諸人共見明板四角帶西北，及棺大頭在南。至於盜蓋亦在南方取去。丙山，壬向，無疑矣。是爲記。順治十有三年六月十六日，十七世孫胤玉謹識。

（王元增纂修《[江蘇嘉定]續王氏世譜》 1925年鉛印本）

秀溪王氏支祠記

賜進士出身、内閣學士經筵講官、吏部佐侍郎錢　樾

平川距邑治二十里，人物繁富，里居稠密。自明以來，以族望著者曰王、唐、趙、陸。王氏爲平川四族之冠，而家於揚秀涇之滸，故稱秀溪王氏云。老友趙登明茂才，趙氏後來之秀也，嘗爲余道王氏家世甚悉。其先伯元處士以齒德舉鄉飲賓。再傳及省三翁，樂善好施，事具邑乘《行誼傳》中。翁有丈夫子二，次即菊村封公也。菊村幼即以孝友著聞，復能周䘏三黨，嘗有志於義田之舉，未逮以卒。令子恭壽司馬雖後其伯父廷謨贈公，卒能善述先志，獨力建支祠，出己田五百畝以供祠事，以贍貧族。且將請於當道，勒石以垂永久。夫義田贍族，上膺褒録，家廟祭儀，載在令典。所以化民而成俗者，不外于尊祖收族。顧自敦龐之俗遠，有力之家，一切宫室衣服之美厚於自奉，而敦睦之誼無聞焉。若恭壽者可不謂賢歟！其必先建支祠者，義田之例支給則先令拜祠，子孫所食皆由于祖德也。所祀斷自省三翁，則以家業之隆由是始，故不曰宗祠，而曰支祠，名不誣其實也。

祠在城之北關内環整坊。厥位面陽，外周以牆。進而爲堂，棲主于中央。後爲廳事，于焉合食。上則有樓，可以宴息。門塾咸備，爰及庖湢。迺擇循謹之人，俾董祠事。約曰：祠有餘

屋，本支應試者寓焉，讀書過夏者寓焉，輸賦入城者寓焉。他若醵飲也，博奕也，聚而謀訟也，不聽入。違者擯不齒於族。嗚呼，其勸懲之指切矣！其防維之意周矣！祠之成在嘉慶癸酉之秋。其經始也，則辛未仲冬也。既訖工，即介登明以請記於余。余嘉恭壽之有是舉也，足使好義者轉相倣傚。即力有不逮，而既動其尊祖收族之心，則分其餘潤以逮族之人，亦誰謂敦龐之俗之不古若也？遂書之以爲鄉黨勸。賜進士出身、翰林院庶吉士陳傳均書碑記。

（王茂騂等纂修《[浙江嘉善]秀溪王氏宗譜》 1927年鉛印本）

元惠公訓子帖

王三尊

《洪範》五福之首曰壽，曰富。之二者皆不可必得之數，而能得者爲難；且能兼得者，爲尤難也！余世守耕讀，兼習懋遷，今年已七十有九，亦可謂壽矣。五男三女，俱各成立。惟是僅堪温飽，從未坐擁厚貲。恐諸子未識吾心，迺自敘生平不能致富之由，爲爾等詳述之。

夫人孰不欲富？余非矯乎人情，而不肯爲執鞭之士也。庸詎知求之有道，得之有命，初非人力所能强者乎？蓋命當富，天必眷佑而錫以福；命不當富，天必挫折以困其身。父母俱存，夫妻偕老，固至樂也。乃余自前明崇正己卯十一月初七日受生以來，蒙父母撫養。至國朝順治五年戊子年纔十歲，於七月初四日遽遭吾母周太孺人之變。母年四十二歲。幸繼母姚太孺人提攜撫育，愛逾己出，得以生全。至庚子年二十二歲，娶妻蔣氏。父命分授田二十畝七分，代父操家。遂棄詩書而就商賈，經營四方，定省有間。賴婦主持中饋，不至甘旨闕如。詎料於康熙十一年壬子十一月初五日溘逝。年三十三歲。生長子士瑛，年甫十二，即爲無母之兒，豈不痛哉！繼娶張氏，亦能盡婦道，以兼我子職，又不幸於丁巳六月初九日病歿。年二十五歲。嗚呼！婦豈不壽，實余德薄，以致吾婦即棄三歲之子士琇而早夭也！痛斯時上有二老，下有兩孤。余煢煢一身，其何以内外兼理而使老幼咸得其所乎？迨繼娶錢氏，生子士璜，庶幾上侍高堂，下撫稚子。余可稍釋内顧憂矣。因即爲長子士瑛娶婦。方幸祖孫父子三代齊眉，誰料甲子中秋，婦竟以微疾終。年三十四歲。門衰運蹇，實余行負神明，上干冥譴，以至於此。又繼娶徐氏，慈孝性成，如前三婦，生子士琨、士璹，生女一。婦稟質素弱，饔飧顧復苦難兼攝，因留側室沈氏佐理内事，生子士瑳，殤。生女二。噫，余年已逾艾，精力漸減，不復遠遊。所喜雙親康健，得以菽水承歡。不幸七十九歲之繼母於癸酉秋初得疾，醫藥罔效，至八月十七日見背。時吾父已卧病數月，暮年悲悼，其何以堪，遂於次年甲戌十一月十一日棄養，享壽八十有九。兩年中疊遭大故，呼天搶地，痛裂肝腸。一切喪儀，悉遵遺命，竭力摒擋，以營窀穸。爲子之道，詎可遂云無憾乎？厥後兒女之事粗了。吾繼婦徐氏食貧茹苦，共事二十餘年，方冀同享一日之養，乃不幸於丁亥十月朔亦歸侍我先人之側。年五十二歲。傷心哉，孤與鰥乎！七十老人奚能遣此悲懷也！

因思夫婦偕老固屬人生樂事，向使吾元配長存，不復有屢娶之舉，則省三次婚喪之費，可以加厚於吾親，并可多置腴田，少益諸子之分授。奈我生不辰，天乃頻加阨境，稍有贏餘，即爲耗散，辛苦六十年而終不得坐享豐盈也。豈非天乎！豈非天乎！然天心仁愛，本不忍貧我勤勞，故嘗貨殖獲利，銖積寸累，亦得續置田地一百七十畝有奇。其如吾無富厚之命，故旋長而旋消。憶自五男之授室，三女之遣嫁，與夫父母之喪葬，房屋之修造，以及與人拯危，因荒輸粟，或代償私債，或賠補官糧，今將合葬諸婦，并自爲壽藏，事端百出，力不能支，往往取給於田價，而自我得之者復自我失之。所以分授諸子僅各得田一十七畝計五分,總八十五畝外,衹存田地十畝六分,爲自膳之資,已不能如當年受分之數。若計及身後費用,將并此十畝有奇勢亦未必復留,竟若飲博蕩家者之同歸於盡,則信乎命之窮也。雖然,疏廣有言:舊有田廬,子孫勤力其中,儘足衣食,後更增益,但教子孫奢惰耳!三復斯言,而知吾之不能積金以遺子孫,正所以成就諸子儉勤之德,而不至驕奢惰慢也。安知非祖宗餘澤,未泯天之所以磨厲吾身者?即天之所以玉成吾子孫耶?況天運循環,剥極必復,否極則泰,理有固然。吾今日之能貧,正諸子他年致富之機也。諸子其皆安分守己,做好人,行好事,以上承天佑。慎毋孳孳爲利,刻薄成家,以重負吾諄諄訓誡之心。諸子其勉乎哉!

君子有終身之喪,忌日之謂也。吾詳記卒年月日,欲爾子孫遇此日而知哀,且必誠必敬,設酒饌以享之也。嗟乎,豺獺皆知報本,曾人也,而反昧此?

吾勤勞一世,除分授諸子外,衹自膳田十畝六分有奇。計將田六畝三分可覓主變價銀三十二兩,爲吾喪費。倘不敷用,諸子各盡孝思,自將己貲補湊。或諸子中有能獨力承辨,議以此田付之管業,勝於開口求人,尤吾心所至願。側室沈氏侍奉多年,汝輩幼時亦曾蒙其保抱,議撥田四畝,生爲膳養之資,歿即以此田變價銀十六兩爲殯葬之用。諸子中有能任此費者,一如前議收管此田。與其重價而棄於他人,不如輕價而仍歸吾子孫之爲安也。即吾向時售出之田,有能勉力贖回,此是爲吾掙氣,尤慰余心。諸子不得援加價例復滋異議,要知異姓成交不過價銀七兩,議定聽贖勿加。若爲子孫所得即減少一二兩,亦屬當然。爾輩慎勿借端啟釁,以傷和好之情,以灭恢復之志。其各勉之!

富貴之家凡有親喪,俱託新友照料,人子惟知擗踊哭泣而已。余親戚中鮮有任勞任怨,勢必諸子親自經理。自當長子爲主,但士瑛亦年老不耐勞苦。長孫文長,年少有見識,又内助有人,正可代父之勞。將所得田價銀兩付之收儲,支用須節省,亦須得體。務與諸父參酌而行,不得自用自專,致有錯誤,貽譏鄉里。凡有需用物件,可置總簿一册,一應置辦價值逐一據實寫明,使咸知毫無私利,則不必避嫌而自無物議矣。且養生送死人子自盡之事,今所用者即吾自膳之田已,並不破費爾等己財。倘入手者,尚存侵蝕之心,以致苟簡塞責,返躬自問安乎?否乎?其三思焉!

親喪大事,諸子婦亦當協力同心,相助爲理。在廚下者致其勞,守幃中者致其哀,二者固宜兼盡。每怪人家當此大故,有自謂主持在我,旁若無人,反向其夫説得某人要長,某人要短。有自謂主持非我,袖手旁觀,偏向其夫説我不曾得長,我不曾得短,百般浸潤。從此,弟兄妯娌,暗生嫌隙,遂至靈前哀戚之地,釀成詬誶之聲。此真無識女流、不顧體面之所爲者。幸吾諸子婦皆素知大義,決不蹈此惡習。但須諸子各自循理善處之耳。家和萬事興,當識之弗忘!

古者居喪不飲酒,不食肉。此固人子哀痛所自致。若弔客光臨,本不當以此爲例。而今人多用蔬食,儉,吾從衆,但亦須精潔。倘使任意烹飪,毫不檢點,雖羅列多品,無可下箸,乃爲慢客,於心何安?素饌亦不必多,新親遠客用八簋,至戚近鄰或六簋,或四簋。日從事於喪次者,可以不必拘定。鄉間朝夕用酒,未免太侈,雖違衆,吾從夜始飲。惟客不留宿者,必須酌之以酒。竊念古人飲酒有云:三爵而油然以退。處常猶不過飲,況食於有喪者之側乎?嘗見近時人家每當喪葬之事,竟肆筵設席,暢飲懽呼。且有客不能飲,而所謂孝子者出幃陪坐,借敬客之名,居然酣飲。父死之謂何?又因以爲醉,是真無人心者矣!諸子可不戒哉!其盍思居喪不飲酒、不食肉之古道乎?

禮子斬衰孫齊衰之外,凡期功之親皆應穿孝。余家貧,不能具備。諸子各製白布直身、麻布直身二件。余側室及諸子婦各製白布衫、麻布衫麻、布襴三件。諸孫諸壻各製白布馬衣一件。諸孫婦諸女各製白布衫一件。其餘從子從孫及外孫輩不能概及。知我貧,諒不苛責也。勿多延僧道作功德,勿用奏樂伴靈,以省無益之費。古人守制三年,以報三年懷抱之恩。今人守幃終七以候,七中弔唁之臨。奈吾子或務農,或經商,少閑暇之日,過首七各自回家,無拘禮,不必常留苫次,致荒本業。惟至七期、百日、週年,以及清明、中元諸節並余忌日,當齊集諸子諸孫及子婦孫婦靈前拜奠。若諸子中或係農務冗忙,或係貿易遠出,則亦不必拘。蓋汝輩能成家立業,有志向上,便是孝我。我在九原亦所快心,固不在儀文之末也。

吾壽穴已經築就,與祖墓甚近,距住屋不及百步。日後子孫易於省視。喪畢便可安葬,切勿拘執時日方位,致淹親柩。二十七月之後,服制已滿,即可除靈入祠,祇須誦經一日,不必徧告親族,以免浮費。

吾子孫將來果有天資聰敏者,原可使之讀書。若質性魯鈍,或務農,或貿易,或習手藝,總要學成一業,切勿流於游民。然必先令其讀四五年書,與之講解,庶曉得些道理,不致爲非作歹。朱柏廬先生云:子孫雖愚,經書不可不讀。旨哉斯言!

康熙五十六年丁酉九月,元惠老人手書。

敬題先高祖元惠公手書遺訓後

王鳳儀

祖德期能述,遺箴尚慎旃。家風耕讀守,世業儉勤傳。式禮甯違俗。安貧總任天。至今留手澤,展誦愧承先。

余命第三子名思勤第四子名思儉爰作二箴示之

王鳳儀

勤　箴

惰游之士,學弗能殖。惰游之農,食弗能得。惟讀惟耕,各思竭力。民生在勤,古訓是式。

儉　箴

僭侈敗度,性爲習移。樸淳守分,今宜古師。去奢示儉,保家始基。物力維艱,其敬思之。

示樹勳姪丙戌六月

王鳳儀

昔吾應童試六次,未能青一衿。今汝年甫十七,便擷泮芹,甚爲快慰!第汝父當日所望於汝者至深,此後益宜保身養真,潛心讀書。分内之事勿推諉,分外之事勿旁涉。無忘先輩訓言,無染時下習氣。將來勉圖上進,庶得揚眉吐氣也。勉之!望之!

右先叔父虞韶公題家訓詩一律,命子二箴,並示景手諭一通。向爲景録藏家集,兹與先子庭誥同刊附於六世祖元惠公訓子帖後。俾吾後人時時展讀,知先世詒謀,繼承匪易,益當痛自刻責，守之弗替焉。胞姪景敬識。

曹倦圃司農與雲生公十札

曹 溶

徐生來云：相遇於道，計榮任必在十五日也。泉郡太守，儘可展布。又有賢上臺爲之提挈，遭際一時之盛。安心任事，流福生民，官豈論大小耶？近來局面大概從嚴，微有概請部選之論，雖未必遽行，然不可不慮。厚自結於百姓，此則安身立命之根。留意！留意！前寄興化王、曾二札，彼相諾否？不得來信，其懸懸。不佞北還，約在四月中旬。使者於月初來，可相及也。不孝名心具。三月十九日。

前從徐門生處寄一信，曾到否？不佞欲歸心切，藩司已許暫還矣。奏銷後方出印結。廿五日已出詳文，尚未知兩臺作何批發也。日内已覓夫船，約四月初十日前可以起行。仁兄有宅報或相託何事，遣的當人來。向開書目已鈔得《唯疑録》，不必再鈔。惟《慤書》及張楊二相公墓誌各覓一本爲望。今因督院書吏陳嶙託寫一札與何道尊，仁兄可即投進。如有人來，乞將泉州近日情形詳細寫示。荷荷。不孝名心具。三月廿五。

泉州兵變出自意外，使者至，得聞其詳，甚爲地方蹙額。仁兄所處清苦，無事可做，兼百物踊貴，大費支撑，不得不慮。然人生才智膽量從困苦中鍊出者，受用無窮，願安心耐煩，徐圖展布。目下已有具題實授之舉，萬萬勿萌他念。知日用窘乏，寄去白金拾兩，權供薪水。不佞交代將畢，廿外可以起行。一到家，即知會君老，令宅上遣人接濟也。功名雖小，亦屬進身之階。即欲奉教商量，實無可退之法，斷宜以静守爲安耳。一札答道尊，有爲仁兄設處語，一札寄蔣公子。幸各致之。相公刻書無忘郵寄。《唯疑録》已鈔得，不煩更尋。諸不多及。制名心具。四月十四日。

道署徐相公來，知起居甚好，亦甚貧；查甲無絲毫益處，良增歎慨。不佞因歸期未定，家間又四小兒之殤，痛苦不可言喻。今先遣三小兒回，料理喪葬諸事。已致書令母舅，詳述近況。六月盡，必有盛价到也。不佞在省悶極，送小兒至前途一看建寧山水，此月之盡，方返福州。六月將入漳謁督臺，取道晉江，可圖良晤。諸凡爲我留神。一札致蔣湣之，隨便望送去也。不既制。名心具。

駕過省城，值不佞送子還里，不及執手，甚悵然！此後或有便差，再來一晤爲望。何道尊已陞，向後應託何人照管，詳札示知；并泉州近日情形，細細寫札中。令母舅所託，應與代納，但目下囊底極乏，不能如教，看機會再圖之。蔣兄已許《慤書》，云欲去忌諱方送。此斷斷不必，可過語之。不佞自當祕藏，不輕與人看也。一字致何道尊，諸不多此。制名心具。六月初八日。

周姓送到手信，知近況安好，與郡守相得。此可喜事也。札中有道尊一語，讀之不解。或係不緊要者，則不必再示矣。方伯未還，久居甚悶。熱天過後，當力辭而還。有宅報可先付，并以潮州真信報我也。一書與錢丞，便中郵去。諸不多及。制名心具。六月二十日。泉州有蜜製新荔枝寄一小罈來；如無便人，不須措意。又及。

何公雖赴部，未得代者，尚有數月之留。不佞於八月初將還里舍。今届期，當專札别提臺，以老親翁爲託，并一致張守也。幕中徐子來，知起居甚安，稍足餬口，深慰鄙懷。惟具題未有消息，難定向後機緣耳。前付宅報久已寄去寒家，月外定有人來。蔣先生《慤書》，徐子云何公處未得，惟郡人陶石公家有此書。乞老親翁用價購買，付盛使齎來，當勝於蔣家刷送者。蓋蔣家性慎,必將有忌諱處删出,便爲不全之書也。十八堡及海上近狀,後有寄札,詳晰疏示爲荷。制名心具。七月十八日。

十月初一日抵浦城,初四日起行度嶺矣。一路託庇平安。聞錢唐江有水,望日可到家,足慰台念。興泉道是王育賢,係刑部員外郎陞出,從未識面。前到浙江,轉託梁金衢或李驛傳作書寄之,斷不相忘。張太守、蘇海防二書先附去。其提督不便空書,當於明春專以候之。因以老親翁相託也。尊駕歲内未得回泉,蔣、張、陶三札於衢州寄來,在蘇峨老中翰處,時遣人到彼一問。海如就撫福建,漸次太平,幸安心仕宦爲遠大計。明年有解蠟等差,乘便一到家,尤所望也。悤悤不及細寫,當有續信。制名單具。初三日。

十月初三日,船抵三衢。令弟輕舟返,約十四日到家矣。不佞以事少留,託庇平安。行李無恙。得歸故里,便遂初心。所不能釋然者,惟老年翁尚在危地,而新道王公又無相識。念其從刑部陞出,與蘇峨老爲同寅,已作一字託之。前路遇有與王相厚者,再轉索寄來也。令弟云,歲内必有一番入閩之人,未盡之語,於彼時奉寄耳。舟次冗冗,不備。十月十四制溶稽首。

前承枉駕,兼拜多儀,銘勒何已!閩中連得佳信,海警漸平。令兄或留或還,俱有可商之處。僕能詳之。錢氏一項不應相促,因日頗需米,兼有急需。敢託令母舅以請得慨然相付,深荷通家好也。楮不他及。名單具。

朱竹垞太史贈雲生公詩

朱彝尊

琅邪風調舊知名,未老抽簪樂事并。三徑重開檇李宅,一官曾洊刺桐城。篋中定寫丹經在,鏡裏何曾白髮生?六十看來同四十,駐顔況有月波清。

右曹司農手札十通、朱太史詩翰一幅,墨蹟向藏琅山堂。乾隆壬子,雲生公玄孫蘭生持贈同里清儀閣張氏,擬付硬筆而未果。備載叔未太親翁所著《竹里耆舊詩》後及《感逝詩》註。今附梓譜後,以見先輩交誼之篤,且俟異日乞歸入石焉。咸豐辛亥仲冬十日景識。

(清王大有纂修《[浙江]嘉興支橋王氏宗譜》 清咸豐三年刻本)

題古槐書屋詩集序

馮　至字森齋,諸暨人,舉人。嘉慶間,本邑教諭。

雲,山邑也,負碩德取巍科者,代有名賢。至今日而寥寥矣。論者謂人限乎地,而予意不然。歲丁巳,予秉鐸玆土,一時從予遊者皆知名士。王生琴蘭,英年嗜學,尤翹楚也。予嘗評其文爲大作家,而其詩尤見重於時。所著詩草如干卷,諸體悉備。司訓小宋公稱其古詩力追漢魏,近體於盛唐諸大家爲近。予索其全集閱之,信然。詩如是,其亦可傳矣。王生勉乎哉!具此雄才,當不久作池中物。是人傑而地亦靈,將於王生卜之,安在地之能限人也。噫,予老矣!在雲二載,荒齋苜蓿,官冷於冰。玆因解篆將歸,姑馳筆書此,以勉王生,且望之,併藉以勵從遊諸生也。

題古槐書屋詩集序

王武錫字寄廬，杭州人，舉人。嘉慶間，本邑教諭。

吾宗人之在雲和者，有琴蘭三兄爲名宿，以詩鳴於其鄉。袖其集以示余。余不能詩，而尚能讀詩。讀其詩知其人，覺一種冲澹幽曠之致，踏脚人海中廿餘年，所識士大夫罕有其比。譬之琴彈於幽篁之裏，譬之蘭生於空谷之間，雖逢時而未得地，吾兄其窮乎？然而其詩傳矣。因跋數語卷還之。他日得附名集末，令後世知琴蘭之友有杭州寄廬其人，幸何如也。

妙　嚴　寺在一都。

［題］萬廪公

滿路楓林葉半紅，沿溪欵欵按行驄。澄清練水涵秋日，澹沱雲天度曉風。老衲結廬頻錫卓，新詩題壁待紗籠。坐來頓覺塵心淨，一縷茶烟自裊空。

赤　石　山

［題］昐　公

名山傳赤脚，上有古沙門。竹瘦頻啼鳥，茶肥或卧猿。驅塵欣地聳，攬勝愛溪湲。有客公車倦，同來一笑論。

天　正　庵

［題］式元公

雲開雨初霽，晚步清溪濵。斜日澹孤影，空山寂無人。古寺依松篁，林深遠囂塵。前峯如屏列，嵐翠自鮮新。坐來俗慮捐，陶然適天真。

梅　　源

［題］九經公

行行過野橋，前村炊烟静。歸鳥喧樹間，夕陽澹孤影。林下問樵夫，木落空山冷。

清　修　寺

九經公

怪得山庵古，碑殘字半磨。矮牆圍翠竹，老木捲煙蘿。掃榻塵初淨，傾罇酒復多。高僧深愛客，不憚遠來過。

獅　山

[题]汝勳公

何處等幽勝，獅峯矗水涯。五溪奔溜急，一徑繞山斜。鳥倦穿簼竹，僧閒掃落花。竭來頻坐久，石鼎聽煎茶。

冒雨過桃花嶺五古學使阮文達公刻入《浙江詩課》。

[题]樹英公

蒼厓何崱屴，層雲遥在天。人行空翠裏，忽逢朝雨懸。叢篁媚清姿，夭桃褪紅鮮。長風吹颯颯，石澗鳴涓涓。古洞窈而深，曲磴相鈎連。嵐光有餘潤，草色争芊眠。四圍插奇嶂，一氣濃於烟。疑是武陵路，於兹澹塵緣。孰領永嘉郡，空憶當時賢。嶺高得佳名，新霽尤蒼然。何當追大謝，高吟青冥巔。

詠懷往蹟二首時嘉慶壬申四月。

樹英公

我王氏自肇姓以來，簪纓相繼，世有英喆。言念及此，爲忻慕者久之。因作詩以紀其盛。

一從姓析姬周後，世德緜延永不磨。學繼青箱流澤遠，家傳烏巷毓英多。將才卓犖推捫蝨，書法精工仰换鵝。自古賢良欣蔚起，槐陰森秀近如何？

衣冠舊族重東都，奕葉繁昌析郡殊。《世系備要》：天水、瑯琊、高平諸郡皆有派系。孝遡卧冰徵躍鯉，仙推解舄化飛鳧。磕溪秀啟周樞密，栝水祥開宋大夫。還是桑田鍾氣厚，霓衣入夢古來無。

述祖德一首

樹英公

昔常待公爲宋純臣，實有懿德貽我孫子，爰賦詩頌之。

少向皇都奪錦袍，延平出宰尚英髦。邊庭奉使羈遼久，宦海求家守栝勞。三邑依然興鼎族，一靈諒已列仙曹。春秋入廟瞻遺像，益信生前德壽高。

感遇贈族姪顧廬

樹英公

鐵硯磨穿志未灰，肯教埋首没塵埃。少年不學雕蟲技，末路休誇倚馬才。俠骨偏從貧士得，豪情還傍醉鄉來。山中卓犖雲棲客，何用新詩賦七哀。

館 規 溪

［題］宸正公

漫說奔馳厭小奚，行囊頻促負東西。文章零落同芻狗，氣概消磨到木雞。伏櫪空懷千里志，遷喬聊借一枝棲。於今白髮侵雙鬢，橋過昇仙敢浪題。

重遊武岱山

宸正公

懸厓依舊樹盤根，疥壁詩箋半斷痕。八載遊情人已老，一林秋氣瀑仍喧。水含石髓清流潤，日轉松陰綠到門。我亦歸從山下去，淡烟疏磬月黄昏。

箬 溪 八 景

宸正公

鳳山挺翠

彩鳳來人間，幻化丹山狀。黏天餘翠雲，猶作文章想。

龍岫騰雲

層陰白皚皚，潛龍扃牖户。君看膚寸雲，崇朝作霖雨。

雲溪疊浪

夜聞山雨喧，朝盼浪濤濺。怪他溪上雲，浮作桃花片。

筆架巉巖

岞崿疑削成，雲際三峯出。誰是鳳池人，許架如椽筆。

獅巖毓秀

獅嶺培峯高，巧補巽方缺。靈秀自千年，會看鍾人傑。

靈潀懸泉

峭壁挂靈泉，懸流不見底。我欲從白雲，借問源頭水。

中流孤嶼

峩峩雪溪中，雙流一停束。錯疑洞庭湖，君山浮蒼玉。

絶頂仙庵

岧嶤俯松雲，絶頂羣真宅。傳聞明月中，尚有飛仙跡。

寄弟晚香宰正詞右調《大江東》。

宸正公

翹嘶金埒，怪楊稊、浪把騮驊維縶。猛策登程，終愛制、枉借蒲帆風勢。經笈虞擔，錦囊奚負，轉徙尋生計。深山古寺，遂教闊絶人世。　迴思燕返鴻征，故鄉族戚，久睽經年歲。況乃先塋需掃祭，□□□□□□。杜宇聲中，灰蝴影下，遥盼空無際。春風駘宕，好吹夢魂歸。

僊瀑巖

［題］紱　公

巖端走白虹，飛流何噴薄。終古浩茫茫，源從天上落。

白龍山

［題］懋功公

爲訪龍山勝，扶筇上翠微。雲光連徑滿，瀑氣隔林飛。寺廢空留礎，嵐霏欲溼衣。登臨無限興，歸路已斜暉。

覺是亭四詠在沙泠橋。

［題］懋功公

炊煙一簇傍東城，墟里猶傳舊宅名。愛上賓暘樓上望，雲山無數獻新晴。梅里朝暾。
古木陰森覆石梁，夕陽時節試追涼。怪他鴉背翻難定，一點餘暉樹杪黄。樟林夕照。
雲根横亘愛沙泠，鏡面盈盈淺水渟。欲訪當年題柱客，籐花依舊護溪亭。石橋流水。
亭亭塔影倚斜暉，煙鎖寺門行跡稀。幾杵鐘聲摇不定，白沙隄畔一僧歸。野寺晚鍾。

雙桂樓懷古并序

王士鈖

樓在黄溪之北，爲明懷彬公讀書處。耿亂後，基址僅存。乾隆間，五世孫獻德文教公捐入文昌宫矣。鈖於脩譜之餘，言尋故址，勉綴七言，以志忻慕云。

桂樹曾徵祖澤貽，高樓而復占雙枝。縣尹公生五子，以燕山自况，牓曰“桂軒森秀”，故中街後裔皆稱桂林王氏。懷彬公，其十世孫也。芳聯花蕚真連理，慕彬公，少從公讀書普光寺，後授益州教授。秀出欏林獨冠時。《雲和舊志》：箬溪，一號欏林。風雨十年宏藴蓄，西南兩社待扶持。公歷任雲南兵備兼廣西按察司分巡道。勳名不朽雲山在，食德彌深仰止思。

黄溪八景并序

王士鈖

箬溪八景，舊爲邑侯竇素文所定標舉勝概，已足增成故實矣。而附郭佳景未經品題者頗多。兹復次其品目益爲黄溪八景，並綴五言，用紀厥勝，以俟夫好事者擇焉。

魚山登高

魚巖狀谽谺，登眺餘企慕。我欲繼遊蹤，一亭補清趣。

龜巖垂釣

龜溪桃漲新，龜麓柳絲細。借問垂釣人，幾時長魚鱖。

前港春雲

一輪花裏藏，雙巷柳前溉。滿徑封白雲，時聞喧水碓。

後溪貯月

人言前溪雲，不道後溪月。我愛六橋遊，鏡光波面凸。

杉嶺樵歌

樵擔隱煙蘿，歌聲出雲木。杉阬寂無人，虛籟答空谷。

梨園牧徑

滿園香雪雲，一徑夕陽送。花下卧青牛，梨雲許同夢。

大慶晨鐘

名藍創有唐，三大尚留慶。幾杵僧樓鐘，耐人五更聽。

西成秋社

西成華黍豐，含哺樂歌舞。秋賽奏神弦，街頭聞社鼓。

柳愚溪先生唾餘詩草序

[題]紛　公

昔江南名進士盧時謂士登先生，世居晉陵之陽羡，任楚司理。迺我雲邑侯王定一永清夫子發解之恩師也。先生以衙門議裁，謝政歸田，屢徵不起，懷山水遊至雲，訪侯。侯館先生於城西。偶過侯署，見几上新雋文，先生以爲侯作也。侯曰："不然。此蓋雲邑柳子愚溪佳篇。"先生展讀之，若黄鍾大吕，琅琅天廟音。矍然曰："柳子之文，日月池中龍也。有漢班、馬才華，有唐韓、柳風骨，有宋歐、蘇神氣，不久爲王者香。"因問侯曰："柳子能詩乎？"侯曰："其詩益工。"先生曰:"何如人?"侯曰:"豐儀秀整,英邁不羣,敦行孝友,脱俗絶棼,翩翩雅度,士林之偉人也。"先生歎賞勿輟。

一日命介自隨,獨步柳子庭。柳子迎之甚歡。徧觀圖書古史,階砌蘭菊。憾與柳子相見之晚。謂王侯鑒識之優也。柳子款飲,踏月返館。繼而柳子往,先生來,迭相唱和,以詩文共快,數月内情致纏綿。先生依依不能舍柳子去,意欲柳子偕之彼都,俾潛心舉業,博天下高第。奈柳子二親在堂,並五旬以上。柳子性至孝,未忍暫離膝下。賦詩祖道,灑淚分袂。嗟乎,非柳子不能親炙先生;非先生不能物色柳子。曾幾何時,倏成二十年事矣!

余與柳子愚溪翁宿昔交,晨夕聚,氣味深,叏涼泯,故克備述其盛。非徒慕先生、邑侯之賢,正以先生、邑侯能知柳子之賢,即余之所以寫柳子之賢而品題其文與詩也。余自寒荆棄世,一官久待,環堵蕭然,孑處無聊。值密雨連宵之際,忽得愚谿翁《唾餘詩》一卷,屬余評選,並請序。予乃心曠神怡,悉爲披閲,割愛揀尤,以付剞劂。危坐儼然,閒齋四壁,月白風清,鳳嘯鸞吟,玉輝珠媚,不知人在世中與世外也。但覺柳子之詩盈天地間,人情物理,濃淡巧豔,真態妙景,哀怨娱樂,幽香逸趣,無不從柳子之霜毫摇曳而曲盡也。柳子洵太白、少陵後身乎?設盧先生、王侯再起而晤柳子,其鑑識歎賞更當何如耶?余不揣鄙拙,謬爲之序。康熙戊子桂秋月望日。

古今心鏡搜奇自序

酚 公

鏡者,能照物者也。書者,能照心者也。然鏡能照今而不能照古,其照有限。書能照古,而復能照今,其照無窮,故名其書曰"古今心鏡"。然必搜奇者何?魯經鄒義,自幼誦習,旨雖深奥,老師宿儒平時講解,會悟貫通祇是耳聞目見之常,未始爲奇。惟開天闢地以來,山川中有山川之奇,人物中有人物之奇,無論新進晚輩,耳所未聞,目所未見,即老師宿儒恐其閲歷未能皆徧,洵足爲奇。五嶽之靈,崑崙積雪,天台石梁,黄河之水從地湧出百有餘泓,登州海市春夏常見:此山川中之奇也。古帝方牙母履巨人之跡而娠;夏王姒氏母感流星貫虹而孕;史官四目;籛壽八百;伯陽懷八十一歲啓程右脅生;尼山之聖,麟吐玉書,胸有"制作定世符"五字:此人物中之奇也。由此而廣之,要皆博學有得,搜羅有據者也。故余嘗懼博學未至,搜羅未盡,弗獲如管夷吾識卑耳尺許導馬之人,東方朔解長平唧怨盤地之蟲,倪寬知中渭之浴女,劉向對疏屬之械徒,雷焕辨豐城之干將莫邪。倘一旦擢授名邦,鈴鳴鐸振,多士雲集,卒有問焉,舌撟而不能下,目瞪而不能裁,土偶蒙金,愧何底矣!是以生平寤寐喜讀古史,遇所奇者,不特帝王之大事功,聖賢之大經濟,忠孝節烈殊絶之大猷,爲初終燦記。甚而一言一行之足師,一木一石之可賞,亦必采録。分門别類,編成八卷。不勞查核,便於觀覽,偶有感觸,隨手即得。披而讀之,覺有目控古今,胷包宇宙之槩。但不能效陳子昂之碎擊胡琴,殆欲作聽王景文論古,猶讀酈道元《水經》,名山大川,貫串周悉,咳唾皆成珠璣,並若蔡中郎之讀《論衡》,秘之帳中而已。不意爲寄園先生所窺,亟爲余序,謂宜登諸梨棗,與世公之。余曰:"唯唯。"信如翁言,則是書也,永爲照心之鏡矣。庶幾與古史墳典並懸日月,未必於後之學者無少補焉云爾。時康熙四十一年歲次壬午菊秋月既望,書於晚香樓之南牕。

遊獅山記

[題]宗　公

獅山，在縣治東南五里。嘉慶乙丑春三月既望，與華園柳君應池耿堂梅君掄魁，同飲於睦田林遠巖日芳家。遠巖，予門徒也。二君酒酣樂甚，約遊獅山，予與林生慫恿之，遂偕行。緣溪抵山麓，石徑犖确。捫蘿躡足，歷三百餘步，至山巔。山忽平衍如砥，嵐翠撲服，鳥聲如話。古刹掩映松竹閒，即邑志所稱普仁寺也。山犬驚吠，老僧迎門入方丈少憩，因屬僧導予輩往。去寺北數武，有泉曰獅乳，色瑩然白，掬而飲之，冷沁齒牙，如嚼冰雪。自獅乳泉而上，過石徑，彳亍危磴，至望翠峯，葳蕤石筍，屹如人立。陟其頂，空翠迷離，目光爲眩。予方止步欲還，遥望前峯壁立千仞，則登雲梯在焉。拾級上升，凌虚一嘯，聲戛霄漢間。擬當攜謝朓驚人句，翹首可問青天否？又從寺北路左折而南，有危峯嵂然而起者，巽峯也。上頗凹，地廣十弓，碎瓦荒階，廢礎磊磊榛莽中，狀如蹲豹。僧指而告曰："此培峯亭也。舊名攬翠。昔竇侯作此，固欲山毓其秀，以啟人文。今則圮矣。"予爲悵然者久之。林日斜暉，煙浮瓦脊。頭陀報茶熟，僧乃導歸寺，列坐退谷軒中，劇談移時。而二君之中乎酒者，至是爲解酲。相與陟巉巖，臨絶壁，所見羣山繚繞，雙溪激湍，奔流其下。遠而城市之屋如鱗次，煙樹參差者，皆宛在目前。已而，四山雲起，長風颯至。山前落花争飛，拂予衣飄飄欲仙，幾不自知其在塵世者。因歸而記之，寄語山僧，他日重遊，應酌予於快哉亭之上。老僧解人，或不笑爲俗客矣。第不知梅、柳二君與林生能偕來否耶？

遊讀川莊記

宗　公

讀川莊距龍泉縣治八十里。嘉慶歲壬申，是鄉爲余闢賓館。束裝以往，由鳳山谷口入，仄徑崎嶇，下臨深澗。輿子方蹩躠行，人面縣崖，怒石陡落，疑路絶矣。忽而披雲入林，逕復通，連徑松篁蓊翳，深翠滴衣。經數小邨落，大半依山結蝸廬，覆以竹瓦。約行五十里許，抵金莊。山始洞豁，見平田。復前行，則又兩山夾水，石磴孤盤，視入山時所行逕益峻。余幾謂鳥道蠶叢無過此，爲欷嘘者久之。已而暮雨灑空，遥見水際煙青，村前樹緑。輿子告余曰："至矣！"乃下層坡數曲，達平疇，度石矼，竹籬犬吠。主人笑迎於門，爲具饌。明日，遂除榻於脩竹山房，几席丹鉛外，無餘事。居久之，因得縱觀山間諸形勝。村居可十數家，羣峯排闥，一水轟雷，中架白板橋，築石成路。出谷口，則屏山聳翠如關鍵，居然一武陵源也。筆峯峙於北，石柱矗於南，兩崖古木拏雲障日，連陰弸環。時聞好鳥發音，與溪聲互答。緣溪磊巨石，如潛蛟，如蹲豹，如奔駿馬，隨物肖形，不名一狀。溪僻處，野碓舂雲，聲丁丁如扣缶。深山静境，余蓋悠然日遇諸心目間。山中惟王氏爲著姓，風素樸，類多淳厚人。環山藝竹木，家故饒。族姓鮮艱食者，復能敦尚詩禮，有醇儒風。嗟乎，通都大邑，城市喧囂，俗且侈，士亦苦其塵擾。兹鄉宅幽埶阻，别具天地，余擬卜鄰而居，及一憶山逕峻削，夢魂若猶悸也。因併綴五言爲紀其崖畧如此。

讀書西山庵賦有序

［題］宸正公

西山庵者，浮雲之小蘭若也。以其面巽而背乾，因曰西山庵。由村頭北渡燕尾津，登金絲嶺，逶迤而上，津遠嶺窮，其庵建焉。岸外而臼中，虚前而實後，奥如也，曠如也。乾隆丁酉正月，余偕仲弟晚香寄讀於玆，避喧染也。閲數夕，住僧雲波向余請曰："山林知己今已得矣！匡廬面目不爲洗刷，無乃汶汶乎？"余曰："唯唯。"緣脱穎抽思，取其人物花卉，併寓居之意，假湛然子而爲之賦曰：

毘盧戴首，淄素披身。二刹合抱，三人同心。來則萍集，去則蓬分。彼何人斯，庵之曇雲。雲前展翼，林下低鳴。雉鴣同喙，鐘磬諧聲。匪鶯匪鴈，庵之德禽。客至曰豹，出矣且去。處此無他，庵之班韓盧也。庵之前有仙葩，蓁蓁其葉，灼灼其華，濃含宿雨，艷奪朝霞，武陵深處，恰有僧家。庵之後有泉流，光吞木石，静謝魚鷗，澄澄徹底，活活源頭，汲而飲之，冰心一甌。僧曰："請以山賦。"湛然子曰："然。"西山之陽，有驪石焉。磊磊落落，介介田田。奇哉異矣，平嵌嶄然。熊羆搏木，馬牛飲川。拜稽其旁，長袖裝來，不妨呼他九華以比嶽；跏趺其上，大白浮之，可以使我一醉而爲箋。西山之陰，多幽蘭哉。擷以爲茗，馡生齒頰；紉以爲佩，馥入懷來。王者之香，楚畹未栽。巖砢歷落，云何自開。嗟嗟，苟余情之信芳，甯索笑之隨梅？知素心之莫賞，聊容與以徘徊。僧曰："松竹如何？"漠然子曰：松耶竹耶，風與月與，紅爐湯沸，滄海濤驚。飄摇偃仰，姿態横生。風固如此，試觀月明。玉鏡懸絲幔，銀鈎掛鈎竿。窗外水波動盪，庭前荇藻差參。或曰：此松竹影也。千態萬狀，莫可明言。此君大率如是，老髯何在不然。僧曰："有進乎？"漠然子曰：有皇皇者華，離離其子。拾以煮茗，輕烟細裊。與爐香繚繞，纏綿而無已。豈思望白雲以同歸哉？意欲待清風而俱去耳！曉曙後，碧天杲杲，紅日團團，光芒直射，滉漾多端。方生春於枯谷，遂進步於長竿。紆青拖紫，泉達火然。豁人心目，氣象萬千。西山之秀氣堪挹，東里王東里，宋紹興士進。之慧燈許傳。行將與子話籠紗之韻事，而證煨芋之奇緣。

琴蘭山人詩集序

佚　名

士生於雲而欲其名之壽於世也，難矣！見駱駝爲馬腫背，見哈叭狗爲金毛獅，識殊陋甚！即有一二具隻眼人能分二李仙鬼，顧不尊不信，徒相標榜，究不如附驥而益彰。青蓮所謂一經品題，遂作佳士者，以此。余族叔琴蘭少善吟咏。邑人未之知也。歲戊午，督學芸臺公臨郡，古擬過桃花嶺題選入試牘數章，琴蘭叔厠其内。因念一斑，不足窺全豹，寸晷所成，尚非佳構，爰檢敝笥中夙稿若干篇，彙爲上下二卷，希遇緣而付諸手民，甚盛志也。森齋馮司鐸爲製序，復屬序於予。以余在雲，謬叨能詩名。第余詩並未嘗規規仿摹古人，祇從一時真情中憂樂而生，樂則笑，憂則哭，借題寓意作韻語，卻非妄語。玆琴蘭叔不然，時家居，非若余之棲巖厂，揚海飄，雲譎波詭，有會心而笑也，遇甚坦，非若余之傀儡填胷，多所感而哭也。故其詩冲夷古雅，氣格自高。古詩出入陶、謝諸家，爲較優；五律次之；其餘亦不在晚唐以下。雲今能詩當以琴蘭叔爲最。所惜者生長荒僻中，莫爲之前雖美不彰。縱偶然見賞於宗工，而契非其深，未可作附尾恃。倘欲垂之以待知音，更茫茫未可必。余齡踰半百矣，先余生數十年刊詩集僅有愚溪柳公。柳公詩匪惟版片無存，即欲索其一二佳句不可得。則知傳誦者之絶少其人。若琴蘭叔少余齒二十餘，余因得時讀其詩，其相爲參酌。但其後未聞有繼起者，如余西賓，歷四邑，門下徒幾百餘人，尚未遇可以授詩者。而謂越千百年後有知琴蘭叔之詩而表彰乎？余自丙戌至申寅三十年間，繕詩稿六帙，均散失不知落誰氏手？大率被盲徒竊以覆醬瓿。余生前尚如此，而謂琴蘭叔可冀身後有寶藏而垂久乎？嗚呼，莫爲之後，雖盛不傳。余故曰：士生於雲而欲其名之壽於世也難！琴蘭叔其勉之！假令天不終絶，雲人得和其聲，以鳴國家之盛，俾余今日所言，不爲秋蟲爲夏雷，則幸甚！此序。

餞明府春渚李夫子謝政旋里詩序詩附

王士鈖

舍棠芾處，都成可愛之陰；欄藥開時，原是將離之草。駐春風於緑野，有脚旋回；攬明月於青天，此心如寄。藤蘿招隱，楊柳贈行。盼陶令歸裝，目斷東門之路；吟江淹《别賦》，情深南浦之波。固已手版辭公，心旌懸我也已。春渚夫子，系出隴西，英蜚出左。地望擅濟陽佳勝，文章分魯國靈光。緒衍青箱，桂樹既丁年擢秀；鑣揚赤幟，棣萼亦乙榜聯芳。雖多士翹材，樓成韓洎；而廣文養望，館就鄭虔。猶且蛾術依蝴之階，鱣飛跋魚龍之浪。燕臺再上，雁塔逌題。而後花簪上苑之林，符綰富春之境。公爲道光戊戌進士，前署富陽知縣。屈士元於百里，借子翼以一年。則惠此花封，不既榮逾苜舍矣乎？洎乎移篆我雲也，謡成來暮，鼓罷退衙。錦張新製之機，琴换重調之曲。類良翰之知治術，比西門之禁巫風。足雨郊原，慣聚常平之粟；風清齋閣，惟供自奉之葱。瞀鴈無聞，掛魚足羨。慈君之奉可付之小民，循吏之稱交推於旁邑。宜乎洊登上臺之牘，待轉明府之銜者矣。且夫文翁教蜀，而化於以行；韓公涖潮，而治爲之易。良以文風之雀躍，由於吉月之象懸。雲有箬溪書院者，經始於鄭侯，道光戊子，鄭邑侯稼軒倡建。謀成於高令。壬寅，高邑尊魯峯諭捐膏火，生童始得肄業。祇以上考難辭盧邁，後來更待杜詩。故公甫屈下車，即承主席；棘欣止鳳，門許登龍。拜立之作書師，孝廉之船如授；勸長吉成進士，宰官之鉢許傳。蓋其評文竹閣，論藝莎庭，苟玉尺之衡來，即金針之度出，職原在父，誼實兼師也。曩歲五月，爲我公七袠誕辰，尊開北海，壽祝南山。鳩扶鄉長而婆娑，邑舊屬麗水鄉，明景泰間始置縣。膠東宋邑侯有句云："不才嘗自稱鄉長。"兕晉門生而鞠䐛。惟願方暉永曜，圓魄常盈。瑞叶史書，福星並壽星炳焕；休徵輿頌，冬如夏日舒長。今者結念三休，寄情十賚，徒以米羞腰折，花感髩皤。鶴不南飛，但唱歸雲之引；鴻將北鄉，難留印雪之痕。喜蒓鱸正熟之秋，原堪謀夫豹隱；憶竹馬初迎之日，尚有感於鯫生。士鈖自維譾陋，久荷滋培。冠童子之軍，謬承青目，邀宗工之鑑，倖契素心。授左氏露記研朱，所授《左傳》一册，皆公手自丹鉛。推袁安雪憐封白。因試箬溪書院入選，公歲給膏火銀廿兩。所憾一經薦鶚，再試鎩鴻。負擁腫以無成，比菤葹而未死。花欲開乎一縣，尚乞桃蟠；公七旬誕慶，鈖集同門獻詩介壽，有"駐顔願假蟠桃獻，常此栽成一縣芳"之句。木剛樹以十年，又逢瓜代。公於癸卯下車，屆今正週十載。有懷張網，不逢鳧舄之雙飛；無計攀轅，願賦驪駒之一闋。

召杜歌徵輿誦同，邑紳耆恭頌"望隆召杜"四字額，懸公堂。無慚賜絹舊家風。春江尚憶恩波遠，雲里頻叨福蔭洪。從識烹鮮猶小邑，敢矜棲鳳即芳叢。未應雙履留仙吏，已逐天邊向北鴻。其一

觀風憶到下車時，最喜陽春脚駐遲。碑立棣棠多闓澤，門栽桃李有深期。仲卿早入循良傳，元亮還吟歸去辭。遺愛未能忘父老，競擕杯酒餞臨歧。其二

隨身笠繖亦怡然，十載雲山了宦緣。齋馬好追元淑儉，釜魚應擬史雲賢。歸無别況風清

道,去有餘思月印川。秋水一方人宛在,者回翹首濟陽天。其三

鄒律春回黍谷和,栽培我獨荷恩多。棠堦何幸塌頻下,蓬海尚慚船未過。北上幾時酬鶴望,東歸此日悵驪歌。臨風願化啣環雀,留待他年想玉珂。其四

翠峰樓記

湯維新龍泉人。

嘗聞古之聖哲賢彦之士,爾時芳馨揚溢,迄今千古名彰。斯果何道而至此耶?精也,誠也,盡人倫之宜也。今也,人能超然卓志,以丈夫自命有爲者,亦若是矣。可惟世無虞舜,而天下未嘗無聞孝;世無孔融,而天下未嘗無聞弟;世無伊尹,而天下未嘗無聞忠;世無季子,而天下未嘗無聞信。聞人皆可爲舜,爲融,爲伊,爲季矣,未聞舜、融、伊、季爲絶德而不可能也。不必浚井讓梨、放桐掛劍之事,然後可爲舜、融、伊、季矣。何也?凡能盡臣子弟友職之所當盡者,皆可無愧於舜、融、伊、季矣。爲聖爲賢,不外精誠而已矣。所以舜有戒,湯有銘,孟取義,孔成仁,周公吐哺,禹惜寸陰,聖賢且孳孳以自警,何況中才與吾人?

丙戌夏,有事浮雲,過王子家,被酒卧翠峯樓,醉醒憑欄,半窗殘照,日之夕矣。已而,清燈欵語,王子撫几而言曰:"尊親、事長、忠君、信友,旦夕縈懷。惜緣塵蝟集,未獲臨池。請代爲之銘,滌我塵襟,共成一快事耳!"余聆言而默嘉之,是亦塵俗中作中流之砥柱也。余愧不文,勿克爲王子撰詞。無何次早,王子出粉板,索書再三。噫,余復何言哉!仍即王子意自言之而已耳。援是走筆於右。劍川東槎道人湯維新識。

題魚山公古今心鏡搜奇序

柳盛枝字逸軒,坊郭人,瑞安教諭。

世之所稱儒者,必其生平操履無虧,學問淵源有素,方爲真儒。我魚山王先生其學其行可謂兩不愧矣。余嘗慕其尊人去盈先生,以明經授别駕,高蹈不仕,杜門著書。洵括西儒宗也。著有《廬中夢全集》,藏於家,未及鏤板。兹先生克繼芳躅,又稱文學之醕者焉。余弱冠與數晨夕遊,每觀其品詣,深爲敬服。其文章卓犖,言論風旨皆典雅不羣。凡一言不正,弗形諸口,一行不正,弗見諸事:悉本家學淵源。喜研窮博覽,每讀經史古書,必舉爲同學生徒之訓。壬午,謝業閒居,繙閲古史,手采道德,優隆才學,淹貫名人出處,若帝王將相聖賢豪傑與夫忠孝節烈之流,以至理學醇儒,並山川之勝,僊釋之高,彙爲若干卷,靡不具備。編彙成書,皆博雅可傳,非同索隱幽僻,以炫耀人之耳目者。悉有關於道問大本之所自出也。夫自古帝王將相、聖賢豪傑、忠孝節烈、理學醇儒,以及名山、大川、僊釋皆本天地,一時靈秀純粹之氣所鍾而成。録而記之,且彙而分之,著爲簡編,良由學力之專精,自少而老堅其志以致焉耳。雖然,學者苟言之不經,縱才若司馬長卿之富,學若揚子雲、劉子政之博,亦終爲子虚太玄藜閣窅邃之物,不足垂法於後世。若此於古人之出處事實,天地山川文物典型,始末瞭然,開卷在目,一一可奉爲拱璧,俾後之學者踵步芳規,實有關於學問之所自出。其造就人之品行與德業才猷悉本此。學以志之,其裨益真爲不淺。異時附剞劂氏以成不朽,其簡編亦偉矣哉!謹率筆而爲之序。時康熙壬午又六月上澣。

致啟曾公書

涂士標字準之，號小巖，宣平人，諸生。

倏爾一别，於今三年。落月停雲，時縈寤寐。古人一日不見有如三秋，况又過之，思何可支？近晤令嗣年兄，得悉老先生道履亨嘉，眠食增勝。遥祝之下，曷勝賀賀。憶甲午造宅，本因赴令親鴻模長兄之約，不意過擾公家，一切盛情，非同常套。愧晚阿堵緣慳，探囊垂盡，無從少報萬一。每一念及，徒然感愧交戰於胸而已，奈何！奈何！客歲，嗣君來，又以地處僻壤，食少兼味。思其陋况，不特如旅舍之棲遲，直同古廟之信宿。後以舍下冗擾，乃借寓白雲，冀得晨夕觀摩，相成德業。復以身中蜮毒，名掛彈章，遂言别匆匆矣。未及脩候，慙仄良多。何期嗣君别後，學問文章乃爾大進。今歲選拔，咸於嗣君拾芥相期，不謂時人之眼乃别有專注，出處有時諒非虚語。而大器晚成，又焉知非福乎？雖然，嗣君之志與學，區區功名富貴云爾哉！殆有大於此萬萬者，所謂志有在而不暇及也，所謂古之人修其天爵者也。先生宜以聖賢之學、千斤擔子相策勵，使之日昃不遑，無有已時。所謂一息尚存，此志不容稍懈，則遠到相期，成就正未可量，即千秋萬世後可謂先生有子矣！所得豈不大哉！恃愛進此，知更有以匡所不逮者，幸甚！山間無佳物，伴函聊奉蓋碗一口，用備淡若之需，粗餻一品，以充弄孫之飴，希哂存之。楮盡難罄積懷。肅此耑候，臨款無任神馳。啟翁老先生座下近祉不一，潭府諸好恕不另紙啟候。

右涂準之先生手札一通。咸豐辛酉歲，余得之同里吴氏子。見其楷法端勁，頗似族伯顧廬公書。向聞先生與族伯爲雲霞交，以是録而藏之。初未審啓翁爲誰，又其策勵嗣君語多藴蓄，不易索解人。越歲乙亥間，與梅慕孚同學，設箕於遺愛祠樓。一夕，先生忽降壇。叩之，謂與顧廬尊人之書。謹案：族祖景沂公，字啟曾，邑增生。族伯其長君也。早歲即負能文名。乾隆丁酉科，以不得尤拔，故書稱“今歲選拔，咸於嗣君拾芥相期，不謂時眼别有專注”。計先生自甲午抵雲，至是已三載矣。自是族伯屢薦不售，連躓於有司。己酉萃科，仍以冠軍不獲與選，人咸爲族伯惜。豈知此書之期以遠大與慰藉，尊公極之千秋萬歲後可謂先生有子者，早示以所重在彼不在此也。蓄疑十載，一旦豁然。惟先生遺墨久爲吴氏子取去，近聞闌入彼家私牒，詭託與其祖書。微特族伯喬梓德業文章，初非傖父所敢望，且如志稱結廬婁狗里，人到今尚有能舉似者，均爲信而有徵。彼夫已氏欲以鬼蜮之故智，肆其劫奪之狡謀，是甘爲郭象之竊莊者，更甚於崇韜之拜墓矣！噫！光緒戊寅莫春上已後三日，士鈖謹識。

題古槐書屋詩集序

陳治策字芸蕙，湖北興國州人，進士，嘉慶間本邑知縣。

琴蘭王生爲箬溪之名士。歲丙寅，予宰斯邑，觀風課士，奇其文有國士之目。居久之，生以詩集來謁，具言苦心詩學二十年，積詩草若干，纂而成帙，因乞余爲之序。於時公餘多暇，趺坐藜床，竹窗暈碧，撫其詩披閲終篇，覺有一種醇古蒼秀之氣豁人心神，是真能胎息漢魏，斧藻三唐者。余足迹半天下，閲人多矣，解人不易得。今以生爲解人，時欲與論詩文以爲快。而生固非公罕至，其人復難能而可貴也。余於是重其人，益愛其詩，遂樂爲之評定，以俾刻焉。嘉慶十四年己巳五月書於雲和縣署之浣花居。

(《[箬溪中街]王氏宗譜》 光緒六年木活字本)

十三世孝緡公游學法國來鴻摘抄(1908～1914)

王孝緡

1908.11.11:頃得十月二十二號來片甚慰,兄法文二年後小成,再定學何專門。十哥繼曾日内應已到南洋矣。兄思鄉頗切。寄自巴黎安西(Le Raincy)鄉。(1)

1908.11.19:一禮拜來,我國出了大新聞,有得京信,務詳及一切爲盼。沈崑三欲與吾弟通信,弟又可得美國繪葉書矣。編注:大新聞指光緒、慈禧駕崩。繪葉書指美術明信片。(2)

1908.11.25:母親言旋之説,不知是否赴滬,望眼穿雲,一人在此寂寞,弟在東京,相去亦遠。(3)

1908.12.2:此片安西鄉地圖用紅墨水畫處,即兄寓所之西大街,計劃此片到時,正是外國新年,休息幾日,樂竟如何?兄一人冷寂異常,無可消遣,無可自娱。十二哥孝縯有晤否?並代查十二哥舅爺鄭韶生信址(渠學海軍)。(4)

1908.12.11:收到第一片已經一月矣,尚未接第二片。兄意至少每月一片,似不可再少。近有接十三哥孝絪信否?彬彬母姪近況如何?下信務詳及。(5)

1908.12.20:兄往巴黎之車站,每天發車卅餘次、而京漢每日只開×次,去之遠耶!一嘆。弟東渡,兄處尚未有小照,中國新年務偕兄嫂合影寄來。(6)

1908.12.28:祝賀己酉元旦。(7)

1909.1.9:兄到校後,母親大人處豈可久不上稟,每月寄兩次,以慰慈念。法國目前大雪,亦甚冷。(8)

1909.1.22:兄年假實在無聊,在巴黎住十日,並未到它處旅行,適大雪嚴寒,毫無味也。外國清明節,或至美國作十日勾留,然亦不定,臨時再看。(9)

1909.2.1:京信云四哥孝緝今春入都,未得一信,都是懶得利害。十四哥孝總有病否?何年假一字也不寫?令兄盼念不置。三哥孝繩有實授參議消息。(未列號)

1909.2.20:聞崑三云已寄多片與弟,惟不寫字不貼郵票,似又無味也。十六哥林彦京半年以來,一切習慣否?漸入春天,東京又有一番佳景。(12)

1909.2.24:己酉二月四日偶游此處(指 Brunoy),離 Le Raincy 二十八公里,夏日當更佳也。(未列號)

1909.3.21:久未接來信念甚。雖不能常常寄,每月總須寄一、二次,切切。十四、五哥考後亦囑其多寄信。(15)

1903.3.31:兄處每月得京信一次。春假十日決計赴比利時訪友。崑三之弟林策,現在巴黎祥松中學校肄業,要佛和小辭典一本,云吾弟若買寄來,當以各國之郵票相報云。(16)

1904.4.11:己酉閏二月二十日下午五時至比利時 Mons.(未列號)

1909.4.13:在 Mons 二日,昨夜至 Gand,明日即到 Louvain,後日到比京。(未列號)

1909.4.22:自比國歸,奉二片,並悉兩兄試驗均及第,慰慰!惟不寄書,爲可怪耳。在比國十日,所到之城五,共寄去五片,不知可全收到否?(18)

1909.5.9:得四哥信,大姑丈陳寶琛已入都,大約以學部侍郎監督大學。(19)

1909.5.27:天氣益熱,一人寂寞不樂。(21)

1909.5.30:四月十一日至 Ehorigny 一游,離 Le Raincy 十五公里,河邊甚優雅,惜稍熱耳。(未列號)

1909.6.12:三日後即回法。瑞士湖山太好,惜不能久居耳。(未列號)

1909.6.17:此間天氣尚不熱,毫無夏意。東京天氣如何?彬彬所學何?似下信亦望詳及。(26)

1909.:兄有一禮拜日到此公園遊覽革命前法皇宫之花園。將來頤和園、圓明園必有作公園之一日,不知吾等能見及否?弟今夏回京,必是由海參威上岸,火車直達北京,大約四日或五日耳。惟火車須换車,須查明白。來回十日,可在家五十日,何樂如之。届時務多寫信寄我,切切。(27)

1909.6.30:計此片當可接到,望買裝繪葉書本子帶京送慧君林慧君,切切勿忘。船至長崎、神户,望各寄片。(未列號)

1909.7.18:兄昨夜宿 Basel,今日午後到 lucern,均住三日。湖山雖好,人工亦不可少。我國何嘗無好湖山,不過不善修葺耳。(未列號)

1909.7.23:初到瑞士,已發一片,計可先收到。已游數處,今日曾登艙指纜車上山,明日至瑞京,再一禮拜,即回法國。十哥來法時,求　大人賞寄白縐紗及青璋緞料各一件,作洋背心也。(未列號)

1909.9:在英似寄兩片,未知全收到否?兄於九月二十二號回巴黎,現住 99rue Notre Dame des Champs Paris(Ⅳ e),France. 來信可直寄此處。七月二十一號曾登此片中 Burgenstock 鐵機指電梯,高百七十米突。(30)

1909.:此間天氣亦寒,三哥因鐵路事件甚多,一時必無更動。兄處每月奉慈諭一封。十三哥信亦甚少,十哥行否?信尚未到,可怪。(33)

1909.11.12:十哥到後,遷居與否尚不能定。幾士擬入何校?晤時代爲致念。(34)

1909.11.12:重陽曾至此處一游(Saint－Cloud)。光陰邁往,到此不覺已年半矣,所學遲緩,可惱、可惱。弟明春畢業後擬習何科?英文所學何若?英語如何?(35)

1909.11.30:居停之女姊妹三人各寄一片,曾收到否?無非喜歡東洋繪葉書,望各復之,不必加封,隨便寫英文一二句答之可也。此間天氣尚未大寒。得京信,十哥過四叔仁東公生日即起程。大約今年除夕,兄可在十哥家中過年。年假望詳細寄一長函,與我詳述京寓及東京諸人近況,凡同鄉、親友個人之歷史,兄甚樂聞之也。此片巴黎 Seine 河上十三座橋可留作他日遊歷巴黎之向導。(36、37)

1910.1:十哥尚未到,兄學費不繼,已借債度日。一時又不得歸,深悔去年西來,今勢成騎虎,左右爲難,苦哉!苦哉!兄寫信之夜,居停主人大宴賓客,同席十九人,夜飲至十二點半方散。兄因困於經濟,未能旅行,西曆元月三號即照常受課,心緒不佳,記性亦減。(38)

1910.1.31:昨日收到四十一、二兩片,其餘三片均轉交矣。巴黎大水已十日,今日稍殺,然所損傷已不少。(未列號)

1910.2.14:十哥嫂已到巴黎,十嫂精通英文,人極開通,房子未租定,暫住客棧。十四哥請假回閩,渠肺病已愈否?至念。十五哥孝緗考試如何?務密查示我,兄過來人,實爲憂也。(41、42)

1910.3.18:考試應已揭曉,名高列否?念念。十五哥究竟用功與否?兄甚憂之。十三哥東渡,曾晤及否?已否回國?親事已辦否?十四哥病已痊可否?念甚。除吾弟外,弟兄中幾無人與我通信,其故甚難思議。兄定入園林學堂,大約暑假後開學時方能入學。十哥辦理留法監督事,可望不至有衝突。(43、44)

1910.3:成城卒業,高列可喜。一高定已及第,定習何科?已請咨閩補官費否?十哥屋已租定。今年春假困於學費,未克旅行,有友來自倫敦,於三月二十八日同登鐵塔艾菲爾鐵塔至頂,在頂上購得此片,面上有印爲記。(未列號)

1910.4.23:身體强壯爲第一要義,務宜學習打球以健壯體格,不宜過於伏案讀書,用功有時,休息有節,學問日進,身體亦日强。(45)

1910:既定學農,植物學則爲必讀之書。去秋觀此間菊花會,即有意學種植,今已從事於博物學,大約十月可入學,該專門學校重實驗,成立於路易十四,不日當親往調查一切。(46)

1910.5.30:得五十、五十一兩片慰悉。弟計日必已歸國投考美生。定計與否,兄亦不以赴美留學爲然。中國以賠款,專派美生,不派歐生,然總勝於不派。若爲英文起見,英國學校遠在美洲之上,梁爲美生,自有偏見。學部無人,中國學部難望起色。兄並不能與十哥同寓,十哥所忙者,無非對付學生這個借錢,那個預支,每日自早至暮,無非此事。(48)

1910.8.26:到比遊歷,勸業會固不足觀,即來此赴會者,亦無辦事之資格,遠在人後。兄到此稍遲一日,致英、法、比之精華,均未能見,亦幸中之不幸也。兄鄉居尚有四十日之久,又須遷居,來信仍寄巴黎舊居,均可收到。十哥嫂現游瑞士,或有片與弟。(56)

1910.9.7:自比國回來,又到法國海邊看人飛,最高者已達2500米突。將來此機發達,必可直達遠東。海底船、地底火車,今又有空中飛機,將來之新發明更不可思議。此片之廣厦(Ostende Le Kursaal Face)爲歐洲之最有名者,華麗廣大無出其右。(60)

1910.10.20:兄已於十月十七日入學,來信即寄本學堂可也。兄此間三年方能畢業,此間離巴黎遠,惟有盼來書信以自慰耳。(61)

1910.10.27:藉悉兄在比京所發之博覽會片失去四張,可惜!可惜!倘兄寄至北京,或可不至遺失。天下事往往如此,以小可見大。所值本有限,不過比京觀會之紀念,不可多得耳。即如此片上之華厦,十數分鐘,盡成焦土,而此片之價值,亦因此而增加,望吾弟善藏之。並悉東京今夏亦有水灾,可謂水灾流行天下。兄以學費不裕,又因預備入學試驗,故今夏未到美國。兄即入學堂,此後信寄至學堂可也。學堂功課本不少,又加之全用講義,抄録功夫所費不少。然經親手寫過,記起來又稍易耳。大約西歷年假,可往巴黎住十日、兄非三年後不能歸,故亦無用想家。來年義國博覽會,兄未到過義國,明年必乘機而往。今年在比京會場中,已見比國明年預備赴會建築圖式。歐人有學問,作事自不同,可羨!可敬!(62、63)

1910.11.11:弟現所預備無非理化、算學,不知有讀英文否?處今之世,中國未能自立,西文似不可不習。兄恨不能兼習也。學堂功課甚忙,分十二門,兄法文既淺,科學又不深。(64)

1910.12.4:兄所入之農學校,計法國共有四十所。此處最近巴黎,故來此校。校中功課甚完備,耕植、牧畜、造酒造糖,且重實驗。現在造 Cider,此間近北,不出葡萄,産蘋果,故以之造酒。每日上課多時四堂,少時兩堂,每堂點半。此外自修及實地驗習,冬令實驗不多。將來兄畢業必須到日本實習參考,因爲法所出産者與我國不同,参以東洋,然後方合宜於我國。菊花之改良,種法,毫不難辦,兄將來歸國,即以花果菜蔬爲入手辦法。至於牧畜,亦是中國不可少之大實業,即以羊毛而論,中國人十居八九不是西洋呢,即是東洋呢,將來若一改裝,織呢亦是在必學之一科。兄現在每禮拜校課之外，尚另有六點鐘私課，每月另加費六十佛郎與教習，費用稍大，所學較速。此間離巴黎雖只三點鐘火車，然無事來往，既多花費，又費時，所以已兩月未見十哥嫂矣。西歷年假當到巴黎，小作數日盤桓。京中已七十日無信，現已習慣。每日自早及晚，功課甚忙，亦無暇及此。日本之冷笑中國，誰曰不宜，以兄一人之見，中國在必亡之列。德人修膠濟鐵路，法人修滇越鐵路，英則滬寧，而京漢係英國借款，自比國手下贖回。現在瑞澂諸人尚在創議借款修鐵路，至日人佔據東省之一部，各國勢力暗暗伸張，中國一有亂事，保商保教之名，聯軍又至矣。拒之無兵，謝之賠款割地，路礦爲擔保。日本三十年維新，中國自甲午一敗已十七年；自庚子一亂已十一年；然此十一年中所進步者，有幾千里鐵道，然命脈全操自外人。若論留學生，外務部侍郎曹汝霖，東洋生也，他有何能令日人不占東三省？其餘一切改變，乃形式之改變，非性質之改變，因弟云日人冷笑，兄發了這種議論，不知確否。(67、68、69、70)

1910.10.16：轉瞬又及第三個 Christmas，光陰如飛，可怕。十四哥病原何在？何以不能醫？至爲念念。前天兄亦得慈諭，北京天氣似與慈體相宜，甚慰！(71)

1910.12.16：吾國已成敗肉不可食，徒有肉之虛名，何可設想？試問吾弟，愛國志士有何妙策？國事談之論之，亦毫無益處，徒增煩惱而已。此片爲今夏在比國北海口(Osieride)所購，此種木屋爲闊人洗海浴者。所以該處在歐洲頗有名，西人之富者必到彼埠過夏，一切甚貴，兄慕名而往，只留一日耳。(72)

1911.：果然弟與十五哥皆極用功，兄喜甚，自無可責。兄責之切，正所愛弟之深也。弟曰：在東自知謹慎，不畏年限長久。望弟謹守此二語，努力爲學。三年内兄到東，彼時再圖快聚。十一嫂每兩月一信，所寫不過平安，不必挂念等語，有若無，兄近已習慣。(74)

1911.5.27：盼信正殷，接讀長函，慰悉一是，但不知弟尚記得前四年兄卧病延旺廟街乎？經此一病，吾弟暑假能不回國更佳。加意調養，則弱體轉爲强壯，幸勿不慎，吾聞食品固多，切宜小心至囑。(88)

1911.6.11：收到端午日九十、九十一兩片。兄處尚有一月方放暑假。今年兄一文學費皆未收到，單靠十哥津貼，苦不可言。既不能赴英，恐亦未必能赴意，可憐！弟謂八年太長，本可隨機應變。兄意必須在第一高等畢業，彼時再看情形，或入帝國大學，或不入帝國大學。總之，留學之日，即須想到畢業之後我一定要做何事。兄拿定主意犧牲此身，捐入學界，給自不見不聞，上古之民，中國下等社會，等於木偶，無可如何。歐洲教育極普及，兄回國後，即求教育普及之道。兄總怪留學歸者，不願當教習，個個想做官。有何用處？中國現時當注重初等師範。望告十四哥，當以初等小學爲開民智之急務。須編愛國歌，須設宣講所，演説我國自甲午以來之歷史，使個個腦中知有國家思想，知日本爲仇敵，凡作事必須有目的，然後慢慢作去，以達目的爲止。必須到外府州縣興學，刊佈勸人分赴東西洋留學讀書，身歷其境，自然能感化。比方財主子弟，一旦開通，他就肯出錢開學堂，興實業。(90、91)

1911.11.22：如果大家無費留學，只有回家團聚，兄尚等一時再定。聞日本天天遊説各國干涉，以便漁利，恐終難免失地之悲。地球甚大，生長中國者皆是苦命，夫復何言。十哥不日即將動身。(104)

1911.12.20：悉弟已回國，此即東洋近便之好處，來去甚易。國事如此，此後若何，實難預料。惟兄甚不願功虧一簣，就此東歸，且看來年。不過甚願知道近情，望得信後，將最近新聞紙每十日一捲，由外國郵局寄下，切盼！切盼！下拜六尚有考試，功課繁重，不多贅。(105)

1912.2.9：據今日報載：民國宣布大有可望，兄日盼之，宣布之日務必寫一好片寄下，以作千古之大紀念也。兄扣算至明年暑假,尚有十八個月,留此須有二千金至少之數,約合七千佛郎。盤川不在內。兄寫信問四哥福州津貼,尚無回信。(106)

1912.2.12:此爲囊西(Nancy)大學之片,大學創始於1854年,距今不過五十八年耳。而農科於1901年方開辦,一切科目頗重理想,於實修尚不十分認真,此固大學之性質也。自1911年11月3日開學以來,早晚出入,已不難記其數矣。(107)

1912.2.12:此爲囊西公園中之音樂亭也。休沐日男男女女散步其中,軍樂奏於亭内,自有一種清雅意味,必須身歷其境,乃能言其梗概也。今日民國宣佈,頗有興致,特買郵片數張,寄吾弟兼以志喜也。(108)

1912.2.12:陽曆二月十二日爲東亞民主國宣佈之日,此爲千古之大紀念日也。此片未必極美,而飛艇爲二十世紀最新製造,法國頗以此自雄,今以之爲我民主國之紀念片,實亦此片之幸也。超弟惠存,彦强時客法國囊西省。(110)

1912.3.28:三哥病情如何?至以爲念。種子已收到,惟穀類太少。福州自八月起,不接只字。新政府已成立否?自北京搶劫後,指袁世凱不願離京赴寧,在京、津、保地區製造暴亂。巴黎報紙一字不談中國事,令人悶悶。十一嫂已赴滬否?京、英自必同行。(112)

1912.6.16:此間與德意志交界,有兵兩萬,此片爲春間大操影片。此間日本軍官甚多,在此實地練習,獨無中國人可嘆。(115)

1912.9.12:不讀手書,已五個月,所云留學英法,有可望否?果得西來,英法之不同,海陸之行程,略述於下,以作指南:(一)留英。弟之英文至少尚須一年,入校大致三年,畢業至少爲四年。沈崑三即是四年,已於上月回國。(二)留法。好好預備兩年,合之三年,亦不過五年耳。兄在法一切熟悉,故願弟留法。(三)目的。醫礦等科非三五年所能成功。此外專門選科,英法各自不同,須詳調查。(四)法政商業。英法皆同,在英須通德、法文,在法須通英、德文。(五)留德。今日英美留學生已占多數,物以少爲貴,以兄之意,弟若留德五、六年,將來必易出人頭地。(六)外交科或商業銀行。一爲大使地位,一爲全國財政命脈。(七)留比或瑞士。二國用度較省,學校亦皆精良,比用法文,瑞士則用德文。(八)陸行。同行者必須精通一國歐語(俄、法、德、英),否則沿途不方便,行李愈少愈好,中國所做西衣,多不合用,自以到此再做爲宜。前做四套衣服,皆不能用。(九)海行。據云須前一、二個月到公司定好艙位,以最高而居船之中者爲佳。船以德爲最,伙食以法爲最。(十)行李。必須軟夾衫一件,呢袍或綢袍一件,和服亦好,不合於冬。此外中國筆墨硯紙,除此以外,皆可求之外洋,以省携帶之煩,且不合用。(十一)海行之特别品。夏衣數套(可洗者),裹衣如汗衫等,須多帶數件,過紅海時,必須品也。(116、117)

1912.9.21:所云五信者只收到第五信。兄歸期當在十二個月以後。弟能西來固好,不能即宜東渡,否則中途廢學,殊屬非是。閩省士紳皆死人耶?可哀!可哀!(118)

1912.9.22:十五哥歸後,即宜連袂偕行。無論如何,總須高等學校畢業後,乃能出而任事。他省尚有遣派學生之舉,吾閩皆令退學乎?(119)

1912.9.29:兄自三哥久病,大人旋里以來,思鄉之情實不能抑,望請母親大人即在螺洲家中照一相寄下,切盼!切盼!勿再遲延。再者,新歷只剩三月,望將癸丑年商務印書館日記本買一本寄下。(120)

1912.12.29:民國二年新年日之前二日,或民國元年除夕之前一日,到地球上最小之君主國Monaco。寄與彦超二十弟,並祝新年。(121)

1913.6.8:既決計西來,何故復東?在東一日,即失去一日之光陰。人在東京,豈能領法國津貼?總以能籌少許,先行前來,且夏前不來,夏後兄預備畢業考試,必不能爲弟照應一切。總而言之,趁兄在此爲上策,若待兄歸後,人地生疏,語言不通,吃苦多矣。肯住小屋子,在預備時代,每月百元,實可敷用,事機不可失,望速告行期,以慰翹企。(125)(126)(127)。

1913.7.15:弟年方二十有一,正是青年最可寶貴之時光。自前年秋間返國,於今瞬將兩載,抛棄學業,後悔之日方多,聖人云:"往者不可追,來者猶可及。"亡羊補牢,未爲晚也。西來或復東,愈速愈妥,前程遠大,好自爲之。(129)

1913.9.1:Best wishes for your happiest marriage!! (133)

1913.11:此信到時,正兄應試之日,屈計月餘日即行回國,把握有日,何樂如之。回憶弟偕兄北上之日已成往事,而今弟定姻,有家室矣。以兄拙見,總以繼續學業,爲將來進取之計,切勿貪眼前快樂,特此寄勉。(140)

1914.1.14:收到東京來書,快慰無似。弟能在東預備根基,將來西來,事半功倍,收效亦速。今夏兄東渡,或弟回國,一同研究英法文,互相協助,進益尤速。兄候盤川,不能動身,英國之行,亦作罷論。只現尚存一月之糧,川資若不早到,必至因債不能回國。但望此信到時,兄已就道,盼之!盼之!離 Nuncy 已將兩月,毫無所事,非常之急,但國中人不知國外人之苦,實在可憐,未畢業盼得文憑,今有文憑,學費亦不要了,反要受罪。離法之前,來 Neubourg 農校告别,在此候車。(142、143、144)

1914.2.10:陽曆 1908 年 8 月 1 日移居,由此車站下車,今將由此起程回國,定本月十三日往巴黎,即動身;十八日由莫斯科就道;二十八日可望到北京。此間負債五百法郎,留箱爲質。(145)

1914.2.15:彦强過德京,即日北發。(146)

1914.2.17:前夜自柏林發片後即上車,今日午後到莫斯科。小憩,明夜再行北征,十日即可到安東。(147)發自 Mockea。

1914.2.21:今日已在中途,後日换車,下拜四到哈爾濱,計算禮拜日尚有七天,可以見 母親矣,何樂如之。(148)自 Tanca Tomck 發。

1914.2.24:離歐日遠,三日後即可見母親矣。(149)自 Lake Baikal 發。

1914.3:巴黎安東一直火車,共實行十三晝夜,其中在莫斯科尚停一日夜,可謂速矣,而費亦比船價廉。和、誠兩兄在京爲圖飯碗,不知此碗飯如何?弟其焚香而祝之乎?(150)自安東發。

1914.5.19:後日將返京。自上海發。

1914.12.29:與弟不見者已八年矣。此二千八百八十日内,家國與全球,皆有莫大之變遷焉。長兄之逝,爲家之大不幸;民國成立,爲五千年歷史改觀;歐洲十國大戰,爲全球終古所未有之慘劇;歲暮爲一年之結局。兄回國已三百日,屢進屢退,爲衣食計且不遑,爲之奈何。俗語云:不了之中,總有一個了。兄未回國之先,有種種希望,而今日乃覺得無望。然尚有一個大希望在焉,是哪一個呢?就是盼吾所最愛之弟,學業日進,必不負此好光陰。特此寄囑超弟夫婦新年,世威在念。兄縉書、自北京粉子胡同發。

後記:來鴻摘鈔係十一伯父孝縉公於 1908 年至 1914 年留法期間與先父孝綺公留日期間用美術明信片來往通信的内容輯要。這段期間,正值光緒、慈禧駕崩,宣統遜位,民國初建的重大歷史轉折時期,用來反映當時旅歐學子的心緒,是一份極爲翔實的歷史素材。也反映當時吾族子弟外出遊學的處境。孝縉公 1914 年回國後,並未能發揮專長。當時祖父仁堪公門生梁任公先生任財政部次長,經介紹入財政部任職。孝綺公 1907 年 15 歲時,即隨十四伯父孝總公、十五伯父孝緗公留日,入成城中學,第一高等和東京帝國大學,於 1916 年政治經濟科畢業。其間曾於 1913 年返回福州結婚,並攜眷東渡,於 1916 年回國,亦任職於財政部。此項由法國寄日本的明信片,先後共有百六十餘張,1966 年文革期間被抄,至 1984 年始通知發還,經查核包括殘缺在内,尚存有 112 張。以上即係根據 112 張内容摘要緝録。

1991 年辛未春,侄世威敬誌

(王世威纂修《西清王氏族譜》 1992 年鉛印本)

白石山風水記

王 佑

白石山在本都小魯村左源,大龍由梨頭嶺起峡西行,中腰望南横分一枝,平湧昂出作木星。右肩降脉束咽,復出到頭開大金面。中垂一脈,落下曲轉爲下砂白虎,曲上數武,向内隱隱三矬三平作窩,中微乳穴。穴後貼脉生三白石,左右夾二護龍。左護之麓拖順蓋田砂,到穴前生一尖地,或曰似蘸水文星前朝倉山,局度頗完。惟白虎之外攔收低遠,殊嫌空曠。當枕鵞頭山横築墩阜,蔭以喬松茂竹,改穴前尖地彎圓抱内,發福乃久。穴土初去浮泥尺許,得紅潤土三尺,轉黄乾土二尺,至暈心乃得白土,縱餘四尺,横餘二尺,中聳邊下,光圓如龜背,深餘尺,中雜微黄如虎紋,性堅而體膩,握之温熱,嘗之甜,可一棺。以力餒時久,奉考妣並厝之。壬子龍,亥山,巳向兼乾巽,三分水由丙出丁,化命爲丙辰、甲寅。扦葬干支爲丙子、庚子、辛丑、戊子。據龍法,當得數世丁財小康。惜鹵莽打盡是處,《地理指南》云:"破土須打到是處,不可打盡是處。"不能多留真土托棺,隨雖培還,不能協數,恐減福力爲遺憾耳。余惟五世祖榮公崎嶇百里,得卜東邑左村之吉,爰有余族。前人志力,曷忘曷幾?嗣歷焕、增、銘三世,厝皆非地。及永字行,無論吉地,且有未葬者。人財兩字寖即衰歇,繼此再失,若敖之餒不歎者幾何?是用日夜痛心,研究地學。越十年,始稍稍得其要領。又購求七年,始得是蕞爾小結。以累代仁厚節孝,天乃牖余一隙之明。余又怠棄厥德,罔能圖大,且稽遲歲月如此,葬法未善如此,余罪焉辭?我王氏子孫尚力忠信孝悌,植乃心,律乃行,邀天厚幸,牛眠斯獲,光前昌後,及於無窮。不然恐欲蹈余之失或不能也。勉之哉!勉之哉!嘉慶丁丑年十月,不孝男佐記。

葬法不善狀

王 佐

白石山先有本家棄壙一穴。正穴緊貼壙左,欲並購之不可得。乃以壙爲界,將開金井,度塋圈不敷,讓右數尺不得,復開右,既得異土。形色詳前記。有友人力言可葬,不可再鑿。余不聽,意欲安棺白土中。又尺餘,而爐底現,真如金銀爐之有蜜陀僧。淡底將及,底色間紫,其下猶間白。再下,則粗惡有塊如大銕糞,但純紫帶黑耳。急止之。工晚饍去。細視之,前和底破,中及後和留白土,僅僅如河漢淡雲。當是時,若命工輩盡收,真吉土。還本位,而卧棺其上,豈不美?乃僅自取還之,未及半,工集。時到將葬,一時無主,任泥師一畚礦灰攩散之。金井既潤，吉土仍如弗還；又來脈并槨左右俱造炭溝洩氣。葬後大悔，求珓問蓍，皆不吉。假令及是時或三年内另覓真黄土托棺，改作之，亦尚可望。緣葬時淫雨累月，比葬而晴五日，築好復雨。一切購山辦葬，事事多有翼贊，靡不稱意，而家復大順，以謂藉此德而獲天人交助如此也，雖減福力，亦遂安之。不十年，蓄耗相乘，數見不祥：長媳賢而夭；幼姪再娶無出，尋又不禄；長男三娶，年今四十尚無子女；而意外之耗歲輒有之。追而思之，則皆穴吉葬亥故也。穴吉，葬則余不德故也。往者開穴，寬隘淺深之法非不了了，乃當幾而隕若此。今爲時既久，又不可更易，如何！如何！惟昕夕拜禱上蒼，得賜穴中和燥，遺骸小安，或可福後。然褉念紛擾，拜禱不誠，終恐弗佑。噫，余何以見先人於地下也！甲辰冬十月，不孝男佐謹書。

梅村詩序

郭 烺

韓退之云："大凡物不得其平則鳴。"退之蓋知孟郊有不能釋然者，故爲是説，非通論也。窮愁著書士或容有未必盡然。至執不平之鳴以論詩，非特不知詩，并不知退之之説者也。天下艱苦窮悴，轗軻偪側，不平之境與夫一切不平之事，詩人處之，而悉得其平。離人、思婦、怨子、孤臣之情，發之於詩而皆有温柔敦厚之致，蓋有甚得其平者。不平不能爲詩，幸而能詩，非詩之正也。吾故曰退之之説爲東野言之，非通論也。吾友王子梅村，磊落不羈士也。屢試不遇，遂絶意仕進，而以詩自娱。生平著作至二千餘篇，而未嘗有感憤不平之意。非學養之深不至此。夫意有所鬱積，雖强自制抑，以自附于和平之旨，而此心之不可牢落，時露行間，不能没也。今讀梅村之詩，其辭和以懌，其音清以舒，其氣静而深，其味淡而遠，吾固知其醞釀者醇也。雖有東野之窮，而處之恬如。是其詩豈在古人下哉！兹録其《山中四時廻文》四章，《山居吟》六首，《田園樂》二十首，載於譜。俾後世子孫之能詩者知詩以和爲宗，慎毋泥於退之不平之説，以自悖於乃祖温厚之教云爾。老友蘿峯郭烺謹序。

山居四時即景廻文

王韞玉梅村

其 一

紅霞散綺映疏櫺，霽景春鷗浴遠汀。風度柳隄金裊裊，露含花砌玉亭亭。工勤荷耜晨畊畝，子幼攜燈夜讀經。東苑記吟香草夢，桐絲鼓處暮山青。

其 二

精星落紙篆蛇龍，句就詩牕午卧慵。明徹理源心静耐，暢通文義氣和雍。箏調曲院歌窺鳥，粉染香鬚蕋釀蜂。生緑衆添時雨好，棚凉架樹竹陰濃。

其 三

蒲編閲罷陟西疇，歲稔歌謡樂有秋。娱處觸懷書旨妙，淡中嘗味世情幽。蕪平對舍茅林近，徑曲通橋小澗流。圖畫擬居微我隱，烏烏和客共夷猶。

其　四

哦吟自愛酒腸寬，巧技承蜩哂累丸。磨劍淬鋒開鐵匣，試絃清調滚珠盤。波浮月幌梅添潔，戛擊風亭竹罩寒。多感寓懷長嘯起，何如痛道棘棲鸞。

山　居　吟

王韞玉

其　一

參知農圃政，燮理序無差。黄報三秋秫，青登二月瓜。本王建詩。一羣催織鳥，兩部打更蛙。常作山中客，安行即當車。

其　二

斗室幽而爽，春來淑景移。蝶衣晴晒粉，蛛網暮縈絲。園菜生紅甲，巖茶展緑旗。自將歌采采，多半竹枝詞。

其　三

日暮微飈起，披襟納晚凉。嘉禾青一色，喬木蔭千章。梧雨添新翠，荷風送暗香。更多堪聽處，牧笛弄斜陽。

其　四

瀟灑平生志，林泉幾度尋。枕流酣午夢，漱石豁塵襟。雲在留遲意，天高寄遠心。一樽常自醉，小草和蟲吟。

其　五

青山横棘舍，流水遶柴門。爲愛躬耕樂，難酬罔極恩。行同三步啄，居得一枝温。閱盡人間事，還須把舌捫。

其　六

非不愛通顯，其如生命何？頻將風月意，付與短長歌。守拙神猶壯，安貧志豈磨。草亭容嘯傲，長此謝鳴珂。

田園樂二十絶

王韞玉

于　耜

木德司春霽景長，工夫漸覺逼人忙。晨興相約于疆早，田器還宜細考量。

課　耕

審視田原水滿隄，一鞭驅犢暖扶犂。甸師也愛春光好，時聽前山布穀啼。

牧　犢

蒙茸原上草如烟，犢犗牽來漫著鞭。日暮隴頭吹短笛，郤勝鳴勒早朝天。

聽　蛙

概種深耕苗未齊，農家上巳聽端倪。老翁傳道蛙鳴好，留取豐詩待客題。

伐　薪

屋後青山緑夾紅，花林深處砍重重。數聲啼鳥催歸暝，肩得春雲一擔鬆。

採　桑

密葉成陰翠蓋圓，提筐剪取艷陽天。丁寧婦子儲温室，報道冰蠶已再眠。

繅　繭

繭館由來仗女紅，辛勤繅處雪交融。棼棼繞指柔如許，擬織綾端彰厥躬。

刈　麥

一望黄雲已麥秋，駢枝累累滿平疇。持鐮割盡雙岐瑞，薦罷先農爲我饈。

插　苗

待旦未明月未斜，火龍然處燦如霞。新秧攜向田間插，還祝盈篝又滿車。

除　莠

薰風長養自南來，幾度耘耔傍晚回。最恨亂苗須剪盡，頻將嘉種樂栽培。

治　圃

雨餘籬落共揺芳，喚掇嘉蔬展齒香。莫道此根滋味薄，須知味薄比璚漿。

燒　畬

周官薙氏掌芻蕘，欲糞田疇宿莽燒。爲有乘時須火耨，故將餘燼俟流漂。

登　穀

穲稏初黄滿綉塍，三農有喜兆頻仍。秋來堅好盈千耦，分付倉箱次第登。

滌　場

疆畦收穫告西成，野外依然錯落横。從此污塲須掃滌，莫辭辛苦任頹傾。

輸　糧

年來絲繭按時呼，更幸恩綸蠲積逋。課早輸糧惟恐後，春臺何處不唐虞。

戒　訟

人情睚眦即風波，息忿便宜樂最多。請向江頭看蚌鷸，好從門外聽絃歌。

勗　子

原頭古畝耕無盡，架上殘編讀有餘。爲語兒曹須繼述，莫將兩業廢居諸。

延　賓

蓬蓽常開對翠嵐，逢迎過客每停驂。家風儉樸惟雞黍，一醉何妨捫風談。

賽　神

肆筵擊鼓與吹豳，紅豆詞歌月一輪。濟楚衣冠咸報賽，深深拜手肅明禋。

薦　寢

春秋霜露動追思，籩豆馨香薦一巵。獨悼南山愛日落，自封邱墓憶嚴慈。

詩　跋

詩有真性情、真面目。若徒以餖飣爲博，艱僻爲巧，塗澤爲工，無當也。梅村先生全稾蒼勁雄秀，不名一格。兹所列《山居吟》、《田園樂》數十章，直造儲王勝境，聊以自寫其恬適之致，抱才終老、牢騷抑鬱，無一毫露諸筆端。先生真逸品哉！讀其詩，想見其爲人，蓋不勝翹企之至云。

嘉慶丁丑冬十二月，後學邑庠生張嗣軒拜跋。

（清王佑等纂修《[江蘇江陰]暨陽王氏宗譜》　清道光二十四年尚德堂木活字本）

約同人登夏蓋山有作

王　謙

山石崚嶒影重複，山路彎環勢紆曲。捫葛攀蘿拾級來，五人步履分遲速。洲邊樵子慣穿雲，恃勇先登快瞻矚。指香艸洲樵子。枉負山人雅號稱，知難而退下層麓。指曉峯山人。不先不後我閒閒，大聲一呼振林木。五步一回頭，十步一息足。小坐石徑旁，芳草爲茵蓐。拂袂褰裳凌絶頂，登眺四顧皆寓目。東認煙村是吾家，瓦灰堆裏無餘屋。賊匪後一片荒涼。西望錢王射潮處，想見當年飛箭鏃。南則蓋湖田千頃，北覽滄溟渺一粟。一陣香風吹上山，已知山下麥疇熟。振衣入廟且觀瞻，拜謁神祇容謹肅。吟就新詩壁上題，敢言秀語奪山緑。烹泉瀹茗滌詩腸，扑去俗塵三百斛。野鳥幽花各自飛，夕陽人影相馳逐。下山歸路看黄花，花似散金何碎簇。回頭家僮挈榼隨，壺中有酒傾醽醁。諸尼見我即扶我，怕我醉墮在崖谷。重整杯盤鎮海菴，蓮花世界煙花續。出門一笑海天空，泉水涓涓自鳴玉。

連雨午夜夢醒口占

王 謙

黑風吹雨到，雲故推之開。狂風吹雨散，雲故挾之來。風伯號怒不能平，欲與雲母鬥奇兵。自謂施惠有成績，古來仁者皆無敵。誓掃雲翳入雲門，力能拔山除雲根。雲亦排陣出重重，狡向西郊潛行蹤。乘機填穴覆宜都，八風齊起逐復驅。滕六歎息悄無言，雨師排解語無門。天將兩造施撫摩，一肆顛狂一嵯峩。霎時旭日來降光，頓覺風聲闃寂雲遁藏。

壬戌上巳先一日有感而作寄賓于兄

王 謙

昨夜戀衾夢終夕，曙色漸侵紙窗白。簷前鶯語催人起，忽記明朝是上巳。三月三日天氣新，那得不憶去年春。去年曾約同心客，踏青争上春風陌。策杖登高絶頂臨，黄花滿地似散金。我愛四處盡良田，不滅桃源别有天。難得民物樂熙熙，境外（鋒）［烽］煙都不知。詎料詩客擅風流，前游不已續後游。去歲上巳及暮春望，曾兩次泛舟往游。兩度扁舟經閲歷，忽傳横山成赤壁。春山春水終不改，古祠古廟今安在？曾日月之幾何耳，令人感慨係之矣。兵燹後，所在俱成灰燼。我今偏要學東坡，可與諸君約一過。泛舟且待初秋日，爲報今年亦壬戌。

贈别從弟一夔

王 謙

陽關聽罷柳枝詞，上月方贈别琴舫。又是驪歌唱别時。千里何難共月色，一年容易及瓜期。去年三月望回里。雁征塞北風偏順，馬繫堤邊雲亦遲。却喜高堂多奉侍，吉星穩向玉京馳。

題魏静齋漁樵耕讀圖

王 謙

我曾隔水問樵夫，緑陰深處誰讀書？漁者聞之啞然笑，牧童遥指爲我道：君不見一夢輕盈任自由，誰是蛺蝶誰莊周？又不見幾生修得到神通，誰是梅花誰放翁？古人學到無我後，舉杯明月三人酒。漁樵耕讀本一人，化境分作四人身。試看樵者山之麓，猶是漁翁西巖宿。我曾與君舌作耕，本來面目是書生。

賊匪後家無長物蒙借水煙筒戲贈楊君蘭臺

王 謙

人情借貸莫開口，千萬商量終無有。算來還是和事老，人稱君爲和事老。一諾千金旗不倒。多情贈我水煙筒，信口誇張是白銅。誰知入手黑如漆，箇中歷落盡鉛錫。罐子鬥筍不合縫，向前一縱方能送。吁嗟乎,吾聞贈人贈好物,欲加諸我我先不。如此敗壞不復全,令我受之猶赧然。以後萬萬不我撞,多謝多謝多多謝,蘭臺蘭臺蘭蘭臺。上二句本席上同人戲語。

蘭臺兄以水煙筒見贈以詩謔之後見果是白銅作此道謝兼誌吾過

王 謙

明珠當暗投,駭然驚俗目。抱璞獻君王,罪且至刖足。鍾期死後少知音,人間豈無伯牙琹?我自結交蘭臺子,雷陳膠漆無過是。贈我歷落水煙筒,道是敗壞在箇中。塵封經寸艱入嘴,令我哈哈笑不止。幸有荻村善相物,如錐處囊脱穎出。老妻携去磋且磨,閃爍精光眩眼波。如今剔透且玲瓏,仔細摩挲果白銅。慚予猶非真賞識,何怪人間無物色。是用作歌以謝之,收索枯腸無一辭。只有一言來告語,獲罪于君還求恕。

贈別從弟琴舫二律

王 謙

征帆無恙掛江邊,聽罷驪歌輒黯然。祇道離家圖別業,那堪作客及中年。萱花尚喜當堦茂,雁影徒看異地聯。此去吟身須保重,阿兄頻欲寄詩箋。

拜別高堂賦遠遊,暗中有淚莫輕流。詩書漫道難拋撇,名利終須自畫籌。祖逖着鞭先讓弟,予與蘿莊早欲往申,而今不果。班超投筆也封侯。平安兩字能常報,何異承歡膝下留。

留別楊八賓于

王 謙

劍氣珠光射斗寒,冲霄有志豈無端。花逢丹桂攀原易,鳥入青雲下亦難。贈別漫將楊柳折,留行頻向鶺鴒看。平時出處常聯袂,聽説離鄉鼻乍酸。

預賀賓于兄赴歲科試拔貢場暨令嗣芹喜

王 謙

若農力穡遇豐年,科歲叠逢選拔連。得水魚龍看變化,乘風鵬鶚望蹁躚。文章聲價增前席,芹藻功名屬後賢。此去佳音堪預卜。我來日日醉瓊筵。

丙寅冬題楊賓齋家慶圖

王 謙

披圖歷數畫中人,誰把丹青妙寫真。爲願棣華聯瑞蕚,轉從萱草憶靈椿。令先君已逝世,追繪圖中。琴書列架皆先澤,花木栽庭占首春。作室肯堂推令子,臨淵垂釣有嘉賓。兩中表在池塘垂釣。閒調鸚鵡妻帑樂,静對楸枰弟妹親。陟屺追摹容一幅,纍繩難別女雙身。愛同考叔能將母,孝繼孟莊不改臣。旁列老奴老婢各一,聞在君家已歷三代。試問老奴兼老婢,何修結得此前因?

謝賓于兄見贈牛脩

王 謙

我今一舉杯在手,下箸無殽沈思久。酸齏雖好味不厚,自奉何須定適口?奚童持簡來何陡,鄭重瑶章詩一首。分甘異味逾脯糗,何以報之乏瓊玖。嘗之色香味兼有,斯時豪飲能一斗。自思莫謾愁沽酒,急趨中饋謀諸婦。謂有良朋贈肥牡,快哉爲我啓新瓿。思媚其婦食曰否,此惠只好我獨受。幸邀明月對影成三友,醉得月影偕逃我不走。

六月既望緘寄賓于兄

王 謙

昨宵對月好延賓,自説來朝誕降辰。憶昔稱觴進一曲,從今屈指歷三春。君年四十三,明日生辰。詩成老幼心能解,號并忙閒意亦新。君自號忙裏閒人。薖軸酣眠君醒否,君有薖軸居獨寐圖小影。七言相寄不無因。

賓于兄以詩稿見寄讀罷有感

王 謙

琳瑯滿紙富金瑜,想見行吟類鶴癯。笑我久荒疏筆硯,時余已病半載。傾心欲贊一辭無。

訪賓于兄於得半山莊偶成一律

王 謙

爲訪子雲來别墅,貪看山色曲欄憑。花依牆砌猩紅艶,水繞邱塋鴨緑澄。碑讀新銘懷舊德,箋吟佳句寄良朋。晚歸偶過洹湖嶺,長嘯一聲萬谷應。

約同人又訪得半山莊早晨阻雨下,下午晴霽,同去。

王 謙

湖莊日日寄遐思,準擬同來醉酒巵。曉雨到門先敗興,午晴當檻又催詩。漫言預約難如願,始信相逢定有時。多謝山翁留欵洽,陶然忘却夜何其。

題某君桐陰小憩圖

王 謙

我有一言遥相寄,聞君好向桐陰憩。此中何弗招我來,詩酒怡情共追陪。我亦最愛清閒趣,未得緑陰深處住。今觀此畫亦前因,一洗胸中萬斛塵。君讀古人書,賞奇晰疑與之俱。君理舊傳琴,高山流水亦知音。獨樂不如與人樂,此心聊與我相若。但願莫將茶當酒,無酒還須謀諸婦。君果自稱酒中仙,彼此相逢笑拍肩。我怕君心不我與,不然胡爲焚香端坐悄無語?

題夏轅卿迎賓圖

王　謙

事上以敬接下恭,君子之道人所同。惟有友朋無爾我,食云則食坐云坐。自來好賓必多賓,食客曾聞三千人。君將斯圖懸中堂倒屣以迎掃榻忙。羣賢畢至少長集,終歲盤桓無朝夕。似此絡繹門如市,安得廣廈庇衆士。問客何能客何好?應接如同山陰道。立此存照翻悔無,以後須繪逐客圖。

祝董君竹虚六旬弧旦

王　謙

有客持簡來,云是先生稿。臨風一展誦,惠我音何好!自言今六旬,幸作葛天民。不求富與貴,安知賤與貧。胸次洵悠然,知學已達天。萬事知足矣,于心何掛牽。蓼莪縱堪傷,却喜雁聯行。破鏡縱不圓,尤喜桂蘭芳。何須再勞碌,且享生前福。象賢有後嗣,封誥無斷續。我欲奉觴爲君壽,君又不飲酒。轉思貨財以爲禮,君亦未必受。惟有芙蕖滿芳塘,露洗衣裳盡豔粧,爲祝羲皇上人壽而康。

題余冉香照圖本"洗硯魚吞墨,烹茶鶴避煙"意。

王　謙

主人愛讀書,心中自有樂。築室近臨池,養魚兼養鶴。養鶴豈乘軒,冲霄舞翩翩。養魚豈溉鬻,照水碧鱗鱗。眼前躍與飛,何往非化機。烹茶得文情,功候爐火青。洗硯淨詩腸,浮動墨花香。丹青圖一幅,清閒境不俗。人言鶴魚亦求音,惜少一張琴。我謂何不設樽酒,招得鶴歸來,與魚成三友。

答寄懷

王世杰

開緘珍重等瓊瑛,讀罷瑶篇欲自明。苦口茶非箴酒德,沁腸香擬助詩情。交如鮑叔真千古,貧奈王章過一生。感愧深餘凉月上,此心猶覺動怦怦。

苜蓿欄邊酒一巵,孤燈悶坐少心知。頑兒初識風丁字,病婦常愁日午時。桃李無言門寂寞,芝蘭有臭味差池。故人千里頻相憶,何自樽前訴別離。

答寄懷詩八章

王世杰

魚書今歲寄偏遲,忽奉瓊瑶八首詩。恍見故人千里外,殷勤不減對牀時。
子敬人琴慟若何?斷行哀雁少聲和。無言祇自垂雙淚,忍讀良朋《薤露》謌。
寒門嫁女值年荒,荆布釵裙愧薄妝。多感瑶章兼綉錯,頓教奩鏡有輝光。
窮通有命古垂言,小小科名未足論。况有超宗雛鳳在,佇看齊上入金門。
詩酒風流最可人,天涯有客願難伸。不知何日重歡會,得與詠觴一一頻。
幾番大旱望雲霓,忽見雲霓渡浙西。時雨不來枯苜蓿,呼晴日日厭鳩啼。
東窗獨坐月輪孤,無限愁銷酒一壺。閒爲豚兒聊課業,書聲鶯囀字鴉塗。
入世奔波計轉窮,依然兩袖拂清風。一言欲爲心知道,懊悔當初策馬東。

遭劫後仍勉舊學而案上文具一空賦以自傷

王　烈

四十年前課讀勤,案頭卷軸積紛紛。詩書忽又傷秦劫,筆硯竟同被陸焚。我室堪憐成赤壁,旁人相慰有青雲。忍貧强守芸窗志,重買藤牋録售文。

何處桃源可避秦,偶遭焚劫亦前因。雖稱天命非由己,詎料我生及不辰。畢瓚未能禳火正,圖書重續仗錢神。凋零花木全無色,可許枯根待發春。

元旦竹枝詞

王　烈

薄酒微醺夢乍回,有人送寳户應開。不知曙色重重啓,猶道敲門債主來。
上元甲子值初更,天爲新正特放晴。最是眼前新景象,人人帽子戴紅纓。
梅紅帖子寫宜春,蓬蓽朱門景色新。相唤有人先賀喜,一番佳話聽來真。
彼來此往各匆匆,走過鄰居與族中。拜歲已完無個事,闔家争擲狀元紅。
人情雖薄尚親和,今復開筵待客過。最是楊王間陳姓,大家酒量不差多。

答館况

王　烈

主人家住在溪邊,適館授餐借渡船。曉起呼童齊上學,夜來勸我早安眠。居依花竹添多興,饌有魚蝦給小鮮。薄暮齊中人去盡,與兒開卷讀燈前。

書聲滿室劇喧譁,鼓吹似聞兩部蛙。唤我頻年收後學,逢人到處稱東家。館童多自鄰近附讀。兒童未解談經席,野老願停問字車。道過中河如見訪,迴龍廟後小籬笆。

聞君欲之京秋試已有留別詩分贈諸友邇聞杭省捷音定有科場因作留行詩三律

王　烈

纔喜揚州作客歸,如何命駕又思違。狼煙試看靖南土,虎榜奚須戀北闈。忍對親朋飲別酒,漫勞僮僕檢征衣。他時附驥登科卜,同促輪蹄赴帝畿。

盼望今秋月影團,何勞此日跨征鞍。客途詩酒愁難釋,海國波濤聽未安。近守勝於行遠苦,外遊不及在家歡。門前莫任驪歌唱,且對青燈暫耐寒。

我亦思遊勞軌塵,稽遲未解是何因。愧無司馬題橋筆,恐類蘇秦履蹻身。風氣縱摹時尚體,文章敢薄異鄉人?可容桂籍我俱列,轉瞬杭州試院新。

君有蕪湖之行俚句奉和

王　烈

留得春風北路馳,偏逢歲暮惜分離。餞行愧乏樽中酒,贈別新添袖裏詩。話舊他鄉多故友,承歡異地有佳兒。江南自古文風盛,寄我今科闈墨知。

重理蕪湖舊業傳,行舟一路靖烽煙。論文未共三冬學,繩武能收千頃田。該處廢棄,先世遺田久爲佃户私佔,君收復之。海國帆懸風正候,揚州簫聽月明天。將來採取囊中句,盡是吴江景物妍。

將之滬江賦此誌別

王　綏

驪歌一曲促征車,正值春風拂柳初。宗慤堪懷期破浪,安仁未許賦閒居。丁寧去後家中事,收拾燼餘架上書。最是高堂難忍別,臨歧得不淚盈裾。

落落交情世少知,騷壇風雅是吾師。花朝月夕頻移棹,緑酒紅燈共品詩。高誼如君曾有幾,他鄉入夢倍相思。關心盼到秋風候,聽折蟾宫桂一枝。

題答寄懷

王　綏

漂泊天涯賦遠征,他鄉何處覓詩盟。良箴謹當韋弦佩,妙語都從戲謔生。劫後田園難復舊,别來雲樹倍關情。吴山越水迢迢隔,一樣相思兩地縈。

七夕小集薖軸居主人命即景賦詩分韻得仙字

王　綏

今夕知何夕,家家設綺筵。人間求富貴,天上會神仙。暑氣消紅日,秋光淨碧煙。金梭停緩緩,銀浦漾漣漣。小扇流螢撲,長橋喜鵲填。好將羅幌啓,競把綉針穿。雅事陳瓜果,繁音謝管絃。訴衷情繾綣，話别意纏綿。一刻千金值，雙星萬古緣。吹笙懷子晉，泛斗憶張騫。良夜清如許，佳期永不愆。南國新結構，北海舊英賢。纖月侵銀燭，香風度玉蓮。披襟飛羽盞，分韻擘蠻箋。漏已傳三箭，詞還鬥百篇。製文同乞巧，好繼柳州傳。

和馮竹安咏榴二截即次原韻

王　綬

底事漁郎打槳來，此間垂釣並無臺。洞房不是桃源洞，誤認紅花夾岸開。

一簇紅霞碎剪羅，春鶯嬌語隔窗和。含毫欲寫蘭房韻，慚愧諸公唱和多。

奉和楊盥甫君叠韵體四絶句

王　綬

一紙吟箋到市塵，笑余猶是夢中身。尊价來，余尚在睡鄉。揮毫得句如泉湧，倚馬才高不讓人。君作疊韻詩已至數十首。

重設金樽爲洗塵，一夔家兄自京歸，君曾訂期設盞，因病不赴，今又重開賓筵。蒙君屢召苦吟身。從此不諱貪饕性，任世呼儂飲食人。

爬沙細響出埃塵，把盞持螯樂此身。堪笑酒闌還折訟，公然呵殿學官人。席間，某某戲作訟詞控于君，君亦戲傳兩造問供斷結之。

去年小劫落紅塵，得遇生還復有身。回首自危還自幸，更名我亦仿前人。古人往往遇難更名，余自去秋遇賊，被擄半月得脱，因自號存翕。

昨以借緑軒吟稿見示讀之清新雋妙不愧作者佩服佩服率成一律

王　綬

子雲才調軼羣英，雒誦新詩字字清。信手拈來皆妙諦，放懷吟處見深情。論文北海多佳客，交戰東山有敗兵。君有討筠亭謝君檄文，故戲及之。邁軸豈容閒咏老，會看鳴盛到蓬瀛。

題沈表兄慶餘小照

王　綬

飛鴻故鄉來，寄我圖一幅。展圖慰相思，如親真面目。君性頗耿介，直諒無私曲。世態多炎凉，不肯隨波逐。頻年守寒氈，童蒙求教育。硯田穫有秋，生計亦良足。庭院風景佳，翛然絶塵俗。清陰百尺桐，瀟洒數竿竹。優游坐其間，一編課孫讀。嗟予鬢毛斑，遠遊客滬瀆。家山千里遥，光陰三載速。羨君自閑閑，愧我徒碌碌。惟願兩白頭，彼此平安祝。會當賦歸來，相對醉醽醁。

題某君照

王　綏

先生瀟洒本無俗，行吟愛入篔簹谷。紅塵不到緑雲環，把卷好向此中讀。竹韻書聲互答時，音響琅琅戛青玉。閒將活火烹新泉，相如消渴正茶熟。科頭小住且爲佳，此君日報平安福。我聞竹林之交賢有七，竹溪之遊逸有六。古人嘯傲結朋儔，君胡爲者耽幽獨？知君志不在煙霞，何須把臂入林麓。轉瞬秋風桂子香，更聽高唱瓊林曲。會當鏡裏看芙蓉，未許盤中餐苜蓿。爾時意氣凌雲霄，春風得意馬蹄速。歸來一笑故園開，幽篁深處醉醽醁。

祝楊君盥甫四十壽

王　綏

漢有邊孝先，經笥腹便便。晉有陶元亮，寄傲北窗眠。書味酣時睡味濃，古來孰比兩人肩。吾愛盥甫翁，似陶亦似邊。小憩嫏嬛耽經史，君藏書處顔曰"小嫏嬛"。閒遊五泄觀飛泉。君遊暨陽五泄山觀瀑。知君不愧真名士，于思風度自翩翩。持身清白繼家風，涉世不爲世推遷。興來淳于酒一石，醉後李白詩百篇。琳瑯萬卷富胸中，假寐何妨養性天。不作嗣宗青白眼，合如杜牧稱睡仙。夢鹿夢蝶兩忘形，吞爻吞篆或前緣。喜君自有青鏤筆，生花何必羨青蓮。騷壇文場獨樹幟，誇捷當着祖生鞭。愧我疏陋襪綫材，蒙君不棄友誼聯。春江花朝秋月夜，樽酒相對忘周旋。今逢四十稱强仕，置身青雲在目前。華筵大啓招仙友，滿堂珠履集三鱣。我歌一曲將進酒，桃大如斗藕如船。請君且出睡鄉入醉鄉，醉看庭階綵衣舞蹁躚。我後君生正十年，自慚故我復依然。十年以長合呼兄，祝兄之壽八百如彭籛。

題雪卿小影

王　綏

小築松陰境自幽，日長池館好勾留。一編吟罷渾無事，閒看兒童理釣鈎。
世人多少走風塵，利鎖名繮絆此身。如許清閒真可羨，扣門我欲訪幽人。

乙酉夏堦升族弟以此圖見示，屬爲題跋，爰書數語應之。古來畫家之喜寫物者，如韓幹之畫馬，戴嵩之畫牛，稱爲絶技。厥後松雪、文進筆墨之精妙可步其後塵，而以畫獅擅名者卒鮮。觀此幅意態雄傑，神采生動，如聞河東一吼，有百獸畏服氣象，可稱能手。其畫大小二獅者，殆有取乎太師、少師之義也。倘畫之麒麟閣上，宜以玉檢金泥寵錫之矣。

（王欽安等纂修《[浙江]餘姚上唐王氏宗譜》　民國二十三年王嗣懷堂木活字本）

重建五教堂序

王　燦

夫吾王氏開宗於盤川也，自明迄今數百餘年，衣冠文物，濟濟繩繩，在吾登源，人咸謂之盛族矣。迄咸豐庚申，粵匪竄境，祠宇被燬，人丁寥落，祀産荒蕪。至同治三年，金陵克復，日就承平。比欲興工構造，奈初平之際，財力兩難，空有撫膺而歎。夫因其難而辭之，與知其難而置之，如奉先何？《禮》云："君子將營宮室，宗廟爲先。"不忘本也，言有祖也，明有親也。凡我族姓，誰非祖宗所自出？可任其宗祊久廢，神主無憑乎？迨至同治十年，爰集派衆，酌議鳩工，乃籌算功程浩大，而計丁口不足五百之數，雖每派八兩，尚缺其半。若非捐輸，難襄厥事。及至光緒五年，祠宇粗成而裝飾之需尚無着落，所有丁銀均在觀望，半未收清。若待葺理完全後祧主，則神主不知何日而得安也。不得已，於萬難籌畫之中爲從權應急之計，因照前規，捐立配享以濟公用，將神龕先爲告竣。於是年十月初七祧主。於七年告厥成功。環覽制度，雖難稱美奂美輪，而規模嚴整，亦足以資瞻仰而妥神靈。雖然，神靈妥矣，而祀産甚微，每歲所出不足供二祭之用，則又將何法以處此？復集派衆相商：於祠右餘屋另具一龕，有能慨捐錢壹百拾兩者獎以特祀，每年二祭，俟宗祠奠畢特設一祭，以答樂輸焉，能幹附之。名其祠曰"獎勸"。於是則輸財者膺特祀之榮，而竭力者有不朽之譽，不已各酬其功哉？所有捐貲、置産、生息、辦祭、給胙，則祠事無廢弛之虞，而億萬禩之蒸嘗永享矣。回首起議雖閲十年，論其功程在於我族不爲小舉，而從事於其間者，經費支絀，籌紓萬狀，實則難乎其難。今欣完竣，爰掇數言敬弁於首，以誌區區之意。並集前議條規開載於左，俾後世子孫有所遵循，庶不負前人尊祖敬宗之懿意云爾。

光緒七年歲次辛已荷月上澣，裔孫貢生燦拜撰。

祠　堂　記

王寶賢

吾族自十五世祖儀鳳公遷居盤川，至今五百餘年矣。子孫蕃衍，星布棋羅。有離母村而居於十數里之外者，有離母村而居於數百里之外者。然而支分派别，同歸一宗，雖各建支祠以祀祖先，而歲時祭祀咸詣母村宗祠而頂禮焉。查吾族盤川王氏宗祠建造於有明，清代洪、楊亂後焚燬無存。至同治初元，匪亂始平，族中首先發議建築宗祠者，燦公也。當此之時，瘡痍甫平，休養未遑，既興宣聖"才難"之歎，又有司農仰屋之嗟，幾幾乎有建築之言談，不能成建築之事寔。燦公以禮重宗廟之文宣布於衆，期收羣策羣力以蕆其事。幸而一時族衆義勇奮發，出而竭力從公任事者有之，曰善公、德溥公、德霈公，其最著者也；慷慨解囊款塾者有之，世勳公元善公，其最多者也。於是同心協力，慘淡經營，至光緒五年，而吾族盤川新造王氏宗祠厥工告竣矣。考其位置，坐東而朝西，左南而右北。核其回積：曰寢室，曰中堂頭門，曰餘屋，其基係康熙間二房闢祖公批助田二百九十餘步，裁取竪造。並特祭廚屋以及祠前坦地，考祠前坦地是乾隆元年商於二房士珙公，將祠置"堂"字二百八十一號田一百二十六步掉祠前"堂"字五百六十三號田一百四十三步，税不過割，各歸原户。比多田十七步，補紋銀一兩，以作久遠納税之需。换成即興工圍砌照牆，餘坦格方查明經理載"堂"字五百六十三號田一百七十五步五分。可見餘坦格方外仍餘步數，皆在祠外路地明矣。南邊巷外有野角餘地數步，世傳皆知其宗祠之餘地也。光緒二十三年懋德堂竪造支祠，西邊牆脚砌出二尺，東則砌出五尺，被宗祠司事查知，向之理論，詎料該支祠司事不可理喻，投縣起訴。縣主李公梯青察其理曲，斷令出貲歸宗祠，另置産業以爲祭祀之需。將宗祠坐落懋德堂寢室，後路餘地歸懋德堂支祠竪造，兩造出具，切結銷案。今將野角餘地丈量之，仍有六步零。與夫西、南、北三方路地，共計五百六十步有奇。雖吾族新造之宗祠規模狹小，不壯觀瞻，而祖宗在天之靈藉此以妥侑焉耳。《禮》云："欲謀宮室，宗廟爲先。"此誠尊祖敬宗之孝思也。然則所謂宗廟者何？《説文》云："尊祖廟也。"又云："尊先祖貌也。"《白虎通》："宗者何？宗有尊也。爲先祖主也，宗人之所尊也。"邢昺曰："宗者，本也。廟號不遷，最尊者祖，次曰宗，通稱曰宗廟。"《禮・祭法》："有虞氏祖顓頊而宗堯，夏后氏祖顓頊而宗禹,殷人祖契而宗湯,周人祖文王而宗武王。"賈誼曰:"祖有功,宗有德。"《禮・喪服小記》:"别子爲祖,繼别爲宗,繼禰爲小宗。"程頤曰:"凡言宗者以主祭祀爲言,人宗於此而祭祀也。"由此觀之,吾族盤川王氏宗祠,其祭祀亦有所宗矣乎。

今者創修族譜,分房譜系,宗法於以明,支流於以别。鴻篇巨製行將告成,族人命賢作祠記,用昭來葉。賢學識謭陋,自愧不文,堅辭不獲,姑勉筆以記之,以俟後來有道之君子而就正焉耳。

民國十年陰曆三月吉日,裔孫寶賢拜記。

(王德藩等修《[安徽績溪]盤川王氏宗譜》 1921年五教堂木活字本)

郭巨論

王予謙

郭巨埋兒養親一事,李世熊、袁枚皆力攻之非,不甚辯,而余心竊未安焉。蓋彼所駁斥者,欲以警世俗之矯飾。余所判釋者,實以表天性之真摯。郭巨家貧,養子不得營謀,妨於奉養,欲埋兒以養母。巨初不知如此則孝,如此則不孝也,惟知一母而已。且孝則必慈,爲母而埋兒,巨亦不知如此則慈,如此則不慈也,惟知有母而已。又孝則必廉,埋兒而得金,巨並不知如此則廉,如此則不廉也,惟知養母而已。是孝以愚成,誠篤其本性,無詩書以牖其心,無師友以開其蔽,要未可律以聖賢之事也。若必執儒生繩墨之見以例之,則王祥之卧冰不得魚必凍而死,自必傷其母之心,是祥之不孝也;孟宗之哭竹,淚盡繼之以血,筍未可得目必瞽矣,愈以益母之疾,是宗之不孝也。由是以思,巨母痛兒之埋,或悲泣以死,是巨殺其子並殺其母,尚可以爲人乎?夫巨特愚而真率者耳,率性而行,絶不思我之子爲母之所愛也。母之愛孫,有甚於愛子者,但恐子妨母食,故埋之也。古來血性男子赴君父之急,一往直前,不顧利害,不計身家,無非欲其事之有成。倘巨念及母之所愛,計較於可埋不可埋之間,而竟埋之以博名高,直忍人耳,烏得爲孝?或者必責巨以不孝,謂存心之忍則不孝,奪母所愛則不孝。以此斥巨,巨尚何辭?不知太甲之放,孟子曰:"有伊尹之志則可,無伊尹之志則篡也。"埋兒以養,余則曰:"有郭巨之必則可,無郭巨之心則逆也。"知此可與論郭巨。

才須學學須静論

王予謙

儲天地磅礴鬱積之氣而生才,非有以陶鎔其才,則才不大。綜聖賢身心性命之功而有學,非有以默參其學而學不精。士生斯世必期致用,不可不自持其心。要未有才可以鄙陋出之,學可以輕躁得之者也。昔諸葛武侯以槊槊大才未嘗聚徒講學,惟潛修於草廬之中。故甯静致遠,有超然自得之天。斯隆中定策,相業著於蜀漢,有自來矣。爲之子者,才縱不逮乃父,而淵源家學,仰承先緒,自足爲克家合子。而武侯乃諄諄以勖之者,何哉?東漢之末,人才萃於京師。太學諸生有八俊、八及、八顧、八廚之名,競相標榜,馳譽海内。天下争慕其風,特以詞氣浮躁,卒罹黨錮之禍。郭泰、茅容、申屠蟠諸君而外,能自全者寥寥有幾人哉!晉則專事清談,風流相尚,以銜杯爲高致,以勤事爲俗流,放蕩於禮法之外,脱略於形骸之間。士習之偷,良可慨已!

武侯之遺書其慮及於此而有是言歟？抑未慮及於此而有是言歟？要之，卓識名論不可及也。孔子之門，英才薈萃，好學如顔子，高明益以沈潛，夐乎莫尚。道統之傳，獨曾子以魯得之，而諸賢之聰明敏達者不一其人，猶未之能逮。洵乎才不濟以學，學不主以静，其可爲儒生之要道哉！《大學》開宗明義，首言學，次言静，其格致誠正修齊治平之實基於此。世之工文字者矜淵博，雖學而絶非真修；談心性者尚冥悟，雖静而未臻實詣。要惟自持其心，以立大本，是豈第爲戒子言乎？儒者宜知所從事矣。

勸醫學種牛痘芻言

王予謙

客有問於余曰："世之醫者，其存心何如？"余曰："以利人之生爲心，而因以獲其利也。"客曰："即如醫者之種鼻苗痘，間遇險症，不免失手；倘種牛痘，百無一失，其獲利等耳。而種鼻痘者守其故常，謂牛痘則毒未透也，將重出也。攻擊多端，不以牛痘爲千穩萬穩之事，尚得以利人之生爲心乎？"余曰："彼其心非不欲利人之生也，特狃於積習而不知變計耳。吾試爲子言之，夫父母之生子也，或時其飢飽，或調其寒煖，無不欲子之長成。迨至種痘下苗，託之於醫，十分鄭重。而爲之種者，亦以責任有歸，不敢膜視其安妥者無論矣。或遇痘症危險，醫則日夜省視，寢食不安，無不竭心力以圖之，甚且束手無策，不克挽回者。將委其責於誰乎？是人失而利亦失矣。盍責任如此其重也，挽回如此其難也。何不以種鼻苗之醫移而學種牛痘，利人即以利己乎？且牛痘從血分入，非猶鼻苗從氣分入也。從氣分入者，苗由肺傳肝及脾腎，逆傳命門，攻出先天伏毒。毒因逆而攻出，遂發無定處。譬如人至一家，則入門而堂，而奥，中多曲折。乃知苗之入也不易，即毒之出也亦難。從血分入者，漿點兩臂手少陽三焦諸穴，自少陽傳膽，順傳命門，引出先天伏毒。毒乃順引而出，譬由便門而進，由便門而出，最爲簡捷。故從氣分入者，必先潮熱，而後見點，始則清漿，繼則黄漿，即使安善，嬰兒之受苦已多。而從血分入者，四日見點，七八日漿足之時，始有潮熱，日中不發，不過二三夜而止，更無他慮，便可造竣。若千百人中偶有一人重出，亦引種者欠看得的當之故，非牛痘本欲重出也。由此以言，孰安孰危，孰得孰失，不待高明之人自可通曉。有利無害，此之謂矣。吾甯郡自邊太尊創設牛痘局，保全嬰孩不下數萬人，厥功甚偉。醫者盍鑒邊公設局之意，體上帝好生之心，以學牛痘者利人之生而因以獲利耶？孟子曰：矢人惟恐不傷人，函人惟恐傷人。巫匠亦然。故術不可不慎也。今種鼻苗者，其心非如矢人也，而未必不傷人；其心亦如函人也，而不能不傷人。果學牛痘無勞，惟恐傷人而自不傷人。術之宜慎蓋可知矣。而况全赤子性命，陰騭有權，冥冥中必獲善報，究亦何所不利乎？" 客唯唯而退曰："子以淺近之言，曲陳利害，啟發斯人，當無不明之理。吾請徧告天下種鼻苗者，盡棄錮習，而學種牛痘焉。雖曰爲利，而利以義取，仁亦在其中矣。"

始遷祖墳案記略

王成楷

墳旁餘地，年遠契廢無稽，但前係水田，後係高墈，東西留有祭掃行路，一定不易。嘉慶十餘年間，有孤嫗嚴姓者從林姓買得墳東遠餘地數疄，意圖搭屋市酒度老。族衆理阻，嫗出契示由。衆乃追查林姓，迄無前契，佔混可疑。後嫗願留行路一條，且求爲王氏守墓計。衆以嫗系出王氏，姑憫許之，遂搭小屋三間。而墓西餘地，同街有烏姓者即效尤嚴姓例，言明搭屋焉。後嫗歿，已嫁前媳囑夫賣屋代殮，宗下争購之。而思標以貼連己屋，争先入手。不數年，烏姓見勢難久留，亦乘機出賣於伊兄思泮。是時，二人皆詭言齊買充祀，故族衆多被哄誘玉成。尤惡思泮弟思泳暗囑兄圖買墳前胡姓水田，計圖日後利己搿搭。適乘夷擾衆散，竟搿連泮屋陟豎平屋四間。於是墓西祭掃之路遂絶。伊弟思泰藉兄效尤，亦搿連標屋陟起平屋三間，而墓東祭掃之地亦絶。甚至重離攔前，三面斷絶出入，且旁設坑廁、豬欄等穢具。於是族衆譁然。宗柱紳耆等彙祠議處，伊等咸肆妄無忌。不得已，又經彙議控訟，仍佯延，迄無定處。然衆雖懷忿，卻畏兇湧莫遏，咸嘿嘿不敢出。乙巳春，予獨鳴官請勘。縣委糧主，票至即拆。伊等復圖掩飾。續經宗柱紳耆等先後公呈，遂鑽串宗下訟棍王紹芳駕情控府聳制。奈府仍委縣比糧主詣勘，不得已設計舉家逃遁。隔數日，獲得巨魁思泳一名。糧主先責其藐廳越控，遞責其欺祖穢褻，頗受苦矣。乃賄囑胥役，以危病保免，一面糾集棍黨王忠發等十人，以予斂費包告嚇制。皆訟棍紹芳之計。奈王忠發、王忠義、王忠能等俱係夷擾有案搶犯，豈敢越堂幫訟？其間有揑名者，亦連日向伊喧鬧不已。比庭審懸期，泮知理屈可危，挽紳士和息。獨泳因受刑，懷恨不願。乃延請舉人蔡某，罔惜貲財，爲縣主内應。是時，縣主賴公頗徇紳士情面，故於庭審時第責王紹芳插訟扛幫，欺祖藐憲，置泳等於不問。堂斷王思泳獨出墳前己地一丈爲合族祭掃寬綽餘地，外此衹准栽種，不准起造攔康。西屋南首，無論有無行路，總須退讓三尺。是時宗柱紳耆等叩庭候質，概不傳入，恐入則必饒舌，難爲徇情。地案遂結焉。此道光廿五年三月案。恐日後兇徒違斷，因附記此。是案自三月起，七月止，共費訟用九十七千，除祠内出錢七千，合衆幫貲拾貳千，餘俱己出焉。

前回向廟記

王予觀

出邑武平門五里許，前回向廟在焉。其創始不知何時。廟之西有回向寺，西北三里有後回向廟。稽回向寺之名，始載於延祐《四明志》，而廟名未詳。將先有寺而因以名廟歟？因其後復有回向廟而故尊此爲前歟？文獻無傳，莫可徵已。第鄉之人旱蝗禳於廟，疾疫禱於廟，商舶漁舠急而呼籲，無不酬神於廟。英靈所著，顛隮悉平。意神當日必禦菑捍患於兹土，故迄今猶爲呵護者。《祭法》曰："爲民禦大菑捍大患則祀之，禮也。"抑又思之，創建以來人事之代謝，世運之推遷，滄桑變更，不知凡幾，而本廟則歷久彌新。謂是民之崇奉於神乎？實神之厚澤深仁有以深入民隱。所由百世下無不鼓舞而忻忭耳！《春秋傳》曰："神聰明正直，依人而行。"《魯論》："祭神如神在。"人心所向，神憑式之，非在名之顯不顯，而在靈之著不著也。本境之神非靈昭千古哉！舊傳神姓范，諱日杲，南宋時人。亘於十月十四日，六堡輪祀以爲壽。但未見實録，姑俟考焉。兹因葺殿將竣，規模益廓，記諸屏障，以垂永久。

時光緒辛巳閏七月既望。

奉父命輓胡醞薌先生歌

王予觀

鉅工畢，沈疴出。周甲年，登仙日。君竟駕雲撒手歸，嗟余又闕知心一。追溯當年二十春，忘形投契早相親。從兹結社分箋後，筆硯磨礱仗故人。故人綺歲冠軍去，厤拔前茅馳聲譽。一十三科點額多，榮分貢樹香深處。撤帳聊施經世猷，先甌後岱又中洲。歸來重焕舊祠宇，譜牒重殘次第修。生平事蹟余欣羡，風雨思君頻輾轉。虚懷雅量與深情，鄉鄰朋友况姻眷。遊偕行，居常見。試院共揮毫，棘闈同鏖戰。兒曹衣鉢轉相傳，玉樹香參梓樹前。令三郎嘗從小兒遊。尤感梓材蒙丹艧，頻施化雨潤青氊。方待重陽醉菊時，登堂擬詠九如詩。眉齊花甲雙開宴，膝繞蘭孫疊獻巵。豈知夏五陰霾作，南極芒消光餤薄。病入膏肓竟莫瘳，塵寰何處尋扁鵲。君已矣，傷爲何。病中常説心中事，未了遊情付逝波。君謂余曰：吾諸事粗完，將擬畧遊名勝，以樂餘年。今譜竣而遽歿，追憶斯言，倍覺悽然。想因玉府聲名溢，地下修文待纂述。欲覓返魂雖有香，奈何起死終無術。吁嗟乎，輯譜竟同麟絶筆！

五十述懷

王晉禄

漫云五十已知非，依舊爲人作嫁衣。結髮曇花歸窀穸，懷胎泡影幻珠璣。先室姚氏歸余廿年，生子女五，俱夭殤。又小産七胎，均成泡影。戊午春，逝於申。辛酉春，余營生壙，先爲之安葬。鷗絃重續情堪慰，戊午夏，繼室施氏來歸，至今八年，連生三女，去臘始舉一男。頻年治家勤勞，堪慰余懷。馬齒空增鬢漸稀。方舉一男無所望，此心惟以遐齡祈。

少年志趣本軒昂，無奈家貧早就商。春雨萱花先萎謝，秋風荆樹復凋傷。余年十六習商，次年癸巳，先慈見背，越二年乙未，先長兄亦逝世。鴒原悲切書重讀，先長兄早歲入庠，得年僅二十有八，雖遺有二子，尚在冲齡。先嚴悲長兄逝後無人繼讀，爰書"遲我十年讀書"匾額懸諸書齋中。余見而心動，乃即棄商，從師復讀。科第情殷願未償。先嚴聞余從師復讀，轉憂爲喜，復在齋楹上親書"再讀書，苦中作樂；須勤學，忙裏用功"聯語，以示惕勵。無如余不能承先嚴之志，乃讀未二載，適有前在商時友人邀余復賈。繼母以家寒，苦讀不如復商爲愈。而從學張夫子亦以科舉將廢爲詞。繼母向先嚴聳恿，以致中輟。至今深爲負疚。幸得良緣從此締，余再讀書時，乃從張松郁夫子學。次年，張夫子失偶，余有姊待字，乃遣媒説合，結爲秦晉。甥兒今已粲成行。張夫子先室僅遺一女。吾姊歸後生有四子，長次已娶，且已生孫。

者番作賈到申江，商舶雲屯帆影幢。自愧庸才無建樹，深慚虚譽負鄉邦。椿庭厄運逢陽九，丙辰九月，先嚴棄養，時年七十有二。荆室沈疴起目雙。先室姚氏，丙辰夏忽雙目失明。次年丁巳臘底，忽患氣喘，後三日而逝。連歲疊經遭大故，夜來含淚對銀釭。

雁行失序半分離，余同母兄弟六人，余居幼。現存三繼母所出兩弟，亦僅存其一。原上情深念更悲。差幸季兄稱友愛，三五兄待余甚厚。又欣繼母得賢慈。羣衿柏節門庭肅，諸姪蘭芽氣宇奇。壯不如人今漸老，欲抒胸臆且吟詩。

四十述懷

王予藩

庸庸隨俗老奔波，四十年華一擲梭。行不加修名不立，靦顔枉自悔蹉跎。
一肩行李别萱堂，橐筆春申黯自傷。閲世縱然届强仕，那知兩鬢已成霜。
食走衣奔年復年，年來依舊壓青氊。劇憐壯志消磨盡，卌歲光陰付逝川。
猶憶年前歌鼓盆，傷心兒女哭聲喧。何時了却向平願，好與青山作弟昆。

五 十 述 懷

王予藩

百歲光陰已半周,依然故我不胜羞。昨非今是嗟何及,暮景垂垂待首丘。
頻年蹤跡寄春申,纔度四旬又五旬。半世生涯惟筆硯,應憐日日墨磨人。
莫將歲月等閒看,半百光陰如指彈。最恨年年壓金線,幾曾菽水博慈歡。
年到知非百念休,但能寡過復何求?買臣富貴豈無願,怎奈我生命不猶。

六 十 述 懷

王予藩

邇來百感迭交加,始覺當初願太奢。妻子原爲身外物,兒孫都是眼前花。滿腔心事憑誰訴,周甲年華敢自誇。試向崦嵫回首望,一輪紅日已西斜。

自執教鞭四十春,惟同筆硯倍相親。昔年曾作青衿子,今日已成白髪人。問字有慚勞載酒,謀生無術願安貧。還從滬漢歸來後,求得童蒙伴此身。

流水光陰去日多,浮生若夢感如何?童年孤苦庭椿萎,衰老龍鍾鬢髪皤。翼折雁行悲伯季,心傷鴛侶失英娥。聊師表聖預營壙,待作將來安樂窩。

世事滄桑萬不同,是非恰在靜觀中。何須自我論成敗,到底憑誰定罪功。三代衣冠皆糞土,一時人物盡英雄。獨憐擾攘干戈甚,劫後猶存衰老翁。

癸巳初出課徒

王予藩

人患莫若好爲師,古訓昭垂豈不知?怎奈家貧親又老,聊將館穀解啼饑。

秋夜即事時假館陳祠。

王予藩

獨坐書齋近石塘,青燈爲伴夜初長。更深讀罷看牛女,忽有潮聲到耳旁。

和蕊書兄原韻七律二首

王予藩

世事滄桑春復秋,而今朋輩幾人留。死生修短由天定,風月烟花過眼收。賸有衣冠悲故國,不妨詩酒隱崇邱。漫聽術士談星命,此説從來足信不?

隨緣到處可安身,奚事林泉學養真。落落浮生原若夢,茫茫濟世屬何人。劇憐烽火無虚日,那得桃源去避秦。回首潮音惆悵望,聊將俚句答山民。

旅漢時題老友紹先林泉歸隱圖七古一首

王予藩

橐筆來作漢上旅，喜與故人重相敘。問君忽何賦歸田，使我惘惘顔色沮。君蓋明哲具先幾，直與陶朱同出處。春風江上送歸帆，一鶴一琴作伴侣。歸來鄉味勝珍饈，鱸膾蓴羹桂花醑。又有林泉足清娱，風景不減輞川墅。彈琴放鶴復長吟，羨君自是得其所。異時徒步相過從，莫辭爲我具雞黍。

題史君祖紹自繪稻邨圖小影七絶一首

王予藩

拂絹濡毫自寫真，别開生面妙傳神。黄花紅樹饒風趣，道是淵明第二人。

遊黄鶴樓

王予藩

勝蹟久傳黄鶴樓，課餘呼渡一前遊。舊時仙子今何在，賸有長江不斷流。

己巳館於漢上

王予藩

背井離鄉入漢皋，欲求升斗敢辭勞。自知不善謀生術，只守青氊到二毛。
客地覊身易感秋，每逢風雨倍添愁。頻年書劍飄零甚，自問何如水上鷗。

舟過小姑山偶占

王予藩

小姑山峙大江邊，雨沐風梳態倍妍。歷甲已多猶待字，不知何日了姻緣?
小姑居處本無郎，寂寞空山應自傷。縱有江流明若鏡，終年相對爲誰妝?

感時

王予藩

生計於今百倍難，年荒時亂益興歎。開門七件尋常事，那把從前一例看。

解　　嘲

王予藩

家無恒産硯爲田，蟄處何如尺蠖跧。堪笑白頭窮措大，一生賺得幾文錢？
漫道來年勝去年，而今依舊若從前。料知多被青衿悞，樂得無名没世傳。
始客滬濱繼漢皋，風塵僕僕抑何勞。雖然身世如蓬轉，恰比鄉居興自豪。

（張琴等纂修《[浙江]鎮海王氏宗譜》 1933年仰德堂木活字本）

八　景　詩

王子才

紫竹麗日

紫竹栽來不計年，長留美蔭護村邊。清風掠地神偏逸，赤日行空色更鮮。入畫休添新雨意，裁詩最愛夕陽天。莫嫌數畝園林小，好景游思勝渭川。

白螺擁泉

半畝方塘信可娱，仙螺擁處景常殊。深藏碧沼惟知白，縱遇紅泉不點朱。造物生成冰作骨，鉛華洗盡玉爲膚。水晶宫裏争相聚，恰似驪龍頷下珠。

樟亭留憇

小築江亭近澗濱，歡言得憇任羣論。重門洞達無關鎖，大道揭來誰主賓。炎夏清風留過客，寒冬零雨阻行人。莫云棠舍今難再，此處也堪覆萬民。

蓮塘送香

山色青青水色妍，一池蓮葉何田田。人來疑自衆香國，魚戲驚開小洞天。風定芳猶侵岸側，雨過氣復度村邊。此中世界誰能識，惟有濂溪愛獨先。

雷澤網月

雷澤漁人月裡歌，臨流網碎一川波。罟聲倒下潛龍躍，羅影翻張狡兔過。兩岸施罛籠皓魄，扁舟打槳盪纖阿。江頭試問釣璜客，渭水風光更若何？

尖峰插雲

尖峰陡峭削難工，倒插天邊氣象雄。雲本無心知出岫，山如有脚解騰空。曉烟盤結懸崖下，暮靄横飛半嶺中。我輩會當凌絶頂，凝眸直到蓬萊宫。

仙雞唱曙

雞入名山也是仙，五更唱曙翠微巔。棲霞吐綬蓮塘上，影水愛毛雷澤邊。彩炫輝争紫竹日，渴來飲向白螺泉。喧聲高自雲中出，半在人間半在天。

石馬空羣

非金非木更非銅，怪石生來羣自空。堪笑穆公求不去，須知韓幹畫難工。應超牝牡驪黄外，豈在騹騮騄駬中。遠看奔騰雲霧裏，依稀逐電又追風。

八 景 詩

王孚巽

紫竹麗日

園栽紫竹自年何，赤日行空色倍妍。曾記子猷徧種宅，前人勝蹟後人傳。

白螺擁泉

半畝方塘一鑑開，螺旋泉湧共徘徊。問渠那得白如許，疑是銀河素女來。

樟亭留憇

亭短亭長耳習聞，古樟庇蔭愈氤氲。行人到此誰爲主，四面清風兩岸雲。

蓮塘送香

何處風來氣味涼，距村里許有芳塘。碧筒醉後無佳句，孤負蓮花一段香。

雷澤網月

雷澤虚銜月一鈎，漁翁舉網水天侔。尋源偶憶張騫事，直欲乘查至斗牛。

尖峰插雲

舍北一峰氣象雄，儼如椽筆插雲中。憾無謝眺驚人句，呼吸直將帝座通。

仙雞唱曙

扶桑唱玉異經傳，每遇名山物亦仙。志士聞聲常起舞，愧儂不及晉朝賢。

石馬空羣

石奇類馬神難傳，騷客題詩費琢研。十驥七名無此品，不羣何用子方憐。

八景詩

王道崇

紫竹麗日

紫竹参差近畫堂,雲霞掩映麗晴光。高枝直擬蕭郎筆,勁節還凌御史霜。密翠浮天澄宿霧,疏陰覆地影朝陽。每逢日上三竿後,清氣留人俗慮忘。

白螺擁泉

螺擁荒塘信有因,當年自説爲泉神。身隨寒脈穿雲岫,性喜澄源聚水濱。仙掌細旋霑碧露,佛頭高聳出紅塵。應知非是池中物,脱曆羣飛海内珍。

樟亭留憩

傍巖依木結茅亭,過客臨斯車駕停。翠影矮簷疑草閣,緑陰高樹似槐庭。去隨流水游心蕩,來引清風醉眼醒。遥憶憑瞻雲雨後,掛松斜月上朱櫺。

蓮塘送香

青蓮冉冉遍芳塘,雨灑風吹送好香。翡翠斜依疑酒緑,鴛鴦隱宿惜花黄。月移寒影東西艷,露滴玉盃氣味涼。每向溪亭追勝事,伊人宛在水中央。

雷澤網月

壩號雷坡壅碧流,銀河直與此相侔。清涵星斗連天際,色映雲霞偃月鈎。漁笛三聲驚魏鵲,桃花兩岸喘吴牛。溪光自古無人寫,應遣魚龍筆下游。

尖峰插雲

曉看青雲接太空,嵯峨黯淡盡西東。冥冥横鎖山邊月,漠漠不散嶺上風。疊嶂飛時烟火雜,飄巖到處地天濛。儼如舒捲從龍勢,故爾無心出岫中。

仙雞唱曙

殼分混沌幾千春,羽翼養成邁等倫。聲徹宵鐘勤燭夜,音連曉漏解司晨。錦翎若動天將曙,繡頸纔伸月未淪。每向瀟瀟風雨後,一聲唤醒古今人。

石馬空羣

石馬挺生不計年,巍巍竦立鎮山川。月下牽來形突肖,雪中放去神難傳。頭昂天外骨還傲,跡托人間性最堅。應是龍孫難比足,文神一馭便知賢。

八 景 詩

王濟南

紫竹麗日

指定此君醉日栽，流霞長飲不辭杯。醺燃碧落白雲散，葉裊晴空紫燕陊。棲去猶留丹鳳影，化來早託赤龍胎。夕陽填寫臙脂色，莫認樵青紅火煨。

白螺擁泉

山麓洞腰一港泉，白螺無數東西纏。素紋圓轉玉人髻，皓尾上朝雪巘巔。晝夜追尋淵博地，生終去住水中天。從來最愛源頭活，上較日星左右旋。

樟亭留憩

亭陰樟蔭兩相融，往往征夫憩此中。入户須停車與馬，息肩便卸篛還蓬。汗淋不事揚仁扇，喘促自來解愠風。添益松涼神竟健，茶煙歇後各西東。

蓮塘送香

傳聞自古塘名蓮，信是蓮花香萬千。幾陣芬芳鷗唤鷺，連番馥郁魚游田。容顔未獲入蘭室，氣味曾常添韭筵。不獨濂溪君子愛，小娃早已撑偷船。

雷澤網月

丁夜澄清月印川，魚游雷澤未堪眠。漁翁祇意漏天網，兔魄那知滿釣船。火暗江村星在户，蟾光河漢人臨淵。追思虞舜居山日，也到此間忘卻筌。

尖峰插雲

王盛潔

信是蓬萊第一峰，雲端高插幾千重。只緣舉手星辰摘，也應低頭笑語慵。天外飛來金殿闕，人間削出玉芙蓉。自今提得如椽筆，點綴此圖墨未濃。

仙雞唱曙

耿耿星河曙色開，一聲高唱白雲隈。枕邊起舞人何壯，窻下談元士豈獃。沽酒唤醒茅店夢，和鸞驚動玉堂才。至今猶笑田文陋，必敎雞鳴關度來。

石馬空羣

伯樂不逢名馬湮，生成奇石競相傳。練毛一匹换今古，玉骨幾根鎮地天。能與神龍圖並負，宛如猛虎戰争先。須知此物非凡比，惟有雷光可作鞭。

（王朝准等纂修《［江蘇金陵］高倉王氏族譜》 1940 年三槐堂木活字本）

三永橋賦

沈　灝

大江以南勝鍾吴會，埭川之北秀萃昌溪。若薛若吴，甲族匪一，維水部郎胄綿瓜瓞，昌熾莫京；若本若支，公姓云百，維耐菴翁森森階玉，媲美謝庭。或黌宫勒字，天闕鏤名；或丙夜藜然，聲徹三更。行見龍種鳳毛，桂馥蘭馨。爾乃永言孝思，孝思維則。妥先靈則甫栢來松，三百年之廟貌焕如翬翼；刊家乘則大宗小宗，十六世之雲仍皎如星列。若夫民胞物與，我饑我寒，寒或施枲，饑亦予餐。神交冥冥，有時掛延陵之劍；故人戀戀，無難脱曲阜之驂。至其大言煌煌，言堪訓俗；談議方箴銘理，道衷朱陸。智者珍同拱璧，頑者奉如龜卜。具此三不朽，亶稱千古獨有。嬸遜弗居，鳴謙擬上六。乃猶慮行旅悼苦葉，臨流悲躑躅。鳩工甃石杠，易盡舊編木。聯亘法台垣，蜿蜒峙鼎足。計緡不減露臺之金，渡衆實逾東里之澤。昌水駕渭水之長虹，王公踵崔公之芳蹟。錫兹橋以嘉名，福禄壽之各别。庶司馬過而留題，抑步兵入而免泣。而且南瞻山色於雲端，北挹湖光於月夕。憑高覽勝，久擅諸絶。於焉時當遲日，于耜攸同，羽振倉庚，懿筐胥從，爾田爾桑，誰之帡幪。東君既逝，炎帝聿前，睠夫疊跡，餉婦駢肩，出作入息，以日以年。火德云微，金風颯颯，萬寶告成，擔負絡繹，含鼓嬉游，疇賜之逸？水澤腹堅，用届玄冬，曉霜昏雪，苦雨凄風，肆達罔滯，庇蔭惟翁。任四序之代遷，慶三梁之畢通，溥斯人以樂利，將食報於靡窮。謂余言爲不信，請觀植槐之晉公。

三永橋賦并序

高　斗

曰歲維何？昔訛三豕；我車奚自，命比九龍。長帆掠鵝水之煙，短策指鴻嵎之靄。窮經宜静，聊借息于董帷；問道何知，幸邀安於陳榻。乃桃李春風之席，實蒹葭秋水之湄。勝屬吴閶，名高錫麓。詢聚族比閭之盛，凡百世而號永昌。當如環若帶之墟，聯三橋而名禄壽。從而咨之長老，僉曰：厥有攸成。退而考之，名賢亦共傳其勝事。心儀厥羨，爰作賦焉。維東南之嘉會兮，鍾太乙之上靈。屬析木之分圻兮，兼斗牛而降精。帶長江而襟海兮，聚百川之澄麗。冠穹窿而俯縹緲兮，羅羣巒之葱菁。爰以秀甲中區，傑稱時夏，華雯四國，衣履天下。既人能之卓躒，亦地靈之厚大。爾其分棱析幹，井邑千門，胥江森浩，閶闔氤氲，汾湖匯潤，齊女克盈，莫不川梁四衍，煙火萬村。乃當咸池之上映，實爲漕溪之下渟。枕湖臯而聚族，有太原仲子之居焉。當其居也，衆水環趨，羣流輻駛，町畦密布，溝渠周庇。幽人挹其静深，高士酌其清泚。顧一泓之澄然，乃三橋之虹起。有客登臨，憑欄倚徙，縱思幽尋，莫殫厥美。蓋其爲勢也，鑄鼎足而匪峙，法台垣而少紆。雁序其衡，若少長之有體；鳧鷖在渚，隨先後以爲倫。靡高靡卑，一貫從繩；孰遠孰近，四達弗停。遶胥宇而左旋，爲震巽之維城。顧其爲用也，接武一隅，便稱通國。惠溥東里之輿，澤廣西方之筏。歸來長笛，行忘苦葉之懸；耘罷横經，坐詠清流之鑿。居者快濮上之觀，行者絶滅頂之惡。徘徊守望，不名一樂。乃其爲勝也，遠挾鵝水，近控埭川。南瞻虎阜，北眺虞山。雲物萃聚，魚鳥游翔。當夫農桑四陌，夕陽送醉影之來珊；香稻平疇，夜月聽豹聲之隱約。或殷雷而小雨，漁歌争戛于空明；或密雪而飄風，樵踪亂疊于凝白。惟兹四序之佳辰，彌信一方之勝絶。盡捐竹索之陋，驚視蒼龍之偃抑。余考其陳迹，詳其故宫。晉有阮生之浦，吴垂孫子之塋。獲茲橋之聯亘兮,鳧舄雙飛,宜無傷於踴貴;鯨川一吸,當弗泣夫窮途。可以近招吴市之梅君,遥呼皋廡之伯鴻。起要離而劍舞,振千古之清風。俱屬兹土之高蹈,當知亟賞于溟濛。于是起而爲之謡曰:猗永里之樂國兮,户皆可封。孰綢繆于桑梓兮,耐菴斯翁。盼三星之在天兮,光照南東。錫兹橋以嘉名兮,壽與福禄而靡窮。羨此方之永賴兮,當世頌其鴻功。然則又何羨於蜀險之七曜與漢川之五龍!

永福橋記

吴偉業

橋以永名,志久也。凡事期於久則以永名之,示可傳也。永光、永徽,以名其年。永平、永寧,以名其地。其事不齊,而示可傳一也。姑蘇齊女門之北有里焉,名曰永昌。里中有三橋,曰永福、永禄、永壽。誰爲建之?誰爲名之?則永昌里主人王公耐菴也。婁東吕子天全爲余道其事,且代王公徵文於余。余再拜揖吕子,而謂之曰:"嘻!王公何爲以永名橋也?王公而以永名橋也,王公亦思天下事何者能永耶?天能永,胡爲傾西北?地能永,胡爲陷東南?山能永,胡以崩?川能永,胡以涸?金能永,胡有時而銷?石能永,胡有時而泐?社稷而能永,則吴宫花草何以叢生?曆數而能永,則漢代衣冠何以猝易?富而能永,則陶白程羅何以不長有金穴?貴而能永,則董石梁竇何以不世秉國鈞?年壽而能永,則榮啟期何不免於一日?彭鏗何以亦終其天年?嗟夫!石火電光,出然如呼,入然如吸。蟲臂鼠肝,倏然如此,忽然如彼。天下事亦何者能永哉!"吕子曰:"不然。天下事之不能永者,勢也,數也。而作事之必求永者,情也,理也。王公之以永名橋,將以求永也。何怪焉?"余始憮然曰:"嘻!吾今乃知王公之以永名橋也。其永也有所爲永也。嘗讀《易》而得永之説矣。'坤'之'用六'曰:'利永貞。'永之爲言大終也。有弗爲,爲之,必要其成。不以私誘,不以欲撓,不以常變易守,故永也。'比'之'原筮'曰:'元永貞。'永之爲言剛中也。剛而得中,則能長且久,故永也。'賁'之'九三'曰:'永貞吉。'永之爲言終莫陵也。無間可投,則終不能陵,故永也。王公之爲永,其在斯乎?夫然故天地不能永,而橋可永也;山川不能永,而橋可永也;金石不能永,而橋可永也。永如是,是可傳矣,則橋之名永宜矣。"吕子欣然而咲曰:"嘻!王公之爲永也有三善焉。王公之永也,永以德也。其德伊何?源深慶長。葢不特永一身,且永後世也。王公之永也,永以功也。其功伊何?濟人利民,蓋不特永一鄉,且永一邑也。王公之永也,永以言也。其言伊何?鋟石鏤珉,蓋不特永一時,且永萬年也。如是而王公之永真可傳也,則橋之名永信宜矣。"余乃爲之記。是歲癸巳仲秋也。

永禄橋記

吕 宫

耐菴王君,雅敦古誼。其盛事不勝書,而大者如立家廟,剞家乘,尤兢兢不忘本云。邇有三橋之役,在耐菴爲瑣事不足記。記其橋所自興,并及興是橋者之志,則亦耐菴所樂得而誌也。

耐菴家長洲之永昌,聚族而處者三百年於兹矣。里中故有三橋:其一北鎖入漕之隘;其一偃小蘭若下南以阮籍湖相吞吐;一則居中央,而直耐菴讀書之廬者也。北與中相去百弓而近,中與南百弓而遥,如繩貫然。顧編木而渡,歲久易腐。每當凄風苦雨,曉霜夕雪之際,輒有躑躅而興嗟者。耐菴惻然憫之,以爲居我里而俾有不安其居者,我恥之;行我里而俾有次且前卻其行者，我恥之。於是毅然起曰："請易以石。"計其費若干緡，出其廪之羡給之。不日而工竣焉。里中父老子婦咸欣然樂其成，而於經營之計概未之聞也。噫嘻，耐菴之意慮蓋深曠哉！其功在利涉毋論已。永前後巨浸，萑苻之警，居者不能保其芻藁。虹梁相望，屹然若干城守望，庶恃以不恐。至若碧水淪漣，古樹陰森，與蜿蜒相映帶。時而早春夕月，偕宗人里士趺踞其上，詠歌唱答，庶亦濠上觀乎？若夫因利濟而覬福應，則作者之志絶不及此也。雖然，天之福善如影響，種瓜得瓜，種菜得菜，古之以橋梁濟人而獲報者不爽矣。況乎由是役以推之，其爲盛德美行有什伯於此者哉！令嗣公武從余游，甲午比試，已得顧眄如伯樂者，而卒困鹽車。天意殆遲久鬱勃，以大其報。長卿高車駟馬，其在斯乎？橋成，錫以嘉名，曰永福，曰永禄，曰永壽。耐庵非自祝其福禄且壽也，亦曰與永之人共永其福焉、禄焉、壽焉云爾。然而永之人之福、之禄、之壽，孰非耐菴之福、之禄、之壽。即以是爲人之祝耐庵也可。

永壽橋記

張九徵

平江齊女門之北二十里有大澤焉，曰漕湖。蓋古虞漕舟故道也。三陲皆荒洲蕪渚，獨南湄之臯鬱蒼深秀，舊爲王、吴、薛三姓聚族而居。門第亢朗，煙火櫛輳。而湖流之東注者曰永昌涇，其地亦號永昌里。涇分而南，穿里之兩涯，其梁而度者有三，皆元時故址也。但編木易腐，旋構旋毁，而未有爲之長慮者。噫，此豈地乏金埒之家，工缺輸般之助乎？殆不然。事之集有時也，人之量不同也。方三著姓洽比稱雄時，寧少擊鐘而湌，文土石，繡楹楣者？其意以爲匱中之帛可使纏南山百萬樹，不必委之津頭隴坻，設方便法，行不住施爾。即王之先世，代有顯人，未嘗不高其閥閲，而于斯亦蔑如也。三百年來挺生我友耐庵公。公故偈青衿，受先人廬舍疆畝不足以當邾莒，且失怙在齠齓，强楚勁越，瞰室而爲釁者，歷百艱矣。而家不躓而益起，再遘鼎革，支劇訟，罹劇盜，挈家東西馳而壺中之天自若。公乃曰："此非人所能，天也！祖宗之澤，天畀之；隨意行方便，天喜之。"由是出其槖爲營家祠，一時楝宇翬飛，不侈而飾。其先人所慿以顧歆乎？襟祠而東，即三橋之一也。橋於祠得形家吉，且可以眺湖光，揖遠岫，而略彴如故，人病涉焉。公因謀於三老，僉曰："公爲行李計，甚善！然非石不可以永。所費金當以百計。"公慨然曰："吾以中農之百畝汙萊治生産，迄今饘粥不廢。敢惜此寸鏹爲？"遂庀材鳩工，始於順治庚寅秋，而癸巳春已落成矣。橋成，負擔者可比肩而馳，人人歡呼相慶，游而壯之。公不敢任德，題曰"永福"，曰"永禄"，曰"永壽"。公蓋爲一方人祝也，而非以自私也。余嘗觀崔雍州橋渭水，名曰"崔公橋"。後人思之。公雖功成不居，而其利濟之德永存昌里，又何異李冰之橋于蜀，蔡襄之橋於閩，爲千古盛事哉！雖然，後之往來斯橋者亦有念永昌數百年三姓聚居無異昔日，何獨無長者發一弘願，而必俟公一念之仁，捐不貲之費，以成不拔之業？吾故曰：事之集有時，人之量不同也。世有知公者，當必以公爲行義之彦方，而不以公爲自豪之武子云。

孟登橋記

史大成

長洲巨浸，惟漕湖有三名焉。以海虞漕艘由之也，故名漕湖；以范大夫泛西子過此也，又名蠡湖；以孟夫子所嘗濟也，又名孟湖。湖之南里許有高阜焉，相傳孟夫子嘗登之，其地遂名孟登。而橋因以地得名，由來舊矣。橋不甚高廣，而傾圮有年。里中耐菴王封翁憫行道之艱於涉也而修之。康熙九年十月，橋成。又三年，公之文孫洪公車入都，述其事而請記于余。余惟聖賢之心濟世而已矣。平其政所以濟天下，明其教所以濟後世。儒者苟存心于利濟，不必握大權、據高位，即一事一行亦足以樹德而垂後焉。耐菴佩孔孟之教，其濟物也，視其力之可爲者則爲之而已。當橋之始修也，議者曰："善小不足爲也。"耐菴曰："積小以高大，吾得夫升之象焉。"又曰："事卑不足多也。"耐菴曰："登高必自卑，我有慕乎中庸之道焉。"故是橋也，高不逾丈，工不逾月，而耐菴必爲之。誠見夫龍門、積石與蹄涔一勺無異水也，嵩高、泰岱與卷石培塿無異土也。博施濟衆推而至於竹橋渡蟻無異心也。耐菴爲善惟視其力，故不以善小而不爲也。橋成，於耐庵，不足書，而耐菴之不辭小善以合乎聖賢濟世之心，則誠足書也。是爲記。

（清王巨源等修《[江蘇吴縣]三槐堂家乘》 乾隆四十二年木活字本）

包氏宗譜

文林孝肅公祠堂記

包　括

有十世之德者斯有十世之澤，有百世之德者斯有百世之澤，故不特帝王之家祖有功、宗有德，立之廟祀，百世不祧，維士大夫之族亦然。若吾包氏之祖孝肅公佑啓後人，本支百世，訖今派别雖殊，所當蒸嘗無間者也。蓋孝肅公後自廬州合肥分支，而西江、浙右及大江以南占籍各蕃衍，代有聞人，皆孝肅公剛大正直之氣所布流，而綿綿瓜瓞勿替引之者。水異流而同源，木條分而本合，尊祖、敬宗、收族之義於是乎在，孝饗胡可忘也？余昔承乏常郡，聞江陰之文林有孝肅公祠堂，爲文林支裔所建。曾敬奉以匾額曰“奕禩垂模”，以志公之模範我後人者於今爲烈也。後余去常，遷除奔走，念欲一過江陰拜祠下，得悉文林祠堂規制，役役未能。歲次戊午，見鄉試題名録有諸生包彬者魁江南，即文林支裔，文在其字。余耳其名已久，余子亦於是科舉於浙，兩家加有譜誼焉。己未之春，文在與余子會京邸，文酒過從，各道其宗派，因寓書於余，述其祠堂重建始末而以記請。其祠則秀卿首讓宅爲之，捐其價什之一。功巍、九皋及文在尊人毅菴襄其事，捐己資不足，則謀之通族，而九皋始終董其役。至丙戌乃落成。是冬設主文林，舊祠廢已久，至是始得以春秋祭饗，聚其族人。余惟孝肅公當年立朝大節，烈於夏日，凛若秋霜，侃侃嶽嶽，垂光史册，如括者備員聖朝，有忝似續，何敢濡毫記文林之祠堂也哉？顧是祠余心夙所瞻仰，而道揚祖德，作奮後賢，其於尊祖、敬宗、收族之義或未必無小補也，於是乎書。

創建文林宗祠述略

包清鳳

康熙四十年辛巳二月，高祖九皋公倡議建祠，會同通族尚甫、秀卿、茂章、公安、功巍、子芳等六十五人立議：不拘自田、租田，每畝捐銀三分；每年每丁捐銀三分。畫押者三十九人，議筆至今尚在。四十五年丙戌，將所捐公項絶買豫卿房屋；其數未敷，九皋公獨又捐銀二十八兩。創立宗祠於文村，供奉孝肅公及仁甫公以下十二神位。四十七年戊子，九皋公始加丹漆。四十九年庚寅十月，九皋公卒。五十八年己亥，翻造宗祠前進及兩廂，曾祖在升公獨力難支，廷輔公相助，告捐族衆，貼費不均。剩有北廂，叔祖在進公捐資告竣。自後康熙辛丑、雍正甲辰、丁未節次修理，皆在升公一力任之。復偕祀生聖美公等稟請郡守虞軒公手書“奕禩垂模”，後書“裔孫括敬立”匾額。十一月，在升公纂輯家乘。七年己酉八月，修理宗祠牆壁。冬十月，北支祔主入祠。乾隆二年丁巳秋九月重九夜，宗祠中堂倒塌，在升公邀同德宜、子昇、維才諸公出貲修建。冬十二月起工，越明年正月告竣。十二年丁卯，在升公修理宗祠後進左屋一間，奉本支古塍公暨杜孺人入祠，并置神櫳及門槅五扇。十九年甲戌夏五，宗祠前進及北廂被火，震驚靈爽，在升公號泣、焦勞，力疾支撑木料，臨終以未及完工不瞑。二十年乙亥春，伯祖惺齋公痛啣遺命，告哀通族，整頓周圍牆壁。二十一年丙子春，歲凶人飢，竊去大牆門及角門四扇。惺齋公勉力辦料，修理完備。二十四年己卯，惺齋公出貢，豎立旗匾，修砌二牆門。三十一年丙戌，惺齋公倡議建造宗祠後堂，告捐通族，繩德、綏來、熙元、廣運、崑載諸公，竭力勷事，捐及千金。惺齋公宿祠，兩月辦成間架。三十二年丁亥，捐資告竭，惺齋公心力交瘁，籌集義會；義會不足，繼以義租。冬十月裝修略備。三十八年癸巳十月，惺齋公卒。是年，先祖新齋公會同族衆，先磡石岸，繼造木橋，一遵惺齋公遺意。舊祠基地六分，自康熙四十五年至乾隆三十八年，皆九皋公、在升公、惺齋公、新齋公相繼辦糧。乾隆二十年，公捐得張氏地二分，白蕩支、聲宇等辦糧。三十一年丙戌，又得張氏地三畝，“壹”字六百七十八號垟二畝八分二釐一毫七絲八忽。惺齋公立大宗花户辦糧。嗣又新齋公接辦有年，直至包家圩捐田之後，各支經管至今。自有宗祠以來，九皋公迄於新齋公，祖孫、父子、兄弟、叔侄相承修葺，産僅中人，除翻造大費之外，從不告捐通族。先考以立公家道中落，修理宗祠未能另出己資；而每月朔望，每年上元、清明、端午、中秋、冬至諸佳節，必爲齋戒沐浴，具備香燭，詣祠謁祖，克繼高曾遺意，九十餘年如一日。不肖鳳十載浪遊，六年株守，貧乏不能自存，雖尊祖敬宗之念未或敢衰，而力不從心，曷勝愧赧！謹按在升公年譜及惺齋公宗祠碑記、新齋公手澤所存，略陳梗概，以見我先人敦本重宗之義，出自性真，非同泛務。不辭固陋，以述其緣起如此。二十二世裔孫清鳳薰沐敬識。

新建文林宗祠後堂碑記

包廷萊

宗祠前二進，係族人預卿絶産。康熙丙戌年，先祖九皋公會合族前輩嗣遠、功巍、秀卿諸公，倡議立祠，奉供孝肅公及仁甫公以下十數神位。甫就木身，未施丹艧，而塘下文在叔童年入泮，首來謁祠致祭。閲一年戊子，不肖萊誕焉(南房含章兄長萊一歲)。己亥，族兄廷輔翻造前進。通族捐貲不均，剩有北廂，先叔在進完工。日後每年牆壁傾倒，先父素庵公屢次修葺，從不告捐族侄。聖美因錢塘虞軒公知本府，請給宗祠匾額，公手書“奕祺垂模”四字，又書“裔孫括敬立”五字，并爲詳請陳撫軍咨部給照，立鄉賢祀生。雍正丁未，先父素庵公輯宗譜。戊申，萊入府庠，謁祠致祭。乙卯科試，萊批首補廪膳，含章兄相繼入邑庠致祭。乾隆丁巳，中堂倒塌，先父告捐德宜、子昇、維才諸公，修理粗成。戊午，文在叔魁南闈，致祭。甲戌夏五，前進及北廂被火，震驚靈爽，先父號泣、焦勞，力疾支撑木料。臨終以未及完工不瞑。乙亥春，萊痛啣遺命，告哀通族，整頓周圍牆壁。丙子春，歲凶人饑，偷去大牆門、角門。萊勉力辦料，裝修告竣。踰年己卯，萊叨食廪俸。二十三年零六月俸滿出貢，致祭。既砌二牆門及樹立旗匾，文在叔兩嗣蒼潤、蒼耀次遞入邑庠致祭。乾隆丙戌，距建祠之初花甲一週矣，族叔繩德倡議啓建後堂，會通族告捐，命萊職任督工。萊宿祠，兩月辦成間架，至丁亥孟冬，裝修略備。而下田橋文山子敏領批入邑庠，謁祠致祭，於以見我祖宗福庇後人，洵不誣也。不獨讀書獲報，而族中之增田、置産、添丁、入國學連翩雀起者，何莫非佑啓於冥冥之中而可挨年指數耶？舊祠基地六分，萊獨辦糧；乙亥年起公捐得張氏地二分，白塘、聲宇等辦糧；丙戌年又得張氏地三畝，萊并收户辦糧。(内有聖和地約一分，作收捐三兩，粮未收。)丙丁二年，同族併力齊心，捐及千金，固仰賴在廟之靈而同人竭力勷事者，如綏來、熙元、廣運、崑載等其尤也。夫物有本末，事有終始，有宋以來，徙居兹土，祠基久失所在，自萊之祖父輩創建修理，經今六十餘年。其中每一興作，必有一番光顯門楣之象，此番興作，安知不既有什百倍於萊者誕生吾族中耶？安知不又有學問文章如文在叔而福運遭逢什百過之者將益以光大吾族耶？萊老矣，其無能爲矣，爲實敍其由來，以爲後來者勸焉。

塘下小宗祠記

包　彬

古者將營宫室，先立祠堂於正寢之東，所以妥先靈廕後嗣也。今庶民之家於門首或中霤間置龕以安木主，謂之"家堂"；其分居别室者或未置龕，有木主則送先代龕中，因謂之"老家堂"。吾家自澄江公始，由烏墩遷塘下，傳鏡宇公，立龕奉澄江公主。厥後累代不另龕。木主既多，累積傾倒，彬月吉展拜，愯然心動，謀立小宗祠。適左良曹君將以彬六叔父所售屋三間轉售人拆毁，彬與弟彩謀出己貲先與半價，至秋以合基公項償其原數足焉，屋乃不毁。戊午冬，彬計偕北上留滯三四年，歸而稍加葺治，更裒公項補六房弟價若干。乃於癸亥季冬之吉，敦請七叔父率羣從子弟齋宿，將事奉澄江公以下木主位列安妥焉。竊惟文林孝肅公祠，大宗百世不祧者也。澄江公爲塘下小宗，固應本支世祀，其他非有功有德者當依世次祧。今未祧列主咸在，座無欹，位無沓，先靈實式憑焉。每歲孟春薦俎，朔望焚香致敬，勿涸勿褻，庶幾庇我子孫永永勿替也。堂在内寢之左，於古制在離合之間。改建增修，俟諸異日。乾隆九年歲次甲子雍月上浣，塘下五世孫彬沐手謹識。

祭田碑記

佚　名

庶人薦於寢，爲無廟也；立廟則祭。其義然，其禮然。春秋吉日，族人來承祀事，序昭穆、達馨香，必信必誠，以妥以侑，一本所生，同條共貫，無間親疏也，無分貧富也，亦無論貴賤也。受福利成，子孫咸在，欲盡志不可不備物，欲備物不得不用財，此豈如鄉人歲時會飲合泉醵醵者？祭之宜有田，固揆乎義與禮之中，而義起禮，禮維義者爾。包氏奉孝肅公爲不祧祖，由宋迄今，歷五百有餘載。支分派衍，自廬州合肥，散處於西江浙右及大江以南，皆從出於一本，綿綿延延，勿替引之者也。江陰文林之有包氏，與廬州合肥、西江浙右及大江以南者，同條共貫焉。自文林散處於江陰之各鄉鎮者，與文林同條共貫焉，豈有親疏、貧富、貴賤之少隔哉！竊維孝肅公正氣宏謨，争光日月，義當立廟，禮當祭。文林祠宇，燬於元末。國朝雍正間，族人重議創建，至乾隆丙戌乃克落成。始其事者爲秀卿，襄其事者爲功巍、九皋、毅菴，終其事者爲吕臣。廟成以來，詩書紹述，科第聯翩。每當春秋祭告之辰，俎豆飶芬，衣冠蹌濟，遠近圜門觀視，莫不嘆包氏子孫之多且賢，益以見孝肅公之流澤孔長也。然非設置祭田，其用財之均恕，或未能盡志備物、義禮兼至若是。祭田者，包氏族人所公捐也，分先疇之遺以報其先人，積少成多，量入爲出，歲修時祭，其費胥取給於此。慎保守之久久不竭，倘由是碩大充盈，儲義倉，興義塾，上以答祖宗，下以庇子孫，優渥霑足，其澤彌長，其禮彌周，斯誠無間親疏也，無分貧富也，更無論貴賤也。謹將族人公捐田畝細數開列於左，勒諸貞珉，永垂不朽：

祠堂基"壹"字六百七十六號田六分，又六百七十七號田六分，又六百七十八號垮三畝一分五釐五毫。

炳榮“率”字一千二百五十一號田三畝一分七釐六毫。

錦山“邇”字二千九十三號田二畝五分一釐二毫，又八百九十六號田一畝二分七釐。

張氏公勳妻長壽、發南三百五號田二畝四分五釐。

啓元“黎”字三百五十五號田一畝六分六釐，又三百三十八號田三畝一分四釐八毫，又一千三百十四號田七畝六分一釐，又三百八十號田一畝一釐，又三百八十七號田三畝五分，又四百十八號田一畝三分六釐六毫；“首”字五百六十九號田一畝三分九釐，又五百七十號田三畝九毫，又七百九十五號田九分六釐，又九百六十六號田一畝八分三釐。

種玉“邇”字八百十號田一畝九釐，又一千三百五十三號田五分八釐，又一千三百五十四號田六分三釐。

子安“率”字一千三百二十七號田一畝一分六釐，又“壹”字七十二號田三分五釐。

景曾“邇”字二千四百六十三號田一畝四分七釐二毫。

季賢“壹”字二百四十二號田九分五釐八毫。

承孝“一”字一千零五十一號田三畝四分七釐。

承宗“一”字一千五十五號田三畝六分三釐二毫，又“率”字一千五百六十九號田一畝五分。

承祖“一”字一千二十二號田六分六釐，又一千一百四十三號田一畝八分三釐，又一千一百二十四號田一畝四釐，又“率”字一千六百八十八號田九分六釐。

啓元“黎”字一千二百六十三號田五畝一釐六毫，又三百八十一號田八分一釐六毫。

開基“流”字九百七十二號田一畝四釐，又“邇”字號土名長畝内南段靠東原田一畝。

承忠“壹”字九十號田一畝三分五釐五毫，又一百六號田二畝一分四釐，又九十四號田四分一釐；又“率”字一千七百八十六號田七分五釐；“息”字一千七百三號田九分四釐，又一千七百四號田一畝。

德安“壹”字一百三號田六分。

肇基“壹”字一千五百六十三號田一畝二分七釐。

克昌、克成“邇”字一千六百二十號田一畝七分四釐。

宗祠饗堂記

包宗儀

自來尊祖之道推本於親親，此第言無形之怵惕耳。若由無形以達有形，必於祠中建造饗堂，恭立神位，俾爲子孫者登斯堂而見斯位，孝敬之心油然生矣。吾族自康熙丙戌饗堂設於第三進，至乾隆丙戌溯建祠之初，花甲一周。繩德公倡議啓建後堂，通族告捐，而吕臣公辦料督工，宿祠兩月，具見規模閎壯。迄丁亥孟冬，裝修齊備，乃移饗堂於後堂，並立五龕，各進神位，衆奉烝嘗，式昭誠敬，歷代相傳。凡饗堂中龕自孝肅公以下，皆選擇盡忠孝、掇科名、仗節義及有功於家廟者得以推尊配享，否則祔於旁龕，分班序列，足以見等而上之者既有崔太君堂羅列閨門之貞節，又有後堂中龕以樹立德、立功、立言之準。後裔果知自愛，能不思儀型之宛在，是則是傚乎？我族代有聞人，實賴先靈之佑啓。莫爲之前，雖美弗彰；莫爲之後，雖盛弗傳。若繼起有賢能，應知前緒之永垂不朽者，非徒爲後人之稱道不衰也。所惜者庚申之變，粤逆猖狂，後堂全燬，中堂燬其半。迨平定後，族人集腋捐貲，改造中堂，僅立龕座三間，進神位以妥先靈。

緣經費不敷，門窗、闌檻、匾對、祭器，祇可日漸置辦，以篤孝思。而後堂尚未及構也，至今龕中神主擁擠密排，每以未及分别爲憾。思欲恢復後堂，不得不先行修譜，而修譜諸費實屬浩繁，族衆雖黽勉從事，猶虞掣肘。度未能再益後堂之捐以厲吾族，乃冀於散譜之後休養數年，倣前次捐田、捐丁之式，再圖興築後堂，以仍舊貫，重議配享孝肅公諸神位，旁龕之昭穆、長幼亦可序次秩然。庶幾以尊賢之心爲勸善之心，即質諸列祖之心，諒無不大慰厥心，又豈獨崔太君堂遴婦女之貞節者配享其間，以永昭令德也哉！

光緒乙巳蒲節二十五世裔孫宗儀百拜謹記。

包孝肅祠記

王　概

始余聞孝肅祠在廬郡南城之香花墩，墩隆然水中，徑以長橋。既隔塵囂，復多叢篁、高柳、芙蕖、菱芡之屬，水木明瑟，鳧魚上下，頗極林野之盛也。及客合肥，冬晴多暇，遂一往謁。則早已五載，水泉盡涸，竹樹枯赭，橋半就圮。入顧庭宇，漫不掃除，一若終歲無人踐履，因而慨嘆者久之。嘅公之生平，笑比河清，今歿且六百年，而猶霜稜凜冽，凡有禱祀，畏其太聰明正直，率詣他所，未敢撓觸。則是神而聰明正直，尚且牴牾斯世，何況於人乎？顧余則有爲公辨者。公以張方平故致歐陽公有“蹊田奪牛”之語，然終謂公孝行直節。公性固峭直，實惡吏苛刻，心甚嫉惡，未嘗不推本忠恕。而世傳誅台州妖僧、斷嘉禾吏手、生埋少婦、力沉妖伎皆包恢事。考宋有兩包：一爲孝肅，一爲文肅。文肅乃包宏父恢，恢亦進直龍圖。兩公姓同官同，吏治剛正明察又同。《宋史》於孝肅紀載寥寥，而於文肅政績特詳，皆足悚人聞聽。今則農夫紅女知有孝肅而不知有文肅者，豈非文肅意近於苛，孝肅心存乎忠恕，迺足傳歟？又《宋名臣言行録》載孝肅公爲京尹，杖吏寬囚，卒爲吏所賣。是正可欺以方，觀仁以過歟？余斯言也，非爲孝肅要閭里之禱祀，誑愚俗而致矯誣也，良以孝肅爲古名臣，非僅搏激孤峻，有霜肅而無露滋者。竊恐後之君子未善學公，故特標舉公之通體仁恕，而揚歷中外垂三十年，論諍謇諤，天子爲之改容而禮。人果如是居心，公亦未嘗不可方駕歟？孝肅親歿，廬墓終喪，猶不忍捨，爲古孝子。父令儀分帥南國，卓有令聞。鄉之父老當稍加修葺，設置令儀木主於別室，庶爲孝肅神爽依止。每值朔望，就講三物以教於鄉，諒亦孝肅之所樂聞。至來禱祀，惟民之於國、子之於親分所當爲，而稍設私心者幸悉如前之遠望却步，無以余言視公過寬，恐公又不爾矣。孝肅宅在郡城鳳凰橋，墓踰城十五里，是蓋其讀書地云。

開封府包孝肅公祠記

胡　謐

開封府故有宋包孝肅公祠，蓋祀其知開封時功也。前後公知是府者多名人，奚獨祀公？蓋公其尤也。公所歷諸官皆有績，奚獨祀公知府功？蓋開封京府，其功可以該諸績也。惟公之在開封也，立朝剛毅，敢言不阿，貴戚、宦官爲之斂手，猶若居御史、諫議之所論斥。而且開門聽訟，吏不敢欺，即廣其知天長時斷“割牛舌訟”之明也；劾毁勢家、浚惠民河園榭，即隳其轉運河北時請以牧馬地賦民之惠也；自奉儉約，無異布衣，誡子孫不得犯贓罪，即充其知端州時歸不持一硯之操也。與夫知瀛州而請罷回易，在三司而署場和易，以免民供上之物，則皆由京府以達諸外郡者也。然則公揚歷中外之績舉於是乎該矣，故京師爲之語曰："關節不到，有閻羅包老。"人以其笑比黄河清，童雅婦女亦知其名，呼曰"包待制"云。比卒，太常乃因其親老不赴調、親没廬墓之行，謚曰"孝肅"，蓋實法所宜祀者，此開封所繇以祀公也。而當時知是府者，前公如陳文惠、孝肅兄弟(繼尹薛簡肅，威嚴如之)，後公如歐陽文忠、吕正獻濟以寬簡，然皆爲他善所揜，其知是府功則莫與公比。此開封所以獨祀公也。祠在府治廳事北，創始未詳，歲月歷金元以迄我朝。府列外郡，祀事歲修不廢，祠則屢壞屢葺。乃成化歲癸巳，前知府孫侯瑜以址隘，宇將壓，相得府治巽隅隙地，遂徙建焉。工未就緒而孫侯卒。今知府張侯岫至，亟繕完之。中爲屋三間，左右翼兩廂各三間，前竪門樓，周繚以墉。肖公像其中，黝堊髹漆，焕然一新。張侯手署其扁曰"包孝肅公之祠"。爰率僚佐落之，而告慰公神如禮。每春秋用牲醴致祭，著爲儀。且裒公遺事、奏議，載鋟以廣傳焉。况尤知慕公者哉，僉謂斯舉不可無記以告將來。張侯屢以爲請，予因述開封所以祀公之意，俾人知公之功不獨在開封也。

(包仁榮等纂修《[江蘇江陰]文林包氏宗譜》 1948 年秀幹堂鉛印本)

史氏宗譜

嘉樹堂記

史元賡

予聞之：積善之家，必有餘慶；積不善之家，必有餘殃。天之報施固不爽哉！然古之聖賢力行爲善，而不獲其福，如顔淵之夭，(默)〔黔〕婁之貧。後世嘗以疑天之不可知究。顔氏不以夭而泯其仁，黔子不以貧而没其仁，千載而下，誦兩賢於不衰。當日殘暴肆虐若盜跖之壽，季孫之富，身消家滅，既已臭腐澌盡，後之人於殘編斷簡中一覩其姓氏云爲，莫不痛恨指罵，直欲褫既死之魄。由是知天之報施，不於其生前，必於其死後；不於其身，必於其子孫。固嘗銖施而兩較之，初不爲人世所漏也。

予得草堂於夫淑，以"嘉樹"名之，蓋取武子封植之意以自勉於善，兼勗兒曹無忘《角弓》，共臻乎善，以紹休此堂也。夫古之名堂者，或以植槐，或以産芝。今予庭無樹而有取於樹者何也？有樹而名之，則堂之興廢繫於樹，榮枯之占有時而盡。無樹而名之，則堂之啟闢存乎人，培植之意歷久不弛。凡人之卓然有爲者謂之樹立，積行累仁者謂之樹德，簡萃賢良爲百年計者謂之樹人：皆取挺然不拔之意也。吾於嘉樹之説而得爲善之道焉，養吾元貞，守吾純樸。其樹之本根歟，直而不曲，正而不欹；其樹之體幹歟，燕翼貽謀，克昌厥後；其樹之枝葉歟，箕裘不墜，邀福先靈；其樹之蔭庇歟，以封植之勤，體行吾善，可以告無罪於天，天或鑒臨之也。至於報施之説，雖聖賢不能必之於天，我何修而敢謬祈於天哉！雖然，予幼孤苦阨困，顛連半生，奔走四方，計歷道途，幾數十萬里。其間蹈風波，履險阻，出没於豺虎蛟鼉、暴客凶徒中者數矣。當其時，誠不意自全。今幸得家室完聚，耕鑿自給，安居此堂之下，寧非邀天之鑑庇而得至是也！然則天固未嘗遺乎人，而人可怠於爲善，無以仰承之乎？前之人行之，後之子若孫可不黽勉厥修，以繼其善乎？夫欲繼前人之善則《角弓》之詩尤宜三復也。(兒)〔兄〕弟天倫至誼，猶樹同出一本，而共庇焉者也。若自殘賊，是縱尋斧而自斃焉者也。兒曹亟以鑑戒，友愛是諄，相式好，毋翦棄。推此以事親，親無不歡；敬長，長無不悦。誠如是，則一堂雍睦，孝友成風，善行寧有大於是乎？是予自勉於善，而勗兒曹共臻乎善之意也。至於人事禍福之説，吾以繫乎天者信之。康熙六十年八月五十一世孫元賡自序。

惟半軒記

史元賡

余卜居夫椒，廣繞基之地，以耕以樵，將以終老。而室之東偏有軒焉，格其半以爲燕私之所。弗肅賓客以入，惟時課兒曹於斯。前隙地丈許，繚以垣，植四時花卉。軒縱横各八尺，東列寥楹，南穿壁以通出入，中容榻一几一，椅坐二三，以其半之，故名之曰“惟半”。蓋取《書・說命》斅學之義，以勉兒曹終始於學，冀克成也。雖然半之說得中而未獲乎全也。軒之於居處取其廠豁，判而半之，得無隘而不適乎？不知吾人境遇之適亦何常之有哉？有畢生而迄無就者，有所欲無不遂而不能享其成者，有稍可以自足而莫肯止者，故往往以百年易盡之軀碌碌奔馳，至老不得休息。考王公富人楶隆樓柱、傑閣搆求者，園奇石規，作方畢，卒也禍亂靡常，聚散倏忽，終不得退而處一室，寓一目焉。間或有所處之境可以自娛，而猶騖於進取，終不獲自暇逸。是皆思企其半，圖過其半，與已得全而失，而卒不能有其半之樂也！

予性拙而才弱，好馳天下，無所遇，倦而歸，棲遲澗谷，徜徉半軒之下。時或酌酒半醉，操琴半曲。縱論經史陳言，未能洞其精蘊，而疑信各半。以其信者與兒曹講解，朝則盡日之半，昏則薄夜之半，詠歌於斯，消遣世慮以卒予生，亦家居之樂事也。則吾所處者雖半，而吾之樂無乎不在。雖舉天下豐腴貴顯之態不以繫吾懷，以視諸營營不已者不亦彼勞而我逸乎夫？然則半軒之適與萬間之廣厦何以異哉！雖然此予以自遣，而非以勗兒曹意也。凡事前人作其半，必待後人有以繼之，而事乃成。亦如爲學之由初而至於半，由半而至於成也。使吾之子若孫能勉力於學，進而不已，不至功半而輟，庶乎有成焉。或者可以大吾門，何有於此軒？不然，其能長有此軒以安居而樂處乎？余故額其名，且誌其說，欲令子若孫念予之艱辛，起而繼吾志，勿致墮廢，無亦學是務乎！康熙五十八年正月五十一世孫元賡自述。

（史元熺主修、史元方纂修《[江蘇武進]史氏宗譜》 1937年九福堂木活字本）

五房分頂軍說

史宗藩

按初譜，洪武中爲妄告水灾事，問發蓋州衛充軍，後調北京燕山左衛。五房分祖名四頂軍。明季索軍贓者猶數歲一至，鼎革後，方絶往來。祖塋前數塚，名“長官墳”，即自燕山衛來索軍贓卒而葬於此者。至今墓祭分先後焉。以頂軍有功宗族，故祠宇並列五間焉。吾族分祖長、二、三房，各一人，四房二人，獨五房分祖六人，宜子孫之衆多甲於他分。不意數世以來，日漸凋零，論世者不勝今昔之感矣。然天道之廢興難測，今日之凋零，安知後日不轉爲蕃衍歟？且物莫能兩大，安知頂軍邊衛者不別有繁枝歟？即使日漸凋零，不能復振，而頂軍之功終不可没。故長官墳之祭終不可廢，祠宇之設主終不可毁也。特論之如此。

五十一世宗藩。

澤殺仁壽說

史宗藩

二房分九世孫名澤者，相傳有殺仁壽事。仁壽，其堂弟也。澤田寄叔户内。叔索辦官糧踰額，澤積憤無以報。時仁壽年尚幼，推刃其腹，數日而斃。叔訟之官，澤抵罪。獄既成，決期且迫，適恤刑官至。同獄有杜姓者爲澤巧搆冤詞，謂仁壽死由灸瘢，若推刃，當立斃，不俟數日。恤刑過聽之，得免死出獄。然澤終懼禍，遂遠逃，竟絶嗣。說者謂澤能逃王法，不能逃天理，宜得絶嗣報；澤叔以好利致殘骨肉，禍自己招，亦安足怪。予竊因之重有感也。夫田少力弱，不能盡充，里甲多借庇本族，官税有常數，里甲私收踰額，吾鄉風土類然。叔侄至親，竟不相顧恤，致慘禍如此，此豈事理之常？亦人倫之大變也！夫陷大惡，斬後嗣，可爲癡狂之戒。侄肆虐，子含冤，可爲貪暴之戒。今世代闊遠，顛末無由具悉，即所聞於故老者推論之，俾後世得借鑒焉。

五十一世宗藩。

永思堂禁賭文

釣隱公

從來國有法，鄉有約，相輔而行。乃者俗愈薄，風愈澆，莫賭爲甚。

試思聖諭六條，言簡意該，理明義確，誠宜講説不衰，遵依罔怠。而賭錢一節，事事背違，即如廢業遊閒，供養時缺，豈得爲孝順父母乎？重違官府，輕犯刑章，豈得爲尊敬長上乎？因端生事，搆忿交争，非所以和睦鄉里也。其身不正，雖令不從，非所以教訓子孫也。贏虚輸實，産蕩資傾，福衰於心狠，年促於神勞，不各安生理，而自絶生理矣。奸邪之竇，賊盜之階，哄誘恰似鬼迷人，窩藏多夜聚曉散，當無作非爲而妄作非爲矣。種種弊端，自難縷悉。

昭昭炯戒，人孰無知？而輾轉沉淪日尋覆轍者，想其得趣有三，究之無一善狀。夫不樂家常茶飯，而賭飯是甘；不親良朋益友，而賭友是契；不講心術人品，而賭品是稱。豈非逆理背常之甚者乎？每見登賭場而貪癡不解，類皆小才小智之人；欠賭帳而辱駡無辭，多屬能説能言之子。當其歡呼入座，僥倖暫贏，意洋洋自得也；及至囊空束手，志喪神昏，淚盈盈欲滴矣。且知交恥笑而不憐，室人忿戾而交讁。苦則備嘗，樂於何有？若夫名流杰士，適興寄情，良由才思横溢，豪蕩不羈，正如才子佳人風流笑柄，非奸夫蕩婦所得而藉口者也。

方今荒旱相仍，物力大窘。然遇災祲而計窮，逢屢豐而家足，所謂天作孽猶可違也。因好賭而致貧，至極貧而斷賭，所謂自作孽不可活也。吾族食指數千，人懷長厚，爨烟踰百，户力耕桑。祇因習俗移人，無怪童心易惑，嗣今以戒以懲，是申是飭，在老年無庸深責，而幼小不可效尤。在他處未易防閑，而本村斷宜杜絶。耳目不分，心志自一，庶幾家有令子，國有良民，里有望族，而庭訓以端，恒産以固，惡疾以除矣。

議禁繼子文

異姓亂宗，律有明條。前譜例嚴鑿鑿。公祠利其所入，另立繼子圖於譜後，已屬掩耳盜鈴。然成事不説，如大房分秉忠，領陳姓爲繼子，名明俊，今經五代；三房分象龍，領黄姓爲繼子，名繼宗；孟龍領戴姓爲繼子，名啟鼎，俱捐米入祠助祭，亦經三十餘年；四房分近宸領蔣姓爲繼子，名惟俊，因念伊父鍾城屢次有功於公祠，亦照例附入後圖。已上四人，彙集一處，立圖於譜末。自後凡有繼子，公議總不許入圖。繼子木主永不許入祠。倘有不遵此例，通族共攻之。特禁。

康熙歲次戊戌通族議禁。

（清史致和等主修、史寶唐等纂修《[江蘇宜興]蓮溪史氏宗譜》
清光緒十三年永思堂木活字本）

義學記

史毓璆

璆少孤貧，不能延師。讀書邑中義塾，乃獲寸進。藐躬之成，實有自來矣。顧獨不思所以成人乎？《記》曰："立愛自親始。"璆於族人期望素切，後生從吾學者，未嘗不欲相勉於善。無如留者鮮久，有一二年而去者矣，有三四年而去者矣。問其輟學之故，或曰家貧，父無以遺子也。或曰父没子急，欲承家也。由是觀之，雖有敏而好學，不因境遇艱難而阻其志者幾希。璆甚憫焉。思有以勉之，非義學不爲功。然義學之制，建塾延師，廣收寒門子弟，費鉅不能遽爲。今特師其意，因捐洋陸拾壹圓爲創，席珍、曰庠叔、錫芬弟義而隨之，各捐洋拾叁圓，共得洋壹百圓爲資本，以所生之息量入爲出，擇族之十三四歲以外貧而好讀者助其修資，多寡稱其情形。蓋人非十三四不能定其志向，非貧則不待吾助，非好讀則助亦無益。故惠而不費，乃爲可貴。倘後積聚加豐，或有繼起捐輸，推而廣之，多置義田，法范文正公之所爲，養濟羣族。凡親而貧，疏而賢者，嫁娶凶葬，皆有贍，則又所深望者也。光緒十九年孟冬既望毓璆識。

書義學記後

史紀勳

右記爲先君遺著。悽愴霜露，手澤猶存。盥誦一過，曷禁泫然。先君秉性仁慈，尤篤於家族。平居恒思建設義學，以造就寒畯，然經費無着，有巧婦難炊之嘆。遂自創捐，叔祖席珍、曰庠暨堂叔錫芬諸公義而助之，集腋成裘，統計百金。承曰庠叔祖司會稽，慎出納，權子母，綜晝十餘年，稚不冒没一錢。由是財力寖增，母金差饒。然義學之建設尚未能實行，先君賫志以歿，先兄鍾源欲竟前功，惜未永年，亦不果。賴錫芬叔督理有方，不辭勞瘁。叔祖席珍公雖逝世，哲嗣開華叔盡力贊襄。故歷届積貯比得田四十八畝零，現款二百六十圓之數。自民國紀元三年始，凡族中子弟就傅者，每歲各給銀四五元有差。蓋至此經費小裕，慈善事業克漸進行，胥由諸公熱心輔助之功，而先君棄養幾逾十稔已，不獲覯。感懷今昔，倍觸蓼莪餘痛焉。去歲，於集義瀆大宗祠内建設學塾，延仲濤兄任教務。惟分支散處，學齡幼稚者輒以不能負笈遠來爲憾。揆諸義學名實，未免抵觸。不得已，與吾曰庠叔祖、錫芬、開華叔磋商，變通辦法。距塾較近者悉令適學，遠者仍循舊例，酌給津貼。庶幾教育普及，不背先君提倡義學之遺旨歟。會將勒石，謹誌數語，俾後之覽者僉知義學之由來，弗忘創建者之締造艱難，苦心孤詣。尤願繼續任事者合力(難)〔維〕持，久遠勿替，莘莘學子免致中途輟業，而區區義舉不至如過眼煙雲無形銷滅，則幸甚矣！抑先君嘗殷殷舉范文正之立義田以希望後生。吾族雖力有未逮，今於造就寒畯之外，並籌撫恤貧乏之方。其例另刊，兹不贅。視文正之立義田，固不足比擬於萬一，亦聊以成先君之志云爾。民國七年歲次戊午春男紀勳謹識。

(《[江蘇宜興]滆濱史氏家乘》 民國永思堂木活字本)

重建祖侯廟碑記

史廷衛

漢室中興，羣雄掃盪，日月再清。以建武二年，悉封諸功臣爲列侯，遣就國。我始祖壯侯以勳望食封溧陽，遂卜居長蕩湖南之湖埭里，世世子孫因故宅以奉侯祀，迄今一千八百餘年矣。其間更世變，感滄桑，祠宇之興廢非一遭，然未有如咸豐庚申之甚者。蓋斯時髮匪東竄，所過殘破。而我祖祠數百年之堂殿，數十世之經營，亦遂於是年三月廿六日大遭蹂躪，付之一炬，而化爲焦土。自同治甲子克復後，春冬祀事露立草際，一二賢達入廟瞻謁，愴焉神傷，謀有以規復之。然兵燹之餘，物力維艱，猝難就緒。同治丁卯，各支勉力捐建後寢五楹。至光緒己卯，裔孫致仁致仕歸里，始建復頭門。是年冬，各支復以修譜餘資建復戟門並萃英堂，而萃渙堂、汲古書屋亦先後告成。於是頭門以内，戟門以外，左有萃英，右有萃渙，棟宇嵯峨，矗復舊觀。然戟門以内，除後寢五楹外，荆榛刺鼻，瓦礫没踝，依然如故。祖宗神像三十餘年仍無安置之所，各支建復正殿之心至斯愈勃勃而不可遏。光緒二十三年丁酉春，我埭里各宗長首倡捐資建復之議，不濟則請收歷世應進神主之牌資益之。會商各支，衆謀僉同，乃決議。即於是年八月開始，輸緡施力，鳩工掄材。先正殿，次三侯祠、五侯祠，次兩廊，次節烈祠，逐漸興工，先後規復。至光緒二十五年己亥冬，一律落成。敬肖祖侯神像暨配享像於正殿，並分進歷世神主於各龕，循舊制也。於是殿閣雲撐，廊廡翼張，丹青焕彩，金碧流光。堂上堂下，則左昭右穆，雁行分列，秩然井然。每當祠祭，俎豆芬苾，簫管悠揚，令人神往，幾忘荆榛刺鼻，瓦礫没踝時矣。使非我祖宗之流澤孔長，與我各支之通力合作，又曷克臻此。是役也，共費銀一萬二千九百餘圓;並以餘力建復戟門外靈雨坊一座，又費銀一千六百九十餘圓:均各支贊成力也。謹述巔末，樹之貞珉，并將出入款項勒諸碑陰，以示來兹。後之覽者，慎毋忘祖宗之功德，與夫各支之親睦，各經管之勤勞，斯可矣。大清光緒三十一年歲在乙巳孟冬月通族公立五十七世孫廷衛謹撰，五十八世孫久宗書丹，五十八世孫賡虞篆額。

靈雨坊記

史廷衛

聯登橋之北，萃英、萃渙兩院落之間，北距戟門約三十步，有二石獅左右蹲，獅旁則破壞之鐫琢石料散埋於土中。父老沿傳，此間古有一坊，諸物其遺蹟也。坊之名不著，亦莫知其興廢。徧考家乘，如參政公所撰《祠墓祭田圖誌》、宗魯先生所撰《廟墓誌》，祠内一名一物靡不詳，即門外之人馬虎羊諸仗石，亦搜載無遺，而此坊之有無獨不著，且并二石獅而缺之。往古斯地殆無坊乎？然察其遺物，確係建坊之料無疑，不得決爲無坊。或者古人欲建而未成，抑已建而久廢歟？均不可知矣。己亥之冬，祠内工程一律告竣，鈎稽餘款，所存尚鉅。埭頭宗長蘭臺先生恐存項過鉅，經理不易，倘有蹉失，公私受累，首議建坊，稍輕擔荷。會商兩支衆，均贊成。適義莊五十七世册賢亦在座，力任選辦工料之職。乃於辛丑八月興工，越一年而坊成。懸勑賜“顯惠廟”額於其巔，因鑒於古坊之不傳也，屬衛而題其名。衛思顯惠廟額乃宋縣令李亘因禱雨靈應，上之漕師，請於朝而勑賜者也。且晉我祖爵爲靈濟公，改祠曰廟。是我祖英靈得承寵命由霖雨蒼生所致，謹即舉“靈雨”二字以名之。并屬五十八世賡虞篆舊聯“漢廷爵土分封遠，宋室龍章錫號新"十四字,分鑿於兩柱,以表祖德。其陰則前縣令洪爾振所題之"三朝錫命"額也。此則是坊古今廢興之原委也。爲記顛末,登之家乘,俾後有繼參政公與宗魯先生而作廟誌者得據此以明其終始,不致再有遺佚焉爾。大清宣統元年歲在己酉春王正月五十七世優廩生廷衛謹記。

埭大宗祠亦政堂記

史廷衛

蕭王中興,大封勳舊。我始祖以平寇功列爵通侯,食封溧陽。於建武二年承命就國,卜宅於長蕩湖南之湖埭里。世世子孫遂家於此此,即今日侯廟之故址也。自唐及宋,瓜瓞蔓衍,簪纓鼎盛,舊時堂構地隘,難容雲礽之顯達者,遂率其所親分徙遠近。日久昌熾,各立宗祠,以分祀其所遷之祖。此夏莊、義莊、瓜渚、四明各大支所以均有分支之總祠也。而我大宗一支獨留湖埭里,世主廟祀遠徙者,寡重宗支,遵家法也。然大宗子姓世奉廟墓,支派日繁,祖宗故宅仍不能容,遂析居於廟之周圍,各率其子孫分立里巷。四十二世,宜樂先生東徙大洋圩,東莊先生居廟前河西村,河西先生居渡頭,是爲大宗三分之初分祖。三分之子孫各建祖祠,以分祀其所生祖。此長房所以有宜樂堂,次房所以有敦本堂,三房所以有敦義堂也。又復合力共建一總祠,顔其正廳曰"亦政堂",以祀三先生之父東埭公,而上推及其高祖臨川教諭茂一公,曾祖浮梁教授梅屋公,祖旌表義士松隱公。故我大宗自侯廟以下,又以亦政堂爲三分之總祠。亦政堂建於明初,修於明末,重修於國初,前廳五間,中間爲正門,正廳三間,後寢五間,咸豐庚申毁於亂。光緒癸未重建,三分公推。五十五世景垣,五十六世裕恩、序元、秉仁、保如、廣仁,五十七世彦彬、壬育,五十八世炳章,分職任功,并力建築,而總其成於西書、學班、履中諸宗老。越一年而告峻。又越一年,而恭奉四十一世祖東埭公以上至茂一公、東埭公,以下至四十五世諸烈祖於中龕,分進列世神主於左右。六邊龕位置不敷,又分書各主於插屏,安置於正廳之左右。共費銀洋一千五百餘元,亦政堂始復舊觀。以建造、進主兩次之大工,僅費三十餘年。建復之議,因經費困難,屢興屢輟。丙申冬,各支入祠與祭,重提前議。埭頭宗長五十六世學班,五十八世履中,夏莊宗長五十六世文杰,五十七世錫賓,恐議後仍變,立訂草章,傳觀大衆。各支均贊成,始决議於丁酉開工。此建復一局開宗明義之第一章也。丁酉春,集議籌款,除存款貳仟肆伯玖拾捌圓外,埭頭認籌壹仟伍伯圓,夏莊認籌壹仟圓,義莊認籌陸伯圓,瓜渚認籌貳伯伍拾圓,蔣墅認籌壹伯圓,觀巷認拾壹圓。均由四宗長會同各支商定之。而籌款之大局成,此建復一局之前提也。丁酉八月十六日興工。舉辦事員,埭頭舉五十六世保如、廣仁,五十七世茂椿及其子久宗,五十八世進先,夏莊舉五十五世餘慶,五十七世清漣、適。分職任事,久(中)[宗]適管財政;餘慶、保如、廣仁、清漣選工役,辦材料;茂椿、進先督工程兼庶務。衆職舉,百事興。宗長中惟、文杰年邁多病,不常至以外,三宗長或每日,或間日,必親莅賬房,臨工場,稽查出入,考察勤惰,分别而勸戒之。人益奮,工益勤。此建復一局之中衡也。戊戌冬,籌款罄,雖有日後收牌資挹注之議,而工程甫半,進主無期,無從催繳,諸事束手。輿論大嘩。各宗長大會合族衿耆於萃英堂,磋商善後。衛與本宗五十八世賡虞、邦直,夏莊五十六世致珣,均在座。衛定每人暫墊伍拾圓,願者自認,日後由牌資籌還之策。告之三君,三君以爲可。乃禀明宗長宣告。大衆均贊成。工程日益進,輿論平。此建復一局之餘波也。己亥冬,大工完竣。恭肖我祖侯像於享殿之中,分奉歷世像主於各龕。至此而三十餘年之瓦礫場一望而殿閣撑雲,廊廡張翼,頓改舊觀。我祖宗在天之靈其亦可以隱慰也已。總觀此局之始終,得餘慶、保如、廣仁、清漣之選工役,辦材料,而價值廉,工料美;得茂椿、進先之督工程,辦庶務,而侵蝕除,工程固;得久宗、遹之管理財政,嚴鈎稽,慎出入,而浪費除;得學班、錫寶、履中三宗長之總持大局,始終不倦,而大局固,大事成。此均勞績之不可没者也。衛恐我各宗人勤勞之苦心日久就湮,故特記於篇,以告後之經理祠事者。大清宣統元年歲在己酉五十七世優廩生廷衛記。

(清史廷衛等纂修《[江蘇溧陽]史氏宗譜》 清宣統元年木活字本)

歷祖圖像記

史義震

余族有宋代歷祖圖像,年遠遺失。斌埜公晚年嘗曰:"我及身,祖墓修葺矣,宗祠式廓矣,獨圖像未得,以此耿耿。汝輩須誠心廣求,有圖像則祖宗音容如在,瞻仰可依。此大事也,敬識之。"數十年來,求之不得。乙酉季夏,偶得之緑野嚳族處,舉族稱慶。内翰竹生王先生與余爲性情交,來觀曰:"此君家之寶也,得豈偶然,藏宜毋忽。"爰懇代爲書幀而裝池之,並乞素識士大夫題識,俾後世子孫知失而復得之巔末也。本年續修譜竣,告廟日,謹將圖像懸奉憲皇帝御賜福字匾側,昭其敬也。日後子姓達而在上,當更有名公巨卿交相題識者。詩曰:"勿替引之。"是誠余之所深期也。道光己丑歲無射月,五十三世孫義震謹識。

(《[浙江]慈谿史氏宗譜》 清録善堂木活字本)

司馬氏宗譜

修理惠山專祠安鎮宗祠記

陳宣鐸

《禮》曰："君子將營宫室，宗廟爲先。"是宗廟者祖宗神靈之所棲，較諸子孫之所居不重且大哉？然創之於先而不葺之於後，任其蓬蒿没脛，滿目荒凉，豈仁人孝子之用心哉？司馬温公專祠創於乾隆十六年，二十六世裔孫千仞公募捐創建於惠山者也。惠山爲名勝之區，先賢之名祠林立，温公亦得置祠其間，列入祀典，春秋給帑官祭，亦爲後裔之榮也。乃失修有年矣，原祠兩埭五楹一小廂，地甚狹隘。同治十一年，宗山、德新、毓和、明德、耀德、雲洲、耀庭等各支協力募捐修葺，復建後埭三楹爲饗堂，而温公之神像、神位設焉，規模於是畧備。迨民國三年，天錫巷支士登、萬育、峻昌、南雲等與耀庭、逸安籌議，遍行各支募捐，改造門樓前後，去舊更新，所用磚木灰料、包工洋陸百元。柏心亦贊助集捐，頗著勞績。年終虧工洋貳百元，士登同侄南雲慨然墊之。然祠事猶未了也。耀庭經理修譜既，安鎮之宗祠修葺將就，遂繼任惠山未竣之工，做神厨、舖磚地、做窗槅，周圍粉飾牆壁，悉臻完美，工料連前統計約用洋千餘元矣。

安鎮宗祠較惠山專祠爲寬敞，背墩面河，地極向陽，前爲往來孔道，過之者咸爲拭目。光緒五年，明經聲揚公募捐各支修葺以來，近四十年矣。其修也僅修屋面，而内未裝修。饗堂廓然寥落，漸至繫牛羊而堆灰草，無人禁約，淪爲養蠶打麥之區，上則無處不漏，下則無地不潮，風雨飄摇，幾有棟折榱崩之虞。耀庭、逸安諸君憂之，故於修譜之前先行葺祠之捐。首爲整治前埭，上蓋落地，重易棟梁，牆壁坍者重砌，完者粉飾，瓦木工料亦用去千餘元矣，今之設局修譜者即其地也。饗堂有匾曰"垂三不朽"，重爲油漆。東照廳曰"修德軒"，西照廳曰"洗心齋"，悉裝屏門、窗槅，連天井遍行舖地。饗堂裝長槅十八扇，中設左右神龕。中龕本舊供第一世以下歷代神位，左右兩龕以供榮一公、榮二公榮三公三支後裔神位。東西兩次間亦裝長槅短窗。在祠之壁盡行粉飾，皓光耀目，宛如新宇，巍然焕然。雖係士清、萬育、峻昌、文華、南雲諸君協贊捐助之力，而耀庭先生之冰心自矢，竭暮年之餘力而精心結撰，視祠事一如家事，不動祠産分毫，公田北半爲樹，本堂經手。誠足欽也！譜刊惠山兩祠圖，而兩祠之修理者不可以不記也，故不揣其譾陋而敘其事如此。陳宣鐸謹撰。

（司馬棟等纂修《[江蘇無錫]梁溪司馬氏宗譜》 1916 年木活字本）

左 氏 宗 譜

白軒姻兄先生掌譜贊

朱述亮

白軒先生吾老友，平生不偕俗子偶。少年意氣凌雲霄，和嶠之松王恭柳。自昔博得一衿微，先生視之若無有。湖海襟懷天地空，何論名場與利藪。邇年怡情半壑閒，奇花異卉供詩酒。陡聞先生修家乘，此事真堪垂不朽。第我有詞爲君陳，甘苦曾亦備嘗久。平心臧否是非中，爬羅隨處多掣肘。任口所評無雌黄，偏憎千人萬人口。任手所書無漲墨，偏摘千人萬人手。殫精竭慮幾經年，不聞計功惟委咎。就中回憶憾且慙，方諸先生則否否。先生才大筆掃軍，龍跳虎卧雷電走。況復慎持無偏私，大綱小紀悉分剖。以兹服衆衆皆欽，領袖羣賢誰出右。共道斯編蕆厥成，爲恢先緒爲啟後。豈知别自有千秋，歸家仍學烟霞叟。置身遥在五雲邊，我望先生如北斗。姻眷弟朱述亮月樵氏拜稾。

（《[湖南]長豐左氏族譜》 民國啟善堂木活字本）

説 肥 序

曾 廉

《孟子》以“闢草萊，任土地”，罪次於縱横捭闔之士。蓋其闢農家也頗力。而其言三農食人之差，差之以百畝之糞，則農家之要備矣。間嘗攷之古籍，何《詩》之善於體物，足令後之人若親聞而見之也。《魚藻》之詩曰：“魚在(于)〔在〕藻，依于其蒲。”湖沼淪灡，蒲藻蕩漾，於天光雲影之際，千百錦鱗，游泳其下，此豐鎬之風景宛然江南之清麗者也，何其娟也！若乃言“營營青蠅止於樊”，則其聲臭栩栩行間，令展卷者輒爲掩鼻，則又豈特豈弟君子憎惡而已哉！是故屈子以糞壤充幃爲怪，亦誠足怪也。

然竊謂天下之穢惡皆天下之精英也。余姻家左子庇生以所著《説肥》二卷索序於余。蓋今天下務末富而棄本久矣！糞不足以滋十畝也，而耕百畝之田，故田不耕而荒，耕之而益荒也。近人有悟於此，故頗好言農務。而自通泰西以來，海上諸國經營農圃嘗多備肥料，至於金石之屬亦所不遺，可謂留意於糞矣。左子則置其所難得者，而録其所易致，曰加里，曰窒素，曰燐酸，名從客而其物則主人所可自備者也。故《周禮》柞氏攻草本變以水火，薙氏殺草而以水火變之。其加里之始乎？草人物地相宜因傳化土之法，其燐酸之始乎？然鄭氏注《周禮》，以爲牛羊麋鹿諸骨皆煮取汁，與今焚而粉之不合，而其爲骨一也。獨窒素當時未之聞。而後魏賈思勰《齊民要術》言苗生葉以上輒耨隴草，因隤其土以附苗根。意者今積塵穢土屑焚之而漚以矢溺，亦其遺乎？然賈書所載踏糞轉蓋耕荒作底之法亦勤矣，今天下老於農圃者或未之悉也。假令復田畯之官，教民種植，而多方爲之致肥之策，使天下皆汲汲於本富，其有功於天下夫豈小哉？左子之書亦牧令勸農之牘也，抑宋葛祐之言周書《無逸》，言不知稼穡之艱難，其禍遂至於侮厥父母而不知懼，則稼穡之道重矣！孟子解治糞而惡農家，惡夫商鞅耕戰之説，求苟富而父子分異者也，不然天豈不知周以稼穡開基哉？故必敦本富而無背乎周公無逸之戒，斯可以知左子《説肥》之作也。

説　肥　序

陳兆奎

農家者流，蓋出于農稷之官，《周官》大司徒實主其職。其間言稼穡樹藝及土性土宜土化之法詳矣。逮至後代，氾勝著種樹之書，崔實有試穀之方，賈思勰編齊民之術，雖屏營治生，類於樊遲、許行，爲孔孟所不與。然其敘次井秩，成一家言，有足觀者。夫農桑爲衣食之原，上足富國，下足富家，苟持之有術，雖無爵禄之入，三倍之賈，而其樂且與素封等，豈必巧拙異功哉！亦政教使然耳。

我朝統一寓内，與民休息者二百餘年，捄振蠲緩之詔史不絶書，一旦有軍旅版築力役之急，不過間取之工商，未聞以加賦累民。然而閭閻之間，蕭然煩費，土曠民游，淪胥以痛。無他，上失其官則下棄其業，上征於利則下騖於末。履霜堅冰由來漸矣。

吾友左君庇生，衡陽名孝廉也。平生於書無所不讀，而於農桑尤致力，聞人樹藝方必欣欣然喜，有所得輒著於籍，積歲時成《説肥》一書。意以恢張《周官》土化之法，振興實業，與氾、崔等書異代而同符。今歲仲春，行應官於江淮，出是書屬之序。余以爲當舉代呰窳偷生之會，而獨欲力矯其敝，以本富塞横流，一洗儒蠹之恥。志雖苦，功毋抑汰與。雖然，吾聞江淮以南地質腴美，有稻粱、蠶桑、楠梓、薑桂、橘柚、魚鹽之利。其民席豐履厚，多流於侈惰。庇生此行，其將物土相宜抒其所志與。彼邦人棄末而反本，則猶是有周建官設教之旨，豈與夫汲汲於治生者同日而語哉！

説　豬　序

周香林

太史公稱：千足彘與千户侯等。《三輔决録》：馬氏兄弟五人，三公二卿，共作客舍，養豬賣豚。《朝野僉載》曰：唐洪州有人畜豬致富，因號豬爲烏金。是知蓄牧之業由來尚矣。吾獨異豬何德於人，而豢之者翁爲調糠，媪爲擇蝨，豈愛豬哉，利其肉也！昔勾踐以甲楯五千保會稽，服事吴歸而怨夫差，銜之次骨。爰命國人廣畜雞豚以食死士，而卒以沼吴。晉愍懷太子嘗從帝幸豕牢，言於帝曰：豬甚肥，胡弗殺以享士，而屑屑久費五穀爲？帝喜拊其背，以爲當興吾家。

今耐園先生《説豬》甫成。樞密適有志於海軍之學，意以建威銷萌，折衝樽俎，而亞、歐、墨三洲諸强國相與鼻嗤而目睨之。異時陰陽脅薄，雹霰横飛，渤澥長鯨，將無有跋浪而起者乎？願凡有豬者出以享士，鼓吾豨勇，摧彼蝟鋒，其爲嘉慶固已多矣。若乃要荒底定，四裔咸賓，大隱市朝，雍容述作，則先生以主計之才，襄委吏之任，覃思鹺政，淹歷歲年，報最餘閒，深資頤養，懿兹糟糠，夙饒風味，鉛刀一割，希爲長者聶而切之。無曰此禁臠，雖美不食也。

題説肥三首

胡德驤

韋布衣冠薄笨車，毛錐還復褉渠疏。買山新試齊民術，閉户惟編種樹書。三徑孤芳陶令宅，一畦寒菜庾郎蔬。故園回首青葱甚，手植桑麻已蔽廬。

北來南去苦奔趨，祇爲寰中覓奥區。榿木三年知地敏，石田千里笑人愚。江山何處非腴壤，菽麥無分豈丈夫？今日中原摇落盡，豎儒何敢誚樊須。

十年蓽路啓窮荒，一卷山經寫硬黄。鄭國穿渠能作雨，僊人煮石便成糧。千家飽啖紅蓮稻，五里聞炊紫玉香。休向昔年思鄰聖，而今斥鹵已膏粱。

説肥題詞五首

劉重堪

孝標經苑久荒蕪，著述才推左大夫。一卷《説肥》新問世，世間何地不膏腴。
能將腐朽化神奇，都道蒙莊汗漫辭。物理細研歸實用，滿園春色緑參差。
宣聖當年説不如，士農今古詎分途。《周官》一册誰編訂，曾入尼山夢裏無？
牛食如澆語不虚，澤虞縱燎易菑畬。枕中鴻寶初驚眼，勝讀東都種植書。
年來偶種邵平瓜，瘦葉枯藤懶作花。雨露雖同人事拙，始知場圃有專家。

讀説肥一首

李載賡

鴻濛剖闢球星垂，中爲神州環四夷。洶洶列國競逐鹿，優勝劣敗相盛衰。曼珠末祚困貧弱，司農抑屋空嗟咨。先生孥精十餘載，潛心稼圃師樊遲。廣蒐禽魚草木品，如注《爾雅》箋《毛詩》。取之於物還付物，天工奥妙人代之。始信精華出渣粕，盡化臭腐爲神奇。取精用宏法製造，樸實説理誠修詞。我來帝京覽著作，盎然古味清心脾。緊昔祖龍逞妖焰，簡編殘斷文支離。格致書亡攷工缺，歷數千年作者誰？矧今民勞傷板蕩，匹夫有責真其時。君不見不龜手藥霸者器，圯上遺篇帝王師。君今著書力實業，誠爲國家富强基。鐫之梓梨拓萬本，不羽不脛能飛馳。驅使人人務稼穡，衣帛食粟無窮期。孟子之功可匹禹，后稷有知如得夔。我將束裝走百粤，是鄉貧瘠稱難治。自媿器能綦窳薄，恐於斯民無所裨。十載歸田訂後約，願從先生事於斯。

左孝惠先生鄉謚議

陽　晥

易名創於元公，彰淑行而光泉壤；鄉謚始自柳下，表碩德以慰幽冥。朝廷固有殊典，里鄗亦協衆志。榮於華衮者，一字之褒稱；垂於簡册者，千秋之定論：自古已然，於今爲烈。

困翁太先生者，濟陽世胄，蒸湘名門。幼秉慧心，出語常驚四座。長列膠序，風度迥邁羣倫。孝事二人，奉顔承色，不僅陸橘黄枕；友于兄弟，同甘分痛，遠過姜被田荆。居喪三年，泣血每流涕於《蓼莪》之篇;失偶廿載,孤衾永矢志於冰弦之斷。廷中薛鳳教以義方,膝下荀龍迪以詩禮。仲君歷宰名區,遵庭訓而傳治譜;孟季名登仕籍,擅席珍以俟除書。敦師友情文交至,撫猶子恩誼兼隆。富而無驕,勤儉以爲居室;積而能散,好善而樂解推。指囷有子敬之風,麥舟媲純仁之義。里推善行,上多旌獎。宜其易簀無慙,考終正命,生獲龍章之寵錫,没垂邑乘之休光者也。

今者哲人既萎,士類興悲。芳躅云遥,痛老成之凋謝;懿好未泯,欽物望之攸歸。合文學掌故以易名,集合志同方而定議。按《謚法》:慈惠愛親,繼志成事曰“孝”;愛民好與,施勤無私曰“惠”。先生之色養無違,光前裕後,孝也;樂善好施,無有德色,惠也。謚曰“孝惠”,衆論僉同。嗚呼,令德既備於生前,嘉名宜錫於身後,傳之竹帛,用光俎豆云爾。

左庛生先生六十徵詩啓

唐家豐

在昔蓬矢桑弧,禮重其朔;獄降崧生,詩詠其神。江南之地,僉用聲樂;荆楚之俗,尤崇攬揆。庛生先生名山片席,足抗百城;仙眷一家,自求多福。今年十一月十四日爲先生與其德配聶宜人周甲之吉。蒙雙佳偶,天與比肩;盤古夫妻,齊年壽考。門下桃李之英,湘中芷蘭之彦,欲效祝史以上壽,揚德徽以勵俗禮也。惟是文章可聞,祇在悦孔之輩;而殷勤未接,徒有祝齊之心。倘閟金玉,曷致瓊瑶?爰述梗概,以供採擇。

先生目營四海,志在千秋,綜其爲學,凡有三變。夫自儒林文苑分,於史家、策賦、明經,歧以科目,人各有能,兼之實難。先生溝通漢宋,攷據摅義理,折其衷;取法馬班,陰陽剛柔,互爲用。宏通碩彦,仰止經師;子墨客卿,宗爲文伯。嗣以海疆多故,外侮頻仍。先生則博攷方輿,旁搜外紀,羅胸藏故,蒿目滇邊。綜五洲險要而表以山川,滙四裔人物而評之月旦。既知天命難諶,民生日蹙,善政在養,大利歸農。乃據域外之成書,犖齊民之要術。蠶桑以立國本,猪蔬亦備席珍。凡此諸學,胥爲要務。而其教人則禮文善誘,高下因才,參魯柴愚,荷其陶鑄。互鄉闕黨,化爲善良。一時丐餘瀝、窺末光者,莫不穿楊命中,斲堊稱神。至其孝友天性,耿介拔俗,澹泊明志,室無紛華,宏獎爲懷,人親和易。每當親戚情話,儕偶羣居,説戴憑之經談,王猛之務闡,樂廣之理極,公孫之辯瀉,縣河而不竭,累十旬而未休。能令觀者如堵,聽者忘疲。然性岸疏凝,情塗狷介,偶涉仕路,實澹進取。故雖南皮尚書,巴蜀使者,或聘以禮,或任以職,而客難賓戲,僕愠奴責。人所難堪,先生泰然。夫豈樂爲是迂闊哉?躬蘊上哲,習不可移也。宜人覃葛蜚聲,釵荆助政,始則勗樂羊以游,繼則偕老萊而隱。九族稱其慈賢,十方頌爲菩薩。長君雲璈譽著岐嶷,訓承詩禮,小試於縣,連冠其曹。昔采頖水之芹,聲聞鳴鶴;今作軍中之草,捷逾紙鳶。次君常春侍養庭闈,躬編叢著,偕婦子以承懽,督僮僕而治産。眉山父子同入八家,宋氏昆季各得一絶。而先生清明在躬,精神愈固,築旁舍以居生徒,廬人境不厭車馬。箋魚注虫,取娱心志;蒔花種橘,藉察物情。斯乃儒生極榮,足爲藝林佳話。所望儒林丈人詳爲鋪敍,播之聲歌,行坊言表,永爲學者之楷模。璧合珠聯,彌焕文昌之光耀。

(左宜等主修、左雛麟纂修《[湖南]衡山三甲左氏六修族譜》1939年翼經堂木活字本)

涇川八景

左　順

余依圖誌山川之勝勉賦八首，題曰八景，願與善吟者共之。雖不能補涇川之題詠，亦足爲一時之清話云。

承流積翠

疊嶂凌空爽氣浮，東南形勝屬承流。寒屏翠挹千年畫，古木陰涵六月秋。花草生香春不老，煙嵐出色雨初收。當時許賓燒丹處，猶有遺踪在上頭。

賞溪煙樹

漠漠輕煙樹半籠，溪山水木畫圖中。數聲啼鳥無尋處，幾點棲鴉不見踪。遠近樓臺渾隱約，往來舟楫總空濛。春深正是看花處，莫惜千金酒滿鐘。

水西春色

柳摇金縷接溪東，一段雲烟畫不同。百里桑麻皆物色，萬家桃李總春容。釣臺人立風塵裡，野渡舟横錦繡中。正是涇川佳麗地，賞花歸去馬如龍。

巖潭秋水

溪澄秋影雁初鳴，一色虚涵混太清。水面舟如天上泛，岸頭人似鏡中行。終宵有月冰壺湛，静曰無波玉鑑明。昨夜蓼花新水發，西風烟際片帆輕。

昆山夕照

暝色重重鎖翠微，淡烟芳草正菲菲。數聲鴻雁回晴浦，幾處牛羊散夕暉。牧笛漸從林下歇，斷霞輕出樹頭飛。歸來日在高峯上，猶有人家未掩扉。

幙溪曉月

溪頭殘月曉蒼蒼，玉鑑光寒正渺茫。茅屋雞聲千里客，板橋人跡五更霜。疏鐘欲斷雲林淡，野色微分驛路長。回首東風霞彩發，一輪紅日上扶桑。

湖山霽雪

雪山迢遞起晴峯，琪樹流光在半空。日色纔臨金錯落，烟光欲染玉玲瓏。暖回冰泮前溪水，香沁梅飄隔岸風。倚遍闌干凝望處，却疑身在廣寒宫。

秋霜暑雨

秋霜昨夜雨初晴，洗出溪山分外青。凉色已從風裹發，水聲直到耳邊清。四圍花木明如錦，六月樓臺冷似冰。試問貂裘誰所憶，謫仙於此記詩名。

題水西别景

左　順

三寺聯西岸,松林一徑通。鳥啼修竹裏,鶯語落花中。烟火田家屋,漁樵望渡翁。水西多景致,桃李總春風。

涇川二十四詠

左　榮

承流列戟

萬仞巖巖障南極,翠寒高聳雲間出。不惟武士悚神餘,更與時人瞻涕筆。遠視岷峨爲祖宗,來崗派接黄山峯。涇川南望稱形勝,和尚絶頂追仙踪。

幞阜堆鹽

幞溪如渡飛虹橋,緑螺千顆堆岧嶤。紛紛車馬長安道,古寺巍巍住碧霄。縱觀山色登階級,蛟龍勢走波濤急。下鎮萬仞涇川淵,竦然人在鼇頭立。

昆山請龍

昆山首望涇川東,山腰寒井有神龍。禱之郎得神物見,磁瓶迎取帛囊封。帛囊封之真可怪,變化猶在風雲外。官民羅拜舞雩前,九重雨露下滂湃。

石鼓鳴雨

石鼓山下有石鼓,天生神樂傳今古。但聞鼕鼕聲自鳴,必定天時降霖雨。祝融司令高亢時,禱爾石鼓鳴王祠。潤澤一方咸有望,秋郊禾黍增離離。

甄塘瑞蓮

甄后已去千餘年,甄塘至今留瑞蓮。千葉紅顔真可愛,雙頭玉色争芳妍。時有微風翻錦面,瓊珠忽墮翠盤轉。清香十里散城闉,萬家樓閣湘簾捲。

星潭奇石

天上何年星隕石,異哉藍岑留遺跡。勢如長鯨横吸川,巨口啣出潭中璧。湛然一鏡無風時,碧天倒浸寒琉璃。魚龍似珠不敢戲,停舟閑話謫仙詩。

石碑仙跡

一溪清水當洞前,水中一石如擎拳。石上周公何好事,勒碑爲記留千年。遺亭一去無消息,洞門空有神仙跡。猿驚鶴怨白雲深,令人弔古來無斁。

巖巄龍潭

巖巄洞前巖巄寺，樓殿玲瓏鎖森翠。碧潭千尺鏡光寒，凭欄俯瞰魚龍萃。中天無雲皎月輪，一顆明珠徹底沉。不是魚龍夜不戲，故教禪客觀禪心。

遺民釣臺

白雲山石何奇哉，世傳劉遺民釣臺。當年棄却柴桑令，逃名來此常徘徊。烟波一竿絲百尺，蕭蕭物外無羈客。桑田變海千載餘，凜凜高風垂竹帛。

葛翁丹井

水西山前葛翁井，澄泓六月流霜冷。照人容顔錦樣妍，倒接天光共雲影。真人已自歸煙霞，蕭蕭夜雨空鳴蛙。一味寒泉何處驗，還將金鼎試丹砂。

謁左王廟

難當昔日奮英烈，虎視江東建旌節。柏山潭上六月時，瑞感靈龜印白雪。遂隨龜跡築高城，幾年固把大唐兵。一旦封公錫戴國，輝耀竹帛垂芳名。

丁王仙祠

涇川邑宰丁令威，山川如故昔人非。舊家遼東華表上，上年空有鶴飛歸。仙王至今祠我土，洞天穆穆神龍主。璽書封謚昭應侯，歲時鄉人禱霖雨。

賞溪夜月

良宵步月賞溪傍，湛然一片寒瓏光。清風颯颯生鬢髮，金波粼粼漾垂楊。西山露重翠華濕，茫茫東岸泊舟檝。漁人歸去賈人眠，獨有詩人偏佇立。

湖山時雨

湖山巍巍接賞溪，翠屏光映寒玻瓈。五株古柏森神廟，神爲忠烈晉桓彝。有時天地高亢際，叩之即有雲霓起。銀竹森森霎地來，須臾緑野漫平水。

白雲奇名

白雲山中白雲茶，古來珍重進皇家。一夜春風轉琪樹，莪莪抽出黄金芽。好事逸人著梟舄，穿雲采采曾無斁。連甌烹飲可通靈，殊覺清風生兩腋。

後山澄塘

湖山岸前一大澤，澄澄寒碧深千尺。我今卜築於其間，寓有烟霞靈泉石。一鏡拭開六月秋，澈見漁龍中湧游。攜友納凉堤上翫，浩歌白雲落寒流。

琴溪琴魚

琴溪千尺古釣臺，臺前藥滓魚異哉。昔日蘇躭遺聖跡，至今上巳年年來。羅漉百千不盈飲，侯門求取民間病。縣尹林淳心至仁，萬古碑留放生詠。

涇川露虫

麻口起至梅村灘，美哉涇水流層瀾。自是一方風氣異，年年八月露虫摶。紛紛幻自虚空出，點水脱殼擁寒碧。若後白露一夜期，清霜下降必三日。

官莊禾黍

官莊樓上張青眼，憶昔岳武穆王産。忠貞爲國去不回，令人弔古恨無限。長河波水沈大田，禾黍離離似往年。黄金滿地秋遊日，幾度驊騮懶着鞭。

戰坦松筠

昔年蘇峻彼賊黨，暴掠州縣趨京帑。賢哉内史桓茂倫，勤兵此地拒韓晃。西風刮地揚戰塵，鋒鏑相戕皆晉臣。勝負於今一坵土，但見鬱鬱遺松筠。

桃花春浪

當年李白經此遊，汪倫踏歌送行舟。行舟一去不復反，踏歌千載爲誰儔。我今勒馬閑論望，懷古詩興一豪放。桃花兩岸春風狂，恍有金鱗躍烟浪。

水西秋霜

寒水叠翠涇水西，迴巖古木藏招提。臨風高閣無六月，長年霜氣秋淒淒。憶昔謫仙留傑作，炎天思得貂裘着。半醒半醉三日游，紅白花開從浪酌。

硃砂煙霞

虚崖千仞凌碧空，山額一塊硃砂紅。煙霞曉捧火輪出，光映乾坤作絳空。久欲攀緣上採覓，玉爐煉取刀圭食。何須駟馬驂天衢，白日九霄騰羽翼。

巖潭山水

長山峨峨列峭壁，巖潭沉沉映寒碧。天然風景畫圖開，漫賞花晨和月夕。扁舟欸乃下中流，東飛雲鶴西汀鷗。閑瞻不盡山水趣，何異東坡赤壁遊。

涇川八景

左榮

承流積翠

高峙承流聳碧空，卓屏列戟畫重重。清陰半落雲間合，黛色全添雨後濃。隱隱梵宫松蓊鬱，深深仙洞草蒙茸。晴明試步南臺望，千仞峯還萬仞峯。

賞溪煙樹

烟光隔斷賞溪東，緑樹陰濃氣鬱葱。靄靄淡雲浮沃野，蒙蒙薄霧鎖芳叢。林巒迥落沙汀外，花縣深藏水墨中。誰向天涯揮彩筆，一溪烟景妙無窮。

水西春色

古木迴巖接賞溪，沙堤日暖草菲菲。舟横柳岸呼人渡，馬踏莎陰上徑嘶。嵐氣鬱葱浮殿閣，花枝紅白壓招提。江南錦繡江山地，不盡春光在水西。

巖潭秋水

白雲限散見清淵，叠嶂堆螺映水邊。巖桂香生停客棹，蓼花紅岸泊漁船。例懸鏡影三秋樹，深澈冰光百尺天。良夜澄泓最好看，琉璃世界月嬋娟。

昆山夕照

西嶺斜陽射昆山，明霞飛起燭天顔。高低境界黄塵裏，遠近樓臺紫霧間。琪樹相招神鳳宿，金巖疑是火龍還。人瞻異寶光如許，萬户千門不欲關。

幙溪曉月

碧天如水月初西，侵曉行人到幙溪。華表柱頭元鶴起，飛虹橋上紫騮嘶。波涵瓊玉菱香合，柳拂金沙岸影低。漸涉前山回首望，渾然穹壤在玻璨。

湖山霽雪

千仞湖山雪未消，扶桑紅日射瓊瑶。竚看玉殿神光動，又覺銀臺電影摇。松柏林間藏睡鶴，梅花枝上露春韶。願祈滕六年年臘，豐瑞還來降碧霄。

秋霜暑雨

蛟龍一雨過山頭，冷逼樓臺六月秋。古木迴巖蒼翠合，清泉白石水銀流。露珠壓入花枝重，風箭傳來鬢髮颼。怪道謫仙曾到此，霜威猶念舊貂裘。

送孟春兄會試

左　榮

青雲一舉路京華，萬里春風景物賒。禹浪化龍膺上第，長安躍馬喜簪花。臚傳金殿承恩寵，酒晏瓊林樂笑嘩。以孝移忠今日是，丹心耿耿向皇家。

感興二首　焜博學，善詩文，所作俱不留稾。

左　焜

易道含三極，一元只自然。個中會妙理，便可合先天。邵子知推數，楊雄空草元。天根與月窟，至理向誰言。分付癡狂子，還須看畫前。

載觀三百義，詞淡意平平。云何百代下，求索于艱深。罔知逆志説，講論徒紛紛。唐人拘嚴韻，辭晦理亦沉。曹劉事葩藻，自謂泣鬼神。風教竟無補，空類俳優情。會兹長嘆息，作詩警後生。

和李推府遊水西韻

左　燁

咫尺連三寺，來遊總士曹。浮屠平地起，古木等天高。丹井千年跡，松風萬壑濤。鶯歌鄰酒席，花氣襲羅袍。景媚情何暢，詩清興愈豪。論高偏得趣，覽勝不辭勞。落日回驄馬，斜陽映羽旄。漸看歸路晚，喚渡過東皐。

解 組 歸 田

左　燁

歸田愛賞山和水，山可耕兮水可魚。早識其中真趣味，幾年前已賣襤衣。

九日令尹尹公招遊水西登高

左　燁

聯轡追懽過水西，登高望處白雲齊。令公滿勸攜來酒，釋子重供不糝藜。抱樸井邊苔繡石，風光軒外竹成蹊。醉來莫識歸程晚，月映平波任馬蹄。

陪李推府水西次韻

左　然

水西三月景，勝覽預吾曹。古渡雲霞合，迴巖殿宇高。松鳴驚曉鶴，溪響漲春濤。竹筍穿僧舍，山花點客袍。醉尋宣室隱，吟倣謫仙豪。佳會應難再，流連莫憚勞。晚烟迷野渡，落日送歸旄。回首東林上，蟾光散九皐。

皇太后壽誕賜宴

左　然

獻罷慈宮萬壽杯，五雲扶輦出蓬萊。臚傳恩錫丹墀宴，玉食羹調金鼎梅。

會試夜夢得詩句因續成一絶時弘治庚戌二月十六日也。

左　然

三場鏖戰覺精神，未敢期爲榜上人。忽得夢中詩一句，馬蹄踏遍杏園春。

水西寺讀書二首次甘梅軒水西韻

左　然

讀罷禪關日已西，漫將好景付新題。桃花浪裏看魚躍，古木陰中聽鳥啼。霧潤石苔隨處滑，雨餘山果墜枝低。興闌擬欲歸庭省，却唤漁舟渡賞溪。花開紅白水之西，賦景難成憶舊題。帝子不來川自逝，謫仙已往鳥空啼。園蜂有意踰墻過，山靄無心出岫低。更愛讀書窻下草，一般清趣似濂溪。

涇川八景次伯父孟剛公韻

左　然

承流積翠

蒼蒼古色半空浮，雲起連陰似水流。出壑喬松常帶雨，懸崖老樹不生秋。玉屏翠鎖雲初散，丹竈苔封火已收。天設邑南當面鎮，春風常在九峯頭。

賞溪烟樹

非雲非霧遶溪籠，溪樹森森杳靄中。月下輕分高下影，風中頻换去來蹤。千枝偏向晴時暗，萬葉多于晚後濃。隔斷水西無限景，耳邊難隔梵樓鐘。

水西春色

溪西景色面溪東，逢著陽和又不同。花白花紅朝雨裏，柳黄柳緑午煙中。山屏翠黛雲邊盡，沙罽青紋水際窮。三日醉醒遊賞後，許誰執筆領春風。

巖潭秋水

循巖碧浸瀨無鳴，纔值秋風徹底清。岸影幾曾隨浪去，磯頭却得見魚行。長天一色西南竟，皎月雙輪上下明。桂楫葦航多少過，琉璃鏡裡片帆輕。

昆山夕照

西日啣山影已微，東峯反藉耀芳菲。輕雲已入千村暮，絶頂惟留一面暉。半在龍池浮錦出，餘容鵶背帶霞飛。只愁好景無時刻，不久人家盡掩扉。

幙溪曉月

幙山橋路曉蒼蒼，清淺溪中月渺茫。水伯霽邀風捲霧，素娥寒浴草凝霜。殘輪轉向天邊仄，淡影流來溜裏長。爲愛雙清行未得，遲明却過舖前桑。

湖山霽雪

雲開遠見雪中峯，寒氣晴光漾碧空。鶴羽襯霞明燦爛，龍鱗耀日影玲瓏。銀銷桓廟重簷滴，玉鑿洋湖一路通。明日再臨溪水上，青青舊色入眸中。

秋霜暑雨

閣前宿靄掩朝晴，山雨通宵直到明。花氣因風侵簟爽，雷聲隨電過溪鳴。陰聯竹樹雲旌濕，虹下屏巖瀑布傾。洗却炎威無半點，秋霜端不負虚名。

武昌公館漫興

左　然

公館停車夜不眠，無端公事把人纏。印窻漸見花陰轉，欹枕頻聽漏韻傳。一念要成民牧樣，寸心常挂斗牛邊。催人時序如梭急，竊禄無裨又一年。

難當王塚廟

左　瑁

德在隋氓功在唐，至今血食玉爐香。虎威赫赫猶生氣，馬鬣纍纍有耿光。戰捷北方曾跨海，鎮全南土敢逾江。英雄千古難當廟，留與乾坤障大昌。

左氏家廟時萬曆甲戌春正月望日。

左　瑁

戴國功勳著自唐，後裔千載有書香。舉眸閥閱門非俗，屈指科名第愈光。古柏後彫隆臘境，慶流不息沛春江。叮嚀耕讀吾家事，莫負江南左氏昌。

黄門周都峰復就械往京贈行

左　瑁

午門砥柱力擎天，孤憤精忠日月懸。池上風清留鳳羽，海邊雲歛有龍涎。危言已落奸腴膽，高節惟嬴太史編。此去都門仍努力，盖棺身後始云全。

中秋翫月懷沈西谿先生在任

左　瑁

清宵散步出庭前，静翫中天霽月娟。一掬可人心目醉，半牕殘色夢魂牽。竹林細響風前韻，桂影清摇雨後天。此夜此情深有感，故人千里共蟾圓。

贈東井侄北上

左　瑁

送送長亭贈一言，古今司馬嘆才難。要須事業齊韓范，留與將來作樣看。

涇川八景

左 瑁

承流積翠

插漢巍峯勢若浮，天横巖瀑互交流。風雲變處千迴狀，猿鶴聲中半夜秋。上只有天星可摘，下臨無地趣難收。若爲飛步層巔上，覽遍溪山暗點頭。

賞溪煙樹

溪上氤氳樹半籠，如雲似霧是非中。林端風渡輕摇影，堤畔人行微露踪。隔水鼓聲雷隱隱，懸空黛色雨濛濛。翫中自適烟霞趣，何羨三台禄萬鍾。

水西春色

尋芳覓勝任西東，因過禪林自不同。花草芳菲春意裏，鳶魚飛躍性情中。溪山觸目皆爲樂，興况從心信莫窮。八十老翁狂未減，人生何地不春風。

巖潭秋水

颯颯西風萬籟鳴，秋容潭影逼清真。巖頭風過渾疑動，水面鳧飛半似行。肅氣商刑千刼化，長空懸鏡兩輪明。夜深漁艇吹蘆管，疑泛天津一葉輕。

昆山夕照

落日啣山晝色微，東山草木露滋菲。野猿歸洞猶呼伴，宿鳥投林尚帶暉。老子取閒深谷隱，山奴供爨暮烟飛。黄昏或有鄰翁訪，分付兒童慢掩扉。

幙溪曉月

幙溪溪水鬱蒼蒼，曉月懸空照渺茫。晨散天開千里色，漏殘人跡五更霜。溪頭月印冰壺湛，驛遞風行道路長。曙色漸分鷄唱曉，家家又起事農桑。

湖山霽雪

湖峰雪積變瑶峯，一被春暉富貴空。暖處已無銀錯落，背崖還有玉玲瓏。興來得句何須酒，霽後尋梅不嗅風。追和先人春雪句，詩靈仍在大槐宫。

秋霜暑雨

處暑凉生雨乍晴，山頭變作佛頭青。野花色潤眸因醉，仙井泉添耳洗清。劍閣四時頻積雪，滹沱六月莫疑冰。天津未必能勝此，不負秋霜古閣名。

（清左駿章等修、左璿等纂《［安徽］涇川左氏重修宗譜》 清光緒十二年木活字本）

甘氏宗譜

家　　書

甘時化

樾男知之:前兩書諒到手誦悉。計自二月杪動身,迄今六個餘月,奔走六千里,較充軍三千之數更加數倍。不知我生作何罪孽,必受如許辛苦,不幾月而鬚髪俱白,形容枯槁,一至如是也耶!然我之氣運不幸,我之遭遇不可謂不幸。左宫保隨員極多,或連年不一事,或數月不得一差。我乃不上兩月,即奉札飭委辦鎮番釐務。其待我之恩至優且渥,此固不幸中之幸也。閏六月十八日,蘭省起程,隨到涼州總局,逗遛數日,直至七月初五日抵鎮邑,一路平安無恙。次日開局。局設東門城前,以便照料一切。爾大哥佑賢派南門,蔣旭溪派西門,分卡稽查貨物,照章抽收,約計一月,只敷局用。

查該邑地處極邊,平沙蔓草,綿亘數百餘里,寂無人烟。其東南念餘里許爲蘇山,即蘇武牧羊處。前因西路不通,常有商賈結伴自草地而來,近日漸覺希少,將來必無起色。蓋抽釐助餉,係宫太保不得已之舉。我爲知己用,亦不能不勉强從事。俟辦三月,再作調停,此又幸中之不幸也!

我生平素不喜敬神,於財神尤極疏坦,故到處刦財毫無餘蓄。况甘省久經兵燹,閭閻幾不聊生,撫卹之不暇,何忍殘薄,安望有餘錢遺爾。急宜努力撑持,即家中應用亦須簡而又簡,毋得浪費分文。至讀書一道,原期明體以達用。旁覽諸子百家,無非格物致知,以爲修齊治平張本,切(忽)〔勿〕妄思功名。語云:“早知窮達有命,悔不十年讀書。”此言宜細思之。如果涵養有素,博得一科一第,亦當有裨於國計民生,作朝廷有用之人,爲祖宗仁孝之子,方可爲我吐氣。若不想前進,徒掛讀書之名,片長自足,一得自矜,任性於酒色財氣,斵喪其精神,使人駡我甘雨農生此報應,不直已極。想爾稍有知識,斷不至此,我不得不早爲爾警也。爾弟翼高頗不冥頑,總要好爲培養。平時與先生商立課程,不刻不寬,令彼循序漸進,一日得有一日之功。並宜早起晚眠,刻自發憤,凡言語行止毫不非爲,均可爲他模範,庶不時勸規,可免反唇相稽。切切,餘不盡言。七月十二日父雨農示。

家　　書

甘時化

樾樓知之:前十月,由驛遞一函,諒已收到。我於十一月初一日安抵貴德,即於是日接印視事。尚託祖宗默佑,平安無恙。爾兄佑賢現掌帳務,所入不敷所出,亦强健如常。惟地處極邊,土瘠民貧,五方雜居,殊難撫馭。不數十里即屬口外,東界四川、松潘,西連海莊,西南毗連青海,東北遥接星宿:俱係野番插帳游牧,出歿無踪,歷來每多搶刦,防範尤非易易。兼自同治六年回逆攻陷城池,不獨各廟宇俱經焚毁,即衙署亦從灰燼之餘,僅存數架,無可棲身。現假武營公館蓬蓽數間,聊蔽風雨。目擊淒涼景象,何忍坐視不理。而一切應作事件不知幾許,苦於無款可籌。我於初三日謁廟行香,見至聖先師寄居破廟,實屬傷心慘目。默禱先聖,於涖任之後諸荷平安,自應設法修一寢室,以妥神靈。自顧生平常想一旦得所措手,必作幾樁事業,留名傳世,不料竟獲如此苦缺,心餘力歉,徒喚奈何!惟有遇事儉約,省一文即作一文事,斷不忍剥取百姓脂膏爲爾兄弟衣食之計。爾已年長,務宜努力前進,多識前言往行,以期明體達用,一日僥倖,有補於國計民生,是則我之所望於爾也。明正初旬,迅速晋省,仍從事子政先生。爾弟翼高讀書,即請澍生兄在家,以便招扶。聊備俸金卅斤,並令侄孫輩頗聰明者均皆從事讀書,其餘竭力農桑,毋負我歷代耕讀家風。爾母操持家務煞費精神,現近衰老,爾夫婦宜好爲事奉可也。

樾男知之:去年由李受帆寄來之信業已收到。惟路隔六七千里,音問難通,不知家中事件,殊覺時時懸念。昨爾輔清叔渡仙。詢悉爾今年尚在家中,並未晋省從事馬先生。想爾家中窘迫,爾又不便外面張羅,無怪其苟安。不知我奔走數千里,險阻艱難備嘗,並不妄取分文。所爲何事?原望爾兄弟發憤讀書,或有出頭之日,爲我揚眉吐氣,倘怠惰自甘,余又何望乎?來書云恨不能顯揚。不知顯揚云者,非博取一科一第之謂,必須有濟於國計民生,如子輿氏所謂,窮則獨善其身,達則兼善天下,有體有用,到處皆宜是也。人生處世,比如錢之通寶,内方外圓,老幼無不歡喜。勿效架之外方内圓,於世既無益,於己大有損。爾近日頗有狂傲之氣,故以此方醫之。非不知狂亦大聖人所取,然必有真學問、大經濟,不屑同流合污。非如世人畧曉“且夫”“若曰”,便恃才傲物,曾不知天如何高、地如何厚、海外尚有九州爲可笑也!得信候急宜上省,或從馬先生,或住岳麓書院,潛心伏案,以求明體適用,勿汲汲於小試可也。語云:“一飲一啄,莫非前定。”何況功名?惟盡人事,以合天工,得失可勿較也。至讀書資斧,前與爾慶波叔商酌,於日内乘便寄回。現往檳榔店暫爲通挪,以應眉急。我於蒲節前後一定告假歸家,料理一切。聞左中堂有調兩江制軍之信,俟到任時即往金陵,以圖機會。爾弟翼高所從何師?所讀何書?在家在外,一二亟知。爾母親體素虚弱,爲爾兄弟教讀婚配,費盡無窮心血,年已半百,亦屬可喜可懼。爾夫妻宜好爲事奉,以慰餘年。爾伯叔父母亦隨時省問,並懇其招扶家事。此皆本原之地,急宜留心,所謂能盡人倫,即學問也。病方愈,書不盡言。

寄族侄森亭書

甘時化

森亭賢侄執事:前接書後,當即抱病,久未裁復,非懶也。昨病稍愈,讀之殊覺情詞款切,意續綿長,有令人不忍罷讀者。足下既居幕府,賓主相得,爲人即所以爲己,務須讀書讀律,以廣其見聞。日行公件,一字關人性命,甚不易易。但西方人愚頑樸實,不似東南人機械變詐,百出不窮,故其情易見,其案易批。却宜秉公持正,揆情度理,無執己見,無泥人言,詳細切實,批之令人一見心服,不敢復行翻控。所稟事件,尤宜揆其理之可行,度其勢之能行,設身處地,料其上峯之必行,然後委婉呈之。自隨到隨行却不宜多,匪獨訐人宜勸止之,即被人訐亦宜勸阻。公論自在人心,將來不辯而自明矣。若彼砌款來,我砌款去,與異村童口角,必至兩敗俱傷。此蔣頌臣之前車可鑒也。來書云,邇年虧空多金,自謂用人不善所致。猶非探本之論。予於汝前年得財時早已知其必出也,與其如此而失,何如當時不取,尚得一清廉之名。語云:“亡羊補牢,未爲遲也。"現在衙署處處有礙關防,尤宜慎操守,謹出入。凡有益於國計民生之事,莫不竭力玉成之;凡有害於家國身心之爲,莫不苦口勸戒之。如果虚心調停,異日藉手有爲,無須人佐,此爲人非即爲己乎?賢昆仲同在一方,手足相依,得叙天倫之樂,又皆榮膺嘉奬,寵晋升階。昨得家書,並悉令郎身列膠庠,家之幸,族之光也。樂何如之!小壻蔣循陔初入仕宦途,曾經寫信諄諄告戒,或者稍知改悟,頗能振作。足下相隔甚近,尚祈不時指教。賀去年主講河陰書院,本夏動身回南,但其喻利心太重,一子已夭,安望克昌厥後乎?予素犯頭痛,嘔吐不休,入冬以來尤劇,可惱,可恨!

叢桂堂詩稿

甘時化

步左相國中秋賞月飲和池原韻

河源發崑崙,河水達天池。奔流數千里,造化非人爲。久閒池沼樂,不恨生來遲。我公法西伯,澄清濟世姿。三秦樹偉績,洗甲廠宏規。運挽天河水,注池蕩清漪。切念民飢渴,分潤飲於兹。三池相接引,到處捧盤匜。豈惟滌塵垢,並可沁心脾。冰輪日夜轉,清流無止期。非公懷胞與,安得有如斯。妙奪天工巧,千年復見之。凱歌宴池上,三五月明時。中興隆相業,長頌吉甫詩。

上楊軍門

犀軍十萬走艨艟,擊筑何人唱《大風》。天遣中興消利刼運,帝資專閫識孤忠。荆南元老思方叔,江右夷吾仗謝公。自分短衣隨李廣,可憐頭腦太冬烘。

海嶠春(采)〔來〕息鼓鼙,清閒如我太淒其。卌年身世羊公鶴,千古功名祖逖雞。剩水殘山空寫恨,青衫紅袖漫留題。更闌悄倚營門望,萬馬無聲月已西。

每把今吾惜故吾,齊廷也學濫吹竽。才疏轉畏承恩厚,慮少渾忘作客孤。三尺劍猶懷國士,一囊粟易飽侏儒。飛而食肉誠何事,醉後狂歌缺唾壺。

戈船兀坐抑鬱無聊因成三律

客中無地可尋春,忙裏光陰静裏身。故國鶯花常入夢,他鄉風雨獨思親。傭書定遠非無志,求仕毛生豈爲貧。堂上那堪雙髩老,倚閭終日望歸人。

話到江湖意轉慵,柳條何處繫離蹤。撫髀漸切中年感,失意偏多客路逢。燕市何曾求死馬,葉公原不好真龍。吹竽彈鋏渾無力,愁對匡廬第一峯。

平生久恥抱殘編,落拓仍然一硯田。未必有書堪十上,可憐操瑟已三年。材原是棄休言命,數本多奇漫問天。一事尚須求在我,前途鄭重祖生鞭。

書　感

草堂無賴强登樓,萬里江天一望收。陌上花飛春已去,磯邊舩泊客仍留。狂氛未盡身將老,新恨頻添淚欲流。日暮西山林薄晚,歸鴉亂噪不勝愁。

遣　懷

黄石磯邊久泊舟，淒凉心事有誰儔。江頭夜静潮初落，枕上春寒雨未收。已被雲山教憶舊，那堪金鼓動添愁。孤燈相照人難寐，且把香醪飲幾甌。

晚　眺

薄暮登高望，村村鎖翠微。千帆同日落，一鳥帶雲飛。陌上遊人返，江頭浣女歸。偶從花下過，香氣滿征衣。

閒　望

春光無限好，曲徑白雲遮。雨過聽流水，風來看落花。緑楊窗外合，翠竹檻前斜。不覺山中晚，林間已宿鴉。

局中署聯

一事無成，不識彼蒼胡生我？
百般由命，各有前因莫羨人。

聯　語

官稱父母，總宜好惡同心，隨呼即應；
民即子孫，須識恩威皆教，默化無形。

王道本人情，理有淺深，不外實心實政；
治功原學術，事無巨細，惟宜矢慎矢勤。

條教不暇侈言，惟期日用經營，講求切實；
紛華何敢競事，祇求棟宇鞏固，克壯觀瞻。

看九十春光，花發訟庭，草生囹圄；
喜一團和氣，俗安雞犬，野種桑麻。

遊岳麓禹碑懷古

甘　炯

遊遍書林適所宜，攀峯直接禹王碑。路通絶頂人烟少，功勒巉巖鳥篆奇。碉户無關雲自鎖，古書難拾露常垂。眼看事業如流水，岳麓山頭石不移。

過諸葛祭風臺弔古

甘　炯

登高仗劍挽天工，煙焰焚波戰氣雄。諸葛不來曹魏盡，荒臺依舊領東風。

夜入湘江

甘　炯

風送片帆輕，夜過湘城。江南江北少人行。惟有漁燈連，上下點點分明。　畫閣淡煙横，鼓轉三更。幾敲沽店寂無聲，回首扁舟空，載月何處投情？

湘譜告成東豐城總裁

甘　燦

纘承遠近數千年，仁孝流通作幹旋。昭穆序分光舊牒，箕裘佑起緝新篇。百川衍衍仍潮海，萬物森森悉本天。憑仗經綸天下手，楚山豐水自蟬聯。

譜成酬豐城重殷

甘　燦

雲鎖關河幾度春，飄然一騎到湘濱。漫勞家牒編還輯，遂使宗支遠見親。事業公真成世胄，勳名我自愧前人。夜闌遥看豐城上，劍氣星文動紫宸。

感　事

甘開堃

粉飾昇平計本工，尚言萬國慶來同。傷時錯詠南山什，救士空談北海風。周室有人能克狄，宋家失策在和戎。豺狼未捕收鸞鳳，多恐文華没此中。

擬塞婦詞

甘開堃

關塞三年夢，流黄一夜霜。自嗟妾命薄，不敢怨君王。

惠州作

甘開堃

歲晚憐孤弟，年高憶老親。更愁多病客，猶是異鄉人。入夜頻占夢，懷歸又及春。瀟湘千萬頃,空欲問垂綸。

秋日感懷

甘泰儒

漫漫秋夜永,獵獵曉風凉。停車望天末,歸雁獨南翔。雁音亦何悲,孤邈愁中腸。感此朱顔摧,華髮侵繁霜。松菊綴玉露,蘭芷續殘香。遺芳信後凋,通塞靡不臧。踞壑發高吟,豺虎爲退藏。誰爲假羽翰,乘風一遠揚。

大姑吟

甘 草

磅礴之氣真清娱,天生神母相有無。兒孫羅列皆層叠,九子雙童又二姑。小姑嫁與彭郎是,惟有大姑未嫁夫。天生凡物皆有偶,特立蕭條嘆獨孤。春風習習花滿頭,秋露凄凄泣似珠。石上磨笄恨不利,石前對鏡苦何迂。人言如是真貞女,自悔未得爲妾巫。吁嗟乎,小姑有郎且莫笑,大姑無夫且莫虞。果能聳峙持清潔,千秋萬古留名區。容顔常共乾坤老,色相奚愁草木枯。騷客扳崖吟髮白,佳人拾翠愛唇朱。我來解嘲賦節操,一片冰心在玉壺。

暮春懷友

甘 草

雨後陰晴長薜蘿,輕寒輕暖試清和。柳眉杏臉桃花淚,各有春愁誰最多?
山城三月落花飛,野緑成陰夏結幃。風動珠簾香聚散,扶持春事獨薔薇。
梁園落月一孤輪,檢點殘芳已暮春。想到花開花又謝,折梅時節别伊人。
百勞聲唱不如歸,料得離人聽已哀。欲寄紅牋憑燕足,暫時不向洞庭飛。

秋興步杜子美原韻八首録二

甘 草

江間點筆石欄斜,繞郭芳籬菊有華。宋玉悲秋題月賦,張騫浮海泛仙槎。長空遠盼天涯路,半夜驚聞塞外笳。多少望鄉臺上客,不堪明日問黄花。

青雲有路在當頭,怕負寒窗廿二秋。但舍詩書何所樂,如抛苜蓿自無愁。年年巢室憐歸燕,處處浮家似野鷗。回首先人榮組綬,筆花清夢兆潭州。

汨羅懷古

甘澍生

讀罷《離騷》更扣舷,汨羅江上弔名賢。懷沙不怨君恩薄,奪草多緣令尹偏。千古忠魂沉楚澤,九歌哀思寄湘川。溯洄清濁伊人遠,蘭芷含愁兩岸煙。

緑石研記

甘榮庭

宣統辛亥，予僑寓蘭州。時同邑陳紹菴世兄官洮州司馬，以石研一方寄贈。取墨試之，質細而滑，色碧而蒼。餘瀋在池，隔宿猶濕，真臨洮河石也。宋人黄庭堅有句云："張文潛，贈君洮州緑石含風漪，能淬筆鋒利如錐。"蓋即此物也。南方人士或不知緑石之可珍，亦不審其産自何處。予故引詩以證之，且使後之人知此研之所自來，而永寶用之，守而弗失。

緑石研銘

甘榮庭

其形圜長，其色碧蒼。潤滑之體，金玉之相。磨而不磷，涅而不妨。藉彼翰墨，發爲文章。漢瓦同文，端石争光。宜爾子孫，俾壽而臧。

蒼松吟過天山車中作

甘榮庭

天山綿亘路八千，峯巒聳峙欲摩天。四時冰雪不解凍，凡木未敢殖其巔。何來菁葱挺秀色，千章萬樹接雲烟？遠觀直同怪石立，近視皆作龍麟鐫。時瀉濤聲震空谷，或作笙吹映流泉。天生孤直不凡材，優游自在心益堅。豈同以色事人者，隨時委曲以求全。吁嗟乎，桃李華穠，芙蓉色鮮。雖然争得紅顔寵，春雨秋風劇可憐。胡不鑒此天山松，不以寒暑易其操，不與衆卉争媸妍。無倚無偏，森森鬱鬱自年年。

伐木吟

甘榮庭

十年樹一木，百年樹一人。樹人固匪易，樹木亦須珍。試看林密山深處，喬木陰陰不知曙。斧斤旦旦而伐之，雨露雖滋終無與。君不見梧桐婀娜交枝柯，朝陽鳴鳳來巢窩。又不見松柏凌雲挺孤特，歲寒不改長青色。天地生成有自來，葱葱鬱鬱氣佳哉。勸君莫再來戕賊，珍重他年梁棟材。

漁父詞

甘榮庭

昨夜餌魚鉤，釣得金絲鯉。今朝舉網來，浪打西風起。繫舟收網緑陰中，沽酒烹魚流水裏。魚肥酒熟醉而眠，日暮夢醒風未已。今朝得過有明朝，失之不憂得不喜。浮舟何處好爲家，武陵溪上桃花水。

蘭州北城樓

甘榮庭

俯瞰黄河一帶浮,河聲漭漭滿城樓。古今多少興亡事,都付洪濤入海流。

貧 婦 詞

甘榮庭

終歲勞機杼,啼饑兒女多。所欣無賦稅,不畏吏催科。

過横渠謁張子廟

甘鍾驥

秋風嘶戰馬,緩轡過横渠。山斗傾瞻仰,衣冠肅起居。螭蟠松屈曲,鷗泛水瀠紆。遺澤宏關學,今誰振緒餘。

過李二曲故里

甘鍾驥

昨謁横渠廟,今過二曲廬。瓣香徵士久,荒草講堂虚。齒塚迷離外,闖賊之亂,其父戰歿襄城。徵士間關千里,尋骨不得,負土歸,以遺齒葬之,故名。心源絶續餘。蒼茫無限感,駐馬一踟蹰。

時官武陟與祭大王廟廟在縣東三十里

甘鍾驥

古柏森森夾道遮,琉璃碧瓦映朱霞。海南香繞三千界,河朔膏流百萬家。石湧神濤驚鬼魅,日照殿前石影恍若波濤洶湧。碑題宸翰走龍蛇。廟前御製銅碑丈餘,清雍正書撰。當年柴望臨星使,清每歲遣使致祭。賸有鈴轅噪暮鴉。清每逢秋汛河督駐工數月,今行署將頹矣。

留 别 寧 陝用邑紳送别原韻

甘鍾驥

幾辭銅綬遂初衣,今日方知昨已非。攜鶴自來還自去,征鴻時止亦時飛。芟夷未盡稂兼莠,去就誰争瘠與肥。一路桃花含别意,曙光臨處駐清暉。

再留别平利

甘鍾驥

受代從容早及瓜，五峯留戀輿偏賒。治城在五峯山下。民親臨别難爲我，政簡多閑且當家。畫徧靈均九畹草，士紳索蘭，皆隨筆應之。權留潘岳一城花。問心最是難安處，鑑水雙輝照去車。去之日，家家門前盛水置鏡於上，以示清如水，明如鏡之意。愧甚！

龔梅軒生辰

甘樹滋

湘水衡山靈秀宣，挺生杰士難比肩。風采翩翩魏公子，氣宇浩浩漢張騫。今當甲子百五十，大會朋儕布綺筵。日升月恒松柏操，願君努力益勉旃。君不見鄧禹廿四歲，諸葛獻策廿七年。古來將相多年少，君無抑抑鬱鬱老林泉。又不見大鵬翻飛奮六翮，長鯨拔浪迴百川。羽麟微族多奇變，况君英氣豪邁如雲煙。藐躬忝列鄒枚座，貧寒無以壽英賢。程本餽嬰不及物，顔淵贈由重一言。大放厥詞爲君壽，與君開觴一醉樂陶然。

觀　濤

甘樹滋

汪洋大海鼓洪波，億萬生靈唤奈何！脂膏不足軍糈用，金帛虚縻敵款多。泰西諸島窺上國，中原各處驚草竊。内憂外患一時起，武將文臣皆失色。尸積障野血流河，連年風雨不調和。朝野上下皆如醉，斯民何日脱網羅。噫嘻乎！狐有城兮兔有穴，虎何苛兮鼠何黠！安得壯士擁羆貅，天山挂劍清胡越。

進　酌

甘樹滋

幾度留春春竟歸，幾度惜花花亂飛。春花百計不可挽，志士念此淚自揮。今年花落春已老，明年春到花仍好。人生少壯能幾何，光陰抛擲增煩惱。典衣沽酒酒更馨，長日銜杯杯莫停。杯莫停兮祗期醉，祗期醉兮忘吾情。

聽　蛙

甘樹滋

村前村後多稻田，嗷嘈破夢蛙鼓喧。三更四更人已定，千聲萬聲斷復聯。汝鳴不爲公，朝朝暮暮誰汝功？汝鳴不爲私，緜緜緝緝無止期。汝曷不爲蟬，長日高鳴緑樹巔？汝曷不爲雞，清曉一呼紅日躋？胡爲乎，泥途溷濁此宵征，如歌如訴如紛争？吾知萬物各有情，飛潛適性鳴者鳴。嗚呼，物類且轟轟，人生安可寂無聲！我悲年壯事無成，撫枕欷歔髀肉生。起坐聽汝汝勿聾,汝且爲我鳴不平。

解糊塗嘲

甘樹滋

糊塗自有糊塗趣,世人那得糊塗味。我今顛倒學糊塗,我學糊塗衹長醉。長日醉,長日醒,醒時如醉醉時醒。衡嶽爲糟麯,洞庭一酒樽。淳于能飲衹一石,劉伶五十能解酲。我將何物解酒渴,願假滄海如盆傾。

醉裏吟

甘樹滋

我本滄浪一散仙,偶因狂蕩墮塵緣。身離玉京剛一息,踪寄人間已卅年。帝命我躬歷艱險,欲趁兩足窮荒埏。東馳扶桑觀日出,西騁泰華凌其巔。北極崆峒探禹穴,南駐衡嶽雲霧邊。須臾翱翔排閶闔,羣仙鼓掌載笑言。素娥攜我手,赤松拍我肩。雨師步我後,風姨道我先。曲擁霓裳謁上帝,帝曰欷歔汝勉旃。汝歷紅塵幾寒暑,千折萬挫志彌堅。那知汝躬有仙骨,仙骨琤琤道乃全。一朝雲霧生兩腋,陰陽爲馬電爲鞭。

田女吟癸卯却聘

甘樹滋

妾固薄命者,生長在田家。自幼承姆訓,日夜勤桑麻。十五二十時,顔貌人争誇。皎潔擬秋月,姿色妬春花。東鄰貴介子,再三聘無他。挾貴不親迎,珠玉積成車。殷勤謝公子,妾不慕豪華。衹爲悦己容,珠玉安足加?富貴豈吾願,守禮不過差。憑禮作良媒,婚姻亦孔嘉。

(甘鴻甲等修《[湖南湘陰]甘氏族譜》 1928年丹陽堂石印本)

田氏宗譜

修墓小啟

田席珍

禮著奉祠之文，史有守墓之典。蓋以先人靈爽此所常憑，後嗣毓芬實兹永賴，故當謹其封樹，豈可任其荒蕪？

溯我三世祖友三公昆季卜葬於檀樹下也，歷年數百，傳世十餘。十二秉之所自出，千百户實所攸關。因牛眠少耑祀之人，而麐至來浮厝之櫬環塋甚夥，列兆無餘。而二世祖福一公之塚亦需培補。以本祖藏魄之區爲他人游魂之地，非徒蒿目，實所棘心。况前人原有禁約之條，而後裔可無慎宗之想？爰集闔族支長，本姓紳耆，詢謀僉同，輿情翕協，年向更喜。時逢播遷，豈容刻緩。

謹定冬至令節，盡移歸安局中。敢以小啟先告同人，無論親疏，不分族姓，凡有暫厝于此者，均望盡舉而他之。倘若届時不來，亦代買山而葬。爲人子者應知入土方安，念其親焉。請各虆梩勿後。此啟。同治八年十月□□日田氏房族長尚絅等公具。十九世孫席珍撰。

上虞永豐鄉田氏續修宗譜勸捐啓

田其年、田徵葵、田文烈、田徵燿、田寶榮、田世澤

家之有譜如國之有史。史以紀一朝之事實，譜以明一姓之世系，均以垂訓於後來也。吾田氏自汝源公後占籍上虞之永豐鄉，子孫繁衍，所以派别支分而不紊者，蓋宗譜之傳久矣。攷自前明萬曆三十一年創修於龍津公，國朝康熙十年、乾隆四十一年，經玉生公、聖千公一續再續，其有功於吾田氏者不小。迄今百三十餘年矣，繁衍者日益盛，中更咸同間髮禍之烈，猿鶴蟲沙，不可訾算。不有人焉起而輯修之，恐年代既遠，末由稽鏡，莫爲之後，雖盛勿傳。此非族裔之責歟？昔伯聲公、舜雲公、寶初公、西賢公諸先達早發興修之議，無何相繼謝世，有志焉未之逮也。其年等或宦游遠省，或服賈異地，興言及此，未嘗不感慨係之。緣是本先達繼述之心，發宗譜續修之議，集宗人而詢之。皆曰：修譜誠汲汲，即葺宗祠，設學堂，亦不可緩也。第恐力微工巨，猝難就緒，爰聯名以啟事，思集腋而成裘。凡是本宗，共襄公益，輸資從速，適觀厥成，得以妥先靈而植後起，是亦其年等發起數人之厚幸也已。宣統三年仲夏發起人其年、徵葵、文烈、徵燿、寶榮、世澤謹啟。

重修宗祠再啓

竊維辛亥仲夏修譜議興，其時即有葺宗祠之説，妥先靈而崇祀宇，事蓋莫重於是矣。旋以武漢起義，財力祇及修譜，躭延二載，而祠宇梁柱均遭蟻蛀，漸就傾頽。二十一世孫世澤謹續前議，旋邀十八世孫炳豐、二十一世孫冰發起重修，聚族人而謀之。僉曰："可。"以舊料之難於因仍也，而配新料以木柱之易於朽蛀也，而換石柱需款既鉅，鳩工不易，於是議決募捐。願吾子姓思木本水源之義，攄追功報德之忱，俾經始兮有資，將落成焉堪慶。行見祠宇重新，荆枝永茂，是亦吾田氏一族之光榮也已。民國二年十月□□日田紫荆堂族房公啟。

太上圖劇本序

田徵膏

大舜有言：詩言志，歌永言，聲依永，律和聲。是知人各有志，志未必遂，則或有寄之於言者矣；言或未申，則亦有託之於歌者矣。詩歌之有抑揚反覆，短長疾徐，則聲與律因以合而著。

人類至繁，風氣迭變。一人有一人之詩歌，一代有一代之詩歌，視若無異而究未嘗或同。昔葛天氏有《載民》之詞，軒轅倡《大卷》之奏，唐有《擊壤》，虞垂《卿雲》。爾時世道隆，民風淳，其蓄於志而發爲言者，不必其言之長，而一種樸茂渾噩之致粹然溢於片語單辭間。他若《候人》致詠，飛燕興謡，南北之音以宣。《破斧》興嗟於夏甲，故土繫懷於殷整，東西之音爰著。雖或以無端之吐屬，要必有興感於懷來。所以徯洛汭而痛陳乎祖戒，過殷虚而愴懷於麥秀也。厥後人文蔚起，改樸增華，有用之於邦國者，有用之於鄉人者。詩官審聲，樂盲被律，節八風，正七始，肅唱和鳴。周家一代仁風雅化，猶於周召二南中彷彿遇之。邶鄘以降，國之治否不同，人之賢佞有殊，然其警邪慝，旌善良，猶有先王之遺風焉。秦漢時率多神奇之作，如始皇之使博士所撰武帝之得神馬而詠諸與此類非可枚舉。至於正始，正音乖俗，淫樂稍廣，其弊遂至流而爲齊梁之第以綺縟見長，陳隋之徒以輕艷見重。唐宋以下，誇奇鬬麗，直不自知其有畔散五經，滅棄風雅者矣！然而按其聲，協其律，不特自宋而上時猶近古，即元明以後人亦有膾炙於口而沉吟不去者。是豈取法於下乃得其上耶？抑亦覘其立志之初，垂言之旨自有可原者在耳！

且夫人心之不能無所拂也久矣，有結於心而欲其不借他端以抒寫也鮮矣！彼穿昆明之池而曲傳落葉；遇蜀道之雨而詞寫淋鈴。蓋其縈懷於李氏楊氏之不見，其隱念早有結於傳曲寫詞之前者，而特假此以發端也。然非徒詩歌之足以抒寫人也。蒙難而占艱貞，此《周易》作於拘羑時，而《春秋》成於戹蔡後歟。乃至被放而著屈騷，遷蜀而傳《吕覽》，受刑而《史記》以作，納諫而《七發》以陳。漢唐後，或解嘲，或賓戲，或應間，或釋誨，或辯，或激，紛紛藉藉，以至於今，相繼不衰。又有俳諧，其辭隱詭，其文變詐鋒出，莫可窮詰。斯蓋意有所鬱結而因不憚刻意爲之，以垂見於後。物不得平則鳴，人窮則其言長，此之謂也。至若屈於才而志以三國，避其位而傳以封神，記有西遊，猿名四聲。是又雋其才而厄其遇，恐有乖於時事，而故遠紹異代，搜及海外，麗乃詞，詭乃事，而總歸於命意之所注。近世又有夢酣紅樓，亭垂牡丹，《聊齋志》《子不語》等書，要亦皆有所爲而然也。

歲甲戌，予自滬航海歸里。時維夏月，炎暑襲人，小窗無事，因漫抒臆見，撰戲一劇。既竣，而以《太上圖》命其名。噫嘻，予於滬亦至再至三矣，屈指其間已多歷年所矣，而祇益其馬齒之長，毫不獲沾蠅頭之利；徒見東洋西夷貿易往來，或國琉球，或隸朝鮮，星布棋置，真目給之不暇；又見有佔土以自肥，夷塋而搆巢，臺觀聳矗，金碧交輝，舭艭奔迅，海水驚沸，滄海桑田，倏忽於數十年間馳逐其地，曾不啻作春婆之一夢。然則世事既有入於幻境而臆造，何妨筆之爲實事也。故是編者抒予狂妄之談，出自古人之口。篇中繁其人，殊其行，而因果既圓，其忠佞賢姦報施要自有銖兩悉稱者，是猶存旌善戢暴之微意焉。詞句點讀，諧以俗調，使嘯嘯於口者亦有節簇之可按，是猶僞託聲律之遺音焉。至字裏行間，良多舛誤，但願閱者斧以斲之，不鄙雕蟲，幸賜觀覽，則得其意，而善則興善心，惡則創逸志。審其音則校宫商於玉尺，繩縱横於管黍。蒸蒸焉，上自詩歌以下及於諸書雜説，皆可於此發軔，無不有以知其立志垂言之所存。而余之何爲而集是戲，其意自必有見諒於閲者也。是非余之所深望也哉？時維同治十有三年歲在甲戌重九前一日上虞芃卿田徵膏自序。

太上圖劇本跋

何　琪

《太上圖》劇本八十二折，上虞田芃卿先生譔，借南宋契丹故實以抒寫胷襟，自可譜之聲律，作爲人鑑。按先生自序，時旅滬上，見夫五口通商，華洋雜居，海水紛飛，日逼處此，東顧三島，已縣沖繩，咸本其帝國主義殖民政策以相侵陵。茫茫神州，沈沈睡夢。是編以凌虚之筆，文言道俗，而褒貶懲勸，悉寓其中。亦諧亦莊，可歌可泣，誠維繫人心，扶持世道之作也。爾來滄桑更變，外患内憂，日不暇給。世風日下，民俗日漓。講社會教育者，恒以改良戲劇爲救時利器，於是新編劇本紛紛雜出於其間。先民矩矱吐棄一切，等諸弁髦。抑知新劇之出非不光怪陸離，駭耳炫目，然恒爲上等社會説法，而於一般人情反有不相合者。是編仍借因果報施之説，因其勢而利導之。吾知其感發之機較新劇必深且易焉。披誦一過，爰跋數語以誌吾鄉先正之典型云爾。時中華民國四年月令仲夏紹興何琪跋於滬瀆客次。

（張美翊纂修《[浙江]上虞永豐鄉田氏宗譜》 1915 年鳳翔堂木活字本）

皮氏宗譜

晚秋館中與赤城侄夜話

皮錫年

姻婭情深强客留，天教多補竹林遊。百年漸老曹瞞驥，十日同吟杜甫秋。籬下黄花今已放，燈前夜雨更相酬。來朝唱别澄江岸，爲爾還生一段愁。自注：居停爲赤城姻家。

讀　史

皮錫年

陳濤車戰敗，房琯本庸才。杜老迷清鑑，公忠上疏來。

旅次秋懷十首之一

皮錫垣

征衣單薄久羈棲，合沓寒烟客思低。秋入芳塘荷芰冷，月明蕭寺鷓鴣啼。家無兄弟書常少，路繞河山馬易迷。遥憶故園念遊子，依閭悵望楚雲西。

泊　宿　遷

皮錫垣

古渡潮平人語静，江楓秋盡晚霜濃。姑蘇此去無多路，怕聽寒山半夜鐘。

暮春初晴與兄香九同步論處世之道感而成之書以見贈

皮錫垣

弟幼性拗拙，未諳謀生務。收書類老饕，而鄙世紈絝。奔走五六年，獨行遭牴牾。湯鑊幸未投，敢云經陶鑄。磊落本無真，讒妬恒時故。何如高自抗，嘯傲任來去。寵辱易恢懷，痛自砭沈痼。石藴玉而輝，剖之易重賂。山毓木而華，伐之爲巨署。懷奇不晦蹈，用是招斧鋸。古人深喻兹，放蕩輕毁譽。或採商山芝，或失聞雷箸。或托竹林遊，或緩蓮社步。或騎湖上驢，或焚笥中論。没齒匿夏虞，幸而得全處。矧兹皆醉濁，名利趨若騖。鵠翔九仞高，矰繳潛窺覷。鱗遊四瀆深，網罟工漁捕。與世縱無争，尚日揣憂懼。兄蓄囊中艾，藥石妨逢怒。弟寶先世書，簡編慮蟲蠹。步陌挹芬芳，書此兩相悟。

秋　夜　長

皮錫垣

階露冷，秋夜長，良人歲歲戍遼陽。經年河畔無消息，獨守寒閨錦被涼。手持明鏡不能照，閒取秦箏倚畫堂。一彈不成曲，再彈心轉傷。心傷嗚咽淚如雨，紅斑點點染羅裳。留得羅裳不忍浣，行人歸來應斷腸。

舟泊新堤遇風雪宿觀音寺贈迪菴和尚

皮錫垣

波濤無際暗江天，雪夜停舟旅思牽。自歷風塵忘面目，閒來佛地感因緣。三生舊話重呼石，十載迷途祇問禪。願學吾師清净理，澄心萬慮一燈前。

渡象鼻嘴河

皮錫垣

喚船船已渡，待渡客情慵。日昃穿雲脚，花垂帶雨容。礙衣藤徑窄，當路水渦濃。數點昏鴉晚，歸烟暝幾重。

節烈皮李氏徵詩瑣言

危人偉

從皮李氏閨字淑貞者，邑庠李生操之次女也。慧麗端莊，不苟言笑，有大家風。幼習《詩》《書》，解其理，即欽節義。字爲邑之優廩生皮瀛舫浚元之長子錫倬繼配。越癸巳夏，女年十五，適皮合巹後，夫妻伉儷最篤。錫倬天姿穎異，志量恢宏，恒以遠大自期，居平躭精學業，不惜勞悴。氏閒佐讀，供其指使。慮紛厥心，而仍以善自保重婉規之。事翁姑極盡孝敬，迄于伯叔父母妯娌，無不隨分將悃，内外已無間言矣。先是錫倬元配戴氏歸皮，僅遺一女而故。氏撫之，調伺其衣飾食飲，不啻己出。姻婭里黨尤欽氏之賢淑。未幾，錫倬以院試見遺，鬱疾不起。氏侍湯藥，懃懃懇懇，夜不交睫。其明年四月尋卒，合歡未久，長恨旋來。氏哀痛悲號，絶飲卻粒，誓以身殉。舉家惶惶，計無所決。郡庠王生立政者，本氏幼讀業師，聞而往唁，憫其精狀，潸然慰之曰：“爲夫立嗣奉親，實汝之責，一死不足以塞責也。胡可輕生?”氏遂喋然收淚，治殯、喪禮無不協。厥後孀居，屏盡簪環，縞素持服，不履庭閾，《柏舟》之矢懍然也。惟冀夫弟舉子，繼爲夫後，慰錫倬於九京耳。今歲丙申六月，次弟生男，將議嗣而遽殤。雖自嘆緣慳，然私心尚有餘望，謂二弟皆少壯，必將有以承兄者。維時夫服已闋，其父母憐女嗣事遥遥，且年少，遂以常情測之，圖改適。謂不幸偕而預訂者已將委禽矣，使氏兄往探，微露其意。氏聞之，怫然泣而氣絶者數。迨兄返，侍翁姑，哭盡哀，灑淚歸寢室，闔户縊，終年十九耳。即丙申十有一月癸卯也。嗚呼！一與之偕，終身靡易，重所天以伸大節而昭大義也！鏡破而菱花抱缺，鸞孤而彩羽須珍。

既隱恨於未亡，豈移情於再醮。乃蒼天不弔，靳他未了之緣；白練堪憑，遂彼難回之烈。視悠悠之泉路，直去如歸；憐渺渺之芳魂，相逢似舊。此實乾坤之正氣，理合表揚；抑亦巾幗之完人，事當歌詠也！人無百年不敝之身，世有千古不磨之美。修焉短焉，同歸於盡。而輕如鴻毛，重若泰山，必有能辨之而公所好者。是月也，余以學使科試常屬之役寓居郡城，聞其事，因進氏之堂弟錫熙問之，以得其詳，而撮厥大略如此。

和學師危皮李氏節烈吟原韻七律七章學帥稿散佚

王光教

其 一

才子佳人兩少年，三生有約續前緣。香厨乍試調羹好，燈火平分佐讀專。吟韻鏘鏘聽絡繹，機聲軋軋互迴旋。那知共對鴛鴦鏡，一種容顔不似先。

其 二

射犬徵祥夢不符，翻教人與藥爐俱。求方罔蓄三年艾，拜佛空勞六祖廬。窮達由天非强致，彭殤有數總難虞。瑶琴痛絶孤弦冷，淚眼花容兩並枯。

其 三

自别緱山繼夙因，一番想像一悲辛。尋看繭紙傷心句，不見芸窻伏案人。倚竹慟號餘漬淚，移花有待趁芳春。曇花一現隨時謝，泡影原來未是真。

其 四

牀頭訣别話猶存，愁向人前細細論。一載姻緣原是夢，三年惆悵枉招魂。欲全父母終身慮，又負翁姑萬種恩。事業兩難須自決，休將好意誤成冤。

其 五

百端心緒鎖愁眉，志似磨笄山不移。節烈千秋能自許，肝腸一段有誰知？想當委曲求全處，正是從容就義時。從此夜臺仍把晤，鸞膠再續莫嫌遲。

其 六

鳳凰飛去杳難尋，弄玉樓空月影沈。地下料應傷别久，箇中畢竟結緣深。不關生死非奇節，能振綱常是此心。安得清提修史筆，更承往古續來今。

其 七

白石清泉作肺腸，閨幃從此篤人綱。姓名定識垂千古，肝胆猶能照一方。字剩皮金香尚在，奩懸菱鏡影俱亡。貞魂獨自昭鴛冢，空繞村烟幾縷蒼。

步　月

皮錫垣

西風無那客衣單，萬里還家旅夢寒。不識故園今夜月，可能如我對愁看。

長溝久泊

皮錫垣

烟火動鄉愁，長河晝夜流。風喧兩岸葉，月冷一扁舟。身世文章老，雲山劍氣留。明朝帆影掛，緩緩數歸篙。

宿室應望揚州

皮錫垣

江南木落客添愁，秋盡長河水更流。卻怪扁舟風已冷，載將明月到揚州。

旅　懷

皮錫垣

無端相憶上江樓，風急天高鴈影遒。料得故園書幌濕，心隨明月到鄜州。

泊王家套遇雪

皮錫垣

雲暗江風緊，天寒暮雪飛。夜來孤枕畔，幾度夢中歸。

上岳陽樓謁吕祖聖像

皮錫垣

城上高樓客思新，滿江雲水净無塵。同登勝地懷前事，獨拜仙真悟夙因。萬頃沙鷗煙島外，一聲鐵笛洞庭春。黄粱夢醒仍如舊，願得先生度此津。

家　居

皮錫垣

家臨湘水瞰江波，閱盡艱辛壯志磨。身逸渾疑人事少，花叢惟聽鳥聲多。湖山看慣無新句，書劍收殘感舊歌。回憶當年行樂處，莫教歲月易蹉跎。

吾邑伍君海門者與吾同請益於藻江王老夫子之門夫子稱其英姿卓犖賦性敏捷爲同門諸子所弗及而余方髫齡耳其名而未晤其面也及余應童子試而海門在焉當事煩劇又未暇攀與深談邇來余疊遭大故奔走連年甫抵里適海門過余余留之盤桓數日促膝而談而後知夫子之言洵爲不謬然海門之才大學博而時命乖舛尤甚於余余羡其才悲其遇爰走筆作歌以贈之亦藉以誌吾之同慨耳

皮錫垣

伍生海内之奇才,遭逢不偶亦悲哉。颯爽英姿絶俗氣,胸懷坦蕩無纖埃。腹中貯書千萬卷,下筆語語驚琪瑰。暗藏匕首酬知己,當時恨無黄金臺。緇幃十載鬢髮白,阮籍窮途空自哀。世傷伍生之偃蹇,不知伍生爲楚之良材。我從去年返燕趙,應世無術招嫌猜。抑鬱風塵消壯志,重聆議論愁轉灰。涕亦爲之破,心亦爲之開。人生及時須自樂,何必功名富貴而後覺宇宙之恢恢。吁嗟乎!黄鍾毁棄,瓦釜雷鳴。賢士無名古如此,吾之與伍生亦當獨往而獨來。

贈皮三星帆

伍宏鑑

其一

似君胆氣信男兒,仗劍孤身匹馬馳。萬仞峯頭頻載酒,九秋江上獨題詩。幾於名勝今將徧,如此才華大是奇。倜儻英豪吾竊比,太原公子爾其誰。

其二

胸中耿耿吐長虹,又向京華策玉驄。望闕喜瞻天子氣,披襟快遇大王風。人經燕趙來尤俠,文得江山助更工。已極大觀何所恨,宜君眼底小雕蟲。

其三

自笑於今廢咏哦,被君强派作詩歌。拙能諒我真知己,語不驚人亦任他。兩代神交通寤寐,五年别緒悵關河。歸來攜得蘭生子,天上麒麟手自磨。

其四

相知迴憶十年前,與子同門但後先。後先受業王藻江夫子門。久識淮陰真國士,未逢蕭相薦英賢。談兵論古風生座,煮茗敲詩月滿天。預賀來秋文戰會,霓裳隊裏領羣仙。

懷皮若莽

伍朝贊

朗州風雪賦同雲，君有阿連共采芹。我正囊空歸未得，指囷多賴魯將軍。

懷皮瀛舫

伍朝贊

三千禮樂肄中庭，兩廡笙鏞不暫停。同入諸生新隊裏，五更風雪賽春丁。

懷皮芸坡七絶二首

伍朝贊

一官新領簿書中，除卻當年措大風。正是東南民力竭，要須撫字向山東。
鹿溪别後感乖離，又是清秋夜漏遲。我正思君無那處，滿窗涼月露濃時。

詠史

皮筠

出塞二千里，幕南無王庭。勞民雖有然，豈不濯厥靈。宋氏苟乃安，割地與羶腥。金繒輸歲幣，畏首如無人。戎欲無厭極，黎元漸弱貧。君臣南渡日，淚墮吴山青。

示及門二首

皮筠

讀書學何事？理欲須分明。遏欲以存理，忠孝由此成。亦須識治理，經外史縱横。反復觀得失，材足用乃宏。文章分各體，蕭選搜輯盈。徐庾李杜韓，後來才筆精。雖難合諸隊，固當窺衆營。墨守破承式，小哉彼硜硜。共學爲窗友，情義同弟兄。豈可相齟齬，伐木不成賡。裴炎魏元同，耐久播芳聲。伍舉蔡聲子，盛衰不異情。須學古人厚，勿逐世俗輕。五倫一偷薄，識者概平生。我有詩書契，車笠無寒盟。以此期羣子，黽勉爲其誠。

明月

皮筠

明月送清皎，招我坐夜闌。浩然一長嘯，涼風動齊紈。螢光輝草際，蟬聲下樹端。蘭澤有芳臭，采之遺所歡。

贈　友

皮　笏

愛君讀經兼讀史，以今準古求其是。拔劍起舞風雲愁，三千年中堆故紙。童子六七鼎説詩，偷間過我何來遲。蓬蒿三徑開蔣詡，一片韓陵石可語。

馬山展十世祖墓

皮　笏

環拱來諸嶂，佳城歲月深。春風吹細雨，小路上高岑。眼底野花落，耳邊幽鳥吟。一杯初致奠，徙倚墓門陰。

偕友人登凌雲塔

皮　笏

聞説陳驚座，高門昔此中。馬嘶金彈落，花嘆夜筵終。盡付滄波逝，全輸古塔雄。興衰問頑石，無語嘯江風。諸生陳之朋者，塔下富室，自高岸爲谷，其子孫不知遷徙何處去矣。

秋　夜

皮　笏

蕭寺晚凉生，琴書憶舊盟。燈分初地影，秋入昨年聲。露冷桂花濕，月高蟲語清。出門看玉宇，斗柄正西横。

秋日餞友

皮　笏

覓句共秋暉，驪歌忽送歸。曉風黄葉下，古驛白雲飛。世路艱如此，昨來俱覺非。幾宵好明月，照客故山扉。

岳　州

皮　笏

世路荆榛日，生民患難秋。爲思文正抱，先上岳陽樓。俊語争詞客，鴻泥紀勝遊。寥寥天下志，俯檻看閒鷗。

和陳希瑗茂才聞鴈有感次雷小秋廣文韻

皮　笏

長沙秋色晚，小立向沙隄。來雁一聲語，蒼烟四面低。孑身傷落寞，舊夢爲悽迷。少壯馳驅地，城端烏夜棲。

秋日有感

皮　笏

那迴天地入扁舟，不禁牢騷上酒樓。黄葉有聲剛過雨，金風無賴早鳴秋。琴書蕭瑟相如病，關塞蒼茫文正憂。自取杜陵驚句誦，濁醪安用散千愁。

送友人之湖北幕府

皮　笏

見説江山據上游，英雄遺跡尚堪求。參差樹色荆門曉，斷續簫聲赤壁秋。撾鼓才人江畔冢，降雲仙鶴酒邊樓。壯心不阻重湖闊，五兩南風一棹浮。

長吟杯底玉壺春，自在襟懷自得身。白雪有詞投郢客，荒臺無賦弔騷人。將軍大樹臨邊舊，幕府蓮花削牘新。回首湘江鄉國近，思親容易返征輪。

贈高笛樓

皮　笏

散仙蹤跡逐烟霞，酒債詩盟送歲華。書卷與親猶有志，滄桑經變欲無家。殘年風雪吟懷冷，遠道妻孥野屋斜。底事林逋獨留戀，不如故國有梅花。高有所感諷之也。

（皮鉎光主修、皮作瓊等纂修《[湖南沅江]皮氏五修族譜》
1942 年楚沅鹿山堂木活字本）

石氏宗譜

重建家廟記

石邦岳

吾族當洪武初年構祠三座，爲間凡十有五，爲楹凡八十有奇。今考其創制之者，則徙居和溪三世祖也。夫居方三世而遂營祠宇，則知敬祖尊宗，古人愛敬之心油然而生也已。迨隆慶間，中庭又獨建於余高祖方山公。乃國朝順治中，旋已圮壞。故余幼入廟而陳俎豆，惟見其故址，而寢室棟宇崔巍，亦復更建者矣。丁巳夏，寢室又崩毁於風雨，餘亦傾欹欲墮。嗚呼，祖宗之靈爽不幾失所甚乎！余父興立痛神明之罔棲，與理事興宋、自亨叔輩庀材鳩工，粗安祖位。於乙丑年，復偕興璠、興鉉諸叔營建中廳，雖或踵事增華，然亦僅具楹廡而已。且門廊尚有待也。暨前歲乙亥，余叔興章首先捐資，爾時，衆心競奮，抛磚運石，遂易其故而新之。復理其餘料以爲中庭，左右兩祠相繼而舉，不一年而風雨除，鳥鼠去。孔碩者已孔安也。其督屬護功者，又自仁、興璠叔等二十一人。於是堂愾户僾，若或寓之，而子孫愛敬之心自油然而生矣。噫！祠之廢而復興若此，將毋山川氣運聿開，而大有造於吾族乎？且吾族東峙仙華，西合雙派，南列屏障，北聳層巒。卜築而居者，寧無期望於後裔也？而歷今四百餘年未有達者，先哲有靈，當亦歉然。然猶幸秀者攻書，樸者力田，老有所終，幼有所長。至於敗行喪檢，闃其無人，亦足徵祖宗之詒謀遠也。嗣是而父子兄弟敦詩説禮，型仁講讓，則不特宗正公之懿徽流傳弗替，即萬石君衣冠醇謹之風不於今復振乎哉！岳也雖讀父書，未報祖德，今幸見祠之成，故爲述其顛末，勒諸貞珉。使後之人觀之，知春露秋霜，妥侑有地，且韭麥黍稻，得以四時永薦者，厥有自來，則愛敬之心亦可油然而生矣。若夫敦宗睦族之道，與月會歲聚之儀，則譜中具載之，無俟予言矣。是爲記。

時康熙三十七年歲次戊寅孟冬之吉，裔孫邦岳謹識。

重建門廊記

石佑啓

吾族向有宗祠三座，明洪武四年道二府君竹齋公所首建。其中庭則於隆慶壬申年，禮一百四府君方山公所獨建。延及我朝，廢興不一。而門廊復於康熙三十四年乙亥歲，爲啓七世祖興章公所捐建。厥後疊次修理，雖或踵事增華，亦惟古制是循而已。咸豐十一年辛酉秋七月初旬，有粤匪人人蓄髮，號“長髮賊”，又呼爲“長毛”，由蘭地竄入浦境，焚殺淫擄，驟遍四鄉。吾族首議急集兩源鄉民捐資備械，在祠中設局團練，約得千餘人，紮守青灣隘口，鳴鑼防禦，晝夜不輟。而賊匪數百餘人，竟於初八日一至，十一日再至，十六日三至，馬匹旗幟愈多。三次來攻皆從杭口嶺入，三攻三北，追逐七八里外，賊屍沿路死者甚多，而團勇無一損者。至八月廿三夜，守城官兵因糧盡失守，髮賊虎踞城中，即令僞鄉官以安民之説屢誘，防乃少弛。不料九月初四，突有大股賊匪從暨邑而來，約二萬餘人。團勇與之血戰十餘仗。斯時也，寡不敵衆，吾族之臨陣捐軀者五人，外姓之臨陣捐軀者六人，此外無故被害者男女多人。房屋被焚者大半，祠内門廊亦付之一炬矣。僅留東首一間，藉吾族團丁宗崙等於次早潛伺賊退，即以水救熄。嗣後賊隊有自浦往嚴，有自嚴往紹，以此地爲來往通衢，風聲鶴唳，幾無虚日矣。十月中旬，忽撥賊一百餘人突來紮營祠中，名爲把卡，滋擾索詐，苦不可言。神座上下之檻門欄杆及大門等無不代薪以炊。至次年壬戌正月始退，即同治元年也。然自是以後，賊又屢來搜山，必四五日而去，名爲打先鋒。八月秋，東義等處守城把卡之賊要至金陵，多經此地，源源而來，晝夜不絶。至閏八月初四日，賊跡方静，而城中復有小股賊匪續據之，特不敢出城耳。於是咸入祠瞻視，尚幸先祖有靈，寢室大廳并左右兩祠皆如故。九月初旬，仍在祠中設局，重集義民，並糾合東北諸鄉義勇，待臘底攻城。乃十一月十四日，陡聞嚴郡已被魏道臺收復矣。次年正月初旬，龍湯、金蘭等處次第克復。而吾浦之賊亦於十八日早晨遁去矣。此同治二年癸亥也。溯自康熙甲寅以迄於今，未滿二百年，吾族兩遭浩刼，豈不重可傷也哉！然門廊既燬，究不可以坐視，遂偕耆老紳士輩於同治五年春議，將丙、丁二載租錢權爲重建門廊之費。然租錢減而功程大，又議抖丁錢以益之，又議暫移借以足之，合計柒伯伍拾餘緡。經始於丙寅之秋，告成於丁卯之春。址則仍舊，屋則改七爲五，門限統易以石，規模略大而且高也。篷軒異樣，雲鼓重新，木石並堅而固。第楹梁甫成，未塗丹雘。基地破碎，未築沙灰。匾聯宜製，階砌宜更。須俟再議以行。嗚呼！盛極之餘，最難爲繼，况其爲兵燹餘燼乎？如斯舉，不可謂繼起無人也。董其事者，四甲派永寶、永維，七甲派永茂、永仔、硯屏、鑑三。啓亦勉襄厥事。惟值亂離後，匠氏居奇，農人惜力，工價極昂，故費資甚鉅，非用之者之不節也。適修家乘，宜詳述之，俾後人知門廊之興而廢、廢而興，其原委有如此也夫。是爲記。

時同治六年歲次丁卯端陽月，裔孫佑啓沐手謹誌。

重造寢室并拜廳中庭記

石鑑三

嘗聞君子之營宫室，必先其宗廟。誠以宗廟爲先祖神明之所棲、靈爽之所憑者也。昭穆序於此，貴賤辨於此，親疏遠近亦無不别於此。禮法昭然，家規凜若。入其門而頓生悽愴怵惕之心，登其堂而恪守孝弟友恭之義。是宗廟之立，豈徒示美富、肅觀瞻、競誇一族之風徽云爾哉？吾族自洪武初年創造祠宇，其間興而廢，廢而興，或將公款以興工，或助己資而出力，迭次修整，屢見更新，讀前諸公序記已歷歷可考矣。嗣因咸豐十一年辛酉九月初四日，粤匪蹂躪，燬燒門廊五間，藉族内團丁救熄，尚留東首門廊二間。復於同治五年丙寅春公議重建，址則仍舊之規，屋則改七爲五。越丁卯春乃成。所有設立章程，費用數目，迪庭公前記已備述之，兹不復贅。誰料興廢無常，筭難人定。是年門廊甫成，適值修譜，瞥於七月十四夜被拜祖者焚香失火，寢室、中庭、拜廳并土地、功德二祠盡付一炬。僅留新造門廊五間及拜廳前廊屋西首三間，東首一間。嗚呼！始之廢於賊匪者，叵測之患。繼之廢於回禄者，無妄之災。數年之中，屢遭浩刼，此非先祖之不靈，實吾族之不幸也。然而祖宗能創基業於前，子孫當繼統緒於後。况尋源報本，莫重於宗；旅酬燕毛，莫先於廟。則宗廟之當建原不可已。但祠内之生息減於前，子姓之財力耗於前，而工作之昂貴獨倍於前，欲仍古制而更新之，不勝躊躇再三，難以驟舉。爰偕長老紳士輩集祠公議，仍將祠中租銀餘起及借貸外，又每丁派錢二百文，每灶派錢一百文，重造寢室五間，并土地、功德二祠。又修葺補造外廊屋東西共六間，共費錢六百五十餘千文。即於丁卯之冬告成功焉。而中庭、拜廳則更有待也。今歲己卯，又屆吾族修譜之年，非惟譜局無處安頓，而且每逢春秋祭祀之時，風雨飄摇，趨蹌失節。自丁卯至今越十有二載寢成，雖云孔安，而拜廳終悲瓦礫。是不得不邀同族商酌重建，其需用金費皆出自祠中租銀。將戊寅、己卯、庚辰三年餘起，除小祭完糧之外，積有足錢六百餘千，因此庀材鳩工，戮力襄事。經始於戊寅之秋，告成於己卯之冬。庶幾春露秋霜，妥侑有地，則廢於前者復興於後矣。夫自粤匪滋擾以來，族中房屋不過十留其三，欲謀自棲，多有不給。加以宗廟被焚，三次起造，共費錢二百千有零。雖大半出自公中，而丁灶亦有湊合。倘非善爲籌畫，不幾坐視先祖之神明罔棲，靈爽何憑乎？今得悉仍舊制堂構重新者，固由吾族之踴躍，亦無非先祖之英靈所默佑也。余忝居宗末，俾得與諸董事共襄此舉，聊述經營之始，落成之終，垂諸家乘，令後之人知宗廟之廢而復興如是。若夫飾以堊茨，塗以丹雘，朱欒畫棟，憲匾垂聯，則更有望於繼起者矣。是爲記。

時光緒五年九月上澣之吉，第二十九世孫鑑三謹識。

和溪陽宅發祥志略

石連城

從來遷新基，開巨族，産英賢，富貴綿長，經千百年而旺氣不衰者，必其地得山川之秀，會衆水之歸。來龍有特達之精神，朝山有端嚴之氣象。雖深居在萬山中，而原平地曠，四圍拱護，捍門華表，齊顧環中，方可以聚人烟，可以養人材，可以營宫室，可以祀宗廟，可以世綿澤。是陽宅之所關豈淺鮮哉！吾族自宋季懋一公由通津橋始遷和溪，歷三世而家聲遂振，六甲七甲四甲三派之所由興也。厥後丁族益繁，人才益盛，富貴賢豪代不乏人。而其尤顯著者，貴則有義勇將軍威鎮灤陽，功蔭世襲，昭勇將軍督征倭寇，功著閩中；富則有環岡公，田增萬畝，冠蓋盈門；忠則有景行公、逢源公父子，變産軍需，平定耿寇；孝則有環岡公、逢光公、東川公，德感天地，名垂青史；義烈則有文濟公，首倡平糶，興瓚公破賊死難；科甲則有桂峯公，翰林檢討；隱士則有合符子，策善禦勦，蕩平粤寇：此皆人物之挺生百世流芳者也。他如廩貢生監，人文蔚起，貞節婦女，彤管傳芳，又其餘緒耳。倘非地宅之增華，山川之靈秀，安能有是耶？今夫譜諜爲家乘之書，與國史郡邑誌書其體例大略相同者也。嘗考郡邑誌書所載，首天文，次地輿，再次人物。若家乘無分野之條，故天文從缺，而陽宅爲族姓奠安基業，祖宗香火之所憑，歷代人才之所寄，使亦爲之從闕而不誌焉，其何以俾後世子孫於開卷讀譜之餘，克念先人發祥之故哉？城也歷載以來留心地學，因步和溪陽宅之龍發祖於尖嶺之原，衆峯聚講廉貞焰火。又有香爐石，高柱擎天，其秀氣已不可遏。自此卸落過唐雪嶺，中抽一脈，穿入石香巖，遂分爲雌雄兩龍。(《青囊敘》：楊公養老看雌雄。)雌龍高而强，至水狀塢而結陰地。然其高而强者，正所以作雄龍之衛，庶不使原内之風吹其脇水，隔其腰也。其雄龍即陽龍之正身耳，力稍弱，從亥方落脈，曲折平行，右傍雌龍，左倚蔣巖、竹平等山。高峯三四連班夾護，及至到頭，頓起大山，如武曲金，如左輔金復於山頂放開大坪，有十畝之寬。(俗呼燈盞形。)再從上坪轉西，先於背後放一支鬼、曜，其鬼尾高撐，恍如獅尾之摇擺。又見尾山旁面磷磷、石笋插天。(地名石笋下。)然後正龍從西北乾亥開嶂，中抽落脉，至平地而放開大局，即用王山墩作内砂，中開數百畝，合族之宗廟在是，各房之廳堂在是,數百家之居室在是。人烟稠密,洵萬山中一大村莊也。於是長京源水繞其西,石香溪流襟其東,又有湖源會合於南,而且黄壁峙於前,橋山拱於右,東屏挹於左。青山踞水口,則雙薦文星。富潤爲捍門,則高馳天馬。辛峯起,艮峯高,乾峯挺,巽峯秀,皆其美焉者也。更難得者,仙華峯爲一邑之名山。而五指峰森森高凌萬仞,當吾族水口空陷之處,適蔽其缺,爲一方之(銷)〔鎖〕鑰。如出陣聯旗,如筆陣擺隊,如仙掌擎天,莫可名狀,尤爲山川之一大勝會也。安得不成巨族哉!然自宋季以來,聚族於斯已六百餘年矣。譜牒之修亦數十次矣,而於陽宅地勢之要從未有書而誌之者。豈前人之智計均不及此耶?抑以所當誌之事不一,故留此以待後人之爲之耶?城不佞,謹誌大略於家乘之首,以俟後之有議者參考焉。

時道光二十三年癸卯孟冬之吉,遷和溪十六世孫連城謹識。

(石錦生等纂修《[浙江]浦陽和溪石氏宗譜》 1937年木活字本)

贈石源清先生序

箸雍困敦之歲,石巷《石氏續修宗譜》將付梓。其族有源清先生者,璵器也。耕賈傳家,克紹箕裘,行誼德業,堪式後昆,是不能無傳。因興而作曰:衛大夫大義凜然,彪炳春秋;徂徠公剛正無畏,重於趙宋。知石氏固多賢也。朱明定鼎,迄清季世,中間五百餘年,參戎機,奉誥命,博經史,敷教化,或香披芹藻,或孝聞閈里,則更多其人焉。是石氏德澤雲礽相衍,固綿綿無盡也。夫天之福善人,降百祥,成器成材,都有所自必也。先賦艱難,使之磨礪鍛琢,然後晶瑩有光。溯之先生,造遇何獨非爾。先生行二,錫芳公之次子,宋進士邦彦公二十九世孫也。仰蔭前徽,生而岐嶷。年十二,怙恃相繼失,童年旅滬即習機械。早歲,風塵頻經吹撲,然氣量寬豁,志識宏遠。一善之得則拳拳服膺,一技之長必孳孳自勉。繇是聲譽日起,造詣益深,乘時奮迹,樹建工商,事績傳誦於帽業尤盛焉。先生出身閘北水電廠,年廿一,受熊希齡氏聘,爲北平香山慈幼院機械科教授。因鑒舶品傾銷,殘我工商,乃自設源昌機器廠,製造帽機,力圖挽救。嗣後,再設福源、源昌二帽廠,仿製呢帽帽胎。并歷任上海市製帽工業同業公會理事,於帽業界極多貢獻。性謙和,愛交游,江左名彦多與往還。而敦宗睦族,敬恭桑梓,尤獨得其要。先生創清雲小學,啓發民知;闢開原支路,便利交通,鄉里稱焉。至若賙貧卹困,急公好義之舉,其爲事之小者,於先生爲多矣。於戲!立業不易,立人爲難,立德更難。先生鍾錫惠之靈秀,沐江河之清芬,砥礪自志,不墜家緒,重光名德,耀其門楣,一身而三者兼,可爲美矣!故論道者皆頌其先世之盛德,無不曰:"天之篤佑,良非偶然。"余則曰:"石氏道脈相貽,家風淳樸,先生善於自愛,遂化氣質。非石氏無以模楷先生,非先生不足光大石氏。"證其譜牒再續,承先啟後,美而益彰。是石氏之善繼善述者,其惟先生乎?時在中華民國三十七年蕤賓月上澣,上海市製帽工業同業公會全體理監事、上海市私立進賢小學校董會同謹贈,勾章錢從俠撰序。

(石文正主修、石章清纂修《[江蘇無錫]石氏續修宗譜》 1948年敦本堂木活字本)

任氏宗譜

怡怡堂記

盧　梁

涼塘怡怡堂者，邑侯向公所顔也，蓋取兄弟怡怡之義。誠以家人嗃嗃則失之急速而悔厲，婦子嘻嘻則失於無節而終吝，如是而欲其怡怡也難矣！今觀任氏恒翁兄弟五人，鄉祭酒中百六公之羣玉也。長恒有治家嚴肅，磊落光昌；次恒還賦性聰明，仁厚有餘；三恒恭不矜不伐，樸實可風；四恒裕即余之堂妹丈也，沉潛苦讀，優入郡庠；幼恒巽温柔敦厚，明辨以晰。金昆玉友，孝於親而友于兄弟，既不傷夫嗃嗃，亦不流於嘻嘻。嚴君歿後，奉事老母，同居幾三十載。子侄輩幾五十口，倘處之不當，能保内外無間言乎？後雖析炊，常若同堂。鴒原志喜，時聯手足之恩；雁序分行，克協壎篪之誼。兄也念天顯而愛其弟；弟也體親心而恭厥兄。所謂難兄難弟者歟！目以怡怡，是耶？非耶？朱子曰："怡怡，和悦也。"天地和則萬物悦矣，人心和則形神悦矣，一身和則容貌悦矣，一家和則長幼悦矣，和悦之義大矣哉！然而養和有道，致悦有方。天地本無不和也，疾雷暴風以激之則不悦；人心本無不和也，忮求怨尤以攪之則不悦；人身本無不和也，大勞沉欲以伐之則不悦；人家本無不和也，隱恨積怨以撼之則不悦：之四者，皆焚和悦之烈火也。因和以致悦，因悦以養和，和悦而天下之理得矣！所以養心攝身、宜家裕後之道，皆在其中矣。故特爲發揮"怡怡"之義而爲之記。

嘉慶二十四年歲次己卯菊月之吉，眷弟丙子科舉人盧梁拜撰。

往毛竹園及鯽魚嶺省祖墓記

任國泰

東陽多佳山水，縣北諸山林壑尤美。望之蔚然而深秀者，馬鞍山也。循山麓西行，漸聞水聲潺潺，瀉出於兩山之間者，朗坑也。其來自西北，至美峰山而合於朗坑者，甘溪也。過朗坑，渡甘溪，經煤山之側行而復渡，渡而復行，見緑竹猗猗繞於屋舍之外者，毛竹園也。舍後有五松丸丸、佳城鬱鬱者，吾泉塘祖墓也。坐西北，向東南，前有小山，傍大山下宛然一鼠也。而本山來脈或起或伏，聚秀於此，氣象崢嶸，儼一靈貓也。所謂"靈貓捕鼠"也。左水洋洋而過於右，右水涓涓而合於前，交流而争勝也。旁皇四顧，山環而水秀也。於是復向北而行，見有秀峰昂昂，如羣魚迎沫而上者，鯽魚嶺也。嶺足之冢不一。而其上有龍驤虎踞，前朱雀而後玄武者，合澄泉塘之總祖墓也。此山自東白蜿蜒而來，風藏水聚，地勢雄勝。圓其首，突其腹，屈其膝，蟠其足，羅漢之形也。登覽之頃，萬象森列，左旗右鼓，前嶂後屏，龜蛇分立，獅象當門，文筆聯於誥軸，席帽近於御屏，山形勝也。水繞青龍，羅於明堂，合於右畔，屈曲五六里，不見其出，而美峰與馬鞍二山適守其口，水形勝也。此皆天造地設，非人力所能爲也。而茅竹園之勝地視諸此也。爰作歌曰："雲山蒼蒼，溪水泱泱。卜云其吉，終焉允臧。鍾靈毓秀，長發其祥。子子孫孫，寖熾寖昌。"歌已，徘徊而不能去，既去而不能忘，因記之以垂於奕世也。

嘉慶二十四年歲次己卯桂月之吉十四世孫國泰謹誌。

餘慶堂記

吴兆燈

《易》曰："積善之家必有餘慶。"則慶之所餘固由于善之所積。而善之積也有大小，即其慶之餘也有久暫。觀其餘慶之久，益知其積善之大也。

考淥塘任氏鄉祭酒佩翁，其先祖自宣猷使發粟振飢，民賴以濟，則善之積也大矣哉！由是歷世相傳，克繩祖武。義四十八公創其基，智七十一公光其緒，而謹六十五公大其規。所謂善繼善述，亶其然乎。

鄉祭酒公六歲失怙，賴蔣太君節孝兼優，撫養成人，懋遷有無，化居遠近，皆蒙其惠。厥子五人，克佐父業，式廓丕基，建廳堂三所，所謂肯堂肯構者歟！

邑侯劉公聞風景仰，賜扁額曰"餘慶堂"，豈虚譽哉！亦信其理有必然也夫。珮翁以一人承先人之業，其勢甚微。既而子孫振振，瓜綿瓞衍，則慶之所餘，此一徵也。後賢蔚起，游邑庠者有人，游郡庠者有人，若者列太學，若者列賓筵，則慶之所餘，此又一徵也。凡爾子孫尚其勉益加勉，不以少有所得而自止，庶幾慶餘于奕禩，可以無忝爾祖，以不負劉公期許之至意也夫。

時嘉慶二十四年歲次己卯桂月之望，眷弟廩膳生吴兆燈拜撰。

淥塘任氏新建祠堂碑記

謝雲卿

昔先王建國必先宗廟，而後社稷。婺州號"小鄒魯"，非獨以代有名儒也，蓋聯譜系，重宗廟，凡尊祖睦族之禮，較他郡省尤講明切究。余考吴寧舊族，多由宋高宗南渡後，自元明迄今，巨族名家規模整飭、獲稱合邑之望者，指不勝屈矣。然支分派衍，間有擇地選勝别遷一方，越數傳，寖昌寖熾。爲人後者，思欲表揚祖德，追序宗功，建祠立廟，以光大其門楣。此孝子慈孫之事，其任誠未易仔肩也。

若淥塘任氏曰國富、宏儉者，其殆稱克家而兼能亢宗者矣。族自宋原一公由岳州避亂來東，徙居永寧鄉孝順里。至九世曾十三公遷居縣北合澄。暨明嘉靖間，義四十八公始卜築於兹。凡七傳，椒衍瓜綿，人文蔚起。雖春露秋霜，蒸嘗罔墜，而左昭右穆，禮典未行。國富等慨然深念，以爲侈其室而略于祠，是忘所自出也。然常無資産，爲之奈何？因與國琬商曰："君亦有志久矣！盍與君先出己錢二千文，集族中父老子侄輩共議其可。"遂設醴致祭於先祖之神位前，曉以大義，動其孝思，且告以創建之不易。而國星、國雄、宏倫、宏顯、永昌、宏道、宏信、國華等遂踴躍而前曰："此誠美舉，爲子孫者誰敢袖手？但挈領提綱，非國富與宏儉二君不可。吾等當協力同心，輔成其事。"因議按糧按丁，依數勸捐。衆曰："唯唯。"規畫甫定，座中遂有喜助基地者，有額外輸錢者。嗣是，衆嗣孫皆欣然戮力，庀材鳩工，不辭勞瘁。爰建正寢三楹，廳事三楹，串堂三楹，繚以磚垣，甃以瓦石。外復浚沼圍墻，以鴻廠其規模。經始於乾隆壬子之春，告成於癸丑之冬。

今余奉例詣鄉宣講聖諭，見其族之廟貌堂構焕如，墻垣匝如，門塗飭如，而竊念當時之締造孔艱，任是役者之焦心瀝血也。任氏其賢矣哉！上以遂尊祖敬宗之心，下以垂翼子貽孫之計，仰以踵前人未備之事，俯以動後人孝思之情。目爲孝子慈孫，其奚愧焉！自應立石于旁，使後之登斯堂、誦斯文者，知本源之不可忘，而肩其事者之孝思不匱也。至捨基助産捐錢之名目多寡，例得勒之碑陰，以垂不朽。是爲記。

嘉慶二十年歲次乙亥仲春之吉，乾隆己酉科舉人現任本學訓導醒樓謝雲卿拜譔。

（清任時寅修《[浙江東陽]合澄任氏宗譜》 清嘉慶二十四年木活字本）

吕氏宗譜

覺齋先生祠記

吕應禎

次一府君諱鑄,字則顔,號覺齋,宋五十府君九世孫也。高祖源以孝義聞,贈通直郎。曾大父介承信郎,大父羔承節郎。父埜承信郎,妣劉氏,泉溪桂庭先生孫女。生二子,幼曰錀,長即府君。以門功授登仕郎。天性質樸,有古人風。深居簡出,罕接外事,日親簡編以期益進於道。晚年究心譜牒,凡先世可考者多公所手録。季嗣宗魯府君洙,從許文懿公游,嚴毅剛正,爲一代大儒。孫文光,元季括寇之亂,與族兄用明等聚義兵禦之。盜平,授永康尉不受。又授諸暨州判官,堅辭不赴,曰:"本以鄉井之故,爲國除害,有其功非初志也。"遂杜門不出,以經學課子弟。厥後若彦容公璽以弱冠補博士弟子員。洪武初,應詔貢京師,未及授職而殁,雙泉公爲文哀之。越數傳而伯父金聲廪食於郡庠,從伯父和聲爲邑諸生,仲父鴻聲任招商守備,道德文章幾於前後輝映,非祖宗積累之厚,何能世有令聞如此乎?前弘治間曾建祠於屏山之麓,亂離之後兵燹煨燼。至康熙丙戌,族老共議鳩工庀材,踵舊趾而恢張之,廟貌重新,規模畧備,奉主祏以展孝思。我祖在天之靈庶幾可無怨恫也矣。若夫修葺之勤、享祀之豐,踵事增華,是有望於賢子孫之善繼述者。

時康熙辛酉仲冬朔旦,十三世裔孫應禎謹書。

邑侯定齋先生祠記

吕廷課　吕啓和

府君諱錀,字景開,號定齋。行次三。浙漕貢士。宋亡隱居。會鄉井不寧,有司以譽望采公檄領本縣事。居官八閱月,廉公慈惠,民甚德之。仲嗣水西翁慷慨好義,修復義莊以惠族人。遣二子機、權學於許文懿公,在門稱高弟子。諸孫鄉賢公文燧當元季括寇之亂,散家貲、起義兵,再復縣治。朝廷三授以官,不受。後受知於明太祖,擢本府都總管,累遷至嘉興知府。松江民亂,襲嘉興,公密告漕帥,師至皆就擒。諸將欲屠城,公力争之,得釋。民戴之如父母,建生祠,樹"萬民感仰坊",並祀"名宦祠"。若元帥公文爆、本縣公文烜皆佐用明公平羣盜而有功於時者也。厥後,臨洮同知世基以孝友徵,閩縣丞璧以人材選,至如經明行修、尚義好施者接踵而起,非我祖貽謀之臧而能有是乎?嘉靖初,諸族彦追維世德,特建小宗於壽水之西。春秋獻享,朔望薦新,廟貌巍峨,禮儀整肅,雍雍乎百年之曠典哉!本朝定鼎之初,山寇竊發,里役煩重,大宗祀産幾廢。房派會議,各捐資以贖之。書祠理事者即將累歲所積餘貲七十金助入大宗,襄成義舉。此固孝子慈孫分内事,本無足言,第恐世遠年湮,不知血食之綿延,賴有維持繼述於其間者,宗風於以不墜,故書之以爲後人勸。

時康熙二十一年秋月,嗣孫廷課啓和謹撰。

吕氏義田記

王 豫

世爵世禄之制廢而大宗小宗之法亡,遂使親疏異分,貴賤異等,貧富異情,而人心風俗不古若矣。近人動以宗有祠、族有譜誇耀於人,求其疾病相卹、婚嫁相周、喪葬相助、死生患難相顧者曾不一二數,雖華宗巨族宛同路人,此范文正公義田之設所以獨重於天下後世而可法也。丹徒吕公國佐爲宋賢文穆公裔孫,宅心長厚,念族人繁衍,以敦睦爲懷。臨歿,語其二子武聚、武美曰:"汝兄弟他日能置義莊以贍族,祭田以祀先,吾目瞑矣,汝二人亦云孝矣。"聚、美性篤孝,以遺訓銘諸心。嘉慶十年,置揚郡郭村田二千餘畝,叠遭淮水。嘆曰:"非恒産也。"棄之。二十年,又置金壇縣腴田四百九十五畝爲義田,置屋舍於城中爲義倉,置本邑腴田四十一畝爲祭田。經畫甫定,聚遂歿,美乃偕聚子寶珊、永璜,仿范氏規條,斟酌損益,分極、次貧,大、小口,補助不足,餘貲設義塾,訓迪族之無力讀書者,擇族中端士掌之。於二十年開給,呈請有司申大府,達於朝。奉旨旌其孝義,頒"樂善好施"四字,賜帑建坊,用示獎勸。何其榮也!嗚呼懿哉!此有志人心風俗者所日望于有族之人效法焉而不得一見者也。自范氏後閱六百餘年矣,僅見華亭張氏、長洲彭氏而恪遵父志者,元和戈氏、常熟楊氏,再見于吕氏,豈不休哉!聚等守先人遺訓,至老不忘,卒能置義田以慰父志。草野韋布,念切一本之親,加意贈卹,使不至凍餒,流於非類。且祭祀必虔,愚蒙必訓,仁之至義之盡而孝莫大焉。吾願天下有族者踵而行之,以養以教,則盗賊不興,邪慝不作,人心風俗有不期其古而自古者。爰舉其大端,記之以爲法。其詳具備部案,不煩述也。嘉慶二十五年上元夕,通家子柳村農隱王豫譔於江都翠屏洲之羣雅山房。

(清吕紹山等纂修《[江蘇丹徒]開沙吕氏族譜》 清光緒十六年木活字本)

溯源會序

胡 鍮

象岡奚以名?嚮疑岡形似象,久而知發源始祖以名進士宰象山,歸老於斯,如顔平原、陶彭澤,後人溯宦蹟以名其地,故名其祖曰象山公,而象岡因以名里。當宋社既屋,中華擾攘,墓寢蕩夷,四方驚沸。乃潛自標識,不敢崇馬鬣封。且古制猶卷篷,非若後世閎麗崇深也。是以象山公墓厝祠前月塘右,歷久銷沉蔓艸間。又復隴阡湫隘,子姓蕃衍,羅拜幾無下足處。吾友孝廉兆璜商之親侄成亢,謂吾祖自玉華子挾青烏術,相陰陽之宜,俾獲昌熾。墓皆閎麗崇深,而發祥始祖乃荒湮若是,忍乎?亢恒志之不忘。既而墓畔有田五秤,成亢出己貲售助。諸公即與貽鶩、成濤等跡其横砌舊痕,恢復而張大焉。隨糾成一會,得四十人,各出錢貳貫以爲永久之計。蓋亦駸駸乎閎麗崇深而焕然改觀矣。因涓厥裔之賢能者一一酬兹善舉,而酌其贏餘放貲生息,庶日積月累,祀事益明。其亦如遡江河之源始於涓滴,澎湃汪洋不知幾千里,適符乎發祥之始祖,源遠而流長也。會既成,謀所以標名者,因顔之曰"遡源"。昔濂溪周子有言:子孫賢,族將大。賢莫大於尊祖,今吕氏賢子孫乃克追遡發源鼻祖,而即以敬宗收族。其欲族之不大也,得乎？故樂誌之，并以望後之賢子孫克溯糾會之源而益恢而大之也。是爲序。

時大清道光二十有一年歲在辛丑嘉平月，嘉慶甲子科副榜庚午科舉人截取知縣姻晚生竹薌胡筠頓首拜撰。

（清吕熙慶等纂修《［浙江］東陽象岡吕氏重修宗譜》 清咸豐元年木活字本）

魏瀆祠堂記

范轉東

君子將營宫室，必先立祠堂於正寢之東。正寢者，即今之廳堂也。蓋古人報本反始、尊祖敬宗、萃涣合離之道，莫大於祠堂，故凡開業傳世之家，未有不建祠堂者。荆溪之吕氏，始自宋元以來，殆舊族也。明初魏瀆橋西有大宗祠焉，莫詳其始建歲月。大約前後兩進，共十楹，其遺址可按也。明鼎革時，兵火流離，後進燬焉，即前進亦傾頽倒坍，幾不支矣。康熙四十二年始克修整，稍棲神位，而後進尚未遑補造也。至雍正五年，族有顧而嘆者曰："祠舊有兩進也，吾等幸忝爲直言公後，縱無能擴而大之，有改於其舊，奈何昔有後進，今聽其燬而莫爲之所也?"衆僉矍然曰："期期有是哉！期期有是哉！"於是羣情鼓舞，富者輸財，貧者助力，糾工庀材，爰闢其地，爰植其楹，乃垣乃墻，以敞以閎，而後寢以成。是祠也，雖未敢云父肯堂子肯構也，亦庶幾仍還舊觀而勿棄基矣乎。由是而展禮有堂、飲福有地，迄今垂三十餘年矣。歲之乙亥，族長景山曰："昔祠之建，未嘗有文，故其年月今不可考。今又無誌，恐後之視今亦猶今之視昔也，幸吾子爲吾族記之。"余謂：祠固宜大不宜小，宜廣不宜狹，後進之建殆以此也。然昔賢所爲必立祠堂之故，非但以飾觀已也，所以報本而反始也，所以尊祖而敬宗也，所以萃涣而合離也。必也登其堂而愾僾如接羹墻，履其地而蹌蹐咸生孝弟，老老幼幼、尊尊親親，則所謂上治祖禰，下治子孫，旁治宗族者，胥係乎此，此則祠堂之所爲設也。苟非然者，雖極崇閎壯麗徒以飾觀而已矣，此所謂"黍稷非馨，明德惟馨"者也。景山以是告其族之宗人，宗人咸首肯焉。余遂握管而爲之記。乾隆歲次乙亥孟冬之吉，年家眷弟范轉東拜撰。

雙廟頭分祠記

范轉東

雙廟之祠，分祠也。曷爲謂之"分祠"？吕氏之先蓋有祠在魏瀆矣。有魏瀆之祠復有雙廟之祠，豈彼爲大宗而此爲小宗乎？而又非也。雙廟之祠仍奉直言公主矣，則猶然大宗祠也。然則曷爲復有雙廟之祠也？雙廟之祠，蓋分祠也。"分"之爲言分也，雙廟之祠，義蓋取此。古者於宗廟，朔望必展禮，時食必薦新。雙廟於魏瀆差遠，風雨之朝省謁之節有不便焉，於心有詘然者。詘而思以伸之，此分祠之所爲建也。顧"分"之爲言分也奈何？昔帝簡公欲建祠於雙廟，而傷其力之不支也。積有歲年，間或形諸浩嘆。先是，地有荒田數畝，蕪穢不治久矣。一日，顧而倡議於衆曰："是殆資吾爲建祠計也。夫事固有圖之於其豫而積之以其漸者，必欲成功於一旦，其何時也?"於是率其子弟合作通耕，秋則儲其所收于公以生息。由是始基之矣？未也。繼乃有文彩公者聞之，踵事捐輸，息漸裕矣，然亦未遑遽圖工築之事也。乾隆丁巳，乃得子孝公配范孺人捐銀一百三十兩，地五分，由是而作堂有基，工費有用。凡諸始事之人，莫不矜奮，踴躍赴功，磚瓦木植之料，一時坌集，不數月而雙廟之祠聿成。語云"爲善樂其終"，兹尤其終事者哉。然其時費用亦尚未敷也，經理之人勢不獲已，乃復糾會捐數以足之。貧不能助者諒助之役，蓋筋力貨財均有助焉。夫雙廟之殷實充裕者亦駸駸乎盛矣。然是舉也，微帝簡公莫圖厥始，微范孺人莫既厥終，微文彩及工作諸人亦無以助興而任畚挶之役，其出不同而其致大畧相等。故是祠也，微論無關於魏瀆諸宗人，即與雙廟之拱手張目者亦自風馬，而止可謂雙廟之分祠，故曰"分"之爲言分也。或曰："若是恐非大公之義。"而亦不盡然。蓋是祠之建也，勤耕力作者有人，捐貲助役者有人，皆班班可考也。諸如若輩之不耕、不輸、不作，坐視旁觀，則是祠也豈其天產而地出哉？不有所别，其何以勸？余亦無以難，爰承其意爲之説。

乾隆歲次乙亥孟冬之吉，年家眷弟范轉東拜撰。

附記：祠基細號以及建祠效力諸人另有碑石存祠，譜不盡載。

（清范遜裔等纂修《[江蘇宜興]吕氏宗譜》 清同治十年企渭堂木活字本）

吕氏捐産碑記

佚　名

自古人道親親。親親，仁也。仁至而義立焉。祖宗之心，千百世之心也。心祖宗千百世之心，則仁矣；心祖宗千百世之心，遂以事祖宗千百世之事，則義矣。率親率祖，敬宗睦族，用以光繼承而大門閥，胥是道也。我吕氏自宋大理公肇族，建廟置産，歲供祭典，至三世都指揮承五公增捐祭田八十畝，篤親明孝，於義斯舉。洎乎有明，則有十五世世僑公及其子十六世光潛公，橋梓相美，捐田六十畝，同時十六世沃洲公捐田四十畝，咸踵厥義聞以隆孝享矣。暨乾隆乙未，二十四世孫慶新念祭典雖備，而親滌告充之所尚慮狹隘，謀構數楹。因廡址未售，不果舉行。乃以子姓額解鄉賦，體先獎勵，捐田四畝零，酌數資給其子。二十五世孫周緒克承先志，購地築室於祠之左偏，凡五楹，額曰"追孝"。復購餘屋四楹，歲入其息，以供修葺。誌其告竣之年，則乾隆戊申也。不寧惟是，先是二年丙午，二十五世孫克勤捐田四十畝，以十五畝爲備牲加祭之資，其二十五畝亦體先人獎勵族人之意，而省賦公車規晝於是乎備。夫重宗廟，親親也。親其親以賢其賢，固祖宗之心望之賢後嗣者也。今吾族舉而行之，代不乏人。即如入世糾彈御史閏四公派下孫，於雍正乙卯年以丹坑墓側餘山數十畝捐爲祠産，藉非知義，能爲斯舉乎？是皆心祖宗之心，遂以事祖宗之事者也。其在規册曰：一義、二義、三義。名以義起，由來舊矣。今慶新與克勤捐田，併周緒構楹，名曰"四義"，仍其舊也。義根於性，始而藹然與祖宗相見之謂"仁"，是義立而仁益至矣。仁至義立，垂之奕禩，寧無鑒是而代有興起者乎？詢之族人，僉曰："唯。"乃勒諸石。

嘉慶元年仲冬吉旦謹記。

小宗祠碑記

陳　銘

蓋聞仁率親而義率祖，此報本追遠，宗祊所自昉也。我國朝孝治天下，凡薄海遐陬，窮鄉下邑，莫不烝烝向化，嗚呼盛矣！己巳秋余恭膺簡命，分符兹邑。下車以來，見其士秀而文，俗醇而古，而吕氏之族爲尤著。今秋浙闈同校旋署，適廣文吕君司壎、貢生山臺，以小宗祠請記於余。余按吕氏家乘，大宗始前宋評事公，祔以左昭右穆，而四傳之十傳均弗及祔焉。當康熙甲子，其派裔兵科掌印給事中柏菴公等創議建祠，經始於乙丑，落成於丁丑，歸神肇祀，名其堂曰“崇德”，實爲小宗祠所自始。厥後學博復齋、孝廉石梁、文林郎静址、明經易菴四先生秉書弁簡，備誌淵源，第自門達寢，堂塗之陳，尚留有待。迨乾隆丁丑，廣文壽山先生倡議捐金約千百數，遴名宦忠孝、鄉賢應辟裔孫之勤而慎者一十四人，續建中堂及東西兩楹，越歲告竣。元夕張燈，歲時烝祭，堂事室事，聿觀厥成。雖其時農卿户舊有圭田不給於用，歷有捐增備登堂簿，要皆伊祖方五公派下擴而充之者也。因擇裔孫幹事者數人典司宗祏，歷年更代，蓋百餘年如一日云。余按方五公號疏懶翁，好仁樂善，德之積者厚矣，後嗣派别支分，衣冠繼起，其積厚者其流光，不信然歟？今祠中自四傳至十傳，奉七葉栗主以孝以享，共薦馨香，非真能仰體皇上孝治天下之意者哉？余故樂循其請而爲之記。

石宕嶴護墓清泰庵碑記

朱　徽

環新皆山也，山之傳於古而名於今者曰天姥，曰沃洲，皆去邑遼遠，其最近者爲南明。余嘗遊南明，循小徑，盤嶺屈曲而上。興倦則遊千佛巖，踰溝而返，西望樹林陰翳，屋角隱現，壓山之腰、捧山之腹，與向所遊盤谷寺略相似。問何山？從者曰：“山無名，其寺名清泰庵。”余曰：“異哉！此地咫尺南明，僧舍之廣，香積之饒，不於彼受供養，甘於此苦修持，非修真養性者不能一朝居。”詢之，因以知圓寂僧之爲慧安，而了凡、了塵，其弟子也。乃見梵宇之新而疑其刹之非古，又念修行之苦而悲其供之無常。從者曰：“否，否。此庵創於明。邑人吕巨川者，好義士也，發慈悲心爲歡喜心，繚垣覆瓦，析田而優養之，緇流之種福田廣利益者數百年於兹矣。”余聞而慕之曰：“巨川之真有造於此山也哉！向非巨川，不過叢荆棘、牧牛羊，日尋斧斤，爲頑爲童已耳，安得幽窈深邃，爲世外之精舍也乎？”抑又聞巨川自建庵後，喜其地接城西，杖履時往來其間。及其没也，則窆於其右。嗚呼！是處青山可埋骨，而百歲神遊猶戀戀於其處，宜乎山靈呵護而昌其後嗣也。今其後裔與慧安之徒追念前勳，恐遠而忘其所自，甚則久而失所守也，爰將田畝字號勒碑以傳於後，請余記其事。余因勉其裔過墓則思，永言繼序，又戒其徒衣缽所存，毋忘樾蔭。且語之曰：“真心作福，此處即是名山。”清泰庵之謂矣。遂書於石。

石宕嶴重樣墓蔭及禁墾山地碑記

吕錫時

余嘗出邑西城門行，不二三里，南明在望。旁有支山，巃然秀起，巖石峻峭，樹陰四合，濃翠欲滴，於林隙覷見高塚，土石成治。(洵)〔詢〕知爲余十五世祖巨川公墓葬處，即相傳秀形爲天燈盞是也。旁有護墓清泰庵，余亦嘗讀書其中，往來於此者數數矣。山勢蜿蟺，長約三里許，土最沃衍，種植咸宜，所有培樣蔭木，干霄蔽日，彌望葱鬱，行路之人靡不嘆羨。迨咸豐辛酉之變，髮逆竄踞城鄉，余祖巨川公家廟及護墓清泰庵同時被燬，悉成焦土。匪患敉平，第次建復，材木之用，悉取資於是山，斧斤所加，漸形濯濯，非復曩時之美觀矣。甲申歲，會余爲大宗祠總理兼攝小宗歸厚祠事，特遴派衆，立效勞幹首六人：一雲涯錦江，一午舟鴻標，一福慶生之，一心臣萬昭，一渭堂夢熊，一安章焕，皆族中素以諳練稱者。於是歲清明時拜掃祖塋，四望蕭條，感今思昔,於是有重樣墳蔭之議。正在籌論間,族有揖余而進者曰:"今日之議是也,然事有緩急焉,不先除弊而欲興利,難矣。彼樹木之計,利在十年,薈萃之觀,何難復覩?所患者此山塋地大半開墾,當事者初不以爲意,後亦無過而問者。始猶私行佔墾也,繼則視爲己有矣,漸而自相兼併也,終則轉鬻他姓矣,其爲此而罔忌者已有數十年之久,其相率而尤效者又有數十户之多,而且朝炊暮爨,時爲樵采之需;振葉摧柯,一聽取攜之便。再閱幾傳,祖宗之業將不得復爲祖宗有。吁,患孰有甚於此者!不禁種地欲培蔭木,是猶播種於石田,蓄鱗於涸轍也,安在計之得乎?"余甚韙其言,爲嘆息者久之。歸而告諸廟,商諸族,咸惴惴有難色。因與同事數人及族中一二有膽力者,誓爲完璧返趙之計。若輩自問理屈,無敢嵎負,争各獻地,畏罪求贖。此固祖宗在天之靈默爲呵護,而亦效勞諸君子有以竭指臂之助爲之也。今日者蔭木依然,塋山無恙,貪黠之徒,皆知悔悟,尺寸之土悉反先塋,他日將爲善後之舉,亦得於是山沾挹溉之利矣。猶憶當日諸君子不避勞怨,共肩厥任:一時書記之任,雲涯主之;栽植之勞,午舟任之;福慶、心臣、渭堂、安章同爲奔走,亦與有力焉。余不過爲之總其成,於事之竣也誌巔末於石,非敢自爲功也,庶使後之閱是文者,有以知盛衰之所自;亦非必著衆美也,庶使後之蹈覆轍者,有以示儆戒於將來,則斯記之作,似亦不可少也夫。

光緒己亥歲仲冬月。

(《[新昌]吕氏友睦宗譜》 1930年明禋堂木活字本)

吕氏重建祠堂記

吕仲仁

孔子曰:"士立一廟,曰'考廟'。庶人無廟,四時祭於寢。"今日之云"祠堂"者,合廟寢而立言也。其制特詳於文公,其説獨察於明允。蓋以嚴盥薦而收族屬,其道莫大於此。粤自先公,間關千里,創此基圖,其爲子若孫謀寧宇者綦宏且遠,然孫枝樂安居而先公尚無一椽之庇,孝思之謂何?四世祖愴然首及,曾建祠於墈頭之坡,外邑相傳者曰"吕家墈",本此矣。嗣後,供蒸嘗者二百餘歲。不謂是祠半爲蟻蠹所侵,歷九世又被咸陽威焉,未必非先公啓後人以肇新之策也。暨子姓若彩百四十等感故址而悲悼,曰:"《禮》:營宫室必先宗廟。誠以宗廟者,所以報本而反始,繼往而開來者也。吾儕聚廬而托處,如鱗而次焉,繡而錯焉。此鄉稱望族也,非先公幈幪之德不至此。吾儕幈幪於中,而忽忽不知搆數楹以永春秋,是野居而穴處之時則可,今何時耶?得毋先靈啼風泣雨爲楚丘之青燐怨乎?爲鄭墦之馮石嗟乎?是可傷也。"遂聯同心,卜址於湖田之下,僉曰:"吉。"其址係彩九十八翁地,族衆求之,翁慨然以與。厥土剛燥,厥位面陽,是樹基於不拔之所也;取材於祖山,用財於祖田,是取用於不匱之府也。能者謀之經久,愚者力之不倦,是不啻《靈臺》"子來"之咏也。揆厥攸始,乃明紀戊辰八月十一日也。噫!可以記其始,不可以記其終。何則?祠未終事,故不可記也。胡以言祠事未終也?蓋以董祠事者定以三進爲度:一門廊,二中堂,三寢室。畢是三者,而後祠事終。今以有其二而無其三,三之基地尚在田間。其田係梯雲翁之己産。後梯雲翁之子葬翁於後山,因以抵其墳值者也。培築未遑,故未建寢,是亦在後死者有以續先人之未逮爾。倘因循怠忽,忍視前事之傾頹,忍令後事之弗終,雖靦然人面哉,亦止可曰無根之木耳。其榮華有幾?邇因家乘爰修,族屬余以祠堂記。余曰:"記何難哉!因事屬辭已耳。如必因事屬辭,則造浮屠者必合尖,爲山者必功進一簣。今祠尚有後寢之缺，何忍記其缺然者以貽先人羞？余願終其事以記其全曰‘某年某月，宗祠三進先成’，余心始快。”吾族將歸之誰人事？噫！祠未竟成又有與先人争此居者，更何忍記？不忍記而記，亦云記感也。其創始之勞與督率之勛，又不可無紀。爰並書如左，以告後來云。

計開：

大房　朝十五　朝九十八　朝百十八　朝百四十一

二房　朝八十九　朝百二　朝百六十六

三房　朝四十三　宰十七

四房　朝八十五　朝百三十四　朝百三十九

五房　朝八十三　朝百五十一

六房　彩百四十　彩百六十八　朝百五　朝百六十五　朝百六十七　宰十二

後四房　彩百四十八　彩百五十八　朝百七十八　全任事

十三世孫郡庠生仲仁百拜謹識。

重建吕氏宗祠記

吕高嵩

古者不忍先人冥漠之靈爽杳渺而無式憑之區，後人追遠之精誠鬱結而無對越之所，此祖廟之制所由昉也。《大易》萃、涣之卦，其彖辭皆曰："王假有廟。"豈聖人操禮樂以治天下别無良法美意乎？誠以人當涣極難合之際，惟廟中可以萃之。祖考之神氣聚斯，人心風俗皆有所維繫而不可分。三代以上無論已，自漢、晉、唐、宋以迄有明，皆於天下未平、制度草創之頃，先立宗廟，前史韙之，凡以示人不可忘本也。下逮士庶，制雖不同，亦得有家廟以展孝享而昭盥薦。今之宗祠即家廟也，我族自金坑始遷開化，即建祠於湖田之陂，越九世爲回禄所災，復改造於侯山之麓，皆可謂知所先務者。然苦於基趾狹隘，而規模因不能宏拓。念自萬一公發祥衍慶以來，支派不一，傳五世至我憲廿三府君，七子承祧。子孫藩昌，衆至千餘，人心涣散極矣，將奚以萃之？是宜高棟宇、大門閭、廣垣墉，擴而充之，不使終於小就矣。特是世之人不惕然於木本水源之思，往往高樓大厦爲子孫謀寧宇，而祖宗神靈所憑依、族姓拜獻所升降，則聽其湫隘卑陋而不之計，仁人君子所爲見而隕涕也。猶幸先公有靈，篤生賢裔，慨然曰："吾儕聚族而居，皆列祖遺澤，何忍覩先靈棲托之地僅足蔽風雨而已乎？"爰承先人之志，定以三進爲度。後寢基地係九如公祀業，即拍西塝下"微"字號田一畝六分有奇以易之。鳩工庀材，輪奂一新：門塾以謹出入，中庭以肅瞻拜，寢室以妥先靈。自乾隆戊辰始，迄庚午而次第告竣。至營構神座、雕刻黝堊則歲在辛未，分别昭穆奠主於位則歲在壬申，非徒廢者修之、圮者葺之也。由是春秋二仲羣聚而祭，明少長、别尊卑，俎豆有常，登降有節，始獻、終獻有儀，餕餘有制。不特祀事孔修，山農野老皆得進而觀禮焉。於治萃濟涣之義不有合乎？今家乘重輯，族屬余記其事。回憶重建時，余雖弱冠，凡董其事者經營之瘁、督率之勞、奔走之苦與夫公需出入、簿書登記毫不染指，皆所目覩。因樂爲之記，并列其名於左，以明爾時如某某者爲能尊祖敬宗、繼志述事以光大前緒有如是也。嗣是以後，屬在雲礽：於承先啓後之事，可勿身任其勞、公而忘私以效法前人乎？

乾隆己亥陽月之望，十八世孫高嵩敬撰。

記畢，族長曰："子亦誌其大畧耳，猶未誌其詳也。不見夫曩者培基運土，派於丁男，執事者默籌以均勞逸乎？不見夫長曰楹、短曰桷取材於山者踴躍争先乎？且不見夫計丁、膳匠殷裕者不待言，即貧乏者亦快於供給乎？更不見夫陶瓦礫、售丹雘各出於前七房之祀以佐公用乎？此皆由憲廿三公派下樂輸其財力，故能相與有成也。外惟憲廿六公之裔少有佽助。若甲子附譜之柿樹塢與今己亥附譜之大塔頭，不過族長念同宗之誼、鑒願附之誠而不忍相拒耳，一切祀產與宗祠固分毫無涉焉，何不盡記以爲後日據哉？"因并誌於篇末以示後之子孫，且以杜同姓不族者覬覦之端。

家長：餘慶。董事：大房：子華、洪吉、見青，二房：樹堦、公量、公望。總理：雍璧、君賢、聖友。三房：茂祖、元禧。四房：永義。五房：子信。六房：廷國、西園、順章、用先、成侯。

（清呂繼唐等纂修《[江蘇江陰]暨陽開化呂氏宗譜》 清光緒二年維則堂木活字本）

謹題澮菴三表兄大人畫册

陳廷佐

余表兄澮菴公恬退謙讓，廉静寡慾，素以誠樸自矢，不求聞達於世。數十年來，知之最真，而不知其善畫也。捐館後，其侄繡峰、子清溪檢遺篋中，得畫數幅，急付裝潢，永存手澤。余讀之，筆法蒼勁，饒有古人意致，而生平未嘗見示於人。是其自視歉然，時存謙遜之懷。視世之片長可取，自負自矜，詡詡鳴得意，其高且遠爲何如也？繡峰珍重前人遺蹟，都爲一册，士大夫見者欣然題咏。澮菴晦己之長，賢嗣彰親之善，兩世之度量、人品於此可見其大凡矣。淳化縣教諭、嘉慶癸酉拔貢、愚表弟高陵陳廷佐譔。

題澮菴呂君山水畫册跋

李元春

澮菴呂君，名昌瑞，字應麟。臨潼人，邇徙會城。余未識面。其侄震川以舊誼，於其歿，請誌。閲狀，蓋道學人也。早棄功名，日惟觀儒先書，持身以孝友廉謹。居會城，不輕出門。作度歲草堂，滿壁貼格言，教詣孫男女。暇時爲繪事，不以示人，雖家人亦弗盡見。此册乃震川得之遺篋所裝潢者，僅數幅，筆意頗仿古人。予觀古人以畫名者多高士。顧長康以癡名，非癡也，誠樸不習世俗詐僞爾。唐宋以來，畫者率出文士風流。明文山非特文章，氣節亦光一代。惟道學家於書畫皆不甚經意。澮菴善丹青，乃不自見，豈亦此意與？然子言，學者自修之全，終於游藝。畫亦游藝一事爾。予謂澮菴玩物適情，正所以自檢身心也。震川亦知學者，丐余弁册首，其然予言否？

大理寺評事、嘉慶戊午科舉人、朝邑桐閣弟李元春拜譔。時年八十。

（清呂繡峰等纂修《[山西臨潼]相公莊呂氏家譜》 清咸豐十年永思堂刻本）

安氏宗譜

月下飲東山

安　國字民泰，號桂坡。叔英公玄孫。明封七品散官，欽賜銀牌，誥贈奉直大夫、户部員外郎，崇祀鄉賢。著《游吟小稿》

慕勝已十年，壯游斯一舉。盤礴躡雲根，著屐漫追古。長嘯千仞岡，緬懷東山主。攜妓託登臨，因時量出處。明月侍杯觴，白雲隨杖屨。孤鶱渺鴻鵠，萬象歸胸宇。開襟快新涼，露頂脱殘暑。爽氣襲衣裳，星辰落尊俎。江縠亂金波，松篁飛翠雨。鼓掌最高峰，嫦娥聞笑語。萬壑起寒煙，千邨動秋杵。羌笛弄梅花，琵琶肖洲渚。洲名琵琶。江山自古今，奇勝在探取。人生瞬息間，毋爲外物阻。游興擬重來，山靈還肯許。

靈巖龍鼻洞

安　國

展旗峰怪天柱高，雙巒聳翠淩紫霄。神工削出不假刀，瀑布飛捲松頭濤。龍鼻細滴明珠跳，畫史閣筆嗟難描。坐來涼氣殊蕭蕭，海月涌出千巖凹。月中弄笛清興豪，驚起巖洞青猿猱。有鶴飛來天柱標，青風開襟傾玉瓢。笑看塵世何囂囂，足蹟四海凭游遨。

壬辰七月發舟

安　國

乘槎泛南浦，入望莫煙收。秋色涵天碧，波光擁月流。漁燈依古柳，簫鼓起眠鷗。游興凭誰領，臨風試唱酬。

秋夜宿金山寺

安　國

來宿金山寺，僧房興不窮。千山明夜月，孤鶴唳秋空。潮落驚殘夢，江浮接遠穹。新詩非弔古，聊爾記行踪。

登甘露寺

安　國

閒步江濱寺,危岡兩腋風。鳥從天外没,僧向樹間逢。潮落浮沙岸,雲開露筆峰。歸塗吟興好,驢背夕陽紅。

宿西山妙應寺

安　國

幾日禪房宿,塵囂一洗清。雨餘泉作勢,風静樹無聲。山遠客來少,寺多鐘亂鳴。月明僧定後,忽動故鄉情。

風雨泊江邊

安　國

沙汀維客舫,那得夢魂安。宵枕侵煙濕,春潮帶雨寒。江豚吹浪沫,塞雁唳雲端。詩澀無聊賴,挑燈把劍看。

萬峰主人

安　國

檻外湖光潤,窗前山色横。茶香消渴思,詩句入脾清。未雨巖先潤,知春草自生。僊家閒話久,世事若忘情。

嘉禾夜泊

安　國

舟泊孤城水驛西,菱謳已寂野鳧棲。疎星明滅江天邈,薄酒留連山月低。篷底新涼游袂爽,城頭殘角客懷凄。明朝又發錢塘道,擬向西湖續舊題。

題温州江心寺

安　國

一上江心思渺然,文山祠下揖高賢。潮聲四面流今古,塔影雙浮歷歲年。出郭歸僧和月渡,隔沙棲鳥帶雲眠。斗城咫尺塵囂地,誰識空門别有天。

拂　水

安　國

西峰諸勝未周觀，拉伴重來補缺端。笛散虎羣聲激烈，屐穿蘿徑步蹣跚。縣巖亂疊雲根古，拂水長飛雨氣寒。天相此游真不負，滿償一醉了清緣。

宿吴江長橋

安　國

漁燈幾點炫湖光，櫂倚松陵古驛旁。七十二橋風月夜，百千萬頃水雲鄉。盤飧喜得魚蝦美，市味尤兼筍蕨香。沽酒不妨篷底醉，天空容我嘯謌長。

龍潭道中

安　國

和風甡日趁游人，按轡徐行踏曉痕。野鳥亂啼新緑樹，小車聲出落花邨。雲横古寺隱還見，潮弄金山吐復吞。百里循江看不厭，解貂期醉帝城春。

和錢鶴山入山詩韻

安　國

喜見年來白髮新，投閒山水此情真。從容有約尋幽社，嬾散無緣涉要津。長醉花𦯀千日酒，竟忘物外百年身。靈壇拜罷清秋夜，對月烹泉共主賓。

風雨泊湖口

安　國

楚江風雨路漫漫，一日陰晴轉眼看。店使閉門收晚市，漁翁罷釣怯春寒。燈張篷底賡新句，風挾潮頭響急湍。此夜客舟眠未穩，頓添鄉思夢無端。

登滕王閣

安　國

今古名傳第一樓，昔年游興此番酬。雲歸遠岫天空闊，浪拍孤城地欲浮。歌舞王孫唐禮樂，歡呼詞客晉風流。凭虚極目江山外，更問從來幾度秋。

移席小莊賞月

安　國

幾夜秋光愛月圓，移杯處處了清緣。天空萬里雲初静，水定一池龍正眠。金罄泠泠半山寺，洞簫嫋嫋隔溪船。與君痛飲不須睡，風景無如此夜全。

衢州夜泊

安　國

雨助灘聲急，雲横樹影低。蓬窗欹枕處，舂郭亂嘑雞。

廣信道中即景

安　國

舟行石罅水，浪拍屋頭天。楚地春和景，郇郇叫杜鵑。

雨中游飛來峰

安　國

湖海遨游點少微，西來片石詫神奇。鐫詩只恐又飛去，分付山靈好護持。

山頭望暑

安　國

松杉閣日薄炎燻，巖塢藏風透骨清。五老白雲堆裹坐，一聲鐵笛醉中聽。

宿韜光

安　國

晚覓韜光宿，山深石磴盤。接門森古樹，面閣疊奇巒。雲氣蒸衣潤，泉聲漱枕寒。夢回忙秉燭，刻句向琅玕。

重游金山

安　國

山觸湍聲急，潮添水面寬。逢僧因話舊，載月渡江干。

題郭半稼扇景

安 國

放懷且看隔溪山，草閣寒生六月間。勘破英雄都是夢，三公不換一身閒。

游湖中長沙寺

安 國

過湖如隔世，入寺不知山。何用尋幽勝，桃源是此間。

宿西山妙應寺

安 國

幾日禪房宿，塵囂一洗清。雨餘泉作勢，風静樹無聲。山遠客來少，寺多鐘亂鳴。月明僧定後，忽動故鄉情。

夜登子陵臺

安 國

平生尚高節，今日得重來。契與先生合，黄昏登釣臺。

月夜復經九江

安 國

輕帆帶月過煙汀，昔日追游此地行。楚水有情仍眷戀，廬山解舊若逢迎。江豚吹浪占風起，野鳥穿檣乞食鳴。盤塘有神鴉，舟過集檣，乞食而去。但願西風送歸棹，便教指點石頭城。

曉過吴江

安 國

垂虹隱隱跨平湖，曉景模糊入畫圖。林靄漸開新漲净，野雲飛盡遠山孤。高楓出斾邀沽酒，小艇衝波唤賣鱸。勝賞不教行色滯，天風一霎快前途。

由萬年寺之石梁

安 國

蕭疎古木萬山秋，曉色開晴助客游。山果無名還自摘，藥材滿地倩誰收？路從村轉依然險，寺落雲深分外幽。舉目前峰石梁在，攀蘿驚見半空流。

桃 源 洞

安 國

天台搜勝概，游興藉賢侯。嵐濕雲常雨，泉多磵合流。明霞棲嶺岫，古洞歷春秋。劉阮嗟何戀，逢仙不肯留。

曉登雁山石梁洞

安 國

早入雁山道，秋高海氣寒。疎林漏月色，高磵落雲端。雁宕千年勝，龍湫萬古觀。未能傳畫筆，獨立小盤桓。

天柱峰坐月

安 國

月華如水浸冰戀，逸興還須徹夜看。鐵笛驚回殘鶴夢，起翻松露覺高寒。

十四夜應湖觀月

安 國

中秋前一夕，舟泊應湖濱。波浴將圓月，風醒猶醉人。天空雁陣遠，城近流聲頻。明夜重沽酒，清光候滿輪。

御試秋夜擣砧歌

安如山字子静，號膠峰。桂坡公冢子。明嘉靖己丑進士，官至四川按察司僉事，崇祀裕州名宦祠。著《神定集》、《膠峰遺文》。

銀河耿耿清如水，雨過碧空涼似洗。忽聞是處擣衣聲，斷送愁聲入人耳。南山白石西山樹，兩物無情偶相遇。無情擣出有情聲，正是離人斷腸處。丈夫忼慨秉忠節，萬里飄蓬擁霜雪。今宵聽此不成眠，空對梧桐一片月。

即 事

安如山

千年形勝山川繞，十月江寒樹影稀。人向别時身是客，舟從行處岸如飛。舊家池館今誰在？落日帆檣正我歸。天北天南皆逆旅，莫將去住與心違。

碧山吟社和匏菴吴太史韻

安如山

騷壇結客出湖南，徑僻由來車馬諳。絶壁舊題荒蘚合，空潭倒影亂峰涵。高踪訝許香山并，名理真從蓮社探。擬向鄰僧分半榻，皈心常傍白雲龕。

喜濬復滌硯泉

安如山

據志，膠山寺舊有竇乳、滌硯二泉。今惟竇乳尚存，而滌硯湮没已久。余嘗訪之寺僧，罔知陳跡所在，然余濬復之心居常耿耿。癸亥秋八月，命鄉夫循古潭深濬之，而舊砌方池宛然如昨，新來活水淵然可掬，而色味不減。竇乳千年廢跡一旦復顯，亦吾膠勝事也，喜而賦此并紀歲月云。

束髮山間訪廢泉，茫然衰草與寒煙。今朝試向源頭濬，古脈原從地下全。未必中泠真冠絶，合追竇乳共流傳。硯池幸啟千年閟，誰繼鍾王筆似椽。

題新製三陽交泰衣巾時值重陽

安如山

暑往寒來似轉輪，授衣時節望陽春。黄花且醉平安宴，白首新加交泰巾。山簡接䍦輕世網，淵明漉酒任天真。二公雅致吾何有，冠服嘉名自可人。

謝中公甄父母枉駕問疾

安如山

一月柴門扃不開，忽傳明府使車來。曠儀喜枉嚴公節，下里慚非杜甫才。政績俄驚周一考，徵書遥見下二台。江南病叟添生色，仁德從教遍草萊。

謝鴻山學士病中承方劄蔬粟之賜謹用謝中公韻謬綴蕪詞申謝

安如山

每承翰教病懷開，爲示珍方經驗來。繼粟祗應周碩德，食芹何以念非才。三秋佳氣充荒寓，一道文星燭上台。伏枕飲情思所報，早期環召入蓬萊。

謝夢湖陳先生有序

安如山

余自七月患痢，勢甚危迫。兒輩徧請吴下名醫診之，輒曰："元氣弱矣，非參术補之不可。"纔投一劑，而腹轉飽，病轉劇。惟先生以爲瘀血填胸，去此而後可以朝食。乃投以阿湯，輔以雜劑服之，藥入口而瘀即吐。嗚呼！莨莠未除，而欲求嘉禾之秀實;小人在朝,而欲求君子之道行,有是理乎?諸醫之見左矣,余之勿藥,先生投阿之功也。

當年和緩復何人,何用他求遠向秦。羊質虎皮虚炫彩,玉中石表瑩藏珍。纔投涓滴東阿水,頓挽陽和大地春。安得置君調燮地,令人常作太平民。

慰菊

安如山

十月花開花較遲,閒居荒砌少人知。今宵皓魄如明鏡,偏委寒光照傲枝。

小圃賞菊

安如山

偶到貯春所,秋香卻滿叢。亟呼編竹架,聊爲整花容。小宴虚亭裏,清歌皓月中。獨憐初病起,一醉愧陶翁。

九日過望亭登邱寄興

安如山

佳節天方霽,良朋分更投。賞心多樂事,選勝得高邱。遠岫如屏列,平湖似鏡浮。縱歸吾一覽,長嘯足風流。

山中坐懷顧叔潛

安紹芳字茂卿,號研亭,桂坡曾孫。邑諸生,入太學。從祀尊賢祠。著《西林集》。

夜氣何蕭森,空山思寥廓。不知風露寒,彌覺衣裳薄。美人渺難期,對酒不成酌。白月虚牖生,時聞桂花落。

行路難

安紹芳

大行天高山巀嶭,羊腸版險多嘑鳺。劍閣崔巍煙瘴没,千尋雲棧縈紆折。巴江灩澦流湯湯,榜歌聲咽客斷腸。黄河奔濤幾萬里,欲渡不渡愁無梁。行路難,行路難,山高水闊君莫嘆。何似人情更險劇,須臾反覆生波瀾。尊壽交臂稱莫逆,酒杯未歇心先寒。徒將肝膽報知己,一朝失意誰爲歡?君不見朱門先達盛意氣,幾人猷畝空彈冠!

山中阻雨

安紹芳

驅車出東郭,選勝愜清游。艸徑逢僧話,松門坐雨留。泉聲偏到寺,山色更宜秋。樹杪聞清嘯，明沙起白鷗。

次京口寄友人

安紹芳

何處燕關道，微茫片水中。江流低白日，秋色老丹楓。旅雁鳴方切，征帆去不窮。離心與愁思，茂苑幾人同。

同黄吉甫吴幼安集姚性初太守席

安紹芳

把臂相過處，幽棲淮水涯。閉門無俗轍，開徑有名花。世慮清言盡，春愁緣酒賒。使君五馬貴，未許傲煙霞。

病足卧林閒貽友

安紹芳

匡牀三月卧，敗絮五更寒。躄任紅妝笑，憂憑緑酒寬。春光聽雨度，清夢隔花殘。安得呼朋從，青山躡屐看。

夏日友人過訪道院

安紹芳

白日破松影，傕人何處來？無書三載别，不約一尊開。竹裏猶龍宅，花閒款鶴臺。還家路不遠，莫誤説天台。

煙雨樓晚眺

安紹芳

客思高樓上，蕭條詎可論。湖光不受月，市酒易醒人。天際吴江盡，帆涛越語新。萬家煙浦外，何處問迷津。

木末亭小飲

安紹芳

蘿磴千盤外，虚亭接杳冥。客心芳艸亂，落日莫江停。深樹流雲緑，縣崖桂雨青。林花飛欲盡，對酒忍教醒。

舟中望金山

安紹芳

挂席經孤嶼，躋攀惜未能。塔喧棲嶺鳥，窗倚聽潮僧。煙澹莫一色，樹凋秋幾層。旅程應可計，遠浦見寒燈。

過陳子野明府話舊

安紹芳

把袂相看意惘然，風塵爲别幾經年。寒花自滿幽人徑，秋水初停客子船。楊柳再攀空是恨，鷫鸘重典不論錢。燈前往事那堪説，月落江頭正可憐。

内叔吴太史復菴先生以言事歸過訪山中奉贈

安紹芳

批鱗一疏動長安，千里霜飛易水寒。死諍詎令臣節泯，生還轉覺主恩寬。螭頭不獨簪花筆，柱後虚勞著法冠。青史高名千古在，肯將行路傍人難。

得伯氏遠訊因寄

安紹芳

秣陵佳氣近何如？翹首天涯感索居。夢裹池塘春草細，愁邊風雨夜牀虚。百年身世俱看劒，三月江郵忽寄書。讀罷瑶函重惆悵，夕陽山色溢精廬。

答姚季和

安紹芳

獨憐褎抱爲君舒，遮莫羊腸有覆車。白日低眉雙劍短，青袍回首十年餘。幾人天漢鳴環佩，是處江湖可獵漁。斟酌莫辭今日酒，文章憎達事甯虚。

宿句曲道中感懷

安紹芳

春色纔看到柳枝，當壚先折贈分離。功名自笑浮沉客，裘馬空慙輕薄兒。霜落石城人散後，月殘茅店酒醒時。雄心一片愁千縷，不爲牽情亦淚垂。

同太宰劉公游棲霞寺

安紹芳

迴合叢林一徑通,法王臺殿半凌空。擬探元理尋支遁,卻喜高情對庾公。徧壑疏鐘沉夕靄,亂山紅樹散秋風。登臨莫問𦘕朝事,埋没殘碑野草中。

春盡日寄友

安紹芳

惆悵春風莫,懷人興轉孤。夕陽空極目,芳草隔南湖。

惠河泛舟重送童山人

安紹芳

笑逐僊帆惠水濱,白雲天伴一閒身。東都門外人如蟻,盡指先生折角巾。

題　竹

安紹芳

山窗寂寞午生寒,獨隱烏皮不著冠。雲影半牀清夢醒,自披蒼翠寫琅玕。

湖　中

安廷諤字正言,號太玉。桂坡公曾孫。著有《餬餅草》。

孤山路轉六橋西,片片芙蓉入望低。夾岸樓船涼擁樹,拍空簫鼓夜分堤。青蛾皓齒迎風出,碧渚紅蓮刺水齊。十里煙波勞應接,湖光月色共凄迷。

沽　酒

安廷諤

認得當壚卓氏家,小橋低屋柳陰遮。鶯啼密樹迎風澁,燕蹴香泥掠水斜。鸜鵒泛來因問月,鷫鸘典去爲看花。酕醄且任東方白,回首桑榆莫浪嗟。

宿　蠡　口

安廷諤

石尤歸棹阻,又宿蓼花邊。野店沽餘瀝,奚囊數剩錢。秋山違勝賞,暮雨惜孤眠。不盡離魂渺,虛舟兩地懸。

輓司封叔

安廷諤

年少青雲早致身，八年清秩溷風塵。勳猷未盡酬明主，綸綍何時慰老親。肯使九閽藏虎豹，敢辭三尺犯龍鱗。清朝取次收遺逸，宜向泉臺惜隱淪。

旦暮身名不强謀，名山一片老菟裘。江湖萬頃煙波月，苕霅經年澗壑秋。著述不煩模自遠，徵書欲下志難酬。浮生已破邯鄲夢，何惜修文白玉樓。

追憶吴興

安廷諤

何處看山不漫游，況當苕水霅川頭。峰迴碧浪雲横寺，樹擁青溪月滿樓。萸紫楓丹秋欲老，鷗飛鷺立景偏幽。時時頻發三陰興，載雪還同王子猷。

步韻答无咎弟

安廷諤

無限牢騷意，悲歌托嘯吟。風雲千里志，松桂百年心。旅況夜偏覺，鄉愁閒更深。勝緣漸負約，何日共披襟。

卻病吟

安廷諤

虀鹽饘粥是清緣，火宅焚空不受煎。枕上黄粱銷緑蟻，觀中白骨長青蓮。身留蠻觸交争國，夢入羲皇極樂天。五十六年吾事畢，世間貪戀總全捐。

步友人過西林韻

安廣居字無曠，號廓菴，我素冢子。崇禎癸未進士，殉甲申難，從祀報忠祠。著《率意吟》。

林皋初過雨，巖翠欲飛來。浩落何年客，荒涼此日臺。小唫多會理，大隱亦須才。遺跡方堪挹，輕凫去澤萊。

秋日翻帖和米南宫將之苕溪詩韻

安廣居

君是襄陽客，行經霅上烁。飫聽白雪詠，酷忝采菱謳。豈爲思蓴鱠，而來息釣洲。洞庭西望遠，其此峴山游。

述　懷

安廣居

溪山解留客，客去爲鷩怺。越嶺雲閒出，吴歈水上謳。牽橫青雀舫，踏破白蘋洲。興盡歸來日，猶同泛剡游。

送友人入閩

安廣居

負笈武夷去，疑君上九霄。囊餘吴嶺月，帆寄浙江潮。橘味經秋美，蘭芬方夏飄。帳中牽袂問，眉黛幾時描。

送孫衡公再詣西川朱制府幕中

安廣居

兩度江陵月再圓，江東領袖倚孫堅。犇驧迤邐開巫峽，從騎迢遥歷漢川。夢繞爲雲峰十二，氣衝如虎士三千。請纓自屬吾儕志，勒績豐碑不紀年。

寄高彙旃儀部

安廣居

寒日嚴霜拍馬蹏，征途客邸共提攜。談深欲灑悳時淚，酒煖難温裹雪綈。壯志劉生起舞共，清操揚子畏知齊。金門射策君先達，應詔封章取次題。

白榆閣早桂吟

安廣居

雲外飄香夾雨來，爲傳五月桂花開。青疇乍喜銀濤湧，碧檻早看金粟堆。竟日塵談芬繞座，中宵轟飲馥生醅。可無譜勝留奇景，應使清吟不待催。

送曹履垣刺史漳州

安廣居

抗疏宸嚴虎豹清，十年肝膽雪霜明。平刑漸奏丹心效，伴食猶驚白簡聲。悳國公忠無内外，回天孤節薄功名。海邦借寇知非久，旦莫皇猷重倚衡。

春日北渡无咎弟送至潤州作畫扇贈行酷似松雪攜入都門楊任伯見而悉之因綴小詩以贈

安廣居

廣陵三月米家船，寫就虛亭江水邊。明秀只今青似染，割將謝艸贈楊玄。

贈正言兄

安廣居

褰帷睡起日遲遲，已是松蘿幽詠時。一曲清歌一壺酒，空憐後世幾人知。

南林紀事

安廣居

雨餘爽氣過松關，水面雙鷗舉翮閒。剨破碧空雲片片，俗腸浣盡有青山。

跋楊任伯藏姚芳階卷和董太史韻

安廣居

桃源果有避秦餘，陶令緣何不卜居。只恐雲蹤尋不到，幾回空釣渡頭魚。

雜感

安廣居

唾手青雲事不難，長風乍起自生翰。主恩再世曾紆紫，先烈雙承愧瀝丹。晉地烽煙何日净，楚天戈甲幾時安。林間歲月甯容易，散帙濡毫亦素餐。

飲鄒是人齋次沈壁甫韻

安廣居

四海風塵異昔年，元黄血戰野蕭然。霜天棲鶻皆驚夢，槁澤哀鴻正可憐。子美詩多悲去土，長庚志遠欲餐煙。可容相石稱名士，老卻南宫書畫船。

无咎弟移榻南林

安廣居

溪重曲渚樹重陰，淺傍家山谷已深。特地池塘尋小謝，笑移斗酒入長林。

夜集徐白雨齋

安廣譽字无咎,號退翁,我素公仲子。邑廩生,工詩畫。詩不戒于火,存《煙餘草》。

小酌秋庭晚,明燈夜話深。宦成辛苦後,情重別離今。出處各有意,醉醒同此心。故園霜落日,紅葉倘相尋。

病起秋懷

安廣譽

山空鮮人跡,惟見白雲來。松翠[illegible]欲滴,池煙曉未開。窗虛蛛綴網,几静研封埃。多病添秋思,愁腸自往回。

秋雨漫興

安廣譽

剃盡霜蓬不用梳,冠裳顧影已非吾。晚涼薄醉眠菭石,緩步閒行據井梧。家有遺編留世業,門無剝啄少官逋。花香滿架沿籬豆,一夜西風倩竹扶。

乙酉除夕

安廣譽

空山無歷紀王正,寒盡方知歲已更。筆削一時歸野史,才名千古誤浮生。兒童柏酒貧堪遣,煙雨梅花晚更清。羅雀豈真因地僻,畏人原合掩柴荆。

丁亥初夏

安廣譽

幽偏蘿徑絶塵氛,簾外重陰映夕曛。三雅醉深聊自遣,五噫歌罷不堪聞。煙含松翠凝飛鳥,嶺度溪光剃白雲。慚愧鬚眉圖畫裏,漫勞邱壑置斯君。

南林紀懷

安廣譽

薄俗驚心白髮生,南林千載月空明。只今騷雅凋零盡,對酒頻深弔古情。

題　畫

安廣譽

鶴跡依稀印徑苔,草堂空碧爲誰開?山翁只在雲深處,疑去聽泉過嶺來。

長安邸中題畫

安廣譽

蘭若荒煙傍玉河,蕭然一榻對維摩。間披素繭拈邱壑,墨染西山黛色多。

次杜工部曉望韻題畫爲鄒君可

安廣譽

風雨松稍歇,煙光曉色分。高峰迴塞雁,低檻隔江雲。石澗飛流急,風廊落葉聞。閒來誦秋水,孤影自爲羣。

題黄心甫扇頭小景其半面爲蒼雪詩憶廿年前予曾訪於支硎山不遇兹訪于蓬萊閣又不值因作三笑圖綴以絶句

安廣譽

廿載支硎訪遠公,惟聞鶴唳起松風。蓉湖蓮社秋重訂,嗜酒淵明竟未同。

戊辰七月之望移榻山齋適長兄攜具至口占四絶紀懷

安廣譽

雨歇山齋月更清,殷勤雞黍弟兄情。十年不伴松雲卧,三徑惟憐碧蘚生。
夾岸松蘿十里陰,涼生池舘暮雲深。愁人無柰添秋思,客散偏驚月滿林。
貧來生計了無關,願托空林盡日閒。種秫灌畦聊自適,攤書時對北窗山。
薄俗驚心白髮新,南林千載月空明。只今騷雅凋零盡,對酒頻深弔古情。

乙亥夏作松雲書屋貽嚴甥

安廣譽

小閣臨江小卜居,松雲閒覆半床書。深山六月飛寒玉,拂簟清風暑自疎。

秋日山居感懷

安廣譽

空林轍跡自來稀，蘿薜雲封晝掩扉。彭澤菊松荒徑在，宗周禾黍故宫非。鶴糧半頃山田瘠，鱸膾中秋水國肥。未敢羲皇誇穩卧，側身天地正沾衣。

戊子秋避居城隅久不得窺鄉園松筠泉石時勞寐寤因作南林一圖并系小詞一闋以志憶

安廣譽

卑棲小墅依林麓，白板雙扉茅覆屋。風潭百頃千章木。耕且讀，隣翁來往多樵牧。　平岡一帶松筠簇，鶴糧數畝溪田熟。翠黛横窻山幾幅。午睡足，匡牀紅帳梅花獨。

醉蓬萊　自警

安廣譽

嘆流光駒隙，幻泡身名，蘧廬天地。衣冠傀儡，真假都兒戲。一卷《南華》，千言《道德》，寥廓從高寄。長老煙霞，素行貧賤，肆吾之志。　糠粃經綸，錙銖禮義。白眼看他，衆人皆醉。闔闢以來，羲畫翻多事。鏡裏紅顏，尊前明月，欲久賒無計。蝴蝶未醒，黄粱未熟，不如且睡。

桂枝香　初冬山居即事

安廣譽

小春天氣，似錦散丘園，丹黄千樹。偏愛平橋曲水，疎籬仄徑，清幽處處。溪邊兩兩三三，笛聲牛背。茅簷草室，野蔬邨釀，田家風味。　相忘帝力無塵事，茗椀爐香，自饒真趣。種竹栽花，便是山林經濟。足音空谷探奇至，縱玄談飛揚麈尾。算來名利，不如高卧，煙霞而已。

懷陳節霞

安廣生字無傾，號簡菴，我素季子。著《三林小草》、《樗隱草》。

萿徑荒游屐，春光忽半過。花新三益遠，風動一瓢多。闔户雲知守，懷人鳥解歌。維摩霞外榻，愁障嶺嵯峨。

渡照山湖

安廣生

輕舠直指疾于梭，十里平湖静不波。紅霧緑煙摇碧海，銀光練影蘸青螺。酒旗幽墅迎歸騎，漁笛横塘和遠歌。岸幘斜曛杯在手，一帆山色鏡中過。

同南林主人山中即事

安廣生

筍輿來慰白雲孤,過雨烁林洗畫圖。衆壑屯煙迷短策,修梁横翠引雙凫。泉香野寺撩吟吻,花發山堂唤酒壺。遲月從君留信宿,松風吹夢繞菰蘆。

鶴翥堂[illegible]梅

安廣生

檐沸松濤雪遶廊,東風小院酒情長。逋僊去後春誰主?鶴夢還依舊艸堂。

早烁新霽

安廣生

布襪青鞋步夕陽,壯褱消盡獨餘狂。一籬杞菊香生徑,十樹梧桐秋滿堂。

宛山采石歌

安廣生

宛山石勝端溪紫,文章不靈石欲死。宛湖風浪接天高,惟挾閒情問元渚。扁舟共泛不辭遥,墨濤千尺失山椒。青青鳥道争投杖,到來炎暑松風消。亂流覓得盡奇古,競詫伏螭并卧虎。嶔崎兩袖傲顛翁,銅雀鱗鱗那堪數。糟邱一旦化硯田,君苗忍心亦動憐。山僧解事進不律,玉版娟潔寒雲鮮。夕陽歸棹重迴首,海立空潭黑風走。笑指山靈失席珍,敢借六丁來攝否?

和伯昌兄喜雨韻

安廣生

颯颯涼生簟,風從雨後清。山深忘歲月,農老識陰晴。但喜年將稔,安知身外榮。不衫還不履,枕石聽溪聲。

野　　興

安廣生

浮生隨寓適,大塊總吾廬。聽壑生虚籟,看煙結篆書。酒情湘浦月,詩思灞橋驢。種秫孤村晚,清風引荷鋤。

虞山訪月舸上人

安廣生

信步出山城，松蘿一徑清。僧巢懸石磴，樵舍接梅坪。扉静流雲影，林空度鳥聲。洗心潭鏡裡，半偈悟無生。

鄧 尉 探 梅

安廣生

古寺鐘聲晚，蒼霞松頂摩。路緣芳草細，花傍夕陽多。危閣千山擁，長天一鳥過。歸舟成獨醉，清夢遶雲蘿。

暮春樗隱小集

安廣生

野懷何所戀，林壑繫情長。臘酒分溪緑，春蔬剪露香。是山皆可隱，非醉不成鄉。燕子巡簷語，殘紅冷夕陽。

寒 郊 送 客

安廣生

山川正蕭瑟，送别倍魂消。客去雲横路，詩留雪映瓢。天空高獨鳥，嶺直下雙樵。此夜一尊酒，寒簷閉寂寥。

留宿菜根老人齋

安廣生

夕陽溪上艤扁舟，尊酒論文傾蓋投。五夜情高徐穉榻，百年心折仲宣樓。小言巴里慚同調，大隱夷門識勝流。漫向西風歌伏櫪，鬚眉古色照吴鉤。

春 歸

安廣生

新陰已遍最高林，忍見殘紅委碧潯。雙蝶御風花架静，一蛙鳴雨柳塘深。窗低蕉蔭雲先冷，杯瀉山光月共斟。世事渾如籬畔草，春歸消長不關心。

有客過訊芙蓉小飲溪亭待月

安廣生

尋花獨叩夕陽扉,檻竹垂雲冷芰衣。詩渴晚斟茅舍月,齒香秋薦故山薇。煩緣半向貧餘減,往事多從騐後非。一任隣翁争席罷,不驚鷗夢自漁磯。

新正二日偕諸阮集芳甸散步靈泉

安廣生

茅齋寂歷倚空林,斗酒梅花愜素心。野渡息磯春水闊,閒僧罷磬晝雲深。擬同石醉頻移座,爲愛泉香更遠尋。客散夕陽樵路静,半峰松籟起清音。

新夏閒居

安廣生

林臯過雨淨無塵,有叟飄然岸葛巾。萬壑煙雲供嘯傲,一尊風月伴清貧。閒臨晉帖銷長晝,細疊吴箋賦送春。冉冉緑陰村路晚,小橋低語賣花人。

夏日閒居丁君任社長分韻

安駿命字聽之,號瀟湘,太玉子。工詩畫,著《古香齋草》。

一畝鷦鷯築,衡門午未開。水香魚撒子,簾静燕初胎。勝負山中橘,榮枯庭際槐。耽身聊避俗,樎志在蒿萊。

中酒慵朝起,謀生學塞翁。竹涼殀釀雨,桐密翠涵風。嗜嬾煙霞相,抛愁筆墨工。塵埃何足戀,高蹈託冥鴻。

烁日曉起

安駿命

散髮看雲起,聽鶯坐檻犇。小囱蘿蔽日,斗室樹藏天。擊缶何須節,鳴琴豈藉弦。醉鄉吾自得,此樂共誰傳?

夏日偶吟

安駿命

清陰滿榻枕書眠,竹色花香絶俗緣。不嗜利名容我傲,恥勞觔骨乞人憐。鏡中華髮全凭酒,筆底青山豈論錢。世態炎涼渾不解,梅妻鶴子學逋仙。

净 慈 寺

安駿命

西湖艇子藕花磯，蕩入涼雲白鷺飛。他日顛僧何處去？滿天黄葉不曾歸。井中餘木成魑魅，殿上流金説是非。南渡君臣同逸樂，水邊靈刹莫鐘稀。

閒 居 漫 吟

安駿命

幽事數竿修竹，生涯一片白雲。砌上閒花頻灌，爐中栢子時焚。處世絶無款識，幽棲自有經綸。整頓竹籬茅舍，安然置我閒身。

早春霽雪過靈趵泉上贈玉瞿上人步邀翁叔韻

安駿命

地遠塵囂隔，僧名闘勝多。梅留殘雪在，鐘帶亂雲過。汲澗龍潛缽，聽經鶴下坡。蒲團剛坐徹，新月挂藤蘿。

新 秋 涉 圃

安駿命

睡起步林薄，簷花礙角巾。荷鋤驚宿鳥，掃石卧閒身。有竹堪醫俗，無蔬可療貧。短垣盈薜荔，風過碧鱗鱗。

初夏同胡我維曹無名西林宴集
無名有詩贈漁玉兄余亦步韻記事

安駿命

潭静涵空碧，邀朋放鶴來。松高雲覆屋，溪曲水平臺。嗜飲成余癖，工吟讓爾才。夕陽携屐返，新露滿蒿萊。

眉公先生有山居褉詠若干首
見而悦之即事口占聊爲日記云爾時甲申秋暮也

安駿命

焚香課誦餘，潑墨寫山水。好鳥嚦嚦鳴，報我秋如此。其一

放艇野橋外，垂綸古樹陰。秋風水面來，謏謏鳴秋琴。其二

愛月坐空庭，涼露紛紛落。四顧闃無人，伴閒有孤鶴。其三

冒雨泛湖

安駿命

倏忽山容幻有無，相呼和笠到西湖。急操艇子衝風去，莫失模糊小米圖。

送仲氏游雲間謁陳仲醇徵君求先子傳因作古體

安　璜字元僊，號海岸。桂坡冢曾孫，研亭冢子。常熟諸生，入太學，著《甲申編》。

北囱散髮枕書眠，庭衢此日何轟闐。共言游子駕紫煙，將之海曲尋頑僊。鶴氅翩翻高岸幘，佩拂雙鉤花吐白。峁車載酒糟，後車載筆格。裹頭赤脚長髯奴，叜攜幾緉阮家屐。離亭折柳一送君，擎杯慷慨停愁雲。酣來欲去欲不去，重向卤風勸十分。客路層層紅樹裏，玉驄不住嘶殘曛。我聞九峰巀嵲盤大澤，信是僊靈舊窟宅。三泖湯湯接海門，峰峁朝夕翻潮汐。叜聞負郭平原寬，名園棋置開雄觀。闌干折入花深處，青霞亂落疏欞寒。此間山水都壯麗，雄詞瑰瑋逞奇氣。筆大如椽洵可求，行誼文章足壽世。君到多應詫希有，壚頭況復饒美酒。鱸魚堪膾蓴堪羹，鑿落莫教輕去手。離居憐我日如年，明月卤堂夢阿連。歸期休落黄花後，好趁涼風醉放船。

采蓮曲

安　璜

横塘十里花争吐，花底花房緑可數。花容不似妾容嬌，妾心卻似花心苦。未采花時先采房，欲寄同心淚如雨。

九日同丁君任茂才山閣坐雨

安　璜

邂逅仍佳節，攜尊坐素秌。鳥投霜後樹，人上雨中樓。勝氣凭湖海，雄文望斗牛。相看慷慨甚，含笑脱吴鉤。

訪鄒彦公茂才

安　璜

小築傍名泉，春風試雨峁。開琴班艸坐，把卷枕雲眠。杖底三山興，尊中十日緣。渡頭分手處，鐘寺隔湖煙。

集耕煙閣

安　璜

小閣縱清歡，人都不著冠。大巫詩膽壯，小阮酒腸寬。竹露千竿響，松風一樹寒。夜紅三見跋，寧惜斗闌干。

晚投朱邨謁先君子研亭公墓

安　璜

孤邨薄莫色蒼茫，獨上籃輿入斷岡。列岫遠供青玉案，迴溪斜護白雲鄉。殘碑一片埋荒艸，悲淚雙垂灑夕陽。先德不彫傳後日，松楸曾見畏寒霜。

抱病山居

安　璜

看到貂裘重可憐，臨風搔首問青天。釣屠踪蹟多無據，稗野文章別有權。半局雄心凭橘叜，一枝春夢付梅僊。鄰翁不解衷腸結，每過蕭齋說往年。

華長白茂才見訪

安　璜

枕書高卧白雲深，空谷跫然喜足音。花月盈尊今夕夢，風塵滿鬢百年心。匹夫有辠原因璧，壯士無顏豈爲金。燭底須眉堪共慰，莫言易別更沾襟。

江門夜泊懷正言叔客虎阜

安　璜

江花江柳憶風流，此夜孤檠坐欲愀。兩地清尊分客況，一天明月共鄉愁。行踪汗漫仍魚浦，旅夢模糊又虎邱。病裏歸期難自主，春風嬾上仲宣樓。

辛酉除夕和仲氏韻

安　璜

燒燈莫問夜何其，柏葉尊壽塤與篪。繞屋有梅催臘早，深山無曆得春遲。文章漫說投青眼，姓字空慙附白眉。欲識近來憔悴處，卤堂夢後嬾題詩。

懷无咎叔請卹入都門我素公建言削籍，卒。天啟二年，卹贈光禄。

安　璜

漫攜孤劒入長安，馬首青山淚眼看。折檻向憐臣節苦，叩閽行識主恩寬。蕭蕭易水春流淺，黯黯燕雲夜影寒。最是不堪回首處，羈人强半白衣冠。

龍　江　關

安　璜

鹵風雙鬢客中斑，見説梁鴻又出關。綺錯千林霜後葉，黛横兩岸雨餘山。游凭長鋏炑逾倦，夢落孤槎午更閒。南望五湖三畝宅，雄心銷盡是刀鐶。

江　　干

安　璜

雨過横塘一夜涼，菰蘆深處藕花香。持螯且倒金尊月，莫問滄江是異鄉。

鷗波館從祖我素公游舫也
公没舫去後十年璜值于金沙道中口占志感

安　璜

解組歸來賦遠游，篷囱占斷五湖秋。未殘太史留題墨，只少眠沙數點鷗。

明　妃　曲

安　璜

玉筋啼殘紅粉顔，郍堪回首望陰山。龍沙積雪高于馬，信是春風不度關。
朔風獵獵起胡沙，月滿天山夜憶家。磧裏控絃三十萬，一齊揮淚聽琵琶。

客中侍兒寄被代詠

安　璜

江鄉八月夜生涼，手製吴綾好寄將。雜刺五紋空一角，待郎歸後補鴛鴦。

過　岳　墓

安　琚字仲閒，號默仙。研亭仲子。著《夢香閣小草》。

盧龍塞外悲笳鳴，將軍虎竹頒帝京。霜鋒夜吼邊城肅，玉花朝嘶胡兒驚。雄心報國輕一死，誓斬妖氛雪君恥。氣吞南北江漢分，血染征袍稱國士。讒言高張罷五兵，含冤劍下孤忠明。百戰功勛俄頃盡，中營星隕欃槍橫。錢塘月白猿嘑静，鷲嶺風清鶴唳泠。至今殘碣卧蒼煙，萬樹長松落寒影。

園中避暑

安 琚

散步林皋寂，清音静裏聽。竹摇詩夢碎，鶯唤俗魔醒。時掃看花徑，閒披養鶴經。徘徊不覺莫，遲日下苪汀。

春日感懷

安 琚

無端踪跡等飄萍，兀坐空山鬢已星。馬帳春風披斷簡，牛衣夜月泣殘經。情連芳艸迷苪浦，恨逐鵑聲度遠汀。回首廿年身世事，亂雲出没晚峰晴。

次蔣君别有天齋額韻

安 琚

不必人間别有天，跡囂心寂便悠然。絶倫遺世原非隱，閉户深山即是僊。一枕黑甜禽作伴，半囱紅日柳初眠。壺公自有容身地，三秀培成不稼田。

中炑夜飲賓娥臺

安 琚

海門炑色望中來，落棄清尊静夜開。度嶺閒雲低遠樹，洗天涼月浸層臺。野翻碧浪禾千頃，爐沸秋濤酒一醅。萬里清輝淨煙霧，欲招僊子下蓬萊。

己丑重九同臣休无咎無傾兩叔雲五登膠山絶頂各分扇頭韻

安 琚

振衣直上萬峰盤，海色湖光眼界寬。石上坐談紅日近，林端呼嘯碧雲寒。昔年兵火悲離散，此日尊罍幸聚歡。險仄世塗應歷徧，漫將萸菊醉中看。

瀸瀸泉

安 琚

斲澗破巖雲，攜鐺汲山月。新茗發餘香，詩涼沁人骨。

蕭　閣

安　琚

高閣臨霄漢，幽人倚晚晴。輕煙延樹外，鐵笛兩三聲。

石　道

安　琚

窈窅翠微深，杖底蒼苔濕。爲采松閒芝，青霞滿蓬笠。

中　洲

安　琚

盈盈河之洲，宛在水中央。波平鷗鷺静，風暖芰荷香。

宿金山

安　琚

誰將神斧削危巒，屹立江心砥急湍。鼉吼龍吟滿煙霧，禪房花木晝生寒。

嶧山湖

安　璿字孟公，號潔園。我素冢孫。吴縣諸生，雲門弟五人。著《罨畫樓集》、《不在兹集》。

客路因知己，蕭閒捉麈談。山青迴濟北，柳緑過江南。晚泊風聲急，朝行雨意酣。數家茆屋外，幽興自憨憨。

水月菴讀書

安　璿

篋揿容蕭澹，飄零倚佛羅。鶯花三月悒，風雨一燈過。杯酒攢眉少，文章放膽多。故人猶有道，湖墅其婆娑。

擬卜築虞山寄本宗諸兄弟

安　璿

雅抱高槱志，終當遂隱謀。征徭諸地急，瓢笠此山幽。烌水三人舫，春雲百尺樓。吾家赤松子，拍手願同游。

渡江宿瓜洲

安　璿

襆被相攜白下船，孤雲心性總飄然。金山高障京門水，瓜步平臨渡口田。枕上濤聲喧徹夜，夢中人語隔涎煙。英雄千古歸何處？無恙烋風任客眠。

同黄司農游洞庭歸别于胥江渡口

安　璿

六月扁舟泛具區，名山七十二縈紆。煙霞到處收詩句，骨相原來入畫圖。胥口歸帆同信宿，横塘孤櫂忽分途。攜將空翠魂猶緑，還憶黄公共酒壚。

追憶陽山舊游

安　璿

舊游幾度費追尋，㢇嶺園荒蔓艸深。新月尚留三徑色，夕陽猶記萬松陰。僊人爐斷霏藍夢，神女奩空照黛心。涵碧池頭海棠雨，爲誰嬌語到如今？

送嚴藕漁太史予假南還

安　璿

清泉白石映烋旻，坐卧毋勞使問津。載筆五年金馬客，浣花八月艸堂人。煙霞物外誰能賞，邱壑胸中自有真。捉鼻正須愁不免，東山雲起看來春。

出都門將之歷下

安　璿

去留從不解愁牽，身世悠悠總惘然。孤劒關山涎雨外，殘書驛路夕陽寿。思量往事都如夢，愈信將來盡有天。極目魯齊青未了，不勝凭弔古英賢。

張司馬邀同顧中翰游焦山

安　璿

鬱盤蒼翠砥中流，褦襶相尋汗漫游。釃酒情深今日醉，磨崖名在幾人留。半天雨接孤峰寺，六月風高百尺樓。便欲翩然騎鶴去，水雲依約近揚州。

寄嚴三十五兄

安　璿

歷落風塵總俗緣，弟兄爲别動經年。片帆秋色孤城下，斗酒寒光小閣芇。竹葉有情留岸幘，蘆花無賴逐歸船。山中明月常縣夢，招隱欣翻桂樹篇。

留題大已山齋

安　璿

幾年相望渺愁予，畫舫青帘過草廬。結客一堂子美座，移家廿乘茂先書。功名雖滯吴鉤在，心氣難明漢節虚。巖壑儘堪容隱逸，斷園春雨帶經鋤。

曲　水　堂

安　璿

山深絶人跡，匹練瀉烌塘。夢覺泉聲裏，閒雲過草堂。

瓜　步　夜　泊

安　璿

咫尺鍾山去未能，片帆孤枕夢何曾。六朝秋色應如許，空聽濤聲到廣陵。

横塘訪大已姪

安　璿

阿咸三載别，相見一歡然。曲澗當堦右，重巒擁户前。堂開清似雪，藜吹夜生煙。推分吾空大，高樓遜爾賢。

太　湖　西　渡

安　璿

雙帆推胥口，一去盡空溟。浪湧千層白，山微兩點青。長虹開蜃氣，驟雨帶龍腥。未向岳陽醉，先吟過洞庭。

墓　田　丙　舍

安　璿

廿年腸斷處，含淚讀遺書。先業慚俱廢，名心但未除。表阡甯有待，誓墓豈猶虚。此日尤悽愴,青燐炤草廬。

其　二

安　璿

步天方跼蹐,馬鬣幸盤紆。有舍容孤子,無田祭大夫。蒿原千載慕,麥飯百年廳。顔色猶疑在,時來滿屋呼。

其　三

安　璿

古樹連雲矗,虚堂修竹阿。東看家苑近,西望好山多。作客經年去,思親一夕過。魂來幽夢裏,勞苦問如何。

大已姪過故鄉

安　璿

不到家山二十年,重來風景益蕭然。幾稱長者新文塚,舊識名園半草田。才具未應俱野老,勳猷何意絶淩煙。横塘深處堪留憩,乞向桃花借一天。

輓姜貞毅先生

安　璿

千里烽煙暗九閽,漢廷折檻重黄門。逆知僨事繇當軸,敢惜微軀殉直言。夜月風清歸孝子,秋墳血碧殢忠魂。生平未了憐同志,衲老魚山骨尚存。

楓隱追懷富春山圖

安　璿

楓隱禪林枕山麓,流泉百道栽花竹。石橋松逕枳籬間,靈山面面看茅屋。本是延陵公子居,疎窓閟閣何年築?豪華捨宅師短簿,苾芻篡位坐曲盝。讀書面壁雖岐路,名士高僧并不俗。最憶山房舊珍秘,風雅當時誰寓目?焚香再拜大癡筆,富春十丈煙巒幅。驚人如攜謝眺詩,世上畫工徒碌碌。朝披一片桐江雲,茫茫笠釣生綃緑。羊裘五月煙波寒,夜伴嚴陵此中宿。將身入畫不知老,占斷人間好清福。

濟 南 西 門

安　璿

齊黄謀國多失計,漸削諸王親護衛。密擒不敢先北平,激成靖難旋稱帝。燕兵南下不可當,道衍妙智真難量。跋扈將軍且無數,邱朱攻舠尤鷹揚。濟南孤城起平陸,險無可恃嗟窮蹙。轂擊肩摩十萬家,相攜老幼避空谷。盛庸鐵鉉天下奇,奇謀百出共登陴。陽暨降旗陰下版,轟然咫尺命垂危。可憐勝算嫌微早,僅截馬頭體還保。易馬倉皇令退軍,橋邊伏起恣搜討。誰知天意屬幽燕,斷橋不動全師還。一時雖救濟上圍,重來卷上直無前。敗軍殺將何足異,遜國英雄有誰比。文皇饗殿已成灰,歷山血食千秋誌。策蹇頃自黄金臺,西門欲進重徘徊。凜然生氣艱關在,耳邊恍惚聞轟雷。

清明悼亡

安璿

慘霧愁雲滿逕生,歲寒誰共又清明。花開廢苑連芳草,人去香閨剩短檠。忽地有懷疑有影,細聽無奈寂無聲。那知此日重爲客,一片傷心畫不成。

其二

安璿

不堪時節怨蹉跎,況復人忘薦佛羅。長恨有歌題白練,畫眉無筆想青螺。最憐好夢經愁少,漫檢傷心半世多。何曰塵緣能謝絶,九原春草共婆娑。

青山莊

安璿

負郭青山映艸堂,漁舟依約過横塘。亭臺面面涵秋水,松竹層層覆女墻。行入畫中忘世亂,飄來雲外識天香。坐深忽覺吴江冷,楓落隄橋一樣長。

懷朱明從孫

安璿

梁鴻溪畔胥江頭,一片春光兩地愁。分託祖孫三世密,情如兄弟雁行投。情高各掃寰中跡,望切遥登嶺上樓。何日東風天與便,五湖煙水共扁舟。

效白香山四雖吟

安璿

吾聞古人云,人若不知足。試歌香山居士《四雖吟》,似我受用已奢更何欲:髮雖短兮,尚可束;官雖卑兮,名未辱;囊雖空兮,百指饘糜有餘粟;子雖愚兮,數卷父書尚可讀。朱顔緑髩誰能久,官高要路危機伏。黄金過斗亦何爲? 快意無如謝庭玉。架上閒抽一卷書,尊中滿酌三杯醁。讀書飲酒樂且多,勿爲身外營營自桎梏。

叔先弟游櫻桃園歸砌中虞美人正盛

安　璿

昨夜春游歸較遲，櫻桃園裏漫尋詩。美人誰惜墻東好，一片芳心肯自持。

武林弔吴藥師年伯

安　璿

昌黎文筆杜陵詩，十里梅花繫夢思。公寓西溪，有梅花十八里。杯酒西溪澆宿草，《嶽游》《秋舫》皆公游稿。足吾師。

鍾山懷黄九煙年伯

安　璿

吴越江淮汗漫游，祝融三望洞庭秋。公三登衡岳，祝融最高。李君得御重爲别，荀爽年來也白頭。

荆溪謁萬若霖年伯

安　璿

陽羨峰高湖水深，春風孤棹一相尋。殷勤爲語當時好，尊酒偏傷此夜心。

哭鄒是人年伯

安　璿

摩詰前身偶路岐，詩中有畫畫中詩。魂歸故國風流盡，回首藍關恨已遲。

吊九龍塢錢王古墓

安　璿

絶壑荒煙路不分，野樵依約辨王墳。金亭倚馬虚藏樹，石壘將軍倒卧雲。十二寶釵今草莽，三千强弩此耕耘。已空蘚碣追蝸字，霸業無端一識君。

艮嶽懷古次空同先生韻

安　璿

城闕琉璃碧樹頭，絲絲摇曳映丹邱。凄涼塞外遺龍峽，蕩漾池邊失鳳舟。教主輪金宜五國，書生叩馬自千秋。道傍花石看零落，想盡艱難到汴州。

懷山中小築

安　璿

頭顱如許誤行藏，何復崎嶇苦促裝。僅有一廛容幻住，愧無三命已循墻。眼前疊嶂空雲錦，夢裏虚亭負水香。聞道松筠依舊好，杖藜還欲過蕭莊。雲錦屏、水香亭，皆歷下名勝。

東游雜感

安　璿

盧溝南指一鞭輕，驛路荒涼懶問程。茅店燈孤催去早，馬頭詩思偶然清。頗無王粲登樓興，卻與袁宏土室盟。白雪風流猶在否？令人空憶舊時名。

去年今日郭隗臺，笑看迎春帶雪開。策騎親朋勞問訊，拂雲山水出新裁。敝裘得傍花間住，名蹟重攜蒼野來。造化賺人多狡獪，任令飄忽因塵埃。

何必天厨乞步兵，沽來不盡且嘗酲。關河迢遞愁千里，魂夢飄零柰五更。豈有才華皆欲殺，肯將温飽貫殘生。碧翁未便終窮我，寒徹垂垂且向榮。

幾疊雲山隔草廬，經年趺坐類逃虚。秋深望斷江南信，春早難傳塞北書。忍置妻孥真度外，尚思朋友絶交餘。不堪冰雪聰明淨，又遇韶光一起予。

自賀荒唐設絳紗，比隣可喜在天涯。未能逃世成高隱，好似游仙暫出家。斷岸殘陽新柳色，小橋春水舊梅花。思量無限當時緒，午夢樵青静點茶。

麗譙遥望濕煙霏，小苑城邊草色微。浪薄浮雲嫌歲晚，愁看細雨送春歸。窗連古樹禽相語，門掩殘花客到稀。單袷未成迎夏令，授餐甯復問緇衣。

偕叔先守中看花樗隱有感作示德隅若思

安　璿

園荒一徑杳雲蹤，掃石重來藉老傭。夜月自深今代感，秋花喜見舊時容。盤桓衹有三人在，寥落難謀斗酒供。書紙敲針勞相望，佇看春色又蒙茸。時方得郭橐之力，誅茅掃徑，以待兩弟嗣續，因念樗隱舊游，衹余輩三人在矣。

八月十二夜偕叔先守中飲長春堂因憶去年此日頗多升沉之感

安　璿

客歲相攜過草堂，重來皆是舊行藏。人生老健甯容易，世態炎涼任改常。策杖正逢新月好，啣杯不覺暮雲忙。無窮磊魄今宵盡，藉有心知興味長。

毘陵寓中思歸寄淨智妙圓二上人

安　璿

一月秋晴逆旅中，家山時與夢魂通。長貧始悔財宜守，老病方知藥有功。廿載浮沉甯自悞，殘生寥落竟何從。片帆歸去霜林晚，紅葉題詩寄遠公。

癸酉春王得孫志感

安　璿

積衰門祚在，況復是單傳。弧矢今方射，之乎世豈延。杖朝祈祖歲，志學望孫年。余年八旬，孫纔十五。此事真綿渺，棲遲聽老天。

禎皇當初噩，喜報薦京闈。先君叨前癸酉北闈鄉薦。科甲聯三代，干支倏一圍。生平慚未了，留補悵何依。乍聽呱呱泣，癡腸且療饑。

立德由高祖，艱難起幼孤。先王父以幼孤成立而有寄托之德。朝参元輔疏，家讓養廉租。北院安先業，東林志大儒。保孤重衍祚，鐫篆儼靈符。曾刻"保孤衍祚"牙章，佩以明志。

積善有餘慶，應從大母來。先母高孺人多隱德。宜家多置篋，歛福嘆空壘。嫡子今垂老，曾孫昨始孩。門猶忠憲第，宅相詎非才。

襁褓雖成立，含飴意轉憧。書香容可繼，日者頗稱其造。抱膝幾相從。落拓徵而父，憂勤貰老傭。一編家學在，仔細讀中庸。

百年堂構重，紹述屬何人？甫有喤喤稚，纔酧肯肯身。璧還奚望趙，家珍散盡，不可復聚。書積已亡秦。遺書充棟，悉被(奏)〔秦〕火，一鼓而禽。愚智皆無悔，偏思柱石臣。嘗夢堂中易柱而生。

木長孫枝萬念灰，百年堂構總塵埃。春來忽聽呱呱泣，別有愁腸日九迴。

癸酉除夕仲兄抱疴以畫屬題搦管相祝

安　璿

古屋煨寒榾柮紅，無邊情緒此宵中。桃符已换迎新喜，拙染還將作送窮。垂老那堪逢歲儉，長貧因減舊家風。從今各願身强健，除夜年年讌笑同。

庚寅清明先大令白榆閣降乩原韻。

安　璿

昔年曾飲此雲樓，佳節重來續舊游。桃李千家村外斷，青黄萬頃望中收。春光自是幽明一，世態偏多今古愁。莫道修文人已邈，鶴歸華表興還留。

甲戌清明獨游步先大令降乩詩韻

安　璿

春雨經旬罨畫樓，風光今日可閒游。斷園孤塚三生夢，野水荒山一望收。閱到炎涼偏自醒，看來花鳥不關愁。方從唐舉推年壽，磊落還堪十載留。

追憶山左舊游

安　璿

華不注下小茆菴，古樹平橋水一涵。六月涼風北牕卧，恍然幽夢在江南。

歸　來

安　璿

不堪馳逐笑途窮，薄病歸來草舍中。尚有眼前真富貴，滿林明月一牀風。

七夕感事

安　璿

清簟疎簾小院深，落花寂寂度佳陰。莫愁身外無窮事，顛倒誰知天地心？

靈泉菴誕日

安　璿

歲積在何處，茫然説七旬。從前都似夢，此日再生身。老衲亡知己，空菴托比鄰。如何塵世大，流落一閒人。

祖曜南父母松陵署中新築

安　璿

琴堂西築小軒寬，種得名花次第看。曲徑疎籬行處好，紙窗竹屋坐來安。深思托素青鏤管，愛客分餐白玉盤。屏註循良應内召，棠陰留與士民歡。

仲弟六秩

安　璿

矍鑠看成六十翁，思量往事轉頭空。趨庭與爾曾聞禮，入廟惟予問道東。秘閣近傳花信好，池塘猶喜夢相通。浮生自許能有幾，秉燭爲歡意豈同。

潔園即事

安 璿

舊隱依然在北林，重開三徑白雲深。時栽藥草供衰病，弗染霜髯遣壯心。世事那堪經老眼，人情早已傲孤斟。罨天新緑偏宜雨，空谷何須有足音。

大已從姪仙逝遺孤九照克繼書香皆其節母拄持建周姊丈玉成之老懷爲慰口占一律令其朗誦於草堂神其有知當含笑於九京也時壬申春日

安 璿

不到横塘十七年，松筠三徑卻依然。門楣喜托孤成立，舉案争稱節操堅。死者復生生不媿，單傳奕世世多賢。名花如對伊人笑，杖策春風續舊緣。

辛巳立春七十三歲有感而作

安 璿

浪擲年華七十三，笑餘老眼獨憨憨。英雄幾輩參差盡，變化何嘗澹泊堪。處士節懷清閟閣，半僧緣謝妙香龕。從今撒手無留戀，再世深山好結緣。

觸 目

安 璿

觸目無非假，維予守一真。愁銷將謝世，病喜趁閒身。磊落甯成品，牢籠豈耐貧。河山今古恨，撒手見斯人。

衰 翁 嘆用舊句起

安 璿

年踰七十嘆衰翁，足不良行耳又聾。無復隔鄰尋舊話，每因謝客見真窮。一龕書卷殘陽了，萬疊雲山短夢中。造物何須苦相扼，弗將粉碎付虚空。

題惠山泉亭

安 璿

陸子虚名笑浪傳，中泠先在有無天。源頭活水千秋没，惠麓真有第一泉。

文饒雅嗜惠山泉，水遞遥供入相年。誰識崖州司户後，惟餘雅老興悠然。

廙中元夕戊寅

安　璿

人生本如寄，一死乃爲歸。余身且未死，僑廙坐忘機。生來何鹿鹿，倏忽屆古稀。得此容膝安，南牕傲朝暉。療飢媿素飧，禦寒黍素衣。殘書頗能讀，大道頗見微。黑白等閒視，心静毋從違。塵襍了不關，翛然掩荆扉。人曰何以死，余欲方知非。功夫遲廿年，耄老或庶幾。

題秋水廬三十二景集倪雲林詩

安　璿

余既成秋水廬三十二景，因思有景不可無詩。然非詩中有畫如輞川諸咏，詩其贅乎？偶簡雲林絶句，半屬題畫，多合余景。每幅系以一絶，拈配既當，即對景賦詩，不啻屋梁落月夜臨風載詠，髣髴清閟老人珊珊而來，謦欬珠璣，淋漓我巖壑矣。孰謂後百世而不及見古人爲可嘆哉！戊申夏日記。

秋　日

秋水清虚似泛槎，此生泊没任無涯。蕭閒堂上收書坐，八月芙蓉始着花。秋水廬總題

慧麓小隱

錫麓洞前開竹扉，孟公舊築艸堂基。已倩王維圖别業，更從裴廸賦新詩。池上草堂

春　日

黯黯春雲映户輕，緑蕪斜日忽開晴。依微野逕泉侵盡，風落桐花遠思生。浣花關

雨　晴

池上白蘋風起波，冷紋縈碧暮煙和。織成一幅鴛鴦錦，零落紅衣遠恨多。文漪軒

追和戎是寄許鍊師

雲霧軒窓倚半空，少霞銘處識新宫。遥看一片秋山色，鶴影徘徊明月中。長雲閣

題　畫

樓閣參差霞綺開，峰巒重複水縈迴。赤欄橋外垂楊下，步月吹笙向此來。罨畫樓

寄　人

楊柳春風未放黄，晴天孤雁不成行。忽思小謝生幽夢，芳艸池塘路亦荒。渡雪

題立會庵壁閒

風雨縈懷夢不成，紫薇花發渚南亭。望中迢遞孤煙起，白鳥飛來菰蔣青。縱浪

題　畫

荷葉田田柳弄陰，菰蒲短短逕苔深。鳥飛魚躍皆天趣，静裏游觀一賞心。水一方

題高房山畫卷

樓邊昨夜春風起，蔣芽荇葉生春水。睡醒獨立無人聲，歷歷青山水光裏。水明樓

宿玄文館

玄舘清虚五月秋，疎簾珍簟看瀛洲。窻前種得青桐樹，時有鳳凰棲上頭。耕煙閣

春　雨

春雨蕭條獨掩扉，庭柯逕篠緑依依。閒看南渚停舟處，煙柳垂陰滿釣磯。半野

題畫竹

怪石足當米老拜，修竹定是王猷栽。磊落瓊瑰雨洗出，團欒清影月移來。湘徑

題張元播扇

聽雨樓中也自涼，閒停筆研静焚香。君來爲煮稽山茗，自洗冰甌仔細嘗。遠山閣

用陳子貞韻題畫

仙居乃在惠山東，悟者方知色是空。卻坐西巖雙樹下，玉笙雲裏度清風。夢岩

寄曹都水

溪南山影碧叢叢，水閣風林處處同。黄歇廟前新漲闊，數聲柔舫月明中。墮履橋

題畫竹

怪石雨餘苔蘚滋，月明鸞尾影参差。春風忽過庭前樹，會見清陰覆墨池。珊瑚林

題　畫

嘉樹幽篁澗石隈，當年曾此好懷開。如今寂寞空山裏，誰復緘情寄野梅。翠涂堂

雙井院前小立

山色微茫好放船，秋蕖野水夕陽邊。西風更灑菰蒲雨，羨爾沙鷗自在眠。天上坐

題陳仲英畫次張貞居韻

杜老茅堂倚石根，往來西瀼與東屯。一庭秋雨青苔色，自起鈎簾盡緑尊。清樾堂

題幽篁古木圖贈文静徵君

環慶樓前翠竹多，雨苔侵石樹交柯。不游罨畫溪頭路，奈此春宵明月何。環翠閣

復用雲林小景圖韻

憶昔舟歸雪浦濱，松林瑶草欲生春。閒拈逸筆圖清思，今日披圖似隔塵。徵蘭堂

柯丹邱墨竹

竹裏梅花淡泊香，[illegible]空流水斷人腸。春風夜月無踪跡，化寉還教返故鄉。春榮舘

次何都水

蕭閒舘裏挑燈宿，山罽重敷六尺床。隱几蕭條聽夜雨，竹林煙羃煑茗香。竹廬

林亭晚岫

八月江南未隕霜，青楓欲赤碧梧黄。停車坐對西山晚，新雁題詩已著行。蒼涵

題畫贈原道

二月東風溪水緑，幽林修竹影參差。杖藜日日溪西路，魚鳥相娱只自知。鬱蒼步

六月五日偶成

坐看青苔欲上衣，一池春水靄餘暉。荒村盡日無車馬，時有殘雲伴鶴歸。寂照貞元祠

秋容軒

乍見芙蓉開滿樹，更憐楊柳緑含風。秋容好處無人會，都在朦朧煙月中。問水

題畫贈原道

雪後園林梅已花，西風吹起雁行斜。溪山寂寂無人迹，好問林逋處士家。白雲深處

題畫贈崔子文之金陵

性癖居幽每起遲，一來溪口意凄迷。林亭曉色蒼茫裏，日送風帆過水西。草亭

六月十一日題吉祥庵壁

隨宜喧寂了殘生，飯飽悠悠曳履行。日落喬柯半池影，莫將欣厭惱閒情。東園舊址

答范徵君見懷

想見雨池春溜滿，唯應閒院緑苔生。落盡櫻桃藕花發，輕舟歸去看雲耕。十畝之間

爲吴溥泉畫窠石平遠圖漫題

地僻林深無過客，松門原是不曾關。展將一幅溪藤滑，寫得谿陰數點山。笑碧

中秋漫興

安興孝字叔先，號蒼崖。孟公季弟。著《蒼崖詩稿》。

空庭如積水，樹影入簾明。月浸千山冷，風涵萬籟清。酒醒人未睡，夜静雁初鳴。寂歷多秋思，誰能共此情？

贈别木堂禪兄

安興孝

破衲裁雲補，尋山任履穿。錫飛芳艸岸，杯度夕陽天。萬法原無著，孤踪聽有緣。嶺梅初放後，野鶴自飄然。

費翁新筑潭西小翠深

安興孝

笑傲已空裘馬興，歸來重理舊園林。一庭松菊秋將老，三徑煙蘿客費尋。野色遠連高士榻，逸情如見古人心。樵蘇共侶斜陽外，結就溪邊小翠深。

送孟公長兄北游

安興孝

其　一

河橋分手片帆秋，把酒長歌送遠游。雁自南來人北去，日從西下水東流。關山杳杳連衰艸，風雨蕭蕭冷敝裘。遇世有才馮倚馬，放懷莫起故園愁。

其　二

雲水天涯汗漫游，高情何必羨封侯。一囊書劍關山月，滿篋詩篇風雨舟。莫望江南增旅恨，且從冀北散閒愁。相逢若得投交處，好寄鱗鴻慰遠眸。

白鴿峰訪鶴逸上人

安興孝

躋攀鳥道石嶙峋，守户曾聞白鹿馴。泉落洞門空澗冷，風來谷口小庵春。窗含湖水孤帆影，爐擁茶煙野話頻。遁跡遠公仍送客，虎溪何日再逡巡？

雪夜山居感懷

安興孝

逋仙去後孤山寂，片片隨風到草堂。雪色漸消雲黯淡，冷香猶在月蒼茫。隴頭惜別愁千種，紙帳空留影半床。夢覺羅浮人是否，芳魂已點壽陽粧。

庚戌元旦

安興孝

曙色初分日影遲，衣冠獨效古人儀。聊將柏子編新户，閒看梅花發舊枝。掃去寒威凴榾柮，送來春意是酴醾。山中無事閒時憲，但覺和風自解頤。

夏日過西園訪員嶠姪留飲竹下

安興孝

雙扉晝掩薜蘿深，一榻清風太古心。虎耳草齊雲覆徑，龍孫籜落玉成林。不辭斗酒逢知己，閒聽幽禽送好音。醉裹呼僮茶熟候，懶依苔石倦登臨。

祝秦西來初度

安興孝

相逢一笑總滄桑，贏得蕭蕭兩鬢霜。屈指與君俱老大，側身無地問行藏。春城花鳥驚時短，故國山川入夢長。杖履喜從知己話，半生牢落付斜陽。

春夕言懷寄故里諸君

安興孝

春風孤舘已忘名，伴我蕭然只短檠。一卷書殘成一笑，三杯酒醉恰三更。虚牕月影聽雞唱，故國梅花入夢清。寄語同人歸未得，試看晴日柳煙輕。

立夏日坐雨城南草堂與顧商巖分韻

安興孝

一簾風雨送春歸，樹色臨牕映舊幃。蜂趁花鬚紅漸瘦，燕穿芳徑緑初肥。情多不覺繁霜鬢，性懶長教掩竹扉。相對豈堪愁裏過，陶然共醉可忘機。

答陳滄漁和韻

安興孝

吾道尚清遠,閒庭長緑蘿。試泉茶未熟,問字客先過。交淡深文少,詩成苦調多。儘堪容膝處,小閣獨婆娑。

高　蹈

安興孝

山水平生志,林深結數椽。鳥飛雲外白,豹隱霧中元。萬物自衰成,一身無變遷。心如秋月淨,夜夜映波圓。

六 十 自 壽

安紹傑字大啟,號澹園。孟公仲子。

蕭然天地一閒身,落落羊腸六十春。課子有書延世澤,點金無術療長貧。園荒尚喜松筠在,屋古常虞風雨辰。事未息肩驚老大,箕裘還望後來人。

兀對遺編又一年,回看身世兩茫然。浮雲變幻寒囱外,明月淒涼孤枕邊。身爲愁多頭早白,心緣血少夜無眠。半生磈磊難消遣,且上春江載酒船。

小松詞輓顧貞松

安　期字亦生。我素公曾孫。贅甪直。

小松不盈尺,夭矯如蟠螭。蕭蕭數十鍼,慘碧秋煙滋。貞松念舊雨,持以遺安期。交情契道義,本性不改移。嗚呼松不改,哲人胡先萎。他年化鶴來,應集偃蓋枝。我亦登海山,擬報五色芝。

鞏昌感懷孟公叔祖

安　榮字培風,研亭曾孫,原名昉。國學生,保舉知縣。

罨畫樓邊菊未殘,葛巾無恙布袍寬。盟要蘭芷人俱健,氣挾風霜夢獨安。白有性情涵宇宙,不將肝膽媚衣冠。遥知此夜懷榮意,惆悵應吟蜀道難。

玉壘關冉夜氣寒,江聲蕭颯角聲酸。四山風雨悲怵急,一室蛩蠶詠夜闌。夢隔晨昏惟有淚,恩深寄託獨剜肝。何年方得楯廡下,報答平生色笑寬。

病後經故里答從祖

安　夏字大已，桂坡六世孫。秀水諸生。隱吴縣之木瀆。著《九龍山樵詩草》。

别離重話一宵奇，未盡從前兩地思。枕上十年芳草夢，書中三月落花詩。貧嗟擔雪填枯井，老惜分陰補漏巵。爲我悤心難自解，殷勤囑付慎操持。

次酬孟翁大叔見投原韻二律

安　夏

干戈無處不荒原，何日還家半畝園。青鏡照人金印賤，白雲留我布衣尊。應憐亂世詩書少，猶幸衰宗筆硯存。飄泊暮年潦倒甚，笑他彈鋏傍誰門。

嗣宗文雅未衰年，子姪雖多我黯然。患難有身遑問舍，饑寒無計肯求田。霑襟白髮江山淚，滿面黄埃鼓角煙。正看柳花愁浪子，何緣名句忽從天。

亂後經故里歸喜接六從祖賦詩寄贈依韻次答

安　夏

亂離重話一宵奇，未盡從前兩地思。枕上十年芳草夢，書中三月落花詩。貧嗟擔雪填枯井，老惜分陰補漏巵。爲我不安耕鑿論，慇懃囑付慎危時。

亂後省膠山祖墓

安　夏

世隔滄桑路欲迷，他人指點墓傍蹊。含情含怨鶯啼樹，如屑如珠淚濕泥。石獸半眠青草上，苔碑空悵白雲齊。規模今日翻嫌拙，子姓卑微首重低。

謁虎邱方丈夜同秦中楊吉公毘陵王雙白梁溪馬爾采同郡姚文初坐月千人石上分賦

安　夏

登臨仍訪道，萍聚亦情長。佛隱諸名士，人歸大法王。一山明月照，滿寺白雲忙。忽有淒涼調，吹來鶴磵旁。

雜　興

安　夏

日日雙扉掩，經旬罷整冠。夕陽僧寺遠，秋雨女蘿寒。有竹深藏屋，無花强倚欄。新來緣病嬾，不上釣魚灘。

辭 世 詩

安 夏

黄菊東籬轉眼香，悤悤何事趣歸裝。百年天地終爲客，雙鬢風塵況已霜。笑我欲吟秋愈疲，憂時不雨夜偏長。藥罏燈影依稀夢，月到疎桐一枕凉。

茅草泥牆屋數椽，村墟冷落自風煙。沿門秔稻中秋景，曲港菱花八月天。衹許身閒留死後，未聞事了在生前。從今已斷英雄夢，子幼家貧放一邊。

腰帶家人解自鬆，暗傷顔面不言中。添香侍寢相從淺，把酒聽詩喜漸通。恤我病衰勤料理，憐伊稚拙盡愚忠。瓶花倚對屋梁月，起色滋他一朵紅。

山色秋來翠更妍，枯藤八尺立牀邊。何堪原憲貧兼病，不是陶潛醉欲眠。棋局久抛虚白日，釣竿空展憶清泉。身遭離亂凶荒盡，七十何妨少二年。

時當亢旱，湖田皆槁，杞人之憂不獨病夫一人耳。康熙戊午中元，九龍山樵記

端居晚眺

安高發字天柱。我素家元孫。書法二王，工篆刻。年僅二十八，著《寄閒草》。

開軒時遠望，徧處足驚心。霞燦山增翠，天青水益深。浩歌來曉月，虚籟促歸禽。觸目皆成趣，愁中爲展襟。

乙未與丁孔環同館蔳澗臨别見贈奉答

安高發

識面知非偶，其如又各天。晚花含别淚，細雨濕離筵。日落寒山外，鐘鳴古寺邊。臨岐重相約，修褉耍聯翩。

過故莊有感

安高發

膠鬲巖蔳地，星棋列水莊。名花閒永晝，芳艸帶斜陽。飛閣留題古，華筵韻味長。何時復玆勝，瞻眺意茫茫。

讀李頎物在人亡之句感賦

安高發

物在人亡無見期，蓉裳檢點淚沾袿。室中虚挂霜紈帳，梁上空縣燕子泥。花落年來猶向日，江流東厺豈能卤。檐蔳飛鳥知人意，也對凄風不住嘑。

聞　雁

安高發

忽聞旅雁度霜天，悽惋聲中形影單。此夜蘭帷愁不寐，破囱斜漏月光寒。

自　壽

安曾發字信翁。孟公次孫。修葺宗譜，著有《寄閒詩詞》。

乾隆甲申春，余年屆七十，預命兒輩早辭謝年世親知無枉賜祝果。幸新歲得閒，日對梅花飲酒。元旦酒後，拈長短句試筆，非敢自壽也。聞之《禮》"七十曰老"。惜乎！余雖老，一事無成，蹉跎歲月，悔莫能追。且大事尚遲疑，不尤隱恨乎？竊自幸生昇平盛世，三代兒孫繞膝，七旬夫婦齊眉，邀天恩、君恩、親恩良厚。當此新春，對花酌酒，亦無不足也！時而一念悔恨，時而一念欣慰，雜然日填一闋，即自狂歌侑觴而取醉焉。迨穀日，點次得八闋，題曰"曰老醉墨緣"。皆乘醉塗墨也，豈若羨門長灑石上成桃花者耶！姑存之。呵凍録於思親堂東壁云。

老偪人來，憑杯酒，没推辭得。道賤子屆稀齡矣，合當輪及。絳甲遥遥欣媲美，閒丁鹿鹿羞爲匹。問從今日老，竟何如，難回答。　擬弄翰，稍文飾，恰展鏡，偏清澈。駭昊霜點鬢，一星星白。真箇韶華都遺老，幾曾建樹些勛業。照衰顔正醉，赧横添，紅雙頰。

老悔嫌遲，東隅逝，桑榆無及。胡未想晚當成器，蚤應努力。待補蹉跎云暮矣，況貪自在誰鞭策？説奇方卻老，好姱修，仙難覓。　三達尊，齒雖一，首序爵，終崇德。廼徒傷老大，醉鄉潛跡。敢謂聖賢皆寂寞，惟耽飲者名留得。任人嘲麴部，事能兼，高陽客。

老至心知，毋曰壽，呼兒預白。論五福明知少二，敢期多一？天幸假年應感戴，老甯將智隨流失。舊鄉風詔孟，盡稱觥，吾何必。　默自檢，宜藏拙，恥倚老，恣饕餮。早恭辭賜祝，勿通交接。酒債尋常行處有，人生七十無滋孽。老荆云兒女，意容申，休過執。

老向貪盃，觀梅雪，朋尊常設。寧歲首合家歡飲，矯情嚴絶。子婦殷勤浮大白，孫甥嬉戲傾餘瀝。當華筵一醉，轉興懷，追疇昔。　大耋慶，椿庭説，既耄慶，萱堂慊。數綏眉盛事，恍如前日。玆幸老猶萊子矣，雙親痛莫年盈百。學嬰兒斑綵，笑還啼，何由得？

老頌期頤，須三萬、六千多日。聖天子壽民民壽，何修能得。人瑞恩榮良可羨，吾親盛德猶難及。若癡頑敢望，古稀年，加而立。　許杖國，邀天錫，好飲酒，如鯨吸。老猶知其趣，杯傾三百。取醉懽呼如益壯，醒知蒲柳非松柏。話昇平但願，緩須臾，觀成績。恭讀南巡聖製詩《在蘇州有黄衣，問壽，八十六，俟汝歲方歸政辰》，蓋預擬至丙辰歲也。

老勿孤斟，欣與婦，居然勝客。解中聖銜杯偕樂，況先七十。兩兩互看人共老，雙雙陪算年多活。並拈香元旦，謝蒼公，頭應磕。　本未學，孔明擇，卻可擬，梁鴻匹。自紅顔交警，白頭加密。他老我憐猶辟纑，他憐我老猶耕舌。紀前春對飲，又今春，逢人日。

老伴齊眉，還幼子，童孫繞膝。長出繼戰禮闈罷，就遼陽席。遶殿春雷雖未響，傳家經笥猶能接。蓋予愆老勿，慮貽羞，聊爲悦。　自奢望，官桂折，益喜見，階蘭茁。仗祖芬未艾，孫枝長發。小子誦詩須問字，老夫樂酒忘傳德。聽呼翁想貽，甚嘉謀，難消釋。

既老何思，甄陶外，年誰拋出。休妄擬能長壽考，致忘收十。一切有爲皆放下，豈容大事糊塗得。速躬親完辦，庶寬心，銷餘日。　怕養牲，爲秦客，甘當肉，辭齊室。入新年且樂，眼前無缺。緑酒歲登由我賒，紅梅春到當軒發。漫摛懷旦旦，醉花前，閒塗墨。

寄紫陽書院肄業友通州徐楚書

安經傳字繼勛，我素冢來孫，名諸生。以孝聞，力學，早卒。著《蘭巖詩草》。

薫陶不見棄宗工，把酒忘機漫自雄。歲月遷流懷舊雨，關河迢遞憶高風。夢回蕉下君憐鹿，書斷雲邊我覓鴻。獨有道山亭畔艸，青青還與昔年同。

贈　友

安經傳

共羡幽棲遠俗塵，山中光景爲誰新？春來多雨嬾攜屐，有刺無緣問雅人。

送　春

安經傳

去年尚飲傷多酒，今歲全抛欲盡花。回憶朗唫飄萬句，子規相和唤天涯。

讀書罨畫樓

安經傳

離溪罨畫亦天成，時鳥緡蠻有友聲。讀罷殘編心一静，箇中消息最分明。

西林咊友人韻

安經德字誦芬，號仙巖，孟公曾孫。著有《膠山吟》

勝地從來路不迷，名流蠟屐到今攜。翠屏依舊圍斜照，景榭堪憐剩野蹊。徑曲坐花披草軟，橋平扶柳度雲低。元亭尚把空香覓，醉石淋漓潑墨題。

早春山居

安經德

洞壑排松牖，煙蘿護竹齋。山深鮮人跡，春到滿林佳。

香　花　橋

安經德

何必天台去，家山步石梁。欣逢天雨花，曳杖聞空香。

弔盛姬墩顧祖禹墓

安經德

鬱鬱佳城在水涯，雄心巨製不沈埋。盛姬漂母同高義，地下逢君應愴懷。
行藏聞説似王孫，帶劍垂綸默不言。想像英風何處接，芙蓉花外賦招魂。

詠　芙　蓉

安經德

冰明玉潤自超塵，綽約豪端見美人。羞澀羣芳總摇落，秋風嫋嫋獨傳神。

桃源憶故人　戲柬翼亭陳表兄於菏澤二闋

安經德

蘋歸好泛蓉湖月，底事長浮菏澤。一朵蘋花光潔，蕩漾烟波闊。　早教風起蘋之末，吹送渡江得實。何樂頻年浪跡，忘有齊宗室。右問蘋

蘋非貪作他鄉客，把賦采蘋抛擲。浮蕩知非長策，流滯難歸得。　故鄉帶水甯忘得，應把蘋踪收拾。蒙速歸根反宅，當便辭菏澤。右代蘋答

浮蘋水闊，蓋表兄四字經也。表兄年近八旬，樂游菏澤，久而忘反。爰戲拈此代柬，庶速其早賦歸來乎。

遥祝翼亭陳表兄八十時在門人安奎文山東菏澤縣署中。

安經德

孝廉船泛停菏澤，留慶年登大耋。咸仰太邱碩德，上壽仙班集。　羨門赤玉几几舄，穿得雄心益熱。不把釣絲收拾，定遇宸游獵。

千秋歲　壽汪秀升妹丈六十初度

安經德

酒歌詩舞，越國公西府。耆碩壽，耆英聚。霞觴四座滿，金鑑千秋古。張樂也，小春應奏長春賦。　瓜棗慙無賀，空記君初度。當第一，冬蓂吐。遐齡無算祝，始壽從頭數。還有慶，青衿晚得青雲路。

補壽聖和弟六十初度

安經德

金華故府，蓉澤新堂户。聞始壽，遥欣慕。吹塤伯氏一，聖基大兄時年七十有四。舞綵丈夫五。

將進酒，鳳雛繞膝争觴祖。 上壽偕仙侣，老醜難爲伍。宜莫與，偕來賀。賢賓瓜棗散，族末藕船補。客後至，罰應依醉純陽數。

桃源憶故人 哭繡紳汪妹丈

安經德

天高月白涼秋夜，痛憤老成凋謝。可與共持風化，胡弗憖遺也。 卓然自厲成名者，壯歲便深陶冶。六十五年不懈，標格和而介。

蚤孤歡侍萱堂下，血淚椿庭暗灑。卻視千金如芥，花蕚交輝也。 相莊鴻案還相戒，勤儉何曾滿假。猶憶耆年將届，祝嘏先辭謝。

少年安肯居人下，飲恨束書書舍。發憤聯文文社，年十七丁外艱，奉慈命謝師歸侍。年二十一喪長姪，兄命佐理家政。折挫何曾怕！ 凌雲健筆原灑灑，江浙兩闈連下。初進錢塘商籍，後歸金匱學。惜未一逢知馬，驥子觀光罷。

賀新郎 柬寶賢弟寶賢以縣案列名第二，不愜。癸巳科案，果進第一名泮元。

安經德

是出羣雄矣。騁文壇、杏花春雨，淋漓快意。橫掃千人軍退舍，健筆一枝而已。何妨些些頭地。王後盧前休較量，那青衫、披拂知如寄。展驥足、風雲起。 龍峰憾未先登耳。好加鞭、龍門首躍，泮元歸里。趙幟拔分樹漢幟，咸仰無雙國士。當第一、自無遺議。若見父師還謝過，悔未曾領今案休記。開口笑，吐虹氣。

滿江紅 賀長兄繼勛公得曾孫戊午八月初七日生。

安經德

四代同堂，人盡道、德門盛事。敬拜賀、伯兄垂裕，童孫生子。金輪年未弱冠，已早得子。前月八旬初度慶，兄生康熙己亥七月朔日，迄今嘉慶戊午恰壽八旬。今晨一索寧馨喜。聽呱呱、歸似武夷君，呼曾矣。 舊閥閱，風雲起。英物試，啼聲異。那生辰又好，同高祖妣。先慈秦太君，壽登九十。壽域重開登九衺，昂駒還相能千里。到飛黄騰達欲超曾，皆歡喜。

餘餘小草

安經德

自序

蓋聞詩爲事之餘，詞爲詩之餘，故以“餘餘”自題詞也。

予生無所好，亦無所能，既不足辦人間事，無論非詩人，并非詞人也；家貧從事舌耕，課徒之暇，偶閱彈指詞，心竊喜之，乃學拈長短句，亦茫然不知，甚未易效顰也。聞陸平原云：“詩緣情而綺靡。”詞亦如之。若予才既拙而不豪，情又淡而不艷，烏能如平原云云哉！乃竊觀今填詞者皆曰當原本謫仙。談何容易乎！其餘概以豪蘇膩柳爲粉本。予則又有異。蓋耆卿詞與韓偓詩皆非吾性所欲觀也，惟東坡詞固願學步焉，又苦無其才氣，故甚欲仰望而終不敢望焉者也。抑又思之，且竊自恕而欲自勉焉。謂夫詞特餘事之餘耳，古之人既先盡其事，亦何必著意于餘之餘哉？偶爾見獵心喜，隨意興學填寫一二闋，如滄浪孺子，如擊壤老人，固不足以登詞壇，而其中或有天籟自鳴，或情話可聽，并不知能叶詞律否也。由是敢稍弄筆墨，積久成帙，檢點而録存之，題曰《餘餘小草》。非敢以自炫也。各言其志，聖人弗禁。吾胡弗趁課徒餘閒，鼓無聊餘興，以自摛寫其抑鬱磊落之餘意，不亦自有餘快耶？倘有詞宗或賜覽焉，曰是殆有詞家餘韻焉，固不敢當也。即曰其餘不足觀，亦所不計也。遂書以弁其詞云。

小重山　括十二山成一闋

吾安世居信義瀆上，蓋邑志所謂安鎮也。四圍有十二山焉。瀆之下流東入宛湖。湖上有山一，乃常邑宛山也。瀆之南境山六：嵩山正南作案，左則鴻山、石室山，右則奚山、白擔山、佘山也。其西北境山五：堠山、鷄籠山、鳳凰山、龍腿山，正北膠山最高而爲屏也。十二山環繞舊廬，遠者八九里，近只二三里。登樓四望，高高下下，斷斷續續，疎疎密密，雖大小不同，秀頑各異，而爲屏爲案，莫非天設。若宛山頂有石塔，其文筆峰尤巧合焉。向有"十二峰中第一家"圖章，惜已失去，爰拈一詞志之。倘有問吾鄉佳山水者，亦便指數以對矣。

四望繞廬十二峰。天然文筆峭，宛湖東。藏書石室訪梁鴻。奚佘斷，南案亘高嵩。　香送白擔風。旗飄西堠上，拂鷄籠。鳳凰雛伏獨潛踪。龍舒腿，膠嶺北屏雄。

百字令又名念奴嬌、大江東去

膠山以膠鬲墓著，猶古皇山以吴太伯，虞山以虞仲也。乃歷考邑志，皆失載膠鬲墓，爰題一闋，以俟修志者閲焉。

上冢山去，趁攜笻搜討，古人遺跡。駭見一坏蓬蔽著，道是商賢藏魄。避亂初來，隱魚鹽市，卒老於泉石。高風猶在，荒岡衰草凄絶。　想是天作高山，山岵纍纍，獨主名膠鬲。應配讓王昆仲墓，恰與皇虞鼎立。至德碑崇，清權坊古，胡獨兹湮滅。圖書遺卻，拾遺安得椽筆？

滿江紅　敬和岳忠武王原韻二闋

功敗垂成，金牌恨、何時銷歇。聞當日、岳家軍到，兩河烈烈。壯士氣吞鴨緑水，胡兒膽落朱仙月。詔班師、灑淚別軍民，傷心切。　北狩恥，王能雪。南牧寇，何難滅。駕長車歌起，唾壺敲缺。志決黄龍豪酒飲，身殲白日寃凝血。屈精忠、墓木透新枝，猶朝闕。

懊恨高宗，遷汴鼎、杭州便歇。幾曾有、少康光武，中興謨烈。兄弟苦行金主酒，君臣樂玩吴山月。怕復讎、并殺復讐人，陰謀切。　王不死，恥終雪。和不成，親難滅。算徽欽反駕，當先出缺。南渡方圖吾據國，北轅那顧他啼血。這肺腸、繆醜覯分明，投其闕。

謁膠山李忠定公祠，并補紀先桂坡徵君配祀，用岳忠武王詞韻二闋

丞相祠堂，空山裏、馨香不歇。看碑記、蠲田奉禮，陸安義烈。忠定公自幼讀書膠山寺，入相後，請寺爲崇親報德院。故山中有李相讀書堂。宋治平間，遂有公像焉。後堂廢，遺像混於佛宇。至明正德中，先桂坡徵君乃特建祠，奉公像焉。并捐田十三畝，合前陸永思原捐七畝，共有祭田二十畝。全邸邵文莊公實記。年少讀書山隱霧，宦成報德泉斟月。較他山、尚德薦蘋蘩，尤親切。　錫謚喜，蒙昭雪。罷相恨，遭磨滅。儘轉旋國難，纔圓俾缺。異矣魏公猶下石，慘哉太學徒凝血。使留公、何致汴而杭，移宫闕。

高義徵君，誰崇祀、千秋不歇？由雍正、初分金匱，縣公丕烈。雍正中，慧山祠欲奪膠山寺祭田。邑

侯王公喬林批定:據碑記,捐田既在膠山,不得挪移别用。并飭奉祠生李康侯、祠總李讓卿擴一室以安桂坡先生配享。不注新宫西慧水,偏圓古屋東膠月。奉先公、準配享前賢,原情切。　義舉久,須重雪。公案定,容私滅。問原田每每,璧完無缺。何幸默成虞芮質,不煩野戰元黄血。感賢侯、整頓舊山祠,開雙闕。

踏莎美人　喜復李公橋用彈指詞韻

寂寞空山,飄零大樹,當年相國曾游處。我來圯上,手頻招、猶望英雄人物再停棹。　廢院觀泉,荒祠聽雨,獨深憑弔。和誰語、海田變易,任風潮。且喜重還、僕射舊時橋。

橋在安鎮西街,跨信義瀆支浜上。宋李忠定公建,故相傳李公橋也。國朝雍正中,緣有據支浜爲魚池者妄自填塞橋門,作土壩往來,將橋毁滅,而里人口碑不磨也。今乾隆戊寅秋,里人發憤,挑去土壩。東岸舊石堍尚完好,乃重整板橋焉。是役也,雖未能大爲修整,而克復先賢舊蹟,亦一快事。爰題詞識之。

人月圓　樗隱遺址

廢園一帶尋芳去,樗隱漫停車。當年樂志,賦詩飲酒家。　而今只見,空山斷磵,枯木寒鴉。津迷難問,羲皇楊柳,秦漢桃花。二語樗隱中舊聯。

水居懷古

安　全字二勛,號蘭岩。孟公曾孫。國學生。著《經笥樓詩草》

探幽溯漆湖,滿目煙波渺。高子此卜居,緑水重重繞。緬想正襟坐,簾捲五湖淼。悠然意有會,户外無人曉。曾無卉木留,寒雲積空杳。低徊澹夕陽,隄畔鳴沙鳥。

弟二泉

安　全

湖邊九龍蟠,靈液瀉龍腹。石罅是誰濬?一泓千載畜。秋晚滴螭吻,清響擬琴筑。春曉泛巖花,碧空雲影蹙。陸子一品題,俗人散污瀆。瓶罌終古汲,源深水常緑。或稱氣若蘭,或羨滑如玉。堪笑餉中書,絶不厭更僕。幽人隱山中,清宵帶月掬。拾葉煮松間,一啜齒牙馥。寄語試泉人,允宜致一斛。

游天平山

安　全

亭午上天平,隨路觀奇石。峭如壞屋欹,險如破壁凸。側如隄欲傾,疊如薪乍積。仰如熊羆登,俯如牛馬渴。連如長索穿,斷如巨斧劈。屹如列城垣,森如秉干戚。曲如老人傴,直如壯夫立。伏如狐聽冰,衝如虎出穴。變態有萬千,擬議難盡述。龍門豁然開,仰首訝奇絶。側身拾級登,凜凜恐顛越。煙霞起練裙,籐蔓牽羅襪。再上徑愈巉,兩足漸欲蹩。仰窺一線天,光景覺飄忽。幽勝窮討探,氣象變昕夕。默默語山靈,會當重物色。

五人之墓

安　全

義勇奮姑蘇，緹騎皆褫魄。清流天慭遺，實維五人力。死或重泰山，千載有生色。

春日登九龍山望太湖

安　全

突兀層巒當面出，日照霞烘態非一。仰瞻峭壁聳青空，落落長松掛遲日。龍脊縈迴屈曲升，手捫怪石升高棱。光景無邊覺心曠，一聲長嘯逢孫登。逍遥容與度雲關，嶺上喬柯隨手攀。清明滿眼無塵翳，細數湖中幾點山。冉冉林煙湖上靄，垂垂細柳湖邊旆。問湖誰錫此嘉名？豈緣汪濊稱爲太。斜陽返照徹山隅，波兀萬頃入畫圖，珊瑚竿釣步兵鱸。

讀　唐　書

安　全

襄陽高致生前著，諫議空名死後傳。自古英雄皆有恨，從來翰墨總無權。千秋共惜才人厄，當日誰思閹禍延？黜陟須知關治亂，忍教艸莽伏遺賢。

秋　　興

安　全

雨洗環廬十二山，遥瞻煙樹有無間。夕陽深院蟬驚夢，斜月長空雁度關。驗氣亦知摧碧艸，聞聲徒恨改朱顔。生涯冷澹惟搔首，謾道門多玉笥班。

剪　秋　紗

安　全

一枝向晚怯輕寒，艷入深閨壓素紈。團扇可憐抛落後，[illegible]成新樣儘人看。

讀信陵君傳

安　全

信陵上客重侯生，大義何如毛薛明。不請寵姬能授印，無傷宿將可驅兵。敗秦快舉千秋慕，救魏奇功一語成。獨惜博徒終自匿，但傳處士不留名。

謁閆陳二公祠

安　全

明季多忠烈，蓉城更絶倫。宏綱隳馬阮，大義激閆陳。官小猷偏壯，軍孤算自神。許張功并懋，李繆德爲隣。草茂衣冠古，碑殘血淚新。等閒來禮謁，英氣動儒巾。

送春十章次段蓉皋韻録其四

安　全

那忍卿儂各一天，卿行儂住自年年。欲沽美酒殷勤勸，自笑空囊只一錢。
誰把青鸞好信修，鼓君歸興不容留。當階紅藥行翻珮，道是將離更動愁。
落英四散盡沾泥，君去誰知東與西。遥望天涯雲樹杳，但聞煙外子規啼。
憶君冒雪過都亭，快睹争先似景星。只合久留常作伴，怎教芳草化流螢。

游　靈　巖

安　全

舟泊鷺飛橋，靈巖恰當面。峭壁聳青空，仰瞻銀海眩。清蹕駐山巔，巡卒周遭徧。入夜秉燭行，恍掣金蛇電。須臾燈火齊，深林燭龍現。終宵人有聲，聲應人不見。昧爽法駕移，嶺上雲旂閃。萬馬盡銜枚，千官齊帶劍。揚鞭下翠微，接踵馳芳甸。翠華去已遥，士女許游衍。逶迤陟巉巖，矯首望宫殿。小憩迎暉亭，初日光猶歛。香風陣陣來，吴姬美而豔。曾不畏嶙峋，攀援耀金釧。鼓興造高峰，石罅荆榛罥。一覽衆山低，七塔悠然見。琴臺極飄渺，疇昔誰消遣。臺下白雲生，冉冉隨風轉。移步歷幽崖，古蹟已遷變。徑荒香自飄，廊毁響誰驗。洞口野花繁，池頭春草蒨。井枯遲日暄，館廢和風扇。遺踪渺無存，躑躅空留戀。欲窺西子顔，惟有山間燕。

登上方山望太湖

安　全

捨舟策杖陟高棱，石道紆迴卧古籐。仰望浮屠高十丈，楞伽古刹何宏敞。如蟻游人塞道來，危級肩摩不容上。逍遥容與度雲關，絶頂巍峨聳黛鬟。極目五湖千里白，浪中歷歷見青山。垂絲畫舫堤邊颺，破浪弋船湖上放。悵惘長風未得乘，蒼茫煙水空遥望。斜陽返照徹山隅，萬頃煙波入畫圖。安得范蠡逢澤畔，扁舟欸乃共歸湖。

秋　興　四　首

安　全

桂樹扶疎掛晚暉，西風披拂漸稀微。山無定翠雲初起，院有殘花蝶自飛。投筆班生豪氣在，棄繻終子壯心違。江東此際歸張翰，滿目煙波鱠正肥。

伊周勳業一圍棋，局半難收祇自悲。五世貽謀窮此日，兩京拜爵復何時？衆香閣下紅蘭歇，罨畫樓中玉兔馳。風過紫薇花欲動，倚闌凝睇倍愁思。

雨洗環廬十二山，遥瞻煙樹有無間。響騰深院蟬驚夢，影落長空雁渡關。驗氣亦知摧碧草，聞聲徒恨改朱顔。生涯冷淡惟搔首，謾道門多玉笥班。

濕雲帶雨壓樓頭，落葉飄風滿院秋。往事閒追成幻夢，故人不見倍牢愁。籧籧易認園中蝶，渺渺難馴海上鷗。把酒倚窗聊撥悶，遥聞玉笛按涼州。

秋郊晚眺

安　全

禾黍郊原已盡删，攜笻谿徑亦寬閒。月澄暗水無低岸，雲度前村不礙山。煙外牧童横笛起，溪邊漁婦帶罾還。臨岐歸去頻回首，領取詩情落照閒。

和丁雪亭菊花二首

安　全

東籬菊綻暗飛香，游目渾忘徑就荒。好潔自成真隱逸，遭時何暇計炎涼。幽輝獨耀三秋月，冷豔常融五夜霜。風雨滿城情莫遣，賴渠相對過重陽。

獨戰西風未肯和，不隨衰草萎山坡。籠煙望去情無限，冒雨開來趣若何？傲骨難消知己少，芳心盡展益人多。試看晚節香偏遠，老圃還應百遍過。

游膠山即賦長句

安　全

膠山流覽興何如？曾訪山中舊景無？料想紀游詩必富，敢摛勝蹟效吴歈。兩峰聳峙恰相對，白雲飛去黄雲在。東望萋萋草際天，西瞻磊磊石應拜。蜿蜒龍腿接鳳凰，鳳凰常伏龍亦藏。紅葉滿山飄不定，龍鳳遍體呈文章。山行自北得幽勝，古木疏篁繞石磴。橋鎖香花供冶游，塢藏碎石足持贈。梵王宫殿憶當年，唐宋名流吟詠傳。環翠上方兩不見，一叢榛莽斂殘煙。秋老青梧翠葉稗，黄菊欺霜野香播。金牛有跡牧童眠，石馬無聲樵叟坐。俯仰巖阿感古今，流連光景漫沉吟。侍郎廢墓寒雲聚，丞相荒祠夕照陰。竇乳涓涓注石罅，色清味美人争訝。宋時翁挺嘗品之，九龍中泠乃其亞。楓葉蘆花飄暮秋，幽崖潭水碧於油。當年礪劍人何在？今日臨池石尚留。

經錢氏莊

安　全

此地當年我祖居，幽軒曲沼最紆徐。無端星散悲花柳，不盡風流付鳥魚。漫颭珊鞭驕款段，空憐翠袖倚林於。何當故宇歸司馬，笑對文君賦子虚。

詠 雪

安 全

斗覺寒威逼,驀見霰先集。聯翩勢漸繁,飛灑看逾疾。冷響自入耳,斜飄潛點頰。仰觀九天迷,遥望千山失。帶雨進危樓,隨風穿破壁。老樹燦鮮花,阪田鋪白璧。瓦縫碎玉填,林罅奇峰疊。曠野渾川原,空庭没堦級。傴僂脩竹彎,豁剌老梅折。傍晚已皚皚,入夜猶奕奕。伊誰定廟謨,呼嫂語密室。伊誰勵精忠,飢卧持漢節。伊誰似刺史,臨關馬欲息。伊誰似將軍,擒賊兵深入。誰侍名師傍,不覺深三尺。誰念好友遥,剡溪遽移楫。

詠 褁 二 首

安 吉字彙占,號古琴。我素七世冢孫。乾隆己亥恩科舉人。多著述。著《十二山人稿》。

人生不如石,静默得自如。林泉忘飢渴,天地爲蘧廬。顛頭聽説法,守介耽幽居。偶觸片雲起,膏雨徧海隅。青青淇園竹,雪霜不能侵。干雲挺直節,溽暑生烁陰。結實邀丹鳳,待月調素琴。忽爲斗筲用,披枝傷其心。嗚呼斗筲非其任,願爲樊籬衛竹林。春雷美箭長森森,配以觮弱鏃以金,作貢王國威八紘。

言志仿柏梁體

安 吉

先生非是忝閒居,讀書心尋足自娱。庭莾竹樹蔭扶疋,時花爛熳争榮敷。渺然一心游太初,賢聖同來處士廬。廣挍二酉窮五車,開拓萬古憑三餘。百家叛道非吾徒,羣言泛濫無歸虚。諸儒曲學不愈愚,漫開白虎與石渠。不如先生隱菰蘆,研説妙悟皆非誣。憶昔髫年讀典謨,疑義錯出常紛如。今文古文分有無,判然美玉與碔砆。春烁易象竟何辜,寸寸節節如薪樗。疋頌古音皆糢糊,南音緍蠻楚與吴。小正詩書皆合符,漢儒删之何爲乎?《儀禮》姬公定宏模,不列五經堪嗟吁。《周禮》成于莽大夫,莽之正朔莽地輿。官名七略之膏腴,奇字揚雄之操觚。戴記説禮人人殊,彼此矛盾相齟齬。千年罅漏誰補苴,先生讀書挾智珠。奮筆灑墨復研硃,校定經典恣乙塗。文從漢篆師兩都,不教秦隸并馳驅。音從許脊古六書,不教唐韻滋牽拘。篇從伏勝及商瞿,費直杜預皆俗儒。經文傳文别其區,古經僞經異其趨。聖人復起而不渝,古今大業無以逾。先生一笑拂衣裾,大言炎炎來起予。故知所好宜從吾,以此忘年樂桑榆。不管流光過隙駒,假年天帝帝曰俞。坐翰竹實湛露濡,當有祥鳳鳴高梧。

謁 伏 生 墓

安 吉

吁嗟乎!秦人燒書書不焦,秦人坑儒儒不死。但見新安坑卒二十萬,咸陽燒宫三百里。始皇冢發成荒原,徵君古墓今尚存。鄒平城外一抔土,曠世惟餘吾道尊。二十八篇此不朽,唐虞三代留君口。漢文帝聞伏生能治《尚書》,老不能行,乃詔鼂錯往受《尚書》訓詁。魯國諸生無傳人,獨與孔孟同悠久。我來弔古心感傷，四顧煙空野麥黄。百年幾見一同志，殘碑風雨留文章。吁嗟乎！小清之南長白北，鬼神呵護年千億。蒼茫古跡樵人識，壽讀君書念君德。念君德，百世之下，千里之外，偶然相即。青天一片白雲過，焚香再拜情無極。

陳仲子墓

安　吉

中庸不可能，奇節堪矜式。天下皆争利，仲子不謀食。天下皆素飧，仲子食其力。策士笑其不臣王，(其)〔共〕矜强兵與富國。貪夫藉口孟子語，蚯蚓黄泉任彈劾。試問世家甘讓禄萬鐘，何如尺布斗粟，骨肉相殘賊？試問塗民肝腦，剝民脂膏以爲功，何如有禄弗食，纑可辟，屨可織？吁嗟乎！蕭蕭古墓傳千秌，廉士清風有誰識？

法祭酒時帆大會同年于陶然亭有詩次韻奉和

安　吉

風雅追韓杜，論文共酒杯。廿年同榜舊，此日識荆纔。漫道雲泥隔，應無貴賤猜。執鞭欣御李，多士一時來。勝地成嘉會，相看氣誼真。軒車攀驥尾，湖海躍鯨鱗。俊逸清新句，東西南北人。幽情同暢敘，四面捲湘筠。

校刊光禄我素公集記事贈惠生族兄

安　吉

江南理學舊名家，富貴浮雲未足誇。手澤傳心書數卷，牙章衍祚悳無涯。先僉憲膠峰公嫡冢嗣晚，我素公鐫"保孤衍祚"牙章，日佩之，其後大宗蕃衍。靈芝瑞秀參成色，丹桂祥開五月花。感慨餘芬非往日，秋來依舊發英華。

東林談道西林隱，我素公建言削籍，講學東林，從子茂卿構西林三十二景。數典常嗟不嗣音。清秩兩京留史傳，齊名七子剩歌吟。弇山記《西林記》，王世貞撰。蝕螭虬毁，風樹樓我素公讀書處，在桂坡公墓旁。虚樵採侵。念祖惟兄意猶切，好培蘭玉繼纓簪。

山左袁虞部秀峰四川岳別駕春田同游靈雨寺

安　吉

古寺千秋靈雨名，年年天子省春耕。寺即東巡行宫。佛開山水迎鑾路，民樂農桑進兕觥。樹裹峰巒餘畫意，鏡中樓閣帶詩情。錦江岱岳多文藻，争賦臨漪一鑑清。

濟南觀趵突泉和松雲韻

安　吉

泉爲濟水伏流，凡三穴，冒地而出，如萬花飛舞。在西門外自雪樓旁，巡撫李對泉所闢。吕祖降乩題聯曰："勝地自從開撫闢，仙人原爲對泉來。”

僊境僊靈無處無，僊游所在即蓬壺。萬年不見原泉涸，尺水能澆滄海枯。長夏方塘飛雪霰，驚濤平地起江湖。道人詩韻留清興，戀賞無悤唱和孤。

送袁制府愚谷復保陽任

安　吉

丹詔頻看下紫閽，重臣颺拜荷乾坤。節哀匍匐從王事，扶病勤勞報主恩。隻手防河資保障，單車仗鉞赴軍門。立忠爲國無非孝，天語皇皇是定論。制府居悤逾年，奉命看伊家河工。旨云：“爲國立忠即孝也。復任。”

贈袁廣文蘅皋

安　吉

三十年來寡知己，二千里外一逢君。高歌東魯餘狂士，醇意西京擅古文。心赤還同滄海日，眼青獨對大江雲。連朝卧雲開新霽，春到梅花已十分。

來安署中謁胡蒼山夫子四川癸酉解元，名翠仁。己亥同考官。

安　吉

江北江南數十程，清風皓月送將行。孤標水面金山塔，突兀潮頭鐵甕城。千里遠投國士遇，一堂歡聚古交情。文章未足酬知己，廉吏門庭作友生。

和唐亦亭訪高子水居韻

安　吉

陳跡荒涼誰闡幽，郝堪重問水居樓。留題先子曾書額，先大令廓菴公爲忠憲壻書額曰“可樓”。放逐孤臣此寫悤。常向家山藏屈蠖，不將吾道付浮鷗。汨羅千古同遺悒，剩有青青杜若洲。

庚戌下第就瀋陽陳監掣洪緒聘出山海關用杜少陵秌興八首韻

安　吉

鸞鳳翱翔滿禁林，珊瑚玉樹自森森。遼陽寉去千山遠，關塞雲深九夏陰。何事容臺吟好韻，獨來茅店念同心。庭闈江國思游子，猶記當年賦搗砧。先僉憲膠峰公御試《秋夜搗砧歌》。

東復東來驛路斜，雄關遥界兩京華。東至奉天盛京八百里，西至順天京城七百里。人無縮地長房術，車作浮天博望槎。海上有黿過，關東一路大水。夜月明時聽夜柝，秋風起處響秌笳。園書日日經河洛，吐盡游魚碎玉花。

偶逢雨霽放朝暉，鞭策泥塗馬力微。無數好山煙霧鎖，一行官道水雲飛。舟車尺地行程改，表葛崇朝月令違。叵有土宜人不識，石田峰頂稻粱肥。

思量往事總殘棋，行路間關豈足悲。孤竹有城餘古蹟，臨榆設險到今時。乾坤一統通中外，秋夏長塗儘騁馳。不管天涯遥與近，沽來苦酒了鄉思。

冒雨驅車登首山，可琴亭在緑蘿間。泉流乙字峰千折，勝據三邊弟一關。關門額"天下弟一關"。風水松聲齊入耳，海天山色總開顔。文章周覽多奇氣，想見龍門壓二班。

長城入海跨潮頭，澄海樓高正立秋。風動島夷俱向化，天空僊嶠不知愁。御詩揮洒驚龍象，大地浮沈似水鷗。欲赴磻溪借芳餌，巨鼇銜釣躍皇州。

千巖萬壑出天功，環繞神京山海中。豐鎬舊都多雨露，寢陵王氣護雷風。冰生遼水初冬黑，日出榑桑殘夜紅。此地令威僊跡在，我來不見舊僊翁。

奉天城郭自逶迤，蕩蕩平平遠險陂。聖壽八旬調玉燭，歡呼萬歲半金枝。懷人日下音書隔，去雁江南節序移。西望長安似鄉國，茫茫海立復雲垂。

甲寅南還

安　吉

千莖黑髮墮京塵，病體還留見老親。幸慰倚廬歸海角，媿將啜尗當山珍。家無長物人逾健，野有清泉釀更醇。從此名心澹如水，東風吹緑滿池春。

甲子中秋

安　吉

羈身姑孰又中秋，薄命還邀天地留。去穢凴霜除野艸，洗心隨月映江流。静觀宿鳥棲庭樹，細數更籌點鼓樓。夜夜星河明卧榻，今宵景色倍清幽。

和琴川黄琴六韻

安　吉

江鄉處處好泉林，静夜興褭對月吟。知己有人存海内，勝游無往不山陰。降康雨潤新苗長，除惡庭剛緑艸深。竊比校書天禄閣，漫勞太乙獨關心。

無才不設試刀鉛，窮達升沉聽自然。識字淵泉深似海，著書歲月福如天。萬花飛舞銷長日，五鳳樓臺構莫年。更有奇緣來錫我，百朋快意會羣僊。

京邸寄家書

安　吉

客中甘苦不足道，一念思親日再三。惟有夜囱明月好，照兒清夢到江南。

詠褱四首

安　吉

蓬萊丹訣有真傳，骨相紅塵誰是僊。漫説盧生能學道，黄粱未孰正酣眠。
中秋其賞月娟娟，安得金波夜夜圓。我惡夕陽寅餞後，一鈎初挂碧雲天。
堪笑莊生與俗投，任人呼馬又呼牛。騂黄騂角由天産，豈爲鹽車牧笛謀。
欲寫天書奉玉皇，雙縣日月借藜光。千金一刻春難買，付與斯文著作郎。

竹林飲酒

安　治字敬亭，號春園。邑庠生。著《欲焚草》。

碧玉千竿爽若秋，就中小飲暢情幽。梅花佳釀清香滿，竹葉傾杯翠影浮。半畝緑陰留客憩，七賢餘韻亦風流。此君相對還同醉，消盡平生萬斛愁。

松徑煎茶

安　治

一徑松陰地自偏，安排茶具即神仙。雨前香茗甘泉試，雪沸支鐺活火煎。風入鳴鸞添雅韻，石邊有鶴避輕煙。平生自得清閒味，何羨淵明與玉川。

雨餘埜眺

安　治

雨過芳郊景色幽，斜陽淡淡斷虹留。村邊緑樹濃如畫，雲外孤峰翠欲流。一徑殘煙迷蠟屐，半篙新漲放漁舟。幾回憑眺情無限，又聽林間唤婦鳩。

對月狂吟

安　治

一輪皓月照長空，對此高吟興倍雄。素性不沾迂拙氣，歌聲欲達廣寒宫。放開眼界塵埃外，今古詩篇嘯傲中。最是青蓮狂態好，舉杯邀處問天公。

焚香夜讀

安　治

一爐冉冉夜沉沉，妙處工夫静處尋。開卷長吟先辟蠹，聞香妙悟倍清心。鼎浮煙篆芸窻細，味到英華玉漏深。添得龍涎留活火，青燈照處惜分陰。

子 猷 竹

安 治

塵外高情王子猷，胸懷絶俗竹同儔。緑雲滿徑關心切，戛玉當窻與耳謀。直友素標清品格，伊人遐想晉風流。平生劇愛蕭疎適，領略湘江煙雨秋。

淵 明 菊

安 治

領略東籬趣味深，風流千古一淵明。官辭彭澤名心淡，秋到柴桑詩思清。三徑留香曾入夢，重陽冒雨最關情。白衣送酒先生醉，花裏閒身仔細評。

衆人愛牡丹

安 治

和靖重梅，淵明重菊。濂溪愛蓮，子猷愛竹。所愛各不同，性情俱絶俗。君子異衆人，衆人何碌碌。紛紛愛牡丹，娱心弄悦目。姚黄魏紫奇，錦繡花團簇。國色何嬌妍，天香何馥郁。濃艷説花王，珍重遂如玉。君不見亭有沉香，園名金谷，當時則榮今誰屬？富貴浮雲轉眼過，花開花謝春風逐。君子真賞殊，富貴何足娱？衆人固不識，每笑君子迂。

女媧煉石補天得天字

安 治

試問媧皇未出前，彼蒼缺陷幾何年？詎開混沌無完璧，直賴神功善補天。石煉洪爐融五色，磨經妙手得重旋。何殊附會荒唐説，月可修成海可填。

感 懷

安 禎蘭巖長子。字樂亭，號九峰。邑庠生。著有《緑蔭園詩集》。

髮已短兮兩鬢蒼。債未了兮情復長。蹉跎歲月兮空自忙。碌碌浮生兮徒悲傷。傲骨難没兮世不我臧。願與時違兮不復望帝鄉。曠達息機兮聊隨分以徜徉。

有 感

安 禎

坐空齋兮壯志銷。知音少兮長寂寥。彼狡童兮心摇摇。嬉且笑兮習世澆。妬詩書兮樂逍遥。嗟余嘵嘵兮口舌饒。不遵訓兮我心焦。我心焦兮無可消。爰吟風而弄月兮遠世俗之塵囂。

農　父

安　禎

興到溪頭散步,倦來樹下欹眠。不願聖明捐稅,但求雨澤零田。

又

安　禎

近樹遮門陰翳,遠山當户分明。知足便堪小隱,人生何用浮名?

村景夏日

安　禎

樹杪蟬聲斷續,村頭燕舞高低。不是桃源洞口,偏饒犬吠鷄啼。

舘中雜詠

安　禎

其　一

興到吟詩數句,渴來啜茗一壺。老叟好談往事,傷心只昆長吁。

其　二

傍石坐看飛燕,臨溪好聽鳴蟬。倦來散行數步,領略薰風半天。

其　三

風起雲飛快快,堂深燕語頻頻。滿目天機活潑,未許説與時人。

秋　思

安　禎

其　一

秋來何所愛?愛此秋水清。滃然無垢滓,徹底淨且明。人心若能如秋水,天地廓然長自在。不貪利兮不貪名,嘯傲煙霞無罣礙。

其　二

秋來何所愛?愛此秋月光。團團如圓鏡,高懸照八荒。人心若能如秋月,胸中不存吴與越。詎受塵埃半點侵,皎皎心珠如日揭。

其　三

秋來何所愛？愛此秋桂香。滿枝金粟綻,對兹快舉觴。人生折取蟾宮桂,須要讀書勤十載。下帷董子不窺園,管取金紫腰間佩。

其　四

秋來何所愛？愛此秋菊金。看花須飲酒,呼朋共細斟。人生好植籬邊菊,翠葉瓊葩堪娱目。古來淵明獨寄情,醉餘高卧紗窗北。

七　夕　吟

安　禎

昔人曾有云,巧者拙之奴。拙爲世所遺,巧爲世所趨。巧勞而拙逸,勞逸向相殊。弄巧爲物忌,守拙乃自娱。乞拙固未有,乞巧不如無。余嗟此浮生,兩鬓已斑白。傲骨不嫌貧,秉性偏疎拙。今年游埭村,恰逢此七夕。玉露自盈盈,金風乍蕭瑟。巧固非所喜,天高亦難乞。仰觀牛女星,銀河一水隔。鵲駕渡河來,一會經年别。樓上攜針女,欣然看明月。殷勤綵線穿,乞巧心偏切。予今愛新秋,夜涼且棲息。眼前皆子虚,一嘯天地闊。

中秋步月

安　禎

溪畔長吟處處蟲,村頭皎皎月當空。自憐短髮如霜白,且喜衰顔借酒紅。瑩光照耀河山外,爽氣清涼宇宙中。鏖戰文場今夜盡,誰人高步廣寒宫。

田　家　樂

安　禎

十月農功畢,田家樂事長。鮮鷄堪作饌,肥蠏足稱觴。脱粟初成酒,蒸梨已熟粱。桃源即此境,何必問漁郎。

貧　士　吟

安　禎

冬來驚歲晚,百苦倍加身。授衣猶在典,覓粟尚求隣。官課催方急,私錢索更真。長門如買賦,蔀屋即辭貧。

自　詠

安　禎

生平壯志已成塵,浩浩乾坤一老人。半世文章空白髮,一腔翰墨負青春。家甘淡泊常知足,性愛清閑不計貧。值此衰年何所事,焚香日夕好朝真。

家　居

安　禎

獨坐空齋日正長,一瓢一卷足徜徉。好書讀罷精神爽,妙句吟來齒頰香。裘馬翩翩何足羨,煙霞淡淡是吾鄉。世間萬事終歸盡,枉用機謀空斷腸。

言　志

安　禎

安居何事嘆窮途,磊落襟懷是丈夫。筆底詩情隨處有,花前酒債一春無。閑中好讀仙鸞語,静裡常參佛性珠。世上利名何日了,撇開粱夢見真吾。

戒賭博

安　禎

喪家蕩産莫如賭,晝夜勞神何自苦!好擲樗蒲家業空,勸君莫走賭場路。

戒貪酒

安　禎

終日昏昏惟吃酒,酕醄惡態不知醜。勸君切莫好沉酣,心地清明還益壽。

戒好色

安　禎

鐘情花柳逞風流,伐髓枯精最可憂。迷戀紅裙多敗德,勸君莫去上青樓。

戒拳勇

安　禎

惹禍全由血氣剛,勸君忍耐最爲良。一朝鬪狠傷人命,受盡千般牢獄殃。

惜　　字

安　禎

羲皇一畫本先天，蒼頡演成字萬千。會意象形涵妙理，豈堪抛擲不加憐。

惜　　穀

安　禎

年豐大有各家歡，一值凶荒心膽寒。菽粟養生宜貴重，農夫辛苦莫輕看。

孝　　親

安　禎

爲子須當誦《蓼莪》，哀哀父母德如何？昊天罔極真難報，問者晨昏未足多。

訓　　子

安　禎

年少無知豈是賢，輕狂羞殺在人前。明窗常教書勤讀，自有恂恂禮度翩。

歲在丙申虚度七十追思少壯猶不如人顧此龍鍾詎堪惕勵漫吟七律八章非敢用以徵詩聊述鄙懷云爾

安　祥蘭巖次子。太學生，恩賜八品銜。著有《清聲閣詩草》。

閲歷浮華七十春，未能諧俗只天真。甑塵敢怨萊蕪困，囊粟難支曼倩貧。差幸詩書緜後起，卻愁弓冶墜先人。驚心老大肩難息，宗黨周旋賸此身。

豺獺猶知報本崇，靦然人面愧微躬。試參宗祖栽培意，敢詡兒孫繼述功。逐日未妨爲志士，移山一任笑愚公。計倪原有謀生術，學步邯鄲謝未工。

每思庭訓一汍瀾，祠墓荒涼敢即安。薄設圭田供俎豆，恪遵祀典見衣冠。捐資歲貼祭宗祠，捐田復清明墓祭，守歷代墓糧，補植松柏，訟保界址，請禁樵牧。派分珠里昭前職，月掛金鈎復舊觀。捐資歸始遷祖墓前場地東垺。碑碣缺殘聊補勒，此心未了力先殫。

族聚膠山九派開，爲刊家乘幾低徊。一宗流衍傳無盡，兩姓分枝溯自來。文學成規先文學潔園公始修譜，作譜傳。先祖輯，先祖信翁公續修家乘稿。明經大力明經春臺先伯捐資刊刻。孝廉才。彙占先兄主裁譜傳文稿。頻將世系深探討，小子曾叨半席陪。

泉臨竇乳仰高風，訪廢閒尋灌莽中。樽俎自歸忠定裔，蘋蘩兼慰桂坡公。膠山李忠定公祠，先徵君桂坡贈公建，捐田奉祀，公亦配饗。祠屬李姓經管，年遠祭廢，余嘗清理修復。於今膠麓儀容肅，終古龍峰禮數崇。卻喜鄉評伸亮節，也推大令報孤忠。奉學憲牒，送先大令廓庵公入惠山報忠祠崇祀、學宫忠孝祀。

敢云爲善樂陶然，差了吾身補綴緣。古墓溪邊愁斷石，先光禄我素公墓在鴨城橋橋圯，嘗勉捐助修。

危亭山半引清泉。膠山南麓靈趵泉，先徵君鑿，嘗濬復，建亭翼之。踏青裙屐嬉寒食，唱晚漁樵渡野烟。幾度尋梅詩思闊，壖橋騾穩小庵前。山壖橋橋北有庵，并先徵君建。今屬他姓，董修，亦勉蠲助。

一經素分守寒儒，有味青燈認故吾。席帽未離誰捧檄，管花無力悮編蒲。甘分桑果聊相慰，篋檢萊衣且自娱。從古窮通原任運，驤雲敢望有家駒。

優游泉石際熙雍，猶是家環十二峰。萬樹春光古梅里，梅里，一作梅李。一豁秋色冷芙蓉。由來南國詞華富，願續西林唱和蹤。扶杖喜迎嘉客到，慚伊黄絹侑黄封。

奉和邑侯齊公梅麓留別梁溪詩韻

安　祥

鳳閣蜚聲出庶常，弦歌百里接琴堂。暫離香案通明殿，小試郎官至德鄉。人愛使君思借寇，馬逢伯樂豈留良。栽花已看河陽滿，三徑重開蕪草荒。

一鏡湖光入畫堪，龍山秀色壓江南。草多書帶風常偃，水號廉泉飲不貪。馴雉有童騎竹馬，拔茶深意在桑蠶。民胞一念昭千古，撫字均沾化雨甘。

道本天人一貫深，那堪章句彀中尋。裁紅快試并州剪，補衮難逢織女針。不外倫常求實學，卓然師表冠儒林。蓮池未了釣詩債，入世文章出世心。

誰濟吾魚涸轍枯，民飢曰我免烏逋。八年江國留清績，一幅吴山入畫圖。落紙雲煙雙管下，登壇旗鼓兩軍無。高情信有黄州夢，白鶴新居學士蘇。

欲詠伊人道阻脩，憑誰題柱砥中流。王喬舄認神仙吏，摩詰詩描山水州。總爲民邦齊政令，藉云橋墓壯遨游。身當范老先憂日，忍賦淵明歸去不。

春榮秋落景回環，一枕羲皇午夢還。夾岸桃花三月浪，滿林霜葉夕陽山。襟期瀟灑風塵外，樂事從容几席間。欣戴堯天歌《擊壤》，情非扣角動齊桓。

壽秦深若

安　祥

此日開筵列五辛，三陽律轉一家春。歌融白雪傳先唱，志羨青雲絀未伸。潦倒胸襟呼濁酒，太平風月屬閒人。樽前莫問田園事，滿案琳瑯自不貧。

咄咄功名負此生，康臧應念荷天成。傳家經笥留兒讀，常稔書田倩舌耕。紙上雲飛雙管下，杖頭春暖百花迎。披裘試學持竿叟，恰喜臨門一水盈。

復清明祭掃

安　祥

康熙二十二年，長孫田廢後，遂致失祭。嘉慶初年，予游膠山。適清明節，習聞外人竊議云：安氏既有富而又有可出仕者，墓坍不知修，清明不祭掃，枉稱巨族。予聞之，憤甚。殊不知富者非嫡裔，發科者不獲上達，被人指責，固所難免。然我祖澹園公慨先塋之失祭，於康熙四十八年，命山南墳佃將友菊公墓門内平坦四畝開低爲田，給與工食。三年後，起租。至五十一年，與合族定議，於九月下旬征租。復十月朝祭掃，按房轉值，集分與祭。至先祖信翁公，又念經費不敷，置壽山墳傍西石墻外靠南高田一畝二分采息，輪流貼祭。此外人不知耳。然清明不祭，大爲闕典。於是邀同族中欲議捐田復祭，無奈竟無許諾者。後於嘉慶十一年起，予每歲清明節貼銀三兩，照十月朝例辦祭筵一席，到墓祭掃。清明祭於此而復。又復周涇七世祖子實公墓冬祭，每歲出銀二兩。又復五世叔祖南崖公、六世叔祖心崖公墓，每歲貼銀一兩，令其本支承辦，增設祭田。予思欲綿祠墓貼祭，獨完各畝銀漕，不可無切實恒産。前所歸老墳園門前基租出息無幾，不能劃一收取，只可小助，故勉力又置祭田七畝七分五釐，以備所需。尚有不敷，再容日後經營。總期辦理裕如，方始無憾。

附紀事歌一章

先人重祠墓，世守奉烝嘗。巍巍古陵寢，松柏常蒼蒼。後人廢祠墓，别具一肺腸。活活水有源，森森木有章。飲水不知本，譬諸根柢傷。根傷枝必萎，源塞流豈長。嗟予生也晚，質弱多病尫。更逢相士語，道我貌如霜。囑我善修心，謂有隲紋藏。相者操神術，應驗誇非常。予心聞慽慽，清夜徒惶惶。遂籌報本策，大要明其綱。先整祖塋墳，繼貼祭祠堂。閒栽墓松柏，補立塚碑坊。墓糧盜估賣，回贖值其昂。尤恐祭不敷，努力置田場。非但重本支，旁支亦周詳。祭品合時宜，春秋期不爽。祖墓及宗祠，致祭共趨蹌。只此邀靈貺，默佑身康强。至今七十餘，步履任翱翔。相謂我稀子，偏生六兒郎。相謂寡後昆，孫枝又繁昌。相謂難永年，似吞卻老方。愛敬承家範，行止習端莊。詩書課子弟，文名列膠庠。親好論古今，風雨話連床。我心鮮虚靈，我性卻循良。志念存毋欺，能格陰與陽。或言相士妄，我道相士臧。危言動人聽，譽言都荒唐。假使得功名，焉能安故鄉？假使縱奢靡，焉能獲嘉祥？吁嗟乎！百年事業韶華促，奉祀維敬家之光。作歌勵子勗吾孫，慰吾望兮綿書香。

東膠拙叟

安　祥

繞籬秋色見霜葩，小學當年處士家。伴月團欒寒瘦影，吟香朝夕醉流霞。清真風味留詩品，瀟灑閒情寄晚花。知爾幽棲酬世嬾，肯將芳韻向人誇？

祝朱永翁暨德配黄孺人古稀同慶

安　祥

膠鬲山中春氣融，春回萬象流霞紅。長松百尺鶴千歲，隱者盤旋於其中。在山不驕林棲跡，平生抱負計然策。手擴田廬美奂輪，胸懷慷慨敦任恤。飢者與食寒者衣，所謂富而好行德。邑宰白翁績于朝，表翁高義拜翁職。洵哉仁者必獲福，七十齊眉同挽鹿。膝下斑衣舞綵鮮，階前蘭桂森如竹。賢郎相繼登雲程，辟(擁)〔雍〕黌序聯蜚聲。一堂弓冶傳家學，有書可讀田可耕。膠鬲山，萃靈秀。靈椿萱艸交枝茂，羣仙共上古稀壽。海屋籌添南極星，蟠桃獻出西池袖。老翁徒儉不稱觴，但求梓里仁風揚。壯志心厚忘白首，神仙精力老彌强。我羨老翁善操持，我愛老翁性好施。他日九重下恩詔，龍章象服慶期頤。翳余今年亦六十，願隨九老會真率。敢擬翁意作長歌，試杖鄉來祝杖國。

祝司馬春塘表姪六十壽誕二十二日

安　祥

君曾祖母吾祖姨，數傳中表無遐邇。吾又與君情異常，生同年歲居同里。憶昔先君與曾翁，騷壇樹幟争稱雄。杖履追隨奉筆硯，相將愛日臨春風。少壯胸懷同磊落，相習相親更相勗。愧余抱拙守邱園，羨君涉世能超俗。計然善策游吴趨，素業豐隆日榮敷。娱親養志敦純孝，樂序天倫篤友于。題旌王母表貞節，厚培根本葺宗祠。閭里争稱君孝友，高風碩望重三吴。從此復游虎丘麓，兔走烏飛時往復。百花洲上暮雲高，膠鬲山前春樹緑。甲子輪流轉盻周，老至同庚情愈篤。去春移棹過吴城，款接情殷倒屣迎。廿載相思重識面，芝顔不改鬚眉清。階前蘭玉森如竹，梧桐幹老孫枝生。今日曾元昔曾子，去時趨對今傳經。桑果分甘風萬石，家聲丕振繼長卿。玆當穫稻爲春酒，日值懸弧介眉壽。緑衣起舞進霞觴，酌以大斗祈黄耇。霜葉流紅過舜花，冰桃入饌勝堯韭。自炊丹竈出彫胡，不向仙山採碧藕。酒酣人似小春和，賓朋傳簡祝三多。銀管花生皆妙曲，紅牙拍版雪兒歌。羨門不遠蓬萊島，乘查來獻如瓜棗。劇羨羣公白雪詞，漫賦俚言述舊好。還期壽骨常如今，同到期頤稱二老。

集唐五首祝華檜舫先生壽

安念祖字小補，號景林。無錫諸生。著有《衆香閣詩稿》。

遠抱非俗觀韓愈，甚知丈人真杜甫。床頭書不捲王維，下筆如有神杜甫。欲採商山芝賈至，垂輝映千春李白。

一尊花下酒趙嘏，高歌披心胸岑參。樹接南山近李嶠，得延二仲踪岑參。談笑無還期王維，和氣生沖融白居易。

借問多壽翁元結，終歲頗好道王維。觀變窮大易李白，象外遇幽好韓愈。海上有仙山張九齡，整策務探討吴筠。

心與(日)〔白〕雲閒李白，春與青溪長劉脊虚。西岑極遠目柳宗元，意欲凌風翔韋應物。風雲入幽懷韓愈，歲月坐中忘崔峒。

迎新在此歲柳宗元，轉盻生光輝張九齡。一從歸白社王維，美酒聊共揮李白。萬物皆及時孟郊，陶然共忘機李白。

和錢梅溪先生春游韻

安念祖

前途幾處杏花紅，小艇輕移楊柳風。入勝悠然尋釣渚，漫攜斗酒學蘇公。載酒
芳林佳日寄遐心，閒抱焦桐徑入深。不羨期牙千古遇，緣何山水發清音。攜琴
閒過村塢獨遲徊，胸次偏因霽色開。一片白雲輕出岫，無心不辨去還來。看雲
遲日優游意欲仙，偶攜竹杖步花前。尋春紫陌非迷路，卻看君能道我先。策杖
緑林掩映屋欹斜，幾度游人問酒家。何必桃源風景好，春郊無處不飛花。郵店
春生淺草送輕寒，陌上花開牧笛殘。野徑偶然逢雨露，獨邀青眼許相看。野花

當軒黛色碧天齊，緑樹遥凌雲脚低。飽看已知幽興熟，青峰江上早留題。山色

深山寒玉聽琮琤，省識中泠春水生。一勺原泉無斷續，響疑清磬雜松聲。泉聲

題茂苑友人照獨立無補景。

安念祖

役心近塵俗，矯情倚巖阿。素位能自立，面目終非譌。樂地在名教，性天寫春和。對影悟真意，身外原無他。

有　感

安念祖

駒隙流光過，曾經四十春。生來原不俗，面目尚然真。劍短心還壯，書殘味自新。無能亦無好，贏得百年身。見淺常滋惑，頻窺座右銘。癡頑一卷石，飄泊半池萍。煮茗賡調瑟，焚香課寫經。年來多險阻，不改舊氊青。未養浩然氣，焉能不動心？論文尚嗜古，涉世敢非今。儘有幽懷寫，難禁俗慮侵。悠悠還忽忽，把酒一開襟。

題徐别駕也園

安念祖

園亭也結小溪邊，也作聯軒也作船。也聽焦桐彈月夜，風來花下也神仙。

答孫旭堂原韻

安念祖

賞荷析義有前因，儒雅由來契入神。白雪歌殘驚曉夢，清風座右置閒身。功名勘破塵間事，詩句偏窮我輩人。化雨及時甘似醴，滿庭芳草盡知春。

秋日和顧見山韻

安念祖

既雨晚來霽，幽人思渺然。飛香懸竹榻，醉墨寫雲牋。一片故鄉月，千絲秋暮煙。蠡湖風景好，新稻養花天。

郵館新秋

安念祖

旅館新涼早，披襟對晚風。雨侵牆脚緑，日落樹頭紅。拈韻多秋興，懷人動闊衷。因思故園暮，片月在梧桐。

立秋有感寄顧見山

安念祖

頻年攜篋寓長洲，忽忽今朝又立秋。曲徑新涼風乍到，半簾殘暑雨初收。由來屈志希伸蠖，無數流光寄野鷗。幸有幽人共還往，一觴一詠解離愁。

答姑蘇汪芝塘韻

安念祖

愛與詩人入畫圖，卻忘踪跡爲飢驅。乍驚詞賦流三峽，恍見煙雲動五湖。春暮緣慳聽雨榻，日斜歸去挂風蒲。從今莫滯村籬下，訪道無憂唱和孤。

寒 夜 沽 酒

安念祖

殘冬典去舊綿衣，寒夜沽來酒力微。半醉半癡聊卒歲，問誰識我是耶非？

伴　　菊

安念祖

寄傲南窗孰與儔，一簾佳色伴清幽。素心常想親晨夕，瘦影堪憐共卧游。對飲花前應醉月，尋詩夢裡亦吟秋。風高九日相投契，破帽霜寒也不愁。

夏初館中病感

安念祖

不隨先子上幽燕，旅館羈棲已廿年。十脡自嗤徒餬口，千鈞難任獨仔肩。勺泉無奈卮偏漏，食字何時蠹作仙。幸有青箱連几席，北窗伴我抱琴眠。

春日夢中得句集成一律

安念祖

此間托跡問何因，夢裡傳來句有神。辟色辟言兼辟地，閒情閒話寄閒身。二句夢得。悲歡離合難忘我，肥瘠寒暄莫告人。曉看柳塘花似雪，沉吟又過一年春。

送張曉亭北上兼蔡蓉塘聘

安念祖

征人北去雁南來，兩兩心情莫敢推。一二知交離惠麓，三千客路望燕臺。秋闈定賞雕龍手，廉吏全憑倚馬才。常念高堂頭已白，佇聽鳴鹿即榮回。

書館晚景

安念祖

雨洗中庭暑，泠然涼意生。煙開知月上，香滿覺風清。小坐應忘倦，閒談不係情。芸牕吟未罷，銀箭遞初更。

邨館自慰

安念祖

浮生隨寓即仙寰，大塊羅吾几席間。花月半牕容我傲，圖書滿篋辟人刪。迂疎每幸逢知己，名利無心盡等閒。興到援琴歌一曲，不求流水與高山。

盆蘭和孫旭堂先生韻

安念祖

移得靈根借緑瓷，深山逸韻有誰知？同心到此宜紉佩，入室從前已締思。芳草可人輕煖日，幽香着意半開時。好陪綺石滋清露，丹穎珍如五色芝。

舊作記夢寄同社諸君子

安念祖

塵心未净思修真，好夢幻出身外身。飄飄不知欲何往，泛舟偕客游花津。芳靄沈沈林境僻，沿溪幽邃多怪石。煙花滿徑聞空香，緑雲水底涵虛碧。溪上高軒清且閒，此中有人渾不言。蕭然容與出塵外，校經持法心元元。忽覺煙蒼下林薄，燈火熒熒映帘幕。客云幽壑近仙源，地即武陵尊斗閣。我曾問道來尋訪，别來雲樹心遥想。此日重逢逸興飛，斜月疎星胸曠朗。我欲低徊話舊盟，無那客行蕩輕槳。閣中忽忽聞人聲，未獲談心殊悵悵。東方已白心驚怵，沈檀香氣留虛室。諸君道心已入化，勞吾夢想難爲述。夢中何自接仙寰，靈機相感通元關。飄緲虛無語可删，踐行真境思維艱。幾時偕客復登攀，浩乎！與君談笑開心顔。

題華藝香慈母徐氏紉餘存草

安念祖

昔聞孫氏白燭詩，香蘭醉草流幽思。名媛有才不矜炫，偶存佳句多神姿。今聞藝香有賢母，紉餘新思如抽絲。賦就燈前亦焚草，兩人才思空自知。藝香孝思勤冥搜，數章雋削得僅留。雲牋傳寫乞題詠，徽行不從韻語求。膝下茂才承母教，文藻翩翩列鄉校。意如晝荻啟人文，母有義方子克孝。

乙亥春初赴蠡口館即事五首

安念祖

莫道飢驅不固窮，飄然寄食任西東。由來萍梗身無定，慣狎鷗羣趣自同。細雨颿垂雲脚黑，夕陽棹破浪頭紅。前途作客今猶昔，總是江村煙月中。

蠡湖東渡正春初，旅館爲家當卜居。子倩負薪香稻草，婦能供饌細鱗魚。無才可媿對知己，有酒何妨説愛廬。從此逍遥忘得失，課餘静思學鈔書。

容舍三楹傍曲隈，一枝可借便須來。軒當蔬圃春初韭，徑護花籬雨後苔。佳日詩懷陶令意，小園賦憶子山才。筆床茶竈堪幽賞，二月餘寒猶見梅。

東來問俗當游春，不作蕭蕭羈旅人。白粲空囊常乞糴，青箱滿載未全貧。夏時檢校成剞劂，古韻停鈔待討論。勝日尋芳歌伐木，還邀益友指迷津。

年來如醉復如癡，旅夢醒時淚欲垂。典學未承弓冶志，傷心廢讀《蓼莪》詩。多請春雨嬾攜屐，幾夜寒燈倦下帷。何日郊原天氣好，呼朋挈榼去聽鸝。

題友人讀書秋樹根小照

安念祖

雲銷邱壑清如洗，秋樹涼歸眉宇啟。高人對此可讀書，不求甚解求根柢。

贈談迂村

安念祖

同是天涯飄泊人，廿年旅邸一相親。當時誼切松蘿舊，今日懷傾翰墨新。作客我還憐爾客，患貧君肯餽儂貧。賞奇析義情無限，煙柳湖邊滿目春。

和鹿城諸君月夜訪談迂村於西莊韻

安念祖

舊友西莊隱，言歡采合昏。緑尊開月夜，紅燭坐花村。論快泉聲注，風薰露氣屯。主人吟興好，佳趣繞衡門。幽人多静意，趺坐即心齋。獨具詩懷抗，何須里耳諧。挑燈蓮漏徹，敲字竹扉排。共倚花闌畔,騷壇話絶佳。

和重訪疊韻

安念祖

蠡湖尋夙好,佳句洗昬昏。不懈唐東野,多情宋後村。松濤驚月白,槐市詫雲屯。仙客一時至,詩家已候門。

勝日追歡會,談經暢午齋。興無今昔異,韻已後先諧。學海花津渡,當山繡闥排。幽情吟未足,雨過晚晴佳。

和東林山長凌泊齋先生訪高子水居韻八首

安念祖

一

道無今昔異,只問讀書人。氣節遥相待,煙霞劇可親。高踪雖縹緲,餘韻足吟呻。雅有知音者,探幽獨會神。

二

地僻心逾遠,憑軒意豁然。浩歌悲鶴去,小坐學鷗眠。同志友三士,興懷賦百篇。扁舟隨所適,秋柳漾湖煙。

三

陳跡誰能闡,名流意自關。胸中羅磊落,川上聯潺湲。載得琴書去,贏來圖畫還。有懷人不見,相對白雲間。

四

蹁躚乘灝氣,逸興動高秋。飛舄凌孤嶼,披襟上可樓。尋詩耽嗜古,好道獨懷憂。不遠滄江趣,追思往事悠。

五

細訂先賢語,經年競寸陰。真詮悟淵澈,古處入林深。止水堪垂涕,清風此滌襟。精誠能默契,同具不彫心。

六

絳帳尊前哲,曾無教思窮。菰城來化雨,惠麓扇春風。游記琴山下,吟傳槐市中。抗心今似昔,志意振蒿蓬。

七

千秋念忠悃，抱道不神疲。勤業星言駕，興嗟日出卮。依庸雖遯世，麗澤總忘私。身隱漆湖上，東林兩係思。

八

卜居塵自遠，宛在水中央。明月與人近，蒼葭引興長。高情寄寥廓，遺恨詠滄浪。異日重尋訪，相隨杖履將。

題談迂村詩稿

安念祖

本是風流客，溪山結静緣。一編幽思滿，竹露潤花牋。

丙子歲除夕自遣

安念祖

歷盡艱辛又一年，總徼天佑得安全。豚兒有室苟完美，馬鬣無財未釋然。一味利名心澹泊，滿身詩酒債糾纏。癡愚妻子燈前笑，問我争多壓歲錢。

丁丑元日

安念祖

欣逢元日慶團圞，子婦夫妻共席前。雪霽梅花香得意，爐温柏酒醉如仙。莫談往事知多少，且看陽春景萬千。落拓慣爲人識笑，舊衣拂拭拜新年。

壽曹修吉里中樂善人。

安念祖

德門多樂事，和藹古唐虞。琴御歡宜爾，春園誦友于。老方知健骨，貧乃識真儒。鄉校陳三豆，何須五岳圖。

贈顧簡亭顧孝廉廷琥之弟，名廷球。同舘蠡口。

安念祖

衡茅何地覓知音，偏有名賢共此心。海曲弟兄看幾許，人間冷暖莫相侵。及時聽鳥攜清酒，何日呼童抱素琴。縱是春陰花霧隔，撥雲也可入林深。

白牡丹

安念祖

滿目繁華處，檀心獨自清。檀心，花名。名花無艷色，貴客有閒情。張敏叔稱牡丹爲"貴客"。映日裁雲様，朝天捧玉英。映日、朝天，俱花名。何須瓊島覓，月下笑相迎。

人間稱富貴，曾識此英奇。不譜青蓮曲，應歌白雪詞。無雙看月貌，弟一比仙姿。頃刻花如玉，韓湘子開頃刻花碧牡丹二朵。天香入座時。

題茂苑徐立堂别駕譜華園步戈桂庭韻

安念祖

其一

避囂思僻地，好友共追尋。萑葦一方水，枌楡十畝陰。伊人聯誼篤，引我入林深。邱壑胸中出，丹青不易臨。

其二

孺子廟何處，園通一徑幽。譜華香不斷，浥翠露難收。新竹雲囪罩，清泉石道流。林間謁高士，餘韻自綢繆。

其三

幽亭堪憩息，几静自無塵。花木多天趣，風流憶古人。苔深垂緑髮，松老挾蒼鱗。坐久不能去，蕭然物外身。

其四

緣慳脩禊會，避暑入山房。樹蔭襟裾碧，花侵笑語香。憐余如隱癖，到此問詩狂。戀賞多幽事，新詞列滿堂。

其五

林泉闢奇境，小作即仙寰。宛入元中洞，飛來湖上山。日斜人未散，雲到鶴將還。後會兹先約，花開不掩關。

贈戈存齋

安念祖

僻處羈棲興不孤，幽人還往足清娱。早知異地多雲誼，何事家山獨守株。

擁螺石歌

安念祖

人傑自地靈，山以有仙名。氣化兩相感，造物能傳神。人中有英傑，山中有奇石。蒼蒼饒古意，挺然能特立。青菭垂髮薜蘿衣，盤空螺髻凝煙碧。稟性堅貞本不凡，不供玩好輕吾質。幣聘胡爲來，守介常辭客。高和叔家貧，有出重價購此石者，和叔不與。静養不動心，高人共晨夕。何須海外尋員嶠，虚無縹緲夸神妙。時有風雲護北窻，清聽龍吟與虎嘯。

山　　居

安念祖

避囂尋僻徑，棲息傍層崖。對壑排松牖，牽蘿護竹齋。雲來空谷暗，春到滿林佳。石道陵虚碧，留題足寄懷。

舟　　行

安念祖

三湘挂席去，壯志慕長風。皖口迷春樹，吴頭接晚虹。煙團遥渚碧，日落滿江紅。最是放懷處，澄波皓月中。

登高有感

安念祖

佳節今如昔，登高似舊不？西林望孤嶼，景榭剩荒邱。嵐潡空山籟，煙凌古樹秋。相攜過松步，野菊徑中幽。

贈華振軒

安念祖

崚崚傲骨識君容，談劇時披綿繡胸。詩格清奇驚渡象，文心靈變擅雕龍。謫仙瀟灑非空世，曼倩詼諧不露鋒。白社相從方恨晚，那堪飄泊怨萍踪。

寄華翼菴姑丈

安念祖

恬暢軒前興味濃，許分經席樂追從。池空水月皆圓相，日煖風花總笑容。白社新詞添樂府，緑窻佳話侍談宗。欲知躁釋矜平處，對榻頻頻聽曉鐘。

和友人秋日閒吟韻

安念祖

客裏驚秋一葉知,那堪拈韻入神時。情憐舊雨繙詩艸,興到新樽把菊枝。碧水半潭涵静影,莫雲千里起遐思。懸知郢曲高難和,且看游魚戲墨池。

獨坐茅齋伴墨卿,心慵强欲結詩盟。含毫轉怕多愁緒,觸口難邀綴細評。疎柳寒煙孤館夢,丹楓夕照故園情。一簾秋思何從訴,細寫離懷寄友生。

壽舅氏秦荄庵先生六十

安念祖

壽宇初開届六辛,閒居常樂太平春。渭陽媿乏瓊瑶贈,海上聯將瓜棗伸。碧社高風思往哲,竹林遺韻謂伊人。門臨池畔堪垂釣,身外無求不厭貧。

步吴巢雲見贈原韻

安念祖

富藉多文久積儲,閒居藝事亦游於。水流嶂外神來處,風入松間月上初。才美劇憐摛錦繡,寓安曾不陋薪樗。我思晨夕親芝宇,塵誨先投尺素書。

白　蓮

安念祖

净植亭亭自愛深,前身冰玉到如今。不嫌澹泊無人賞,獨向清漣展素心。

佛　手　柑

安念祖

仙果成形品獨嘉,靈山會上幾拈花。指迷早得逢神手,笑向枝頭借八叉。

和同社題仁壽室原韻

安念祖

仙雲疊翠擁仙樓,一瓣心香到十洲。壽世文章宗大雅,仁人氣誼羨清流。新詩韻續三生約,寶劍光寒五月秋。無數高才題粉壁,我來翹望鶴添籌。

得華藝香書

安念祖

五月辭芝宇，三旬得手書。仁言動心目，雅意勝瓊琚。烏几焚香處，茅齋消暑初。鄙懷方耿耿，尺素慰離居。

月季花

安念祖

百花一歲一懷新，獨此丰神久耐人。不管東風留且去，芳心常得四時春。

題李介臣先生照

安念祖

人生險阻因數奇，數奇始得大名垂。行推激烈人莫及，更有遺像傳威儀。嚴父華亭身殉節，孝子傷心慘收骨。金閶迢遞哭天涯，枯骨紛紜驗滴血。歸葬佘山一坏土，寒猿夜烏共哀咽。遷喬輯譜表卓行，後先忠孝相輝映。回首當年泣涕漣，幽思沈吟感無竟。

癸亥下榻讓邨與陳瓶如相敍五歲明年戊辰各有所適因作短歌以贈行

安念祖

人處名教中，樂地隨時有。庭闈依父兄，出外依師友。天幾作合得我師，相親晨夕不我遺。談劇言泉流齒頰，言言直諒心心知。夙稱好古多研究，漢人文史唐人詩。論文相對一尊酒，常醉窗前花月時。流光五載忽分袂，殷勤追憶從前契。我祖遺文君校讎，東林世講心相繫。知君愛我既忘年，彼此心情不忍捐。離合無常古今事，異時良晤追前緣。浩歌泛月梁鴻溪，振衣直上龍山巔。

擬顔延年五君詠

安念祖

一

阮公有誰知，矩步惡捷徑。屬文無苦思，詠懷率天性。獨行非放誕，勢位恥奔競。不遇蘇門生，抗心莫相印。

二

中散好容姿，絶俗無塵心。琴聲静入妙，飽靚爲知音。採藥聊寄跡，葆真宜山深。天質本自異，養生復垂箴。

三

劉伶每潛默，沉醉全其真。應事無畛域，入德含温淳。性耽一壺酒，寄此身外身。行止不忝情，鹿車揚芳塵。

四

仲容清挺異，美質還多文。入官當妙絶，芳標屬青雲。一麾心不卑，兩袖煙霞氛。列子託知己，嘆服名流芬。

五

向秀殊卓犖，總攬探元妙。不解真是解，潛心契寂照。灌園足供酒，軒軒日舒嘯。流俗難與諧，廣陵自同調。

擬杜少陵重過何氏五首

安念祖

一

塔坡尋夙好，邐迤過南塘。僻地塵氛遠，春隄霧雨香。籬穿金勒馬，柳護緑沈槍。引我入林密，頻來野趣長。

二

山色迎人笑，重游意陪親。將軍應憶友，稚子亦知賓。徑草侵雲屧，籐化罥角巾。石林追別緒，細雨捲湘筠。

三

自昔攜尊處，而今已聽鶯。琴臺當澗落，茗椀坐風清。獨別煙霞趣，非關隱遯情。餘歡吟未足，溪上晚來晴。

四

伊人多雅意，依樹寫雲箋。竹里聽泉坐，梧庭枕石眠。沈吟懷舊雨，把酒話前緣。戀賞不能去，臨風思渺然。

五

此地曾投宿，相違動隔年。煙蘿環曲徑，緑樹擁平泉。不是紅塵境，無殊元洞天。何時得微禄，也辦買山錢。

又

安念祖

一

雅慕將軍誼，重過敘闊衷。隄環芳艸緑，水漾落花紅。閒静思陶令，遨游學謝公。南塘煙景好，滿袖帶春風。

二

且識兹園勝，攀躋不費尋。新菭粘屐齒，香霧濕衣襟。竹塢眠馴犬，花枝穩宿禽。向來幽徑熟，竟入石林深。

三

夙有山棲癖，無嫌馬足勞。巖巉如入岕，溪曲擬游濠。冒雨挑春筍，和煙摘野蒿。伊人重晤語，花下酌香醪。

四

平臺欣晚霽，清沼落殘霞。地隙多栽竹，墻坳恰補花。流連猶是昔，遲莫曷勝嗟。杖履生平闊，青山幸可賒。

五

空翠生虚室，新茶試碧泉。斯游當永日，舊好憶前年。句蝕琅玕老，亭幽薜荔圓。坐來心自寂，晨夕此盤旋。

清明後一日旅館書懷

安念祖

忽忽清明節，離家思悄然。旅懷關此日，禊事憶前年。拭眼衝花霧，推窻卻柳煙。曉來無興味，愁緒轉纏綿。

答顧見山

安念祖

生平曾敢作伊優，破浪何時筆可投。只爲疎狂懷古誼，至今倔强傲同流。

旅館冬夜有感

安念祖

羈棲茂苑又殘冬,愁思偏逾酒味濃。舊雨幾番歸別浦,暮雲千里接孤峰。請纓有願情難釋,彈鋏無才性復慵。誰是餽貧來益我,鄰家香稻夜還舂。

己卯新歲詠懷

安念祖

常切弓裘志,年强百不能。念先垂福德,裕後待孫曾。細讀清芬譜,精研古韻徵。遺經猶未隊,夙夜恐難勝。時故難諳練,無聞悔後生。莫懷荆璞恨,常守硯田耕。直率誰阿好,迂疎寡結盟。獨叨先德厚,尚不類心盲。未免人憎惡,無緣涉要津。屋危憂似杞,裘敝媿如秦。不怪囊中澀,堅持席上珍。和風解愁思,囱外一枝春。

壽景坡兄六十

安念祖

其一

極目仰天雲,高情久紹聞。大宗承匕鬯,古處萃人文。雅挹蘭巖秀,風傳桂子芬。著書忘歲月,世業守精勤。

其二

兄也心希古,耆英實可師。城隅尋白社,泉上奉賢祠。睦族唐虞教,幽懷晉宋詞。採芝游惠麓,常繫故園思。

其三

西林遺澤永,俊茂競聯班。氣岸凌蘇海,風流愛米山。花街雙屐健,蔬圃一身閒。喜樹堪怡悦,何須藥駐顔。

其四

耆耈熙朝瑞,高人自率真。一心敦孝友,隻手補陽春。元覽琴音妙,飛香花譜新。吹箎隨玉舄,丹鳳遞綵綸。

憶梅溪先生

安念祖

憶昔談今日,春風滿座披。清言欽古誼,雅度識人師。策杖看雲處,攜琴載酒時。梅花溪上路，香瓣切翹思。

瀟湘八景

安念祖

沙汀雲黑夜江寒，幾點漁燈近蓼灘。最是客舟聽不寐，潮聲急處雨聲酸。瀟湘夜雨
煙圍空翠接仙寰，一徑晴嵐下碧山。山店餘清足流憩，細聽松澗瀉潺湲。山市晴嵐
罾垂野渡夕陽斜，幾處閒鷗傍淺沙。一片溪光雲影合，蕭然茅舍近蘆花。漁村夕照
掩映禪林罨莫煙，鐘聲響遏落霞天。誰知江上驚秋晚，愁思新添到客船。煙寺晚鐘
輕帆片片下平波，遠指如鷗逐浪過。不管天涯遥與近，秋江贏得曉風多。遠浦歸帆
蘆洲夕照影分明，陡落平沙雁一聲。望斷莫霞横紫塞，秋高無限别離情。平沙落雁
風清月白洞庭秋，萬古湖光空自流。爲問從來游倦客，幾回把酒岳陽樓。洞庭秋月
四圍密雪捲寒風，漠漠江天眼界空。不辨瀟湘何處是，孤舟蓑笠一漁翁。江天莫雪

和齊邑侯留别梁溪詩六首原韻

安念祖

愛人君子信非常，早識虚明擬鏡堂。束帶難爲清美客，彈琴易治水雲鄉。里淳猶憶梁鴻化，政善咸稱卓茂良。異日甘棠應作賦，筆耕無奈已榛荒。

玉府鴻儒比仲堪，偶膺黄綬宰江南。片帆細雨多沾潤，兩袖清風足化貪。考績幕前知冀馬，衡文席上聽春蠶。勤民爲國還思孝，常禄何妨奉旨甘。

草莽常滋雨露深，芳春紫陌屢追尋。嘗叨明府懸清鑑，卻笑漁人用直針。審考夏時符聖治，研參古韻協書林。一編先著逢青眼，得識昌黎慰我心。

梅里尋詩硯不枯，清溪峻嶺問林逋。鴻山古墓增蒼翠，龍匯新橋入畫圖。勝跡流傳千載後，名人修復百年無。劇憐江國多風月，志喜難忘太守蘇。

均田築邑念前修，遺愛如君第一流。捐俸卹民師范子，推心薦士慕荆州。畫沙氣勢垂繩矩，種柳風情狎釣游。卧轍慰留無别語，他年棨戟更來不?

君侯德感雀啣環，九萬圖南幾往還。愛日民皆思浙水，攀車我欲畫吴山。寒江莫色煙波渺，花縣春光指顧間。最是令人依戀處，白駒延佇縶郵桓。

題宜園四首

安念祖

盛澤東園闢，棲遲地最宜。抱琴來鶴徑，洗研近魚池。好鳥啼偏换，閒花落故遲。晴窗多逸興，石上共題詩。

彳亍通幽處，林深可滌煩。攀巖花拂袂，臨水月當軒。桂馥侵書幌，桐陰落酒罇。仙亭佳趣得，日涉此芳園。

勝地幽情愜，涼秋分外宜。紫薇凝艷露，丹桂動香颸。嵐影溪光合，神移心曠時。清風當曲檻，小坐漫吟詩。

留滯吴江路，佳游過此園。觀魚臨石澗，聽鳥坐桐軒。高畔煙霞古，花間笑語温。掀簾知月上，清夜一開樽。

桃花深處和友人韻

安念祖

著花深處景未遲，漁郎尋覓也情癡。衣香共到湖邊路，雨過誰憐竹外枝？春色莫教隨逝水，芳容相笑逐時宜。當年陶令偏多感，渡口流傳絶妙詞。

和盛湖松陵書院洪山長探梅韻

安念祖

客裏探幽路不岐，此間索笑遇心知。頻番好雨銅瓶滌，滿座春風紙帳披。儘耐詠花人細嚼，更教鉏月夢相思。幾生修到何須問，領袖羣芳獨冠時。

劇羡癯僊迥出塵，清風林下置閒身。暗香疎影宜尋思，淡緑肥紅自可人。得意步來雙屐雪，有緣攀著一枝春。相知便愛相逢處，玉照堂前接笑嚬。

探奇共説到靈巖，我愛松陵境不凡。緑萼幾枝横側帽，幽香一徑染輕衫。美人夢覺情還戀，高士詩成韻莫芟。迂拙媿無和靖句，願君東閣寄華緘。

和汪竹軒少府月課松陵韻

安念祖

治肅公明仰鏡堂，燕閒偕客理詞章。武林品藻堪珍式，舜水人文盡激昂。綵筆臨風拈雅韻，春衫步月染天香。笑儂共戀彈琴吏，只恐高遷鵲上梁。

贈 舜 湖

安念祖

訪道憐余性日慵，歡然奇傑此間逢。曠懷自足湖山趣，佳語時披錦繡胸。白雪歌殘驚渡象，緑沈雲護訢飛龍。從前雅會尋三徑，對榻頻頻聽曉鐘。

閏上巳和葉印石韻

安念祖

修褉重逢三月三，騷壇逸興酒同酣。落花戀日春難去，舊艸吟香人細談。拾翠輕衫非褦襶，踏青雲鬢未鬖鬖。曲高和寡情何限，解熱無愁有蔗甘。

四美何如月閏三，長春花事有餘酣。新詞再集流觴會，舊雨頻聽捉麈談。乳燕親人聲細細，游驄熟路影鬖鬖。晴窻不了酬詩債，定有知心問苦甘。

過王旭樓家讀畫

安念祖

攜朋訪道叩松關，盡日優游飽看山。幾許箇中能得到，問誰門外敢來攀？蒼崖歷劫煙霞古，仙客忘機杖履閒。坐久不知塵世界，一身渾住翠微間。

并蒂蘭步元人謝宗可韻

安念祖

露含雨蕊一枝擎，逸韻翩翩自有情。芳艸競姿吟味永，幽香分握袖風清。擷英連理人多媚，紉佩同心語不争。好友相思共晨夕，靈根雙秀豁雙明。

崇蘭好借緑瓷擎，并秀挺容繫我情。君子奇緣成兩美，善人神悟喜雙清。花開并蒂香無極，韻叶連環巧莫争。入室由來徵静契，謝家昆玉盡聰明。

鳳　仙　花

安念祖

秋來花發笑嫣然，翠羽相嵌五色鮮。不是瑶池青鳥降，庭前那許列羣仙。

贈王巢雲步紅椒館元韻

安念祖

高懷夙擅晉風流，鸞鳳翺翔結侶儔。寶樹凌雲培勝謝，青湘鎮閣校同劉。山林雅有修真趣，鐘鼎才儲裕國謀。槐蔭階前來拜謁，紅椒新詠句賡酬。

贈米召林世伯

安念祖

年來虎阜謁名流，杖履追隨黄綺儔。醉月坐花欣慕李，夕陽秋水紀吟流。癯仙不涉龍鐘態，佳樹能承燕翼謀。梓里菊英供采摘，南山相對願堪酬。

題振公上人伏虎圖

安念祖

世人縱欲常害身，毒龍猛虎相貪瞋。降伏其心善學佛，聖賢克己能爲仁。爲仁不易爲佛難，人生歷劫千萬端。仁者存理先遏欲，埽除煩惱只静觀。佛者觀空無住相，眈視逐欲胥棄捐。深山大澤無恐佈，昂藏體貌神獨完。

送汪竹軒主簿入都門

安念祖

賢勞監餉已三周，不待咨諏助壯猷。兩袖清風披錦組，一隄春色映華騮。緣知易水煙雲好，獨倩平陽詩句收。相約歸來期夏五，遷鶯指日到瀛洲。

輓襟兄蔡玉照

安念祖

聯袂忽分手，聞之惻然驚。君年未四十，展驥不計程。君器非斗斛，親友知平生。澤宮擅文譽，修行希先民。懷才不輕試，硯石終歲耕。余自金陵歸，慨然嘆離羣。思君圖把臂，君胡赴修文。君豈厭觀世，汙俗徒紛紛。君豈嗟遲莫，儒冠誤君身。終身不忘孝，嗣息憂零丁。多愁每多疾，壯志難自申。翻然君去矣，孤寡難爲情。幸君天倫篤，手足能擋摒。遺文足傳世，弱子能養成。哀詞强慰君，魂魄安九京。

癸未春日借寓仁壽庵之香清自在居偶成二首

安念祖

百般煩惱緒，到此撇塵緣。緑竹脱殘雪，紅梅逗曉煙。多情因避俗，不醉也逃禪。最喜春泉活，新茶試雨前。春來幽興熟，任意託禪林。不厭滄中味，堪投物外心。松牕留古色，竹院繞青音。客到逢僧話，應題白雪吟。

題翁月如女史詩

安念祖

才名不苟得，才思賦自天。士夫羨卑牧，巾幗還自憐。琴川有女史，婦德無間言。新思抽紉餘，舊艸焚燈前。韻語不矜炫，潔羞傳晨餐。孫氏白燭詩，翁氏永晝篇。短章雖僅留，傳誦千百年。

題 華 某 照

安念祖

神姿高徹近瑶林，不受凡塵半點侵。對景寒香清肺腑，孤山芳躅許相尋。

題玉泉上人唤虎圖

安念祖

玉人治人臻化神，佛氏處世善降伏。九根無礙十行圓，一埽塵間衆耽逐。有心觀世念觀音,大空小空不相觸。月公上人能唤虎,勝日披圖得緣覺。

影

安念祖

常伴修容日日新,天然類應有前因。撫躬自在光明地,慎獨偏來指顧親。相對忘言知友己,憑空寫照不求人。勸君爾我毋爭辨,到處關懷總一身。

塵

安念祖

漠漠騰空衆目驚,非因逐隊嘆浮生。憑虚遠引聊乘化,處晦深藏不矯情。沈静無妨凝几席,和同隨地近光明。玉階寄跡常相奉,好共金罏香篆清。

遣懷雜詩

安起東字慕林,晚號耐菴老人。著《樗莊冷草》、《耐菴詩稿》。

其一

三五團圓月,竟夕揚明輝。三日哉生明,纖纖如蛾眉。人對一輪月,酌酒酣淋漓。庭中共徘徊,不覺眠遲遲。我意亦欣賞,不如新月宜。月新日以長,月盈日以虧。翹首問嫦娥,嫦娥無一辭。惟無常滿心,斯有常圓時。

其二

人生有悟境,隨識分低昂。所悟到何境? 各自見其長。譬之流螢火,點點有微芒。焚膏以繼晷,所澈字幾行? 庭燎大如樹,輝煌止一堂。日月無私照,處處生明光。無怪井底蛙,渺乎小彼蒼。

其三

子房早見幾,願從赤松游。淮陰不善藏,竟中女子計。英雄不見睫,時有意外事。君子貴冰淵,兢兢恐失墜。思患而預防,所往無不利。可憐陷阱中,人皆曰予智。

其四

兩間有用財,流通如流泉。造物擇能者,陰與主持權。主持得其權,忘乎所以然。良田與華屋,子孫千百年。三春看花人,羡此花常鮮。大哉宣聖訓,鐘聲清夜傳。富而可求也,吾亦爲執鞭。

寄嘯石二弟

安起東

年年春社期，燕子飛差池。尋巢忙又忙，門户誰家依？纔覺主人熟，秋風又別離。寒儒出門去，世路多嶔巇。孰是近人情，而況求相知。吾弟獨閉户，幸免風塵馳。舊庭花木好，子姪栽培之。興來偶弄筆，隨意裁新詩。遺墨重名賢，雅玩常紛披。更幸侍高堂，定省無缺時。吾親年已老，不能常扶持。客中每心動，靦顔方爲師。羡君在家庭，晨昏膝下兒。

雜　感共十一章録四章

安起東

一

美玉生深山，奇光何皎皎。硺磨始成器，珪璋爲大寶。永爲席上珍，不負卞和抱。如何急求沽，爲人作玩好？

二

庭前樹蘭玉，品貴壓羣芳。春來雨露深，栽培新枝長。干霄成大木，不關紅紫裝。如何逐春風，柳花争顛狂？

三

魑魅善攫人，鬼蜮工射影。令人不能測，毒害乃可逞。誰知醜類形，早鑄禹之鼎。誰知牛渚夜，温嶠然犀炳。

四

蠹魚飽人書，蚊虻飽人血。兩物俱損傷，畢竟有區别。蚊被秋風吹，聲消而跡滅。蠹匿卷軸中，香芸薰不絶。

得家書

安起東

離家廿里餘，恍隔數千里。離家二旬餘，恍若數年比。嗟哉無限情，一身作游子。游子衣食謀，問安無一紙。鬱鬱腸九迴，欲訴何從起。意外來飛鴻，一函落雲中。上書平安報，一見寬心胸。燈前迫不待，歷亂横開封。快讀兩三行，道及白髮翁。此言知不誑，炯炯雙眸亮。四字寫分明，精神近健旺。快慰思親心，客中減惆悵。差勝夢中歸，縹緲神魂宕。

歲暮遣懷共四章録其二

安起東

其　一

長松四時青,閲歷冰霜雪。修竹無暑寒,虚心標勁節。草木有本性,挺然貞且潔。人爲萬物靈,何事趨炎熱。試看烘開花,生機已消歇。

其　二

雌雉能辨色,一飛全其軀。浮鷗無機心,優悠樂江湖。此理如不明,康莊皆危途。我今思舊雨,罄吐生平迂。舊雨今不來,中懷何從舒。晨夕共古人,相對案上書。

遣　　懷

安起東

僻處艸野間,碌碌如夢寐。不得山水奇,徜徉以自恣。窮愁攪中腸,屏絶風雅事。有志觀羣書,健忘無一字。胸襟既不恢,詩境何從異。無聊强排遣,拈韻聊自試。管見有幾何,大雅所弗貴。空思古之人,性情多托寄。不能已於辭,韻語傳深意。忠臣孝子血,思婦勞人淚。弦外有餘音,言外有餘味。慷慨悲歌中,千秋有生氣。嗟嗟艸間蟲,苦吟徒詞費。

看　　山

安起東

平生愛看山,家居近膠鬲。横亘七八里,峰峰總一碧。雲氣變陰晴,巒光異晨夕。曉來靚如裝,螺髻沐膏澤。柴扉向北開,畫屏蒼翠積。西有鳳凰峰,嶺斷氣相釋。無心出白雲,舒卷在倏忽。日日送青來,我慣以目逆。不須踏屐游,飽看恣情適。誰知山之靈,閲盡看山客。山色今古青,山人盡頭白。

題曹滄洲羽士畫蘭

安起東

藹然如春,皎然無塵。怡情方外,翰墨傳神。殘月未落,清風徐生。無言自芳,介石爲鄰。白雲空谷,如寫幽人。相契於凝,悠悠素心。

倪相於親丈輓詞

安起東

仲秋猝傳聞,駭君嘔心血。客中放棹來,問君神恍惚。床席卧奄奄,支離剩瘦骨。托瓜以爲命，聊解心煩熱。遲遲數日間，精神稍振發。别來音問通，云頗能餔啜。醫理君自精，調攝素無忽。偃息安其神，静養生其液。勿藥自有喜，補以食爲益。光陰駒隙馳，小春我病阨。愁病更添愁，又過陽生月。想君已霍然，札中問至切。誰知訃忽來，客中心膽裂。秋間分袂時，生離成永訣。嗟哉素心人，逝矣重泉隔。憶君少孤貧，家世守清白。生涯一硯田，筆耕勤不輟。情性春風和，氣骨梅花格。學識超古今，理解明鏡澈。文事兼武備，無不究精絶。孜孜無倦心，忘卻頭盈雪。文章本性真，青眼何曾閲。胸中富經濟，無所施其策。每懷濟物仁，一片熱腸結。平生敝緼袍，不羡軒車客。此中有真意，恬然隨遇適。無怪塵俗中，笑君迂且拙。一朝騎鯨去，匆匆何太迫。陰陽消息間，達人似明月。長往不復還，夢醒紅塵役。從此作完人，高士傳中列。所嘆世俗浮，無復真心迹。渺渺古風凝，令人常惋惜。

雜　感三章録其二

安起東

其　一

庭前有黄楊，早入瓷盆整。主人費栽培，望彼成奇景。誰知幹倔强，枝葉縱横逞。雖云阨閏餘，挺然一愚蠢。枉費剪裁功，莫抑勢剛猛。人生蒙養年，合早歸繩準。少成若性天，名言可深省。

其　二

美人在深宫，女子妬其色。賢士立朝廷，宵小忌其直。女子與小人，居心私且刻。大則毒害深，小則誹謗逼。歷觀古今來，是非亂白黑。此輩虺蜴心，言之氣欲塞。人生行路難，何在無不測。君子善退藏，大德自不德。渾然穆然中，任爾含沙蜮。

讀飛香圃詩草

安　道禎嗣子，字進修，號覺齋。國學生。著有《挹翠軒詩草》。

新詩清絶點塵蒙，心愜芝蘭臭味通。不教西林芳草歇，風流遠紹茂卿公。

筆花時露劍花鋒，紙上煙霞帶露濃。我本青盲争快睹，分明初日出芙蓉。

清明登膠山四首

安　道

寒食空悲泉下魂，朝來新火暖千門。相沿南國游春日，浪跡東山著屐痕。人坐緑茵芳草地，鳥啼紅樹杏花邨。鐘聲半嶺蕭郎寺，擬覓高僧對榻論。

南湖一片白於霜，霽色遥開緑野塘。散彩千林新錦帳，添毫我輩舊青箱。餐霞人已歸仙侣，懷古宫猶剩梵王。此日空傳風韻事，秋千院落鬭雞坊。

莓苔稱坐翠沾衣，對景無因問是非。幽谷藏春樵徑没，古碑封蘚字痕稀。人來絶頂雙峰抱，雲落平蕪一鳥飛。咫尺家山游興熟，那堪佳節更相違。

春色迎人我亦憐,野桃紅截半溪煙。鶯啼緑樹方摧織,柳愛和風漸脱棉。好景祇愁花易老,閒心真愛日如年。一聲牧笛山光紫,點也歸來沂水邊。

桃花水泛舟

安　道

飄然一葉逐輕鳧,直下傾流到海隅。青草欲迷雲夢澤,澄波似泛洞庭湖。直登天漢浮槎去,倒曳風帆夾岸趨。此日凌虚真快我,分明身世在蓬壺。

夢裏生涯一海鳧,回頭身世在蓉湖。滄溟眼界何爲者,潦草人情已矣乎。古調聽來流水韻,新詩畫出輞川圖。文章理學真兒戲,千古聲名盡濫竽。

雨後晚眺

安　道

草色侵官道,鶯歌出上林。春光何處好? 桃李自成陰。水濁溪流急,山青雨後深。悠然自來往,一片白雲心。

前　題

安　道

一榻清風絳帳垂,夢回春晝日遲遲。句中流水琴聲遠,紙上青山草色滋。筆墨有神應識我,煙花含笑擬憐誰? 未能中聖三杯酒,敢托猶賢一局棋。

罨畫樓賞玉蘭

安　道

瓏璁一樹璧無瑕,幾費天工巧匠剗。蘭室人幽香滿座,謝庭春暖玉爲花。梅兄雪後芳音杳,素女風前舞珮斜。最愛夕陽迴照候,酡顔不惜醉流霞。

題司馬問渠西湖秋柳圖

安　道

冷淡神情欲畫難,淒涼蟬唱夕陽殘。風流猶是思張緒,剩有游人駐馬看。

一鏡湖光淡曉煙,冷風殘月白堤邊。雞聲喚起相思夢,又送離情到客前。

去日韶華轉眼過,纖纖曾憶舞婆娑。祇今憔悴猶如此,依舊含情悵恨多。

誰人高唱柳枝詞,馬上秋風動客思。此日分明西子老,眼前不復鬭腰支。

自　遣

安　道

倦吟非爲怕詩窮,坐愛蒲團學懶融。心有靈源江筆潤,胸無長物阮囊空。牙調豈出酸鹹外,班巧難拘繩墨中。舉世劇憐方貴耳,獨推蟬韻唱高風。

次畢青城韻

安　道

靈心傲骨屬詩仙,興味蕭然樂性天。肯换鬚眉隨俗態,惟餘筆墨作良田。子虛沉鬱相如賦,老大淹留杜甫年。把酒放歌情最好,白雲高卧伴茆椽。

詠　菊

安　道

其　一

西風吹出菊心檀,獨殿羣芳花事闌。綽約趣多留月影,清寒品似脱梅酸。苦吟秋色詩偏瘦,默契幽情體自胖。三徑嚴灘千古意,陶樽雅勝釣魚竿。

其　二七絶

簾捲西風倚朗吟,東籬黄菊訂知音。多情更有窗前月,露滴天香一樹金。

踏雪尋梅

安　道

一枝瓊樹尚棲鴉,萬里冰壺乘小車。粉筆白描晴雪賦,玉堂香凍老梅花。試穿東郭先生履,來訪孤山處士家。一望羅浮何處是,茫茫遥隔路三叉。

已怯封條噪墨鴉,未停飛絮逐風車。望中玉砌千山徑,開出瓊林萬樹花。映雪讀書憐處士,騎驢得句屬詩家。陽春一曲吾何敢,自愧才非藴八叉。

中秋月夜小坐涼亭

安　俊字嘯石,號彦伯。議敘府知事,有幹才。著有《彈鋏詩草》。

良宵風静最清甯,旅客悠然坐小亭。夢到草塘千里緑,山迎人面數峰青。游魚細弄天邊月,飛鵲頻遮水底星。身世茫茫無定局,且隨柳絮化浮萍。

陰　　雨

安　俊

昨見浮雲送夕陽,何來風雨忽顛狂。農夫愁害平疇麥,蠶女齊探陌上桑。錢疊參差浮曲沼,珠抛錯落點輕航。小齋也喜琴書潤,更省澆花幾度忙。

丁丑八月上戊奉先徵君桂坡公栗主入尊賢祠恭紀

安　俊

回首想當年,聲名早已宣。豐功標國史,崇祀合尊賢。報德春秋祭,名山俎豆綿。聖朝加寵錫,盛事足流傳。

又

安　俊

禦災兼捍患,祀典本攸關。高義侔張并,襟期李陸間。尊賢崇惠麓,報德配膠山。千古清風在,泉流水一灣。

時　　雨

安　俊

四野羣欣雨及時,天工惠澤本無私。千村夏木添新翠,萬畝嘉禾嫩緑滋。枝濯今朝原有驗,亭名昔日起遐思。傾盆白點農田沃,也是催成七步詩。

奉先大令廓菴公栗主入忠孝報忠兩祠恭紀

安　俊

繼起東林氣節同,甲申遭變恨何窮!當年魂附龍髯去,今日名垂國史中。社稷殉墟宜食報,春秋祭帑慰孤忠。而今始得幽光闡,千載皇朝祀典隆。

又

安　俊

草澤孤臣久没湮,禮宜追祀報忠純。幽光總藉鄉評顯,亮節惟因當道伸。泉壤未消誅賊恨,英靈已獲殺身仁。千秋享祭黌庭内,恭肅明禋賦采蘋。

又

安　俊

當年大節今如在，此日烝嘗顯舊蹤。曾待疾風知勁草，轉奇巖壑有孤松。品分陸子清泉茗，韻逸梵王古寺鐘。歲歲馨香隆國典，飛颿遥接九龍峰。

清明日司祭西老墳園膠山南北六代祖塋恭紀

安　俊

西園拜墓屆清明，歷掃膠山六代塋。連理金鈎長釣月，鬱葱壽藏世鍾英。游人傳誦徵君德，多士咸知僉憲名。處處祭儀同一體，馨香俎豆潔粢盛。

清明後一日司祭周涇七府君鄒節母墓恭紀

安　俊

昔年繈褓落周涇，萬古惟留一塚青。天不假年貽燕翼，婦能守義炳麟經。歸宗定嗣全孤孽，立節揚徽表墓銘。世世子孫修歲事，艤舟古渡奠椒馨。

清明後二日司祭謝硃吴貞母墓恭紀

安　俊

母子流離歷苦艱，相依爲命轉相關。曲全棄孽成忠孝，興起貞風立懦頑。香土一抔營謝硃，精魂千古憶膠山。持齋來祀春秋祭，謹采蘋蘩沼沚間。

清明後三日司祭鴨城橋光禄公暨大令公墓恭紀

安　俊

理學傳家作述精，立忠立節并垂名。千秋合傳標麟史，兩世同垢在鴨城。食報黌宫尊俎豆，格歆墓祭降神明。露濃蔓艸興春感，拜酹清觴到九京。

清明後二日祭謝硃吴貞母墓歸遇風雨
兩舟忽南北望不可接出險後賦此記之

安　俊

我祖存亡係母身，大開名望豈無因。舊餘家産都抛卻，重振門墻歷苦辛。錫賚貞風完節母，保全孽子作忠臣。一抔香土營湖上，時薦馨香賦采蘋。

時當掃墓清明候，二十雲礽乘兩舟。忽遇狂風吹白浪，又驚驟雨點輕漚。須臾撇棹分南北，欸乃無聲任去留。相望浮沉不相見，放將肝膽砥中流。

水馬飛奔逐怒濤，耳邊聲不絶呼號。腸隨浪折層千疊，命與舟輕等一毛。未及收帆先下舵，無從傍岸莫撑篙。艄工善慰藏驚態，但説平基穩坐牢。

臨流莫唱公無渡，十里湖波頃刻過。天上坐憑春水泛，柳邊人待晚風和。料他北去穿三徑，思我南來又一河。歷盡危機同出險，大成橋下問如何。

齋　戒

安　俊

君子不耕食，何妨暫素餐。坐終靡廩粟，日欲照飧盤。蔬筍權充饌，簞瓢亦足歡。清齋新戒殺，莫作太常看。

又

安　俊

欲變東厨食，因燒西竺香。福希靈鷲降，苦與腐儒嘗。倚柱空彈鋏，沉淵豈渡航。計從妄想得，好不破慳囊。

膠山祭李忠定公及先桂坡公祠

安　俊

丞相祠堂古處留，膠山北麓幾經修。捐田允念尊賢意，配享無忘報德由。二姓烝嘗昭國典，兩朝芳節共泉流。至今仰止猶興起，讀罷碑文思更悠。

焚　　香齋居雜詠，録二首

安　俊

閒撥爐灰倚竹床，龍涎添炷篆煙長。不才未有生花筆，敢把文章享是香。

對　　酒

安　俊

設醴楚王空致敬，何如劉阮姓名標。平生不解葡萄飲，也把胸中磊塊澆。

柬沈蘭谷兼示子超弟

安　俊

沈約才華久仰傾，吹篪客幸結詩盟。鶴群偏愛雁羣樂，仲氏先傳伯氏名。三載湖山勞夢想，四時風景寄閒情。望衡對宇渾相接，擬泛扁舟一葉輕。

風流家世舊能詩，限隔雲泥唱和遲。未識荆龍飛有望，得攀嵇鳳舉堪期。情多大阮虚西席,學淺仲舒敢下帷?他日虎邱追勝賞,狂歌醉酒漫相隨。

自　遣

安　俊

幾年彈鋏艸成編,猶有三生未了緣。不是數奇會遇偶,也知情合則流連。新詩夢被梅花笑,舊緒春催柳緑牽。歌舞教啼鳩自懶,東風又送谷鶯遷。

瑞芝堂歌效柏梁體

安　俊

金華古墓靈芝産,舊觀重復幽光闡。十有八世流慶衍,五百年來幾微顯。溯昔勳卿棄軒冕,栽培樹木修壇墠。孟公繼起闢荒蘚,請示邑宰題額匾。康熙己巳,孟公先生請邑侯徐公永言題額,曰"安氏古墓",并給示永禁。永禁牛羊勿履踐,永保甘棠勿伐剪。厥後墓門遭火燹,乾隆辛未,墓門失火。幾代荒涼不舒展。邇來漸覺神驅遣,墓道重開運復轉。嘉慶辛未,墓産靈芝,始復墓道。三楹享堂今初蕆,今春改後廨茅屋三楹爲享堂屋,顔其堂曰"瑞芝"。春秋祭祀陳瑚璉。瑞芝之徵復祀典,世世子孫當懷緬。

古梅花書院

安　俊

千層雪浪湧山隈,山半花明竹院開。石洞青垂書帶草,雲樓黄摘雨肥梅。江帆出没憑欄望,天籟清和過嶺來。此是春風吹被處,萬枝桃李繞庭槐。

謁三公祠

安　俊

閆、陳、馮三公也。閆公臨没時,題聯于城上曰:八十日戴髮效忠,表太祖十七朝人物;六萬衆同心取義,留大明三百里江山。

三公名義振江濵,廟貌嚴嚴畫像新。俎豆允光明主澤,衣冠猶表漢家春。
當年戴髮效孤忠,六萬民心取義同。留得江山三百里,蓉城千古凛英風。
寥落孤城江上山,蒼松獨立翠微間。年年戰蓺人來謁,淚灑荒郊艸色殷。

下幃罨畫樓

安　俊

七載風塵外,今年暫息機。畫樓餘講席,玉樹伴書幃。春暖催花發,詩成趁筆揮。隔牆啼好鳥,使我壯心飛。

又

回首當年勝,争傳罨畫溪。同人詩結社,名士筆留題。試點生公石,時沾燕子泥。庭中遺植在,喬木儘依棲。

祝司馬春塘表兄六十生日

安 俊

萬樹流霞媚小春,甲周初度遇良辰。齊眉舉案年偕老,七子稱觴慶六旬。仙堂山前開壽域,錦帆涇上宴嘉賓。拒霜恰放芙蓉蕊,紅映金萱緑映椿。

名標絳闕住青城,富壽多男總有因。志切弓裘肯堂構,心關祠墓表松筠。經時略大風維俗,濟世才雄市隱身。到處行言皆懿範,德高百福自駢臻。

史筆凌雲仰漢臣,温公才德更超倫。世傳洛社耆英會,代有梁園賦雪人。蘭玉生階都蘊藉,詩書娱老樂天真。惠連時入西堂夢,好比當年大小秦。

由來中表説蘇程,睽隔芝顔愧少親。期值懸弧欣祝嘏,遐知壽骨倍精神。詩徵吴下諸名士,情重膠南幾舊鄰。忝附忘年兄弟末,頌君敢把俚言陳。

五月八日與小補慕林二兄同過約堂硯香出示其先世遺澤口占絶句留贈

安 俊

族祖高風仰約堂,煙霞結癖比柴桑。劇憐遺墨留鴻爪,奕世清芬付硯香。

名傳獨奕在龍公,樂厲芳園動静中。數著勝棋山月曉,用洞賓句。寥寥餘子數清風。棋子尚存。

尺幅箴言墨數行,銀鉤鐵畫逼歐陽。青箱寶重先人蹟,楷法猶餘手澤芳。守中先生手書箴言二幅,其書法《九成宫》,筆畫秀勁可愛。

吴人購硯識先生,手製端溪石最精。守中先生手製端溪硯,温潤可愛,吴中人士慕之。好古者見輒能辨,曰:"此黄先生手製硯也。"合浦珠曾離浦去,從今趙璧重連城。家藏遺硯前爲張姓所得,硯香以十六金買歸。

兩世休聲布九州,一時名士訂交游。文章氣節推當代,二百年來墨蹟留。硯香所藏墨跡,皆兩先生交好名公之筆。

挽立人姪九月二十二日

安 俊

愛讀君詩得識詩,君尊族誼我尊師。胡寅論史非臣瓚,康節觀爻到帝羲。否塞一生憐北道,孤高絶世傲東籬。忽驚絳帳春風冷,此後推敲更屬誰?

不羨聲華不隱淪,澹然情味見天真。生無兒女尋常累,死有期功强近親。一局殘棋留小劫，半開冷眼看紅塵。知君爾爾原非想，暫作人間懶道人。

芝慶二姪報捷秋闈志喜

安　俊

膠山靈秀挺英姿，鶚薦鵬飛正及時。古第宅添新氣象，舊家聲振大宗支。流芳叢桂分秋月，連理甘棠蔭瑞芝。東古墓歲産靈芝，西墳園有連理木。長發其祥休早見，名題虎榜木無疑。

花開五月兆登賢，大令公癸酉順天中式，家白榆閣早桂有五月花開之兆，公作《早桂吟》十首。世德文章兩美全。冀北羣空孫子顧，梁溪獨著祖生鞭。南榜無錫無二人。才華久作東南望，科第欣符乙酉年。光禄公乙酉鄉榜丙戌聯捷。佇看春來聯捷報，搗碪歌繼玉堂仙。膠峰公戊子鄉榜，己丑聯捷，御試《秋夜搗碪歌》，選翰林。

訪五峰園舊趾在五峰公宅後，五峰公闢鑿方池，建一亭于池上，峙太湖石爲五老峰，今廢。五峰移在姑蘇獅子林。

安　俊

五老峰前一鑑亭，當年水碧映山青。如何亭榭峰飛去，獨賸方塘數點萍。

清明祭膠山北麓桂坡公墓觀者甚衆故作詩以記之

安　俊

歲歲清明祭，遊人擁墓前。覺他拱兩手，觀我獻三籩。争羨衣冠肅，咸欽禮拜虔。可知青塚裏，享祀是先賢。

又雨霽踏青

安　俊

濕雲飛去聽啼鳩，潑火晴來好出游。沽酒村中春意鬧，賣花巷裏雨聲收。新烟接霧迷山路，弱絮因風逐水流。兩兩三三人作伴，踏青鞋底潤如油。

過崇教禪院即祇陀寺。梁大同間，邑人王建舍宅爲寺。中有聽松軒。元倪高士有《聽秋軒》詩。

安　俊

古寺崇何教，門開不二宗。清風翻貝葉，秋雨聽長松。破壁青蘿掛，殘碑碧蘚封。千秋王建宅，留得一聲鐘。

訪倪高士雲林艸堂清閟閣故址

安　俊

林下雲何在？堂前艸自豐。相傳清閟閣，惟有碧梧桐。故址有梧一株。名蹟留千古，坵墟付一空。騷人如訪舊,徒此仰高風。

過華學士隆亭故里舊有太史坊,園有金粟嶺。

安　俊

偶過隆亭鎮,來瞻太史坊。園荒金粟嶺,草没舊門墻。帶水雙橋鎖,長松五墓蒼。也知雲變幻,更莫問滄桑。

和小補兄得孫之作三月二十二日

安　俊

時逢嘉會節,伯氏喜添孫。好夢徵符瑞,新楣焕舊門。靈根挺玉樹,春圃茁蘭蓀。聽得啼聲異,興宗有後昆。

賀小補兄添少子九月初七日

安　俊

自是勳卿德澤滋,一年喜産兩英奇。蘭孫春暖當階秀,桂子香吟晚節詩。桑果分甘風萬石,棗瓜貽穀念安期。他時共繼東林武,小阮聲同大阮馳。

十月初三日得子自韻

安　俊

溯我懸弧期,嚴君三十一。今日得冢孫,翁年五十七。抱孫已有年,仲氏先生姪。雁行有五人,相詠緜瓜瓞。非止門户慶,祖德正洋溢。家貧無籯金,世業舊書帙。不羨頌充閭,惟期補余拙。三日洗蘭湯,香暖小春日。會開湯餅筵,酒泛洞庭橘。喜氣滿庭幃,兒孫繞翁膝。

壬寅元旦恭頌南薰大兄六十初度

安　俊

記得髫齡問字時,從兄侍祖慶期頤。童心不放英雄老,班鬢偏勞壯士思。慚愧後生無足畏,幸邀前輩許追隨。吾家世壽人争羨,次第稱觴已及師。俊曾受業帳下。研究丹鉛廿載深,淵源家學紹東林。和風滿引三杯酒,流水空彈一曲琴。信手書追唐漢體,寫懷詩課子孫吟。春來耳順年華届,所欲從心始自今。

燕巢吟寄逸亭星齋兩弟

安　俊

春風入巷散烏衣,次第尋巢各自飛。何處雕樑知穩便,誰家門户最崔巍。煙衡緱嶺雲初起，水掠梁溪月正輝。此日銜泥心不倦，好教王謝一時歸。

自從分翼出家山，飛入槑花古里間。傍卻雞棲棲甕牖，擗開燕剪剪荆蠻。呢喃語有鶯兒學，下上音催雁陣還。只恨梳翎同調少，漫將片羽寄同班。

小試有期寄逸亭星齋子藴三弟

安 俊

春入園林不及梅，梅無花望棣花開。譬爲山已愧中止，看積薪應讓後來。笑我獨無靈運夢，幸君皆是惠連才。今當紫陌尋芳候，好向青雲得路回。

嚴君辛苦挽風隤，啟後深將祖德培。曾卜燕山森五桂，也如王氏植三槐。文章當出諸公手，騏驥須煩伯樂推。此去朱衣頭定點，相期共勉上蘭臺。

玉蘭樓看牡丹

安 俊

水蘭深護牡丹花，藏得春光翠幔遮。本與玉堂同富貴，不嫌貧士對豪華。書聲伴我香誰占，色相如君艷獨誇。最是緑天紅映處，啣杯倚傲夕陽斜。

樓閣春深滿院芳，緑雲重處護書倉。誰邀貴客臨僊舘，常使天香伴玉堂。紅暈美人脂一捻，詞傳學士調三章。自從瓊島歸來後，争羡名花冠洛陽。

玉 樓 春

安 俊

玉樓春色媚春光，猶是仙春舘裏香。風度尊前飛燕舞，日烘醉後太真粧。客來試把湘簾捲，力弱頻將錦幄張。唱到清平三疊句，花容人面共流芳。

富貴花開錦作叢，倚欄獨立笑春風。曉粧帶露窺蓉鏡，醒酒凝香媚漢宫。綵筆夢描脂粉態，長歌艷唱玉房紅。主人骨傲心恬淡，看到浮雲一眼空。

族姪朝京寄食蠡湖死已經年其子曉鐘飄泊天涯掩棺失主棺骸未有歸山之日在家孤柩總無同穴之時由是奉大人命舟至蠡湖領柩歸鄉與其妻席氏葬膠山南麓祖塋之傍十一月初八日也赤心相地山中合兆靈輀免暴露于荒郊盡誼情于遠族爲賦并記時日

安 俊

獨掛風帆黑夜驅，爲尋族姪死亡區。三更月落經黄碌，兩岸煙迷過蠡湖。靈殿寺前停水馬，香花橋畔問樵夫。憑他指點荒村外，丹旐飄零一柩孤。

昔年湖口落荒村，死别生離兩莫論。弱子飄流踪跡杳，枯骸暴露地方存。風凄白水迷香國，月照丹風染淚痕。憐爾孤靈無返日，特來湖上賦招魂。

載得靈輀返故鄉，雙雙合兆壽山傍。佳城鬱鬱沾先澤，選日津津卜後昌。泉下夫妻同穴處，山中祖父共坵場。祇期游子歸來日，知感春秋履露霜。

華亭許烈婦趙氏殉節歌二首

安　俊

其　一

許烈婦，超今古，完其名，殉夫死。死不朽兮名垂史。一解。當夫遠行，代奉雙親。柔嘉維則，淑慎其身。二解。藁砧返，憂采薪，翁繼疾，婦禱神。神感孝思疾回春。三解。喬漸茂，梓忽落，人百身，竟莫贖。血染楓林孤鵠。四解。素幃蕭瑟，四十九日。字剪皮金，香標玉質。千秋一日效前人，不使前人名獨立。五解。

其　二

心如冰，肝如鐵，明大義，議大節。節貴殉兮義貴烈。一解。或旌高行，或表懷清。猶嫌毀體，總覺偷生。二解。耳不截，鼻不割，竟許身完趙璧，望夫化作山頭石。三解。生齊眉，死同穴，樹連枝，鳥比翼。九原無復傷離別。四解。幽魂已慰，烈志未彰。采此貞風，可激可揚。不第松筠空表節，雖與日月可争光。五解。

又五言律六首録三首

安　俊

趙氏連城璧，無瑕歸許生。六年循婦道，百世殉夫名。艸勁風難動，松孤性益貞。而今完太璞，日月并光明。

立名甘赴義，視死竟如歸。畢命絲三尺，傷心淚一揮。魂銷紅日黯，氣化白雲飛。青塚埋香骨，千秋草木緋。

華亭標烈婦，昭代有完人。垂史幽光闡，旌門亮節伸。聞風敦薄俗，見化正彝倫。此義攸關大，夫非女子貞。

桐葉坐題詩甲寅七月既望

安　俊

老樹秋風兩不殊，一梧爲我補新圖。空庭閒静初飛葉，隻字推敲偶撚鬚。舊日風霜深閲歷，清時雨露久沾濡。結根自信栽培厚，秀苗孫枝第一株。

和仲兄下幃罨畫樓原韻

安　超祥三子，字孔思，號逸亭。佾庠生。著有《忍齋詩稿》。

其　一

詩酒懷元亮，文章羨陸機。灌花歸舊圃，修業下書幃。敢問青萍價，還將緑綺揮。何當垂翼者，亦羨九霄雲。

其　二

樓前森玉樹，郭外繞清溪。花漾杯中月，紗籠壁上題。青箱餘舊業，細草茁春泥。坐嘯玲瓏石，閒情伴鶴棲。

月夜赴友人賞菊分賦贈之

安　超

日落西園晚，溪流罨畫深。金樽邀月影，黄菊淡人心。舊雨多情話，新詩共醉吟。灞橋風景到，踏雪再相尋。

和族姪笠翁

安　超

笠翁尚高節，題句亦馨香。每逢花吐艷，獨自泛瑶觴。阿咸髮已班，瀟灑出塵寰。種桂南軒下，芳時手自攀。

鄧尉曉望二首

安　超

故人置酒具盤餐，鄧尉山頭一壯觀。獅窟霧開清磬徹，龜峰雲度曉鐘殘。霜推橘柚黄金老，煙淡菰蒲白玉寒。遥望太湖翻碧浪，逢僧話舊坐林巒。

孤撑一塔矗雲端，八面窗開盡大觀。浪擁青螺皆列岫，煙迷翠黛是層巒。秋容寂静投禪契，曉景模糊入畫看。臨眺直窮千里木，徘徊斜倚石欄干。

山塘晚步

安　超

虎坵風景夕陽開，過客迤邐不忍回。亭暗鶴歸三徑去，月明人下半塘來。無邊秋色清詩思，幾度鐘聲絶點埃。步履偶從書舘過，舊盟鷗鷺莫相猜。

喜　晴

安　超

麥三時好小春天，不起風雲只起煙。一氣清空晴萬里，白蘆舟畔泊漁船。

寄蔡綺山世兄

安　超

落落雲霞意自親，年來萍聚虎瞟濱。才非異等生無偶，學是同源托有隣。許借奇書思古誼，著殘游履送晴春。何當剪燭西窗夜，共把衷情仔細伸。

答蔡竹筠詞兄

安　超

浪説生涯問硯田，投珠原不受人憐。分嘗苜蓿盤餐後，契洽金蘭絳帳前。摇翅佩風終矯矯，求魚緣木愧年年。相思莫訝時相别，皓月當頭得幾圓?

賀景林兄得孫

安　超

伯兄喜焕門楣重，階下桐枝集威鳳。乍得啼聲羨物英，嘉名肇錫徵嘉夢。阿翁生日洗蘭湯，湯餅筵開介壽觴。十世清芬傳舊德，東林道脉慶流長。老桂新枝鬱而茂，客賀充閭期競秀。頌禱新詞吟興豪，席間共舉芳樽侑。

偶　成

安　超

古槐疎影月初明，小坐溪頭水自清。千頃碧翻新桃葉，一山青送故人情。尋思避暑風添價，空望傾盆雨瀉聲。我本無田猶望歲，幾回秋旱夢魂驚。

祝司馬春塘表兄六十生日

安　超

歲紀周花甲，期逢夢降庚。賓筵陳碧藉，尊酒釀黄橙。福應三多祝，經傳七業成。兒孫齊獻壽，綵舞小春晴。彰美兼傳盛，前賢啟後英。德功照北宋，詞賦冠西京。世望梁溪族，今馳茂苑名。門多佳子弟，克紹舊家聲。得序天倫樂，深維世俗情。道行三代直，花愛百枝榮。竇氏芳森桂，田家義合荆。鄉邦推雅望，梓里羨忠誠。日暖三吴地，春來萬象呈。此翁添鶴算，有子起鵬程。真率傳佳會，新詩共載賡。不慚詞下里，也敢附長城。

酬半癡師見懷原韻

安　超

才高倚馬不匆忙，走筆如飛寫萬行。酒泛鵝湖吟夜月，心懷鳳嶺步斜陽。清談坐領春風暖，古調歌來白雪香。總爲離羣牽别夢，深情難盡貯詩囊。

懷半癡師

安　超

冷淡生涯絆此軀，别無長具逐時趨。憐君空抱連城璧，笑我徒爲伏櫪駒。滯迹板橋依鴨蕩，心隨流水到鵝湖。那知海燕分飛慣，卻也懷南似鷓鴣。

和半癡師韻

安　超

伯氏吾師號半癡，丰裁别具不求知。長康風度推三絶，曼倩詼諧混一時。罨畫樓前培古木，衆香閣上詠新詩。天心特重清虚品，醞釀名流另有差。

無權何處見才能，一任顛狂識性靈。難索解人衷未白，得逢知己眼還青。衣冠但拜元章石，玉麈常排佛老經。莫向江天怨雲霧，醞時閒卻少微星。

氣欲凌雲筆欲仙，淡然真味屬書田。百篇珠玉多光怪，尺幅波瀾幾折旋。藜火照人誰領會，席珍待賈自貞堅。素絲曾染朱藍色，也覺無心取世憐。

蕭然物外寄閒身，那有閒情寄苦辛。偶觸壯懷投筆起，相邀豪飲典衣頻。性耽書畫真成癖，跡滯江山總愴神。秋到忽生濠濮想，悠悠魚鳥向人親。

酒酣高卧鳳雛儔，未得登場試運籌。北闕縈情才氣壯，東林繼盛道心憂。探源似泛仙槎去，秉燭應搜絶境游。若遇希夷贈豪楮，莫教身被白雲留。

方才襟懷海樣寬，羨魚情付釣璜竿。煙雲過鳥雖成幻，世網搜才敢便安。知命自宜甘淡泊，和羹誰許棄鹽酸。我今已悟先生意，原把癡名作半看。

恭祝慕林大兄六十初度

安　超

吾兄渾不計窮通，處涸依然氣吐虹。放眼時高狂士態，立心常抱大儒風。鳶魚飛躍流天趣，童冠游吟入化工。鶴髮翩翩忘甲子，文章壽世錦囊中。

漁樵蹤跡海天鷗，皓首窮經志未酬。酒肆藏名唐李白，隸書入妙漢鍾繇。雖無玉尺權衡柄，幸有青箱繼述儔。試看綵衣春日舞，三杯且浣一襟秋。

鷲湖葉琢齋舘于沈蘭谷處離余舘不數里時值大水汎濫不能互相過從倩沈君來舘索詩以答之

安　超

前輩風流仰茂長，西林唱和久傳芳。而今始識名流後，翰墨依然舊日香。

孔融初謁李膺門，累世通家古誼存。敢托雙魚陳景慕，帳中應不難司閽。

旅館相隣倍有情，何當把臂結詩盟。横流不許人相訪，遮莫殷勤倒履迎。

故人過我破離愁，無限相思一筆勾。還與魯連爲紹介，教巴人寫刺相投。

次伯氏閏七夕竹枝詞原韻

安　超

銀灣依舊瀁前流，怪道秋中又孟秋。勞我詩人頻索句，朗吟再上錦雲樓。

鶉尾憑誰辨酉申，就中添出兩佳辰。若教巧結雙蓮子，擷贈同心製膾人。

人間巧樣何嘗少，天上良緣特地多。鍼孔又憑穿線月，鵲橋兩渡疊銀河。

何幸情添此段賒，暮雲如睡雨如麻。今宵更勝前宵會，恨殺雞聲促止車。

憶惜班龍降漢宫，雲中簫鼓遏香風。不知武帝當今夕，可望瑶池駕復東。

緱山子晉也吹簫，一曲清商過野橋。卻笑世間兒女態，温柔鄉裏覓良宵。

訪葉琢齋氏而葉沈兩友亦來訪余遇於半途沈君蘭谷留歸設茶清談宿彼一宵以韻之

安　超

與君葵藿久心傾，只恨緣慳未識荆。忽地相思同命駕，恰從半路遇行旌。戔戔束帛何須贈，落落雲霞别有情。勞我故人多款曲，親調茶鼎出門迎。

趨時芝蘭一室幽，暗香飄動最風流。掃空世上相交態，洗盡兄中兩地愁。苜蓛分嘗風味别，詩文出示筆花浮。清談轉怪秋宵短，天已明時談未休。

抱病有感

安　超

性魯直無能，休將學業增。病深仇藥石，才短失良朋。入夜寒侵骨，遲眠枕曲肱。何當師阮籍，長簫見孫登。

題亦華陳煉師照

安　超

不著塵中相，請看畫裏顔。白雲留夜服，青簡紀仙班。坐落餐霞罷，行歌採藥還。誰知陳處士，混跡在荆蠻。

蘇臺弔古二首

安　魁祥四子，字冠英，號星齋。錫邑諸生。著有《焚餘草》。

往事欷歔枉斷腸，姑胥臺古草荒涼。争先莫把熊夷辱，振旅徒傳柏舉强。西子鬟迷寒石洞，采蓮歌散剩芳塘。三高范蠡居然在，可笑吴人恨竟忘。

莫怪申胥淚滿襟，鴟夷浮去恨何深！當時敗越陳長策，千載亡吴有寸心。江渚鳶烏終古集，荒臺鹿跡到今沉。寒潮暮急聲猶苦，慷慨蘆中作短吟。

虎邱懷古二首

安　魁

霸業良圖恨未成，夫椒敗越枉相争。青山獨有疏鐘韻，片石空留試劍名。寂寞玉魚王氣黯，飄零金虎祖龍驚。年年士女紛瞻墓，鶴市春深信有情。

闔閭邱墓變爲庵，白虎還應護佛龕。青嶂至今餘劍氣，講臺終古契禪談。只緣頑石顛頭悟，不信清泉一味憨。亭下二仙何處去？曉來鶴澗靄煙嵐。

爲嘯石二兄得館寄呈六絶

安　魁

仄仄疏櫺小小廂，也羅茶鼎也懸床。生公有意憐頑石，不厭鷄棲作講堂。
辦香一點祝南豐，到處人情量亦同。莫管東風留與去，肯教金鐸振南中。
北轅如許改南轅，手足相連亦足歡。只恨長途艱往返，高堂未易教心寬。
苜蓿闌干道亦崇，生涯冷澹與秋同。如描此地無文處，直上羲皇古朴風。
知兄到處得超然，況有青山與石泉。明月清風相慰藉，憑君領取入詩篇。
虎邱風景最多情，春草秋花次第呈。憑藉清風開報信，柳枝春色聽春鶯。

山　村

安　魁

一帶煙村一小橋，一灣流水自迢迢。山農抱犢歸來晚，人去黄虞猶未遥。

賀小補大兄得孫

安　魁

曾從帳底試啼聲，快慰翁心物自英。準卜興宗綿世澤，欣符瑞夢錫佳名。香生閣下蘭芽茁，秀挺階前玉樹榮。他日熾昌繩祖武，賢科發雋紹勳卿。

柬李玉巖表姪

安　魁

與君衡宇隔膠山，莫道三生夙契慳。祖廟駿奔承祭肅，先桂坡公建尚德祠，奉李忠定公。至本朝奉憲以先桂坡配饗，每于春秋仲戊日用呈俎豆，後裔咸集。禪房私覿品茶閒。已將安李傳佳話，又逐蘇程憶舊班。空谷足音何敢望，擬乘明月訪書關。

半年相近不相知，一到知時卻恨遲。倉下舘懸徐穉榻，李舘倉下。板橋人忝董生帷。翠屏邂逅勞君問，梁月凝輝動我思。今日偶乘魚雁便，高軒未過且投詩。

過膠山謁李忠定公暨先桂坡公祠

安　魁

宋代鼎臣明隱逸，兩公忠義貫薪傳。擎天志在殲金寇，宣和時，金人入寇，徽宗傳位于欽宗。宰臣主割地請和，忠定公力主守禦兩策，卒以宰臣和議罷公策不果用。静海功成泛蠡船。邑志載：先桂坡公具大經濟。李中丞之浚白茅，伍中丞之破海寇，皆資其策。嘉靖中，用楊文襄公薦，召至京師，不欲仕而歸。祠合久推人尚德，祭同方信世尊賢。先桂坡公慕李忠定公之爲人，建尚德祠以祀之。至本朝，以先桂坡行義，奉憲配饗。猶餘生氣千秋後，令我低徊竇乳泉。

賀小補兄添少子

安　魁

秋桂春蘭此第榮，一堂挺秀慶吾兄。石麟早向丹霄降，芝艸聯從碧砌生。門掛桑弧雛出浴，筵開湯餅客餐英。孝廉業待孫曾繼，佇看齊飛萬里程。

和嘯石仲兄得子

安　魁

年來麟趾漸成行，又産家駒賦弄璋。叢桂流芳凝寶樹，彩虹呈瑞洗蘭湯。洗三日，彩虹環于中天，僉爲嘉瑞云。阿翁慶試啼聲異，伯氏欣歌祖德長。他日令名傳小阮，青箱深愧大中郎。

祝司馬春塘表兄六十生日四首

安　章祥五子，字子蘊，號賢善。著有《半軒詩稿》。

神仙海上報添籌，説道嵩生六甲周。正值華堂開壽宴，蟠桃先獻祝千秋。

汾陽多子并堪誇，四玉三珠萃一家。更有桐枝如竹立，千宵椿樹映萲花。

手闢新居勝舊居，題橋壯志繼相如。而今一管凌雲筆，付與兒孫賦子虚。

良月家家會煖爐，欣逢今旦慶懸弧。擬歆一曲南飛鶴，來獻函關老子圖。

賀小補大兄得孫

安　章

瑞徵休夢産猶龍，繼武東林衍舊蹤。頭角崢嶸真氣岸，啼聲英異是靈鍾。洗三翁喜逢華誕，震一孫占象大宗。快唱添丁争祝賀，好題名字五花封。

賀小補兄又添少子

安　章

又兆充閭慶，門楣喜氣賒。秋風生桂子，春圃茁蘭芽。弓冶傳三代，詩書繼五車。湯筵開九日，把酒對黄花。

和嘯石二哥下幃罨畫樓二首

安　章

得悟窮通理，應参涉世機。不投班氏筆，好下董生幃。静覺文瀾湧，談摧麈尾揮。此中幽趣足，逸興自遄飛。雲樓高百尺，名勝著梁溪。石有元章拜，門無鳳字題。春風吹絳帳，老屋補新泥。坐看歸林鳥，依依識舊棲。

題陳亦華煉師玉照二首

安　章

讓王宫殿最清幽，别有烟霞伴羽流。羡煞希夷空世俗，石鐺攜入隔凡樓。陳希夷盡散家資，惟攜石鐺入華山。梅里道院有隔凡樓。

羽搧輕揮萬慮空，照中手執羽搧。珊珊秀骨畫圖中。丹成九轉能傳述，不負開山一鶴公。亦華，開山祖一鶴公。

賀小補長兄游庠

安　章

功名不獨在文章，當念先人遺澤長。毓秀而今傳舊德，流芳此日發幽光。玉堂常吐三春艷，桂閣重開五月香。是後鵬摶程萬里，今朝初喜榜宫牆。

海　棠

安　章

日烘西府燦霞光，想見華清醉後粧。肉映紅紗無比色，嬌藏金屋自生香。照防花睡燒高燭，護借春陰奏雪章。宿酒近來應少解，不須側看捲瀟湘。

祝司馬春塘表兄六十生日

安　偉祥六子，字步雲，號祝聖。著有《徵蘭詩草》。

小春春酒熟，介壽壽筵開。案舉齊眉孟，觴飛舞綵萊。椒花新獻頌，柏葉始浮杯。仙室紅霞滿，函關紫氣來。三星輝閬苑，八洞聚瑶臺。共把鈞天樂，爲君奏一回。

和歙石仲兄下幃罨畫樓二首

安　偉

其　一

敢鬭鮫人織，應收李白機。有心培玉樹，何幸近書幃。珠玉談中吐，雲煙筆底揮。好教王謝燕，仍傍畫樓飛。

其　二

照水梅花發，樓高得小溪。白雲居士卧，罨畫古人題。墨灑淩雲筆，鴻留印雪泥。青青牕外竹，好共阿咸棲。

題余芳谷左右修竹圖

安　偉

愛竹能留客，無君不可居。相親思德茂，得意左心虚。坐嘯諧清韻，行吟動翠裾。請看佳士照，左右盡篻簩。篻簩，竹名。

無　題

安　偉

愛看芙蓉面，堅持銕石心。花香休戀蝶，琴卧謝知音。祇許墻窺玉，無容綫度針。不貪原是寶，好色本非淫。

東　林

安　詩字芝慶，號仲依。道光乙酉舉人，癸巳會魁。著《飛香圃詩集》。

文靖宗河洛，道學南來始。毘陵十八年，臯比此棲止。有明邵文莊，勵志繼前軌。卜地城南隅，數椽非舊址。遥遥幾平百載，乃有顧端文高忠憲起。披榛訪陳蹟，下俛弓河水。兩賢抗名節，先後返閭里。小心主静學，一本宋儒理。我祖先光禄公，學者稱我素先生。同黨籍，遂鑣六君子。僦舍聚螘垤，築壇執牛耳。非開標榜門，周道本如砥。何意觸衆忌，誤謂操國是。椓人煽惡焰，器盡釁糜恥。遽興楊左獄，彪狗實嗾使。紛紛點將録，謡諑肆譎詭。鉗網慘羅吉，委鬼毒未已。

緹騎争四出，被逮但矯旨。羽檄馳至縣，頃刻講堂毁。端文及我祖，先從道南祀。忠憲不受辱，竟以沈淵死。東林一片土，皭然泥不滓。斯人既云亡，大廈亦就圮。滄海正横流，妖星絶天紀。旋聞九鼎移，并見列廟燬。只今梁谿旁，靈光復巋峙。千秋賸瓣香，天下盡衣被。日月有陰蝕，心性無晦否。試讀諸賢傳，法戒睎國史。

于忠肅公祠

安 詩

北狩軍殲危社稷，南遷議格定宗祧。奪門閹弁悲孤注，晞髮君王哭大招。一片忠肝爲國殉，滿腔熱血向誰澆。東宫流涕沈冤雪，不解魚嗛萬口謡。

高忠憲公祠

安 詩

鉤黨東林大獄成，惟公騎尾肅冠纓。連章攻擊賢奸混，全局孤危水火争。臣節不移完此日，君恩未報結來生。鍵關泣血留遺疏，講學何嘗負聖明。

雙　　廟祀宋麻、尹二將

安 詩

我來鵝子岸，彌深弔古意。殘局力難支，猶是撑螳臂。桓桓三將軍，忠不文山異。短蘆如罫界，好認死節地。嗟哉天水碧，灑盡孤臣淚。遺廟始何時，茫茫數百載。土人奉香火，能説前朝事。每當三春節，鷄豚紛祭賽。精靈常不泯，天氣無陰晦。終古枕横塘，一角青山對。

謝文節遺琴爲新安吴素江作

安 詩

精靈原不死，三尺賸琴材。天地紅羊劫，江山白雁哀。孤臣餘涕淚，故國久蒿萊。好和竹如意，冬青無數開。

京　　口

安 詩

壓背孤蓬去，抛殘一枕書。江山連北固，風雨過南徐。木落秋光迥，潮回夜氣虚。船頭堪極目，眇眇獨愁予。胸中多磊塊，濁酒故應澆。雄鎮臨三楚，長江洗六朝。帆檣排斷岸，鳧雁趁歸潮。古戍無人見，寒煙鎖麗譙。

野雞背

安詩

檣竿出樹杪,打鼓發揚子。使船信若馬,峭帆疾於駛。蓢江一霎過金山,無數閒鷗拍波起。夕陽倒影絢晴色,平鋪百幅青藍紙。歘然霞綺極解駮,變幻煙雲遠峰紫。舵樓晚飯篙師語,今朝繫纜野雞背。枕流不辨水風聲,一天秋在蘆花裏。

金陵和韻

安詩

蕭蕭殘壘劫餘灰,怕聽城頭畫角哀。樹色淡隨秋氣改,鐘聲寒挾晚潮來。南朝事業歸詞客,故國山河想霸才。懷古蒼茫人獨立,高原陵寢亂雲堆。

涉江

安詩

其一

角咽城形壯,潮回水氣陰。江天雙鳥過,風雨一龍唫。林密朝煙淡,峰高夜月沈。中流思擊檝,愁絶去來今。

其二

乘風破浪去,水影上征衫。野岸樹旁樹,秋江帆外帆。篷聲餘嘹喨,山勢落空嵌。指點松寥勝,游蹤尚鬲凡。

贈武進薛郁亭

安詩

人海茫茫獨去來,終年料檢故書堆。禰衡駡是不平氣,阮籍狂爲有用才。能保歲寒難變節,縱經劫火肯成灰?登樓試向青山望,無數閒雲鬱未開。

伯兄菊園生子培芝喜賦

安詩

吾宗故神秀,奕葉緐氏族。膠山地脈靈,叢桂餘芳馥。詩也本軨才,彈指年廿六。兩次游金陵,江上秋波緑。阻風燕子磯,天台探窮谷。歸汎鵝谿櫂,好夢等蕉鹿。丣君謂棻圃弟寄書來,挑鐙啟椷讀。讀之未及竟,喜氣溢眉目。伯兄初舉子,已洗三日浴。堂上樂含飴,家慶圖成幅。先澤從此長,瑞芝符吉卜。時金華公墓有靈芝之瑞。相期有千秋,讕言笑癡叔。榮名在青簡,抽簪返初服。量買一房山，小築三間屋。清芬播百世，即是詒孫穀。還共阿咸游，青青滿林竹。

贈華小幻

安 詩

少年慷慨赴公車，掉尾長安氣未舒。自古文章憎命達，從來賢喆嘆才疎。蘇生十上秦王策，韓子三陳宰相書。抱璞在躬須寶貴，莫將蹤跡溷樵漁。

静觀世態獨軒渠，磊落胸懷任毀譽。王猛高人衣有蝨，馮驩畸士食無魚。壺皆擊碎初譚史，研欲磨穿正讀書。富貴浮雲安足數，千秋事業在蓬廬。

宿膠山寺

安 詩

冒雪登膠山，遮頭筍皮笠。梨花着身飛，衣重如束溼。向陽地不積，一步屧齒入。陰面寒未蘇，燒痕蹋枯躍。高低轉山腰，石子不成級。僧雛方埽門，見我乃合十。同至方丈坐，老僧擁破衲。甕裏熟新篘，款客設米汁。土銼焰無紅，自將松卵拾。泉聲斷竇乳，隨取短綆汲。鴻爪迷處所，空中歸影急。萬竹隱深翠，當户一峰立。碎碑墨猶漬，蠲紙模糊搨。手指凍欲僵，不敢繙焚夾。丁倒稻草舖，奇温借禪榻。夜静人語絶，窸窣風呼吸。

大人奉先桂坡茂卿兩先生臬主入祀尊賢祠敬賦

安 詩

丞相祠堂舊澤存，膠山李忠定公祠以桂坡先生配。瓣香重爲採芳蓀。衣冠世族千秋重，俎豆名山一席尊。南國騷壇傳樂府。桂坡先生著有《游吟小橋》；茂卿先生名列後七子，著有《西林集》。西林福地賸荒園。西林，桂坡先生始闢，至茂卿先生益增勝。王弇州撰記。二泉亭畔裵回久，文采風流媿耳孫。

罨畫樓

安 詩

春來不禁雨綿綿，暢好新晴逸興偏。一串紙鳶飛白月，萬枝木筆寫青天。問津此處尋殘劫，樓前有族祖孟公先生問津處鐫石。罨畫何時了宿緣。欄檻昔人都倚偏，盡歡莫惜杖頭錢。

莫春呈伯兄

安 詩

三月春殘麥秀寒，膽缾香浸素心蘭。興來戲仿南宫筆，山水圖成墨未乾。

寄暢園題壁同秦簡堂

安 詩

林扉洞闢畫圖開，危磴橫橋曲折來。一嶂凌空撑突兀，孤亭摇影傴崔嵬。參天老樹濃青合，帀徑修篁古翠堆。聽到泉聲常寂静，方塘半畝漫縈回。

暨陽雜詩

安 詩

瓦鐙摇毬影幢幢，百八鐘聲晚寺撞。欲寄魚緘何處達，門前潮水直通江。

踏徧春風巷幾條，蜻蛉夜泊馬嘶橋。昔年曾與賈雲裝同泊橋下，雲裝有句云："潮落馬嘶河，不許扁舟入。時見淡粧人，春風倚花立。"只今梵宇淒涼甚，窣堵波經劫火燒。

(侯)〔候〕鳥時蟲思不禁，琴尊爲友感苔岑。一龕花雨塵根净，長願皈依紫竹林。

誰家無那自調箏，江上青山解送迎。非是割愁愁不斷，怎堪潮落又潮生。

坐覽江天一舉觴，海門秋色正蒼茫。松風亭古無人識，千樹梅花繞屋香。

陽羨曾留金石文，偶因聯襼話殷勤。他年雪裏應移櫂，鰕虎城邊一訪君。謂陳景辰。

贈武進薛澧浦

安 詩

三生慧業記前因，曾訂同心作主賓。長吉僊才疑入夢，休文瘦影怕逢春。焦桐泣盡難醫俗，破硯敲殘不療貧。清到十分誰是伴？梅花香(裹)〔裏〕證唫身。

管社山經項王廟涉楊山人故園重由溪河進西定橋而歸

安 詩

獨山原不獨，管社遥相望。道是神禹鑿，明德何其長！項王廟亦古，避仇曾此方。郕巫走報賽，劇演出塞裝。我登岳陽樓，山上有小岳陽樓。山色連青蒼。清風斷湖流，烏江恨茫茫。多情乃英雄，飛空酎一觴。翩然晞髮來，悦接詩人狂。從者促我東，綫路入山莊。險絶度鹿磵，徑至尚友堂。翠聲墮空際，久壞竹色牆。梧桐葉變秋，淒影添斜陽。揮手出籬門，不復問雪航。蓬境理歸橈，滑芴舟輕颺。路皆昨日經，按景指點忙。盤中剝輭角，蔆女簪茴香。短繩如掛絡，周圍界菰蔣。前流簇四簖，冰池夏凝霜。旋進五洞橋，暑夜此納凉。敲門月未上，秋衫濕湖光。入枕忘雨聲，幽夢迷滄浪。

除 日

安 詩

多少春光上畫屏，歲朝圖漾百花缾。月當落處梅初白，雪到消時草已青。蓬矢喜添新景色，桃符重换舊門庭。含飴堂上殷勤祝，華國文章有六經。伯兄生第二子保芝。是日洗三。

金華公墓産芝彙占族祖賦詩予作瑞芝記并次原韻

安　詩

鬱鬱佳城顯，園中産瑞芝。精誠惟夢兆，印證只心知。晞髮餘桐影，棲魂想竹猗。靈光宜妥侑，神物定扶持。譜昔譌名氏，文終雜信疑。星霜飄斷簡，風雨碎殘碑。華謝長生草，榮留連理枝。叔英公金鈎掛月墓有連理木一株，爲安黄合族之祥。倘非詳故蹟，那得復新儀。瞻慕空悲往，徘徊欲問誰。谿清環水帶，嶺秀枕山眉。幸已披先牒，纔堪慰遠追。一編矜獨照，衆口舉交推。天棘争除蔓，祥葩忽吐奇。慈烏塗有字，僊鶴唳成詩。雲碧朝濃淡，霞紅夜合離。采應藏傑閣，餐待薦崇祠。麇壽符前日，鴻名葉後時。紫圍英燦燦，翠襯葉垂垂。好寫幽人畫，還徵韻士辭。自今方以始，來許聿昭兹。蘋藻馨於此，松楸蔭在斯。高曾緜德澤，孫子副懷思。夏屋原常覆，春臺信其熙。相期繩祖武，福履永綏之。

唐鷺廷招同凌泊齋先生飲慧川園梅花下

安　詩

牆角影横斜，未與梅花(刿)〔别〕。春風不得意，連作三日雪。故人招我往，園林本清絶。天寒欲問鶴，不顧屧齒折。扣扉檐水下，松釵墮蕭屑。危橋僮不埽，山徑露凹凸。遲客愛同軒，鼻觀送芳烈。紅蕊正爛漫，緑萼補其缺。半開圈白點，老幹更古拙。冷氣壓不住，風光驚一瞥。煮茗味自幽，況乃酒尊潔。小飲庶醫俗，深得看花訣。細嚼沁肺腑，入夢忘言説。薄莫蹋凍歸，一枝許屈鐵。

重游小園

安　詩

爲訪吾宗去，行行至小園。人家如此古，世澤只今存。楊柳一二里，桃花三四邨。牀頭餘白酒，不厭醉清渾。

膠山之陽先茂卿先生西林在焉其北麓爲奉直公朝列公墓道

安　詩

秋原獨立意蒼涼，爲訪西林煙水長。萬竹圍時孤寺隱，衆山缺處一亭當。香花橋古枯藤蝕，風樹樓墟蔓草荒。馬鬣百年緜世澤，蒼官無語對斜陽。

尋西林三十二景得醉石一篆文猶存

安　詩

片石亦名醉，塊然天地間。臺榭久傾圮，白雲來去閒。當年暢豪舉，吞船膽不豩。金焦分兩點,西林創自先桂坡公,廣池百頃,中留二墩,題曰"金焦分勝"。補以一角山。雪艜亦三十二景之一。迷咫尺,渡頭灣復灣。騷客挈榼來,柴扉不常關。只今風流歇,酒星何太頑。老樹鬱苓落,倦鳥空知還。餘霞半天赤,髣髴映酡顏。篆文漸剝蝕,荒草無人删。吾家羨門長,墨灑桃花斑。澗泉鳴咽聲,日夕流潺潺。

次大人題扇韻

安 詩

漁父垂綸慣釣鮮,一灣白水晚涼天。荻花深處頻移櫂,風滿衣襟月滿船。

題伯兄畫

安 詩

石厂空嵌結草廬,高人風格極蕭疎。幾株秋樹饒秋意,縹緲孤峰落照虚。

舟至芙蓉澤訪族祖琴叔

安 詩

腰鐮人過草根芟,宿麥連畦碧已攙。順水便摇雙隻櫓,横風恰趁往來帆。半林黄葉餘霞射,一角青山落照銜。繞岸荒蘆殘絮影,偏增煖色到寒衫。

爛黄菜葉壞袈裟,雪裏青菜名栽幾棱斜。近郭有旗多酒市,遠郭無樹不人家。牧童歛笛竹鞭插,浣女提籃花髻了。傍晚網船相聚泊,故應留客足魚鰕。

西風陣急射眸酸,卷起灘頭落葉乾。樹杪月黄雅點密,稻堆霜白犬聲寒。羊裘短短籠雙袖。絮被條條擁一團。問得前郵新釀熟,買來痛飲醉先拌。

同秦小峴先生祭尊賢祠作

安 詩

祠堂一徑闢林霏,敬向春風薦蕨薇。白社名賢留片席,青山高尚遂初衣。泉邊煙月自今古,湖上雲霞無是非。太息風流久歇絶,更誰樂府譜妃豨?

寄凌妹倩厚堂

安 詩

已抱騎省戚,予大妹於去秋八月卒。終朝掩鏡匳。譚經餘蠡癖,厚堂方纂《春秋學理辨》。處世笑雞廉。道路愁荆棘,光陰誤米鹽。暨陽蕭寺古,卜肆且垂簾。

元芝洗三日作

安　詩

頭顱尚如許，三十未成名。幸遇添丁兆，高堂喜氣盈。但有書千卷，媿無金滿籯。多君識英物，一爲試唬聲。

贈族兄孅于

安　詩

腹内無書自吐奇，誰從溷跡見鬌麋。青衫識我應同癖，白眼看人不諱癡。獨弈枰開煙醉後，無弦琴譜茗香時。蕭然午夢紅塵覺，一任窻風故故歛。

相　馬　篇

安　詩

天驥呈材骨相奇，霑汗流赭驚英姿。顧影蹀躞太雄傑，一蹴青雲會有時。孫陽不來孰推獎，胸歕逸氣騰騰上。天生神俊豈偶然，未經翦拂抱孤賞。憶昔鹽車赴太行，短策難騁六達莊。不知肝膽向誰吐，挾翼翻羽徒昂藏。今日幸爲知己見，按圖自中天閑選。千金築就市駿臺，飛黄騰踏追奔電。

書　估　行

安　詩

今人書日多，古人書日少。百家不廢江海流，六經已同日月曉。方今聖世正右文，讐倉鄴架多風行。挾貲身入五都市，煙煤滿眼皆書城。所惜蘐殘難掇拾，思之不晤如佳客。兵燹風霜久剝蝕，安得奇文字青赤。吁嗟乎！秦火以後無完書，令人懷古空欷歔。惟如歐陽異想求海外，或有遺編賸蠹魚！

鳳仙花和仲妹韻

安　詩

秋色一庭太絢爛，女兒花亦鬥新鮮。搔頭更有玉簪好，試摘牆陰白鶴仙。

附原作

秋花此最豔，紅白相與鮮。飛來鳳兮鳳，留住仙半仙。

擬山居

安　燊景林三子，字韡軒，號東雲。平粤匪功，贈恩騎尉。著有《韡軒詩草》。

避囂來僻徑，棲息傍層崖。洞壑排松牖，煙蘿護竹齋。雲歸空谷暗，春到滿林佳。石道凌虛碧，留題足寄懷。

清明

安　燊

初傳榆火到柴門，省識春光已滿園。莫道尋芳無勝地，新煙深鎖緑楊村。

山塘步月

安　燊

塘映青山山映隄，家家燈火舊花蹊。澄波皓月千秋在，常使游人徑不迷。

漁家樂

安　燊

藜灘葼棹帶煙横，一片秋江夜月明。老婦烹魚兒掛網，水雲鄉裏足平生。

白蓮

安　燊

雲爲式樣月爲容，君子人情澹愈濃。不與朱華趨世態，何嫌樸素寄芳踪。

重九登膠山有感二首

安　燊

佳節今猶昔，登高興不侔。西林望孤嶼，景榭剩荒邱。風發空山籟，霜林古樹秋。相攜過松步，野菊徑中幽。萬玉山亭廢，梵宫故處幽。攀巖尋舊跡，省墓念前修。箕踞栴檀地，空懷楓樹樓。殘碑方讀罷，歸晚一天秋。

膠山晚歸

安　燊

餐霞巖外晚霞明，月出松間山鳥鳴。回望翠微横絶處，雲歸空谷暗無聲。

燕　　子

安　燊

竹籬茆舍愛穿花，畫棟朱簾望落霞。隨在總多安樂處，年年憐爾客爲家。

秦園避暑

安　燊

暑氣消幽壑，泉聲瀉石矼。林陰涼似洗，茶話倚松窗。

村　　舘

安　燊

讀書深柳巷，幽意樂如何。地僻心逾遠，林香得句多。

北牕小坐

安揚名歡石次子，字聲叶，號會輪。國學生。著有《聲叶吟稿》。

不羨羲皇上，不作真人想。坐我北牕間，地窄心開朗。下幃非敢擬江都，燭書胡必青黎杖。吾心善忘不善讀，吾腹空疎空如竹。幾年奔走舌耕忙，連歲端州田不熟。何處重修北面儀，歸來灑掃舊書屋。

春興戲筆

安揚名

文章聲價重門楣，妙意天然偶得之。尚論不拈山石句，效顰新學女郎書。囊中錐處鋒難見，筆下神來我獨知。敷粉塗鴉聊戲耳，殘箋題罷任風吹。

漫　　題

安揚名

砍破機關仗莫邪，夢回莊蝶悟生涯。可憐王謝堂前燕，卻笑公孫井底蛙。花到盛開春半度，行來捷徑路三叉。好風吹我情無限，一局殘碁日又斜。

牡　　丹

安揚名

艷色粧何異，名花品不同。白憐明月下，春醉玉樓中。衣染天香紫，脂留一捻紅。都緣争寵愛,朵朵向東風。

月　下　白

安揚名

一團粉雪釀清華,月作精神玉作花。誰識鼠姑能雅澹,不將富貴向人誇。

玉　樓　春

安揚名

樓頭脂粉乍輕勻,無限嬌酣欲醉人。不是東皇恩寵厚,郝能占得十分春。

題山雲擁月圖

安揚名

仰看游雲側看山,山雲相看自相關。雲移山色隨風去,山接雲程擁月還。

詠　雪

安揚名

淡冶風神玉屑飛,雪窗吟遂雨霏微。天然佳句供詩料,昨夜扁舟訪戴歸。
寒雲羃羃遠山迷,白雪吟成和曲低。風雨一簾君未過,滿園蕭颯鳥驚啼。

和東雲三哥六十壽原韻

安朝標星齋長子,字碩卿,號企蘭。平粵匪功,贈雲騎世職。工墨蘭。

籌添海屋豈尋常,更賴緜緜祖德長。鳩杖閒扶情自厚,兕觥歡酌氣同芳。兄尤誦詠絲綸美,弟卻羞慚學業荒。自壽佳章深致意,佇看蘭桂得天章。

梅　花

安朝標

東閣留吟興,南枝早發花。雪消香暗動,月落影橫斜。瘦入雲林畫,清宜處士家。夕陽寒數點,淡意妙沾霞。

己卯九秋筱軒都轉宏開五秩見示自勗一律謹疊元韻奉祝兼誌德政勉成俚句聊抒悃忱

安　顥芝慶次子，字而敬。授歸德府通判，在任候補直隸州知州。

瑞菊欣開祝大年，黔黎亦解頌懸鞭。圭璋特達芝蘭秀，文彩交輝軾轍賢。合浦襟期光日月，永嘉詞翰燦雲煙。自慚別榻常承愛，捧斝傾誠禮恐愆。

雙旌開處瞬經年，昕夕叨陪願執鞭。鳴鳳早傳臺省望，懸魚争説使君賢。盈囷好積千箱玉，珥筆曾攜兩袖煙。治譜竊窺資學步，苔岑結契永無愆。

竹林飲酒

安鼎奎慕林孫，字蓉若，號星甫。邑庠生。工繪事。

竹深留客共徘徊，暢敘幽情酒一杯。緑影摇風聲戛玉，清香浮盞入新醅。七賢韻事傳千古，六逸高情總絶才。儘我興酣談笑處，此間幸少俗人來。

秋　水

安鼎奎

一片琉璃鏡，迢迢秋水長。江清沉夜月，雁影落寒塘。沙渚蘆花白，烟波鷗夢涼。南華真妙諦，寄興在蒙莊。

（《[江蘇無錫]膠山安黄氏宗譜》　民國中和天全堂木活字本）

戎氏宗譜

福建守城詳文

戎政楊芳

汀州府歸化縣爲備報賊寇大熾，孤城幸獲保全事。照得賊首楊禾、張茂功、李聃等搆通異賊詹化翰、范繼成等，稱僞永寧王監國娘娘殿下起兵恢復。於八月初十日攻圍歸化，困至十四日，被卑職會集鄉勇、保甲併在縣民兵奮勇衝殺，四散逃走，併生擒先鋒、軍師、監紀、文武將帥等官。恐留縣生變，俱正法訖，已經具文申報。因各縣土賊興發阻路，賫文差役半被殺死。不意九月初六日將樂縣被賊攻破，稱僞總督義師德化王，於九月十一日行牌到歸化，稱誓志恢復，新督義師二十萬直抵歸化。又於九月十三日，僞新建王行牌到縣，稱統雄兵二萬，駕臨歸化，牌到即啓門迎接等語。一時人心摇動，闔邑驚慌。卑職再三曉諭，嚴加防守，密緝奸細，民心稍定。且前圍歸化賊寇復屯聚嚴洋、松溪及謝地、雷澗、熱水、烏村、柘坑等處，四鄉奸民俱領受劄付，助餉招兵，授僞副將、遊擊、都司、守備、監紀等官，未易枚舉；復勾引廣賊廖新民、程標、陳子隆、黄輝英、羅挺等，帶賊數千，屯紮白蓮、鐵嶺一帶，離縣東三十里；又勾引江西寧都、石城山寇朱照顯、温明所、伍全張等，帶賊數千，屯聚玉華、林畬、五通隘一帶，離縣西二十五里；楊禾、范繼成等帶謝地、雷澗、柘坑、賴子、明湯、伯成各村土賊數千，屯聚画橋、蓋洋等處，離縣北二十五里。擇十月初三、四、五日四路會合，同攻圍歸化。卑職已於九月十四五日四路差役密行，探聽一一的實，星夜飛報本府。但玉華、松溪一帶俱被賊阻塞，屢被搜獲殺死。卑職懸金購募伶俐精細小民，蠅頭細書藏匿深密，扮成乞丐，方到府城投送塘報。卑職率領通縣士民及捕官楊芳等晝夜防守，寢食俱廢六十餘日。蒙汀州府高協鎮帶領馬步兵來至五通隘紮營，離縣二十五里，卑職具文力請到縣商議賊寇情形，相機征勦。高協鎮果於九月三十日申刻臨縣，卑職即將賊寇四路會合探實情形指畫商確。隨於十月初一日，卑職役楊先、陸大俊等探得畫橋、蓋洋等處有賊數千屯紮，各山報知高協鎮，隨點集民兵、鄉導開路，高協鎮統衆衝敵，殺死不知姓名頭目甚多，奪得旗幟、器械無算。又於初三日卑職三鼓差役彭茂、余仁志、湯文等出城密赴鐵嶺探聽。於初四巳刻回報，稱賊寇數千於初三日午時殺人開旗，於初四日寅時起營來攻歸化。卑職親身赴營報知高協鎮，即時點集民兵、鄉導開路。高協鎮統領馬步兵行到龍湖、黄玉菴地方，撞遇賊寇，奮勇衝殺，生擒僞軍師李聃、僞参將李宗達、監紀等官，殺死不知姓名賊頭甚多，奪得馬騾九匹、大旗七十餘面、關防二顆、劄付數十張、號票一卷、兵册二部、器械無算。又差民快周興、張連等四鼓出城，赴五通隘等處探聽的實，回報稱賊首張茂功、朱照顯等有高脚牌二面，上寫“督師勦虜御營摠兵張”，又有“正總兵都督府朱”。於本日五鼓，有賊數千從嚴洋起馬來攻歸化，卑職即時報知，高協鎮於本日未刻果到土坑，紮營離縣十餘里。卑職即時點集民兵、鄉導開路，高協鎮統馬步衝殺，生擒僞總兵朱照顯，殺死不知姓名賊頭甚多，奪得騾馬三匹、銅關防一顆、木關防二顆、劄付數十張、兵册一部、大旗二十餘面、器械無算。又有賊首詹化翰逃遁將樂縣轄余家坪地方，卑職懸金購義男李仁等密赴刺死，解來首級已經懸示。訖於十月初六七日，有附近鄉民獲得逃散餘賊併關防、劄付、兵册，到縣報鳴，卑職俱多方撫慰，重加賞賜。不意日深一日，賊寇愈多：於舊十月十三日，沙縣被賊攻破；十一月十一三日，永安縣又被賊寇攻破；十二月初三日，汀州府、連城縣被賊攻破。俱與歸化連界，四路賊寇不下數萬，屢有僞牌到縣，稱新建王、德化王、阜平王、石城王，四路各帶賊寇數千，攻圍歸化。卑職調集下舖鄉勇李仁等到縣援勦。行至合溪地方，適值石城王與雷、吴二賊首併餘寇數千餘，搭架高臺三座，焚香拜天，衆等呼噪，鄉勇奮死衝殺，衆賊逃散，將雷、吴二賊併僞石城王登時殺死。復有飛虎黄旗、大小印劄等件赴縣報驗，已將石城王首級懸示。數月以來，圍城八次，打(丈)[仗]十餘次，俱獲全勝。但今聞江西大兵恢復，順昌、將樂各賊俱遁歸化界内，四鄉擄刼，受害不堪。本府高協鎮因恢復連城，馬步半羈別縣。懇乞憲台軫念地方，如將樂轄地楊源、楊村、小陂、龍西山，泰寧轄地依集、永勝堡等處，皆與歸化接壤，見屯多賊，又在招聚，深恐復生不測，速勅洗勦；或會同本府駐防兵馬，三面會勦，庶歸化可安，生民幸甚。事干賊寇，理合申報，爲此備由，另具便覽書册具申，伏乞照詳施行，須至申者。

右申福建等處提刑按察。

順治五年正月廿九日知縣戎政、典史楊芳。

戎邑侯捐建太保閣記

李于堅

邑城垣西北之交，雉堞延迢，城廬越闊，其上莫蔽風雨。昨歲寇屢窺城，守者皆涣處，無由持戟登陴。邑侯戎公每夜巡行三匝，過輒徘徊久之，謂兵家攻瑕，此其瑕矣。於是捐橐創敵臺，搆閣其上，不惜露臺之費，聿觀劍閣之成。因郊外有太保廟祀康王，是閣適儼然臨之，遂顔曰“太保閣”，且遷其廟之小像而崇祀焉，屬余紀其事。余維《周官》“三公”，一曰太保，葢本伊尹保衡之意，有師道焉，有母道焉。故《易》有“保合”之文，《書》有“保釐”之命，田公有“保介”之號，晉陽有“保障”之稱，若是乎保我黎民，必如保赤子而後可也。侯治歸以來，望之肅然，有嚴師之尊，而即之藹然若慈母之親。至修城急急，俾寇來不敢襲，且運幄有籌，救荒有策，豈非保艾之德通於神明哉？考西北之位于卦爲乾，乾爲君、爲首，其地宜居高而首出。今南臺增高，與東之八角樓相頡，見離出震，已慶得朋，則西北之乾龍不宜蟄伏明矣。夫天地嚴凝之氣，始於西南而盛於西北。乾爲寒、爲冰，此嚴凝之氣也。君子敬奉天氣，朝乾夕惕，雖危無咎，以此守城，何守不固哉？然則是閣也，可以議守。且《易》曰：“戰於乾。”又曰：“陰疑於陽，必戰。”夫兵，陰道也。故軒轅取義於《陰符》。今以西北之位當純陽之卦，是所謂陰陽相薄也。以此出戰，何戰不克哉？然則是閣也，可以議戰。若乃仰眺其上，四時皆宜，百端交集。或登臺而望雲物；或披襟以當雄風；或月明千里，疑臨庾亮之樓；或雪滿萬山，恍映孫康之户。時至事起，景觸情生。然則是閣也，又可以一遊一豫，而憂民之憂，樂民之樂，侯之令德不與閣而俱崇也哉？宜歸人士欲配太保而尸祝之也。葢侯之善狀更僕未易悉數，而功莫大於全城。諸凡未雨綢繆，戴星出入，若以城郭人民爲其精魄、榮衛，則即以是閣爲侯之畏壘、峴山可矣。異日者，進加宫保而參知内閣，其以是爲之兆也夫。李于堅拜撰，江右張世經謹書，闔邑紳士敬立。

奉賀大柱國即臺垣右翁戎老父母殲寇全城序

李于堅

昔班史有言曰:“文武炳其並隆,威德兼而兩信。”合則雙美,戛戛乎難之。葢韋緩弦急,性或偏施;火烈水柔,質鮮互濟。是以衆母、神君之譽,兼者實難。惟季路之治蒲也,入其邑則忠信以寬,至其庭則明察以斷,當之者其吾歸陽戎侯乎?侯爲廣陵名宿,鍾望湖、邗溝之秀,以經明行修來蒞歸陽。歸人士挹其丰采,嶽峙淵停,僉曰:“此一路福星,恃以無恐者也。”顧歸邑介劍、津、樵、川之交,鄰邑碁布,嘯林號澤,實繁有徒。其兔窟虎嵎,在四鄰而豕突鴟張,則流毒歸邑。頃者,神奸妖妄,煽逋逃之餘孽,駭昧谷之冥盲。邑有凶憝,且陰爲之宄,彼將謂蠹嚙在內,可擣虚而入也。乃夾東西城而陣,首尾犄角,西鼎足爲三營,踞高阜瞰城中,東亦如之。侯奮袂登陴,視其轍亂旗靡,曰:“賊已在吾目中矣。”於是枕甲西城,獨當一面,而以諸寮屬分鎮諸門,各授方畧。夜則週遭巡邏,坐不煖席,目不交睫,凡七晝夜。額額焉賊環伺孤城,炮響徹天,燎光達旦,欲抵巇攻瑕,無懈可擊。其在内爲宄者,侯摘發如神,立斬以狥。小醜[膽]寒,竟按轡不敢動,乃從間道募鄰黨,竄且日增,衆患之。侯曰:“無庸,此赤子弄兵,師老則糧絶,糧絶則坐斃。吾以飽待饑,擊其惰歸可耳。”乃益堅壁以待。先是,邑下里舉義旗,設險固圉。其萬夫長曰李仁,以仗義爲衆推,侯輒優遇之。或有謗之上臺者,侯力爲辨之,益推心任之,常語人曰:“昔陳俊卿奏設義民,李抱真籍選丁男。故晝鄉爲旅,蘇兑困敵於儀村;呼隣可軍,方蓮敗寇於玄谷。吾姑養之以待用耳。”至是檄其兵以偏師趨城下,而以勁卒伏山衝,賊果望風宵遁,直走晝橋,爲伏兵邀擊,執其魁首馘之,執其奸宄俘之。乃漏(綱)[網]遊釜之徒,尚蠢蠢未已也,西走石城,召僧兵之八百,東走粤嶺,約閻摠以千餘,分道星馳,訂期雲集。侯密得其狀,急以蠟丸貽郡副將,選精騎數百,潛駐城西,賊未之知也。冬十月哉生明,寧庠黜士李聃以閻總至,薄城東二十里。侯鼓勵將士縛李聃訊之,懸其首於城東。越翼日,石城妖僧朱炤顯以僧兵至,薄城西十五里,侯鼓勵將士,縛炤顯訊之,懸其首於城西。邑人士狂舞奔悦,喜可知也,莫不挈壺漿、負斗粟,勞師於郊。既而舉手加額,向侯曰:“微吾父師之力不及此,葢歸城如斗大,一縷一粒皆取給四鄉,凡三日一集焉,月至城中者九日耳。兵來而民不赴集,民不集而兵不得食,兵不得食則悻悻思去,兵去則民危,兵不去則民病,可奈何?”侯竭力維挽,苦心調劑,令兵民相好,毋相尤,而鴻雁始安而鯨鯢始靖,而内外之狼狽爲奸者始肉飛而股慄。或曰:“此輩鼠伏狐蹲,近藏肘腋,且歃書具在,可按而治也,盍盡殲之,毋遺種於兹邑,可乎?”侯曰:“無庸,令反側子自安。夫《易》垂匪醜,《書》弛脅從,苟其宅爾宅、畋爾田,賣刀買犢,不猶吾赤子也乎哉?即鷹眼猶存‘懷我好音’可也。”爰籲衆悉聽於神,取僞籍焚之。嗟乎!此真天地之德、父母之心矣。又,先是夏五玄冥肆虐,城復于隍。侯急爲營之,三旬有奇,百堵皆作。《詩》詠“子來”,《誥》紀民和,衆心成城,故悦而忘勞也。在《易林》有之,曰:“金城鐵郭,上下同力,事平民歡,寇不敢賊。”其今日之謂與?向非侯綢繆於未雨,防患於既濟,烏覩乎守望相協、袍澤同仇也哉?嘗考侯之先世,漢則柳丘侯,名賜,爲高祖功臣;唐則節度使,名昱,工詩賦,擅才名。兹者大文三,曾以克衆;大武三,曾以克敵。民仗侯仁,士仗侯智,兵仗侯勇,豈非兼人之所難兼者耶?侯居恒手《道德》五千言,寶慈與儉,不爲禍始,不爲福先。又旁通《易》筮,精義入神,間與諸士談文,必祖先正而砥時趨。每以下車靡騁,不遑校閲爲念;諸生有食貧者,月出庾米給之。邑文廟燼於兵燹,侯捐稍議鼎新之,不憚遠聘形家者流而周度之,葢山澤通氣,人文蔚興,此百世之利也。至其待人也，外和而内介，庇其宇下，若晨風之欝北林然，汪汪千頃亦復嶽嶽懷方。其以樸忱相與者，侯折節下之；間有干以私而争執者，侯鐵面拒之。初或廉藺致疑，久且平勃交歡矣。所稱至誠動物，非與？其愛民也，寓撫字於催科，易繭絲爲保障，官所日供與市同價，大庖不盈，列肆不驚。其折獄也，兩造質成，霆决山立，鈞金束矢，無污肺石。若乃邑當孔道，驛騷旁午，供億苦煩，出浮於入，侯皆一一得其歡心；簿書鱗集，手不停披，而棼絲就理，剖斷如流，此非有兼人之才不能勝任而愉快者。方之往喆，若虞朝歌之不避盤錯，董洛陽之不畏强禦，祭偃師之摘發奸宄，殷滎陽之修立學校，劉東平之訓人以禮，邵穀陽之視民如子，元魯山、陳太丘之誠信感人、德威服物，侯皆兼而有之。是以茂實葳蕤，卓聲翔洽，口碑載道，不翼而飛，豈緊歸邑歌且舞之、尸且祝之也？於是邑之旄倪、衿韋相與走不佞，徵酌者之詞。不佞向督漕上江，稔侯之才名已久，兹屬在鄰廛，建樓近水、鑿壁分光，敝邑之得以奠安袵席者皆侯波及之餘也，敢不爲昭宣令聞，聊附凱歌之末哉？昔寇萊公起家巴東縣，及其拜相也，决策成澶淵之功，北門鎖鑰，身任天下安危。侯忠信以寬、明察以斷不讓前人，今泰運初升，朝廷懸破格之典以需名世，木鳳尺一，會當與鶴琴、鳧舄並軒翥於龍湖、獅洞之間，不佞且將載筆而隨其後矣。

通家鄰治生李于堅頓首拜撰。

（清戎澤涵等校訂《［福建］興化戎氏重修宗譜》 清道光二十六年木活字本）

朱氏宗譜

朱之渭翁還嵊記

曹居敬

越郡八治之一有嵊縣者，即古剡縣也。剡中之山水自古稱爲最佳。今之其地，則見東有泗明之高峻，西有西白之巍峨，南有南明之秀異，北有嶀大之崇隆。層巒疊嶂，積翠浮雲，望之目不暇接，固迥異人間世也。而其所最勝者，厥惟鹿胎一山。蓋他山雖有靈異之境，猶矗在巉崖峭壁之間，非樵夫牧豎不易往還。而兹山偪在邑治内外，可以朝夕登臨。由前而觀，則見沃野千畝，景色隨時晴雨不同。由後而玩，則見烟火萬家，晨昏各異。遠眺四面之岡巒，近覽遶城之溪澗。其峯崒以犍，其阿窈以深，其路逶以折，其木茂以叢。有屋數椽深藏谷底，朱子德元居之。元之言曰："吾之住此已閲五世矣。吾祖之渭公，虞庠彦也，精研《易》數，能知吉凶。卜人休咎，無不應騐。又善岐黄之術，嘗以丹藥施於人，沉痼爲之立起，所痊活者無算。後因耿藩謀逆，近在閩省，慕祖抱負，聘之。使者三返，固辭不往。祖恐遭其毒害，移家隱此，變其姓名。外人蓋不知也。迨至王師削平，稍稍遂復出焉。卒以行醫賣卜於市，乃得膳以終身。而其餘貲亦嘗買田置産，草草畧成基業。今之耕犂誦讀，皆是祖之所貽也。"余聞其言而愕然，曰："爾祖之渭翁乃吾邑明官三峯公之裔孫也，家世簪纓，累朝華膴，胸藏鬼神莫測之機，學究河洛立微之奥，允宜大用於世，以抒其中藏之蓄積。況當國家初定之際，四海向風，天下合一，聖天子在上，正士君子出而有爲之時。胡乃匿彩韜光，厚自秘藏，以效肥遯石隱者之所爲？"余始常怪之，今而知其非有慕乎溪山之人畫也，非有羨乎剡水之一曲也。其所以來此幽僻之域，以樂其山水之佳勝者，非擇而取之，蓋大有不得已之深情，有所迫而致焉者也。

夫以我國家之聖明，而三桂、仲明之徒，一苞三孽，共謀不軌，如以蚍力而撼泰山也。斯時脱或稍吞其餌，即粉身寸磔，無以贖辜；而苟抱道自重，負固不往，則又必有無端迫脅之慘。乃遂去而入於足跡不到之地，溷而褋於畊樵自適之中，使其無可踪跡，庶幾得免於難。斯其人之忠貞亮節、明哲保身爲何如？而其生平學力不概可見哉？然而剡中山水之佳亦有不容驟掩者，若東山之有謝安，了谿之有戴逵，買山而隱之。更有支遁道林，是皆有所擇而處者，非有所迫而致也。第有所擇而處者，其居暫有所迫而致者，其居久；有所擇而處者，所居不過自適其興，興盡則返。有所迫而致者，所居乃以自藏其身。藏身則固厥後，子姓蕃衍，或遷烏巖，或徙城中，或適于鄉，或散於野，所居之地不一，俱於嵊乎是家，而終無返虞之日。則其有所迫而致焉者，即謂有所擇而處也可。

時乾隆己丑年長至前三日，默齋曹居敬謹識并書。

朱巷陽宅八勝題詠序

朱萬山

敘曰:本宗居虞東十里,地鍾靈秀,而尤奇之境更有八焉。故創環朱八勝之景,題咏於譜。咏成展玩,坐對山川,愈覺秀顯,喜不自勝。又用己韻和成回文八首,俱載於後。蓋取吾朱之勝境旋轉無窮,而地靈人傑,迭出如環,無有終窮者。詞雖鄙而意頗緻,宗賢幸勿以人廢言,續和是望。

朱巷陽宅八勝續序

朱静香

朱巷者,起自宋建炎間。吾祖懷青公自山東青州扈蹕南遷,樂虞東山水之勝,遂家焉。歷世積德行善,天報之昌厥後,故子孫漸繁,比屋而居,巷因以名。環宅皆河,山峯挺秀,巖壑美麗可觀。十三世萬山公取吾朱之勝境旋轉無窮,而地靈人傑,迭出如環,創爲八勝題詠。吾宗吟詠輩各相續和。宅之左有橋,四時漁樵耕讀往來其間。且旋家在東,錦里在西,濟荒在南,不偏不倚,其列如鼎,曰三橋鼎列。宅之右當三衢之衝,上有亭,下有石,其數六,纍纍如星。風晨月夕,宗人抱膝長吟,課晴問雨,聯坐於六石之上,曰六石星聯。宅之前有山峯,圓浄,色晶瑩。小山並列似臺似架,外山迴護如嶂如屏,曰前山鑑展。宅之後有埂,委委蛇蛇,盤旋曲屈,合見龍在田之象,曰後埂龍蜒。巽位,三峯秀麗,宛如金烏張翼,每愁霪雨之時,得此山明潔,則雲收霧散,旭日騰輝,曰金烏耀日。震方,膽山穎秀,聳出青霄,近在朝陽日邊,挾凌雲之勢,曰文筆凌烟。其水也,七十二溪縈洄清澈,環遶本宗前後而無間斷,曰水環玉帶。其林也,本宗珠琳寺竹林森然茂然。古者竹林之賢有七,而吾朱諸賢聚會不止於七,曰林聚朱賢。玆八景者,未遇吾祖,棄置於窮鄉僻壤,僅使漁人牧豎、樵夫浣女出没於烟雲杳靄、長林豐草間,甚爲可慨。幸遇吾祖,世篤懿德,貽厥子孫,得騷人詩客褉踏於梅林杏塢間,懿甚休矣!雖然,吾祖之世澤綿長,山川之鍾靈無盡,後有達者紹服先人之遺徽,德立名宣,蓋于當世,俾邦之儒碩,遐方俊彦,莫不同情景仰,法其模範,從其趣尚,以光耀山川,於余有厚望焉。

時咸豐元年歲在辛亥八月上浣之吉,二十一代孫静香見衡謹譔。

朱巷陽宅八勝題詠

朱萬山

三橋鼎列

即國相坊前左右前三橋也。國相坊,可齋祖建立。乃本宗龍首三橋鼎峙,固聚一宗風氣。東曰旋家,西曰錦里,南曰濟荒。

旋家錦里濟荒橋,左右均停勢拱朝。一品亢宗羅大地,三虹出水跨青霄。鼎新台輔千年勝,濠沂源頭萬頃漻。可是天光雲影下,重淵滚滚欲騰蛟。

回 文

台鼎臨門正倚橋，抱環波勢合迎朝。洄濤萬錦紅摇日，合浦三虹白貫霄。堆玉漾波清色秀，月星涵水碧光漻。限雲白砌危梁古，緑浸長虹石化蛟。

六石星聯

六石不知何代何人所制，今在懷青祖祠西南三衢之衝，星布石列。宗賢風晨月夕，每每羣聚坐談於其間焉。

紫薇垣内殞精熒，誰置通衢似列星。月下聯翩鴛鷺序，烟中蹲踞虎彪形。靈光夜夜衝南斗，瑞物時時護六丁。千載竹溪中逸士，英魂化石伴懷青。

回 文

平衢石磴紫熒熒，月耀光輝南斗星。兵甲遁軍雄列隊，霧煙蒙虎猛成形。瑩光潤色金和玉，古迹奇逢石與丁。瓊塊六堆圓列地，迎門對疊萬山青。

前山鑑展

即照鑑山，其峯圓秀如鏡，下麓又如鏡臺，列於宗門之前，而内案外山迴護如障如屏，遠接百樓山。

峨然一阜秀靈鍾，如鑑奇形天鑄鎔。百疊樓臺開寶匣，一奩金炯耀華宗。雨過南麓朝磨垢，月到中天夜整容。羸我家家門户扃，對渠應可照心胸。

回 文

岡倚危樓百秀鍾，顯然天鏡似陶鎔。洋洋白瀑飛臨户，兀兀奇形巧挹宗。蒼鬢轟時增色秀，直峯歸處正儀容。粧成翠黛斜侵額，畫列青山高對胸。

後埂龍蜒

北發蘿巖，南發百樓，穿水過峽，起伏隱映。二沙合一自西來，至本宗宅後蟠旋屈曲，如遊龍伏在本宗之後。

迢迢岡麓南交北，起伏奔騰萬錦堆。屈曲虬螭雄地軸，蜿蜒形勝壯天開。四方小阜重重護，十里長逵步步迴。九族龍孫成九種，竚看不日奮雲雷。

回 文

真形恍卧長郊北，過水穿毬錦作堆。巾崖散行間步縱，賦成吟咏放懷開。春深列綺如圖畫，宅後蟠虬似抱迴。鱗甲動摇風捲霧，蟄龍驚起一聲雷。

金烏耀日

山聳三峰，宛如金烏張翼宗之東南。巽位，秀特奇巧，誠虞東之美觀，輿地勝槩也。

金烏原是太陽精，右立東南麗景明。雨霽岡巒增熠燿，風生草木助飛鳴。錦苞似鳳千年瑞，鐵翮如鵬百鳥驚。我欲扶摇兼附翼，直排閶闔入雲城。

回　文

丹壑紫崖輝日赤，瑞烏金羽耀蟾明。巒横霧彩呈鳶舞，木入風聲作鳳鳴。翰疊萬瓊如繡錦，翅張雙翮似飛鷲。歡懷笑眼翹形勝，玉立奇瞻顧邑城。

文筆凌烟

即烏膽山，當本宗之東，一峯秀出萬山之外，圓鋭清奇，凌烟染霧，真文筆也。下有青烟，嶺因文筆而目其爲青烟嶺也。

膽山東望十分奇，欲付丹青憶郭熙。玉逹葱蘢呈翠管，瑶峯圓鋭卓毛錐。月來影架珊瑚格，雨過鋒濡龍尾池。日日虚齋排左闥，狀元峯耀讀書帷。

回　文

衝漢碧巒高突兀，啓文天象秀微熙。葱葱瑞靄蒼呈管，曉曉晴嵐翠立錐。峯耀日光朱滴露，頂生雲跡墨涵池。東臯拂影奇形巧，彩筆文山青對帷。

水環玉帶

本宗之水東南七十二溝港赴海。東犴山頭另分一派，遶宅前後，紆縈屈曲而無間斷，真若一條玉帶之纏本宗也。

迢迢一水發南東，旋遶烟村玉帶同。流會百川歸瀚海，瀑飛萬壑瀉穹窿。溶溶鉛汞盤丹鼎，曲曲星垣衛紫宫。前後宗賢榮晝錦，腰黄纏白入環中。

回　文

滔滔活水湧山東，遠脉源洙與泗同。鰲隱深波流瀚漫，鳥浮清渚漾穹窿。緣金繫玉環腰佩，帶錦旋瓊繞宅宫。豪興狂吟閒立石，挺身如柱砥流中。

林聚朱賢

本宗西有珠琳寺，寺東一帶林竹森然，名曰朱林。宗賢社會因以立名曰竹林雅會。《竹林别意》等卷各載後。

吾門何物寄鄉評，家植先人竹數莖。耐歲凌霜舒勁節，鏗金戛玉振佳聲。垂垂鳳實聯珠碧，苒苒龍孫滿眼青。更數个中壇社會，七賢六逸弟和兄。

回　文

傳頌名林朱族茂，節高凌漢拂長莖。翩翩舞翼鸞翻影，瑟瑟鳴瑶佩振聲。旋錦晝吟淇竹篆，合簪宗會院風清。元元沙論高莊老，浩興閒遊並弟兄。

朱巷陽宅八勝題詠

朱三才

三橋鼎列

一派淵源遡自東,橋分三處道相通。平吞碧漢門聲振,高卧清波地勢雄。南北相連眠獨石,東西對峙飲雙虹。三橋應是三台象,鎮耀朱門永不窮。

六石星聯

蠹道微垣失六星,却來此地聚精英。非關岱嶽移仙磴,不學荆襄布石兵。虎豹蹲形殊猛烈,女牛列象任縱横。先人措置貽謀遠,代代宗門樂太平。

前山鑑展

誰將寶匣自南來,一鑑初展玉女臺。翠壁奇形天鑄就,蒼銅古色地安排。千門静照儀容整,萬象虚涵氣宇開。亘古不磨無宿垢,靈輝炯炯别奇才。

後埂龍蜒

千山迢遞萬山迴,特護村居湧數堆。屈曲勢從滄海出,奔騰形接汐潮來。風雲鼓動疑舒甲,星月精熒欲暴腮。龍種已成將變化,禹門專聽一聲雷。

金烏耀日

三山卓立出東臯,名曰金烏勢更豪。一振錦苞冲碧漢,雙張鐵翮奮青霄。和聲只聽風敲竹,彩色應看日映毫。萬里鵬程堪附翼,飛搏不怕海天高。

文筆凌烟

琢就中區一大毫,移來插入碧雲霄。毛錐突兀龍蛇動,玉管嵯峨星斗摇。一幅錦箋開宇宙,半池翰墨蘸江濤。文才料不虚文筆,大寫文章答聖朝。

水環玉帶

天然一水異人間,四面盤旋如玉環。素月静涵光耀白,碧天遥浸彩成斑。金縧旋轉盤宫袖,寶帶紆縈暎錦襴。萬派千支流澤遠,宗賢奕葉錦衣還。

林聚朱賢

西來勝地號朱林,翠屋重重古木深。類聚英賢成偉績,挺生豪傑發狂吟。文章聲振争先後,禮樂名揚貫古今。六逸七賢何足數,直追元愷繼徽音。

朱巷陽宅八勝題詠

曹居敬

三橋鼎列

坊前鼎足列三橋,門對清流一品朝。題柱從心凌碧漢,登雲隨意步青霄。交通霞影獅浮篆,互暎天光鴨淥瀏。黄石有書擬欲授,看誰進履化長蛟。

六石星聯

康衢棋佈色晶熒,六石聯輝應列星。對峙兩行同磊落,特開三面各成形。塵談月夕來鴻士,箕踞風晨去白丁。一自風流人散後,横眠芳草點苔青。

前山鑑展

扶輿磅礴地靈鍾,鑄就菱花大冶鎔。開向朱門映錦里,來從青祖對華宗。纖微不染風塵垢,亘古常昭日月容。可是千秋懸寶鑑,明心長使照人胸。

後埂龍蜒

匝地蒼龍戲水來,求伸蠖屈爪牙堆。烟迷草木風雲壯,潮湧波濤變化開。繞室敢緣呈瑞至,負舟還擬濟川迴。蜿蜒恍似南陽卧,竚看經綸一雨雷。

金烏耀日

三峯聳立耀陽精,奮翮冲霄展翅明。似向扶桑驅兔走,疑從若木動雞鳴。羽儀王國人多秀,卵翼門庭風不驚。更喜赤烏當巽位,自流華屋照皇城。

文筆凌烟

崒嵂危峯卓筆奇,烟凌筆底望中熙。天章寫就花生管,雲牋書成穎脱錐。奎璧輝騰金石句,絲綸世掌鳳凰池。文章驚破恒流膽,因號名山對董帷。

水環玉帶

昔賢選勝樂虞東,地軸盤旋水亦同。遶宅清流吞皓月,環村碧水浸蒼穹。腰圍玉帶初歸第,身繫金縧早賜宫。晝錦古今多少客,都來孕毓此鞶中。

林聚朱賢

社會才同月旦評,瑯玕輩出竹千莖。修篁後節高前節,清籟新聲過舊聲。詩酒尋常擬太白,冠裳奕葉繼懷青。君身自是淇園篆,更羨松梅弟與兄。

敬雅有山水之癖,寓居於此,我心實獲,自謂不讓古人。敬閲明賢萬山公八勝之咏,不覺狂興勃然,率爾成吟,不知所云,真所謂捧腹而顰也。况美景佳句都被前人道盡,學步邯鄲,敢詡積薪哉? 亦聊以續貂云爾。後有作者,不鄙是幸。居敬謹識。

朱巷陽宅八勝題詠

朱尹臣

三橋鼎列

流環玉帶接三橋，遥對宗門一品朝。日落殘光摇碧浪，月明倒影壓青霄。虹垂兩岸波聲壯，鼎峙千秋水色漻。宛列三公分鴛鷺，禹門春暖看騰蛟。

六石星聯

東郊歷歷聚精熒，盡道天垣失六星。對對隱埋虎豹跡，雙雙並列斗牛形。孔明布就酬三顧，秦氏鞭成説五丁。可惜竹林人散後，風晨月夕草青青。

前山鑑展

前山靈秀自天鍾，端列中門一鑑鎔。劍屈龍盤連翠黛，樓飛鳳翅振華宗。雲消霽岫新開匣，月瀉銀湖想照容。昭質不須磨刮試，長留此地鏡人胸。

後埂龍蜒

過水穿珠遶宅來，攢成錦繡作雲堆。春風草暖龍蛇動，大地烟消日月開。屈曲宛從滄海出，蜿蜒偏向北郊迴。爲霖早具蒼生望，且潛中田試聽雷。

金烏耀日

三山磅礴賽陽精，卓立東南照眼明。不羨飛鵬來海國，還同彩鳳作岐鳴。蓮崖秀列松楓翠，劍翮高張鳥雀驚。萬里雲程欣有托，扶摇直上帝王城。

文筆凌烟

文筆峯高勢特奇，巍峨秀插曙光熙。天章草就雲爲紙，雁字摹成穎失錐。漠漠煙霞籠翠管，滔滔江漢作涵池。冲霄自具凌雲氣，肯爲蛾眉伴繡帷。

水環玉帶

一派清流自宅東，汪洋環繞一村同。春風淡蕩摇輕浪，秋水澄空漾碧穹。恍佩金魚還故里，遥疑玉帶賜新宫。時人莫道天河遠，自此乘槎步月中。

林聚朱賢

風流文采重鄉評，雅會朱林對竹莖。歌入瑯玕音細細，詩成珠玉韻聲聲。無心卻抱凌雲氣，勁節常懷阮眼青。六逸七賢堪媲美，可人難弟更難兄。

八勝題咏

朱嘉賓

南遷始祖向虞來，八勝天然大地回。六石星聯蹲六虎，三橋鼎列位三台。龍蜒後埂雙蛟起，鑑展前山一鏡開。文筆凌烟鋒秀麗，金烏耀日影徘徊。水環玉帶清泉湧，林聚朱賢篆竹栽。昔日簪纓運既遠，今應嶽降挺人才。

朱巷陽宅八勝題詠

朱　昇

三橋鼎列

春臨宅畔宅臨橋，畫入青山好對朝。津通問處來而往，水隔倒分壤與霄。人渡杠空行蕩蕩，石流波動影滲滲。真如鼎峙横橋古，地勝名淵躍起蛟。

六石星聯

頑怪豈逢秀色熒，石聯輝映列星星。班分宿象傳奇跡，影落垣衢聳舊形。閒坐偶停邀過客，樂遊羣喜話添丁。斑斑色照留明月，山看碧時水看青。

前山鑑展

推詳好景妙情鍾，似鑑真成金就鎔。來去幾臨新客過，拱朝長對舊門宗。開匳曉氣雲收影，倚壁斜光月照容。盃酒賞心關地勝，近山前望喜懷胸。

後埂龍蜒

仁里舊隄長作護，巧工營費幾時堆？人行屐印鱗斑古，雨帶松垂爪影開。身卧近郊深草偃，氣嘘空野暮雲迴。神龍若見真形幻，轟轟鳴春早聽雷。

金烏耀日

宗耀名山取義精，象飛烏翮兩分明。封苔碧翠添新羽，落葉秋音聽遠鳴。峯照夕陽斜背映，岫迎旭影曉心驚。鍾靈喜見人文啓，附翼傳聲播市城。

文筆凌烟

家對好峯聳筆奇，斗牛輝耀正熙熙。花生血淚啼空夢，穎脱雲箋畫利錐。鴉老浴身塗得雨，雁羣飛影字留池。斜横翠嶺烟痕濬，霞映山光山映帷。

水環玉帶

漪漪水遶宅西東，近遠通源一派同。欹岸曲流圍大地，倒光圓影束高穹。垂絲荇翠添新種，解佩魚遊認舊宫。誰識有河長若帶，詩成戞玉寶懷中。

林聚朱賢

漫漫喜得定詩評,勝地成林植秀莖。竿抱節[illegible]懷个个,雨餘風響接聲聲。彈琴雅奏惟鸞綵,買酒盃分幾葉青。壇社會宗同雁序,蘭爲友兮梅爲兄。以上八詠回文。

朱巷陽宅八勝題詠

朱　皞

三橋鼎列

華宗鼎列有三橋,迴抱清波萬壑朝。勢拱坊前時玩月,影沈水底欲冲霄。東西活潑源同派,左右縈迴色共滲。此地從來傳勝境,呈祥起鳳與騰蛟。

回　文

坊前對峙鼎横橋,汩汩源流碧水朝。光漾浪浮虹與電,影涵波倒漢和霄。長河北濟同人涉,闊岸東流曲水滲。梁渡客行歌蕩蕩,静淵深處潛龍蛟。

六石星聯

祠邊翠石色晶熒,六六聯輝似落星。折半三台堪比象,添雙八座自成形。長留此地衝南北,何必奇郎辨丙丁。借問當年誰建造,前山浪疊數峯青。

回　文

流光翠色石熒熒,六六排攢似落星。牛斗應天先合數,拱環分象列成形。樓西認識寧朝宋,巷舊名呼尚姓丁。留待幾時聯磊磊,稠痕淺綴點苔青。

前山鑑展

天許風流間氣鍾,故將山骨付陶鎔。照來魑魅窮奸相,賞到文章得正宗。日色曉寒霞擁彩,霜華秋浄月窺容。衣冠門第欣相對,但覺靈臺拓我胸。

回　文

前山拱列秀靈鍾,好鏡天成巧鑄鎔。懸壁四空長得我,曉山三面正朝宗。鮮鮮翠色晴涵影,皎皎清光静照容。天浄霧收風寂寂,圓峯對鑑賞心胸。

後埂龍蜒

龍脉從來因地結,埂形原只藉沙堆。紅蟠宿雨花初落,緑卧春隄草不開。怕逐風雲呈變化,肯藏鱗甲更紆迴。書生未展爲霖手,白眼青天喝怒雷。

回　文

真成體勢龍如卧,細草披鱗錦作堆。巾扇合邀人望出,畫圖宜賞客心開。春融有地隨形伏，雨暮當山看首迴。伸屈變騰飛欲早，半天流響走風雷。

金烏耀日

居然陽氣耀金精，秀簇三峯映日明。歲月幾曾隨兔走，巖巒似借候雞鳴。追非投杖猶堪反，射便彎弓總不驚。會看排雲出鸞馭，神仙何必訪青城。

回　文

看山得意句求精，彩焕金烏日耀明。巒翠疊煙晨挹氣，壑泉侵寺午傳鳴。寒雲擁翅垂時辨，落木催聲振處驚。翰羽惜教人罷賞，色添霞錦赤名城。

文筆凌烟

鬼泣神驚落想奇，一峯如筆寫雍熙。濃濡暮雨花生管，健掃秋風穎脱錐。賦有金聲高擲地，雲爲墨氣倒臨池。算來巨手終無用，門對青山自下帷。

回　文

衡氣正堪從北斗，象形摹體頌恬熙。葱蘢樹色濃成畫，遠近溪毛細琢錐。峯架曉光清滴露，墨噴雲影倒臨池。鍾靈地秀人因傑，妙筆真傳特下帷。

水環玉帶

萬峯迴合抱虞東，一水環流更不同。細折源頭隨地勢，倒窺天影盪秋穹。堂宜晝錦榮袍笏，人想峨冠謁殿宫。此是吾宗聯絡處，釣竿閒把柳陰中。

回　文

滔滔水色漾南東，浪白環村一望同。鰲引釣時流曲岏，兔升光處印高穹。緜絲繫重烟迷柳，錦繡鋪殘花抱宫。豪客醉來頻解帶，顯榮何意寫心中。

林聚朱賢

出處從知有定評，不羞衰髩雪千莖。地饒修竹供幽賞，人約羣賢聚笑聲。屐印空山新雨後，詩聯舊社晚風清。莊襟老帶都蕭散，漫與元方較弟兄。

回　文

傳勝地多因族聚，竹林長護喜修莖。翩翩雅客閒題句，習習涼風晚弄聲。旋折中規循長少，去來憑賞得幽清。淵源溯到南遷始，遠近支分總弟兄。

朱巷陽宅八勝題詠

朱秉震

三橋鼎列八詠回文

遲日春山遠對橋，鼎台如峙勢迎朝。吹簫洞澈佇明月，舞絮飛晴裊碧霄。遺跡雁留痕齒齒，倒光虹映水漻漻。詩題柱列危梁古，寂寂沈潛龍與蛟。

六石星聯

三三徑繞色熒熒，六石聯真似列星。南朔拱來全結彩，女牛躔處幾分形。驂停稍欲涼生午，客過留看舞習丁。談笑聚賢名勝地，涵虛影接遠山青。

前山鑑展

鞭停偶過客情鍾，展鑑真經幾冶鎔。烟滴翠流香膩粉，額塗黄淡岫迎宗。圓光月映新開匣，斂影雲消静寫容。懸鏡天成粧面面，前山曉景好羅胸。

後埂龍蜒

阡陌綴紋苔點細，見龍神妙巧成堆。涎垂曉雨春隄滿，爪掛虬松野户開。川印月明珠出噴，水流橋曲體環迴。傳來古蹟真中幻，密密雲從響破雷。

金烏耀日

家山對列燦金精，健翮新烏象著明。花落舞空盤勢遠，籟清吹響逐春鳴。斜陽晚照秋金閃，曙色天開曉夢驚。鴉落遠峯前耀彩，啓文人擁籍專城。

文筆凌烟

鍾秀靈山立筆奇，焕章天映日光熙。峯迎旭彩生花管，岫迸苔箋脱穎錐。濃潑黛痕螺蘸墨，細垂文字雁臨池。重重積氣煙含遠，翠疊青嵐曉卷帷。

水環玉帶

分支一水遠來東，似帶環村近繞同。雲漢縈空拖白練，斗牛纏影射蒼穹。羣飛燕剪裁新錦，巧織鮫綃賣故宫。紋細漾波清見底，芬蘭佩結喜藏中。

林聚朱賢

殘陽夕照喜文評，結伴遊林竹拂莖。鸞彩和琴翻舊譜，鳳鳴諧律應同聲。珊珊逸致風宜淡，个个干霄雲附青。寒玉戛來羣會社，蘭如訂友弟和兄。

朱巷陽宅八勝題詠

朱延齡

三橋鼎列

吾鄉自古有三橋,左轉右旋對我朝。制異七星横碧漢,明如半月掛青霄。隱留人跡嚴霜白,倒映天光曲水滲。來往何須烏鵲渡,深淵寂寂潛龍蛟。

六石星聯

天然六石色熒熒,宛若微垣幾點星。面面排空分鷺序,三三對列布棋形。羣賢談笑風生午,煮酒林泉火潑丁。往代風流今已謝,但留古蹟草青青。

前山鑑展

特地峨峨秀氣鍾,天成曉鏡幾陶鎔。銀池互映初開匣,玉嶂前排巧挹宗。净剪秋波無遁影,静涵明月聳奇容。方當霧散雲消後,照眼青來賞我胸。

後埂龍蜒

發跡遥遥臥後埂,風來偃草作雲堆。神龍暫托泥塗辱,俗眼何知骨相開。地勢高低形隱見,水流屈曲體環迴。奔騰起伏真神幻,平地無聲忽聽雷。

金烏耀日

三山聳立豈陽精,宛若金烏耀日明。雨過岡巒增彩色,風敲松竹聽和鳴。千年張翼三峯峙,一舉冲霄衆鳥驚。萬里鵬程君有願,扶摇直上帝皇城。

文筆凌烟

筆大如椽尚未奇,一支高插望中熙。葱蘢翠管毫揮兔,突兀危峯穎脱錐。一幅雲開留雁字,半天雨過潤龍池。文章驚世破人膽,緣命烏山對案帷。

水環玉帶

吾宗卜宅處虞東,一水盤旋四面同。浩浩源頭羅大地,溶溶波影環蒼穹。蜿蜒湧出纏身帶,屈曲流來繞宅宫。晝夜滔滔思祖澤,耕田鑿井樂其中。

林聚朱賢

村西古寺有鄉評,樹密林深竹數莖。詩酒風流光閭里,衣冠世澤振家聲。往來談笑忘頭白,左右參差任眼青。社會朱賢今已邈,希蹤學步弟偕兄。

朱巷陽宅八勝題詠

朱 杰

三橋鼎列

昔游吴郡訪湖橋,曾記雙隄六六朝。詎料祠前三列鼎,引將人上九重霄。題坊擬續相如賦,進履應同圯水漻。上帝有時雷電鋭,會看下令起潛蛟。

回 文

天涵水影石横橋,鼎列三台星拱朝。烟卧虹光風送雨,絮飛花影雪連霄。仙傳秘録丹明篆,雁戲春波緑蘸漻。先後孰争雲會際,年年看躍化龍蛟。

六石星聯

無端頑石亦精熒,位次安排似列星。誰使少雙圖破陣,若教補一斗成形。才参韜畧契幽叟,地有靈巖夢武丁。對爾撫膺三嘆息,如何長伴草青青。

回 文

瓏玲佈石彩熒熒,五六居中天落星。朣月素弦弓射勢,古苔蒼色豹成形。童頑卧夢凉生午,客坐嫺文字識丁。翁老健游閒息業,同心會對眼青青。

前山鑑展

兀立前山秀獨鍾,天然寶鑑不須鎔。清輝有耀臨明月,昭質無虧對大宗。粉飾任他塗本面,妍媸爲我别真容。青銅百煉今無恙,照出人間幾輩胸。

回 文

山前聳兀秀靈鍾,似鑑新磨乍出鎔。顔破玉輝清夜月,匣飛鸞采耀華宗。闢情俗意深含笑,瘦影秋粧淡肅容。斑點幾峯雲净捲,閒身坐照朗襟胸。

後埂龍蜒

龍從何處奮飛來,偶向荒郊化作堆。芳草迎風鱗甲動,野烟流火電光開。願爲霖雨乘時起,肯辱泥塗失意回。此日風雲猶未洽,蜿蜒姑俟禹門雷。

回 文

平坡一脉伏龍來,屈曲長隄緑滿堆。聲發春霆飛甲舞,爪鈎初月夕雲開。明珠抱露煙濃淡,細雨排鱗水去回。名勝迹傳留古埂,驚人徧地此聞雷。

金烏耀日

金烏東峙肖陽精,暘谷寅賓出日明。赫赫英姿呈氣象,啾啾凡鳥任飛鳴。偕來儀鳳千祥集，畧向扶桑百怪驚。從此扶摇堪直上，照臨大地及邊城。

回　文

飛烏有象耀金精，位正東方一鏡明。暉映碧霞朝鳳舞，韻流清響晚鸞鳴。歸來鳥背斜輝遠，落滿霜天曉夢驚。依舊雲峯三面對，巍巍嶂影翠連城。

文筆凌烟

筆非五色勢争奇，不必江郎夢郭熙。峭立峯頭成翠管，脱來囊底試金錐。文章剖出烏山膽，翰墨題殘太液池。曾有東風相識面，時將雲錦送書帷。

回　文

青煙嶺上嶺峯奇，筆鋭冲霄碧影熙。星斗落時摇翠管，錦囊開處脱鋒錐。雲山變幻花生夢，雁字排空墨洗池。庭對松關相坐静，泠泠聽水隔深帷。

水環玉帶

村西流水自村東，一帶圍環碧玉同。霞泛夕陽拖紫錦，舟摇虚影盪青穹。分明寶印澄秋月，多少金魚賜禁宫。吟徧山川都壯麗，峨峨髦士毓其中。

回　文

綿綿水脉發南東，派别尋源一本同。漣簇曉波金束帶，浪開平面玉磨穹。連雲緑樹栽仁里，戲水蒼龍伏故宫。烟淡月明清夜静，天垂倒影碧流中。

林聚朱賢

幾輩朱賢孰品評，高風貽我竹千莖。啄餘鳳實醫塵俗，種得龍孫戛玉聲。世澤好賡淇水緑，淵源還仰岱宗青。願言合族梓桑敬，共把壎箎弟和兄。

回　文

賢名有實核須評，會聚閒林竹數莖。天舞鳳文真著象，雨喧龍種别無聲。鮮鮮翠戴翁頭白，落落風高客座清。先後賦詩新續韻，篇成唱和弟兼兄。

朱巷陽宅八勝題詠

朱乃榮

三橋鼎列

樣摹鼎足石横橋，左右拱迎萬壑朝。一品成形環玉帶，三虹倒影壓丹霄。鼉梁遠拍波千尺，鰲背高浮水半漻。閘瀉冲開無底谷，靈淵深處欲騰蛟。

六石星聯

天然碧石色晶熒，六角亭前列似星。一一横排鴛鷺序，三三密布斗牛形。風晨談笑皆黄甲,月夕遨游豈白丁。亘古留存真欲活,渾身蘚碧更苔青。

前山鑑展

一峯突兀秀靈鍾,天地爲鑪大冶鎔。普照一村長對面,永昭千古正朝宗。錦雲曉捲初開帳,娥月新描舊整容。萬世常明懸寶鑑,遥瞻長可豁心胸。

後埂龍蜒

神龍不必問從來,埂聳成形萬錦堆。碧石高昂頭角古,蒼松密布爪鱗開。潛身不肯乘雲去,特地纔從化劍回。跳出三江呈瑞至,一聲驚起禹門雷。

金烏耀日

金烏閃爍耀華精,號取三峯瑞色明。翠柏舞風長振翮,蒼松鬧雨聽遥鳴。林迎夕照鴉歸疾,嶺映朝陽鳳語驚。九萬鵬程堪附翼,扶摇直上帝王城。

文筆凌烟

突兀牕山挺筆奇,凌烟高聳曙光熙。十分墨霧花生管,萬丈毫峯穎脱錐。大寫文章霞一片,淡描圖畫月千池。飛來插入江湖上,長對朱門耀翠帷。

水環玉帶

泉源滚滚出南東,屈曲彎來玉帶同。波織花紋環錦里,星鋪珠影漾蒼穹。千尋縛住千丁族,萬仞盤成萬户宫。亘古長流遺澤遠,英賢累世毓其中。

林聚朱賢

吾門何地定鄉評,雅會珠琳竹數莖。薰引故人涼有意,客留君子淡無聲。弄琴韻入千竿緑,把酒香分幾葉青。六逸七賢誠足擬,更欣蘭友與梅兄。

朱巷陽宅八勝題詠

朱紹賢

三橋鼎列

國相坊前古石橋,分排如鼎勢相朝。波平雁齒涵銀漢,浪簇虹光貫玉霄。岸曲斜陽留淡淡,潮痕夜雨聽漻漻。三台位列堪成象,追看飛騰在鳳蛟。

六石星聯

祠邊翠列色何熒,六六安排幾點星。異質疊成龍虎象,寒光射處斗牛形。亭中笑語皆黄甲,石上風流詎白丁。堪比東山懷古蹟,吟詩遥對好山青。

前山鑑展

門前秀毓亦靈鍾,好對青山幾鑄鎔。儘有虚心羅大地,自留真面照華宗。春深黛髻新開匣，秋到螺鬟舊展容。蘊藉人須佳趣得，桃花流水賞心胸。

後埂龍蜒

神龍突兀遠飛來，萬里郊原錦繡堆。雨潤蒼苔鱗甲露，風鳴老幹爪牙開。形看屈曲重重合，勢出奔騰脈脈回。願得地靈人亦傑，躍雲燒尾聽春雷。

金烏耀日

突兀三峯耀日精，東南挺峙啓文明。花含宿雨聯新翅，葉落秋聲寄遠鳴。風捲松濤看翮健，霧開朝岫任心驚。逵鴻振羽占爻吉，一舉冲霄近帝城。

文筆凌烟

聳拔膽山勢特奇，文昌輝耀日光熙。旭迎岫影花生管，雨破苔痕穎脱錐。一幅雲箋欣得句，半天翰墨妙涵池。閒來五鳳樓堪造，大筆如椽恰對帷。

水環玉帶

泗水迢迢繞宅東，環如玉帶一村同。三橋瀉瀑凌青漢，雙璧煙雲盪遠穹。春色微波連貝闕，秋光皓月爛蛟宫。吾宗多少青州派，都在源頭活水中。

林聚朱賢

社會朱林月旦評，同人雅對竹千莖。篁敲金玉翻新句，系出簪纓振舊聲。座有名賢心自白，胸無俗迹眼偏青。淇園佳趣真堪擬，報我平安及弟兄。

朱巷陽宅八勝題詠

朱　雷

三橋鼎列

白門朱雀昔名橋，王謝烏衣一品朝。鼎足三分臨碧浪，鵲聲七夕度丹霄。排成雁齒憑人過，駕得鼉梁映水漻。異日陰符黄石授，行看雲雨怒騰蛟。

回　文

台鼎接門村對橋，碧流波湧勢迎朝。迴瀠倒影虹拖岸，遠近連光月映霄。堆絮柳飄風習習，落花梅浸水漻漻。隈深卧影梁横渡，浪起清淵躍蟄蛟。

六石星聯

古石安排秀色熒，何年天隕紫垣星。數分得半三台象，圖布添雙八卦形。勢接斗牛連左右，好符風雨響東丁。名賢談笑今安在，剩有莓苔萬點青。

回　文

平疇緑映色熒熒，六石聯輝耀落星。兵甲布行分大陣，女牛成象應奇形。瑩晶色潤光生午，宛轉歌來舞習丁。瓊佩聽聲人聚集，迎眸遠渚草迷青。

前山鑑展

一朵芙蓉秀獨鍾，千秋寶鑑孰陶鎔。丹鑪鑄就憑天地，翠匣開時耀祖宗。不染塵埃含古色，常昭面目露真容。青山此日如能語，告我前賢錦繡胸。

回文

岡高聳拔秀靈鍾，似鑑新成天鑄鎔。洋溢水流溪映彩，巉嶙山峻岫迎宗。蒼蒼色净雲收影，皎皎光斜月照容。粧閣繡奩開鏡曉，畫圖披處豁襟胸。

後埂龍蜒

長郊古埂如龍卧，體勢蜿蜒一帶堆。甲舞雨催菰葉戰，鬚飛風送荻花開。濕雲拖墨平疇伏，明月投珠曲港回。枯樹屈盤頭角露，卻疑遥聽禹門雷。

回文

真容露處横堤埂，遠望晴霞翠作堆。巾幅半拖雲氣吐，柳絲斜掃雨鱗開。春流曲水環盤屈，野卧長蛇似抱回。鱗爪舞風摇碧草，見龍初震一聲雷。

金烏耀日

金烏三足擬陽精，崪屹峯高耀日明。風捲松林疑翅振，泉喧石壁聽春鳴。蛇蟠不動靈蛇製，箭舞無端美箭驚。莫道此身長斂翼，一飛會看上雲城。

回文

丹霞映處露金精，日耀烏峯曉色明。巒接翠嵐浮影落，竹生秋籟聽聲鳴。翰輕暖旭晨迎舞，背滿斜暉夕帶驚。歡對遠山青極目，暮鴉棲樹繞東城。

文筆凌烟

天生文筆一枝奇，寫就雲章勝郭熙。煙雨淋漓成水墨，峯巒峭拔脱毛錐。杜鵑開徧花生管，秋雁排空字印池。坐看無心雲出岫，輕羅半幅作書帷。

回文

衝氣紫霄凌筆彩，嶺烟青透日光熙。葱蘢木聳毫添管，峭厲鋒新颖脱錐。峯遠插雲書怪紙，雨新含墨潑香池。東西徧寫天章焕，翠接霞流碧映帷。

水環玉帶

四明江水盡歸東，回抱村邊玉帶同。勢若黄河圍大地，狀如碧漢絡窿穹。浮沉魚佩翻波浪，摇曳荷衣繞宅宫。多少人家依曲岸，何殊居在鏡湖中。

回文

滔滔水勢接西東，派萬朝宗一本同。鼇簇錦紋生碧浪，練拖霞影接蒼穹。緣垂白玉浮明月,帶束黄金賜内宫。豪俊盡賢名勝地,啓文人溢乳流中。

林聚朱賢

結伴高賢自古評,茂林修竹拂千莖。醉來酒興追詩興,敲得棋聲雜鳥聲。翠影参差身競秀,逸情瀟灑眼俱青。風流不遜蘭亭會,好寫文章有弟兄。

回　文

傳流古跡真名勝,緑水淇泉竹拂莖。翩翩鳳翔風瑟瑟,雅音鸞和佩聲聲。旋盤樂地連陰密,坐卧閒林撲氣清。元妙悟空談有伴,會心同得弟兼兄。以上回文順逆步韻

朱巷陽宅八勝題詠

朱履敬

三橋鼎列

仁里何時建此橋,橋成品字溯前朝。跨虹倒映印明月,共雉飛鳴上碧霄。玉帶迴瀾波折折,金烏遠罩水漻漻。欲將題柱逞吾志,氣作山河怒斬蛟。

回　文

同源水帶玉環橋,鼎足三分勢遠朝。虹貫赤霞雲倒影,鵲飛烏翼羽凌霄。穹蒼位應星台上,日月光浮波浪漻。終始克留遺跡勝,空横雁齒石飛蛟。

六石星聯

縱横靈石色精熒,碧落曾經失幾星。五六渾成天地數,兩三列佈斗牛形。低頭跪拜癡同米,高枕閒眠夢證丁。最愛一天連雨後,翠苔齊傚佛螺青。

回　文

中虚卦宿列爲熒,六數成聯石似星。功鍊一天修五色,象垂四極配雙形。風生水氣蛟騰午,路繞雲根竹報丁。同樂春逢圖九九,紅添樹色草留青。

前山鑑展

岡巒如鏡萬情鍾,同落洪爐一氣鎔。鈕鳳鑄成新出匣,山雞舞罷盡朝宗。雲封螺髻藏嬌態,苔襯蛾眉現麗容。若把芙蓉占及第,頭銜朗耀澈冰胸。

回　文

山前對峙遠奇鍾,古鏡新磨水鑄鎔。鬟髻擁螺青試曉,障屏環鳳翠朝宗。閒情妙意參顰笑,静影秋粧淡鬢容。灣繞竹樓山拱座,潺潺水照朗心胸。

後埂龍蜒

迥望東臯紫氣來,埂成乾象伏平堆。烟籠蔓草青雲護,風送流螢紫電開。寶劍沉沙神變

化,梅梁畫棟影飛回。雪中宛若玉龍鬬,銀甲鮮明噴凍雷。

回　文

龍蟠屈曲一沙來,遠勢山巒疊作堆。松種錦鱗金甲碎,草披鬚齒石牙開。蹤尋隱伏遥環抱,背聳盤旋轉顧迴。�化影窺微首見,逢春雨際尾燒雷。

金烏耀日

金烏本是日中精,化作名山分外明。玉兔幽蹲愁利爪,黃蛇潛伏聽飛鳴。峯留霽雪白頭證,月上弓弦彩翼驚。一旦飈開天路近,神眸早已顧虞城。

回　文

光摇遠嶽插金精,烈火真陽一倍明。岡耀彩烏飛翅奮,樹留雲鶴應春鳴。翔而集處裳霓舞,往復還時弓月驚。揚翼羽霞流閃閃,霜天一夜唱邊城。

文筆凌烟

秀挹烏山造化奇,文星高射斗光熙。峯尖濡雨濃於墨,筆勢参天利似錐。五色烟霞封雁字,半空揮灑蘸龍池。一彎弓月新開候,畫罷蛾眉雲作帷。

回　文

雲凌遠岫筆峯奇,秀地鍾靈溯代熙。文起蔚然天織錦,管窺圓妙穎囊錐。傳聞夢兆花生竹,散潑烟痕墨洗池。芹藻采來欣路近,紛紛聚集錦屏帷。

水環玉帶

曲折西流更向東,形環玉帶一般同。波紋織錦凌銀漢,雨線垂珠掛碧穹。山色遠含羅刹地,月闌圍住廣寒宫。乘槎應遇支磯石,梭影依稀落箇中。

回　文

淵源溯古自流東,浩浩來泉衆壑同。旋轉勢環迴珮玉,倒涵光落影窿穹。船浮翠葉蓮香國,月逗雲羅織女宫。仙境好遺名勝地,年華逝日此流中。

林聚朱賢

胸懷瀟灑把詩評,笑指當年竹數莖。筆寫蘭亭添醉興,鐘鳴林寺和琴聲。棋聽白鶴脩翎碧,茶沸紅爐篆縷青。此日重開林下社,荆花分咏憶吾兄。

回　文

妍媸孰判好詩評,會社朱門竹吐莖。阡陌接連深碧翠,俊賢皆聚笑談聲。緣君此地圍陰緑,品士佳文辨眼青。先後繼風同隱逸,眠雲傍石拜呼兄。

朱巷陽宅八勝題詠

朱茹薌

三橋鼎列

村墟環水水横橋，卜宅幽棲憶往朝。波静魚梁排遠岸，雨餘虹影疊層霄。長堤柳暗通紅板，古渡春深漲緑漻。上應三台成鼎峙，人文蔚起看騰蛟。

六石星聯

臨衢突兀復晶熒，應是薇垣隕列星。山骨崚嶒如鵠立，雲根蟠結作龍形。脈聯對峙成三峽，逕曲斜通闢五丁。米老若逢當下拜，定濡醉筆入丹青。

前山鑑展

寶鑑山光秀特鍾，化工鼓鑄費陶鎔。拱辰正合從離照，迎旭端應向岱宗。春暖林巒添翠黛，雲收面目見真容。終朝相對圓靈景，朗澈能開學古胸。

後埂龍蜒

蘿岫分支穿石堰，樓山發蹟度雲堆。兩龍屈曲村莊繞，數里連綿第宅開。風過芳畦鱗甲動，波翻曲港爪牙回。先人遺澤宜昌後，頭角峥嶸迭奮雷。

金烏耀日

三台峯勢聚星精，比象金烏向日明。巖畔雲生鷹隼舉，林間風入鳳鸞鳴。高張兩翅青霄近，倒影重淵白鷺驚。健翮聯翩冲碧漢，東南半壁作長城。

文筆凌烟

烏牕名山聳拔奇，凌霄筆彩焕光熙。雲拖水墨揮隸篆，峯破烟霞脱穎錐。射斗文光思倬漢，横波峭影想臨池。書空慣作龍跳勢，五色花生對翠帷。

水環玉帶

虞城水勢盡趨東，此地瀠洄迥不同。四面河渠環玉帶，一泓澄澈浸蒼穹。人圍紫綬榮鄉里，村抱圓流擬泮宫。累葉英賢瓊作珮，瑲瑲濟濟玉堂中。

林聚朱賢

鼓詩角藝向誰評，指點叢林竹幾莖。雅集英耆參妙諦，喜從梵宇聽泠聲。飭躬志合凌雲壯，琢句音同戛玉清。鄂社檀溪非一姓，何如難弟與難兄。

朱巷陽宅八勝題詠

朱服疇

三橋鼎列

何年疊石建三橋，國相坊前左右朝。司馬豪題懷古漢，卧龍倒影壓層霄。醉看雁柱波痕浸，閒坐魚梁水色漻。取意後人成鼎輔，乘風破浪遠騰蛟。

六石星聯

瑰奇磊落色熒熒，不是天邊隕列星。仙客驅羊留賸蹟，將軍射虎現真形。棋方下手疏排子，經解點頭暗識丁。更似南遷隨駕候，六官祖道送懷青。

前山鑑展

山勢靈奇秀氣鍾，如金出冶始陶鎔。衣冠整頓窺孫子，肝膽忠良照祖宗。可借壽光留雅號，恍臨皓魄見真容。層巒擁護妝臺麗，常對門前豁我胸。

後埂龍蜒

自南自北自西來，不藉人工土作堆。大地盤旋靈秀聚，前村環抱畫圖開。風吹木振鱗牙動，川泳雲連體勢迴。不信驪珠誰是得，他年變化疾於雷。

金烏耀日

三峯耿耿露元精，常向東南耀日明。直似滄江初浴起，羞將燕雀共飛鳴。扶桑煥彩高先俟，細柳回輪賸不驚。周室長流徵聖瑞，願今拱衛帝王城。

文筆凌烟

突兀凌空分外奇，文章華國耀重熙。高擎霄漢光衝斗，尖挾風霜利比錐。徧地書成張旭草，臨波墨蘸右軍池。一枝健筆爲誰用，暮暮朝朝秀入帷。

水環玉帶

前朝卜宅相虞東，曲水圍環一帶同。新月爲鈎浮碧漢，暮雲似錦映蒼穹。泉流石罅鳴瓊玉，川漾羅紋繞室宫。更有小山堪作礪，羣賢應在廟堂中。

林聚朱賢

昔賢月旦有鄉評，雅賞清幽竹數莖。庭院重開新社會，衣冠常繼舊家聲。酒杯詩卷光摇綠，棋譜琴牀暈入青。最愛滿園排玉筍，也曾難弟與難兄。

朱巷陽宅後八勝題詠

朱　雷

小序

八勝題詠之作前人創制，洵美矣！然前人有未及見者，未嘗不待後人備述之。生長金烏舊巷，逐日遨遊，步步引人入勝，如山陰道上應接不暇。由近及遠，攬勝無窮，於兹又得八景焉。雷不揣固陋，矢口成吟，草草不工，閱者諒之。

廟壇古柏

蒼翠積重重，龍堂古柏封。腹空人可貯，頂大鳥能容。倚殿香雲護，橫林寶露濃。歲寒誰作伴，莊外有喬松。

田屋老樟

大木先人植，翛然向宅東。屋深三徑遶，樟老九枝同。接葉鶯巢遍，盤根鼠穴空。炎天勞爾蔭，民物共涼風。

麻溪春艇

竹葉泛輕舟，緣溪曲折流。釣筒垂古渡，漁唱入高樓。柳絮堤邊泊，桃花浪裏浮。夕陽村市近，沽醉樂無休。

埿埭秋碪

六石星聯處，家家急暮碪。凌波秋影碎，敲月夜光沉。枕簟驚鄉夢，關河動客心。更深餘韻歇，又聽雜蟲吟。

鳳塔薰風

寶塔鎮山巔，登臨勢嶄然。風高聲自壯，日午影纔圓。消暑紅塵外，迎涼碧落邊。瑶琴揮一曲，解阜詠南天。

蛇山松雪

山勢走如蛇，寒松一帶斜。忽驚天雨雪，卻看樹生花。影渾雙棲鶴，聲沉晚噪鴉。明朝觀霽日，林際豁光華。

桃尖曉旭

百樓開曉色，晴旭射蟠桃。指日光初曜，看山興轉豪。翠浮千嶂疊，紅罩一峯高。擬獻瑶池果，遊仙會不勞。

蘿巖夕陽

晚眺蘿巖勝，山光滿目清。斜暉明半壁，落日淡孤城。鳥道蒼烟破，龍潭紫氣生。何當臨絶頂,一覽暮雲平。

朱巷陽宅後八勝題詠

朱榮綬

廟壇古柏

古柏葉重重,壇前翠靄封。參天留正氣,得地露真容。蔭護鐘聲静,香籠樹影濃。龍堂靈秀萃,勁節並蒼松。

田屋老樟

築屋非松下,樟偏挺宅東。幹經千載老,枝與萬年同。頂大陰全覆,條横影半空。披襟閒兀坐,借爾引長風。

麻溪春艇

把釣泛輕舟,緣溪逐水流。春深桃葉渡,人醉杏花樓。浪漲孤帆峭,波平一葉浮。漁歌當晚唱,樂趣未曾休。

垅埭秋碪

清音何處起,垅埭幾家碪。韻逐秋光老,敲殘夜色沉。一聲驚遠夢,千里動歸心。冷逼寒蟲急,頻聞竟夕吟。

鳳塔薰風

登臨百尺巔,玩賞興悠然。風遞鈴聲遠,輪隨塔影圓。引來修竹裏,送到暮雲邊。恍惚神仙境,身遊小洞天。

蛇山松雪

瑞色展黄蛇,長松一望斜。舞經連片雪,開遍滿山花。夢冷棲巢鶴,光寒宿樹鴉。天然圖畫勝,月照倍清華。

桃尖曉旭

半竿晴旭上,紅射醉仙桃。對此晨光動,令人賦興豪。鳳鳴千嶂曉,雞唱一輪高。願頌南山壽,盤紆步不勞。

蘿巖夕陽

絶勝蘿巖景,嵐光向夕清。殘霞飛古道,晚靄接荒城。日影孤峯淡,烟痕半壁生。待看明月上,朗照大堤平。

朱巷陽宅後八勝題詠

朱榮紳

廟壇古柏

壇前柏幾重，不屑受秦封。古廟添新色，寒冬耐舊容。光涵僧眼碧，陰護佛頭濃。獨擅西方美，貞心孰問松。

田屋老樟

喬木真天種，年年竦宅東。人懷千載老，吾愛四時同。紅日披陰密，青霄得氣空。閒觀郇景樂，共被此仁風。

麻溪春艇

摇摇一葉舟，春日快臨流。覽景花生樹，懷人笛倚樓。櫓聲風外遞，帆影水中浮。隔岸青山對，翹望興未休。

坭埭秋碪

坭埭家臨水，經秋急暮砧。澼來風瑟瑟，敲罷夜沉沉。刀尺情千里，關山感一心。更深寒氣肅，蟋蟀伴長吟。

鳳塔薰風

登山直上巔，風景喜飄然。寶塔層層聳，金鈴顆顆圓。紅塵飛不到，緑竹引無邊。更有臨流志，乘舟水作天。

蛇山松雪

福地毓黄蛇，蒼髯一色斜。雪方霏玉屑，松遂綴銀花。濤静巢歸鶴，林寒陣結鴉。天然開畫本，瑞氣著光華。

桃尖曉旭

寅賓初出日，曉色醉仙桃。展鑑光何净，看山興愈豪。青浮千嶂上，紅射一竿高。絶勝蓬萊境，登臨詎畏勞。

蘿巖夕陽

晚眺西山景，蘿巖氣獨清。斜暉留古寺，夕照戀荒城。日落峯頭掛，烟寒石齒生。疏鐘聞遠響，敲罷暮雲平。

朱巷陽宅後八勝題詠

朱鴻基

廟壇古柏

龍宫翠色重,古樹碧苔封。入夏堪消暑,經冬不改容。蔭籠禪榻静,香助佛鑪濃。望裏烏山遠,還看絶頂松。

田屋老樟

樹本非桑梓,蒼蒼屋舍東。根株千載固,枝葉四時同。鵲噪身棲慣,虬蟠腹耐空。凌霄舒勁節,幹老不驚風。

麻溪春艇

間乘一葉舟,鼓棹泛溪流。沙净魚肥鱖,花濃樹隱樓。船真天上坐,家在水中浮。如入桃源境,尋春未罷休。

垙埭秋碪

散步村南晚,秋高静聽碪。板橋斜日淡,垙埭暮烟沉。落葉疏林處,征夫少婦心。頻敲聲不斷,令我發清吟。

鳳塔薰風

躡屐上山巔,薰風正颯然。鈴懸清響澈,塔聳午陰圓。百尺青松外,千竿緑竹邊。登臨觀氣象,長嘯晚涼天。

蛇山松雪

山勢布長蛇,喬松一望斜。飛來千片雪,開遍一林花。葉密多巢鶴,枝寒慣宿鵶。金烏如曜日,冉冉吐光華。

桃尖曉旭

遠峯先得日,初旭罩蟠桃。介壽南山曉,吟詩北舍豪。鳳鳴丹穴杳,烏耀翠微高。倘赴瑶池會,羣仙獻豈勞。

蘿巖夕陽

晚步經村北,蘿巖色轉清。落霞烘峭壁,返照入虞城。影淡歸樵送,烟寒古樹生。浮嵐飛片片,化作暮雲平。

朱巷陽宅後八勝題詠

朱彭壽

廟壇古柏

古柏鬱千重，皮皴碧蘚封。但教貞晚節，奚屑放春容。廟敞涵青滿，壇横積翠濃。膽山遥入望，喜見後彫松。

田屋老樟

屋舍臨池築，扶踈繞北東。竹修千个亞，樟老四時同。倒影涵清水，高枝插碧空。葱蘢留節蓋，曾閱幾霜風？

麻溪春艇

漁翁掉小舟，春日逐溪流。烟雨新詩景，鄉邨舊酒樓。曲隨青澗去，輕泊緑波浮。唱晚歸魚艇，陶然萬慮休。

坭埭秋碪

搗衣纔製曲，又聽急寒碪。木葉秋風戰，蘆花夜月沈。關山遊子夢，刀尺故園心。擬共回文寄，愁聞細細吟。

鳳塔薰風

歷徧翠微巔，乘風意朗然。高懸崖石峭，響答塔鈴圓。修竹摇巖際，飛楹近日邊。鳳鳴山上望，遠黛碧摩天。

蛇山松雪

精氣毓蟠蛇，虬松滿望斜。登樓看霽雪，撑樹綴奇花。皎色迷棲鶴，寒暉淡背鴉。昨呈盈尺瑞，大地發光華。

桃尖曉旭

南山開壽域，晴旭醉蟠桃。覽景饒詩料，凌晨助氣豪。地鄰仙界近，日上海門高。誰赴瑶池會，飛凫步不勞。

蘿巖夕陽

古寺蘿巖訪，遥聞一磬清。撥雲來絶磴，落日瞰孤城。竹翠晴巒潟，花香夕嶂生。振衣千仞上，回首暮烟平。

朱巷陽宅後八勝題詠

朱恭壽

廟壇古柏

寶刹户三重，香雲翠柏封。勁貞霜雪操，艷薄李桃容。廟古鍾靈久，池深倒影濃。憑君長供養，蔭庇瓦間松。

田屋老樟

屋老樟逾老，扶疏繞宅東。五松封不受，雙檜植偏同。古幹龍形化，危巢鶴影空。作樑王國任，仰溯召棠風。

麻溪春艇

短櫂盪輕舟，沿溪四水流。春深鶯選樹，岸闊柳迴樓。天上身如坐，人間事盡浮。桃花經雨落，把釣未歸休。

坭埭秋碪

蕭疏紅蓼岸，何處不聞碪。泥埭臨流住，麻溪逸響沈。荒園摧敗葉，旅館觸離心。餘韻河梁繞，秋聲弄笛吟。

鳳塔薰風

獨步上山巔，冲霄塔屹然。風來歌已闋，雲罩影難圓。信遞修篁裏，涼生落日邊。奎文遥對峙，矗立勢參天。

蛇山松雪

山麓舊名蛇，蜿蜒數里斜。蒼松撑寶蓋，白雪綴瓊花。地美推聽蛤，濤寒慣宿鴉。嶺梅三百樹，共與洗繁華。

桃尖曉旭

此界非凡界，遥天露種桃。晴嵐蒸瑞氣，曉景助詩豪。秀挺重巒上，光懸一鏡高。勝遊懷五嶽，策杖漫辭勞。

蘿巖夕陽

蘿巖高不極，向夕倍幽清。鳥倦争棲樹，樵歸隱入城。螺鬟新霽爽，鴉背晚風生。嶺畔疏鐘澈，音流古道平。

朱巷陽宅後八勝題詠

朱兆熊

廟壇古柏

葉密蔭重重，壇前古柏封。自貞千載節，不改四時容。池水涵青活，爐烟雜翠濃。後彫誰與伍，勁直共蒼松。

田屋老樟

故國懷喬木，森森繞宅東。高枝沾露潤，凡艷薄雷同。十畝垂陰徧，千秋得氣空。相邀林下坐，對酒醉春風。

麻溪春艇

吾亦愛吾舟，緣溪任水流。花明紅杏塢，人倚緑楊樓。一葉波心蕩，孤帆浪影浮。晚風吹日下，沽酒樂無休。

坭埭秋碪

何處秋聲起，家家動杵碪。催殘黄葉落，敲罷紫烟沉。頓觸鄉關夢，頻驚旅館心。三更人静後，蟋蟀發幽吟。

鳳塔薰風

登臨翠岫巔，寶塔勢超然。鈴動風聲細，輪旋日影圓。香添花發處，涼引竹叢邊。却似雷峯勝，西湖别有天。

蛇山松雪

門巷對黄蛇，蒼松著色斜。山中觀瑞雪，樹上綴瓊花。風入輕蹄馬，暉殘冷背鴉。晴光開晚景，月照更清華。

桃尖曉旭

南山真不老，天種此尖桃。破曉紅霞射，吟詩白髮豪。舉頭峯峙遠，絶頂鏡懸高。王母如開宴，仙人獻豈勞。

蘿巖夕陽

何處疏鐘動，蘿巖逸響清。青烟迷石徑，紅日淡江城。古寺斜暉駐，層巒暮靄生。回頭雲一片，歸鳥數飛平。

朱巷陽宅後八勝題詠

朱肇州

廟壇古柏

蒼翠護重重，當門古樹封。枯枝餘畫意，老幹不秋容。階隙穿根入，爐香繞蔭濃。倘經鸞鳳宿，那羡後彫松。

田屋老樟

樟木何年值，扶疏繞舍東。人家豳館似，風景輞川同。隔院帷遮密，臨池鏡漾空。徘徊林下路，蕭灑聽秋風。

麻溪春艇

一棹小漁舟，春晴逐水流。偶停荒草岸，遥問酒家樓。櫓撥桃源入，帆輕柳港浮。清溪烟浪闊，垂釣未曾休。

坭埭秋碪

幾度秋風起，江邊急暮碪。有聲空谷應，無力夕陽沈。薄澣纖纖手，綿裝縷縷心。亂催紅葉落，閒向晚楓吟。

鳳塔薰風

鳳起自山巔，遥臨塔聳然。拂摇松蓋動，吹散瀑珠圓。涼送梧岡上，香聞麥隴邊。題名原可效，記得大羅天。

蛇山松雪

山勢卧長蛇，松枝帶雪斜。爛鋪銀滿蓋，寒積玉成花。不辨雙棲鶴，頻翻數點鴉。一輪明月上，徧地燦光華。

桃尖曉旭

曉起層樓望，山紅遠露桃。頂磨銅鏡出，眼闞箭芒豪。仙界飛花接，曦輪趁樹高。躋堂如介壽，攀折不須勞。

蘿巖夕陽

西山當落日，爽氣撲人清。餘黛描千嶂，斜暉界半城。丹楓烏柏映，薄靄淡烟生。試望高岡上，嶙峋勢不平。

（清朱士巘輯纂《[浙江上虞]古虞朱氏宗譜》 清光緒十六年同本堂木活字本）

玉溪八景

李 越

太白高兮峻嶺從，金釵秀挺海螺松。玉溪堤畔鰲魚躍，仙女亭前雲谷封。

詠玉溪

李 越

情瑩秋景玉名溪，雅眺東窻復向西。皓皓明留蘇咏賦，錚錚聲和宋談鷄。縈洄錦浪重華匝，燦爛虹霞落彩齊。無數情懷何處種，欣看雛鳳向雲啼。

詠太白山

吴光鎬

太白巍峨放五溪，我東鉅鎮向城西。號風帶淚雲中鶴，爽籟頻呼天上雞。界接紹台三郡宥，名稱華岱兩山齊。仙姬勝迹依然在，巧節奇傳鵲果啼。

詠海螺

蔡 煉

螺山特兀鎖雙溪，太白東環復護西。氣擁層[巒]蟠秀局，朝迎繡閫鬧靈鷄。斗牛度合龍光近，奎璧星分鳳六齊。一派精靈凝固結，喬鶯得所聽嬌[啼]。

詠金釵

葛正己

滿座濃蔭陰玉溪，精靈南北與東西。千枝竹實棲凰鳳，百尺高松鶴立鷄。毓秀却宜螺嶂輔，靈長惟許鹿峯齊。山川瑞氣奇珍覓，漢室祥釵化燕[啼]。

詠仙女亭

沈學勤

雕欄畫檻映瑤溪，聳翠流丹夕照西。新月鈎薨驚宿鳥，寒風敲桷悚仙鷄。雲頭踏就禎祥界，麈尾摇成瑞彩齊。何必員蹻環弱水，滿亭寶唾玉鎗[啼]。

詠雲谷庵

葛成培

屈曲清幽山徑溪，雲涵谷口意來西。修持梵刹蓮生鉢，寂静禪房木養雞。練汞須防筋易懈，成鉛莫問氣難齊。雙龍有壁晴堪畫，勿使蒲牢空自〔啼〕。

詠鰲魚山

杜學泉

兀矗嶙峋倒影溪，雲鰲破浪捲東西。臨堤吞吐擒珠月，叩确低昂應竹雞。光射雲霞南斗近，氣凌霄漢北辰齊。有時獨占高峯上，砰硑聲騰秋樹啼。

詠峻嶺

圓　齋

嶺上青雲渡澗溪，悠揚聚散列寰西。松濤响處惟鳴鹿，竹影摇時恍報鷄。險峻何愁我馬怠，崔巍莫訝彼蒼齊。層層有級須成步，且聽寒猿半夜啼。

八景詩引

圓　齋

乙亥之秋，杜君學泉以邑公費來謁，予延宿款酒。時李先生越設帳于余家，□餘半酣曰："有酒無詩，如此良夜何？予聯成一絶，諸君肯爲我和之不？"移時，俱各援筆立成。余亦步數韻以續尾，聊誌一時盛會，且以表梓里之風景云。

（《[浙江東陽]玉溪朱氏宗譜》 清光緒三十二年增修木活字本）

重修鐵塔記

佚　名

雙林之有鐵塔，乃野塘老人所鑄者。

老人諱禄，字宏基。世居蒲墟，即今之赤岸是。列祖曰汎，曰垣，曰禮，曰幼，皆以進士起家，富甲郡邑。至老人時，家益饒。老人有四子十八孫，晚年樂道好施於周廣順間，見雙林寺宇魏奂，僧舍繁華，號稱天下第三江，浙第一，誠不虚大士道場也。以爲梁木必有壞時，不若鎮以鐵塔，令後人覩塔存而寺亦因葺之而不廢。遂於山門内兩邊捐資鳩工，鑿兩方池，各鑄鐵塔於其中，與寶刹並峙。即以餘鐵冶羅漢像一十八尊，每孫授一，以爲同祖共派之徵，意深遠也。寺果自梁迄今興廢而鐵塔依然屹立。誰知地以厚德載物者，載華嶽而不重，載鐵塔而反若不勝。至康熙癸亥，地漸陷而塔漸欹。寺僧恐欹倒場損，重修不能，曷若拆下再竪爲便。第工費浩繁，募他邦則非其主，仍照老人所遺，有羅漢者之裔各助銀穀，共成勝事。即於是歲車乾池水，掘地深丈有奇，布石如前層叠。時見塔中藏有石匣，間有金冶觀音，鐵鑄羅漢，與夫雜貝，鮮明若始。仍照舊貯。始信老人以爲寺壞而塔不壞之言不誣。

梅溪朱氏係老人冢孫世東公之後。其祠各孫思照依各派助銀穀若干，世東公下若吾金華潭溪景五府君派亦助銀穀若干。繩其祖武者在此，貽厥孫謀者亦在此。嗣後鐵塔與天壤同久，雙林亦與鐵塔並峙不磨矣。是不可以無記。

時康熙二十二年十月十五日記。

新建朱烈愍公祠堂記

曹開泰

伏讀《殉節録》一編，乾隆歲丙申，詔許明季死事諸臣俱得詳核事實，冠以原官，錫之新謚，并其後裔，願於祠墓刊石立碑者聽。於是，吾邑閣部朱公得謚"烈愍"。越戊寅，子孫更立專祠，以肅祼薦。此聖朝曠蕩之典，古今僅聞而！亦忠魂毅魄所感激於地下者也！惟公以慷慨磊落之才，中年釋褐，首劾奄黨，批鱗不顧。此李膺、陳蕃之餘風也！其後，備兵漳南，則平紅夷之亂；巡撫山東，則平孔有德、耿仲明之亂。此即馮異之殲赤眉，朱儁之走黃巾，無以異也！況乎固護寢園淮陽、盧鳳之間，蟻賊迭至，而橋山之弓劍無恙，灞陵之松柏依然，誰之功歟？乃竟以積毀銷骨，削籍歸田。伏波則薏苡被讒，陳湯則多賂見斥，不亦大可惜歟！且公待罪之年，正明社圻墟之日也。銅駝卧矣！離黍歌矣！温周遺禍一至於此！公於是雪涕勤王，毁家紓難。方期揮魯陽之戈，落日可挽，而江左一隅，日爲玉樹後庭之樂。馬阮柄政，君臣奔亡，悲矣！魯王既航海無成，唐王方建號隆武。公乃開府金華，厲甲兵，嚴捍禦，一切游言，拒絶勿聽。當是時，豈不知一城斗大，難抗百萬貔虎之師；洪爐燎毛，詎有倖哉！然而，爲褚淵生，不如爲袁粲死。公之志也，孔曰"成仁"，孟曰"取義"，又文山所自信也。迨至王師壓境，屋瓦皆飛，力竭勢危，士無叛志，而公已闔門一炬，與國俱亡。以此言烈，烈何如哉！以此言愍，誠足愍矣！祠建於東鄉之梓里，高甍巨桷，爲室六楹，門廡庖湢稱是。中三楹奉公祀，旁祔同難諸公。後三楹祀公閫室栗主。鳩工于嘉慶二十三年月日，落成于二十四年月日。修祭典子姓屬一言以文麗牲之碑。

嗟乎！公之英姿偉畧國史書之，公之精靈方且薄三光而塞兩儀，豈待言而後著哉！顧葺留侯之廟，樹梁公之碑，百世以下猶生興感。矧以忠藎如公，而桑梓近地祀事未隆，則上無以承式閭封墓之恩，下無以爲立懦廉頑之藉。然則瞻榱桷而在三之義明，撫几筵而漓薄之風革，胥于是乎？在潭溪鄉庶幾比烈於合淝里乎？平居景仰芳躅，每罣然者久之。喜是役之爲一邑光也，因謹記其大端，至世系官階，遺聞軼事，則詳于吾友韓淞雲所作事狀，兹不贅。附祀諸公，監軍江西道御史傅公巖，都督嚴公萬齡，參將杜公學伸，邑令李公汝斌，訓導潘公、大成公，西席武進舉人鄭公邠。例得書董其事者，餘附書于碑陰。嘉慶建元之二十四年三月望後一日，邑後學曹開泰頓首拜撰。

建造朱烈愍公祠記

宋宏釗

嘗考《祭法》，法施民死勤，事勞定國，能禦災捍患者，悉垂祀典。而于其地之名山大川，忠義節烈，尤兢兢于春秋肸蠁以崇，答報之忱，禮至重也。

我婺前明朱烈愍公生於明之末造，甲科釋褐，令章邱，内擢兵科給事中，出備兵漳南，洊卿貳，領節鉞南都，晉兵部尚書，加官保爲東閣大學士。綜考生平，疏劾魏璫，直聲震朝右；循拊登萊，破孔耿之逆；鎮鳳陽，賊不敢窺園松柏，流寇擾荆襄，無騎敢踰淮。氣節勳名，固已炳旂常而芬竹帛。奈天不欲公爲名世臣，未幾明政不綱，京師旋陷，號哭勤王，事已無濟。退守金華，王師壓城，頓刃兩月。迨紅衣一燼，闔門殉國。誠聖諭所爲疾風勁草，無慚臣節者。其時在順治三年七月。

越康熙廿六年，督學王公疏其忠烈。奉旨准入郡鄉賢祠。公固已俎豆梓桑。迨至乾隆四十一年，復蒙恩旨，鑑公忠貞，與以易名之典，賜謚烈愍，並許其本地建祠。聖度如天，公亦可以瞑目泉壤矣。

顧當炮震城裂時，無人於劫灰中收拾，其餘燼馬鬣闕如，論者惜之。我皇上御極之元年，詔直省有司省視其地之忠孝節義祠墓。公之裔孫等倣古招魂祔葬公于西湖上墩之源，華表巍然。是公有祠以妥靈憑，有墓以依魂魄。所以酬公者，可云至也。惟是奉有建祠之旨，而未奉春秋帑祭，具呈籲請于地方當道，已蒙大憲轉請。公之裔孫倡首建公祠於大宗祠之傍。公族固蕃衍，欣然合輸經費，鳩工庀材，興工於嘉慶二十二年春月，於二十四年而告竣。塗塈丹雘，松桷楹筵，焕然維新。而公儼乎在堂，耿耿精靈，宛然愾聞僾見。于以薦溪毛而隆牲獻，其食報豈有艾耶？

玆以其裔孫之請，不敢以言之不文固辭，謹臚其巔末而爲之記。

時嘉慶二十三年歲次戊寅春二月之吉，後學宋宏釗拜撰。

整修錦屏引

朱一宏

從來祀典之崇隆，亦惟宗器之克守。尊祖敬宗者可不慎歟！緬維我祖未孩公發跡巍科，從政筮仕。當羣盜蜂起之秋，假節鉞而鎮撫，籌計畫策，不遑假寐。剿除滅賊，恢復登萊，彼處之黎庶賴以安寧者，皆我公之力也。當時之僚屬士庶仰功德之宏，深思報效之無自，爰于六旬壽誕，陳頌禱之章於錦，登堂以稱祝。藏于家而珍重之。時際我朝定鼎，闔門殉難。凡珍寶皿物悉付火中，獨遺壽錦存於宗廟，凡屬春秋，必陳設而排列焉。非誇美也，亦示克守耳。然祠管理者不一其輩，錦中不無損壞。辛酉議修不果，以致湮没不彰者十有餘載。予輩目覩心傷，於是會同祠長，爰集舊文，大其輝煌。幸族之尊祖敬宗者欣然樂助，以贊厥成。俾後子子孫孫展遺器之維新，覩前人之功績。但今日之葺修聊以謝失守之譏耳，余等焉敢以爲能哉？

時乾隆辛未歲菊月望日，裔孫一宏頓首謹識。

無　題

朱　完

題罷燈詞興未闌，捲簾佳日照春盤。忍抛竹葉不成醉，爲愛梅花偏耐寒。劍氣冲將天上去，驪珠握得手中看。與君只合頻消遣，脱穎於今知者難。

山居雜詠

朱　完

岡連雉堞白雲攢，池館新營十畝寬。幾樹桐陰雙白鶴，主人常著竹皮冠。倚杖空亭日欲晡，烹茶還就竹間鑪。蒲團偶坐談禪客，更速能詩舊酒徒。荆扉寂寂日初長，短揭疏簾納晚涼。山鳥不知方睡覺，引雛還近小窗傍。城隅幽僻似村居，習懶相過禮法疏。供給豈須愁市遠，山園菜甲自堪鋤。塵心頓息學維摩，誰悟浮生亦逝波。病瘦原非因酒苦，身忙只爲索書多。萬竿脩竹繞山堂，即使炎蒸午亦涼。留客有時燒素筍，酒醒常覺稻花香。繞徑新花手自栽，捲簾長日對花開。亦知不是草元宅，載酒何當客故來。平岡極望蔭壇邊，中結一庵可入禪。清磬有時還自發，楞伽常日對僧看。爲園敢儗辟疆幽，只可栽瓜學故侯。獨有山門長不閉，任從傖客日來游。坐客絶無褦襶子，脱巾躶體卧長林。寧須絲管供觴詠，自有山蟬盡日吟。窗臨煙樹千家暝，坐對晴峯萬疊重。讀罷離騷新茗熟，忽驚涼月挂高松。門護垂藤别一家，野人性本癖煙霞。閒依竹徑還調鶴，晚汲山泉自灌花。

自題小像

朱　完

憶余齠齓離襁褓，不好嬉游事探討。弱冠已與弟子員，一時英雋推文藻。自謂富貴來逼臣，致身青雲不足道。寧知此事竟寥寥，敝帚千金徒自寶。結客不復顧家貧，意氣繇來慕管鮑。尊中緑酒長不空，坐上佳人多燕趙。臨池好仿右軍書，學詩偏愛杜陵老。囊中羞澀無一錢，圖書萬軸猶嫌少。門前冠蓋雜遝來，終日同游似鷗鳥。結廬岡上怡白雲，竊笑世人徒□擾。倏忽年過四十餘，瘦骨崚嶒尚矯矯。偶有游客自七閩，傳神寫照長康巧。邱壑置我在其中，目送飛鴻意緬藐。恨無仙術駐朱顔，蒲柳之姿難長保。昨日看圖今日殊，何況它時不衰槁。爲我多謝諸少年，人生努力應須早。

□□表弟一笑

朱　完

雨歇楊林東渡頭，永和三日盪輕舟。故人家在桃花岸，直到門前溪水流。

跋白沙先生題陶方伯思德碑後

湛若水

此我先師白沙先生所題方伯陶節庵公思德碑後之文也。白沙先生以道德爲一代儒宗，其於人也，固少許可。陶公以材武爲一方良帥，其於世也，亦少知之者。今觀先生所以稱之者有三難焉，則陶公之良可知矣。至謂公之治民如其治兵，而皆本之精神心術之運，則陶公之所存蓋可知，又有以見兵民之一道矣。孟子曰："壯者以暇日脩其孝弟忠信，入以事其父兄，出以事其長上，可使制梃以撻秦楚之堅甲利兵。"是故治民治兵，其道一也。或曰：公自恩廕起家新會丞,以至方伯,轄三廣。凡其贉池者於此斷爲二幅。愛民如愛其身,撫兵如撫其手足。此所以民心悦,兵力强,所向機捷神應,如身心之使手足,攻破戰克,無不如意。是以寇弭而民安之,功德之流後數十年,將帥無其比者。此思德之碑所以作,而白沙先生之所稱爲不虚矣。公之孫錦衣千户鳳儀瑞之居武而好文,新會廪生益允謙應世襲脩文而遜武。嘗與予游,表裏質直,恂恂乎人不知其爲將門之裔也。詩曰:"貽厥孫謀,以燕翼子。"陶公有焉。又曰:"無念爾祖,聿脩厥德。"瑞之、允謙有焉。瑞之一日持此卷謁予京邸,予爲拜讀,謹書其後,以歸陶氏,俾世守以爲訓。

賦得明妃夢回漢宫四首和李青來韻

朱伯蓮

不分餘恩絶未央,幻將啼笑到昭陽。恨深自失寒更漏,命薄誰憐曉日霜。僥倖舊顔通漢使,支離嬌骨厭胡牀。卻留千古琶琵怨,□共西戎道路長。

倦倚穹廬博晚曛,意中夷夏陡然分。丹青羞買當時寵,羊豕争投異類羣。眷爾來思方殢妾,翩何立望且疑君。預知青塚千年骨,不及陽臺一片雲。

忍將環珮侍天驕,□借精誠感聖朝。杜宇恨隨金管發,秋風寒逼玉顔銷。蕭條塞月千門冷,只尺悲心萬里遥。莫儗妾魂招未得,相思一夜渡西遼。

朔漠風霾日月昏,紫綃顛倒積啼痕。戎非我匹曾何惜,命在和親未敢言。一綫玉關通舊闥,千行霜雁寄歸魂。誰當贖取垂楊縷,穩繫君王覺後恩。

右爲賓生賢曾侄孫書政。時庚申孟冬日識之。七十八樵叟伯蓮學。

春　塘

朱伯蓮

春塘弱柳借煙持,一雨頻催水部詩。短袂正堪驅秃穎,閒心容易就枯棊。夢思未合柔鄉老,冷暖何分飲水知。光氣忽生芝玉砌,板輿輕馭宴芳時。睆爾桃笙傍砌舒,羲皇人醉落花餘。燕鶯未老啼春□,絲竹交纏渾玉如。鄭野幾番駭夢鹿,碧山休復笑焚魚。霞衣一振凌秋漢,莫遣纖塵且染袪。蟬譟移風别有腔,露形雲態淡應降。分香銅雀誰悲武,假藥□山豈贖雙。道險未遑嗟劍閣,星芒空見起桐江。亦知塵界今如許,且伴寒蜂鑽一窗。回溪垂□失東隅,松徑春園豈就蕪。夜色定須睮太白,古聲誰與叩錞于。虚疑鎖終成佛,肯信靈蛇自握珠?鼓吹倏看分兩部,渭城朝響答樵夫。骨(此字原自注)松以高寒不隱聲,心如方岳詎能平。頭顱半百嬰兒色,草木三春晚暮情。饒爾餔糟分薄醉,誰將封髮問初盟。静聽寶瑟空城怨,閒潑淋漓到墨卿。右《春塘五首》,倣古人無題作也。辛酉上春偶書,似博賓生孫輩一粲,老筆草草,原不足存,聊紀一時之興云耳。雲莊老□□伯蓮識。

無　題

朱伯蓮

麗質天成未易媒,媒字不全,下一字損缺。□人幽思費徘徊。蘭香暗繞金條脱,薇露晴薰玉鏡臺。譜上鴛鴦從指出,琴琴字不全,下一字損缺。□鸞鶴逐弦來。掌書僊久瑶天住,謫向人閒又一回。爲綏州羅才女賦似峨奉辭兄粲正，烟橋朱伯蓮。

無　　題

朱伯蓮

佐讀功勤□昔然，天教懿淑享遐年□□斑舞歡盈膝，不盡霞觴醉綺筵。福海東來添鶴算，瑶池西望降鸞箋。懸知阿母開顔處，賸有祥光徹大千。

無　　題

朱協蓮

笄珈曾見冠當年，萊服今看舞□川。何處傳來青鳥使，兹辰聞下下字不全。彩雲軿。紫霞觴裹容華茂，閬苑苑字不全。秋高花木鮮。愧我欣從姻□後，時時長得醉瓊筵。朱協蓮

丹霞非身上人過坐妍暾堂賦此

朱協蓮

能悟此身非是身，三身總已脱氛塵。丹霞有篆迎香象，碧海無波輾法輪。巢破臞同深谷鶴，客來眼見急灘鱗。徒慚五施盟心在，未必恒河認舊人。

宿　海　幢

朱協蓮

風細輕舠渡海幢，毒龍多被故人降。江聲午夜侵禪榻，佛火千條映釣矼。輪或卧時空伎倆，刹開喧處壓鴻厖。閒身恰與閒僧共，野鶴歸來見幾雙。

擬　卜　築

朱協蓮

欲向青山買半隅，移家種黍近禪居。不須扃鑰藏君子，甘以餘生學野漁。草罷雲藍看藥竈，吟殘烟水讀藏書。山花三里多佳色，故舊憑他一訪予。

晴　　窗

朱協蓮

成敗休將過耳輪，是非先已息根塵。手鈔王建詩三卷，吟與林逋聽一春。挂壁遠飛遼海鶴，焚香滄寫藐姑神。求書又有閒人至，復染鵞溪素絹新。　近作書似我搴社詞兄正。朱協連。

水中花影

朱協蓮

數枝斜傍曲欄前，一色参差落水邊。浪引遠枝摇不定，香横高岸態先傳。弄珠神女歸湘浦，委佩仙人過蘂川。無事横塘安小席，浮來千變總嫣然。

月中花影

朱協蓮

蟾光如洗透花鈴，陰裏留光到緑庭。斜倚芳魂輕剪剪，高環香幕半冥冥。色色字破損分明暗真兼幻，枝帶蒼涼影是形。何用虹橋開漢道，花神素女下雲軿。

鏡中花影

朱協蓮

何許横斜上鏡臺，千枝萬朵渺然開。緑窗隨處窺面金，屋無勞倩好媒□。京兆畫眉時借照，閨人彩勝對相裁。疑真疑假分香氣，怪向菱花首重回。

日中花影

朱協蓮

半林爛漫對朝曦，葵藿何勞問此時。但是有心能向曉，却憐無影不争奇。□香隨地晴偏見，頃刻移陰午較遲。有酒夕陽應命駕，也須延賞和新詩。近作書似峨兄社盟請政。協連。

熟食日坐鏡機堂簡陳雨若

朱元英

淰淰苔侵榻，涓涓屋響泉。愁人春似夢，澤國雨爲年。筆冢生前債，缾笙静後禪。何當雞黍局，斗室話閑緣。往雲淙公亦有此堂，賓客殊盛。

藴真山房次韻三首

朱元英

久停風中弦，復罷池上酌。竟日無希聲，但聞松子落。爲耽刻燭吟，擬展論文酌。解事惟白衣，敲門送桑落。幽人寡送迎，淺醉罷餘酌。隱几眠不知，手中書自落。丁酉清和月朔日書，時年七十有一。元英。

無　　題

朱元英

日落�路黑，前郵人語稀。幾家深樹裏，點火夜漁歸。日暮片帆落，江郵如有情。獨對沙上月，滿船人睡聲。前山風雨涼，歇馬坐垂楊。何處芙蓉落，南渠秋水香。露滴清音遠，風吹故葉齊。聲聲似相接，各在一枝棲。

無　　題

朱順昌

遲迴悲野外，荏苒滯江關。遠岫雲中樹，斜陽雨後山。世情何處澹，藥債隔年還。不爲憐同病，逢人强破顔。

無　　題

朱順昌

横江館前津吏迎，向予東指海雲生。郎今欲往緣何事，如此風波不易行。

陳文忠公手簡

陳子壯

原紅簡紙本，藏久變茶褐色。手簡七通，長短不齊。舊賱池時裝爲十幅。幅高五寸六分至七寸四分，闊六寸至六寸六分不等。合十幅爲一册。總九十七行，合空白計九十八行。皆行書。文忠我所自出，生長外家。厥後匡扶國難，糾起義師，亦在吾族。故前後與諸舅氏及中表昆弟簡札特多，兵燹零落。又閱二百餘年，猶存此册，爲吾家寶重。諸簡情文鬱至，楮墨如新。韓子所謂讀其書知其於忠孝最隆也。乾隆中傳文學景園公福。今爲進士次琦家藏。

前有闕文笑視前遊樵，頓隔一世界矣！子潔尊表場卷精鋭有餘，而運筆畧欠靈活。意謂孤經亦可以入彀，乃造物磨弄若此。願舅父訓禮之暇，更加勉勵。陳□□□缺三字牘不竟爲公車令驚詫乎□□□缺三字歸。附一縑致賀，諸惟鑒原，幸甚！三月朔日子壯再頓首。

謹按：文忠官翰林時，吾家烈愍公實蓮未冠，中天啟元年辛酉鄉試第三人。壬戌會試未第。此蓋其南歸時，文忠附書於舅氏箕作公疇者。若後此會試，則文忠蚤於甲子爲浙江考官發策刺閹，削籍歸矣。

初入里門，猶如夢寐。家慈破涕爲歡，備述舅父垂念注問之殷，感刻何似！讀大作青詞，言言真愛，神之聽之，終和且平，勝同列十道捄章也。區熙仲兄至都時，甥已俶歸裝而猶及接手教與二位尊表書札，未能致九如之觴，僅從武林乞薦紳數輩祝言，恐舟人不便帶送，容耑圖申致耳。疏刻暫附。覽尊表榮發，何時可獲五羊相晤乎？大舅父、三舅父煩先道一聲，幸幸！甥子壯再頓首。左慎二字在書名後一行下方，二字後又留空白一行。

謹按:《明史·文忠本傳》:“帝以海内多故,思廣羅賢才,下詔援《祖訓》,郡王子孫文武堪任用者,得考驗授職。子壯慮爲民患,立陳五不可。會唐王上疏,歷引前代故事,詆子壯。遂除子壯名,下之獄,坐贖徒歸。”又《南疆繹史》以爲崇禎八年事。

鄉關郵報稀漏,竟不審德清解任何似。嗣得舅父歸耗,畧知功令所指。然聞徵額旋亦報足。雙舄雖暫縶,于上有聖明之鑒裁,下有司計之平準,當無深慮。且塞翁之馬安知失不爲得也。舅父雙尊辭子舍而間關舟楫,將無稍勞,幸已入里閭,起居適妥,褢况漸寬。京邸好音昕夕且至。愚甥棲遲一丘,不能奉侍家慈,問渡趨候,惟有三祝加餐耳。承示《政録》備悉,甘棠遺思,謝謝。使促告旋,草此代布,不盡依馳。甥名肅正柬。

謹按:《三朝野紀》:“崇禎十三四年,蘇、松、常、鎮四府皆大旱,蝗蟲食苗,民皆告饑。浙西三府又大水爲災,一望漂溺。漕儲缺額,征比無從,而湖州一府尤甚。十四年七月,浙撫參德清、崇德兩縣尤遲兑誤漕。時政府方尚嚴急,遂奉旨差緹騎拏解兩縣印官。崇德令趙夔自縊死,德清令朱實蓮逮至京,下獄擬罪。時漕事亦已報竣。實蓮因具疏陳地方荒苦狀,始得釋罪調用。”按《明史》列傳、《欽定勝朝殉節諸臣録》、《御批通鑑輯覽》“唐桂二王本末”俱未載烈愍公賑荒被逮事。《欽定古今圖書集成·氏族典》本傳秖云:“授德清知縣,值歲荒,捐貲賑濟,活衆甚多。尋陞刑部主事,轉户部郎中。”亦未詳其提問詔獄。省郡邑各志書、本傳畧同。得文忠此簡,尤足證明徵信。

又按《陳文忠公行狀》:争宗室授官,下獄。得釋,上疏謝恩。取道南還,闢雲淙别墅於城北白雲山中,奉母以居。故此簡有“棲遲一丘,不能奉侍家慈,問渡趨候”語。

歲序更新,具諗福履。山中之人,以疏候爲罪。前家慈重承公貺辭曰介壽,不敢不拜。玆一芹之獻,自媿輶褻,惟舅父笑納。并指示蒼頭代致鄙忱,幸甚!臨楮翹注。甥子壯再頓首。

昨承舅父手教,讀《冬春吟》。忠孝之理,一篇中三致意焉。甚矣!詩之善入人也。二小犬夙患驚痫,比來纏綿殆不可保,今稍幸藉庇,尚須培養真源。犢愛牽懷,殊不解脱。尊者垂問之及,感刻曷勝,以至稽報,當得見原之也。近事以左帥不能束兵,騷擾江楚。又值三農望雨,米價頓騰,遂爾訛言繁興,皆乘閒思亂者所爲。自有綢繆要領耳。因風布謝,率率及此,統惟尊炤之。甥子壯再頓首。五舍弟初歸自潮,并此致謝。此十一字原旁注在“昨承”二字下方。

謹按:吴忠烈公鍾巒《冬春草序》:吾友子潔氏令海溪。著循廉聲,忽詔獄。尋詔釋之,還其官。所撰《冬春草》言孝,言忠,言仁,令讀者流連嗟嘆而不容已。因以知其心焉。鄉志烈愍公本傳:“公被逮,慷慨就道,吟詠盈帙,憂時憫事之懷見於言表。”皆足與簡中語相證明。

又按:《陳文忠公行狀》、《廣東通志》、《南海縣志》:“公三子,長上庸,次上延,次上圖。”此簡云“二小犬夙患驚痫”,當是次子上延也。又《曝書亭集》稱“陳五子升”。知簡中“五舍弟”云云即陳子升矣。

又按:簡中謂“左帥不能束兵,騷擾江楚”。據《明史·左良玉傳》:“崇禎十五年,開封既亡,自成無所得,遽引兵西謀,拔襄陽爲根本。時良玉壁樊城,大造戰艦,驅襄陽一郡人以實軍。諸降賊附之,有衆二十萬。然親軍愛將大半死,而降人不奉約束。良玉亦漸衰多病,不復能與自成角矣。自成乘勝攻良玉。良玉退兵南岸,結水寨相持,以萬人扼淺洲。賊兵十萬争渡,不能遏。良玉乃宵遁,引其舟師,左步右騎而下。至武昌,從楚王乞二十萬人餉,曰:‘我爲王保境。’王不應。良玉縱兵大掠,火光照江中。宗室士民奔竄山谷,多爲土寇所害。驛傳道王揚基奪門出,良玉兵掠其貲,并及其子女。自十二月廿四日抵武昌,至十六年正月中,兵始去。居人登蛇山以望,叫呼更生,曰:‘左兵過矣!’良玉既東,自成遂陷承天,傍掠諸州縣。當是時,降兵叛卒率假左軍號恣剽掠,蘄州守將王允成爲亂首,破建德,劫池陽,去蕪湖四十里,泊舟三山、荻港,漕艘鹽舶盡奪以載兵,聲言諸將寄帑南京,請以親信三千人與俱。南京諸文武官及操江都御史至陳師江上爲守禦。士民一夕數徙,商旅不行。都御史李邦華被召,道湖口,草檄告良玉,以危辭動之。而令安慶巡撫發九江庫銀十五萬兩,補六月糧。軍心迺定。"是其事也。

昨尊駕臨省,未遑過謁,一展字缺升字缺之慶,至今耿耿,或可邀慈原乎?小疏如沙中鴻爪,偶爾刻畫,再承見存,謹以二本附上。家弟小兒試文纔可成句,當是文宗破格造就耳,不足災木也。容命其清謄,請正。聊報不盡。甥子壯再頓首。

謹按:薛始亨撰《陳子升傳》、《南海縣志》:"陳子升,字喬生,號中洲。年十五應童子試。郡司李顔公俊彦行太守事,賞其文,拔冠一郡。目爲十六邑之奇童,遂補郡弟子員,旋食餼。舉明經第一,終官兵科右給事中,才名最著。著有《中洲集》。又《陳文忠公行狀》、《明史列傳》、《欽定勝朝殉節諸臣録》、《廣東通志》、《南海縣志》:"陳子壯長子上庸,幼英邁絶人,早補諸生。官兵部職方司主事,殉節,年二十七。贈太僕寺少卿。"簡中"家弟小兒試文纔可成句"云云,當即其始進學時語。

山中得奉手教,即趨歸,見邸報云云,想係近日所傳聞也。大約北來者以需索爲奇貨,故閟不示人。然近事想不外此。至人言紛紛,尤不足信耳。弟杜門不晤當道,浙中新聞尚容確探以報舅父母。迪吉目下自有佳耗,且勿過爲馳念如何。草復不多。弟子壯再頓首。以上俱據採訪册脩。

(清朱宗琦纂修《[廣東]南海九江朱氏家譜》 清同治八年刻本)

梅花書屋圖題詠

謹按:省齋公始由休寧月潭村遷浙桐鄉,因外舅汪碧巢農部而占籍焉。是圖署款京口沈銓,不書歲月。敬瞻公小像容貌,年約三十許。計其時,則在康熙四十七八年間,入都考職,繫馬門外,裝成待發,正梅花盛開。公坐榻上,神采奕奕,的係畫家名手。圖後題句不下十數,擷其詞之尤雅者列於録。來孫之榛謹注。

潘之彪

陶公柴桑居,黄華滿三徑。君今性好梅,泉石添幽興。條風叩書幃,襟袖寒香凝。高士許爲朋,名姝樂爲媵。睇賞形神清,早取羅浮勝。一朝遊京洛,豪情逐鞭鐙。中途訪茅舍,允有言相贈。寰宇樂昇平,羣才别賢佞。飛騰固壯行,用舍由時定。携圖索題句,老腹空懸磬。慮勞擊鉢催,强作摻觚應。雅知世澤長,珍重冰雪瑩。

吴之振

闌干六六抱迴廊,插架圖書翰墨香。疏影横斜滿階下,主人把卷自徜徉。
鄴侯好古牙籤富,水部吟詩官閣清。颯爽英姿將北發,檐前索笑盼成名。

汪繼熑

寒香遶屋石平鋪,吹起春風入畫圖。久識郝隆淹博士,藏書曾校豕魚無?

何須折寄隴頭春，分得銅坑似錦茵。卻羨君身有仙骨，此行定作種花人。

汪爲熹

丈夫縣弧矢，有志在四方。名園列嘉樹，聊以寄相羊。詩書盈几席，豈其戀姬姜。試看闌檻外，僕馬儼成行。非鮮别離情，寧肯作徬徨。一枝香氣遠，葭莩誼更長。

汪　燿

相覿益相親，訂交來結鄰。香清穿鐵石，畫裹見精神。裘馬翩翩日，琴書寂寂春。馳驅如壯志，莫使染埃塵。

汪紹焻

客秋傾蓋便非新，今夏重逢情更真。别後相思如雨積，披圖又算一番親。

翩翩風度氣如春，試馬征途踏軟塵。轉瞬才高鞭穩着，好聽捷報慰比鄰。

表叔大京兆朱椒堂先生，爲先高祖姑丈省齋公之曾孫也。一日，出示省齋公梅花書屋圖卷。作圖歲月約在康熙間，及今百數十年矣。新裝完好，舊題甚夥。展卷敬讀，其在前所題兩絶句，則先高祖給諫恬邨公詩也，高伯祖鄢陵公號紫山之詩次之，高伯祖號玉山之詩暨高叔祖行人公號寉桴之詩又次之。省齋公爲先農部碧巢公之女夫。先給諫爲農部公之嗣子，于高祖王姑爲親兄。鄢陵、行人則給諫本生之同胞舅弟，先本生六世祖中翰鷗亭公之子也。玉山公爲中翰兄高州公號曉庵之子。皆與省齋公姻戚至好如手足焉。樞生也晚，未獲瞻公之風采，今得於圖中見之，想見兩家先世氣誼之篤，文字之契，非獨鄉里稱羨已也。公之後嗣，宏詞制科，蜚聲叠起。書香綿遠，以及於先生。今文章經濟，卓然無媿前修。則自兹以往，所以承世德而宏家聲者，豈有量哉！道光庚寅九月中澣表侄汪善樞。

汪守愚

銜參詣南陽，寮禮寬北府。謂有葭莩親，且屬文字侶。遲通恠僮僕，略分相爾汝。談次出斯圖，起立敬致語。貂冠倚交牀，此吾五世祖。君家小方壺，館甥昔曾處。靚妝母雙雛，朱茀君衆女。君五世祖姑，我五世祖姥。君家黄門公，情悃調律吕。同時諸弟舅，繡句競織組。洎歷百餘年，大阮爲後序。小阮盍繼聲，卷尾有餘楮。捧圖增悚悽，欲語哽不吐。緬昔吾兩家，壇坫盛樽俎。科名反厭多，冠冕轉爲苦。縹籤人有集，紫誥歲增譜。世德無殺隆，人事有乖迕。高門盛猶昔，衰閥失繼武。子姓多不才，如我尤呰窳。藎篋圖與書，悉付楚人炬。狂癡根性情，崛强入腰膂。一官坐蹉跎，廿載乏建樹。親朋或非笑，仕宦誰肺腑。公今已通議，轉瞬拓邦土。施家並施國，將大振先緒。少迂匡濟懷，爲我規進取。勉焉紹清芬，自然致華膴。略追曩所亡，恢復舊裘杼。尊祖與睦姻，次第力共努。先靈儼在兹，聞當笑相許。左劵視此篇，瓣香日虔炷。

春林讀易圖題詠

方　薰

棧雪消來江草萌，春風重見故園情。一編已測盈虚理，夷險均能得此生。

廷右茂才以尊大父藥房先生《春林讀易圖》遺照見視，俛仰今昔，不勝愴然。奉題六十八字，既以志感，兼質廷右。

趙懷玉

讀《易》何處好，時向春初林。梅花四五點，已見乾坤心。乾坤心茫茫，不外剥與復。蒙難老還鄉，孫枝燦盈目。展卷音容尚儼如，研朱手澤在遺書。假年不惜韋編絶，知是平生得力餘。

蜀道歸裝圖題詠

朱方藹

對牀風雨之樂已隔數年，寒夜不寐，望遠有懷，寫此以期來歲唱刀環也。癸未小除夕，春橋方藹。

含叔(七)[代]兄待罪蜀中三十六年，蒙恩釋放回里，感而敬賦。

乍見猶疑魂夢閒，旋知有詔得生還。頓教舉室歡無極，回憶當年淚尚潸。連夕燈花曾送喜，一朝酒盞共開顔。别時少壯今衰老，果是相逢髮盡斑。歲戊子，余寄詩有云："只愁歸有信，彼此已華顛。"今果然矣。

同懷凋謝幾傷神，故里他鄉剩兩人。詎意斷鴻仍作侣，何期枯枿再生春。九重恩大知難報，歷劫身留許自新。家計好營田數畝，耦耕長此樂天倫。

謹案：生高祖藥房公，一字含叔。天性真摯，遇險不避難。乾隆庚午，代兄胥靡入蜀，孝友之風感動行路。高叔祖春橋公常念風雨對牀，望歸綦切。癸未小除夕，豫作歸裝圖，其友于之篤足令後人興起。越二十三年，歲在丙午春，藥房公始奉詔釋歸，年七十有三矣。歸舟過郡，兄弟晤對，喜極而悲，悲極復喜。春橋公爲賦紀恩七律兩章，遠近傳誦。同本風人忠厚之旨，心氣和平，是皆得天獨厚之明證也。閲百日，春橋公卒。藥房公哭之慟。親友相勸：白頭重聚，胥悌弟所感，淚枯奚益？公抑情强制，然綴心之痛終不能釋諸懷。時論公之孝友發乎性真，超軼尋常云。之榛謹注。

春橋草堂圖題詠

張　庚

書屋在何處，窈窱春橋前。被徑細草緑，環籬芳蔓懸。竹木紛佳氣。禽魚多清緣。習静窗牖迴，懷幽山居偏。露挹庭花發，香逐微風宣。開帙對古人，酌酒來名賢。桑梓念獨切，耆舊將手編。孰云兹室陋，異景賅八埏。我圖亦不妄，可與相流傳。

沈　初

春蕪淺淺波迢迢，短籬曲岸長柳條。荒烟遠水紛作態，草堂拓處横春橋。江南山水多平遠，茆厓沙亭盡清婉。不須春色放玲瓏，自有高情足偃蹇。疏篁抽筍桑葉齊，催耕唤起人把犁。南村一夜新雨足，平疇四望春陰低。人間俯仰成朝暮，只有春風自來去。古今泉石滯幽襟，但指雲山最深處。

王　藻

瓜田外史畫無雙，寫此茆堂帶短杠。脩竹甘蕉水楊柳，翠陰深護讀書牕。

女桑官柳道旁姿，西浙風光百谷詩。桑柔渾似女，柳短未成官。王百谷《嘉禾道中》詩也。記得來尋雞黍約，橋邊繫艇早春時。

璧合珠聯翰墨場，諸昆才地各琳琅。文章氣誼誰能續，心折而今季最良。

握手河梁雨雪綿，不禁懷舊話從前。明年相訪梧桐里，好趁疏梅欲放天。

張　棟

春橋行屈曲，訪舊到書堂。脩竹摇窗緑，梅花繞座香。吟情原跌宕，畫意轉微茫。對此心同賞，相思夢幾長。

去臈君歸日，扁舟鴛胆湖。心情早自澹，嗜好與人殊。遠跡符鷗鷺，清機妙鶺鴒。彌伽老居士，作意繪成圖。

昔日交情在，回思憶惘然。唯君真健者，斯道一人肩。漫説滄桑變，頻嗟歲月遷。吾廬高枕在，共聽水涓涓。

金　農

蕪城相見落花天，把袂披圖憶往年。五七詩篇一杯酒，橋頭曾繫樧頭船。

百弓舊地話松筠，荀氏門才爾最親。何日秋堂重聽雨，此中但少對牀人。哲昆霞山、香南二君下世已二紀矣。

明　中

香茆曾許結岩隈，别築閒門向水開。爲愛白梅花作伴，不禁春信過橋來。

摇牕柳色弄鵝黄，蕉欲成陰穲竹香。如此風光馮畫手，盡情寫到讀書堂。

朱　琰

枳籬茆屋蘚痕斑，十丈平橋水一灣。春色到門看不盡，畫禪詩律總相關。

玉作鵶叉竹作箭，墨花藍汁灑春風。平生大有烟霞癖，消遣流泉積翠中。

小閣攤書度幾春，一家文獻記還真。傾湖湧海爬梳徧，甌舫新聲有解人。君有《曝書亭集箋注》。

當年江左數清華，滿院吟聲透碧紗。庾信白頭剩蕭瑟，庭前凄絶紫荆花。

林木翳然古渡頭，聽泉刻竹致風流。如何橋畔吟春慣，工寫濠梁一段秋。去年試《秋水賦》冠一郡。

隔溪烟樹暧芊眠，溪水如雲碧漲天。一櫂春流好乘興，倩誰著個米家船。

烟紅霞碧影婆娑，到夜清光裊緑蘿。可道揚州春似海，月明二十四橋多。兄將有維揚之行。

門外通流緑一渠，水鄉風味近何如。年來不下楓江釣，余曩客震澤，曾作《楓江坐釣圖》。暫借茅亭看打魚。

迮雲龍

君家兄弟早周旋，回首交情一惘然。丁卯篇章參佐宅，披圖重到草堂前。

春橋欲補桐君録，秋水能忘竹友船。三十年來真隔世，知君也感棣華篇。

李治運

竹樹橋西一逕通，搴開書幌對春風。吟依杜老波濤闊，畫展維摩翠靄空。放艇有時還載鶴，彈琴隨意送歸鴻。客來好共傾佳釀，醉看飛花歷亂紅。

曹　芝

舊壘年年海燕回，草堂無恙晝長開。旁人争識揚雄宅，跂路偏登郭隗臺。笑我生涯紉敗絮，憐君心事畫殘灰。披圖六月增煩鬱，安得飛湍喧萬雷。

杭世駿

清絶梧桐鄉，溪流淨無滓。老樹欹城頭，平橋接沙觜。年時記訪舊，橋下棹曾弭。書堂八九間，窗篠介溪涘。堂外何所有？疏籬結六枳。花藥羅瑣碎，雜樹椅桐梓。堂中何所有？萬卷百城儗。七緯精内學，六藝究微旨。其人美且仁，系出子朱子。派從婺源衍，家自白嶽徙。兄弟元凱齊，聲譽廚顧比。清言每忘疲，晏坐或移晷。别去勞心顔，倏忽踰三紀。或嬰鉤黨毦，難紓家未毁。或作山陽賦，或製柳下誄。驚心歲月遒，作者四人矣。季也洵最良，芬若佩蘭芷。辛苦葺舊巢，跌蕩于文史。好語萬又千，下筆不肯止。太息人琴亡，悢悢意無已。并將鴒原痛，寫寄圖畫裏。韓江間過我，相見雜悲喜。嗚呼君家客，大半天下士。一二墓草宿，謂龔鑑、王豫、姚世鈺。存者獨余耳。即此數閒屋，歷歷尚可指。君時甫勝衣，玉雪好肌理。聰明勤問字，屢向几案倚。卅年凉暄更，蓄德日宏侈。養成鸞皇姿，一日可千里。樞衣兄事盎，友道故應爾。吾衰形支離，髮禿口無齒。舊學漸耄忘，幸也不即死。披圖慘不歡，懷新兼嘆逝。題詩一申哀，汪然淚盈紙。追憶舊遊，兼悼霞山子、年端叔兄弟，率爾滿幅，不自知其讕謾也。

吴光昭

緑楊罩深林，翠篠媚清沚。斷岸略彴横，灩灩流春水。草堂構山隅，幽僻遠塵市。中有高人居，抱經究終始。平生擅三絶，道也進乎技。猶復能達觀，天地同一指。我來留名園，研席共棐几。連牀步苦吟，白戰靡堅壘。各負澄淡懷，利名等糠粃。鷄鳴風雨晨，願言結彼美。

江　炎

亘長虹、梧桐鄉裏，垂楊樹樹低映。草堂最好當三月，花影倒窺天鏡。用張玉田句。湖水淨，看浴遍、宛央刷羽齊交頸。思乘舴艋。便訪到門前，綠陰一片，不數雪中興。　江南外，家在西干間，政十年荒廢難整。對君畫裏安居意，感我萍踪無定。冬尚剩，正此際、黄梅放向疏檽等，春盤餖飣。總輸與歸時，留賓罰琖，佳處共吟詠。調寄《邁陂塘》。

張四科

茅堂側，飛虹一道，闌干直。闌干直。春波倒印，柳絲低拂。　依稀萬里橋西宅，疏狂即是滄浪客。滄浪客。纓塵濯盡，長歌天碧。調寄《碧雲深》。

王又曾

小郭雨晴，深春花暝，茆堂間對芳草。檻前烟樹織，屋後風篁掃。藥欄又都放了。想簾心篆爐，香裊几淨，烏皮硯磨龍尾，長日鎮清嘯□。　攤書那知昏曉，但爬搜庫部，箋注蟲鳥。尊注《曝書亭集》將次告成。冷尋驢背句，静下溪潺釣。村橋偶策枯笻立，更赢得詩人丁卯。同調少，除非是成都杜老。調寄《瓏璁四犯》。

閔　華

紅板搭梁，香茆縛屋，幽居恰稱詞人。弱柳疏梅，風光無不宜。春雨餘，碧蘚滋三徑。静愔愔，流水籬門。最憐渠、金石歌聲，隔舍常聞。　東頭小閣廡猶在，問夜牕燈火、誰與平分。惱亂吟情，怕逢飛雁離羣。時清未許林棲穩，恁才名易達楓宸。想他時珥筆餘閑，憶此松筠。調寄《慶春澤》。

沈大成

略彴横溪口。遶精廬、竹娟梅姹，孅孅新柳。髹几湘簾無塵涴，永日一編在手。任丹墨、淋漓衣袖。詩老句文華藏海，賴箋疏書部窮誰某。先生有《曝書亭集注》。閑選調，譜紅豆。　千金圩畔花如繡。占殳山、數弓暖翠，自成深秀。從道清江風華盛，洗句更居其右。但篋底、雙龍欲吼。蓬觀乘查終可到，況馬卿詞賦矜千首。且擲筆，爲呼酒。調寄《賀新涼》。

天目記遊

幻隱菴

陳嵩慶

選勝初地游，百折藤蘿逕。樹壓寺門愔，雲臥山僧定。高樓杳靄間，飄落下方磬。

東塢菴

何太青

逕路攀躋絶，奇峰勢不羣。三更紅日上，當户碧雞聞。深竹静虚抱，疏鐘清遠氛。我曾携臘屐，猶識舊烟雲。

半山寺瀑布亭

爲　弼

一亭兀半山，飛流鬱怒甚。跳珠迸雪霜，坐對寒欲噤。恍然到匡廬，奇觀豁夢寢。松緑杉更青，積潤拾餘瀋。側聽宛鼓鐘，琴筑猶小品。卻羨山中樵，洗耳常作枕。閱此動者機，清洌性所禀。鳥飛遠避聲，魚游忽驚淰。澄觀觸余懷，就僧乞瓢飲。

西方菴

陳嵩慶

危闌抱山斜，涉磴且前卻。出險倚孤筇，憑虚俯飛閣。檐端聞妙香，時有松花落。

千丈岩

何太青

天目垂兩乳，蜿蜒皆嶢嶢。中峰爲丈人，兹岩乃其曹。斷崖参枯禪，遺錫飛重霄。逕路忽已絶，遜彼升木猱。昔我肆遐躋，攝衣登雲凹。山僧面蒼翠，補屋依山牢。仰見飛鴻冥，俯瞰松杉梢。秋空木葉脱，瞥見懸危巢。静者心多悟，放眼窺崇高。

老禪堂

彭邦疇

我聞道書三十四洞天，太微元蓋乃在天目之高山。拔地三千九百丈，兩池噴薄素練當空懸。頗怪東坡老居士，曩時宦跡遊於潛。雲中兒聲咫尺不往聽，但將蓬沓溪上歌嬋娟。我思勝覽五岳未登一，披圖何幸窺仙源。春橋先生雅有烟霞癖，版輿當日歡駐南陔前。携筇躡屐恣登眺，歸來染翰灑向銀光牋。畫成六册詩成五，金堂玉柱幽怪窮。雕鎸眠蠶細字揮墨妙，不數廣文三絶維摩詩畫禪。從孫侍御述遺事，珍重奚翅千琅玕。補題巧合天衣縫，作序獨據羣山顛。誦芬詠駿延世澤，招邀賓從俾傳觀。高齋雲氣忽書湧，恍若置身樓閣杳靄虚無間。抑聞兹山下，舊有彭宅里。云是我祖商大夫，千年遺蜕留於此。噫吁嘻！世間大年曾有幾，八百歲後且復爾。矧乃浮生等朝露，胡爲局促風塵裏。會當與君解脱尋幽遐，不辭五斗痛飲餘杭老姥家。

先八叔祖，諱方藹，字吉人，號春橋。浙江桐鄉國子生，就翰林院孔目職。乾隆辛巳歲，高宗純皇帝南巡，召試，二等。又獻畫册，拜賜文綺。性至孝友，憶爲弼十六歲之春日，先大父自西蜀旋里。公喜而賦詩，有“家計好營田數畝，耦耕長此樂天倫”之句。白首一堂，怡怡語舊，鄉族至今爲美談。此《天目山紀遊》畫册，乃乾隆戊戌春余先吟陔叔秉鐸於潛時，迎養至學官署，公耽山水，日策籐杖，徧遊山徑，歸即摹寫，并題句其上。公之孫子裴弟與余同寓京華，以遺墨手自裝治，屬余題句。余敬觀册内，一曰幻隱菴，二曰東塢菴，三曰半山亭瀑布，四曰西方菴，五曰千丈岩，六曰老禪堂。惟第三頁闕題句。余乃補擬一首，題於半山亭瀑布畫册之下。公著有《春橋草堂詩集》、《小長廬漁唱》，已刊成行世。繪事工山林樹石，出入於董尚書、文待詔之間。花鳥則純法南田。晚歲愛寫梅。余少時侍側，公時授其法不勌。此册爲子裴弟世守，將徧丐名公題詠。爰謹志崖略，撫今追昔，不勝憮然。道光元年秋八月侄孫爲弼敬識。